最新经济管理政策法规

中国外汇管理
政策法规汇编

2014年版

丛书编辑部 编

经济管理出版社

ECONOMY & MANAGEMENT PUBLISHING HOUSE

图书在版编目（CIP）数据

中国外汇管理政策法规汇编/丛书编辑部编. —北京：经济管理出版社，2014.4
（最新经济管理政策法规汇编丛书）
ISBN 978-7-5096-3015-0

Ⅰ.①中…　Ⅱ.①丛…　Ⅲ.①外汇管理—法规—汇编—中国　Ⅳ.①D922.286.9

中国版本图书馆 CIP 数据核字（2014）第 061125 号

责任编辑：杨雅琳
责任印制：黄章平
责任校对：李玉敏

出版发行：经济管理出版社
　　　　　（北京市海淀区北蜂窝 8 号中雅大厦 A 座 11 层　100038）
网　　　址：www. E-mp. com. cn
电　　　话：（010）51915602
印　　　刷：三河市海波印务有限公司
经　　　销：新华书店
开　　　本：880mm×1230mm/16
印　　　张：31.25
字　　　数：903 千字
版　　　次：2014 年 5 月第 1 版　2014 年 5 月第 1 次印刷
书　　　号：ISBN 978-7-5096-3015-0
定　　　价：298.00 元

·版权所有　翻印必究·
凡购本社图书，如有印装错误，由本社读者服务部负责调换。
联系地址：北京阜外月坛北小街 2 号
电话：（010）68022974　　邮编：100836

编辑说明

一、为了方便海内外投资者、研究者和管理者全面、系统地了解和掌握中国外汇管理相关政策法规，指导相关投资以及政府对外汇管理政策法规的完善与更新，我们特编印此书。

二、《中国外汇管理政策法规汇编》由北京邮电大学经管学院何瑛主导编印，对本书进行了统筹策划，硕士研究生黄洁负责具体汇编工作。

三、《中国外汇管理政策法规汇编》按以下顺序编排：综合类政策法规；经常项目类政策法规；资本项目类政策法规；国际收支统计与结售汇类政策法规；外汇市场与人民币汇率类政策法规；其他政策法规；部分地区政策法规。

四、《中国外汇管理政策法规汇编》较为系统地梳理、收录了近年来我国中央及地方出台的有关外汇管理方面的政策及法规，在汇编过程中我们对一些已经失去时效或相关部门明确表示作废、终止的政策法规进行了筛选和删除。

五、本书将根据国家外汇管理政策法规的制定、出台及更新情况及时进行修订。

六、由于时间仓促，本书难免存在不足，敬请指正。

编　者

2013 年 12 月

最新经济管理政策法规汇编丛书（第一辑）
专家审读组

组　长：李文阁（全国人大常委会法工委行政法室处长）

成　员：李　辉（全国人大常委会法工委行政法室主任科员）

　　　　张　涛（全国人大常委会法工委行政法室主任科员）

　　　　田　林（全国人大常委会法工委行政法室主任科员）

　　　　杨　威（全国人大常委会法工委行政法室主任科员）

最新经济管理政策法规汇编丛书（第一辑）
丛书编辑部

主 任：谭 伟

成 员：姜 雨　王 菊　覃 毅　卢彬彬　沈鹏远　李 娇
　　　　黄 洁　孔静敏　彭亚男　张大伟　胡 月　范美琴

目　录

第一编　综合类政策法规

第二编　经常项目类政策法规

第三编　资本项目类政策法规

第四编　国际收支统计与结售汇类政策法规

第五编　外汇市场与人民币汇率类政策法规

第六编　其他政策法规

第七编　部分地区政策法规

第一编　综合类政策法规

中华人民共和国外汇管理条例

(中华人民共和国国务院令第 532 号，2008 年 8 月 1 日国务院第 20 次常务会议修订通过)

第一章 总 则

第一条 为了加强外汇管理，促进国际收支平衡，促进国民经济健康发展，制定本条例。

第二条 国务院外汇管理部门及其分支机构（以下统称外汇管理机关）依法履行外汇管理职责，负责本条例的实施。

第三条 本条例所称外汇，是指下列以外币表示的可以用作国际清偿的支付手段和资产：

（一）外币现钞，包括纸币、铸币；

（二）外币支付凭证或者支付工具，包括票据、银行存款凭证、银行卡等；

（三）外币有价证券，包括债券、股票等；

（四）特别提款权；

（五）其他外汇资产。

第四条 境内机构、境内个人的外汇收支或者外汇经营活动，以及境外机构、境外个人在境内的外汇收支或者外汇经营活动，适用本条例。

第五条 国家对经常性国际支付和转移不予限制。

第六条 国家实行国际收支统计申报制度。

国务院外汇管理部门应当对国际收支进行统计、监测，定期公布国际收支状况。

第七条 经营外汇业务的金融机构应当按照国务院外汇管理部门的规定为客户开立外汇账户，并通过外汇账户办理外汇业务。

经营外汇业务的金融机构应当依法向外汇管理机关报送客户的外汇收支及账户变动情况。

第八条 中华人民共和国境内禁止外币流通，并不得以外币计价结算，但国家另有规定的除外。

第九条 境内机构、境内个人的外汇收入可以调回境内或者存放境外；调回境内或者存放境外的条件、期限等，由国务院外汇管理部门根据国际收支状况和外汇管理的需要作出规定。

第十条 国务院外汇管理部门依法持有、管理、经营国家外汇储备，遵循安全、流动、增值的原则。

第十一条 国际收支出现或者可能出现严重失衡，以及国民经济出现或者可能出现严重危机时，国家可以对国际收支采取必要的保障、控制等措施。

第二章   经常项目外汇管理

第十二条   经常项目外汇收支应当具有真实、合法的交易基础。经营结汇、售汇业务的金融机构应当按照国务院外汇管理部门的规定，对交易单证的真实性及其与外汇收支的一致性进行合理审查。

外汇管理机关有权对前款规定事项进行监督检查。

第十三条   经常项目外汇收入，可以按照国家有关规定保留或者卖给经营结汇、售汇业务的金融机构。

第十四条   经常项目外汇支出，应当按照国务院外汇管理部门关于付汇与购汇的管理规定，凭有效单证以自有外汇支付或者向经营结汇、售汇业务的金融机构购汇支付。

第十五条   携带、申报外币现钞出入境的限额，由国务院外汇管理部门规定。

第三章   资本项目外汇管理

第十六条   境外机构、境外个人在境内直接投资，经有关主管部门批准后，应当到外汇管理机关办理登记。

境外机构、境外个人在境内从事有价证券或者衍生产品发行、交易，应当遵守国家关于市场准入的规定，并按照国务院外汇管理部门的规定办理登记。

第十七条   境内机构、境内个人向境外直接投资或者从事境外有价证券、衍生产品发行、交易，应当按照国务院外汇管理部门的规定办理登记。国家规定需要事先经有关主管部门批准或者备案的，应当在外汇登记前办理批准或者备案手续。

第十八条   国家对外债实行规模管理。借用外债应当按照国家有关规定办理，并到外汇管理机关办理外债登记。

国务院外汇管理部门负责全国的外债统计与监测，并定期公布外债情况。

第十九条   提供对外担保，应当向外汇管理机关提出申请，由外汇管理机关根据申请人的资产负债等情况作出批准或者不批准的决定；国家规定其经营范围需经有关主管部门批准的，应当在向外汇管理机关提出申请前办理批准手续。申请人签订对外担保合同后，应当到外汇管理机关办理对外担保登记。

经国务院批准为使用外国政府或者国际金融组织贷款进行转贷提供对外担保的，不适用前款规定。

第二十条   银行业金融机构在经批准的经营范围内可以直接向境外提供商业贷款。其他境内机构向境外提供商业贷款，应当向外汇管理机关提出申请，外汇管理机关根据申请人的资产负债等情况作出批准或者不批准的决定；国家规定其经营范围需经有关主管部门批准的，应当在向外汇管理机关提出申请前办理批准手续。

向境外提供商业贷款，应当按照国务院外汇管理部门的规定办理登记。

第二十一条   资本项目外汇收入保留或者卖给经营结汇、售汇业务的金融机构，应当经外汇管理机关批准，但国家规定无需批准的除外。

第二十二条   资本项目外汇支出，应当按照国务院外汇管理部门关于付汇与购汇的管理规定，凭有效单证以自有外汇支付或者向经营结汇、售汇业务的金融机构购汇支付。国家规定应当经外汇管理机关批准的，应当在外汇支付前办理批准手续。

依法终止的外商投资企业，按照国家有关规定进行清算、纳税后，属于外方投资者所有的人民币,可以向经营结汇、售汇业务的金融机构购汇汇出。

第二十三条 资本项目外汇及结汇资金,应当按照有关主管部门及外汇管理机关批准的用途使用。外汇管理机关有权对资本项目外汇及结汇资金使用和账户变动情况进行监督检查。

第四章 金融机构外汇业务管理

第二十四条 金融机构经营或者终止经营结汇、售汇业务,应当经外汇管理机关批准;经营或者终止经营其他外汇业务,应当按照职责分工经外汇管理机关或者金融业监督管理机构批准。

第二十五条 外汇管理机关对金融机构外汇业务实行综合头寸管理,具体办法由国务院外汇管理部门制定。

第二十六条 金融机构的资本金、利润以及因本外币资产不匹配需要进行人民币与外币间转换的,应当经外汇管理机关批准。

第五章 人民币汇率和外汇市场管理

第二十七条 人民币汇率实行以市场供求为基础的、有管理的浮动汇率制度。

第二十八条 经营结汇、售汇业务的金融机构和符合国务院外汇管理部门规定条件的其他机构,可以按照国务院外汇管理部门的规定在银行间外汇市场进行外汇交易。

第二十九条 外汇市场交易应当遵循公开、公平、公正和诚实信用的原则。

第三十条 外汇市场交易的币种和形式由国务院外汇管理部门规定。

第三十一条 国务院外汇管理部门依法监督管理全国的外汇市场。

第三十二条 国务院外汇管理部门可以根据外汇市场的变化和货币政策的要求,依法对外汇市场进行调节。

第六章 监督管理

第三十三条 外汇管理机关依法履行职责,有权采取下列措施:

(一)对经营外汇业务的金融机构进行现场检查;

(二)进入涉嫌外汇违法行为发生场所调查取证;

(三)询问有外汇收支或者外汇经营活动的机构和个人,要求其对与被调查外汇违法事件直接有关的事项作出说明;

(四)查阅、复制与被调查外汇违法事件直接有关的交易单证等资料;

(五)查阅、复制被调查外汇违法事件的当事人和直接有关的单位、个人的财务会计资料及相关文件,对可能被转移、隐匿或者毁损的文件和资料,可以予以封存;

(六)经国务院外汇管理部门或者省级外汇管理机关负责人批准,查询被调查外汇违法事件的当事人和直接有关的单位、个人的账户,但个人储蓄存款账户除外;

(七)对有证据证明已经或者可能转移、隐匿违法资金等涉案财产或者隐匿、伪造、毁损重要证据的,可以申请人民法院冻结或者查封。

有关单位和个人应当配合外汇管理机关的监督检查,如实说明有关情况并提供有关文件、资料,不得拒绝、阻碍和隐瞒。

第三十四条 外汇管理机关依法进行监督检查或者调查,监督检查或者调查的人员不得少于2人,并应当出示证件。监督检查、调查的人员少于2人或者未出示证件的,被监督检查、调查的单位和个人有权拒绝。

第三十五条　有外汇经营活动的境内机构，应当按照国务院外汇管理部门的规定报送财务会计报告、统计报表等资料。

第三十六条　经营外汇业务的金融机构发现客户有外汇违法行为的，应当及时向外汇管理机关报告。

第三十七条　国务院外汇管理部门为履行外汇管理职责，可以从国务院有关部门、机构获取所必需的信息，国务院有关部门、机构应当提供。

国务院外汇管理部门应当向国务院有关部门、机构通报外汇管理工作情况。

第三十八条　任何单位和个人都有权举报外汇违法行为。

外汇管理机关应当为举报人保密，并按照规定对举报人或者协助查处外汇违法行为有功的单位和个人给予奖励。

第七章　法律责任

第三十九条　有违反规定将境内外汇转移境外，或者以欺骗手段将境内资本转移境外等逃汇行为的，由外汇管理机关责令限期调回外汇，处逃汇金额 30% 以下的罚款；情节严重的，处逃汇金额 30% 以上等值以下的罚款；构成犯罪的，依法追究刑事责任。

第四十条　有违反规定以外汇收付应当以人民币收付的款项，或者以虚假、无效的交易单证等向经营结汇、售汇业务的金融机构骗购外汇等非法套汇行为的，由外汇管理机关责令对非法套汇资金予以回兑，处非法套汇金额 30% 以下的罚款；情节严重的，处非法套汇金额 30% 以上等值以下的罚款；构成犯罪的，依法追究刑事责任。

第四十一条　违反规定将外汇汇入境内的，由外汇管理机关责令改正，处违法金额 30% 以下的罚款；情节严重的，处违法金额 30% 以上等值以下的罚款。

非法结汇的，由外汇管理机关责令对非法结汇资金予以回兑，处违法金额 30% 以下的罚款。

第四十二条　违反规定携带外汇出入境的，由外汇管理机关给予警告，可以处违法金额 20% 以下的罚款。法律、行政法规规定由海关予以处罚的，从其规定。

第四十三条　有擅自对外借款、在境外发行债券或者提供对外担保等违反外债管理行为的，由外汇管理机关给予警告，处违法金额 30% 以下的罚款。

第四十四条　违反规定，擅自改变外汇或者结汇资金用途的，由外汇管理机关责令改正，没收违法所得，处违法金额 30% 以下的罚款；情节严重的，处违法金额 30% 以上等值以下的罚款。

有违反规定以外币在境内计价结算或者划转外汇等非法使用外汇行为的，由外汇管理机关责令改正，给予警告，可以处违法金额 30% 以下的罚款。

第四十五条　私自买卖外汇、变相买卖外汇、倒买倒卖外汇或者非法介绍买卖外汇数额较大的，由外汇管理机关给予警告，没收违法所得，处违法金额 30% 以下的罚款；情节严重的，处违法金额 30% 以上等值以下的罚款；构成犯罪的，依法追究刑事责任。

第四十六条　未经批准擅自经营结汇、售汇业务的，由外汇管理机关责令改正，有违法所得的，没收违法所得，违法所得 50 万元以上的，并处违法所得 1 倍以上 5 倍以下的罚款；没有违法所得或者违法所得不足 50 万元的，处 50 万元以上 200 万元以下的罚款；情节严重的，由有关主管部门责令停业整顿或者吊销业务许可证；构成犯罪的，依法追究刑事责任。

未经批准经营结汇、售汇业务以外的其他外汇业务的，由外汇管理机关或者金融业监督管理机构依照前款规定予以处罚。

第四十七条　金融机构有下列情形之一的，由外汇管理机关责令限期改正，没收违法所得，并处 20 万元以上 100 万元以下的罚款；情节严重或者逾期不改正的，由外汇管理机关责令停止经营相关业务：

（一）办理经常项目资金收付，未对交易单证的真实性及其与外汇收支的一致性进行合理审查的；

（二）违反规定办理资本项目资金收付的；

（三）违反规定办理结汇、售汇业务的；

（四）违反外汇业务综合头寸管理的；

（五）违反外汇市场交易管理的。

第四十八条　有下列情形之一的，由外汇管理机关责令改正，给予警告，对机构可以处 30 万元以下的罚款，对个人可以处 5 万元以下的罚款：

（一）未按照规定进行国际收支统计申报的；

（二）未按照规定报送财务会计报告、统计报表等资料的；

（三）未按照规定提交有效单证或者提交的单证不真实的；

（四）违反外汇账户管理规定的；

（五）违反外汇登记管理规定的；

（六）拒绝、阻碍外汇管理机关依法进行监督检查或者调查的。

第四十九条　境内机构违反外汇管理规定的，除依照本条例给予处罚外，对直接负责的主管人员和其他直接责任人员，应当给予处分；对金融机构负有直接责任的董事、监事、高级管理人员和其他直接责任人员给予警告，处 5 万元以上 50 万元以下的罚款；构成犯罪的，依法追究刑事责任。

第五十条　外汇管理机关工作人员徇私舞弊、滥用职权、玩忽职守，构成犯罪的，依法追究刑事责任；尚不构成犯罪的，依法给予处分。

第五十一条　当事人对外汇管理机关作出的具体行政行为不服的，可以依法申请行政复议；对行政复议决定仍不服的，可以依法向人民法院提起行政诉讼。

第八章　附　则

第五十二条　本条例下列用语的含义：

（一）境内机构，是指中华人民共和国境内的国家机关、企业、事业单位、社会团体、部队等，外国驻华外交领事机构和国际组织驻华代表机构除外。

（二）境内个人，是指中国公民和在中华人民共和国境内连续居住满 1 年的外国人，外国驻华外交人员和国际组织驻华代表除外。

（三）经常项目，是指国际收支中涉及货物、服务、收益及经常转移的交易项目等。

（四）资本项目，是指国际收支中引起对外资产和负债水平发生变化的交易项目，包括资本转移、直接投资、证券投资、衍生产品及贷款等。

第五十三条　非金融机构经营结汇、售汇业务，应当由国务院外汇管理部门批准，具体管理办法由国务院外汇管理部门另行制定。

第五十四条　本条例自公布之日起施行。

国家外汇管理局关于《中华人民共和国外汇管理条例》第七章法律责任部分条款内容含义和适用原则有关问题的通知

国家外汇管理局各省、自治区、直辖市分局、外汇管理部，深圳、大连、青岛、厦门、宁波市分局：

《中华人民共和国外汇管理条例》（以下简称《条例》）已于 2008 年 8 月 5 日修订并发布施行。为进一步明确《条例》第七章"法律责任"部分条款规定的内容含义和适用原则，现就有关问题通知如下：

一、任何机构或者个人违反外汇管理规定进行非法套汇或者非法结汇，国家外汇管理局及其分支机构（以下简称外汇局）根据《条例》第四十条、第四十一条第二款规定作出行政处罚决定，责令对非法套汇资金或者非法结汇资金"予以回兑"的，该机构或者个人应当在收到行政处罚决定书之日起 15 日内，按照回兑当日的人民币汇率，将已经购汇为外汇的资金回兑为人民币，或者将已经结汇的人民币资金回兑为外汇。

对于该机构或者个人因回兑当日人民币汇率与非法套汇或者非法结汇当日汇率存在汇率差而获得收益的，外汇局在作出罚款的行政处罚时，应当将该部分收益金额纳入非法套汇或者非法结汇金额进行处罚。

二、外汇局适用《条例》第三十九条"等逃汇行为"、第四十条"等非法套汇行为"、第四十三条"等违反外债管理的行为"、第四十四条第二款"等非法使用外汇行为"作出行政处罚决定的，应当按照《检查处理违反外汇管理行为办案程序》的规定，逐级上报国家外汇管理局批准。

《条例》第三十九条"等逃汇行为"包括违反规定擅自将外汇存放境外的行为；第四十条"等非法套汇行为"包括违反规定以人民币支付应当以外汇支付款项的行为、以人民币为他人支付境内款项由对方付给外汇的行为以及境外投资者未经外汇局批准以人民币在境内投资的行为。

三、《条例》第四十五条所述"数额较大"，是指私自买卖外汇、变相买卖外汇、倒买倒卖外汇金额为等值 1000 美元及其以上，或者非法介绍买卖外汇金额为等值 5 万美元及其以上。

四、《条例》第七章有关条款所述"以下"皆包括本数，第三十九条第四十条第四十一条第一款、第四十四条第一款、第四十五条所述"以上"不包括本数，即"30%以上"是指超过 30%而不包括 30%。

五、《条例》第七章规定的"责令限期调回外汇""予以回兑"、"责令改正"不属于行政处罚，而是一种行政措施。根据《条例》第三十九条、第四十条、第四十一条、第四十三条、第四十四条、第四十五条、第四十六条、第四十七条、第四十八条和第四十九条等规定，对违反外汇管理行为决定予以处罚的，应当同时并处罚款。

六、根据《条例》第四十二条规定，对违反规定携带外汇出入境行为给予警告外，可以选择适用罚款的处罚措施。

收到本通知后，各分局外汇管理部应当及时转发所辖中心支局。执行中如遇问题，请及时与国家外汇管理局管理检查司联系。

联系人：毕盛

联系电话：010-68519072

二〇〇八年十一月六日

国家外汇管理局关于《中华人民共和国外汇管理条例》修订后检查处理违反外汇管理行为法规适用问题的通知

国家外汇管理局各省、自治区、直辖市分局、外汇管理部，深圳、大连、青岛、厦门、宁波市分局：

2008 年 8 月 5 日国务院第 532 号令修订并发布施行了《中华人民共和国外汇管理条例》（以下简称《条例》）。为贯彻落实《条例》，并做好《条例》修订前后法规适用和衔接工作，现就有关事项通知如下：

一、2008 年 8 月 5 日前发生的行为，根据修订前的《条例》不构成违反外汇管理行为，而根据修订后的《条例》构成违反外汇管理行为的，应当根据《中华人民共和国立法法》第八十四条规定的"不溯及既往"原则，认定该行为不违反外汇管理规定，并不予行政处罚。

二、2008 年 8 月 5 日前发生的行为，根据修订前的《条例》构成违反外汇管理行为，而根据修订后的《条例》不构成违反外汇管理行为的，应当根据"从旧兼从轻"原则，认定该行为不违反外汇管理规定，并不予行政处罚。

三、2008 年 8 月 5 日前发生的行为，根据修订前的《条例》以及修订后的《条例》均构成违反外汇管理行为的，根据"从旧兼从轻"原则，应当按照修订前的《条例》确定违法行为性质、适用行政处罚措施。但修订前《条例》规定的行政处罚措施轻于修订后《条例》规定的行政处罚措施的，适用修订前《条例》有关条款的规定；修订后《条例》规定的行政处罚措施轻于修订前《条例》规定的行政处罚措施的，则适用修订后《条例》有关条款的规定。

四、2008 年 8 月 5 日前发生的违反外汇管理行为，连续或者继续到 2008 年 8 月 5 日之后的，如果主要行为发生在 2008 年 8 月 5 日之前，适用修订前《条例》的规定对违反外汇管理行为进行定性，并适用本《通知》前条之规定进行行政处罚；如果主要行为发生在 2008 年 8 月 5 日之后，适用修订后《条例》的规定，对违反外汇管理行为进行定性和行政处罚。"主要行为"是指能够构成一项违反外汇管理行为全部或大部分要件的行为。

五、2008 年 8 月 5 日之后外汇局作出的行政处罚，无论是适用修订前或修订后《条例》"法律责任"有关规定，如需进行现场检查和调查取证，应当遵守修订后《条例》第六章规定的程序和权限。

接到本通知后，各分局外汇管理部应当及时转发所辖中心支局。执行中如遇问题，请及时与国家外汇管理局管理检查司联系。

联系人：曹乐

联系电话：010-68402352

二〇〇八年九月二日

个人外汇管理办法

（中国人民银行令〔2006〕第 3 号，2006 年 11 月 30 日经第 27 次行长办公会审议通过，自 2007 年 2 月 1 日起施行）

第一章 总 则

第一条 为便利个人外汇收支，简化业务手续，规范外汇管理，根据《中华人民共和国外汇管理条例》和《结汇、售汇及付汇管理规定》等相关法规，制定本办法。

第二条 个人外汇业务按照交易主体区分境内与境外个人外汇业务，按照交易性质区分经常项目和资本项目个人外汇业务。按上述分类对个人外汇业务进行管理。

第三条 经常项目项下的个人外汇业务按照可兑换原则管理，资本项目项下的个人外汇业务按照可兑换进程管理。

第四条 国家外汇管理局及其分支机构（以下简称外汇局）按照本办法规定，对个人在境内及跨境外汇业务进行监督和管理。

第五条 个人应当按照本办法规定办理有关外汇业务。银行应当按照本办法规定为个人办理外汇收付、结售汇及开立外汇账户等业务，对个人提交的有效身份证件及相关证明材料的真实性进行审核。汇款机构及外币兑换机构（含代兑点）按照本办法规定为个人办理个人外汇业务。

第六条 银行应通过外汇局指定的管理信息系统办理个人购汇和结汇业务，真实、准确录入相关信息，并将办理个人业务的相关材料至少保存 5 年备查。

第七条 银行和个人在办理个人外汇业务时，应当遵守本办法的相关规定，不得以分拆等方式逃避限额监管，也不得使用虚假商业单据或者凭证逃避真实性管理。

第八条 个人跨境收支，应当按照国际收支统计申报的有关规定办理国际收支统计申报手续。

第九条 对个人结汇和境内个人购汇实行年度总额管理。年度总额内的，凭本人有效身份证件在银行办理；超过年度总额的，经常项目项下凭本人有效身份证件和有交易额的相关证明等材料在银行办理，资本项目项下按照第三章有关规定办理。

第二章 经常项目个人外汇管理

第十条 从事货物进出口的个人对外贸易经营者，在商务部门办理对外贸易经营权登记备案后，其贸易外汇资金的收支按照机构的外汇收支进行管理。

第十一条 个人进行工商登记或者办理其他执业手续后，可以凭有关单证办理委托具有对外贸易经营权的企业代理进出口项下及旅游购物、边境小额贸易等项下外汇资金收付、划转及结汇。

第十二条 境内个人外汇汇出境外用于经常项目支出，单笔或当日累计汇出在规定金额以下的，凭本人有效身份证件在银行办理；单笔或当日累计汇出在规定金额以上的，凭本人有效身份证件和有交易额的相关证明等材料在银行办理。

第十三条 境外个人在境内取得的经常项目项下合法人民币收入，可以凭本人有效身份证件及相关证明材料在银行办理购汇及汇出。

第十四条 境外个人未使用的境外汇入外汇，可以凭本人有效身份证件在银行办理原路汇回。

第十五条 境外个人将原兑换未使用完的人民币兑回外币现钞时，小额兑换凭本人有效身份证件在银行或外币兑换机构办理；超过规定金额的，可以凭原兑换水单在银行办理。

第三章 资本项目个人外汇管理

第十六条 境内个人对外直接投资符合有关规定的，经外汇局核准可以购汇或以自有外汇汇出，并应当办理境外投资外汇登记。

第十七条 境内个人购买 B 股，进行境外权益类、固定收益类以及国家批准的其他金融投资，应当按相关规定通过具有相应业务资格的境内金融机构办理。

第十八条 境内个人向境内保险经营机构支付外汇人寿保险项下保险费，可以购汇或以自有外汇支付。

第十九条 境内个人在境外获得的合法资本项目收入经外汇局核准后可以结汇。

第二十条 境内个人对外捐赠和财产转移需购付汇的，应当符合有关规定并经外汇局核准。

第二十一条 境内个人向境外提供贷款、借用外债、提供对外担保和直接参与境外商品期货和金融衍生产品交易，应当符合有关规定并到外汇局办理相应登记手续。

第二十二条 境外个人购买境内商品房，应当符合自用原则，其外汇资金的收支和汇兑应当符合相关外汇管理规定。境外个人出售境内商品房所得人民币，经外汇局核准可以购汇汇出。

第二十三条 除国家另有规定外，境外个人不得购买境内权益类和固定收益类等金融产品。境外个人购买 B 股，应当按照国家有关规定办理。

第二十四条 境外个人在境内的外汇存款应纳入存款金融机构短期外债余额管理。

第二十五条 境外个人对境内机构提供贷款或担保，应当符合外债管理的有关规定。

第二十六条 境外个人在境内的合法财产对外转移，应当按照个人财产对外转移的有关外汇管理规定办理。

第四章 个人外汇账户及外币现钞管理

第二十七条 个人外汇账户按主体类别区分为境内个人外汇账户和境外个人外汇账户；按账户性质区分为外汇结算账户、资本项目账户及外汇储蓄账户。

第二十八条 银行按照个人开户时提供的身份证件等证明材料确定账户主体类别，所开立的外汇账户应使用与本人有效身份证件记载一致的姓名。境内个人和境外个人外汇账户境内划转按跨境交易进行管理。

第二十九条 个人进行工商登记或者办理其他执业手续后可以开立外汇结算账户。

第三十条 境内个人从事外汇买卖等交易，应当通过依法取得相应业务资格的境内金融机构办理。

第三十一条 境外个人在境内直接投资，经外汇局核准，可以开立外国投资者专用外汇账户。账户内资金经外汇局核准可以结汇。直接投资项目获得国家主管部门批准后，境外个人可以将外国投资者专用外汇账户内的外汇资金划入外商投资企业资本金账户。

第三十二条　个人可以凭本人有效身份证件在银行开立外汇储蓄账户。外汇储蓄账户的收支范围为非经营性外汇收付、本人或与其直系亲属之间同一主体类别的外汇储蓄账户间的资金划转。境内个人和境外个人开立的外汇储蓄联名账户按境内个人外汇储蓄账户进行管理。

第三十三条　个人携带外币现钞出入境，应当遵守国家有关管理规定。

第三十四条　个人购汇提钞或从外汇储蓄账户中提钞，单笔或当日累计在有关规定允许携带外币现钞出境金额之下的，可以在银行直接办理；单笔或当日累计提钞超过上述金额的，凭本人有效身份证件、提钞用途证明等材料向当地外汇局事前报备。

第三十五条　个人外币现钞存入外汇储蓄账户，单笔或当日累计在有关规定允许携带外币现钞入境免申报金额之下的，可以在银行直接办理；单笔或当日累计存钞超过上述金额的，凭本人有效身份证件、携带外币现钞入境申报单或本人原存款金融机构外币现钞提取单据在银行办理。

第三十六条　银行应根据有关反洗钱规定对大额、可疑外汇交易进行记录、分析和报告。

第五章　附　则

第三十七条　本办法下列用语的含义：

（一）境内个人是指持有中华人民共和国居民身份证、军人身份证件、武装警察身份证件的中国公民。

（二）境外个人是指持护照、港澳居民来往内地通行证、台湾居民来往大陆通行证的外国公民（包括无国籍人）以及港澳台同胞。

（三）经常项目项下非经营性外汇是指除贸易外汇之外的其他经常项目外汇。

第三十八条　个人旅行支票按照外币现钞有关规定办理；个人外币卡业务，按照外币卡管理的有关规定办理。

第三十九条　对违反本办法规定的，由外汇局依据《中华人民共和国外汇管理条例》及其他相关规定予以处罚；构成犯罪的，依法移送司法机关追究刑事责任。

第四十条　国家外汇管理局负责制定本办法相应的实施细则，确定年度总额、规定金额等。

第四十一条　本办法由国家外汇管理局负责解释。

第四十二条　本办法自2007年2月1日起施行。以前规定与本办法不一致的，按本办法执行。附件所列外汇管理规定自本办法施行之日起废止。

附：废止规定目录

废止规定目录

1.《关于居民、非居民个人大额外币现钞存取款有关问题的通知》（[97] 汇管函字第123号）

2.《境内居民个人外汇管理暂行办法》（汇发 [1998] 11号）

3.《关于修改〈境内居民个人外汇管理暂行办法〉的通知》（汇发 [1999] 133号）

4.《关于修改〈关于境内居民个人因私用汇有关问题的通知〉》和《关于印发〈境内居民个人外汇管理暂行办法〉的通知》（汇发 [1999] 305号）

5.《关于自费出境留学人员预交人民币保证金购付汇的通知》（汇发 [2000] 82号）

6.《关于境内居民个人外汇存款汇出和外汇存款账户更名有关问题的批复》（汇发 [2000] 291号）

7.《国家外汇管理局关于调整对境内居民个人自费出国（境）留学购付汇政策有关问题的通知》（汇发 [2001] 185号）

8.《国家外汇管理局关于下发〈境内居民个人购汇管理实施细则〉的通知》（汇发［2002］68号）

9.《国家外汇管理局关于对境内居民个人前往邻国边境地区旅游进行售汇业务试点的通知》（汇发［2002］121号）

10.《国家外汇管理局关于调整境内居民个人经常项目下购汇政策的通知》（汇发［2003］104号）

11.《国家外汇管理局关于在华留学人员办理退学换汇有关问题的通知》（汇发［2003］62号）

12.《国家外汇管理局综合司关于停止报送〈居民、非居民个人大额（等值 1 万美元以上）现钞存取款和境内居民个人外币划转情况登记表〉的通知》（汇综函［2003］14号）

13.《国家外汇管理局关于调整境内居民个人自费出国（境）留学购汇指导性限额的通知》（汇发［2004］111号）

14.《国家外汇管理局关于规范居民个人外汇结汇管理有关问题的通知》（汇发［2004］18号）

15.《国家外汇管理局关于规范非居民个人外汇管理有关问题的通知》（汇发［2004］6号）

16.《国家外汇管理局关于调整境内居民个人经常项目下因私购汇限额及简化相关手续的通知》（汇发［2005］60号）

个人外汇管理办法实施细则

第一章 总 则

第一条 为规范和便利银行及个人的外汇业务操作，根据《个人外汇管理办法》，制定本细则。

第二条 对个人结汇和境内个人购汇实行年度总额管理。年度总额分别为每人每年等值5万美元。国家外汇管理局可根据国际收支状况，对年度总额进行调整。

个人年度总额内的结汇和购汇，凭本人有效身份证件在银行办理；超过年度总额的，经常项目项下按本细则第十条、第十一条、第十二条办理，资本项目项下按本细则"资本项目个人外汇管理"有关规定办理。

第三条 个人所购外汇，可以汇出境外、存入本人外汇储蓄账户，或按照有关规定携带出境。

第四条 个人年度总额内购汇、结汇，可以委托其直系亲属代为办理；超过年度总额的购汇、结汇以及境外个人购汇，可以按本细则规定，凭相关证明材料委托他人办理。

第五条 个人携带外币现钞出入境，应当遵守国家有关管理规定。

第六条 各外汇指定银行（以下简称银行）应按照本细则规定对个人外汇业务进行真实性审核，不得伪造、变造交易。

银行应通过个人结售汇管理信息系统（以下简称个人结售汇系统）办理个人购汇和结汇业务，真实、准确、完整录入相关信息。

第七条 国家外汇管理局及其分支机构（以下简称外汇局）负责对个人外汇业务进行统计、监测、管理和检查。

第二章 经常项目个人外汇管理

第八条 个人经常项目项下外汇收支分为经营性外汇收支和非经营性外汇收支。

第九条 个人经常项目项下经营性外汇收支按以下规定办理：

（一）个人对外贸易经营者办理对外贸易购付汇、收结汇应通过本人的外汇结算账户进行；其外汇收支、进出口核销、国际收支申报按机构管理。

个人对外贸易经营者指依法办理工商登记或者其他执业手续，取得个人工商营业执照或者其他执业证明，并按照国务院商务主管部门的规定，办理备案登记，取得对外贸易经营权，从事对外贸易经营活动的个人。

（二）个体工商户委托有对外贸易经营权的企业办理进口的，本人凭其与代理企业签定的进口代理合同或协议购汇，所购外汇通过本人的外汇结算账户直接划转至代理企业经常项目外汇账户。

个体工商户委托有对外贸易经营权的企业办理出口的，可通过本人的外汇结算账户收汇、结汇。结汇凭与代理企业签订的出口代理合同或协议、代理企业的出口货物报关单办理。代理企业将个体工商户名称、账号以及核销规定的其他材料向所在地外汇局报备后，可以将个体工商户的收账通知作为核销凭证。

（三）境外个人旅游购物贸易方式项下的结汇，凭本人有效身份证件及个人旅游购物报关单办理。

第十条　境内个人经常项目项下非经营性结汇超过年度总额的，凭本人有效身份证件及以下证明材料在银行办理：

（一）捐赠：经公证的捐赠协议或合同。捐赠须符合国家规定；

（二）赡家款：直系亲属关系证明或经公证的赡养关系证明、境外给付人相关收入证明，如银行存款证明、个人收入纳税凭证等；

（三）遗产继承收入：遗产继承法律文书或公证书；

（四）保险外汇收入：保险合同及保险经营机构的付款证明。投保外汇保险须符合国家规定；

（五）专有权利使用和特许收入：付款证明、协议或合同；

（六）法律、会计、咨询和公共关系服务收入：付款证明、协议或合同；

（七）职工报酬：雇佣合同及收入证明；

（八）境外投资收益：境外投资外汇登记证明文件、利润分配决议或红利支付书或其他收益证明；

（九）其它：相关证明及支付凭证。

第十一条　境外个人经常项目项下非经营性结汇超过年度总额的，凭本人有效身份证件及以下证明材料在银行办理：

（一）房租类支出：房屋管理部门登记的房屋租赁合同、发票或支付通知；

（二）生活消费类支出：合同或发票；

（三）就医、学习等支出：境内医院（学校）收费证明；

（四）其它：相关证明及支付凭证。

上述结汇单笔等值 5 万美元以上的，应将结汇所得人民币资金直接划转至交易对方的境内人民币账户。

第十二条　境内个人经常项目项下非经营性购汇超过年度总额的，凭本人有效身份证件和有交易额的相关证明材料在银行办理。

第十三条　境外个人经常项目合法人民币收入购汇及未用完的人民币兑回，按以下规定办理：

（一）在境内取得的经常项目合法人民币收入，凭本人有效身份证件和有交易额的相关证明材料（含税务凭证）办理购汇。

（二）原兑换未用完的人民币兑回外汇，凭本人有效身份证件和原兑换水单办理，原兑换水单的兑回有效期为自兑换日起 24 个月；对于当日累计兑换不超过等值 500 美元（含）以及离境前在境内关外场所当日累计不超过等值 1000 美元（含）的兑换，可凭本人有效身份证件办理。

第十四条　境内个人外汇汇出境外用于经常项目支出，按以下规定办理：

外汇储蓄账户内外汇汇出境外当日累计等值 5 万美元以下（含）的，凭本人有效身份证件在银行办理；超过上述金额的，凭经常项目项下有交易额的真实性凭证办理。

手持外币现钞汇出当日累计等值 1 万美元以下（含）的，凭本人有效身份证件在银行办理；超过上述金额的，凭经常项目项下有交易额的真实性凭证、经海关签章的《中华人民共和国海关进境旅客行李物品申报单》或本人原存款银行外币现钞提取单据办理。

第十五条　境外个人经常项目外汇汇出境外，按以下规定在银行办理：

（一）外汇储蓄账户内外汇汇出，凭本人有效身份证件办理；

（二）手持外币现钞汇出，当日累计等值 1 万美元以下（含）的，凭本人有效身份证件办理；超过上述金额的，还应提供经海关签章的《中华人民共和国海关进境旅客行李物品申报单》或本人原存款银行外币现钞提取单据办理。

第三章　资本项目个人外汇管理

第十六条　境内个人对外直接投资应按国家有关规定办理。所需外汇经所在地外汇局核准后可以购汇或以自有外汇汇出，并办理相应的境外投资外汇登记手续。

境内个人及因经济利益关系在中国境内习惯性居住的境外个人，在境外设立或控制特殊目的公司并返程投资的，所涉外汇收支按《国家外汇管理局关于境内居民通过境外特殊目的公司融资及返程投资外汇管理有关问题的通知》等有关规定办理。

第十七条　境内个人可以使用外汇或人民币，并通过银行、基金管理公司等合格境内机构投资者进行境外固定收益类、权益类等金融投资。

第十八条　境内个人参与境外上市公司员工持股计划、认股期权计划等所涉外汇业务，应通过所属公司或境内代理机构统一向外汇局申请获准后办理。

境内个人出售员工持股计划、认股期权计划等项下股票以及分红所得外汇收入，汇回所属公司或境内代理机构开立的境内专用外汇账户后，可以结汇，也可以划入员工个人的外汇储蓄账户。

第十九条　境内个人向境内经批准经营外汇保险业务的保险经营机构支付外汇保费，应持保险合同、保险经营机构付款通知书办理购付汇手续。

境内个人作为保险受益人所获外汇保险项下赔偿或给付的保险金，可以存入本人外汇储蓄账户，也可以结汇。

第二十条　移居境外的境内个人将其取得合法移民身份前境内财产对外转移以及外国公民依法继承境内遗产的对外转移，按《个人财产对外转移售付汇管理暂行办法》等有关规定办理。

第二十一条　境外个人在境内买卖商品房及通过股权转让等并购境内房地产企业所涉外汇管理，按《国家外汇管理局　建设部关于规范房地产市场外汇管理有关问题的通知》等有关规定办理。

第二十二条　境外个人可按相关规定投资境内 B 股；投资其他境内发行和流通的各类金融产品，应通过合格境外机构投资者办理。

第二十三条　根据人民币资本项目可兑换的进程，逐步放开对境内个人向境外提供贷款、借用外债、提供对外担保以及直接参与境外商品期货和金融衍生产品交易的管理，具体办法另行制定。

第四章　个人外汇账户及外币现钞管理

第二十四条　外汇局按账户主体类别和交易性质对个人外汇账户进行管理。银行为个人开立外汇账户，应区分境内个人和境外个人。账户按交易性质分为外汇结算账户、外汇储蓄账户、资本项目账户。

第二十五条　外汇结算账户是指个人对外贸易经营者、个体工商户按照规定开立的用以办理经常项目项下经营性外汇收支的账户。其开立、使用和关闭按机构账户进行管理。

第二十六条　个人在银行开立外汇储蓄账户应当出具本人有效身份证件，所开立账户户名应与本人有效身份证件记载的姓名一致。

第二十七条　个人开立外国投资者投资专用账户、特殊目的公司专用账户及投资并购专用账户等资本项目外汇账户及账户内资金的境内划转、汇出境外应经外汇局核准。

第二十八条　个人外汇储蓄账户资金境内划转，按以下规定办理：

（一）本人账户间的资金划转，凭有效身份证件办理；

（二）个人与其直系亲属账户间的资金划转，凭双方有效身份证件、直系亲属关系证明办理；

（三）境内个人和境外个人账户间的资金划转按跨境交易进行管理。

第二十九条　本人外汇结算账户与外汇储蓄账户间资金可以划转，但外汇储蓄账户向外汇结算账户的划款限于划款当日的对外支付，不得划转后结汇。

第三十条　个人提取外币现钞当日累计等值 1 万美元以下（含）的，可以在银行直接办理；超过上述金额的，凭本人有效身份证件、提钞用途证明等材料向银行所在地外汇局事前报备。银行凭本人有效身份证件和经外汇局签章的《提取外币现钞备案表》（附 1）为个人办理提取外币现钞手续。

第三十一条　个人向外汇储蓄账户存入外币现钞，当日累计等值 5000 美元以下（含）的，可以在银行直接办理；超过上述金额的，凭本人有效身份证件、经海关签章的《中华人民共和国海关进境旅客行李物品申报单》或本人原存款银行外币现钞提取单据在银行办理。银行应在相关单据上标注存款银行名称、存款金额及存款日期。

第五章　个人结售汇管理信息系统

第三十二条　具有结售汇业务经营资格并已接入和使用个人结售汇系统的银行，直接通过个人结售汇系统办理个人结售汇业务。

第三十三条　各银行总行及分支机构申请接入个人结售汇系统，应满足个人结售汇管理信息系统技术接入条件（附 2），具备经培训的技术人员和业务操作人员，并能维护系统的正常运行。

第三十四条　银行应按规定填写个人结售汇系统银行网点信息登记表，向外汇局提出系统接入申请。外汇局在对银行申请验收合格后，予以准入。

第三十五条　除以下情况外，银行办理个人结售汇业务都应纳入个人结售汇系统：

（一）通过外币代兑点发生的结售汇；

（二）通过银行柜台尾零结汇、转利息结汇等小于等值 100 美元（含 100 美元）的结汇；

（三）外币卡境内消费结汇；

（四）境外卡通过自助银行设备提取人民币现钞；

（五）境内卡境外使用购汇还款。

第三十六条　银行为个人办理结售汇业务时，应当按照下列流程办理：

（一）通过个人结售汇系统查询个人结售汇情况；

（二）按规定审核个人提供的证明材料；

（三）在个人结售汇系统上逐笔录入结售汇业务数据；

（四）通过个人结售汇系统打印"结汇/购汇通知单"，作为会计凭证留存备查。

第三十七条　外汇局负责对辖内银行业务操作的规范性、业务数据录入的完整性和准确性等进行考核和检查。

第六章　附　则

第三十八条　个人委托其直系亲属代为办理年度总额内的购汇、结汇，应分别提供委托人和受托人的有效身份证件、委托人的授权书、直系亲属关系证明；其他情况代办的，除需提供双方有效身份证件、授权书外，还应提供本细则规定的相关证明材料。

直系亲属指父母、子女、配偶。直系亲属关系证明指能证明直系亲属关系的户口簿、结婚证或街道办事处等政府基层组织或公安部门、公证部门出具的有效亲属关系证明。

第三十九条　违反《个人外汇管理办法》及本细则规定的，外汇局将依据《中华人民共和国外汇管理条例》及其他相关规定予以处罚；对于《中华人民共和国外汇管理条例》及其他相关规定没有明确规定的，对银行和个人应分别处以人民币 3 万元和 1000 元以下的罚款。

第四十条　本细则由国家外汇管理局负责解释。

第四十一条　本细则自 2007 年 2 月 1 日起施行。

附 1:

提取外币现钞备案表

姓名		国籍	
证件类型及号码		提钞币种及金额	
提钞银行名称		提钞账号	
提钞用途			
备案日期			
外汇局签章			

(本表一式两联，备案后第一联外汇局留存，第二联银行留存)

附 2:

个人结售汇管理信息系统技术接入条件

一、网络结构

1.1　银行网点通过银行内部网连接到其总行或数据中心。

1.2　银行总行或数据中心从国家外汇管理局设置的一个接入点接入"个人结售汇管理信息系统"（以下简称个人结售汇系统）。

二、互联协议

2.1　链路层：采用 PPP 协议，或者 HDLC 协议。

2.2　网络层：采用 TCP/IP 协议。

三、互联编址原则

3.1　银行联接到外汇局个人结售汇系统设备的 IP 地址及网络互联地址，由国家外汇管理局统一编码。

四、网络可靠性

4.1　银行必须使用可靠的线路及设备接入个人结售汇系统。本系统以专线为主，在适当的时候，提供 ISDN 或其它线路的备份方式。

4.2　对办理个人结售汇业务营业网点数目超过 50 家（暂定）的银行，要求通过两条不同线路接入。在系统建设初期，以一条线路为主，另一条用作备份。银行内部网及接入网须采取可靠的网络备份方案。

4.3　银行负责与电信服务商签订接入个人结售汇系统的线路租用合同，同时负责线路的测试、连通工作，保证线路的服务与质量。

4.4　银行有义务与国家外汇管理局合作，共同保证接入网的正常运行，国家外汇管理局有权对与外汇局直接相连的网络设备进行监测。

五、网络安全性原则

5.1　国家外汇管理局负责外汇局端的网络与系统的安全。

5.2　银行负责银行内部网络、系统以及相关设备的安全。

5.3　安全性是一个长期的目标，要逐步进行实施。各银行需根据国家外汇管理局实施网络安全的要求，增加并配置符合外汇局安全规划的相关产品和措施。

六、设备配置及要求

6.1　银行与外汇局的联网设备应尽可能一致，便于网络连接及管理。

6.2　银行联网设备配置：

外汇局向银行提供个人结售汇系统完成一笔交易的数据流量：最大页面 120K 字节，平均页面 40K 字节，最高点击次数 7 次，平均点击次数 4 次。

银行根据自己每天/每小时/每秒的交易量，参考以上提供的每笔交易流量合理配置代理服务器、路由器、申请专线带宽以及相关的联网设备。

系统采用 Web 模式，银行通过 IE 浏览器进行业务操作。要求业务用机必须专机专用，保证个人结售汇系统的正常运行。机器配置要能支持 800×600 的显示分辨率，浏览器采用 Microsoft Internet Explorer 5.0 或与其兼容的高版本软件。

七、实施及维护要求

7.1　银行在正式申请联网前，须根据上述原则制定自己的个人结售汇系统网络详细接入方案并报国家外汇管理局信息中心。

7.2　银行应建立日常监控和维护制度，确保接入外汇局网络线路和设备的稳定、可靠和安全。

离岸银行业务管理办法

第一章 总 则

第一条 为规范银行经营离岸银行业务的行为，根据《中华人民共和国外汇理条例》，特制定本办法。

第二条 本办法所称"银行"是指经国家外汇管理局批准经营外汇业务的中资银行及其分支行。

第三条 本办法所称"离岸银行业务"是指银行吸收非居民的资金，服务于非居民的金融活动。

第四条 本办法所称"非居民"是指在境外（含港、澳、台地区）的自然人、法人（含在境外注册的中国境外投资企业）、政府机构、国际组织及其他经济组织，包括中资金融机构的海外支持机构，但不包括境内机构的境外代表机构和办事机构。

第五条 离岸银行业务经营币种仅限于可自由兑换货币。

第六条 国家外汇管理局及其分局（以下简称"外汇局"）是银行经营离岸银行业务的监管机关，负责离岸银行业务的审批、管理、监督和检查。

第七条 银行应当按照本办法经营离岸银行业务，并参照国际惯例为客户提供服务。

第二章 离岸银行业务的申请

第八条 银行经营离岸银行业务，应当经国家外汇管理局批准，并在批准的业务范围内经营。未经批准，不得擅自经营或者超范围经营离岸银行业务。

第九条 符合下列条件的银行可以申请经营离岸银行业务：

（一）遵守国家金融法律法规，近3年内无重大违法违规行为；

（二）具有规定的外汇资产规模，且外汇业务经营业绩良好；

（三）具有相应素质的外汇从业人员，并在以往经营活动中无不良记录。其中主管人员应当具备5年以上经营外汇业务的资历，其他从业人员中至少应当有50%具备3年以上经营外汇业务的资历；

（四）具有完善的内部管理规章制度和风险控制制度；

（五）具有适合开展离岸业务的场所和设施；

（六）国家外汇管理局要求的其他条件。

第十条 银行申请经营离岸银行业务，应当向外汇局提交下列文件和资料：

（一）经营离岸银行业务申请书；

（二）经营离岸银行业务的可行性报告；

（三）经营外汇业务许可证的正本复印件；

（四）经营离岸银行业务的内部管理规章制度和风险控制制度；

（五）近 3 年资产负债表和损益表（外币合并表、人民币和外币合并表）；

（六）离岸银行业务主管人员和其他从业人员名单、履历，外汇局核发的外汇从业人员资格证书；

（七）经营离岸银行业务的场所和设施情况简介；

（八）国家外汇管理局要求的其他文件和资料。

银行分行申请开办离岸银行业务除提交上述文件和资料外，还应当提交其总行同意其开办离岸银行业务的文件、总行出具的经营离岸银行业务的授权书和筹备离岸银行业务的验收报告。

第十一条 银行总行申请经营离岸银行业务，由国家外汇管理局审批；银行分行申请经营离岸银行业务，由当地外汇局初审后，报国家外汇管理局审批。

第十二条 国家外汇管理局收到银行经营离岸银行业务的申请后，应当予以审核，并自收到申请报告之日起 4 个月内予以批复。对于不符合开办离岸银行业务条件的银行，国家外汇管理局将其申请退回。自退回之日起，6 个月内银行不得就同一内容再次提出申请。

第十三条 经批准经营离岸的银行自批准之日起 6 个月内不开办业务的，视同自动终止离岸银行业务。国家外汇管理局有权取消其经营离岸银行业务的资格。

第十四条 银行申请停办离岸银行业务，应当向外汇局提交下列文件和资料：

（一）停办离岸银行业务的申请报告；

（二）停办离岸银行业务的详细说明（包括停办离岸银行业务原因和停办离岸银行业务后债权债务清理措施、步骤）；

（三）国家外汇管理局要求的其他文件和资料。

银行分行申请停办离岸银行业务除提交上述文件和资料外，还应当提交其总行同意其停办离岸银行业务的文件。

第十五条 国家外汇管理局收到银行停办离岸银行业务的申请后，应当自收到申请之日起 4 个月内予以批复。银行经国家外汇管理局审查批准后方可停办离岸银行业务。

第十六条 银行可以申请下列部分或者全部离岸银行业务：

（一）外汇存款；

（二）外汇贷款；

（三）同业外汇拆借；

（四）国际结算；

（五）发行大额可转让存款证；

（六）外汇担保；

（七）咨询、见证业务；

（八）国家外汇管理局批准的其他业务。

第十七条 本办法所称"外汇存款"有以下限制：

（一）非居民法人最低存款额为等值 5 万美元的可自由兑换货币，非居民自然人最低存款额为等值 1 万美元的可自由兑换货币。

（二）非现钞存款。

本办法所称"同业外汇拆借"是指银行与国际金融市场及境内其他银行离岸资金间的同业拆借。

本办法所称"发行大额可转让存款证"是指以总行名义发行的大额可转让存款证。

第十八条 国家外汇管理局对申请开办离岸银行业务的银行实行审批前的面谈制度。

第三章　离岸银行业务管理

第十九条　银行对离岸银行业务应当与在岸银行业务实行分离型管理，设立独立的离岸银行业务部门，配备专职业务人员，设立单独的离岸银行业务帐户，并使用离岸银行业务专用凭证和业务专用章。

第二十条　经营离岸银行业务的银行应当建立、健全离岸银行业务财务、会计制度。离岸业务与在岸业务分帐管理，离岸业务的资产负债和损益年终与在岸外汇业务税后并表。

第二十一条　银行应当对离岸银行业务风险单独监测。外汇局将银行离岸银行业务资产负债计入外汇资产负债表中进行总体考核。

第二十二条　离岸银行业务的外汇存款、外汇贷款利率可以参照国际金融市场利率制定。

第二十三条　银行吸收离岸存款免交存款准备金。

第二十四条　银行发行大额可转让存款证应当报国家外汇管理局审批。由国家外汇管理局核定规模和入市条件。

第二十五条　离岸帐户抬头应当注明"OSA"（OFFSHORE ACCOUNT）

第二十六条　非居民资金汇往离岸帐户和离岸帐户资金汇往境外帐户以及离岸帐户之间的资金可以自由进出；

离岸帐户和在岸帐户间的资金往来，银行应当按照以下规定办理：

（一）在岸帐户资金汇往离岸帐户的，汇出行应当按照结汇、售汇及付汇管理规定和贸易进口付汇核销监管规定，严格审查有效商业单据和有效凭证，并且按照《国际收支统计申报办法》进行申报。

（二）离岸帐户资金汇往在岸帐户的，汇入行应当按照结汇、售汇及付汇管理规定和出口收汇核销管理规定，严格审查有效商业单据和有效凭证，并且按照《国际收支统计申报办法》进行申报。

第二十七条　银行离岸帐户头寸与在岸帐户头寸相互抵补的限额和期限由国家外汇管理局核定。未经批准，银行不得超过核定的限额和期限。

第二十八条　经营离岸银行业务的银行应当按照规定向外汇局报送离岸银行业务财务报表和统计报表。

第二十九条　经营离岸银行业务的银行发生下列情况，应当在1个工作日内主动向外汇局报告，并且及时予以纠正：

（一）离岸帐户与在岸帐户的头寸抵补超过规定限额；

（二）离岸银行业务的经营出现重大亏损；

（三）离岸银行业务发生其他重大异常情况；

（四）银行认为应当报告的其他情况。

第三十条　外汇局定期对银行经营离岸银行业务的情况进行检查和考评，检查和考评的内容包括：

（一）离岸银行资产质量情况；

（二）离岸银行业务收益情况；

（三）离岸银行业务内部管理规章制度和风险控制制度的执行情况；

（四）国家外汇管理局规定的其他情况。

第四章　附　则

第三十一条　未经国家外汇管理局批准，擅自经营和超范围经营离岸银行业务的，由外汇局根据《中华人民共和国外汇管理条例》第四十一条的规定进行处罚；构成犯罪的，依法追究刑事责任。

第三十二条　银行违反本办法第二十二条规定的，由外汇局根据《中华人民共和国外汇管理条例》第四十三条的规定进行处罚。

第三十三条　银行违反本办法第二十四条、第二十七条规定的，由外汇局根据《中华人民共和国外汇管理条例》第四十四条的规定进行处罚；构成犯罪的，依法追究刑事责任。

第三十四条　银行违反本办法第二十六条规定的，由外汇局根据《中华人民共和国外汇管理条例》第三十九、四十、四十八条的规定进行处罚；构成犯罪的，依法追究刑事责任。

第三十五条　银行违反本办法第二十八、二十九条规定或者不配合外汇局检查和考评的，由外汇局根据《中华人民共和国外汇管理条例》第四十九条的规定进行处罚。

第三十六条　外资金融机构经营离岸银行业务，另行规定。

第三十七条　本办法由国家外汇管理局负责解释。

第三十八条　本办法自 1998 年 1 月 1 日起施行。

离岸银行业务管理办法实施细则

第一章 总 则

第一条 为进一步规范银行经营离岸银行业务，为开办离岸银行业务的银行提供更为详实的业务指引，根据《离岸银行业务管理办法》（以下简称《办法》），特制定本细则。

第二条 本细则所称"离岸银行"是指经国家外汇管理局批准经营离岸银行业务的中资银行及其分支机构。

第二章 离岸银行业务的申请

第三条 《办法》第九条（三）所指具有相应素质的外汇从业人员是指经外汇局考核并取得离岸银行业务从业人员资格证书的人员，人数应当不少于 5 名。

第四条 《办法》第九条（四）所指内部管理规章制度和风险控制制度必须包括：

（一）与申请业务对应的各项业务内部管理规章制度及操作办法；

（二）各项业务风险防范措施；

（三）资金管理制度；

（四）会计核算制度；

（五）内部报告制度。

第五条 《办法》第九条（五）所指适合开展离岸银行业务的场所和设施必须包括：

（一）离岸业务部具有独立的营业场所；

（二）离岸业务部须配置齐全的电脑和通讯设施。

第六条 《办法》第十条（一）经营离岸银行业务申请书必须包括以下内容：

（一）申办离岸银行业务的主要理由；

（二）申办离岸银行业务的范围；

（三）离岸银行业务的筹备情况，如人员、设备、场所准备情况等。

第七条 《办法》第十条（二）经营离岸银行业务的可行性报告必须包括以下主要内容：

（一）经营离岸银行业务的必要性和可行性；

（二）当地经济发展状况及开办离岸银行业务的业务量预测。

第八条 《办法》第十条（五）所指外币合并表应当以美元表示，人民币和外币合并表应当以人民币表示。折算汇率为：

（一）外币对外币按制表前一营业日香港金融市场收盘价；

（二）人民币对外币按制表前一营业日中国外汇交易中心收盘价。

第九条 《办法》第十条所指验收报告应当保证申办银行各项筹备工作符合《办法》及本细则规定的各项要求并填报验收报告表。

第十条 经批准经营离岸银行业务的银行的分支机构不得代办离岸银行业务。

第十一条 外汇担保是指离岸银行以本行名义为非居民提供的对非居民的担保。离岸银行经营外汇担保业务应当遵守《境内机构对外担保管理办法》及其实施细则的规定。

第十二条 《办法》第十八条所指面谈制度的面谈对象是指离岸业务部的主要负责人及分管离岸银行业务的行长或副行长；其面谈内容主要包括：

（一）对金融、外汇管理政策法规的掌握程度；

（二）对当地离岸市场发展的认识；

（三）本行离岸银行业务经营方针及内控制度；

（四）离岸业务部机构设置及筹备情况；

（五）国家外汇管理局要求的其它内容。

第三章　离岸银行业务管理

第十三条 离岸银行业务实行独立核算，其帐务处理采取借贷记帐法和外汇分帐制，应分币种单独填制会计凭证，设置单独帐簿，并编制单独的财务报表和统计报表。

第十四条 离岸银行对离岸银行业务风险按以下比例进行单独监测：

（一）离岸流动资产与流动负债比例不低于 60%；

（二）离岸流动资产与离岸总资产比例不低于 30%；

（三）对单个客户的离岸贷款和担保（按担保余额的 50%折算）之和不得超过该行自有外汇资金的 30%；

（四）离岸外币有价证券（蓝筹证券和政府债券除外）占款不得超过该行离岸总资产的 20%。

第十五条 离岸银行离岸头寸与在岸头寸相互抵补量不得超过上年离岸总资产月平均余额的 10%。

离岸头寸与在岸头寸抵补后的外汇净流入不得超过国家外汇管理局当年核定的银行短期外债指标。

第十六条 离岸银行发行大额可转让存款证的余额不得超过上年离岸负债月平均余额的 40%。

第十七条 境内机构向离岸银行申请离岸贷款，视同国际商业贷款，按照《境内机构借用国际商业贷款管理办法》管理。

第十八条 境内机构作为担保人，为非居民向离岸银行提供担保，必须遵守《境内机构对外担保管理办法》及其实施细则的规定。

第十九条 离岸银行依法处理境内抵押物所得人民币需要兑换成外汇的必须逐笔报当地外汇局审批。

第二十条 离岸银行发行大额可转让存款证，须符合以下条件：

（一）银行遵守国家金融法规，近三年无重大违法违规行为；

（二）开办离岸银行业务一年以上，经营状况良好；

（三）离岸银行业务总资产规模在 1 亿美元以上；

（四）国家外汇管理局规定的其它条件。

第二十一条 离岸银行发行大额可转让存款证应当由其总行向国家外汇管理局提交书面申请材料，申请材料应当包括以下内容：

（一）申请书，说明所筹资金用途、发行方案、还款计划等；

（二）市场分析及可行性报告；

（三）离岸银行业务经营状况分析报告；

（四）国家外汇管理局要求的其它文件。

第二十二条 客户开立离岸帐户时必须向离岸银行提供有效文件。

（一）非居民法人客户开立离岸帐户时必须提供下列文件：

1. 商业登记证影印本或社团登记证明文件；

2. 主要经营人员身份证或护照影印本；

3. 机构组织大纲及章程影印本；

4. 开户委托书；

5. 印鉴卡。

（二）非居民自然人开户时，应提供能证明其为非居民身份的有效法律文件。

离岸银行应当核实非居民提供的开户资料，并复印留底。

第二十三条 经营境内外销楼宇的境内发展商经当地外汇局批准可以在离岸业务部开立专用帐户，业务结束，取消帐户。

第二十四条 离岸银行应当定期向当地外汇局报送离岸银行业务财务报表和统计报表及业务状况分析报告，并保证所报资料的真实性和完整性。

报表种类包括：

1. 财务报表：《离岸银行业务资产负债表》（月报）、《离岸银行业务损益表》（季报）；

2. 统计报表：《离岸贷款业务统计表》（月报）、《离岸结算业务统计表》（月报）、《离岸不良贷款统计表》（月报）、《离岸大额贷款统计表》（月报）、《离岸担保统计表》（月报）、《离岸同业拆借统计表》（月报）。

第二十五条 离岸银行发生《办法》第二十九条规定情况的，当地外汇局须对其实行特别监控，督促其及时纠正，并视情节轻重及时通报国家外汇管理局及其总行。

第二十六条 当地外汇管理局根据《离岸银行业务管理办法》及本细则每年对离岸银行经营离岸银行业务的情况进行检查和考评。

第四章 附 则

第二十七条 离岸银行可依照本细则制定本行离岸业务管理办法，并报所辖外汇局及国家外汇管理局备案。

第二十八条 本细则由国家外汇管理局负责解释。

第二十九条 本细则自 1998 年 5 月 13 日起施行。

结汇、售汇及付汇管理规定[①]

第一章 总 则

第一条 为规范结汇、售汇及付汇行为，实现人民币在经常项目下可兑换，特制定本规定。

第二条 经营外汇业务的银行应当按照本规定和中国人民银行、国家外汇管理局批准的业务范围办理结汇、售汇、开立外汇帐户及对外支付业务。

第三条 境内机构外汇收入，除国家另有规定外应当及时调回境内。

第四条 境内机构、居民个人、驻华机构及来华人员应当按照本规定办理结汇、购汇、开立外汇帐户及对外支付。

第五条 境内机构和居民个人通过经营外汇业务的银行办理对外收支时，应当按照《国际收支统计申报办法》及有关规定办理国际收支统计申报。

第二章 经常项目下的结汇、售汇与付汇

第六条 除本规定第七条、第八条、第十条限定的范围和数量外，境内机构取得的下列外汇应当结汇：

（一）出口或者先支后收转口货物及其他交易行为收入的外汇。其中用跟单信用证/保函和跟单托收方式结算的贸易出口外汇可以凭有效商业单据结汇，用汇款方式结算的贸易出口外汇持出口收汇核销单结汇；

（二）境外贷款项下国际招标中标收入的外汇；

（三）海关监管下境内经营免税商品收入的外汇；

（四）交通运输（包括各种运输方式）及港口（含空港）、邮电（不包括国际汇兑款）、广告、咨询、展览、寄售、维修等行业及各类代理业务提供商品或者服务收入的外汇；

（五）行政、司法机关收入的各项外汇规费、罚没款等；

（六）土地使用权、著作权、商标权、专利权、非专利技术、商誉等无形资产转让收入的外汇，但上述无形资产属于个人所有的，可不结汇；

（七）境外投资企业汇回的外汇利润、对外经援项下收回的外汇和境外资产的外汇收入；

（八）对外索赔收入的外汇、退回的外汇保证金等；

（九）出租房地产和其他外汇资产收入的外汇；

（十）保险机构受理外汇保险所得外汇收入；

---

① 已经《国家外汇管理局关于信用证/保函项下保证金提前购汇问题的批复》（汇复〔2001〕73号）修改。

（十一）取得《经营外汇业务许可证》的金融机构经营外汇业务的净收入；

（十二）国外捐赠、资助及援助收入的外汇；

（十三）国家外汇管理局规定的其他应当结汇的外汇。

第七条　境内机构（不含外商投资企业）的下列外汇，可以向国家外汇管理局及其分支局（以下简称"外汇局"）申请，在经营外汇业务的银行开立外汇帐户，按照规定办理结汇：

（一）经营境外承包工程、向境外提供劳务、技术合作及其他服务业务的公司，在上述业务项目进行过程中收到的业务往来外汇；

（二）从事代理对外或者境外业务的机构代收代付的外汇；

（三）暂收待付或者暂收待结项下的外汇，包括境外汇入的投标保证金、履约保证金、先收后支的转口贸易收汇、邮电部门办理国际汇兑业务的外汇汇兑款、一类旅行社收取的国外旅游机构预付的外汇、铁路部门办理境外保价运输业务收取的外汇、海关收取的外汇保证金、抵押金等；

（四）保险机构受理外汇保险、需向境外分保以及尚未结算的保费。

上述各项外汇的净收入，应当按照规定的时间全部卖给外汇指定银行。

第八条　捐赠、资助及援助合同规定用于境外支付的外汇，经外汇局批准后方可保留。

第九条　下列范围的外汇，可以保留：

（一）外国驻华使领馆、国际组织及其他境外法人驻华机构的外汇；

（二）居民个人及来华人员的外汇。

第十条　外商投资企业经常项目下外汇收入可在外汇局核定的最高金额以内保留外汇，超出部分应当卖给外汇指定银行，或者通过外汇调剂中心卖出。

第十一条　超过等值1万美元的现钞结汇，结汇人应当向外汇指定银行提供真实的身份证明和外汇来源证明，外汇指定银行予以结汇登记后报外汇局备案。

第十二条　本规定第七、八、九、十条允许开立外汇帐户的境内机构和居民个人、驻华机构及来华人员，应当按照外汇帐户管理的有关规定，到经营外汇业务的银行办理开户手续。

第十三条　境内机构下列贸易及非贸易经营性对外支付用汇，持与支付方式相应的有效商业单据和所列有效凭证从其外汇帐户中支付或者到外汇指定银行兑付：

（一）用跟单信用证/保函方式结算的贸易进口，如需在开证时购汇，持进口合同、进口付汇核销单、开证申请书；如需在付汇时购汇，还应当提供信用证结算方式要求的有效商业单据。核销时必须凭正本进口货物报关单办理；

（二）用跟单托收方式结算的贸易进口，持进口合同、进口付汇核销单、进口付汇通知书及跟单托收结算方式要求的有效商业单据。核销时必须凭正本进口货物报关单办理；

（三）用汇款方式结算的贸易进口，持进口合同、进口付汇核销单、发票、正本进口货物报关单、正本运输单据，若提单上的"提货人"和报关单上的"经营单位"与进口合同中列明的买方名称不一致，还应当提供两者间的代理协议；

（四）进口项下不超过合同总金额的15%或者虽超过15%但未超过等值10万美元的预付货款，持进口合同、进口付汇核销单；

上述（一）至（四）项下进口，实行进口配额管理或者特定产品进口管理的货物，还应当提供有关部门签发的许可证或者进口证明；进口实行自动登记制的货物，还应当提供填好的登记表格。

（五）进口项下的运输费、保险费，持进口合同、正本运输费收据和保险费收据；

（六）出口项下不超过合同总金额2%的暗佣（暗扣）和5%的明佣（明扣）或者虽超过上述比例但未超过等值1万美元的佣金，持出口合同或者佣金协议、结汇水单或者收帐通知；出口项下的运输费、保险费，持出口合同、正本运输费收据和保险费收据；

（七）进口项下的尾款，持进口合同、进口付汇核销单、验货合格证明；

（八）进出口项下的资料费、技术费、信息费等从属费用，持进口合同或者出口合同、进口付汇核销单或者出口收汇核销单、发票或者收费单据及进口或者出口单位负责人签字的说明书；

（九）从保税区购买商品以及购买国外入境展览展品的用汇，持（一）至（八）项规定的有效凭证和有效商业单据；

（十）专利权、著作权、商标、计算机软件等无形资产的进口，持进口合同或者协议；

（十一）出口项下对外退赔外汇，持结汇水单或者收帐通知、索赔协议、理赔证明和已冲减出口收汇核销的证明；

（十二）境外承包工程所需的投标保证金持投标文件，履约保证金及垫付工程款项持合同。

第十四条　境内机构下列贸易及非贸易经营性对外支付，经营外汇业务的银行凭用户提供的支付清单先从其外汇帐户中支付或者兑付，事后核查：

（一）经国务院批准的免税品公司按照规定范围经营免税商品的进口支付；

（二）民航、海运、铁道部门（机构）支付境外国际联运费、设备维修费、站场港口使用费、燃料供应费、保险费、非融资性租赁费及其他服务费用；

（三）民航、海运、铁道等部门（机构）支付国际营运人员伙食、津贴补助；

（四）邮电部门支付国际邮政、电信业务费用。

第十五条　境内机构下列对外支付用汇，由外汇局审核其真实性后，从其外汇帐户中支付或者到外汇指定银行兑付：

（一）超过本规定第十三条（四）规定比例和金额的预付货款；

（二）超过本规定第十三条（六）规定比例和金额的佣金；

（三）转口贸易项下先支后收的对外支付；

（四）偿还外债利息；

（五）超过等值1万美元的现钞提取。

第十六条　境内机构偿还境内中资金融机构外汇贷款利息，持《外汇（转）贷款登记证》、借贷合同及债权人的付息通知单，从其外汇帐户中支付或者到外汇指定银行兑付。

第十七条　财政预算内的机关、事业单位和社会团体的非贸易非经营性用汇，按照《非贸易非经营性外汇财务管理暂行规定》办理。

第十八条　财政预算外的境内机构下列非经营性用汇，持所列有效凭证从其外汇帐户中支付或者到外汇指定银行兑付：

（一）在境外举办展览、招商、培训及拍摄影视片等用汇，持合同、境外机构的支付通知书及主管部门批准文件；

（二）对外宣传费、对外援助费、对外捐赠外汇、国际组织会费、参加国际会议的注册费、报名费，持主管部门的批准文件及有关函件；

（三）在境外设立代表处或者办事机构的开办费和年度预算经费，持主管部门批准设立该机构的批准文件和经费预算书；

（四）国家教委国外考试协调机构支付境外的考试费，持对外合同和国外考试机构的帐单或者结算通知书；

（五）在境外办理商标、版权注册、申请专利和法律、咨询服务等所需费用，持合同和发票；

（六）因公出国费用，持国家授权部门出国任务批件。

上述（一）至（六）项以外的非经营性用汇，由外汇局审核其真实性以后，从其外汇帐户中支付或者到外汇指定银行兑付。

第十九条　居民个人的因私用汇，按照《境内居民因私兑换外汇办法》和《境内居民外汇存款汇出境外的规定》办理。

第二十条　居民个人移居出境后，下列合法人民币收益，持本人身份证明和所列有效凭证到外汇局授权的外汇指定银行兑付：

（一）人民币存款利息，持人民币存款利息清单；

（二）房产出租收入的租金，持房产租赁合同和房产出租管理部门的证明；

（三）其他资产的收益，持有关的证明材料和收益清单。

第二十一条　外商投资企业外方投资者依法纳税后的利润、红利的汇出，持董事会利润分配决议书，从其外汇帐户中支付或者到外汇指定银行兑付。

外商投资企业中外籍、华侨、港澳台职工依法纳税后的人民币工资及其他正当收益，持证明材料到外汇指定银行兑付。

第二十二条　按照规定应当以外币支付的股息，依法纳税后持董事会利润分配决议书从其外汇帐户中支付或者到外汇指定银行兑付。

第二十三条　驻华机构及来华人员的合法人民币收入，需汇出境外时，持证明材料和收费清单到外汇局授权的外汇指定银行兑付。

第二十四条　驻华机构及来华人员从境外携入或者在境内购买的自用物品、设备、用具等，出售后所得人民币款项，需汇出境外时，持工商登记证或者本人身份证明和出售凭证到外汇局授权的外汇指定银行兑付。

第二十五条　临时来华的外国人、华侨、港澳台同胞出境时未用完的人民币，可以凭本人护照、原兑换水单（有效期为 6 个月）兑回外汇，携出境外。

第三章　资本项目下的结汇、售汇与付汇

第二十六条　境内机构资本项目下的外汇应当在经营外汇业务的银行开立外汇帐户。

第二十七条　境内机构下列范围内的外汇，未经外汇局批准，不得结汇：

（一）境外法人或自然人作为投资汇入的外汇；

（二）境外借款及发行外币债券、股票取得的外汇；

（三）经国家外汇管理局批准的其他资本项目下外汇收入。

除出口押汇外的国内外汇贷款和中资企业借入的国际商业贷款不得结汇。

第二十八条　境内机构向境外出售房地产及其他资产收入的外汇，除本规定第十条限定的数额外应当卖给外汇指定银行。

第二十九条　境内机构偿还境内中资金融机构外汇贷款本金，持《外汇（转）贷款登记证》、借贷合同及债权机构的还本通知单，从其外汇帐户中支付或者到外汇指定银行兑付。

第三十条　境内机构资本项目下的下列用汇，持所列有效凭证向外汇局申请，凭外汇局的核准件从其外汇帐户中支付或者到外汇指定银行兑付：

（一）偿还外债本金，持《外债登记证》、借贷合同及债权机构还本通知单；

（二）对外担保履约用汇，持担保合同、外汇局核发的《外汇担保登记证》及境外机构支付通知；

（三）境外投资资金的汇出，持国家主管部门的批准文件和投资合同；

（四）外商投资企业的中方投资者经批准需以外汇投入的注册资金，持国家主管部门的批准文件和合同。

第三十一条　外商投资企业的外汇资本金的增加、转让或者以其他方式处置，持董事会决议，经外汇局核准后，从其外汇帐户中支付或者持外汇局核发的售汇通知单到外汇指定银行兑付：

投资性外商投资企业外汇资本金在境内投资及外方所得利润在境内增资或者再投资，持外汇局核准件办理。

第四章　结汇、售汇及付汇的监管

第三十二条　外商投资企业可以在外汇指定银行办理结汇和售汇，也可以在外汇调剂中心买卖外汇，其他境内机构、居民个人、驻华机构及来华人员只能在外汇指定银行办理结汇和售汇。

第三十三条　从外汇帐户中对外支付时，经营外汇业务的银行应当根据规定的外汇帐户收支范围及本规定第二、三章相应的规定进行审核，办理支付。

第三十四条　外汇指定银行办理售汇和付汇后，应当在相应的有效凭证和有效商业单据上签章后留存备查。

第三十五条　外汇指定银行应当根据中国人民银行每日公布的人民币汇率中间价和规定的买卖差价幅度，确定对客户的外汇买卖价格，办理结汇和售汇业务。

第三十六条　从外汇帐户中支付或者购汇支付，应当在有关结算方式或者合同规定的日期办理，不得提前对外付款；除用于还本付息的外汇和信用证/保函保证金外，不得提前购汇。

第三十七条　为使有远期支付合同或者偿债协议的用汇单位避免汇率风险，外汇指定银行可以按照有关规定为其办理人民币与外币的远期买卖及其他保值业务。

第三十八条　易货贸易项下进口，未经外汇局批准，不得购汇或者从外汇帐户支付。

第三十九条　经营外汇业务的银行应当按照规定向外汇局报送结汇、售汇及付汇情况报表。外汇指定银行应当建立结售汇内部监管制度，遇有结售汇异常情况，应当及时向国家外汇管理局当地分支局报告。

第四十条　境内机构应当在其注册地选择经营外汇业务的银行开立外汇帐户、按照本规定办理结汇、购汇、付汇业务。境内机构在异地和境外开立外汇帐户，应当向外汇局申请。外商投资企业经常项下的外汇收入，经批准可以在注册地选择经营外汇业务的银行开立外汇结算帐户。

第四十一条　经营外汇业务的银行和有结汇、购汇、付汇业务的境内机构，应当无条件接受外汇局的监督、检查，并出示、提供有关材料。对违反本规定的，外汇局可对其处以警告、没收违法所得、罚款的处罚；对违反本规定，情节严重的经营外汇业务的银行，外汇局可对其处于暂停结售汇业务的处罚。

第五章　附　则

第四十二条　本规定由国家外汇管理局负责解释。

第四十三条　本规定自1996年7月1日起施行。1994年3月26日发布的《结汇、售汇及付汇管理暂行规定》同时废止。其他规定与本规定相抵触的，以本规定为准。

境内外汇划转管理暂行规定

第一条 为规范境内外汇划转行为，根据 《中华人民共和国外汇管理条例》第七条的规定，特制定本规定。

第二条 本规定所称"外汇划转"是指境内机构之间通过经营外汇业务的金融机构（以下简称"金融机构"）办理的外汇汇款、转帐等行为。

第三条 国家外汇管理局及其分、支局（以下简称"外汇局"）为境内外汇划转的管理机关。

第四条 境内机构之间的外汇划转，应当遵守本规定。境内金融机构之间的外汇拆借、资金清算等外汇划转，由国家外汇管理局另行规定。

第五条 除本规定第六、七、八条所列情况外，任何单位和个人不得在境内以外币计价结算，金融机构不得为其办理外汇划转手续。国家外汇管理局另有规定的，按照规定办理。①

第六条 下列情况，境内机构应当持规定的有效凭证和商业单据，向金融机构申请。金融机构应当在审核规定的有效凭证和商业单据后办理外汇划转手续：

（一）代理出口项下委托方为外商投资企业或者允许保留外汇收入的其他境内机构的，代理方应当在收汇后，持正本代理协议、出口合同、有效凭证和商业单据、委托方的《外商投资企业外汇登记证》（复印件）或者《外汇帐户使用证》（复印件），向金融机构申请。金融机构应当在审核规定的有效凭证和商业单据后办理外汇划转手续，并在汇款附言中注明"贸易，出口收汇，原币划转"字样、收汇日期及金额；

（二）代理进口项下委托方为外商投资企业或者允许保留外汇收入的其他境内机构的，委托方应当持正本代理协议、《外商投资企业外汇登记证》或者《外汇帐户使用证》向金融机构申请；

（三）利用国际贷款国际招标中标项下，发标方和中标方均为境内机构的，发标方向中标方支付工程款项应当持中标合同、中标证明；

（四）经营进出口业务的境内机构从其外汇帐户中向境内保险机构、运输机构支付涉外保险费、运输费，持进出口合同、正本保险费、运输费收据；

（五）境内保险机构向境内机构支付理赔款，持进出口合同、正本保险单据；

（六）偿还境内中资金融机构外汇贷款本息，持借款合同、还本付息通知单、《外汇（转）贷款登记证》；

（七）境内机构向境内中资金融机构偿还外债转贷款本息，持《外债登记证》或者《外汇（转）贷款登记证》、转贷合同、还本付息通知单及外汇局核发的"还本付息核准件"；②

（八）境内机构向境内融资租赁公司支付外汇租金，持租赁合同、《外汇（转）贷款登记证》；

---

① 保险公司及其分支机构境内外汇划转内容已经《国家外汇管理局、中国保险监督管理委员会关于发布实施〈保险业务外汇管理暂行规定〉的通知》（汇发〔2002〕95 号）第二十二条修改。

② 已经《国家外汇管理局关于完善外商直接投资外汇管理工作有关问题的通知》（汇发〔2003〕30 号）调整。

（九）外商投资企业办理本企业外汇结算帐户间、在各自最高金额内的外汇划转和外汇资本金帐户间外汇划转，持《外商投资企业外汇登记证》和外汇局核定外汇结算帐户最高金额核准件；用于对外支付的，还应当提供对外支付的有效凭证和有效商业单据；

（十）外方投资者作为投资汇入或者携入的外汇资金从其临时外汇帐户中转入外商投资企业的外汇资本金帐户的，持《外商投资企业外汇登记证》、经贸部门的批准文件和工商行政管理部门的营业执照。

第七条　下列情况，境内机构应当持规定的资料向外汇局申请；金融机构凭外汇局的核准件为其办理外汇划转手续：

（一）投资性外商投资企业在境内投资的，持注册会计师事务所的验资报告，新投资企业的批准文件及营业执照，经批准的合同、章程，《外商投资企业外汇登记证》和外汇局要求的其他资料；

（二）投资性外商投资企业所投资的企业将其外汇利润汇回投资性外商投资企业的，持《外商投资企业外汇登记证》、董事会利润分配决议书和完税证明；

（三）外商投资企业外方投资者以外汇利润在境内再投资的，持注册会计师事务所的验资报告、年度财务查帐报告、董事会利润分配决议书、完税证明、外方投资者对利润进行再投资的确认件、《外商投资企业外汇登记证》和外汇局要求的其他资料；

（四）外商投资企业外方投资者所得外汇利润在境内其他企业增资的，持注册会计师事务所的验资报告、年度财务查帐报告、董事会利润分配决议书、完税证明、外方投资者对以利润增资的确认件、原项目审批部门的批准文件、《外商投资企业外汇登记证》和外汇局要求的其他资料；

（五）外商投资企业中、外方投资者所得外汇利润在该企业内增资的，持董事会利润分配决议书、完税证明、中外方投资者对以利润增资的确认件、原项目审批部门的批准文件、《外商投资企业外汇登记证》和外汇局要求的其他资料；

（六）外商投资企业注册资本转让给其他境内机构的，持注册会计师事务所的验资报告、董事会决议书、完税证明、原项目审批部门的批准文件、转让协议、《外商投资企业外汇登记证》和外汇局要求的其他资料；

（七）外商投资企业的中方投资者的注册资本，经批准以外汇投入的，持国家主管部门的批准文件，该企业的合同、章程。

第八条　下列情况，境内机构应当持《外汇帐户使用证》和相关资料，向金融机构申请，金融机构应当按照外汇局核定的外汇帐户收支范围为其办理外汇划转手续：

（一）经海关批准的免税店向其总公司划转货款；

（二）邮电部门国际邮政汇兑业务的国内转汇款；

（三）船务代理公司向国内有关口岸分代理转汇或者划转备用金；分代理向总代理退汇备用金余额；

（四）经营国际海运航线业务的海运总公司对其所属公司用于船舶营运所需备用金的调拨和所属公司上划运费。

第九条　境内机构违反本规定进行境内外汇划转的，由外汇局根据《中华人民共和国外汇管理条例》第四十五条的规定进行处罚；构成犯罪的，依法追究刑事责任。

第十条　金融机构办理境内外汇划转中未按照本规定审核有效凭证和商业单据的，由外汇局根据《中华人民共和国外汇管理条例》第四十五条的规定从重处罚。

第十一条　本规定由国家外汇管理局负责解释。

第十二条　本规定自 1997 年 10 月 15 日起施行。

国家外汇管理局关于境外机构境内外汇账户管理有关问题的通知

国家外汇管理局各省、自治区、直辖市分局、外汇管理部，深圳、大连、青岛、厦门、宁波市分局；各中资外汇指定银行：

为规范境外机构境内外汇账户的开立、使用等行为，促进贸易投资便利化，防范金融风险，根据《中华人民共和国外汇管理条例》相关规定，现就有关问题通知如下。

一、本通知所称境外机构是指在境外（含香港、澳门和台湾地区）合法注册成立的机构。所称境内银行是指依法具有吸收公众存款、办理国内外结算等业务经营资格的境内中资和外资银行。

本通知所称境外机构境内外汇账户，不包括境外机构境内离岸账户（境外机构按规定在依法取得离岸银行业务经营资格的境内银行离岸业务部开立的账户）。

二、境外机构和境内银行应当按照本通知规定，开立、使用外汇账户，办理外汇收支业务，并遵守国家有关法律、法规等规定。

三、境内银行为境外机构开立外汇账户，应当审核境外机构在境外合法注册成立的证明文件等开户资料。证明文件等开户资料为非中文的，还应同时提供对应的中文翻译。除国家外汇管理局另有规定外，不需经国家外汇管理局及其分支局（以下简称外汇局）批准。

境外机构境内外汇账户户名应与其在境外合法注册成立的证明文件（或对应的中文翻译）记载的名称一致。

四、境内银行为境外机构开立外汇账户时，应当在外汇账户前统一标注 NRA（NON-RESIDEN-TACCOUNT），即 NRA+外汇账户号码，并自行对境外机构中银行和非银行机构进行区别，以使与该外汇账户发生资金往来的境内收付款方及其收付款银行，能够准确判断该外汇账户为境外机构境内外汇账户。

本通知实施之日起 18 个月内，境内银行应当完成前款境外机构境内外汇账户统一标注 NRA 内部系统调整以及本通知发布前已开立境外机构境内外汇账户统一标注 NRA 等工作。

境内银行应按照《国家外汇管理局、国家质量检验检疫总局关于下发国际收支统计申报中特殊机构赋码业务操作规程的通知》（汇发［2003］131 号）等规定，为开立外汇账户的境外机构申领特殊机构代码，向外汇局办理境外机构基本信息登记，并通过外汇账户管理信息系统向外汇局报送境外机构境内外汇账户开户、余额和收支明细信息。境外银行在境内银行开立的同业存款等外汇账户，不适用本款规定。

五、境内机构和境内个人与境外机构境内外汇账户之间的外汇收支，按照跨境交易进行管理。境内银行应当按照跨境交易外汇管理规定，审核境内机构和境内个人有效商业单据和凭证后办理。

境内银行完成 NRA 标注前，境外机构境内外汇账户向境内机构和境内个人支付的，汇款银行应在汇款指令交易附言中注明 NRAPAYMENT，以使收款银行判断该项资金来源于境外机构境内外汇账户。境内机构和境内个人向境外机构境内外汇账户支付的，除按规定提供有效商业单据和凭证外，还应向汇款银行提供收款外汇账户性质证明材料；汇款银行如因提供的收款外汇账户性质证明材料不明等原因而无法明确该外汇账户性质，应当向收款银行书面征询该外汇账户性质，收款银行应当书面回复确认。

六、境外机构境内外汇账户从境内外收汇、相互之间划转、与离岸账户之间划转或者向境外支付，境内银行可以根据客户指令等直接办理，但国家外汇管理局另有规定除外。

七、通过境外机构境内外汇账户与境外、境内之间发生的资金收支，以及由此产生的账户余额变动，均应当按照有关规定办理国际收支统计申报。

八、未经注册所在地国家外汇管理局分局、管理部批准，不得从境外机构境内外汇账户存取外币现钞，不得直接或者变相将该外汇账户内资金结汇。

九、境外机构境内外汇账户资金余额，除国家外汇管理局另有规定外，应当纳入境内银行短期外债指标管理，以其作为境内机构从境内银行获得贷款的质押物的，按照境内贷款项下境外担保外汇管理规定办理。

十、境内银行办理境外机构境内外汇账户有关业务，应当遵守有关大额和可疑交易报告等反洗钱法律、行政法规、部门规章等的规定。

十一、境外机构和境外个人在依法取得离岸银行业务经营资格的境内银行离岸业务部开立离岸账户、该离岸账户和境内之间的外汇收支，严格按照《离岸银行业务管理办法》（银发〔1997〕438 号）及其实施细则等有关规定办理。

十二、合格境外机构投资者外汇账户、外国投资者专用外汇账户、境外机构 B 股外汇账户、具有外交豁免权的外国（地区）驻华使领馆或者国际组织驻华代表机构境内外汇账户等开立、使用和关闭，国家外汇管理局已有规定的，从其规定；没有规定的，按照本通知规定办理，包括标注 NRA 等。

十三、违反本通知规定的，由外汇局依照《中华人民共和国外汇管理条例》等外汇管理规定予以处罚。

十四、本通知自 2009 年 8 月 1 日起施行，但通过外汇账户管理信息系统向外汇局报送境外机构境内外汇账户开户、余额和收支明细信息的规定除外，其具体实施时间由国家外汇管理局另行通知。

本通知由国家外汇管理局解释。

各分局、外汇管理部接到本通知后，应尽快转发辖内中心支局、支局和外汇指定银行。执行中遇到问题，请及时向国家外汇管理局综合司反馈。

电话：68402429、68402129

传真：68402430

二〇〇九年七月十三日

境外外汇帐户管理规定

第一条 为完善对境内机构境外外汇帐户的管理，根据《中华人民共和国外汇管理条例》和《结汇、售汇及付汇管理规定》，特制定本规定。

第二条 境内机构境外外汇帐户的开立、使用及撤销的管理适用本规定。

第三条 国家外汇管理局及其分局（以下简称"外汇局"）为境外外汇帐户的管理机关。

第四条 境内机构符合下列条件的，可以申请在境外开立外汇帐户：

（一）在境外有经常性零星收入，需在境外开立外汇帐户，将收入集整后汇回境内的；

（二）在境外有经常性零星支出，需在境外开立外汇帐户的；

（三）从事境外承包工程项目，需在境外开立外汇帐户的；

（四）在境外发行外币有价证券，需在境外开立外汇帐户的；

（五）因业务上特殊需要必须在境外开立外汇帐户的。

第五条 境内机构在境外开立外汇帐户，应当持下列文件和资料向外汇局申请：

（一）由境内机构法人代表或者其授权人签署并加盖公章的申请书。申请书应当包括开户理由、币别、帐户最高金额、用途、收支范围、使用期限、拟开户银行及其所在地等内容；

（二）工商行政管理部门颁发的营业执照正本及其复印件；

（三）境外帐户使用的内部管理规定；

（四）外汇局要求提供的其他文件和资料。

从事境外承包工程业务的，除提供上述文件和资料外，还应当提供有关项目合同；外商投资企业在境外开立外汇帐户的，除提供上述文件和资料外，还应当提供《外商投资企业外汇登记证》和注册会计师事务所验证的注册资本金已全部到位的验资证明。

第六条 外汇局应当自收到前条规定的文件和资料起 30 个工作日内予以答复。

第七条 经外汇局批准后，境内机构方可在境外开立外汇帐户。

第八条 境内机构应当以自己名义在境外开立外汇帐户。未经外汇局批准不得以个人或者其他法人名义在境外开立外汇帐户。

第九条 境内机构应当选择其外汇收支主要发生国家或者地区资信较好的银行开立境外外汇帐户。

第十条 境内机构应当在开立境外外汇帐户后 30 个工作日内，持境外外汇帐户开户银行名称、帐号、开户人名称等资料到外汇局备案。

第十一条 境内机构通过境外外汇帐户办理资金的收付，应当遵守开户所在国或者地区的规定，并对境外外汇帐户资金安全采取切实有效的管理措施。

第十二条 境内机构应当按照外汇局批准的帐户收支范围、帐户最高金额和使用期限使用境外外汇帐户，不得出租、出借、串用境外外汇帐户。

第十三条 境内机构变更境外外汇帐户的开户行、收支范围、帐户最高金额和使用期限等内容的，应当事先向外汇局申请，经批准后，方可变更。

　　第十四条　境内机构应当在境外外汇帐户使用期限到期后 30 个工作日内，将境外外汇帐户的银行销户通知书报外汇局备案，余额调回境内，并提供帐户清单；需要延期使用的，应当在到期前 30 个工作日内向外汇局提出书面申请，经外汇局批准后，方可继续使用。

　　第十五条　境内机构应当保存其境外外汇帐户完整的会计资料。境内机构应当在每季度初 15 个工作日内向外汇局提供开户银行上季度对帐单复印件；每年 1 月 30 日前向外汇局提供上年度资金使用情况书面说明。

　　第十六条　境内机构有下列行为之一的，由外汇局责令改正，撤销境外外汇帐户，通报批评，并处以 5 万元人民币以上 30 万元人民币以下的罚款：

　　（一）违反本规定第七、十四条的规定，未经批准擅自开立或者延期使用境外外汇帐户的；

　　（二）违反本规定第八条的规定，擅自以他人名义开立境外外汇帐户的；

　　（三）违反本规定第十二、十三条的规定，出租、出借、串用境外外汇帐户的，擅自改变境外外汇帐户开户行、收支范围、最高金额的；

　　（四）违反本规定第五、十、十三、十四、十五条的规定，提供虚假文件和资料的；

　　（五）违反本规定第十、十四、十五条的规定，未向外汇局提供文件和资料的；

　　（六）其他违反本规定的行为。

　　第十七条　金融机构在境外开立外汇帐户不适用本规定。

　　第十八条　本规定由国家外汇管理局负责解释。

　　第十九条　本规定自 1998 年 1 月 1 日起施行。1989 年 1 月 7 日国家外汇管理局发布的《关于外商投资企业境外外汇帐户的管理规定》同时废止。

境内外汇帐户管理规定

第一章 总 则

第一条 为规范外汇帐户的开立和使用，加强外汇帐户的监督管理，根据《中华人民共和国外汇管理条例》和《结汇、售汇及付汇管理规定》，特制定本规定。

第二条 国家外汇管理局及其分、支局（以下简称外汇局）为外汇帐户的管理机关。

第三条 境内机构、驻华机构、个人及来华人员开立、使用、关闭外汇帐户适用本规定。开户金融机构应当按照本规定办理外汇帐户的开立、关闭手续并监督收付。

第四条 本规定下列用语的含义：

"开户金融机构"是指经批准经营外汇业务的银行和非银行金融机构。

"外汇帐户"是指境内机构、驻华机构、个人及来华人员以可自由兑换货币在开户金融机构开立的帐户。

第五条 境内机构、驻华机构一般不允许开立外币现钞帐户。个人及来华人员一般不允许开立用于结算的外汇帐户。

第二章 经常项目外汇帐户及其开立、使用

第六条 下列经常项目外汇，可以开立外汇帐户保留外汇：

（一）经营境外承包工程、向境外提供劳务、技术合作的境内机构，在其业务项目进行过程中发生的业务往来外汇；

（二）从事代理对外或者境外业务的境内机构代收代付的外汇；

（三）境内机构暂收待付或者暂收待结项下的外汇，包括境外汇入的投标保证金、履约保证金、先收后支的转口贸易收汇、邮电部门办理国际汇兑业务的外汇汇兑款、铁路部门办理境外保价运输业务收取的外汇、海关收取的外汇保证金、抵押金等；

（四）经交通部批准从事国际海洋运输业务的远洋运输公司，经外经贸部批准从事国际货运的外运公司和租船公司的业务往来外汇；

（五）保险机构受理外汇保险、需向境外分保以及尚未结算的保费；

（六）根据协议规定需用于境外支付的境外捐赠、资助或者援助的外汇；

（七）免税品公司经营免税品业务收入的外汇；

（八）有进出口经营权的企业从事大型机电产品出口项目，其项目总金额和执行期达到规定标准的，或者国际招标项目过程中收到的预付款及进度款；

（九）国际旅行社收取的、国外旅游机构预付的、在外汇局核定保留比例内的外汇。

　　（十）外商投资企业在外汇局核定的最高金额以内的经常项目项下外汇；

　　（十一）境内机构用于偿付境内外外汇债务利息及费用的外汇；

　　（十二）驻华机构由境外汇入的外汇经费；

　　（十三）个人及来华人员经常项目项下收入的外汇；

　　（十四）境内机构经外汇局批准允许保留的经常项目项下的其他外汇。

　　第七条　境内机构按照本规定第六条（一）至（十）及（十四）规定开立的外汇帐户，其收入为来源于经常项目的外汇，支出用于经常项目支出或者经外汇局批准的资本项目支出。

　　第八条　驻华机构按照本规定第六条（十二）开立的外汇帐户，其收入来源于境外汇入的办公经费，支出用于办公费用。

　　第九条　个人及来华人员按照本规定第六条（十三）开立个人外汇或者外币现钞存款帐户。

　　第十条　境内机构开立经常项目外汇帐户应当经外汇局批准。

　　第十一条　境内机构（外商投资企业除外）应当持下列材料向外汇局申请开户，并填写《国家外汇管理局开立外汇帐户批准书》（附表一），经批准后在中资开户金融机构开立外汇帐户，开户后5 日内凭开户回执向外汇局领取《外汇帐户使用证》（附表二）：

　　（一）申请开立外汇帐户的报告；

　　（二）根据开户单位性质分别提供工商行政管理部门颁发的营业执照或者民政部门颁发的社团登记证或者国家授权机关批准成立的有效批件；

　　（三）国务院授权机关批准经营业务的批件；

　　（四）外汇局要求提供的相应合同、协议或者其他有关材料。

　　中资开户金融机构为境内机构开立外汇帐户后，应当在开户回执上注明帐号、币种和开户日期，并加盖该金融机构戳记。

　　第十二条　外商投资企业开立经常项目下外汇帐户应当持申请开立外汇帐户的报告、《外商投资企业外汇登记证》向外汇局申请，持外汇局核发的"开户通知书"和《外商投资企业外汇登记证》到开户金融机构办理开户手续。开户金融机构为外商投资企业开立外汇帐户后，应当在《外商投资企业外汇登记证》相应栏目中注明帐号、币种和开户日期，并加盖该金融机构戳记。

　　第十三条　境内机构申请开户时，外汇局应当根据外汇帐户的用途，规定帐户的收支范围、使用期限及相应的结汇方式或者核定最高金额，并在《外汇帐户使用证》或者《外商投资企业外汇登记证》中注明。

　　第十四条　驻华机构应当持有关部门批准设立机构的文件及工商登记证到外汇局登记备案，领取《驻华机构外汇帐户备案表》（附表三）后，凭《驻华机构外汇帐户备案表》到开户银行办理开户手续。

　　第十五条　个人及来华人员外汇或者外币现钞存取自由，对于超过等值 1 万美元以上的大额外币现钞存取，应当向开户银行提供身份证或者护照，开户银行应当逐笔登记备案。

　　第十六条　境内机构、驻华机构开立的经常项目外汇帐户，应当按照《外汇帐户使用证》、《外商投资企业外汇登记证》或者《驻华机构外汇帐户备案表》规定的收支范围办理收付。

　　第十七条　外商投资企业经常项目外汇收入进入外汇结算帐户的，在外汇局核定的最高金额内保留外汇；超过最高金额的外汇，应当卖给外汇指定银行或者通过外汇调剂中心卖出。开户金融机构收到外商投资企业超过外汇结算帐户最高金额的经常项目外汇，可以暂时予以入帐，同时通知外商投资企业在 5 个工作日内办理结汇或者通过外汇调剂中心卖出。逾期不办理的，开户金融机构应当抄报当地外汇局，由外汇局责令强制结汇。外汇局根据外商投资企业实投资本和经常项目外汇资金周转的需要，调整核定外汇结算帐户最高金额的原则。

　　第十八条　其他境内机构应当按照《外汇帐户使用证》规定的结汇方式办理外汇帐户内资金的

结汇。

第十九条 开户金融机构应当制定外汇开证保证金帐户统一管理办法，报外汇局备案，并根据风险控制的需要按照报备的管理办法为境内机构开立外汇开证保证金帐户。外汇开证保证金帐户不得用于其他任何用途。

第三章 资本项目外汇帐户及其开立、使用

第二十条 下列资本项目外汇，可以开立外汇帐户保留外汇：
（一）境内机构借用的外债、外债转贷款和境内中资金融机构的外汇贷款；
（二）境内机构用于偿付境内外外汇债务本金的外汇；
（三）境内机构发行股票收入的外汇；
（四）外商投资企业中外投资方以外汇投入的资本金；
（五）境外法人或者自然人为筹建外商投资企业汇入的外汇；
（六）境内机构资产存量变现取得的外汇；
（七）境外法人或者自然人在境内买卖B股的外汇；
（八）经外汇局批准的其他资本项目下的外汇。

第二十一条 按照本规定第二十条（一）开立的贷款专户，其收入为外债、外债转贷款或者外汇贷款的合同款；支出用于贷款协议规定的用途。

第二十二条 按照本规定第六条（十一）、第二十条（二）开立的还贷专户，其收入为经批准用人民币购买的外汇、经批准的贷款专户转入的资金及经批准保留的外汇收入；支出用于偿还债务本息及相关费用。

第二十三条 按照本规定第二十条（三）开立的外币股票专户，其收入为外币股票发行收入，支出用于经证券监督管理部门批准的招股说明书规定的用途。

第二十四条 按照本规定第二十条（四）开立的外商投资企业外汇资本金帐户，其收入为外商投资企业中外投资方以外汇投入的资本金；支出为外商投资企业经常项目外汇支出和经外汇局批准的资本项目外汇支出。

第二十五条 按照本规定第二十条（五）开立的临时专户，其收入为境外法人或者自然人为筹建外商投资企业汇入的外汇；支出为筹建外商投资企业的开办费用及其他相关费用。企业成立后，临时帐户的资金余额可以转为外商投资款划入企业资本金帐户。如果企业未成立，经外汇局核准资金可以汇出境外。①

第二十六条 按照本规定第二十条（六）开立的外汇帐户，其收入为境内机构转让现有资产收入的外汇；支出为经批准的资金用途。

第二十七条 按照本规定第二十条（七）开立的外汇帐户，其收入为境外法人或者自然人买卖股票收入的外汇和境外汇入或者携入的外汇，支出用于买卖股票。

第二十八条 开立资本项目外汇帐户（按照本规定第二十条（七）开立的外汇帐户除外）应当持开立外汇帐户的申请报告和其他相关文件向外汇局申请，经批准后持外汇局核发的"开户通知书"到开户金融机构办理开户手续：②
（一）境内机构开立贷款专户和还贷专户，持借款合同正本、外债登记凭证或者《外汇（转）

---

① 国内外汇贷款专用帐户的开立、变更和撤销部分已经《国家外汇管理局关于实施国内外汇贷款外汇管理方式改革的通知》（汇发〔2002〕125号）第四条修改。
② 已经《国家外汇管理局关于完善外商直接投资外汇管理工作有关问题的通知》（汇发〔2003〕30号）调整。

贷款登记证》向外汇局申请。

（二）境内机构申请开立股票专户，持证券监督管理部门批准的招股说明书等材料向外汇局申请。

（三）外商投资企业申请开立资本金帐户，持《外商投资企业外汇登记证》和其他材料，向外汇局申请。

（四）境外法人或者自然人申请开立临时专户，持汇款凭证和签订的投资意向书，向外汇局申请。

（五）境内机构按照本规定第二十条。

（六）开立的外汇帐户，持有权批准机构的批准转让文件、转让协议、资金使用计划等文件向外汇局申请。

第二十九条　境外法人或者自然人按照本规定第二十条(七) 开立的 B 股帐户，持境外机构法人资格证明或者境外个人身份证明直接到证券公司开户。

第三十条　境内机构申请开立资本项目外汇帐户时，外汇局应当规定外汇帐户的收支范围、使用期限和核定帐户最高金额，并在"开户通知书"中注明。

第三十一条　开户金融机构为外商投资企业开立资本项目外汇帐户后，应当在《外商投资企业外汇登记证》相应栏目中注明帐号、币种和开户日期，并加盖该金融机构戳记。

第三十二条　境内机构可以根据贷款协议中规定的用途使用贷款专户资金，不需经外汇局批准。还贷专户的资金余额不得超过最近两期偿还本息总额，支出应当逐笔报外汇局审批。

第三十三条　境内机构通过还贷专户偿还外债、外债转贷款本息及费用，应当持外债登记凭证、债权人还本付息通知单，提前 5 个工作日向所在地外汇局申请，领取"还本付息核准件"。开户金融机构凭外汇局核发的"还本付息核准件"办理支付手续。

第三十四条　境内机构通过还贷专户偿还境内中资金融机构外汇贷款本息及费用，可以持《外汇（转）贷款登记证》、债权人还本付息通知单、借款合同直接到开户金融机构办理。

第三十五条　境内机构资本项目外汇帐户内资金转换为人民币，应当报外汇局批准；境外法人或者自然人按照第二十条(七) 开立的外汇帐户内的资金，不得转换为人民币使用。

第四章　外汇帐户的监管

第三十六条　境内机构、驻华机构应当向注册地外汇局申请开户。需要在境内其他地区开立外汇帐户的，按照以下规定办理：

（一）外商投资企业应当向注册地外汇局提出申请，凭注册地外汇局核发的"开户通知书"到开户地外汇局备案，经开户地外汇局审核并加盖戳记后，到开户金融机构办理手续；

（二）其他境内机构按照本规定开立的经常项目外汇帐户，凭注册地外汇局的批准文件及有关材料向开户地外汇局申请，由开户地外汇局核发《开立外汇帐户批准书》及《外汇帐户使用证》；

（三）其他境内机构按照本规定开立的资本项目外汇帐户，凭注册地外汇局核发的"开户通知书"到开户地外汇局备案，经开户地外汇局审核并加盖戳记后，到开户金融机构开立外汇帐户；

（四）驻华机构应当分别向注册地和开户地外汇局领取《驻华机构外汇帐户备案表》。

第三十七条　境内机构、驻华机构如需变更《外汇帐户使用证》、《外商投资企业外汇登记证》或者《驻华机构外汇帐户备案表》"开户通知书"中外汇帐户相关内容的，应当持有关材料向外汇局提出申请，办理变更手续。

第三十八条　境内机构、驻华机构如需关闭外汇帐户，应当在办理清户手续后 10 个工作日内将开户金融机构关闭帐户的证明及《外汇帐户使用证》、外债登记凭证、《外商投资企业外汇登记证》

或者《驻华机构外汇帐户备案表》送交外汇局，办理关闭帐户手续。境内机构关闭外汇帐户后，其外汇帐户余额属于外商投资者所有的或者经批准可以保留的，可以转移或者汇出；其余外汇应当全部结汇。驻华机构关闭外汇帐户后，其外汇帐户余额可以转移或者汇出。

第三十九条　外汇局对境内机构及驻华机构的外汇帐户实行年检制度。

第四十条　开户金融机构应当根据外汇局要求向所在地外汇局报送外汇帐户变动情况。

第四十一条　凡应当撤销的外汇帐户、由外汇局对开户金融机构及开户单位下达《撤销外汇帐户通知书》，并按照规定对该外汇帐户余额做出明确处理，限期办理撤户手续。

第四十二条　境内机构、驻华机构应当按照本规定申请和办理开户手续，并按照外汇局核定的收支范围、使用期限、最高金额使用外汇帐户。不得擅自开立外汇帐户；不得出租、出借或者串用外汇帐户；不得利用外汇帐户代其他单位或者个人收付、保存或者转让外汇；不得将单位外汇以个人名义私存；不得擅自超出外汇局核定的使用期限、最高金额使用外汇帐户。

第四十三条　开户金融机构应当按照本规定为境内机构、驻华机构、个人及来华人员办理帐户的开立、收付及关闭手续，监督开户单位及个人对其外汇帐户的使用。不得擅自为境内机构、驻华机构、个人及来华人员开立外汇帐户或者超范围办理帐户收付。

第四十四条　境内机构、驻华机构、个人及来华人员有下列违反外汇帐户管理规定行为的，由外汇局责令改正，撤销外汇帐户，通报批评，并处 5 万元以上 30 万元以下的罚款：

（一）擅自在境内开立外汇帐户；

（二）出借、串用、转让外汇帐户；

（三）擅自改变外汇帐户使用范围；

（四）擅自超出外汇局核定的外汇帐户最高金额、使用期限使用外汇帐户；

（五）违反其他有关外汇帐户管理规定。

第四十五条　开户金融机构擅自为境内机构、驻华机构、个人及来华人员开立外汇帐户，擅自超过外汇局核定内容办理帐户收付或者违反其他外汇帐户管理规定，由外汇局责令改正，通报批评，并处 10 万元以上 30 万元以下的罚款。

第五章　附　则

第四十六条　境内持有工商营业执照的外资非法人经济组织外汇帐户的开立、使用，按照本规定有关外商投资企业条款办理。

第四十七条　以下情况不适用本办法：

（一）金融机构同业外汇存款帐户。

（二）具有外交豁免权的外国使领馆、国际组织驻华代表机构在境内开立的外汇帐户。

第四十八条　本规定由国家外汇管理局负责解释。

第四十九条　本规定自 1997 年 10 月 15 日起施行。中国人民银行 1994 年 4 月 1 日发布的《外汇帐户管理暂行办法》、国家外汇管理局 1994 年 5 月 30 日发布的《关于〈外汇帐户管理暂行办法〉有关问题的通知》、1994 年 6 月 22 日发布的《外债、外汇（转）贷款还本付息开立帐户操作规程》、1996 年 6 月 28 日发布的《外商投资企业境内外汇帐户管理暂行办法》同时废止。

第二编　经常项目类政策法规

国家外汇管理局关于境内机构自行保留
经常项目外汇收入的通知

国家外汇管理局各省、自治区、直辖市分局、外汇管理部，深圳、大连、青岛、厦门、宁波市分局；各中资外汇指定银行：

为进一步满足境内机构持有和使用外汇的需要，国家外汇管理局决定进一步改革经常项目外汇管理，现就有关事宜通知如下：

一、境内机构可根据经营需要自行保留其经常项目外汇收入。

二、银行在为境内机构开立外汇账户和办理外汇收支业务时，停止使用外汇账户管理信息系统的"限额管理"功能。银行应按规定向所在地外汇局报送经常项目外汇账户及外汇收支等信息。

三、国家外汇管理局各分支局、外汇管理部应加强对经常项目外汇账户收支情况的监测、分析，对违反交易真实性原则的虚假、违规外汇收支活动进行查处。

四、本通知自发布之日起执行。以前规定与本通知规定相抵触的，按本通知规定执行。

各分局、外汇管理部收到本通知后，应尽快转发至所辖支局、外资银行、城市商业银行、农村信用合作银行；各中资外汇指定银行总行收到本通知后，应尽快转发所辖分支行。

二〇〇七年八月十二日

国家外汇管理局综合司关于驻华使领馆经常项目外汇账户管理有关问题的通知

国家外汇管理局各省、自治区、直辖市分局、外汇管理部，深圳、大连、青岛、厦门、宁波市分局；各中资外汇指定银行办公室：

根据外交公约有关原则和我国外汇管理相关规定，为便利和规范驻华使领馆及外交人员的外汇收支，现将有关问题通知如下：

一、将驻华使领馆经常项目外汇账户纳入外汇账户管理信息系统进行管理，驻华使领馆经常项目外汇账户的开立、变更、关闭和使用按以下规定办理：

（一）驻华使领馆凭外交部相关批准文件等材料可直接到外汇指定银行（以下简称银行）办理经常项目外汇账户开立、变更和关闭，无需事先到外汇局进行基本信息登记。

（二）银行为驻华使领馆开立经常项目外汇账户，应先通过外汇账户信息交互平台查询驻华使领馆基本信息。对于已有驻华使领馆基本信息且与其提供材料一致的，银行可为其开立经常项目外汇账户；对于没有驻华使领馆基本信息或基本信息与提供材料不一致的，银行在为其开户后应将基本信息通过外汇账户信息交互平台报送至所在地外汇局，由所在地外汇局进行基本信息登记或变更。

（三）对于目前尚未纳入外汇账户管理信息系统的驻华使领馆经常项目外汇账户，银行应将驻华使领馆的基本信息通过外汇账户信息交互平台报送至所在地外汇局，由所在地外汇局为其进行基本信息登记。

（四）银行须按规定将驻华使领馆经常项目外汇账户开立、关闭和外汇收支数据报送至外汇局，在报送开户基本信息时，核准件编号统一填写为"N"。

二、驻华使领馆经常项目外汇账户收支范围为经常项目项下外汇收支，其收汇、结汇及购付汇按照《结汇、售汇及付汇管理规定》办理。

三、驻华使领馆外交人员办理个人购汇、结汇、存取现钞业务，凭《中华人民共和国外交部外交身份证》、《中华人民共和国外交部身份证》直接在银行办理，购汇、结汇、存取现钞不受有关限额的限制，但其购汇、结汇业务纳入个人结售汇管理信息系统进行管理。

四、银行在个人结售汇管理信息系统为驻华使领馆外交人员办理业务时，在身份证件号码填写处填写外交身份证件号，备注栏填写"外交人员"。

五、本通知自 2007 年 7 月 1 日起执行。

国家外汇管理局各分局、外汇管理部接到本通知后，应立即转发辖内支局、城市商业银行、农村商业银行、外资银行；各中资外汇指定银行应尽快转发所辖分支机构。执行中如遇问题，请及时向国家外汇管理局反馈。

二〇〇七年六月十四日

保险业务外汇管理暂行规定

第一章 总 则

第一条 为了规范中华人民共和国境内外汇保险活动，完善保险业务外汇管理，根据《中华人民共和国保险法》、《中华人民共和国外汇管理条例》和《中华人民共和国外资保险公司管理条例》，制定本暂行规定。

第二条 本暂行规定所称外汇保险，是指根据保险合同约定，支付保险费、赔偿或给付保险金均以外币计价结算的商业保险。外汇保险包括外汇财产保险、外汇人身保险和外汇再保险。

第三条 在中华人民共和国境内经营外汇保险，保险项下外汇收支、结汇、售汇、外汇账户的开立和使用等，适用本暂行规定。

第四条 保险公司及其分支机构（以下简称保险经营机构）经营外汇保险业务，应当使用外汇向投保人收取保险费、向被保险人（受益人）赔偿或给付保险金，以及进行保险合同结算。

第五条 国家外汇管理局及其分支局（以下简称外汇局）依照本暂行规定，负责核准保险经营机构外汇业务资格，对保险业务项下的外汇收支、结汇、售汇和外汇账户实施监督管理。

中国保险监督管理委员会及其派出机构（以下简称保监会）按照《保险法》等有关规定对保险经营机构外汇保险的经营活动实施监督管理。

第六条 在中华人民共和国境内从事外汇保险活动，应当遵守中国有关法律、法规以及保监会和外汇局的有关规定。

第二章 保险经营机构外汇业务的市场准入和退出管理

第七条 保险经营机构从事外汇保险等外汇业务，应当向外汇局提出申请，经外汇局核准业务资格并取得《经营外汇业务许可证》。

保险经营机构应当在核准的业务范围内经营，不得擅自经营或者超范围经营外汇业务。

《经营外汇业务许可证》是保险经营机构依法经营外汇业务的法定证明文件，由国家外汇管理局统一印制，有效期为三年。

第八条 经外汇局核准，保险经营机构可以经营下列部分或者全部外汇业务：

（一）外汇财产保险；

（二）外汇人身保险；

（三）外汇再保险；

（四）外汇海事担保；

（五）外汇投资；

（六）资信调查、咨询业务；

（七）国家外汇管理局核准的其他外汇业务。

保险经营机构从事外汇财产保险、外汇人身保险和外汇再保险，应限于保监会核准的险种；保险经营机构从事外汇投资，应限于国务院金融监督管理部门批准的投资渠道。

第九条　符合下列条件的保险公司可以申请开办外汇业务：

（一）经保监会批准从事保险业务。

（二）具有规定数额的实收外汇资本金或者实收外汇营运资金。

具有法人资格的保险公司，资本金在人民币 5 亿元以上（含 5 亿元）的，应当包括不少于 500 万美元或者其他等值外汇的实收外汇资本金；资本金在人民币 5 亿元以下的，应当具有不少于 200 万美元或者其他等值外汇的实收外汇资本金。

营运资金在人民币 5 亿元以上（含 5 亿元）的外资保险分公司应当具有不少于 500 万美元或者其他等值外汇的实收外汇营运资金；营运资金在人民币 5 亿元以下的，应当具有不少于 200 万美元或者其他等值外汇的实收外汇营运资金。

（三）具有完善的内部控制制度和资金管理制度。

（四）具有外汇局确认资格的外汇业务主管人员。

（五）遵守国家法律、法规和有关外汇管理规定，无重大违规、违纪行为发生。

（六）国家外汇管理局要求的其他条件。

第十条　保险公司应当持下列文件和资料，向所在地外汇局提出开办外汇业务申请；所在地外汇局初审合格的，逐级上报国家外汇管理局核准，并由国家外汇管理局向合格的保险公司发放《经营外汇业务许可证》：

（一）经营外汇业务的申请书及可行性报告；

（二）保监会颁发的《经营保险业务许可证》正、副本复印件；

（三）保监会批准的公司章程（外资保险分公司提供其总公司的公司章程）；

（四）会计师事务所对其外汇资本金或者外汇营运资金的验资报告（正本）；

（五）保险公司外汇业务主管人员的名单、履历及外汇局核发的从业资格证明文件；

（六）与申请外汇业务相应的内部控制制度和外汇资金管理制度；

（七）国家外汇管理局要求的其他文件和资料。

保险公司获得国家外汇管理局颁发的《经营外汇业务许可证》后，可以授权其分支机构向所在地外汇局申请开办外汇业务。

第十一条　保险公司分支机构应当持下列文件和资料，向所在地外汇局提出开办外汇业务申请；所在地外汇局初审合格后报上级外汇分局核准，由其发放《经营外汇业务许可证》。各分局应在核准保险公司分支机构经营外汇业务后一个月内向国家外汇管理局备案：

（一）所属保险公司对其经营外汇业务的授权书；

（二）开办外汇业务申请书（包括业务需求、人员配置、营业场所和设施等情况）；

（三）所属保险公司《经营保险业务许可证》和《经营外汇业务许可证》正、副本复印件；

（四）外汇业务主管人员的名单、履历及外汇局核发的从业资格证明文件；

（五）与申请外汇业务相应的内部控制制度和外汇资金管理制度；

（六）外汇局要求的其他文件和资料。

第十二条　保险经营机构可以根据业务发展的需要，持下列文件和资料，根据本暂行规定第十条或第十一条规定的程序，向外汇局申请扩大外汇业务：

（一）扩大外汇业务范围的申请书和可行性报告；

（二）《经营外汇业务许可证》有效期内的外汇业务经营和财务情况报告；

（三）《经营外汇业务许可证》正、副本复印件；

（四）新增外汇业务主管人员的名单、履历及外汇局核发的从业资格证明文件；

（五）与申请外汇业务相应的内部控制制度和外汇资金管理制度；

（六）外汇局要求的其他文件和资料。

第十三条　《经营外汇业务许可证》到期后继续经营外汇业务的保险经营机构，应当在《经营外汇业务许可证》到期三个月前持下列文件和资料，根据本暂行规定第十条或第十一条规定的程序，向外汇局申请重新核准经营外汇业务资格：

（一）继续经营外汇业务的申请书；

（二）近3年外汇业务经营和财务情况报告；

（三）会计师事务所出具的外汇资本金或者外汇营运资金的审计报告；

（四）原《经营外汇业务许可证》正、副本复印件；

（五）外汇局要求提供的其他文件和资料。

保险公司分支机构可以提供上级公司同意其继续经营外汇业务的授权书代替第（三）项要求的审计报告。

第十四条　保险经营机构终止外汇业务，应持下列文件和资料，根据本暂行规定第十条或第十一条规定的程序，向外汇局提出申请：

（一）终止外汇业务的申请书；

（二）终止外汇业务的详细说明（包括申请终止外汇业务的原因和终止外汇业务后债权债务处理措施、步骤等）；

（三）《经营外汇业务许可证》正、副本复印件；

（四）经会计师事务所审计的近3年本外币资产负债表等财务报表；

（五）董事会或者上级公司签署的同意其终止外汇业务的文件；

（六）外汇局要求的其他文件和资料。

第十五条　保险经营机构有下列情形之一的，外汇局应当终止其外汇业务，并注销或吊销其《经营外汇业务许可证》：

（一）因分立、合并或公司章程规定的解散事由出现而解散的；

（二）被保监会吊销其《经营保险业务许可证》的；

（三）被人民法院依法宣告破产的；

（四）国家法律、法规规定的其他情形。

第十六条　外汇局应当在收到保险经营机构申请开办、扩大、重新核准经营外汇业务资格的完整文件后三个月内，做出核准或者不核准的决定，并书面通知申请的保险经营机构。

经外汇局核准经营外汇业务的保险经营机构，应当自收到核准文件后一个月内到国家外汇管理局或其分局申领《经营外汇业务许可证》。过期没有申领的，外汇局的核准文件自动失效。

未经外汇局核准经营外汇业务的保险经营机构，在外汇局做出不核准决定后一年内不得申请经营外汇业务。

经外汇局核准终止外汇业务的保险经营机构，应当自收到核准文件后一个月内向原发证机关缴销其《经营外汇业务许可证》。

第三章　保险经营机构外汇业务管理

第十七条　保险公司应当按照《中华人民共和国保险法》和保监会有关规定，足额、及时提取外汇保险各项准备金，并遵守保监会制定的偿付能力监管指标和资金运用指标。

第十八条　保险公司外汇资金运用，应限于国务院规定的资金运用形式，并按规定向国家外汇管理局申请开立专门的外汇资金运用账户进行管理。

第十九条　保险公司从事外汇海事担保应遵守国家有关对外担保管理规定。

第二十条　经批准经营外汇业务的保险经营机构，可以在境内银行开立外汇经营账户，并于开户后 10 个工作日内到所在地外汇局备案。

保险公司因业务需要在境外开立外汇账户，应当经原发放《经营外汇业务许可证》的外汇局批准。保险公司的分支机构不得在境外开立外汇账户。

第二十一条　保险经营机构外汇经营账户使用范围如下：

（一）外汇保险费的收入和支出；

（二）外汇保险赔偿或给付保险金的收入和支出；

（三）外汇再保险分保费及相关手续费的收入和支出；

（四）外汇再保险项下的赔偿或给付保险金的收入和支出；

（五）其他经常项目和经批准的资本项目外汇收入和支出。

第二十二条　保险公司与其分支机构之间，以及同一保险经营机构外汇账户之间的外汇资金往来，可以直接在开户银行办理境内划转手续，但应符合相应外汇账户收支范围。

第二十三条　保险公司将外汇资本金或者营运资金转换成人民币资本金或者营运资金，以及人民币资本金或者营运资金转换成外汇资本金或者营运资金，应当经国家外汇管理局批准。

保险公司因经营亏损造成外汇资本金不足的，经国家外汇管理局批准后可以按会计年度购汇补足外汇资本金；保险公司分支机构因经营亏损造成外汇营运资金不足的，经国家外汇管理局批准后由其总公司按会计年度补足外汇营运资金。

保险经营机构在终止外汇业务并依法清理其外汇债权债务后，剩余外汇应当结汇。

第二十四条　保险公司外汇净收益在扣除弥补经营亏损和提取外汇公积金后的剩余部分，应当在会计年度终了后四个月内，或者在董事会批准当年分配方案后 10 个工作日内结汇，并在结汇后 5 个工作日内报国家外汇管理局备案。

外资保险公司外方股东根据董事会决议和保监会批准文件分配所得年度经营收益，经所在地外汇局核准后可以汇出。其中，分配所得人民币收益经所在地外汇局核准后可以购汇汇出。

第二十五条　保险经营机构外汇业务项下的财务管理，应当遵守国家有关财务管理制度，建立健全外汇业务内部控制制度、外汇资金管理制度和外汇财务制度，实行外币分账制。

保险公司应当在每个会计年度终了后四个月内向国家外汇管理局和中国保险监督管理委员会上报合并的外币资产负债表等各项财务报表。

第二十六条　保险经营机构应当按照国家有关国际收支统计申报规定，办理国际收支统计申报手续。

第二十七条　外汇局可以通过自行或者以指定会计师事务所、审计师事务所进行审计的方式，对保险经营机构、保险代理机构或者保险经纪公司的外汇保险业务进行现场检查和非现场检查。被检查的保险经营机构、保险代理机构或者保险经纪公司应当接受并配合检查。

第二十八条　保险经营机构应当按照保监会和外汇局的要求，真实、完整、及时地提供有关信息和资料。

第四章　保险代理机构、经纪公司外汇收支管理

第二十九条　经保监会核准具有保险中介业务经营资格的保险代理机构、保险经纪公司，可以从事外汇保险中介业务。

第三十条　保险代理机构在中华人民共和国境内从事外汇保险代理活动的佣金等收入必须以人民币计价结算，未经外汇局批准，不得代收外汇保险费。

第三十一条　保险经纪公司可以代客户支付外汇保险项下保险费、赔偿或给付保险金，但不得代客户购汇支付上述款项。

保险经纪公司从事外汇保险经纪活动取得的外汇收益应当在会计年度终了后3个月内，或者在董事会批准当年分配方案后10个工作日内结汇，并在结汇后5个工作日内报所在地外汇局备案。

第三十二条　保险经纪公司经所在地外汇局批准可以开立一个外汇专用账户，该账户的收支范围限定为：

（一）从投保人、保险经营机构或者境外保险公司收取的暂收待付保险费；

（二）从保险经营机构或者境外保险公司收取的暂收待付赔偿；

（三）向保险经营机构或者境外保险公司支付的暂收待付保险费；

（四）向投保人、保险经营机构或者境外保险公司支付的暂收待付赔偿；

（五）将经纪佣金结汇。

第五章　保险业务项下结汇、售汇及付汇管理

第三十三条　符合下列条件之一的财产保险，可以外汇收取保险费，支付赔偿或给付保险金，或进行保险合同结算：

（一）保险标的在中华人民共和国境内与境外之间移动的；

（二）保险标的在中华人民共和国境外存在或者实现的；

（三）保险标的在中华人民共和国境内，通过国际租赁、国际银团贷款或者其他国际融资形式存在或者实现的；

（四）投保人和受益人均为境外法人或自然人的。

第三十四条　符合下列条件之一的人身保险，可以外汇收取保险费，支付赔偿或给付保险金，或进行保险合同结算：

（一）投保人为境外法人或驻华机构，且受益人为境外自然人的；

（二）境内居民个人在境外人身意外及医疗的保险。

第三十五条　符合第三十三、三十四条规定的外汇财产保险和外汇人身保险，可在中华人民共和国境内进行外汇再保险。

不符合第三十三、三十四和本条第一款规定的其他保险，在中华人民共和国境内必须以人民币收取保险费、支付赔偿或给付保险金，以及进行保险合同结算。

第三十六条　投保人向保险经营机构支付外汇保险项下外汇保险费，应当持相关保险合同、保险经营机构的付款通知书从其外汇账户中支付或者到外汇指定银行购汇支付；投保人为境外法人、自然人或驻华机构的，不得购汇支付外汇保险费。

保险经营机构向被保险人（或者受益人）赔偿或给付外汇保险项下的保险金，应当凭有关保险合同、赔款计算书，从其外汇账户中支付。

第三十七条　保险受益人为法人或者其他经济组织的，外汇保险项下赔偿或给付的保险金可以存入其经常项目外汇账户，也可以结汇，没有经常项目外汇账户或者超过其经常项目外汇账户最高限额的，必须结汇。

保险受益人为自然人的，外汇保险项下赔偿或给付的保险金可以持有，可以存入经营外汇存款业务的金融机构，也可以结汇。

第三十八条　保险经营机构将外汇保险进行外汇再保险分出，应当持相关再保险项下分出合

同、支付清单从其外汇账户中支付分保费。

保险经营机构将境内以人民币结算的保险合同按规定进行外汇再保险分出，可以向国家外汇管理局申请购汇支付分保费。

保险经营机构应当将外汇再保险有关摊回赔偿或给付的保险金及相关费用等及时调回其在境内的外汇账户。

第三十九条　保险经营机构接受外汇再保险分入业务，应当将分保费收入等及时调回其在境内的外汇账户。

保险经营机构支付外汇再保险分入业务赔偿及相关费用等，应当持有关再保险项下分入合同、支付清单，从其外汇账户中支付。

第四十条　保险经营机构在支付涉及保险联合体和共保项目的外汇保险费、赔偿或给付的保险金及相关费用时，应当持保险联合体章程、共保协议、付款通知书等凭证从其外汇账户中支付。

第四十一条　保险经营机构在办理外汇保险退保时，应当持保险合同、退保协议等凭证从其外汇账户中支付。

第四十二条　通过境内保险经纪公司办理外汇保险活动的，按照以下规定办理售汇和付汇：

（一）投保人向保险经纪公司支付保险费，应当持有关保险合同、保险经纪委托书及付款通知书从其外汇账户中支付或者到外汇指定银行购汇支付；保险经纪公司向保险经营机构支付保险费，应当持有关保险合同、保险经纪委托书及付款通知书从其外汇账户中支付。

保险经营机构经保险经纪公司向被保险人或者受益人赔偿或给付保险金，应当持有关保险合同、赔款计算书和保险经纪委托书从其外汇账户中支付。

（二）办理外汇再保险分出的保险经营机构向保险经纪公司，以及保险经纪公司向接受外汇再保险分入的保险经营机构支付分保费，应当持有关分保合同、保险经纪委托书和支付清单从其外汇账户中支付。

接受外汇再保险分入的保险经营机构经保险经纪公司向办理外汇再保险分出的保险经营机构支付摊回的赔偿或给付保险金及有关费用，应当持有关分保合同、支付清单和保险经纪委托书从其外汇账户中支付。

（三）保险经营机构经保险经纪公司向投保人支付外汇保险退保的有关款项，应当持有关保险合同、退保协议和保险经纪委托书等从其外汇账户中支付。

第四十三条　外汇指定银行在办理外汇保险的保险费、赔偿或给付的保险金的收入、支出或者兑付手续时，应当严格审核相应有效凭证和商业单据，并留存五年备查。

第六章　法律责任

第四十四条　保险经营机构未经核准擅自经营外汇业务，由外汇局责令其终止经营外汇业务，退还收取的保险费，有违法所得的，没收违法所得，并处10万元以上50万元以下人民币罚款；构成犯罪的，依法追究刑事责任。

保险经营机构擅自超出核准的范围经营外汇业务的，或者外汇局已经取消或暂停其部分外汇业务后仍继续经营相应业务的，由外汇局责令改正，退还收取的保险费，有违法所得的，没收违法所得，并处10万元以上50万元以下的人民币罚款；情节严重或者逾期不改正的，由外汇局暂停或者取消其外汇业务经营资格；构成犯罪的，依法追究刑事责任。

第四十五条　保险经营机构违反本暂行规定，擅自对不符合条件的保险合同，以外币收取保险费、赔偿或给付保险金、进行保险合同结算，由外汇局责令改正，没收违法所得，单处或者并处警告、通报批评、非法使用外汇金额等值以下人民币罚款的处罚。

第四十六条 保险经营机构违反规定，擅自将外汇再保险项下有关收入截留境外，或者伪造、变造或者使用伪造、变造以及冒用、重复使用保险合同、支付清单等有效凭证和商业单据，进行逃汇、非法套汇或者骗购外汇的，由外汇局根据《中华人民共和国外汇管理条例》第三十九条、第四十条的规定予以处罚；构成犯罪的，依法追究刑事责任。

第四十七条 未经外汇局批准，擅自用人民币购买外汇资本金或者营运资金，或者将外汇资本金或者营运资金转换成人民币的，或未按规定将外汇净收益结汇的，由外汇局责令改正，单处或者并处警告、通报批评、1万元以上3万元以下人民币罚款。

第四十八条 对未按本暂行规定提取外汇保险各项准备金、或者其他违反保险公司偿付能力监管规定的，由保监会根据有关规定进行处罚。情节严重的，可由外汇局限制其外汇业务范围、暂停或者取消其经营外汇业务资格。

第四十九条 保险经营机构、保险经纪公司或保险代理机构违反本暂行规定未经外汇局批准开立外汇账户的，或者出借、转让外汇账户的，或者擅自改变外汇账户收支范围使用外汇账户的，以及未按规定办理外汇账户备案手续的，由外汇局责令改正，单处或者并处警告、通报批评、5万元以上30万元以下的人民币罚款；情节严重或者逾期不改正的，撤销其外汇账户。

第五十条 保险代理机构、保险经纪公司未经保监会批准取得保险中介业务经营资格擅自或者超出范围经营外汇保险中介业务，由外汇局没收非法所得，并处以非法所得1倍以上5倍以下的人民币罚款，保监会予以业务限制或者取缔；构成犯罪的，依法追究刑事责任。

第五十一条 拒不接受或者以其他方式妨碍外汇局检查监督的，由外汇局责令改正，给予警告、通报批评，并处1万元以上3万元以下的人民币罚款。

第五十二条 保险经营机构不按本暂行规定，报送报表和相关信息资料的，由外汇局责令改正，单处或者并处警告、通报批评、5万元以上30万元以下人民币罚款的处罚。

第七章 附 则

第五十三条 本暂行规定中有关概念含义如下：

（一）"保险公司"是指经保监会批准在中国境内经营商业保险业务并依法登记注册具有法人资格的企业，以及外国保险公司经保监会批准在中国境内依法设立的分公司。

（二）"保险合同"是指以保险单、保险凭证、暂保单以及批单等符合《中华人民共和国合同法》和《中华人民共和国保险法》要求的方式所形成的书面保险合同或者协议。

第五十四条 出口信用保险等政策性保险业务涉及的保险公司外汇业务市场准入、退出，和保险项下外汇收支、结汇、售汇及外汇账户等外汇管理，比照本暂行规定有关条款执行。

第五十五条 本暂行规定由国家外汇管理局负责解释。

第五十六条 本暂行规定自2002年11月1日起实施。1993年1月1日公布的《非银行金融机构外汇业务管理规定》及其他外汇管理规章中相关规定与本暂行规定相抵触的，以本暂行规定为准。

国家外汇管理局关于调整部分保险业务外汇管理政策有关问题的通知

国家外汇管理局各省、自治区、直辖市分局、外汇管理部，深圳、大连、青岛、厦门、宁波市分局；各中资外汇指定银行，各保险公司：

为进一步方便保险公司经营，促进保险业发展，国家外汇管理局决定调整部分保险业务外汇管理规定，现就有关问题通知如下：

一、经核准经营外汇保险业务的境内保险公司（包括中资保险公司、中外合资保险公司、外资独资保险公司和外国保险公司分公司）及其分支机构（以下简称"保险经营机构"），对符合《保险业务外汇管理暂行规定》（汇发〔2002〕95号）第三十三条、第三十四条规定条件，并以外汇进行计价、赔偿的保险合同，其外汇管理政策做如下调整：

（一）将保险经营机构以外汇收取保费的规定，调整为保险经营机构可以选择以人民币或外汇收取保费，但保险经营机构不得收取外币现钞。

（二）将保险经营机构以自有外汇支付赔偿或给付保险金的规定，调整为保险经营机构可凭有关保险合同、赔款计算书到外汇指定银行从其外汇账户中支付或购汇支付。

二、境内保险经营机构或保险资产管理公司根据经营需要，可以在外汇指定银行进行外币与外币间的兑换，调整其外汇资金币种。

三、取消境内保险公司办理境外再保险分出业务的购汇限制。经国家外汇管理局及其分局核准从事外汇再保险业务的境内保险经营机构，按照中国保险监督管理委员会的有关规定办理境内保险的境外再保险分出业务时，可根据实际经营需要，持分保合同、分保账单或分保支付清单等有效凭证，到外汇指定银行办理从其外汇账户中支付或购汇支付手续。

四、境内保险经营机构应按《国家外汇管理局关于报送保险外汇监管报表有关问题的通知》（汇发〔2003〕27号）填写"保险公司外汇保险业务统计表"，并在"备注"栏说明上一季度的境外再保险业务付汇情况；购汇支付的，应当列明有关购汇金额、购汇时间等内容。

五、本通知从2006年6月1日起开始施行。以前规定与本通知冲突的，以本通知为准。《国家外汇管理局 中国保险监督管理委员会关于境外再保险分出业务售付汇管理有关问题的通知》（汇发〔2003〕75号）同时废止。

收到本通知后，各分局应尽快转发至辖内保险公司、外资银行；各中资外汇指定银行应尽快转发至所属分支行。执行中如遇问题，请及时向国家外汇管理局反馈。

联系电话：010-68402381

传真电话：010-68402272

国家外汇管理局关于免税商品外汇管理
有关问题的通知

国家外汇管理局各省、自治区、直辖市分局、外汇管理部，深圳、大连、青岛、厦门、宁波市分局；各中资外汇指定银行：

为满足可购买免税商品的出、入境人员在境内免税商店购物消费需要，便利免税商品行业的经营服务，适应商务、旅游等人员往来的发展，现就改进免税商品外汇管理有关问题通知如下：

一、本通知所称"免税商品"是指免税商品经营单位、免税商店按照海关总署核准的经营品种，向海关总署规定的特定对象销售的进口及国产商品，包括免税品和免税外汇商品。

本通知所称"免税商品经营单位"是指经国务院或者其授权部门批准，具备开展免税商品业务经营资格的企业。

本通知所称"免税商店"是指经海关总署批准，由免税商品经营单位在规定地点设立的销售免税商品的企业。

二、销售免税商品可以外币或人民币标价和结算。

三、销售免税商品以外币和人民币标价、结算时，应当符合人民币汇率管理有关规定。

四、免税商品经营单位、免税商店按照外汇管理部门规定，可以开立经常项目外汇账户用于免税商品结算。

五、免税商品经营单位、免税商店经常项目外汇账户，按企业实际经常项目外汇收入的100%核定限额。

免税商品经营单位经常项目外汇账户的收入范围为经营免税商品的外汇收入及其从属费用，各免税商店划入的外汇收入等经常项下外汇收入；支出范围为支付购进海关总署核准经营的境内、外商品的货款及其从属费用等经常项下外汇支出，经核准的资本项下外汇支出。

免税商店经常项目外汇账户的收入范围为销售免税商品的外汇收入及其从属费用等经常项下外汇收入；支出范围为向经营单位支付的进口货款及其从属费用等经常项下外汇支出，经核准的资本项下外汇支出。

六、根据国务院关于免税商品经营单位负责进口免税商品的规定，免税商品经营单位应按照相关外汇管理规定办理进口购付汇手续及核销手续。

七、免税商店向免税商品经营单位支付进口货款及其从属费用时，可以外币结算，也可以人民币结算。

八、免税商品经营单位和免税商店销售免税商品收入的外币现钞，可以存入其经常项目外汇账户。除因资金周转需要保留适当规模的库存找零备用金外，免税商品经营单位和免税商店不得持有大量外币现钞。

九、对同时具有免税商品经营单位和免税商店功能的免税商品企业，适用本通知对免税商品经营单位和免税商店的各项规定。

十、免税商品经营过程中涉及其他外汇收支的，应遵守国家相关外汇管理规定。

十一、国家外汇管理局及其分支局、外汇管理部有权对免税商品经营单位、免税商店等免税商品企业进行检查，对违反规定的企业按《中华人民共和国外汇管理条例》及相关外汇管理规定予以查处。

十二、本通知自发布之日起 30 日开始施行，1996 年发布的《关于免税商品业务外汇管理有关问题的通知》（（96）汇管函字第 273 号）同时废止。

各分局收到本通知后，应尽快转发至所辖中心支局、外资银行；各中资外汇指定银行收到本通知后，应尽快转发至所属分支机构。执行中如遇问题，请及时向国家外汇管理局经常项目管理司反馈。

联系电话：（010）68402280

传真：（010）68402272

国家外汇管理局关于简化对保险机构外汇业务审核手续有关问题的通知

国家外汇管理局各省、自治区、直辖市分局、外汇管理部，深圳、大连、青岛、厦门、宁波市分局：

为认真贯彻执行《行政许可法》，规范行政许可项目的业务操作手续，促进保险外汇业务的健康发展，国家外汇管理局决定进一步简化保险公司外汇业务审核手续。现就有关问题通知如下：

一、取消对保险外汇业务从业人员资格认证工作。保险经营机构申请经营外汇业务时，应当按规定提交本公司从事外汇业务人员名单、履历等，无需提交外汇局对保险外汇业务从业人员的资格认证证书。

获准经营外汇业务的保险经营机构，其外汇从业人员应当熟悉了解和准确把握相关外汇管理政策。各分局应当加强对保险经营机构外汇业务从业人员的政策法规培训工作。

二、放宽保险公司人民币保险向境外再保险分出业务的购汇审核权限。保险公司每季度申请购汇金额在等值500万美元以下的（含500万美元），可以直接向所在地外汇分局申请，所在地分局核准后将核准文件抄报总局；每季度购汇金额超过等值500万美元的，保险公司直接报总局审核。

各分局应当严格按照《关于境外再保险分出业务售付汇管理有关问题的通知》（汇发〔2003〕75号）的规定，对保险公司提交的相关文件资料进行审核。

三、简化保险公司外汇业务经营相关申请事项的审核程序。除按照《保险业务外汇管理操作规程》和本通知规定由分局直接核准的事项以外，保险公司法人机构和外国保险公司在国内分公司的其他外汇业务申请可以直接向总局呈报有关文件资料，无需经所在地外汇分局初审后报总局审核。总局在核准文件发保险公司的同时，抄送保险公司所在地的外汇分局。

四、具有中国保监会颁发《经营保险业务许可证》的保险公司分支机构，可以向所在地外汇局申请《经营外汇业务许可证》。未获得外汇局颁发《经营外汇业务许可证》的保险公司分支机构，可以作为具有《经营外汇业务许可证》的本公司其他分支机构的外汇保险业务展业代理人，代签外汇保险合同，但不得代收代付外汇保险项下各项外汇资金，相关外汇保险费必须直接汇入其所代理机构的外汇账户。

五、保险经纪机构可以向所在地外汇局申请开立经常项目暂收代付账户，用于暂收代付外汇保险项下有关保险费、赔款或相关费用，以及其他经常项目外汇收支。

保险代理机构可以向所在地外汇局申请开立经常项目暂收代付账户，用于暂收代付外汇保险项下有关保险费和赔偿。保险代理机构为境内保险经营机构代理外汇保险收取的代理费用等必须以人民币计价结算。

六、各分局应当根据《保险业务外汇管理暂行规定》和《保险业务外汇管理操作规程》及其他相关规定，及时向总局报送所在地保险公司法人机构和外国保险公司在国内的分公司有关外汇账户、结售汇备案情况和相关的保险外汇业务数据信息。

　　七、本《通知》自发布之日起正式执行。

　　各分局接到本《通知》后，应当及时转发给辖内各支局及保险公司经营机构。

保险公司外汇同业拆借操作办法（暂行）

第一章　总　则

第一条　为更好地向保险公司及保险资产管理公司提供规范、高效的外汇拆借中介服务，同时也为监管部门提供准确、有效的市场信息，根据国家外汇管理局"关于保险公司开办境内外汇同业拆借业务有关问题的通知（汇发〔2003〕105号）"精神和中国外汇交易中心暨全国银行间同业拆借中心（下简称交易中心）"经纪业务服务办法"，制定本办法。

第二条　交易中心作为中介机构，按照"公开、公平、公正"原则为符合条件的保险公司及保险资产管理公司提供外汇拆借中介服务。

第二章　入市准备

第三条　凡经国家外汇管理局核准具有"外汇同业拆借"业务经营资格的境内中资保险公司总公司、保险资产管理公司、中外合资保险公司总公司和外国保险公司直接在境内设立的分公司（以下简称保险公司），均可通过交易中心办理境内外汇同业拆借。

第四条　保险公司首次委托交易中心提供中介服务前，需向交易中心提供下列材料：

（1）国家外汇管理局核发的，包含"外汇同业拆借"业务经营资格的"经营外汇业务许可证"复印件；

（2）机构介绍材料；

（3）近三年资产负债表和损益表；

（4）最近一年经营业绩异常波动、股本结构变动、高管人员调动等重大事项；

（5）保险公司基础信息表。

第五条　参与外汇同业拆借的保险公司须与交易中心签署《外币拆借中介服务协议书》，并按本办法办理交易。

第三章　交易要素

第六条　交易中心外汇同业拆借中介服务时间为每周一至周五上午9：00—11：30，下午13：30—16：30（法定节假日除外）。

第七条　交易币种以美元、日元、港币、欧元为主。

第八条　外币拆借的利率按年利率计算，以百分比表示，保留两位小数，按实际拆借期限计息（计息基数美元、日元、欧元为360天，港币为365天）。

第九条　保险公司外汇同业拆借期限为四个月以下（含四个月），清算速度由拆借双方自行选择，最短为 T+0。

第十条　在外汇拆借业务中，拆入资金总额和拆出资金总额均不得超过保险公司外汇资本金的 50%。单笔拆入资金不得超过保险公司外汇资本金的 10%，单笔拆出资金不得超过公司外汇资本金的 15%。

第十一条　拆借种类包括信用拆借和质押拆借，质押拆借的质押物为集中托管在中央国债登记结算有限责任公司（下简称中央结算公司）的国债、中央银行票据和金融债。

第四章　操作程序

第十二条　保险公司可通过电话、传真、其他电子交易系统或中国货币网等方式向交易中心询价、报价和查询市场行情；报价要素应包括保险公司名称、币种、利率、方向（拆入或拆出）、起息日、交割日、金额等要素；若为质押拆借，还需包括质押物类型、质押金额等要素。

第十三条　交易中心将逐笔核查保险公司的报价要素，并主动或根据要求告知保险公司市场报价和市场行情。

第十四条　交易中心收到报价后，立即代为搜寻对手方，在价格匹配的前提下，交易中心将按时间先后次序办理配对交易，并及时将拆入方名称通知拆出方。

第十五条　若拆出方对该拆入方有授信额度，则向交易中心确认交易达成；反之应立即告知交易中心，不能达成交易。

第十六条　若拆出方接受拆入方的质押物条件，则向交易中心确认交易达成；反之应立即告知交易中心，不能达成交易。

第十七条　在拆出方确认成交后，交易中心立即将拆出方名称通知拆入方。

第十八条　交易中心在核对双方拆借要素无误后，生成并通过传真向双方发送《外币拆借成交确认书》。该确认书一式三份，交易中心与拆借双方各执一份。原件随后邮寄给交易双方。

第十九条　《外币拆借成交确认书》正本是确认外币拆借交易确立的合同文件，交易双方据此办理资金结算和质押登记。

第二十条　交易双方若在成交当日未收到《外币拆借成交确认书》传真件或对《外币拆借成交确认书》内容有异议，应于当日下午 17：00 点之前与交易中心联系，否则视为已收到成交确认书传真件，并完全接受成交确认书之各项要素，愿意据此办理资金结算与/或质押登记。

第二十一条　交易中心在开展中介业务时，对所有电话交谈进行录音。录音材料至少保存三年。保险公司也可对电话交谈进行录音，当双方录音有歧义时，以交易中心的录音为准。交易中心对通过各种电子交易系统达成的成交资料保存至少三年。

第二十二条　交易中心将于每月的第一周向国家外汇管理局上报"保险公司外币拆借统计表"（见附件）。

第五章　资金清算与质押登记

第二十三条　交易达成后，交易双方自行进行资金清算与/或质押登记。

第二十四条　拆出方应保证在外币起息日将外币资金划付至拆入方指定外币账户，资金在途责任由拆出方负责查明，由责任方承担；拆入方应保证在到期日将外币资金划付至拆出方指定外币账户，资金在途责任由拆入方负责查明，由责任方承担。

为保证外币资金的及时清算，保险公司可选择使用其在境外的清算账户或在当地外汇局的外币清算账户。

保险公司可以根据《保险业务外汇管理操作规程》向国家外汇管理局申请开立境外清算账户。该账户仅限于保险公司办理境内外汇同业拆借业务。保险公司应当按月向所在地外汇局报送境外清算账户使用情况。

第二十五条　若使用债券或中央银行票据作为质押物，由双方通过中央结算公司办理债券或中央银行票据的质押登记。

第二十六条　质押期间，出质债券发行人支付的债券或中央银行票据利息归拆入方所有。

第二十七条　若遇国内外节假日，资金清算与质押登记顺延至下一工作日。

第六章　违约处理和争议解决

第二十八条　通过交易中心中介达成交易的双方之间，一旦出现纠纷，应首先通过友好协商解决；经协商不能达成协议的，任何一方均可向交易中心申请协助认定违约责任。

第二十九条　到期交割日如拆入方没有足额资金用于清算或未按合同约定将资金划至拆出方账户，且在该笔交易项下存在质押债券或中央银行票据的，拆出方有权要求由中央结算公司通过中国人民银行债券发行系统组织拍卖质押合同项下的债券或中央银行票据；拍卖后所得款项购汇后偿还拆出方的本金和利息，剩余部分返还给拆入方，不足部分向拆入方追索。

第三十条　纠纷双方如协商不成或对交易中心协助认定违约责任有异议的，可向中华人民共和国法院起诉，交易中心可提供与交易相关的原始材料。

第三十一条　拆借双方与交易中心发生纠纷的，应首先通过友好协商解决，协商不成，可向中华人民共和国法院起诉。

附表：

保险公司外汇拆借统计表

（　　年　月　日—　年　月　日）万元

机构名称	美元		港币		日元		欧元		合计（折美元）		当月净余额	资本金
	拆入	拆出	拆入	拆出	拆入	拆出	拆入	拆出	拆入	拆出		
……												
……												
……												
……												

中国外汇交易中心
全国银行间同业拆借中心

国家外汇管理局关于外币旅行支票代售管理
等有关问题的通知

国家外汇管理局各省、自治区、直辖市分局、外汇管理部，深圳、大连、青岛、厦门、宁波市分局；各中资外汇指定银行：

为加强对外币流动的监测，规范外币旅行支票管理，根据《结汇、售汇及付汇管理规定》（银发〔1996〕210号）、《携带外币现钞出入境管理暂行办法》（汇发〔2003〕102号）等规定，现就代售外币旅行支票等有关问题通知如下：

一、本通知所称"外币旅行支票"是指境内商业银行（以下简称"银行"）代售的、由境外银行或专门金融机构印制、以发行机构作为最终付款人、以可自由兑换货币作为计价结算货币、有固定面额的票据。

二、外币旅行支票的代售对象，可以是境内机构、驻华机构，也可以是境内的居民个人或非居民个人。

三、本通知所称"非居民个人"系指外国自然人（包括无国籍人）、港澳台同胞和持中华人民共和国护照但已取得境外永久居留权的中国自然人。

四、银行代售的外币旅行支票原则上应限于境外旅游、朝觐、探亲会亲、境外就医、留学等非贸易项下的对外支付，不得用于贸易项下或资本项下的对外支付。

五、银行在办理代售外币旅行支票业务时，应当严格按照《结汇、售汇及付汇管理规定》、《境内居民个人购汇管理实施细则》（汇发〔2002〕68号）和《关于规范非居民个人外汇管理有关问题的通知》（汇发〔2004〕6号）等相关规定进行审核，对符合规定的，给予办理购买手续。对不符合规定的，不得办理购买手续。

六、境内机构、驻华机构申请购买外币旅行支票，应以其经常项目外汇账户、外汇资本金账户以及其它明确规定可用于经常项目支出的外汇账户内资金购买，或用人民币账户内资金购汇后购买，不得以外币现钞或人民币现钞购汇购买外币旅行支票。

七、境内机构、驻华机构购买外币旅行支票时，应向银行提交下列证明材料：

（一）购买申请书；

（二）出国任务批件或有效签证护照；

（三）出国费用预算表；

（四）其它证明材料。

银行应对上述证明材料进行真实性审核，对符合规定的，为其办理购买外币旅行支票手续。

八、境内居民个人可以用外汇存款账户内资金或外币现钞购买外币旅行支票，也可以用人民币账户内资金或人民币现钞购汇购买外币旅行支票。

九、非居民个人可以用外汇存款账户内资金或外币现钞购买外币旅行支票。非居民个人在境内的合法人民币收入可按有关规定兑换成外汇后购买外币旅行支票。

十、境内居民个人、非居民个人用其外汇现汇账户内资金购买外币旅行支票的，按照下列规定办理：

（一）一次性购买外币旅行支票在等值 1 万美元（含 1 万美元）以下的，应持以下证明材料向银行申请：

1. 购买申请书；

2. 本人有效身份证明；

3. 已办妥前往国家或地区有效入境签证的护照，或者前往港澳地区的通行证（包括往来港澳地区的通行证）。

银行应对上述证明材料进行真实性审核，对符合规定的，为其办理购买外币旅行支票手续。

（二）一次性购买外币旅行支票在等值 1 万美元以上，5 万美元（含 5 万美元）以下的，应持以下证明材料向银行申请：

1. 购买申请书；

2. 本人有效身份证明；

3. 已办妥前往国家或地区有效入境签证的护照，或者前往港澳地区的通行证（包括往来港澳地区的通行证）；

4. 证明其真实性用途的相关材料。

银行应对上述证明材料进行真实性审核，对符合规定的，为其办理购买外币旅行支票手续。

（三）一次性购买外币旅行支票在等值 5 万美元以上的，应持本条第二款规定的证明材料向所在地外汇局申请，经所在地外汇局真实性审核后，银行凭所在地外汇局出具的核准件为其办理购买外币旅行支票手续。

十一、境内居民个人、非居民个人用其外币现钞存款账户内资金或外币现钞购买外币旅行支票的，按照下列规定办理：

（一）一次性购买外币旅行支票在等值 1 万美元（含 1 万美元）以下的，应持以下证明材料向银行申请：

1. 购买申请书；

2. 本人有效身份证明；

3. 已办妥前往国家或地区有效入境签证的护照，或者前往港澳地区的通行证（包括往来港澳地区的通行证）；

4. 境内居民个人还应提供银行取款凭证等证明其合法外汇来源的证明材料；非居民个人还应提供其入境申报外币现钞数额的海关申报单等证明其合法外汇来源的证明材料。

银行应对上述证明材料进行真实性审核，对符合规定的，为其办理购买外币旅行支票手续。

（二）一次性购买外币旅行支票在等值 1 万美元以上，2 万美元（含 2 万美元）以下的，应持以下证明材料向银行申请：

1. 购买申请书；

2. 本人有效身份证明；

3. 已办妥前往国家或地区有效入境签证的护照，或者前往港澳地区的通行证（包括往来港澳地区的通行证）；

4. 境内居民个人还应提供银行取款凭证等证明其合法外汇来源的证明材料；非居民个人还应提供其入境申报外币现钞数额的海关申报单等证明其合法外汇来源的证明材料；

5. 证明其真实性用途的相关材料。

银行应对上述证明材料进行真实性审核，对符合规定的，为其办理购买外币旅行支票手续。

（三）一次性购买外币旅行支票在等值 2 万美元以上的，应持本条第二款规定的证明材料向所在地外汇局申请，经所在地外汇局真实性审核后，银行凭所在地外汇局出具的核准件为其办理购买外币旅行支票手续。

十二、境内居民个人以人民币购汇购买外币旅行支票的，银行在办理其人民币购汇手续时，应按照《境内居民个人购汇管理实施细则》等有关规定办理。在核准购汇的额度内，境内居民个人可以自行决定购买外币旅行支票的数额。

十三、在购买外币旅行支票时，如因特殊情况，无法事先取得有效签证的，购买人应按照以下限额分别向银行或外汇局提出申请：

（一）等值 1 万美元（含 1 万美元）以下的，应持有关证明材料向银行申请，经真实性审核后，由银行比照上述规定办理。

（二）等值 1 万美元以上的，应持有关证明材料向所在地外汇局提出申请，经所在地外汇局真实性审核后，银行凭所在地外汇局出具的核准件为其办理购买外币旅行支票手续。

十四、银行在为客户办理购买外币旅行支票手续时，应当按规定办理国际收支统计申报手续。

十五、使用外币现钞账户内资金或外币现钞一次性购买外币旅行支票，金额超过等值 1 万美元（不含 1 万美元）以上的，银行应逐笔登记，并按照《金融机构反洗钱规定》（银令〔2003〕1 号）和《金融机构大额和可疑外汇资金交易报告管理办法》（银令〔2003〕3 号）等有关规定，办理大额和可疑外汇资金交易报告手续。

十六、银行应当对外币旅行支票代售、代兑业务的笔数和金额进行单独统计并备查。

十七、本通知自 2004 年 4 月 1 日起实施。

收到本通知后，请各分局尽快转发所辖分支局、外资银行和相关单位；各中资外汇指定银行总行尽快转发所辖分支行。执行中如遇问题，请及时向国家外汇管理局反馈。

保险业务外汇管理操作规程

国家外汇管理局
二〇〇三年十月

保险经营机构外汇业务市场准入、退出管理

项　目	法规依据	审核材料	审核原则	注意事项
保险公司（法人机构）开办外汇业务	1.《中华人民共和国外汇管理条例》 2.《保险业务外汇管理暂行规定》（汇发〔2002〕95号）（以下简称《暂行规定》）	1. 经营外汇业务的申请书及可行性报告； 2. 保监会颁发的《经营保险业务许可证》正、副本复印件； 3. 保监会批准的公司章程； 4. 会计师事务所对其外汇资本金的验资报告（正本）； 5. 保险公司外汇业务人员的名单、履历及外汇局核发的从业知识考核文件； 6. 与申请外汇业务相应的内部控制制度和外汇资金管理制度； 7. 国家外汇管理局要求的其他文件和资料。	1. 保险公司应当经保监会批准从事保险业务。 2. 资本金在人民币5亿元以上（含）的保险公司（在全国范围经营保险业务），应当具有不少于500万美元或者其他等值外汇的实收外汇资本金。 3. 资本金在人民币5亿元以下的保险公司（在特定地区经营保险业务），应当具有不少于200万美元或者其他等值外汇的实收外汇资本金。 4. 内控和资金管理制度必须包括严格的授权、复核制度以及外汇合规性审核等相关内容。 5. 在其他审核条件满足的情况下，没有外汇资本金的保险公司可同时向外汇局申请以人民币资本金购汇。 6. 保险公司提出外汇投资业务申请，应明确所申请的投资业务品种，如外汇拆借、买卖外币债券等。	1. 审批程序：不在京的保险公司向所在地外汇局分局提出申请，由分局初审合格后，上报国家外汇管理局核准，由国家外汇管理局向合格的保险公司发放《经营外汇业务许可证》。所在地外汇局分局负责对保险公司外汇业务从业人员的外汇管理知识考核。在京保险公司，可直接向国家外汇管理局提出开办外汇业务的申请。北京外汇管理部负责对北京地区保险公司外汇业务从业人员的外汇管理知识考核。 2. 外汇局应当严格按照《暂行规定》的要求审核公司提交的证明文件。没有外汇资本金的，可以用购汇申请代替；缺少其他材料的，应及时通知公司补交。外汇局应当充分研究该公司开办外汇业务的可行性，考察该公司业务经营、场所设备和工作人员情况，及时组织对保险公司外汇业务的从业人员进行外汇管理知识考核。保险公司外汇业务人员包括：外汇业务的主要负责人和各有关业务部门负责人；签订外汇保险单、收取外汇保险费和核算外汇赔偿的业务操作人员；从事有关外汇资金收付、外汇报表编制和外汇资金运用的财务和会计人员。 3. 分局进行初审的时间要求：分局接到申请后，应当及时办理审核并组织有关人员外汇管理知识考核工作，办理时限1个月。初审合格的，应及时将文件转报总局，为总局留有审核时间。上述审核时间从分局收到保险公司完整的申请材料当天开始。 4. 外汇局将在收到保险公司申请开办外汇业务的完整文件后3个月内，做出核准或不核准的决定，并书面通知申请的保险公司。对不在京的保险公司，初审不合格的，由分局书面通知申请公司；审核不合格的，由总局书面通知分局，分局转告公司。 5. 总局批准公司外汇业务后，由分局转报的，以局发文回复分局，分局转发给公司；公司直接上报的，以局发文回复公司。 6. 保险公司收到批文后1个月内，持核准文件到总局领取《经营外汇业务许可证》。总局发证应加盖局章，并按照"IC（发证年份）（当年流水号）"的方式编写许可证号。如发放2002年第3张《经营外汇业务许可证》，编号为"IC2002003"。

续表

项目	法规依据	审核材料	审核原则	注意事项
外国保险公司分公司开办外汇业务	1.《中华人民共和国外汇管理条例》 2.《暂行规定》	1. 经营外汇业务的申请书及可行性报告； 2. 保监会颁发的《经营保险业务许可证》正、副本复印件； 3. 总公司的公司章程（应当提供相应的中文译本）； 4. 会计师事务所对其外汇资本金或者外汇营运资金的验资报告（正本）； 5. 保险公司外汇业务人员的名单、履历及外汇局核发的从业知识考核文件； 6. 与申请外汇业务相应的内部控制制度和外汇资金管理制度； 7. 国家外汇管理局要求的其他文件和资料。	1. 保险公司应当经保监会批准从事保险业务。 2. 营运资金在人民币5亿元以上（含）的外国保险公司分公司（在全国范围经营保险业务），应当具有不少于500万美元或者其他等值外汇的实收外汇营运资金。 3. 营运资金在人民币5亿元以下的外国保险公司分公司（在特定地区经营保险业务），应当具有不少于200万美元或者其他等值外汇的实收外汇营运资金。 4. 内控和资金管理制度必须包括严格的授权、复核制度以及外汇合规性审核等相关内容。 5. 外国保险公司分公司提出外汇投资业务申请，应明确所申请的投资业务品种，如外汇拆借、买卖境外债券等。	1. 审批程序：不在京的外国保险公司分公司向所在地外汇局分局提出申请，由分局初审合格后，上报国家外汇管理局核准，由国家外汇管理局向合格的外国保险公司分公司发放《经营外汇业务许可证》。所在地外汇局分局负责对外国保险公司分公司外汇业务从业人员的外汇管理知识考核。在京外国保险公司分公司，可直接向国家外汇管理局提出开办外汇业务的申请。北京外汇管理部负责对北京地区的外国保险公司分公司外汇业务从业人员的外汇管理知识考核。 2. 外汇局应当严格按照《暂行规定》的要求审核公司提交的证明文件，缺少材料的，应及时通知公司补交。同时，外汇局应当充分研究该公司开办外汇业务的可行性，考察该公司业务经营、场所设备和工作人员情况，并及时对从业人员的外汇管理知识进行考核。 3. 分局进行初审的时间要求：分局接到申请后，应当及时办理审核工作并组织有关人员的外汇管理知识考核工作，办理时限1个月。初审合格的，应及时将文件转报总局，为总局留有审核时间。上述审核时间从分局收到公司完整的申请材料当天开始。 4. 外汇局收到外国保险公司分公司申请开办外汇业务的完整文件后3个月内，做出核准或不核准的决定，并书面通知申请公司。对不在京的外国保险公司分公司，初审不合格的，由分局书面通知申请公司；审核不合格的，由总局书面通知分局，分局转告公司。 5. 总局批准公司外汇业务后，由分局转报的，以局发文回复分局，分局转发给公司；公司直接上报的，以局发文回复公司。 6. 外国保险公司分公司收到核准文件后1个月内，持核准文件到总局领取《经营外汇业务许可证》。总局发证应加盖局章，并按照"IC（发证年份）（当年流水号）"的方式编写许可证号。如发放2002年第3张《经营外汇业务许可证》，编号为"IC2002003"。
保险公司分支机构开办外汇业务	1.《中华人民共和国外汇管理条例》 2.《暂行规定》	1. 上一级保险经营机构出具的、授权其经营外汇业务和承诺其资金风险最后清偿的文件； 2. 开办外汇业务申请书（包括业务需求、人员配置、营业场所和设施等情况）； 3. 上一级保险经营机构的《经营外汇业务许可证》正、副本复印件； 4. 保监会颁发的《经营保险业务许可证》正、副本复印件；	1. 上一级保险经营机构及该分支机构均经过保监会批准从事保险业务。 2. 上一级保险经营机构已经获得外汇局颁发的《经营外汇业务许可证》。 3. 所属保险公司授权该分支机构开办外汇业务，并对承诺其资金风险的最后清偿。 4. 内控和资金管理制度必须包括严格的授权、复核制度以及外汇合规性审核等相关内容。 5. 保险公司分支机构一律不得从事外汇投资业务。 6. 保险公司分支机构的业务范围不得超过其上级公司现有的业务范围。	1. 国家外汇管理局各分局是保险公司分支机构经营外汇业务资格的最终核准部门，所在地外汇局负责初审和组织对有关从业人员的外汇管理知识考核。 2. 分支局应当严格按照《暂行规定》的要求审核公司提交的证明文件，对没有上一级保险经营机构授权文件的，不予考虑其外汇业务申请；缺少其他材料的，应及时通知公司补交。同时，应当充分研究该公司开办外汇业务的可行性，考察该公司业务经营、场所设备和工作人员情况，并及时对从业人员外汇管理知识进行考核。 3. 外汇局将在收到保险公司分支机构申请开办外汇业务的完整文件后3个月内，做出核准或不核准的决定，并书面通知申请公司。初审不合格的，由所在地外汇局书面通知申请公司；审核不合格的，由分局书面通知所在地外汇局，所在地外汇局转告公司。 4. 分局批准公司外汇业务后，由所在地外汇局转报的，以局发文回复分局；公司直接上报的，以局发文回复公司。分局批准保险公司分支机构外汇业务后，应当在1个月内向总局报备。

项目	法规依据	审核材料	审核原则	注意事项
保险公司分支机构开办外汇业务		5. 外汇业务人员的名单、履历及外汇局核发的从业知识考核文件； 6. 与申请外汇业务相应的内部控制制度和外汇资金管理制度； 7. 外汇局要求的其他文件和资料。		5. 保险公司分支机构收到核准文件后1个月内，持核准文件到所辖分局领取《经营外汇业务许可证》。分局发证，应加盖分局局章，并按照"（所属地区简称）IC（发证年份）（当年流水号）"的方式编写许可证号。如上海分局2002年发放第3张《经营外汇业务许可证》，编号为"沪IC2002003"。
保险公司（法人机构）、外国保险公司分公司和保险公司分支机构（以下简称"保险经营机构"）扩大外汇业务	1.《中华人民共和国外汇管理条例》 2.《暂行规定》	1. 扩大外汇业务范围的申请书和可行性报告； 2.《经营外汇业务许可证》有效期内的外汇业务经营和财务情况报告； 3.《经营外汇业务许可证》正、副本复印件； 4. 新增外汇业务人员的名单、履历及外汇局核发的从业知识考核文件； 5. 与申请外汇业务相应的内部控制制度和外汇资金管理制度； 6. 外汇局要求的其他文件和资料。	1. 持有有效期内的《经营外汇业务许可证》。 2. 对申请扩大的外汇业务的可行性、经营理念等具有充分详实的论证。 3. 对于新增外汇业务设计了较为完善的内部控制制度和资金管理制度。 4. 外汇业务经营状况良好，无重大违规、违纪行为发生。 5. 保险经营机构扩大的业务范围不得超过其上一级保险经营机构现有的业务范围。	1. 外汇局对保险经营机构扩大外汇业务的审核权限与保险经营机构开办外汇业务的相同。 2. 保险经营机构申请扩大外汇业务的审核程序与开办外汇业务申请的审核程序相同，原《经营外汇业务许可证》的发证外汇局负责扩大业务的最终审核。有关从业人员的外汇管理知识考核由原负责考核的外汇局进行。 3. 对扩大外汇业务申请的审核时间和通知方式与申请开办外汇业务的审核时间和通知方式相同。 4. 对于经核准扩大外汇业务的保险经营机构，原发证外汇局应向其重新发放《经营外汇业务许可证》，发证程序和编号方式不变。 5. 分局批准保险经营机构扩大外汇业务后，应按季度向总局报备。 6. 保险经营机构在收到核准文件后1个月内，持核准文件、原《经营外汇业务许可证》正副本到核准其外汇业务的外汇局领取新的《经营外汇业务许可证》。外汇局应当销毁旧证。
保险经营机构重新核准外汇业务	1.《中华人民共和国外汇管理条例》 2.《暂行规定》	1. 继续经营外汇业务的申请书； 2. 近3年的外汇业务经营和财务情况报告； 3. 会计师事务所出具的外汇资本金或外汇营运资金的审计报告； 4. 原《经营外汇业务许可证》正、副本复印件； 5. 保险公司分支机构还需提供上一级保险经营机构同意其继续经营外汇业务的授权书； 6. 外汇局要求的其他文件和资料。	1. 保险经营机构遵守各项外汇管理法规，按照规定及时准确报送各项管理信息，进行国际收支申报，接受外汇局检查。 2. 经营期内没有受到外汇局或保险监督管理部门的行政处罚，公司法人无刑事违法行为。 3. 受到有关部门行政处罚的，应当经过处罚部门认可其违规行为得到改正、经济处罚已经完成。	1. 外汇局对保险经营机构重新核准外汇业务的审核权限与保险经营机构开办外汇业务的相同。 2. 保险经营机构申请重新核准外汇业务的审核程序与其开办外汇业务申请的审核程序相同，原《经营外汇业务许可证》发证外汇局负责重新核准外汇业务的最终审核。 3. 对重新核准外汇业务申请的审核时间和通知方式不变。 4. 对于经核准继续经营外汇业务的保险经营机构，原发证外汇局应向其重新发放《经营外汇业务许可证》，发证程序和编号方式不变。 5. 分局核准保险经营机构继续经营外汇业务后，应及时向总局报备。 6. 保险经营机构应当在《经营外汇业务许可证》到期前3个月向外汇局申请重新核准外汇业务。外汇局应在《经营外汇业务许可证》到期前作出核准或者不核准的决定。新的许可证有效期应从旧证到期后第1天算起。 7. 对于保险公司分支机构，可以提供上一级保险经营机构同意其继续经营外汇业务的授权书代替"审核材料"第3条要求的审计报告。 8. 保险经营机构在收到核准文件后1个月内，持核准文件、原《经营外汇业务许可证》正副本到核准其外汇业务的外汇局领取新的《经营外汇业务许可证》。外汇局应当销毁旧证。

续表

项目	法规依据	审核材料	审核原则	注意事项
保险经营构申请终止经营外汇业务	1.《中华人民共和国外汇管理条例》 2.《暂行规定》	1. 终止外汇业务的申请书（包括申请终止外汇业务的原因）； 2. 外汇资产清理报告（包括外汇债权债务处理方案等）； 3.《经营外汇业务许可证》正、副本复印件； 4. 经会计师事务所审计的近3年本外币资产负债表等财务报表； 5. 董事会或上一级保险经营机构签署的同意其终止外汇业务的文件； 6. 外汇局要求的其他文件和资料。	1. 终止外汇业务理由合理、充分。 2. 公司管理层或上级公司同意其终止外汇业务。 3. 债权、债务关系处理完善，并经过保监会认可。	1. 外汇局对保险经营机构终止外汇业务的审核权限与保险经营机构开办外汇业务的相同。 2. 保险经营机构申请终止外汇业务的程序与其开办外汇业务申请的审核程序相同，原《经营外汇业务许可证》发证外汇局负责终止业务的最终审核。 3. 经外汇局核准终止外汇业务的保险经营机构，应当自收到核准文件后1个月内向原发证机关缴销其《经营外汇业务许可证》。 4. 保险经营机构终止外汇业务所报告的外汇资产清理方案，应当经过中国保监会或其派出机构的正式认可。如果保险经营机构在上报外汇局前没有获得中国保监会或其派出机构的认可，外汇局核准其终止外汇业务时应当会签同级保险监管部门。 5. 分局核准保险经营机构终止外汇业务后，应及时向总局报备。 6. 总局核准保险经营机构终止外汇业务后，应通知相关分局，由分局监督相关保险经营机构执行外汇资产清理方案。
注销或吊销保险经营机构的《经营外汇业务许可证》	1.《中华人民共和国外汇管理条例》 2.《暂行规定》	外汇局要求的相关文件和资料。	具有下列情形之一的，外汇局应当终止其业务，并注销或吊销其《经营外汇业务许可证》： 1. 因分立、合并或公司章程规定的解散事由出现而解散的； 2. 上一级保险经营机构因故被取消经营外汇业务资格的； 3. 被保监会吊销其《经营保险业务许可证》的； 4. 被人民法院依法宣告破产的； 5. 国家法律、法规规定的其他情形。	1. 原发证外汇局负责注销或吊销其《经营外汇业务许可证》。上级外汇局可注销或吊销下级外汇局颁发的《经营外汇业务许可证》。 2. 外汇局注销或吊销保险经营机构外汇业务许可证后，应当以书面形式抄送同级保险监督管理部门。 3. 注销或吊销保险经营机构《经营外汇业务许可证》后，原发证外汇局应当要求其及时清理债权债务，向社会公告。外汇债权债务清理完毕后，应当立即缴销其《经营外汇业务许可证》。 4. 被外汇局注销或吊销《经营外汇业务许可证》的保险经营机构，应当自收到相关文件后1个月内向原发证机关缴销其《经营外汇业务许可证》。

保险经营机构外汇账户管理

项目	法规依据	审核材料	审核原则	注意事项
保险经营机构开立外汇经营账户	《暂行规定》	1. 书面申请； 2. 加盖机构公章的《经营外汇业务许可证》复印件； 3. 工商营业执照复印件； 4. 组织机构代码证复印件。	1. 经外汇局核准经营外汇保险业务的保险经营机构，可直接在境内外汇指定银行开立"外汇经营账户"。 2. 外汇经营账户的户名必须与申请机构《经营外汇业务许可证》名称一致。	1. 经批准经营外汇业务的保险经营机构，外汇保险项下外汇收支、其他经常项目外汇收支和经核准的资本项目外汇收支，均可通过外汇经营账户办理。 2. 该账户收支范围：外汇保险费的收入和支出；外汇保险赔偿或给付保险金的收入和支出；外汇再保险分保费及相关手续费的收入和支出；外汇再保险项下的赔偿或给付保险金的收入和支出；其他经常项目和经批准的资本项目外汇收入和支出。

续表

项目	法规依据	审核材料	审核原则	注意事项
保险经营机构开立外汇经营账户				3. 外汇经营账户既不同于经常项目账户也不同于资本项目账户，该账户不实行限额管理。 4. 保险经营机构的外汇经营账户开户个数不限，外汇经营账户内的资金可做银行定期存款，无需外汇局事先审批。但开户后10个工作日内，应将相关信息向所在地外汇局分局报备。 5. 已取得《经营外汇业务许可证》的保险公司总公司与分支机构，分支机构之间，以及同一保险经营机构外汇账户之间，外汇指定银行可凭公司的划款指令直接办理境内外汇资金划转，无需其再提供其他凭证。 6. 境内不同法人系统的保险经营机构间划转外汇资金以及境内保险机构向境外划转外汇资金须提交相应凭证直接在境内外汇指定银行办理支付手续。 7. 保险经营机构外汇经营账户的日常监督检查和数据信息统计分析工作由所在地外汇局分局负责进行。保险公司（法人机构）、外国保险公司分公司的外汇账户有关数据信息，应当由所在地分局汇总后统一转报总局。
保险经营机构开立境外外汇账户	《暂行规定》	1. 开户申请书； 2. 证明开户用途的文件； 3. 境外账户所涉及的外汇业务开展情况的报告； 4.《经营保险业务许可证》和《经营外汇业务许可证》正、副本复印件； 5. 公司境外账户管理制度和操作规程； 6. 公司主要的境外往来机构名单； 7. 外汇局要求的其他文件和资料。	保险经营机构因业务需要开立境外外汇账户，应当向所在地分局提出申请，并转报国家外汇管理局核准。没有取得《经营外汇业务许可证》的保险经营机构，原则上不得开立境外账户。	1. 保险公司的分支机构不得在境外开立外汇账户。 2. 保险经营机构境外外汇账户使用范围为下列的部分或全部：境外发债、借款、上市所筹资金暂时存放境外；偿还外债之前将偿债资金暂时存放境外；外汇保险费的收入和支出；外汇保险赔偿或给付保险金的收入和支出；外汇再保险分保费及相关手续费的收入和支出；外汇再保险项下的赔偿或给付保险金的收入和支出；经外汇局批准的其他用途。 3. 保险经营机构境外账户的日常监督检查和数据信息统计分析工作由所在地外汇局分局负责进行，分局汇总后统一转报总局。
保险经纪公司经常项目外汇账户	1.《中华人民共和国外汇管理条例》 2.《暂行规定》	1. 开户申请书； 2. 加盖公司公章的《经营保险经纪业务许可证》复印件； 3. 申请机构的工商营业执照复印件； 4. 组织机构代码证复印件； 5. 公司章程； 6. 外汇业务人员的名单、履历及外汇局核发的从业人员外汇管理知识考核文件； 7. 外汇局要求的其他文件。	保险经纪公司外汇专用账户属于经常项目外汇账户，按照经常项目外汇账户管理相关规定执行，并纳入"外汇账户管理信息系统"进行统计管理。	1. 保险经纪公司经所在地外汇局批准后，可开立用于待收待付性质的经常项目外汇账户。 2. 账户收支范围限定为：从投保人、保险经营机构或者境外保险公司收取的暂收待付保险费；从保险经营机构或者境外保险公司收取的暂收待付赔偿；向保险经营机构或者境外保险公司支付的暂收待付保险金；向投保人、保险经营机构或者境外保险公司支付的暂收待付赔偿；将经纪佣金结汇。 3. 保险经纪公司负责外汇保险经纪的业务和财务部门的主管人员及具体工作人员应当通过外汇局进行的外汇管理知识考核并取得其核发的考核文件。

续表

项目	法规依据	审核材料	审核原则	注意事项
保险代理公司经常项目外汇账户	1.《中华人民共和国外汇管理条例》 2.《暂行规定》	1. 开户申请书； 2. 加盖公司公章的《经营保险代理业务许可证》复印件； 3. 申请机构的工商营业执照复印件； 4. 组织机构代码证复印件； 5. 公司章程； 6. 外汇业务人员的名单、履历及外汇局核发的从业人员外汇管理知识考核文件； 7. 外汇局要求的其他文件。	具有法人资格的代理公司（包括专业和兼业代理公司）因经营需要可以向所在地外汇局申请开立经常项目外汇账户，按照经常项目外汇账户管理相关规定执行，纳入"外汇账户管理信息系统"进行统计管理。其他保险代理机构不得申请开户。	1. 保险代理公司经所在地外汇局批准后，可开立用于待收待付性质的经常项目外汇账户。 2. 账户收支范围限定为：从投保人、保险经营机构或者境外保险公司收取的暂收待付保险费；向保险经营机构或者境外保险公司支付的暂收待付保险费。 3. 保险代理公司负责外汇保险代理的业务和财务部门的主管人员及具体工作人员应当通过外汇局进行的外汇管理知识考核并取得其核发的考核文件。
保险经营机构的外汇资金运用账户	1.《中华人民共和国外汇管理条例》 2.《暂行规定》	1. 外汇局颁发的《经营外汇业务许可证》正副本复印件； 2. 外汇局要求的其他文件资料。	经外汇局核准从事外汇同业拆借业务、外汇债券买卖业务以及其他外汇资产运用业务的保险经营机构可以申请开立外汇资金运用账户。	1. 保险公司分支机构不得开立外汇资金运用账户。 2. 经国家外汇管理局核准具有外汇资金运用资格的保险经营机构可向所在地外汇局分局申请开立外汇资金运用账户。分局核准开户后，应当要求该经营机构在开户后10个工作日内到分局备案。 3. 外汇资金运用账户附属于外汇投资业务，该账户专款专用。收入范围为：从保险经营机构外汇经营账户转入的外汇资金；拆入资金；出售外汇有价证券所得；有关利息收入；外汇局核准的其他收入。支出范围为：向保险经营机构外汇经营账户转出外汇资金；拆出资金；购买外汇有价证券支出；外汇局核准的其他支出。 4. 保险经营机构外汇资金运用所需要的资金托管账户属于外汇资金运用账户范围，应当按照上述管理原则实施监督管理。 5. 保险经营机构外汇资金运用账户的日常监督检查和数据信息统计分析工作由所在地外汇局分局负责进行，分局汇总后统一转报总局。
外国保险公司分公司、中外合资保险公司筹建期开立临时账户	1.《中华人民共和国外汇管理条例》 2.《暂行规定》	1. 书面申请； 2. 保监会批准筹建的批复； 3. 工商行政管理部门关于筹建公司的名称预核准文件； 4. 合资保险公司还应提供双方签订的合资合同（协议）； 5. 外汇局要求的其他材料。	经保监会批准在境内筹备的中外合资保险公司、外国保险公司分公司，可以向所在地外汇局申请开立外汇资本金的临时账户用于验资。	1. 中外合资保险公司筹备期内，凭保监会核准文件及工商行政管理部门出具的预登记证明等向所在地外汇局申请开立临时账户用于验资。 2. 临时账户收入为汇入或经批准购入的外汇资本金，临时账户外汇支出须逐笔经外汇局批准。 3. 此类临时账户有效期为1年。 4. 公司成立后，临时账户的资金余额可以划入公司资本金账户。如果公司未成立，经外汇局核准资金可以汇出境外。 5. 账户内资金不得转为定期存款。 6. 如因故需展期，凭保监会核准文件向所在地外汇局申请。

项目	法规依据	审核材料	审核原则	注意事项
外国保险公司分公司、中外合资保险公司正式设立后申请开立外汇资本金账户	1.《中华人民共和国外汇管理条例》2.《境内机构外汇账户管理办法》3.《结汇、售汇及付汇管理规定》4.《暂行规定》5.《关于加强资本项目外汇管理若干问题的通知》	1. 书面申请；2. 保险经营机构提供的加盖单位公章的中国保监会批准公司开业的文件复印件；3. 工商营业执照复印件；4. 组织机构代码证复印件；5. 公司章程；6. 外汇局要求的其他材料。	外资保险公司开立外汇资本金账户，需经所在地外汇局批准。	1. 外汇指定银行凭外汇局核准件为保险公司办理资本金账户的开立、变更和关闭；2. 账户收入范围为：从临时账户转入的本公司外汇资本金或营运资金；支出范围为：经常项下支出及经外汇局批准的资本项下支出。
保险公司（法人机构）吸收外国参股开立外汇资本金账户	1.《中华人民共和国外汇管理条例》2.《境内机构外汇账户管理办法》3.《结汇、售汇及付汇管理规定》4.《关于加强资本项目外汇管理若干问题的通知》	1. 书面申请；2. 加盖公司公章的《经营保险业务许可证》复印件；3. 工商营业执照复印件；4. 组织机构代码证复印件；5. 合资合作合同、章程；6. 批准合资、募股的批复；7. 外国投资者的背景材料；8. 外汇局要求的其他材料。	保险公司吸收外国参股开立外汇资本金账户，需经所在地外汇局批准。	1. 外汇指定银行凭外汇局核准件为保险公司办理账户的开立、变更和关闭；2. 账户收入范围为：境外汇入的股权交易项下资金；支出范围为：经常项下支出及经外汇局批准的资本项下支出；3. 账户限额为保监会批准合资募股批复中规定的全部外国投资者购买公司股权的交易总额。
保险经营机构开立其他的资本项目外汇账户或经常项目外汇账户	1.《中华人民共和国外汇管理条例》2.《境内外汇账户管理规定》3.《国家外汇管理局关于进一步调整经常项目外汇账户管理政策有关问题的通知》4.《国家外汇管理局综合司关于下发 2003 年全国资本项目外汇管理工作暨培训会议纪要及相关文件的通知》	1. 开户申请书；2. 保监会颁发的《经营保险业务许可证》正副本复印件；3. 申请机构的工商营业执照复印件；4. 有资本项目外汇收入或除外汇保费或给付以外的经常项目外汇收入的证明材料；5. 外汇局要求的其他材料。	1. 适用于尚未取得经营外汇业务资格的保险经营机构。2. 此类保险经营机构如果不能提供外汇收入来源的相关证明，不得开立外汇账户。	1. 未取得经营外汇业务资格的保险经营机构，有其他资本项目外汇收入或除外汇保费或给付以外的经常项目外汇收入的，经当地外汇局核准可开立资本项目外汇账户或经常项目外汇账户，并按照资本项目外汇账户和经常项目外汇账户管理。2. 该类账户不得涉及外汇保费、赔偿或给付的收支。3. 该类账户实行限额管理，经常项目外汇账户应纳入"外汇账户管理信息系统"管理。

保险项下结汇、售汇及付汇管理

项目	法规依据	审核材料	审核原则	注意事项
投保人向保险经营机构支付保险费	1.《中华人民共和国外汇管理条例》 2.《暂行规定》	1. 相关保险合同； 2. 保险经营机构的付款通知； 3. 通过境内保险经纪公司代转外汇保险费的，还需提供保险经纪委托书； 4. 通过境内保险代理公司代转外汇保险费的，还需提供保险代理委托书。	1. 投保人自有外汇不足时，可凭相关保险合同和保险经营机构的付款通知书到外汇指定银行购汇支付。 2. 投保人的保险费必须从其外汇账户或购汇支付到保险经营机构的外汇经营账户。保险经纪公司或保险代理公司的外汇账户。	1. 投保人为境外法人、自然人或驻华机构的，不得购汇支付外汇保险费。 2. 购汇主体为投保人本身。保险经纪公司和保险代理公司不得代投保人购汇支付外汇保险费。
保险人向再保险人支付再保险费	1.《中华人民共和国外汇管理条例》 2.《暂行规定》 3.《关于境外再保险分出业务售付汇管理有关问题的通知》	1. 分保账单或分保支付清单； 2. 通过境内保险经纪公司办理外汇再保险业务的还需保险经纪委托书。	保险经营机构将外汇保险进行外汇再保险分出，应当持相关凭证从其外汇账户中支付分保费。	1. 境内保险公司将境内外汇保险进行境外再保险分出的，应当持有效凭证到境内商业银行办理从其外汇经营账户中对外支付分保款项，不得购汇支付。 2. 境内保险公司将境内人民币保险进行境外再保险分出的，可以持有效凭证，到境内商业银行办理从其外汇经营账户中对外支付分保款项；自有外汇不足的，也可以按照规定向国家外汇管理局申请购汇支付分保款项。
保险经营机构向被保险人或受益人支付保险赔偿	1.《中华人民共和国外汇管理条例》 2.《暂行规定》	1. 相关保险合同； 2. 赔款计算书； 3. 通过保险经纪公司办理外汇保险活动，还需提供保险经纪委托书。	保险经营机构必须从其外汇经营账户支付外汇保险项下赔偿或给付的保险金。	1. 受益人为法人或者其他经济组织的，外汇保险项下赔偿或给付的保险金可以存入其经常项目外汇账户，也可以结汇，没有经常项目外汇账户或者超过其经常项目外汇账户最高限额的，必须结汇。 2. 受益人为自然人的，外汇保险项下赔偿或给付的保险金可以持有，可以存入经营外汇存款业务的金融机构，也可以结汇。
再保险人向保险人支付再保险项下的摊回赔款	1.《中华人民共和国外汇管理条例》 2.《暂行规定》	1. 相关保险合同； 2. 赔款计算书； 3. 通过保险经纪公司办理外汇保险活动，还需提供保险经纪委托书。	保险经营机构必须从其外汇经营账户支付外汇再保险项下摊回赔偿。	除经外汇局批准之外，保险经营机构应当将外汇再保险有关摊回赔偿或给付的保险金及相关费用等及时调回其在境内的外汇账户。
保险经营机构向投保人支付退保费	1.《中华人民共和国外汇管理条例》 2.《暂行规定》	1. 保险合同； 2. 退保协议等； 3. 通过保险经纪公司办理外汇保险活动，还需提供保险经纪委托； 4. 通过保险代理公司代转外汇保险费的，还需提供保险代理委托书。	保险经营机构办理外汇保险退保时，应当从其外汇账户中支付，不得购汇支付有关退保款项。	外汇保险退保时，返还给投保人或投保人指定的收款人，应当与投保时缴纳的资金性质一致，如投保人购汇支付投保费，则退保时应当结汇成人民币返还。
保险经营机构向其他保险经营机构支付共保或保险联合体项下的保费/赔偿	1.《中华人民共和国外汇管理条例》 2.《暂行规定》	1. 保险联合体章程或共保协议； 2. 付款通知。	保险经营机构应当持相关凭证从其外汇账户中支付共保或保险联合体项下的保险费或赔偿，不得购汇支付。	外汇指定银行应当审核有关凭证，确定保险公司之间支付共保和保险联合体项下的保险费和赔偿的真实性。

项目	法规依据	审核材料	审核原则	注意事项
保险公司（法人机构）申请开办外汇业务时购买外汇资本金	1.《中华人民共和国外汇管理条例》 2.《暂行规定》	1. 购买外汇资本金的申请； 2. 保监会颁发的《经营保险业务许可证》正、副本复印件； 3. 保监会批准的公司章程； 4. 会计师事务所对其资本金的验资报告（正本）； 5. 国家外汇管理局要求的其他文件和资料。	1. 保险公司申请开办外汇业务时，没有达到规定数额外汇资本金的，可同时申请以人民币资本金购汇补足外汇资本金。 2. 总局审核该公司开办外汇业务的其他条件满足的情况下，针对其实收的人民币资本金，根据《暂行规定》规定的最低外汇资本金数额，批准其以人民币资本金购汇。	1. 有关购汇核准，应与开办外汇业务核准列明于同一核准文件，一同下发给分局（或保险公司）。 2. 由分局转报申请的，分局接到总局核准文件后，首先核准该公司开立临时账户，监督该公司按照批准数额购汇，并完成验资。保险公司向分局提交验资报告正本后，分局转发总局关于开办外汇业务的核准文件。保险公司接到分局转发核准文件后1个月内，持转发核准文件和正本验资报告，到总局领取《经营外汇业务许可证》。 3. 直接上报总局的，保险公司接到核准文件后，应当持核准文件到银行开立临时账户，按文件要求购汇并完成验资。保险公司持验资报告正本和核准文件，到总局领取《经营外汇业务许可证》。有关验资和领证工作应当在接到核准文件后1个月内完成。 4. 保险公司取得《经营外汇业务许可证》后，应当立即将临时账户的外汇资金转入外汇经营账户，撤销临时账户。
保险公司（法人机构）、外国保险公司分公司申请购买人民币保险项下境外分保费	1.《中华人民共和国外汇管理条例》 2.《暂行规定》 3.《关于境外再保险分出业务售付汇管理有关问题的通知》	1. 外汇局审核材料： （1）购汇申请； （2）分保合同、相关保险合同或保险业务数据统计； （3）经审计的上年度公司资产负债表和利润表； （4）《经营外汇业务许可证》等。 2. 外汇指定银行审核材料： （1）国家外汇管理局的核准文件； （2）分保账单或分保支付清单等。	1. 境内保险公司将境内人民币保险进行境外超赔再保险分出的，可以根据实际经营需要申请购汇支付分保款项。 2. 境内保险公司将有关法规规定的境内人民币险种的保险，向境外进行合同或临时再保险分出，符合下列条件之一的，可以向国家外汇管理局申请购汇支付分保款项： （1）单笔保险合同的最大保险责任超过人民币5000万元； （2）单一险种累计的人民币保费收入超过该公司资本金加公积金的总和。	1. 境内保险公司的分支机构不得办理境外再保险分出业务项下购汇手续。 2. 保险公司按季度向所在地分局提出申请，每季度购汇金额低于100万美元（含）的，所在地分局审核合格后核准该公司购汇支付；每季度购汇金额为100万美元以上的，所在地分局初审合格和确认材料齐全后上报总局核准。 3. 外汇局根据审核标准，首先确认保险公司申请的原保险合同符合标准，再根据分保合同核准该公司购汇支付的金额。 4. 外汇指定银行办理购汇支付后，在外汇局批复文件的原件上加盖"已购汇"章，并按规定留存相关购付汇凭证复印件5年备查，外汇指定银行按照有关规定及时上报有关购汇情况。
保险公司（法人机构）、外国保险公司分公司外汇资本金结汇	1.《中华人民共和国外汇管理条例》 2.《暂行规定》	1. 结汇申请书； 2. 上年度的外币资产负债表和利润分配表； 3.《经营外汇业务许可证》或者《经营保险业务许可证》正、副本复印件； 4. 外汇局要求的其他材料。	外汇指定银行凭外汇局的核准文件办理。	外汇资本金（营运资金）的结汇必须经外汇局逐笔核准。保险公司向所在地分局提出申请，一次性结汇100万美元（含）以下的，所在地分局审核合格后核准该公司结汇；一次性结汇在100万美元以上的，所在地分局初审合格和确认材料齐全后上报总局核准。
保险公司（法人机构）外汇利润结汇	1.《中华人民共和国外汇管理条例》 2.《暂行规定》	1. 保险公司外汇资产负债表； 2. 董事会批准的当年分配方案。	外汇指定银行应当根据真实和实需的原则，审核有关凭证，确认保险公司结汇金额的真实性。	1. 保险公司外汇净收益在扣除弥补经营亏损和提取外汇公积金后的剩余部分，应当在会计年度终了后4个月内，或者在董事会批准当年分配方案后10个工作日内结汇，并在结汇后5个工作日内报国家外汇管理局备案。 2. 所在地分局应当督促保险公司及时办理利润结汇并向国家外汇管理局备案。

续表

项目	法规依据	审核材料	审核原则	注意事项
保险公司（法人机构）、外国保险公司分公司将人民币资本金（营运资金）兑换为外汇资本金（营运资金）	1.《中华人民共和国外汇管理条例》 2.《暂行规定》	1. 购汇申请书； 2. 上年度的人民币资产负债表； 3.《经营外汇业务许可证》正、 4. 副本复印件； 5. 外汇局要求的其他材料。	外汇指定银行凭外汇局的核准文件办理。	保险公司向所在地分局提出申请，一次性购汇100 万美元（含）以下的，所在地分局审核合格后核准该公司购汇；一次性购汇在 100 万美元以上的，所在地分局初审合格和确认材料齐全后上报总局核准。

国家外汇管理局关于保险公司开办境内外汇同业拆借业务有关问题的通知

国家外汇管理局各省、自治区、直辖市分局，外汇管理部，大连、青岛、厦门、深圳、宁波市分局；各保险公司；各保险资产管理公司；中国外汇交易中心：

为增强保险公司外汇资金的流动性，提高保险公司外汇偿付能力，经商中国保险监督管理委员会，国家外汇管理局决定允许保险公司开办境内外汇同业拆借业务。现就有关问题通知如下：

一、经国家外汇管理局核准具有"外汇同业拆借"业务经营资格的境内中资保险公司总公司、中外合资保险公司总公司和外国保险公司直接在境内设立的分公司（以下简称保险公司），可以通过中国外汇交易中心进行境内外汇同业拆借。其他的境内保险公司（包括上述保险公司在境内的分支机构）不得从事外汇拆借活动。

二、保险公司参与境内外汇同业拆借必须通过中国外汇交易中心进行，拆借对手应为与中国外汇交易中心签约的境内金融机构。保险公司不得与境外机构开展外汇拆借活动。

三、保险公司办理的外汇同业拆借业务，其期限不得超过4个月。拆入资金总额和拆出资金总额均不得超过公司外汇资本金的50%。单笔拆入资金不得超过公司外汇资本金的10%，单笔拆出资金不得超过公司外汇资本金的15%。

四、经核准具有"外汇同业拆借"业务资格的保险公司从事外汇同业拆借业务，应当持列有"外汇同业拆借"业务资格的《经营外汇业务许可证》与中国外汇交易中心签订"拆借中介服务协议"，然后，方可通过中国外汇交易中心办理外汇同业拆借业务。参与境内外汇同业拆借的保险公司应当遵守国家外汇管理局和中国保险监督管理委员会的有关规定，同时，遵守中国外汇交易中心的有关操作规程。

五、从事外汇同业拆借业务的保险公司应当按季向国家外汇管理局报送"保险公司外汇资金运用统计表"（见汇发［2003］27号）。

六、中国外汇交易中心应当根据国家外汇管理局的有关规定为保险公司提供外汇同业拆借的中介服务，严格监督保险公司的外汇同业拆借活动，并按月向国家外汇管理局报告保险公司办理外汇拆借的情况。

七、保险资产管理公司自有外汇资金开办境内外汇同业拆借业务及受保险公司委托开办保险公司的该项业务，比照前述规定办理，并遵守国家外汇管理局和中国保险监督管理委员会的有关规定。

八、本通知自2003年10月1日起开始施行。本通知发布实施前已申领《经营外汇业务许可证》且该证尚在有效期内的保险公司，可以按照《保险业务外汇管理暂行规定》第十二条的规定，向国家外汇管理局申请增加"外汇同业拆借"业务资格，并按规定换领新的《经营外汇业务许可证》。

货物贸易外汇管理指引

第一章 总 则

第一条 为完善货物贸易（以下简称贸易）外汇管理，推进贸易便利化，促进涉外经济发展，根据《中华人民共和国外汇管理条例》，制定本指引。

第二条 国家对贸易项下国际支付不予限制。

出口收入可按规定调回境内或存放境外。

第三条 境内机构（以下简称企业）的贸易外汇收支应当具有真实、合法的交易背景，与货物进出口一致。

第四条 经营结汇、售汇业务的金融机构（以下简称金融机构）应当对企业提交的贸易进出口交易单证的真实性及其与贸易外汇收支的一致性进行合理审查。

第五条 国家外汇管理局及其分支机构（以下简称外汇局）依法对本指引第二条、第三条、第四条规定的事项进行监督检查。

第六条 外汇局建立进出口货物流与收付汇资金流匹配的核查机制，对企业贸易外汇收支进行非现场总量核查和监测，对存在异常或可疑情况的企业进行现场核实调查（以下简称现场核查），对金融机构办理贸易外汇收支业务的合规性与报送相关信息的及时性、完整性和准确性实施非现场和现场核查。

第七条 外汇局根据非现场或现场核查结果，结合企业遵守外汇管理规定等情况，对企业进行分类管理。

第八条 外汇局对企业贸易信贷进行总量监测，对企业贸易信贷规模实施比例管理。

企业应当按规定向外汇局报告贸易信贷信息。

第九条 国际收支出现或者可能出现严重失衡时，国家可以依法对贸易外汇收支采取必要的保障、控制等措施。

第二章 企业名录管理

第十条 外汇局实行"贸易外汇收支企业名录"（以下简称名录）登记管理，统一向金融机构发布名录。金融机构不得为不在名录的企业直接办理贸易外汇收支业务。

第十一条 企业依法取得对外贸易经营权后，应当持有关材料到外汇局办理名录登记手续。名录企业登记信息发生变更的，应当到外汇局办理变更登记手续。企业终止经营或被取消对外贸易经营权的，应当到外汇局办理注销登记手续。

外汇局可根据企业的贸易外汇收支业务状况及其合规情况注销企业名录。

第十二条 企业办理贸易外汇收支，应当签署《货物贸易外汇收支业务办理确认书》，承诺遵守国家外汇管理规定。

外汇局对新办名录登记的企业实行辅导期管理。

第三章 贸易外汇收支管理

第十三条 本指引所称的企业贸易外汇收支包括：

（一）从境外、境内保税监管区域收回的出口货款，向境外、境内保税监管区域支付的进口货款；

（二）从离岸账户、境外机构境内账户收回的出口货款，向离岸账户、境外机构境内账户支付的进口货款；

（三）深加工结转项下境内收付款；

（四）转口贸易项下收付款；

（五）其他与贸易相关的收付款。

第十四条 企业应当按照"谁出口谁收汇、谁进口谁付汇"原则办理贸易外汇收支业务，捐赠项下进出口业务等外汇局另有规定的情况除外。

代理进口、出口业务应当由代理方付汇、收汇。代理进口业务项下，委托方可凭委托代理协议将外汇划转给代理方，也可由代理方购汇。代理出口业务项下，代理方收汇后可凭委托代理协议将外汇划转给委托方，也可结汇将人民币划转给委托方。

第十五条 企业应当根据贸易方式、结算方式以及资金来源或流向，凭相关单证在金融机构办理贸易外汇收支，并按规定进行贸易外汇收支信息申报。

金融机构应当查询企业名录和分类状态，按规定进行合理审查，并向外汇局报送前款所称贸易外汇收支信息。

第十六条 对于下列影响贸易外汇收支与货物进出口一致性匹配的信息，企业应当在规定期限内向外汇局报告：

（一）超过规定期限的预收货款、预付货款、延期收款以及延期付款；

（二）其他应当报告的事项。

企业可主动向外汇局报告除本条前款规定以外的其他贸易外汇收支信息。

第十七条 外汇局对企业出口收入存放境外业务实行登记管理。企业应当向外汇局定期报告境外账户收支等情况。

第四章 非现场核查

第十八条 外汇局定期或不定期对企业一定期限内的进出口数据和贸易外汇收支数据进行总量比对，核查企业贸易外汇收支的真实性及其与货物进出口的一致性。

第十九条 外汇局对贸易信贷、转口贸易等特定业务，以及保税监管区域企业等特定主体实施专项监测。

第二十条 外汇局对下列企业实施重点监测：

（一）贸易外汇收支与货物进出口一致性匹配情况超过一定范围的；

（二）贸易信贷余额或中长期贸易信贷发生额超过一定比例的；

（三）经专项监测发现其他异常或可疑的；

（四）其他需要重点监测的。

第五章 现场核查

第二十一条 外汇局可对企业非现场核查中发现的异常或可疑的贸易外汇收支业务实施现场核查。

外汇局可对金融机构办理贸易外汇收支业务的合规性与报送信息的及时性、完整性和准确性实施现场核查。

第二十二条 外汇局实施现场核查可采取下列方式：

（一）要求被核查企业、经办金融机构提交相关书面材料；

（二）约见被核查企业法定代表人或其授权人、经办金融机构负责人或其授权人；

（三）现场查阅、复制被核查企业、经办金融机构的相关资料；

（四）其他必要的现场核查方式。

被核查单位应当配合外汇局进行现场核查，如实说明情况，并提供有关文件、资料，不得拒绝、阻碍和隐瞒。

第二十三条 外汇局按照本指引第二十二条第一款第（三）项规定的方式进行现场核查，现场核查人员不得少于2人，并出示证件。现场核查人员少于2人或者未出示证件的，被核查单位有权拒绝。

第六章 分类管理

第二十四条 外汇局根据非现场或现场核查结果，结合企业遵守外汇管理规定等情况，将企业分成A、B、C三类。

第二十五条 外汇局发布B、C类企业名单前，应当将分类结果告知相关企业。企业可在收到外汇局分类结论告知书之日起7个工作日内向外汇局提出异议。外汇局应当对提出异议企业的分类情况进行复核。

第二十六条 对在规定期限内未提出异议或提出异议后经外汇局复核确定分类结果的企业，外汇局将向金融机构发布企业分类管理信息。

外汇局可将企业分类管理信息向相关管理部门通报，必要时可向社会公开披露。

第二十七条 外汇局对分类结果进行动态调整，并对B、C类企业设立分类管理有效期。

第二十八条 在分类管理有效期内，对A类企业贸易外汇收支，适用便利化的管理措施。对B、C类企业的贸易外汇收支，在单证审核、业务类型及办理程序、结算方式等方面实施审慎监管。

第二十九条 外汇局建立贸易外汇收支电子数据核查机制，对B类企业贸易外汇收支实施电子数据核查管理。

第三十条 对C类企业贸易外汇收支业务以及外汇局认定的其他业务，由外汇局实行事前逐笔登记管理，金融机构凭外汇局出具的登记证明为企业办理相关手续。

第七章 附 则

第三十一条 企业和金融机构违反本指引以及其他外汇管理相关规定的，由外汇局依据《中华人民共和国外汇管理条例》等相关法规予以处罚。

第三十二条 外汇局可根据国际收支形势和外汇管理需要，对贸易信贷管理、报告及登记管理、出口收入存放境外管理、非现场核查以及分类管理的具体内容进行调整。

　　第三十三条　保税监管区域企业的非保税贸易外汇收支原则上适用本指引；保税监管区域企业的保税贸易外汇收支参照适用本指引，保税监管区域外汇管理政策另有规定的，从其规定。

　　第三十四条　个人对外贸易经营者的贸易外汇收支适用本指引。

　　第三十五条　国家外汇管理局根据本指引制定相应实施细则。

　　第三十六条　本指引由国家外汇管理局负责解释。

　　第三十七条　本指引自 2012 年 8 月 1 日起施行。以前法规与本指引相抵触的，按照本指引执行。

货物贸易外汇管理指引实施细则

第一条 依据《货物贸易外汇管理指引》及有关规定，制定本细则。

第二条 境内机构（以下简称企业）出口后应当按合同约定及时、足额收回货款或按规定存放境外；进口后应当按合同约定及时、足额支付货款。

企业收取货款后应当按合同约定及时、足额出口货物；支付货款后应当按合同约定及时、足额进口货物。

第一章 企业名录管理

第三条 企业依法取得对外贸易经营权后，需持《货物贸易外汇收支企业名录登记申请书》（见附1）、法定代表人签字并加盖企业公章的《货物贸易外汇收支业务办理确认书》（以下简称《确认书》，见附2）及下列资料有效原件及加盖企业公章的复印件，到所在地外汇局办理"贸易外汇收支企业名录"（以下简称名录）登记手续：

（一）《企业法人营业执照》或《企业营业执照》副本；

（二）《中华人民共和国组织机构代码证》；

（三）《对外贸易经营者备案登记表》，依法不需要办理备案登记的可提交《中华人民共和国外商投资企业批准证书》或《中华人民共和国台、港、澳投资企业批准证书》等；

（四）外汇局要求提供的其他资料。

外汇局审核有关资料无误后为其办理名录登记手续。

无对外贸易经营权的企业，确有客观需要开展贸易外汇收支业务的，办理名录登记时可免于提交本条第一款第（三）项规定的资料。

第四条 从事对外贸易的保税监管区域企业（以下简称区内企业）按照保税监管区域外汇管理有关规定办理外汇登记手续时，应当签署《确认书》。区内企业在取得相关外汇登记证明并签署《确认书》后自动列入名录。

第五条 外汇局对于本细则实施后新列入名录的企业实施辅导期管理。在其发生首笔贸易外汇收支业务之日起90天内，外汇局进行政策法规、系统操作等辅导。

企业应当在辅导期结束后10个工作日内，持书面材料到外汇局报告辅导期内发生的货物进出口与贸易外汇收支的逐笔对应情况。

第六条 名录内企业的企业名称、注册地址、法定代表人、注册资本、公司类型、经营范围或联系方式发生变更的，应当在变更事项发生之日起30天内，持相应变更文件或证明的原件及加盖企业公章的复印件到所在地外汇局办理名录变更手续。

第七条 名录内企业发生下列情况之一，应当在30天内主动到所在地外汇局办理名录注销手续：

（一）终止经营或不再从事对外贸易；

（二）被工商管理部门注销或吊销营业执照；

（三）被商务主管部门取消对外贸易经营权。

第八条　名录内企业发生下列情况之一，外汇局可将其从名录中注销：

（一）发生本细则第七条规定情况；

（二）区内企业已办理保税监管区域外汇登记注销手续；

（三）连续两年未发生贸易外汇收支业务；

（四）外汇局对企业实施现场核查时，通过企业名录登记信息所列联系方式无法与其取得联系；

（五）外汇局认定的其他情况。

第九条　外汇局通过"货物贸易外汇监测系统"（以下简称"监测系统"）向金融机构发布全国企业名录。金融机构不得为不在名录的企业直接办理贸易外汇收支业务。不在名录的企业应当到外汇局办理名录登记手续。

第二章　贸易外汇收支业务审核

第十条　本细则所称的企业贸易外汇收支包括：

（一）从境外、境内保税监管区域收回的出口货款，向境外、境内保税监管区域支付的进口货款；

（二）从离岸账户、境外机构境内账户收回的出口货款，向离岸账户、境外机构境内账户支付的进口货款；

（三）深加工结转项下境内收付款；

（四）转口贸易项下收付款；

（五）其他与贸易相关的收付款。

第十一条　企业应当按国际收支申报和贸易外汇收支信息申报规定办理贸易外汇收支信息申报，并根据贸易外汇收支流向填写下列申报单证：

（一）向境外付款（包括向离岸账户、境外机构境内账户付款）的，填写《境外汇款申请书》或《对外付款/承兑通知书》；

（二）向境内付款的，填写《境内汇款申请书》或《境内付款/承兑通知书》；

（三）从境外收款（包括从离岸账户、境外机构境内账户收款）的，填写《涉外收入申报单》；

（四）从境内收款的，填写《境内收入申报单》。

第十二条　金融机构为企业办理贸易外汇收支业务时，应当通过监测系统查询企业名录状态与分类状态，按本细则规定对其贸易进出口交易单证的真实性及其与贸易外汇收支的一致性进行合理审查。

金融机构应当按照国际收支申报和贸易外汇收支信息申报规定审核企业填写的申报单证，及时向外汇局报送信息。

第十三条　企业贸易外汇收入应当先进入出口收入待核查账户（以下简称待核查账户）。待核查账户的收入范围限于贸易外汇收入（含转口贸易外汇收入，不含出口贸易融资项下境内金融机构放款及境外回款）；支出范围包括结汇或划入企业经常项目外汇账户，以及经外汇局登记的其他外汇支出。待核查账户之间资金不得相互划转，账户资金按活期存款计息。

第十四条　企业可以根据其真实合法的进口付汇需求提前购汇存入其经常项目外汇账户。金融机构为企业办理付汇手续时，应当审核企业填写的申报单证，并按以下规定审核相应有效凭证和商业单据：

（一）以信用证、托收方式结算的，按国际结算惯例审核有关商业单据；

（二）以货到付款方式结算的，审核对应的进口货物报关单或进口合同或发票；

（三）以预付货款方式结算的，审核进口合同或发票。

因合同变更等原因导致企业提前购汇后未能对外支付的进口货款，企业可自主决定结汇或保留在其经常项目外汇账户中。

第十五条 企业应当按照"谁出口谁收汇、谁进口谁付汇"原则办理贸易外汇收支业务，捐赠项下进出口业务等外汇局另有规定的情况除外。

代理进口、出口业务应当由代理方付汇、收汇。代理进口业务项下，委托方可凭委托代理协议将外汇划转给代理方，也可由代理方购汇。代理出口业务项下，代理方收汇后可凭委托代理协议将外汇划转给委托方，也可结汇后将人民币划转给委托方。

第十六条 进口项下退汇的境外付款人应当为原收款人、境内收款人应当为原付款人。出口项下退汇的境内付款人应当为原收款人、境外收款人应当为原付款人。

金融机构为企业办理贸易收汇的退汇支付时，对于因错误汇入产生的退汇，应当审核原收汇凭证；对于其他原因产生的退汇，应当审核原收入申报单证、原出口合同。

金融机构为企业办理贸易付汇的退汇结汇或划转时，对于因错误汇出产生的退汇，应当审核原支出申报单证；对于其他原因产生的退汇，应当审核原支出申报单证、原进口合同。

对于退汇日期与原收、付款日期间隔在180天（不含）以上或由于特殊情况无法按照本条规定办理退汇的，企业应当先到外汇局办理贸易外汇业务登记手续。

第十七条 企业的进出口贸易应当通过金融机构办理结算。因汇路不畅需要使用外币现钞结算的，外币现钞结汇时，金融机构应当审核企业提交的出口合同、出口货物报关单等单证。结汇现钞金额达到规定入境申报金额的，金融机构还应当审核企业提交的经海关签章的携带外币现钞入境申报单正本。

第十八条 本细则规定需办理外汇局登记的贸易外汇收支业务，金融机构应当凭外汇局签发的《货物贸易外汇业务登记表》（以下简称《登记表》，见附3）办理，并通过监测系统签注《登记表》使用情况。

第十九条 金融机构按规定审核相关单证后，应当在单证正本上签注收付汇金额、日期并加盖业务印章，并留存相关单证正本或复印件备查。

第二十条 金融机构在办理贸易外汇收支业务过程中，发现企业存在异常或可疑贸易外汇收支行为的，应当及时向外汇局报告。

第三章　出口收入存放境外管理

第二十一条 企业可将具有真实、合法交易背景的出口收入存放境外。

第二十二条 企业将出口收入存放境外应当具备下列条件：

（一）具有出口收入来源，且在境外有符合本细则规定的支付需求；

（二）近两年无违反外汇管理规定行为；

（三）有完善的出口收入存放境外内控制度；

（四）外汇局规定的其他条件。

第二十三条 符合本细则第二十二条规定的企业集团，可由集团总部或指定一家参与出口收入存放境外业务的境内成员公司作为主办企业，负责对所有参与出口收入存放境外业务的其他境内成员公司的存放境外出口收入实行集中收付。

第二十四条 企业开立用于存放出口收入的境外账户（以下简称境外账户）前，应当选定境外开户行，与其签订《账户收支信息报送协议》（以下简称《协议》，见附4），并到外汇局办理开户登记手续。

企业集团实行集中收付的，应由主办企业到所在地外汇局办理开户登记手续。主办企业与成员公司属不同外汇局管辖的，成员公司应先到所在地外汇局办理资格登记手续。

第二十五条　企业应持下列材料到外汇局办理开户登记，并通过监测系统向外汇局报送相关信息：

（一）法定代表人或其授权人签字并加盖企业公章的书面申请；首次登记时，书面申请中应当说明企业根据实际需要确定的年度累计出口收入存放境外规模；

（二）《出口收入存放境外登记表》（见附5）；

（三）企业与境外开户行签订的《协议》；

（四）企业实施出口收入存放境外运作的内控制度（首次登记时提交）；

（五）企业集团实行集中收付的，首次登记时还需提交成员公司情况说明（含关联关系）、成员公司债权债务及相应会计记账管理办法或规章；成员公司与主办企业属不同外汇局管辖的，还需提供成员公司所在地外汇局出具的《出口收入存放境外资格登记表》（见附6）；

（六）外汇局要求的其他材料。

第二十六条　企业开立境外账户后，应在规定期限内将账号和账户币种报外汇局备案；境外账户信息发生变更的，应在获知相关信息之日起10个工作日内将变更信息报外汇局备案。

第二十七条　企业年度累计存放境外资金不得超出已登记的出口收入存放境外规模。需提高存放境外规模的，企业应向外汇局进行变更登记。

第二十八条　境外账户的收支应当具有真实、合法的交易基础，符合中国及开户行所在国家（或地区）相关法律规定。

第二十九条　境外账户的收入范围包括出口收入，账户资金孳息，以及经外汇局批准的其他收入；支出范围包括贸易项下支出，境外承包工程、佣金、运保费项下费用支出，与境外账户相关的境外银行费用支出，经外汇局核准或登记的资本项目支出，调回境内，以及符合外汇局规定的其他支出。

第三十条　境外账户发生收支业务的，企业应当在发生收支当月结束之日起10个工作日内通过监测系统如实向外汇局报告出口收入存放境外收支情况。

存放境外资金运用出现重大损失的，企业应及时报告外汇局。

第三十一条　企业应要求境外开户行按照《协议》约定，按月向外汇局邮寄境外账户对账单。

第三十二条　外汇局根据企业报告的相关信息和境外开户行对账单信息，对企业境外账户收支的真实性和存放境外规模情况进行非现场核查，对存在异常情况的企业实施现场核查。

第三十三条　企业可根据自身经营需要确定出口收入存放境外期限，或将存放境外资金调回境内。

企业关闭境外账户的，应当在规定期限内持境外开户行的销户通知书向外汇局备案。

第三十四条　企业存在违规行为的，外汇局可责令其限期关闭境外账户，并调回账户资金余额。

第三十五条　企业集团实行集中收付的，应当做好成员公司债权债务的管理及相应的会计记账工作，清晰区分各成员公司的债权债务关系及金额。

企业集团存放境外的出口收入调回境内的，应按照资金归属情况相应划入成员公司的境内经常项目外汇账户。

第三十六条　国家外汇管理局可根据国际收支形势和外汇管理需要对出口收入存放境外的资格条件、存放规模、期限或调回要求等进行调整。

第四章　企业报告和登记管理

第三十七条　符合下列情况之一的业务，企业应当在货物进出口或收付汇业务实际发生之日起30天内，通过监测系统向所在地外汇局报送对应的预计收付汇或进出口日期等信息：

（一）30天以上（不含）的预收货款、预付货款；

（二）90天以上（不含）的延期收款、延期付款；

（三）90天以上（不含）的远期信用证（含展期）、海外代付等进口贸易融资；

（四）B、C类企业在分类监管有效期内发生的预收货款、预付货款，以及30天以上（不含）的延期收款、延期付款；

（五）同一合同项下转口贸易收支日期间隔超过90天（不含）且先收后支项下收汇金额或先支后收项下付汇金额超过等值50万美元（不含）的业务；

（六）其他应当报告的事项。

对于第（一）、（二）、（四）项，企业还需报送关联企业交易信息。

对已报告且未到预计进出口或收付汇日期的上述业务，企业可根据实际情况调整相关报告内容。

第三十八条　对于符合规定的收付汇单位与进出口单位不一致的情况，收汇或进口企业可向所在地外汇局报告，并办理收汇或进口数据的主体变更手续。

第三十九条　对于除本细则第三十七条至第三十八条规定以外的其他影响贸易外汇收支与进出口一致性匹配的情况，企业可根据实际业务情况自主决定是否向所在地外汇局报送相关信息。

第四十条　企业办理下列贸易外汇收支业务，应当在付汇、开证、出口贸易融资放款或待核查账户资金结汇或划出前，持书面申请和相关证明材料到外汇局登记：

（一）C类企业贸易外汇收支；

（二）B类企业超可收、付汇额度的贸易外汇收支；

（三）B类企业同一合同项下转口贸易收入金额超过相应支出金额20%（不含）的贸易外汇收支；

（四）退汇日期与原收、付款日期间隔在180天（不含）以上或由于特殊情况无法按照本细则第十六条规定办理的退汇；

（五）外汇局认定其他需要登记的业务。

外汇局审核企业提交的资料后，出具加盖"货物贸易外汇业务监管章"的《登记表》。

第五章　非现场核查

第四十一条　外汇局依托监测系统按月对企业的贸易外汇收支进行非现场核查。外汇局可根据国际收支形势和外汇管理需要调整核查频率。

纳入非现场核查的数据包括企业最近12个月的相关贸易外汇收支、货物进出口和企业报告数据。

第四十二条　外汇局根据企业进出口和贸易外汇收支数据，结合其贸易信贷报告等信息，设定总量差额、总量差额比率、资金货物比率、贸易信贷报告余额比率等总量核查指标，衡量企业一定期间内资金流与货物流的偏离和贸易信贷余额变化等情况，将总量核查指标超过一定范围的企业列入重点监测范围。

外汇局根据实际情况设定并调整总量核查指标。

第四十三条　外汇局对企业的贸易信贷、出口收入存放境外、来料加工、转口贸易、境外承包工程、进出口退汇等业务，以及区内企业、辅导期企业等主体实施专项监测，将资金流与货物流的规模与结构等存在异常或可疑情况的企业列入重点监测范围。

第四十四条　外汇局对B、C类企业以及经总量核查与专项监测后纳入重点监测范围的企业进行持续、动态监测。对于指标出现较大偏离、连续偏离或相关指标反映情况相互背离的企业，可实施现场核查；对于指标恢复正常的企业，解除重点监测。

第四十五条　外汇局依托监测系统对贸易外汇收支情况进行宏观统计和监测分析。

第六章　现场核查

第四十六条　对核查期内存在下列情况之一的企业，外汇局可实施现场核查：

（一）任一总量核查指标与本地区指标阈值偏离程度50%以上；

（二）任一总量核查指标连续四个核查期超过本地区指标阈值；

（三）预收货款、预付货款、延期收款或延期付款各项贸易信贷余额比率大于25%；

（四）一年期以上的预收货款、预付货款、延期收款或延期付款各项贸易信贷发生额比率大于10%；

（五）来料加工工缴费率大于30%；

（六）转口贸易收支差额占支出比率大于20%；

（七）单笔退汇金额超过等值50万美元且退汇笔数大于12次；

（八）外汇局认定的需要现场核查的其他情况。

外汇局可根据非现场核查情况，参考地区、行业、经济类型等特点对上述比例、金额或频次进行调整。

第四十七条　外汇局对需现场核查的企业，应制发《现场核查通知书》（见附7），并可采取下列一种或多种方式实施现场核查：

（一）要求被核查企业提交相关书面材料；

（二）约见被核查企业法定代表人或其授权人；

（三）现场查阅、复制被核查企业的相关资料；

（四）外汇局认为必要的其他现场核查方式。

第四十八条　企业应当按下列规定如实提供相关资料，主动配合外汇局开展现场核查工作：

（一）外汇局要求企业提交相关书面材料的，企业应当在收到《现场核查通知书》之日起10个工作日内，向外汇局提交由法定代表人或其授权人签字并加盖单位公章的书面报告及相关证明资料。书面报告内容应当包括但不限于企业生产经营情况、进出口及收付汇情况、资金流入或流出异常产生的原因；

（二）外汇局约见企业法定代表人或其授权人的，企业法定代表人或其授权人应当在收到《现场核查通知书》之日起10个工作日内到外汇局说明相关情况；

（三）外汇局现场查阅、复制被核查企业相关资料的，企业应当在收到《现场核查通知书》之日起10个工作日内准备好相关资料，配合外汇局现场核查人员工作；

（四）外汇局采取其他现场核查方式的，企业应当按外汇局要求做好相关准备工作。

第四十九条　外汇局根据现场核查情况，确定企业现场核查结果。

第五十条　在非现场核查或对企业进行现场核查的过程中，发现经办金融机构存在涉嫌不按规定办理贸易外汇收支业务或报送相关信息行为的，外汇局可采取下列一种或多种方式，对相关金融机构实施现场核查：

（一）要求被核查金融机构提交相关书面材料；

（二）约见被核查金融机构负责人或其授权人；

（三）现场查阅、复制被核查金融机构的相关资料；

（四）外汇局认为必要的其他现场核查方式。

被核查金融机构应当按外汇局要求如实说明情况，提供有关文件、资料。

第五十一条 需现场查阅、复制被核查企业或金融机构相关资料的，外汇局现场核查人员不得少于 2 人，并出示证件。现场核查人员少于 2 人或者未出示证件的，被核查企业和金融机构有权拒绝。

第七章 分类管理

第五十二条 核查期内企业遵守外汇管理相关规定，且贸易外汇收支经外汇局非现场或现场核查情况正常的，可被列为 A 类企业。

第五十三条 存在下列情况之一的企业，外汇局可将其列为 B 类企业：

（一）存在本细则第四十六条规定情况之一且经现场核查企业无合理解释；

（二）未按规定履行报告义务；

（三）未按规定办理贸易外汇业务登记；

（四）外汇局实施现场核查时，未按规定的时间和方式向外汇局报告或提供资料；

（五）应国家相关主管部门要求实施联合监管的；

（六）外汇局认定的其他情况。

第五十四条 存在下列情况之一的企业，外汇局可将其列为 C 类企业：

（一）最近 12 个月内因严重违反外汇管理规定受到外汇局处罚或被司法机关立案调查；

（二）阻挠或拒不接受外汇局现场核查，或向外汇局提供虚假资料；

（三）B 类企业在分类监管有效期届满经外汇局综合评估，相关情况仍符合列入 B 类企业标准；

（四）因存在与外汇管理相关的严重违规行为被国家相关主管部门处罚；

（五）外汇局认定的其他情况。

第五十五条 国际收支出现或可能出现严重失衡时，外汇局可直接将资金流与货物流规模与结构等存在异常或可疑情况的重点监测企业列为 B 类或 C 类企业。

第五十六条 外汇局在确定 B 类企业和 C 类企业前，将《分类结论告知书》（见附 8）通知相关企业。如有异议，企业可自收到通知之日起 7 个工作日内向外汇局提交书面情况说明及相关证明材料进行申述。

企业在规定时间内提出异议的，外汇局应当对其分类情况进行复核，并根据复核情况确定其分类结果。

第五十七条 外汇局向金融机构发布企业分类信息，并可将企业分类信息向相关管理部门通报，必要时可向社会公开披露。

第五十八条 B、C 类企业的分类监管有效期为一年。

第五十九条 B、C 类企业分类监管有效期届满时，外汇局应当对其在监管有效期内遵守相关外汇管理规定情况进行综合评估，根据其资金流与货物流偏离的程度、变化以及是否发生违规行为等调整分类结果。

在分类监管有效期内指标情况好转且没有发生违规行为的 B 类企业，自列入 B 类之日起 6 个月后，可经外汇局登记办理本细则第六十条第（五）、（六）项所限制的业务。

外汇局在日常管理中发现企业存在本细则第五十三条、第五十四条规定行为的，可随时降低其分类等级，将 A 类企业列入 B 类或 C 类，或将 B 类企业列入 C 类。

第六十条 B类企业在分类监管有效期内的贸易外汇收支业务应当按照以下规定办理：

（一）对于以汇款方式结算的（预付货款、预收货款除外），金融机构应当审核相应的进、出口货物报关单和进、出口合同；对于以信用证、托收方式结算的，除按国际结算惯例审核有关商业单据外，还应当审核相应的进、出口合同；对于以预付货款、预收货款结算的，应当审核进、出口合同和发票；

（二）金融机构应当对其贸易外汇收支进行电子数据核查；超过可收、付汇额度的贸易外汇收支业务，金融机构应当凭《登记表》办理；

（三）对于转口贸易外汇收支，金融机构应当审核买卖合同、支出申报凭证及相关货权凭证；同一合同项下转口贸易收入金额超过相应支出金额20%（不含）的贸易外汇收支业务，金融机构应当凭《登记表》办理；

（四）对于预收货款、预付货款以及30天以上（不含）的延期收款、延期付款，企业须按照本细则规定向所在地外汇局报送信息；

（五）企业不得办理90天以上（不含）的延期付款业务、不得签订包含90天以上（不含）收汇条款的出口合同；

（六）企业不得办理收支日期间隔超过90天（不含）的转口贸易外汇收支业务；

（七）其他贸易外汇收支业务，按照本细则第二章有关规定办理；

（八）外汇局规定的其他管理措施。

第六十一条 C类企业在分类监管有效期内的贸易外汇收支业务应当按照以下规定办理：

（一）逐笔到所在地外汇局办理登记手续。

外汇局办理登记手续时，对于企业以汇款方式结算的（预付货款、预收货款除外），审核相应的进、出口货物报关单和进、出口合同；以信用证、托收方式结算的，审核进、出口合同；以预付、预收货款方式结算的，审核进、出口合同和发票；对于单笔预付货款金额超过等值5万美元的，还须审核经金融机构核对密押的外方金融机构出具的预付货款保函；

（二）对于预收货款、预付货款以及30天以上（不含）的延期收款、延期付款，企业须按本细则规定向所在地外汇局报送信息；

（三）企业不得办理90天以上（不含）的远期信用证（含展期）、海外代付等进口贸易融资业务；不得办理90天以上（不含）的延期付款、托收业务；不得签订包含90天以上（不含）收汇条款的出口合同；

（四）企业不得办理转口贸易外汇收支；

（五）企业为跨国集团集中收付汇成员公司的，该企业不得继续办理集中收付汇业务；企业为跨国集团集中收付汇主办企业的，停止整个集团的集中收付汇业务；

（六）外汇局规定的其他管理措施。

第六十二条 已开办出口收入存放境外业务的企业被列为B类的，在分类监管有效期内，企业出口收入不得存放境外账户，不得使用境外账户对外支付。外汇局可要求其调回境外账户资金余额。

被列为C类的，企业应当于列入之日起30日内关闭境外账户并调回境外账户资金余额。

第八章 电子数据核查

第六十三条 外汇局建立贸易外汇收支电子数据核查机制，对B类企业贸易外汇收支实施电子数据核查管理。外汇局根据企业贸易进出口的实际情况确定其可收、付汇额度。

B类企业应当在其可收付汇额度内办理贸易外汇收支。

第六十四条　外汇局按下列方式确定 B 类企业的可收付汇额度：

（一）外汇局根据企业实际发生的进出口贸易类别，结合非现场核查和现场核查情况，确定相应的收付汇比率。企业贸易进出口可收、付汇额度，按对应收付汇日期在分类监管有效期内的进出口货物报关单成交总价与相应收付汇比率的乘积累加之和确定；

（二）预收货款可收汇额度和预付货款可付汇额度，由外汇局根据非现场核查和现场核查情况，结合企业的业务特点确定。

第六十五条　金融机构在办理 B 类企业付汇、开证、出口贸易融资放款或待核查账户资金结汇或划出手续时，应当进行电子数据核查，通过监测系统扣减其对应的可收付汇额度。

第六十六条　B 类企业超过可收付汇额度的贸易外汇收支业务，应当到外汇局办理贸易外汇业务登记手续。

第六十七条　B 类企业代理其他企业进出口对应的外汇收支纳入电子数据核查范围。

第九章　罚　则

第六十八条　企业和金融机构应当按照本细则及其他相关规定办理贸易外汇收支业务，对违反规定的，由外汇局依据《中华人民共和国外汇管理条例》（以下简称《条例》）等相关规定处罚。

第六十九条　企业有下列行为之一的，依据《条例》第四十三条规定，由外汇局给予警告，处违法金额 30%以下的罚款：

（一）办理贸易外汇收支违反外债管理规定；

（二）代理进口业务，代理方未付汇，且违反外债管理规定。

第七十条　金融机构有下列行为之一的，依据《条例》第四十七条规定，由外汇局责令限期改正，没收违法所得，并处 20 万元以上 100 万元以下的罚款；情节严重或逾期不改的，由外汇局责令停止经营相关业务：

（一）未按照本细则及相关规定审核贸易进出口交易单证的真实性及其与外汇收支的一致性，办理贸易外汇收支业务；

（二）未按照本细则及相关规定，办理结汇、售汇业务。

第七十一条　有下列行为之一的，依据《条例》第四十八条规定，由外汇局责令改正，给予警告，处 30 万元以下的罚款：

（一）未按照本细则及相关规定进行国际收支统计申报和贸易外汇收支信息申报；

（二）未按照本细则及相关规定提交有效单证、资料或者提交的单证、资料不真实；

（三）未按本细则及相关规定将贸易外汇收入纳入待核查账户，待核查账户收支超范围、待核查账户之间资金相互划转等违反外汇账户管理规定；

（四）未按照本细则及相关规定办理贸易外汇业务登记（含报告）手续；

（五）拒绝、阻碍外汇管理机关依法进行检查或核查；

（六）未按照本细则及相关规定留存相关资料或留存不全。

第十章　附　则

第七十二条　本细则所列核查指标含义如下：

（一）总量差额是指企业最近 12 个月内被外汇局纳入核查的贸易收支累计差额与货物进出口累计差额之间的偏差；

（二）总量差额比率是指总量差额与该企业同期被外汇局纳入核查的进出口和贸易外汇收支累

计规模之间的比率；

（三）资金货物比率是指企业最近 12 个月内被外汇局纳入核查的贸易外汇收支累计规模与同期进出口累计规模之间的比率；

（四）贸易信贷报告余额比率是指企业根据本细则第三十七条第一款第（一）项、第（二）项规定进行贸易信贷报告的月末余额合计与企业最近 12 个月内进出口和贸易外汇收支累计规模之间的比率；

（五）一年期贸易信贷发生额比率是指企业根据本细则第三十七条第一款第（一）项、第（二）项规定进行的一年期以上预收货款、预付货款、延期收款、延期付款各项贸易信贷报告发生额与企业最近 12 个月内相应的收汇、付汇、出口及进口规模之间的比率。

第七十三条　本细则所称离岸账户，是指境外机构按规定在依法取得离岸银行业务经营资格的境内银行离岸业务部开立的境外机构 OSA 账户。

依法取得离岸银行业务经营资格的境内银行离岸业务部适用于本细则第三章中境外银行的管理内容。离岸银行业务部按照本细则规定办理的企业出口收入，纳入外债统计，不纳入规模管理；非居民离岸账户与境内居民账户之间资金往来，应按规定进行国际收支统计申报。

第七十四条　本细则所称关联企业交易是指存在直接或间接控制关系或重大影响关系的企业间贸易行为。关联关系主要包括以下类型：

（一）母子公司关系；

（二）直接或间接同为第三方所控制或同时控制第三方；

（三）一方对另一方财务或经营决策过程具有参与权利并可施加一定影响。

第七十五条　本细则涉及的纸质文件资料，包括商业单据、有效凭证、证明材料的原件或复印件，以及申请书、《登记表》、《协议》、《出口收入存放境外登记表》、《出口收入存放境外资格登记表》、《分类结论告知书》以及《现场核查通知书》的原件，均应作为重要业务档案留存备查。企业、金融机构以及外汇局应当妥善保管相关业务档案，留存 5 年备查。

第七十六条　本细则规定的比率、金额、期限均含本值，明确规定不含本值的除外。

本细则规定的日期均为自然日，明确规定为工作日的除外。

第七十七条　本细则由国家外汇管理局负责解释，自 2012 年 8 月 1 日起施行。

货物贸易外汇收支信息申报管理规定

为规范货物贸易外汇收支（以下简称"贸易收支"）信息申报业务，根据《国际收支统计申报办法》及《货物贸易外汇管理指引》，特制定本规定。

第一条 贸易收支信息申报凭证包括《境外汇款申请书》、《对外付款/承兑通知书》、《境内汇款申请书》、《境内付款/承兑通知书》、《涉外收入申报单》和《境内收入申报单》。

第二条 企业通过境内银行发生贸易收支的，应当按照本规定填写申报凭证，及时、准确、完整地进行贸易收付款核查专用信息申报。企业通过"国际收支网上申报系统（企业版）"完成申报的，可不填写相关纸质申报单证。

第三条 对于企业向境内银行提交的收付款申报凭证中的贸易收付款核查专用信息以及《境内汇款申请书》、《境内付款/承兑通知书》和《境内收入申报单》中基础信息和申报信息，有关的填写、报送、留存、审核要求参照《国家外汇管理局关于印发〈通过金融机构进行国际收支统计申报业务操作规程〉的通知》（汇发〔2010〕22 号）和《国家外汇管理局关于做好调整境内银行涉外收付凭证及相关信息报送准备工作的通知》（汇发〔2011〕49 号）等规定执行。

第四条 以汇款结算的贸易付款核查专用信息包括：本笔款项是否为保税货物项下付款、合同号、发票号、外汇局批件号/备案表号/业务编号等；以信用证、保函、托收等结算的贸易付款核查专用信息包括：本笔款项是否为保税货物项下付款、合同号、发票号、提运单号、合同金额、外汇局批件号/备案表号/业务编号等。

第五条 贸易收款的核查专用信息包括：本笔款项是否为保税货物项下收入、收入类型（仅限境外收款项下）、外汇局批件号/备案表号/业务编号等。

第六条 对于企业贸易项下的境内外收付款，境内银行应于收付款后五个工作日内及时、准确、完整地通过国际收支网上申报系统（银行版）向外汇局报送贸易收支信息。

第七条 境内银行对已申报和传送成功的信息进行数据修改或删除的，应详细记录修改或者删除原因，并留存相关凭证，以备外汇局对该类数据的现场核查。

第八条 对于企业境外账户的收入、支出和余额信息，应按照《货物贸易外汇管理指引》及《货物贸易外汇管理指引实施细则》等有关规定向国家外汇管理局报送数据。

第九条 本规定由国家外汇管理局负责解释。

本规定自 2012 年 8 月 1 日起施行。以前规定与本规定相抵触的，按照本规定执行。

货物贸易外汇管理指引操作规程（银行 企业版）

依据《中华人民共和国外汇管理条例》（国务院令第532号）、《货物贸易外汇管理指引》（以下简称《指引》）、《货物贸易外汇管理指引实施细则》（以下简称《细则》），制定本操作规程。

一、企业主体管理

项目名称	管理内容	管理原则	注意事项
名录登记	1. 企业依法取得对外贸易经营权后，需持《细则》第三、四条规定的材料，到所在地国家外汇管理局分支局（以下简称外汇局）办理"贸易外汇收支企业名录"（以下简称名录）登记手续。 2. 外汇局审核相关材料无误后，通过货物贸易外汇监测系统（以下简称监测系统）为企业登记名录，并设置辅导期标识。完成名录登记后，外汇局为企业办理监测系统网上业务开户。 3. 外汇局通过监测系统向金融机构发布全国企业名录信息。	1. 属地管理原则，即企业受注册所在地外汇局监管，应当到注册所在地外汇局办理相关业务（下同）。 2. 相关材料是否完整、真实。	1. 名录登记的办理程序、办理时限等应当符合行政许可相关规定。 2. 金融机构不得为不在名录企业办理贸易外汇收支业务。 3. 已办理外汇登记手续的保税监管区域企业（以下简称区内企业）需要从事对外贸易的，应凭保税监管区域外汇登记证明和《货物贸易外汇收支业务办理确认书》（以下简称《确认书》），到所在地外汇局完成名录登记手续。 4. 个人对外贸易经营者名录登记比照具有对外贸易经营权企业办理。 5. 外汇局对新列入名录企业实施辅导期管理。辅导期起始日期为名录登记当日，截止日期为企业列入名录后发生首笔贸易外汇收支业务之日起第90天。 6. 外汇局长期留存《确认书》，留存《贸易外汇收支企业名录登记申请书》原件以及其他材料复印件5年备查。
名录变更	1. 名录内企业的企业名称、注册地址、法定代表人、注册资本、公司类型、经营范围或联系方式发生变更的，应当在变更事项发生之日起30天内，持相应变更文件或证明的原件及加盖企业公章的复印件到所在地外汇局办理名录变更手续。 2. 外汇局审核相关材料无误后，通过监测系统变更企业的名录登记信息。 3. 企业因注册地址变更导致所属外汇局发生变化的，外汇局还应当通过监测系统进行企业所属外汇局代码变更操作，并迁移该企业业务数据。 4. 发生外汇局机构撤并或增加时，外汇局应当根据实际情况进行企业所属外汇局代码的变更操作。	1. 属地管理原则。 2. 相关材料是否完整、真实。	1. 监测系统中企业所属外汇局代码变更操作权限在外汇局各分局。中心支局、支局辖内企业需变更所属外汇局代码的，由所在地外汇局逐级上报至分局，再由分局通过监测系统进行变更操作。 2. 因机构撤并或增加等原因导致需大批量变更企业所属外汇局代码的，分局可上报国家外汇管理局（简称总局），由总局统一后台处理。 3. 外汇局留存相关材料复印件5年备查。

续表

项目名称	管理内容	管理原则	注意事项
名录注销	1. 外汇局可根据企业申请、现场核查等情况或定期通过下列方式，将符合《细则》第七、八条规定情况的企业从名录中注销： （1）通过工商、商务管理部门网站或其他方式获取被工商管理部门注销或吊销营业执照的企业以及被商务管理部门取消对外贸易经营权的企业信息； （2）通过监测系统查询连续两年未发生贸易外汇收支业务的企业信息。 2. 外汇局通过监测系统注销企业名录，并撤销该企业网上业务开户。	属地管理原则	1. 注销名录后，经申请再次被列入名录的企业，视为新列入名录企业纳入辅导期管理。 2. 企业主动申请注销名录的，外汇局留存相关材料复印件 5 年备查；外汇局强制注销企业名录的，留存外汇局确定企业存在规定情况的相关材料 5 年备查。

二、错误数据处理

项目名称	管理内容	管理原则	注意事项
进出口货物报关单错误数据修正	1. 进出口货物报关单错误数据指因核心要素为空或代码类数据项在监测系统基础代码表中不存在，无法正确入库而被自动存入错误数据表的报关单数据。 2. 企业可通过下列方式修正报关单错误数据： （1）提交下列材料原件及加盖企业公章的复印件，到外汇局办理手工修正； ①进口货物报关单或出口货物报关单； ②外汇局要求的其他材料。 （2）到海关办理相应数据的修改或删除手续，通过部门间数据交换自动完成监测系统数据修正。 3. 对于已正确入库的报关单数据，企业如需修改或删除，应当到海关办理相应数据的修改或删除手续后，再通过部门间数据交换自动完成监测系统数据修正。	1. 属地管理原则。 2. 外汇局按下列原则对报关单错误数据进行手工修正： （1）报关单核心要素不全的，修改补全相关数据； （2）监测系统基础代码表缺失的，可由分局以书面形式向总局申请，由总局审核并在监测系统中增加相应代码后，再修改相关数据。	1. 核心要素包括企业代码、进出口日期、贸易方式、成交币种和成交总价；代码类数据项包括贸易方式和币种。 2. 报关单错误数据类型包括： （1）企业代码为空；（2）进口日期为空； （3）出口日期为空；（4）贸易方式为空； （5）币种为空；（6）成交总价为空或零； （7）超代码范围。 3. 外汇局应定期清理监测系统中的报关单错误数据。对于企业代码为空的，外汇局可根据管理需要，按照企业名称等进行判断并处理。 4. 可修改的报关单数据要素包括企业代码、进出口日期、贸易方式、商品明细记录的成交币种和成交总价。 5. 外汇局留存相关材料复印件 5 年备查。
贸易收付汇错误数据修正	1. 贸易收付汇错误数据指外汇局在日常管理或现场核查过程中发现的监测系统中与企业贸易收付汇实际业务情况不符的收付汇数据。 2. 外汇局通过监测系统，将错误数据及错误原因告知相关金融机构。金融机构应当通知企业进行数据修改或删除，再将修正后的信息及时报送外汇局。	1. 属地管理原则。 2. 外汇局按下列原则对收付汇错误数据进行处理： （1）属于贸易外汇监测范围的，通过金融机构从源头修改并重新报送； （2）不属于贸易外汇监测范围的，在监测系统中直接删除。	贸易收付汇数据错误原因主要包括企业代码、收付汇日期、币种、金额、交易编码、收付汇性质等信息与实际业务情况不符。

三、出口收入待核查账户管理

项目名称	管理内容	管理原则	注意事项
待核查账户开立管理	1. 金融机构为企业开立出口收入待核查账户（以下简称待核查账户）时，应通过外汇账户信息交互平台，查询该企业是否已在开户地外汇局进行基本信息登记；基本信息已登记的，金融机构可直接为其开立待核查账户。 2. 金融机构为企业开户后，应于次日按照外汇账户管理信息系统报送数据的要求将相关数据及时报送外汇局。	1. 金融机构应按规定为企业开立待核查账户。 2. 待核查账户按活期存款计息。	待核查账户纳入外汇账户管理信息系统，代码为1101。
待核查账户收支管理	1. 金融机构在为企业办理外汇资金入账前，应查询企业名录状态，确定收汇资金性质，无法确定的要及时与企业联系，要求企业说明，并将企业贸易外汇收入划入待核查账户。 2. 企业一笔收汇既有货物贸易也有服务贸易的，其中货物贸易部分应当进入待核查账户，服务贸易部分金融机构在审核相应合同、发票后可根据企业要求直接结汇或进入经常项目外汇账户。企业暂无法区分资金性质和相应金额或无法提供服务贸易相应单证的，整笔资金应一并进入待核查账户。 3. 代理出口业务应当由代理方收汇。代理方收汇后可凭委托代理协议将外汇划转给委托方，也可结汇将人民币划转给委托方；委托方收取代理方外汇划出款项时，无需进入其待核查账户。 4. 转让信用证项下贸易收汇，金融机构应当根据转让信用证相关约定判断款项归属，并按照"谁出口谁收汇"的原则进行解付，其中属于第二受益人的出口收汇应直接划入第二受益人的待核查账户。 5. 货物贸易项下人民币收入不进入待核查账户，可直接划入企业的人民币账户。 6. 出口贸易融资业务项下资金，在金融机构放款及企业实际收回出口货款时，均无需进入企业待核查账户，可直接划入企业经常项目外汇账户。 7. 金融机构为企业办理待核查账户资金结汇或划出手续时，应查询企业名录状态与分类状态，并按规定对交易单证的真实性及其与贸易外汇收支的一致性进行合理审查。	1. 待核查账户的收支应当符合《细则》第十三条规定的范围。 2. 待核查账户之间资金不得相互划转。 3. 待核查账户中的外汇资金必须先划入企业经常项目外汇账户后方可用于对外支付货款、还贷等支出。 4. 待核查账户资金直接结汇的，相应人民币可按实际支付需要使用。	1. 由于企业错误说明或金融机构工作失误导致资金误入待核查账户的，应区分下列情况处理： （1）属于待核查账户收入范围的资金误入经常项目外汇账户的，金融机构应根据企业说明，为其办理该笔收汇划入待核查账户手续； （2）服务贸易项下收汇误入待核查账户的，金融机构可根据企业说明及相关合同、发票等有关单证，直接为其办理从待核查账户结汇或划出手续； （3）出口贸易融资款误入待核查账户的，金融机构可直接为企业办理从待核查账户结汇或划出手续； （4）资本项目项下收汇误入待核查账户的，金融机构应当凭外汇局出具的《货物贸易外汇业务登记表》（以下简称《登记表》）为企业办理从待核查账户划出手续。 2. 待核查账户中的外汇不能用于质押人民币贷款、外汇融资或理财业务。 3. 公检法等执法部门可以依法凭强制执行证明文件等直接从待核查账户划款。

四、企业报告管理

项目名称	管理内容	管理原则	注意事项
贸易信贷业务报告	1. A 类企业 30 天以上（不含）的预收货款或预付货款、B 类和 C 类企业在监管期内发生的预收货款或预付货款，企业应当在收款或付款之日起 30 天内，通过监测系统企业端向外汇局报告相应的预计出口或进口日期、预计出口或进口对应的预收或预付金额、关联关系类型等信息。 2. A 类企业 90 天以上（不含）的延期收款或延期付款、B 类或 C 类企业在监管期内发生的 30 天以上（不含）的延期收款或延期付款，企业应当在出口或进口之日起 30 天内，通过监测系统企业端向外汇局报告相应的预计收款或付款日期、延期收款或延期付款对应的报关金额、关联关系类型等信息。 3. 对于按上述 1、2 规定应当报告的贸易信贷业务，企业未在货物进出口或收付款业务实际发生之日起 30 天内通过监测系统企业端向外汇局报告的，应提交下列材料到外汇局现场报告： （1）情况说明（说明未能及时通过监测系统企业端网上报告的原因、需报告的事项和具体内容）； （2）外汇局要求的相关证明材料。 4. 对于上述 1、2 规定范围以外的贸易信贷业务，企业可根据相关业务对其贸易外汇收支与进出口匹配情况的影响程度，自主决定是否向外汇局报告相关信息。对于需报告的，企业可在货物进出口或收付款之日起 30 天内通过监测系统企业端向外汇局报告，或在进出口或收付款之日起 30 天后（不含）到外汇局现场报告。	1. 属地管理原则。 2. 企业未按规定进行报告的，外汇局可按下列原则处理： （1）对于按规定应当报告而未报告的，若因企业自身原因造成，可按规定移交外汇检查部门或将其列为 B 类企业； （2）对于因逾期到现场报告的，外汇局审核相关材料无误后将报告数据录入监测系统。对于按规定应当报告的业务，若因企业自身原因造成逾期，可按规定移交外汇检查部门或将其列为 B 类企业； （3）对于企业报告信息错误且严重影响其外汇收支与进出口匹配情况的，可移交外汇检查部门或将其列为 B 类企业。 3. 企业频繁到外汇局现场进行已报告数据的修改或删除操作且涉及金额较大的，外汇局要严格审核，并可根据报告数据变动对总量核查结果的影响程度进行评估，将存在异常的企业列入重点监测。	1. 对于已报告贸易信贷业务信息，在货物进出口或收付款业务实际发生之日起 30 天内，企业可通过监测系统企业端进行数据修改或删除操作；在货物进出口或收付款业务实际发生之日起 30 天后（不含），企业可通过监测系统企业端对截止上月末贸易信贷未到期部分信息进行数据调整操作，或携情况说明及外汇局要求的相关证明材料到外汇局现场进行报告数据的修改或删除。 2. 对于已报告的贸易信贷业务信息，若对应报关单数据或收付款数据被修改或删除，企业应当通过监测系统企业端或携情况说明及外汇局要求的相关证明材料到外汇局现场对相应报告数据进行修改或删除。企业未及时修改或删除报告数据的，外汇局可直接对相关数据进行相应处理。 3. 区内企业的保税和非保税业务均应当按照规定办理贸易信贷业务报告。如用于报告的报关单或收付款数据在监测系统中不存在，则无需报告。 4. 外汇局可通过监测系统记录企业报告违规情况，并留存相关材料 5 年备查。
贸易融资业务报告	1. 对于 90 天以上（不含）的远期信用证、海外代付以及其他进口贸易融资业务，预计付款日期在货物进口日期之后的，企业应当在货物进口之日起 30 天内，通过监测系统企业端向外汇局报告预计付款日期、对应报关金额、业务性质等信息。 2. 对于按规定应当报告的远期信用证、海外代付以及其他进口贸易融资业务，企业未在货物进口之日起 30 天内通过监测系统企业端向外汇局报告的，应提交下列材料到外汇局现场报告： （1）情况说明（说明未能及时通过监测系统企业端网上报告的原因、需报告的事项和具体内容）； （2）外汇局要求的相关证明材料。	1. 属地管理原则。 2. 企业未按规定进行报告的，外汇局可按下列原则处理： （1）对于按规定应当报告而未报告的，若因企业自身原因造成，可按规定移交外汇检查部门或将其列为 B 类企业； （2）对于因逾期到现场报告的，外汇局审核相关材料无误后将报告数据录入监测系统。对于按规定应当报告的业务，若因企业自身原因造成逾期，可按规定移交外汇检查部门或将其列为 B 类企业； （3）对于企业报告信息错误且严重影响其外汇收支与进出口匹配情况的，可移交外汇检查部门或将其列为 B 类企业。	1. 按规定应当报告的贸易融资业务，系指企业通过银行表外贸易融资产品（如远期信用证、海外代付）导致实际对外付款日期迟于货物进口日期超过 90 天的业务，不包括进口押汇、国内外汇贷款等表内贸易融资。 　　其中：货物进口日期以进口货物报关单上标明的进口日期为准；实际对外付款日期以国际收支申报单证上标明的付款日期为准。 2. 对于已报告的进口贸易融资业务信息，若企业拟通过表外贸易融资展期或续办新的表外贸易融资产品延长对外付款日期，或特殊情况下需要提前偿付的，在货物进口之日起 30 天内，可通过监测系统企业端进行数据修改或删除操作；在货物进口之日起 30 天后（不含），可通过监测系统企业端对截止上月末未到期部分信息进行数据调整操作，或携情况说明及外汇局要求的相关证明材料到外汇局现场进行报告数据修改或删除。

续表

项目名称	管理内容	管理原则	注意事项
贸易融资业务报告	3. 对于90天以内的远期信用证、海外代付以及其他进口贸易融资业务，企业可根据相关业务对其贸易外汇收支与进出口匹配情况的影响程度，自主决定是否向外汇局报告相关信息。对于需报告的，企业可在货物进口之日起30天内通过监测系统企业端向外汇局报告，或在货物进口之日起30天后（不含）到外汇局现场报告。	3. 企业频繁到外汇局现场进行已报告数据的修改或删除操作且涉及金额较大的，外汇局要严格审核，并可根据报告数据变动对总量核查结果的影响程度进行评估，将存在异常的企业列入重点监测。	3. 对于已报告的进口贸易融资业务信息，若对应进口报关单数据被修改或删除，企业应当通过监测系统企业端或携情况说明及外汇局要求的相关证明材料到外汇局现场对相应报告数据进行修改或删除操作。企业未及时修改或删除报告数据的，外汇局可直接对相关数据进行相应处理。 4. 区内企业的保税和非保税业务均应当按照规定办理贸易融资业务报告。如用于报告的报关单数据在监测系统中不存在，则无需报告。 5. 外汇局可通过监测系统记录企业报告违规情况，并留存相关材料5年备查。
转口贸易收支业务报告	1. 对于单笔合同项下转口贸易收支日期间隔超过90天（不含）且先收后支项下收汇金额超过等值50万美元（不含）的业务，企业应当在收款之日起30天内，通过监测系统企业端向外汇局报告相应的预计付款日期、付款金额等信息。 2. 对于单笔合同项下转口贸易收支日期间隔超过90天（不含）且先支后收项下付汇金额超过等值50万美元（不含）的业务，企业应当在付款之日起30天内，通过监测系统企业端向外汇局报告相应的预计收款日期、收款金额等信息。 3. 对于按上述1、2规定应当报告的转口贸易外汇收支业务，企业未在收款或付款后30天内通过监测系统企业端向外汇局报告的，应提交下列材料到外汇局现场报告： （1）情况说明（说明未能及时通过监测系统企业端网上报告的原因、需报告的事项和具体内容）； （2）外汇局要求的相关证明材料。 4. 对于上述1、2规定范围以外的转口贸易外汇收支业务，企业可根据相关业务对其贸易外汇收支与进出口匹配情况的影响程度，自主决定是否向外汇局报告相关信息。对于需报告的，企业可在收款或付款之日起30天内通过监测系统企业端向外汇局报告，或在收款或付款之日起30天后（不含）到外汇局现场报告。	1. 属地管理原则。 2. 企业未按规定进行报告的，外汇局可按下列原则处理： （1）对于按规定应当报告而未报告的，若因企业自身原因造成，可按规定移交外汇检查部门或将其列为B类企业； （2）对于因逾期到现场报告的，外汇局审核相关材料无误后将报告数据录入监测系统。对于按规定应当报告的业务，若因企业自身原因造成逾期，可按规定移交外汇检查部门或将其列为B类企业； （3）对于企业报告信息错误且严重影响外汇收支与进出口的匹配情况的，可移交外汇检查部门或将其列为B类企业。 3. 企业频繁到外汇局现场进行已报告数据修改或删除操作且涉及金额较大的，外汇局要加大对其数据修改和删除操作的审核力度，并可根据报告数据变动对总量核查结果的影响程度，将存在异常的列入重点监测。	1. 对于已报告转口贸易外汇收支业务信息，在收款或付款之日起30天内，企业可通过监测系统企业端进行数据修改或删除操作；在收款或付款之日起30天后（不含），企业可通过监测系统企业端对截止上月末未到期部分信息进行数据调整操作，或携情况说明及外汇局要求的相关证明材料外汇局现场进行报告数据修改或删除。 2. 对于已报告的转口贸易外汇收支业务信息，若对应收付款数据被修改或删除，企业应当通过监测系统企业端或携情况说明及外汇局要求的相关证明材料到外汇局现场对相应报告数据进行修改或删除操作。企业未及时修改或删除报告数据的，外汇局可直接对相关数据进行相应处理。 3. 区内企业应当按照规定办理转口贸易收支业务报告。 4. 外汇局可通过监测系统记录企业报告违规情况，并留存相关材料5年备查。
差额业务报告	1. 对于单笔进口报关金额与相应付汇金额、单笔出口报关金额与相应收汇金额存在差额的，企业可根据该笔差额对其外汇收支与进出口匹配情况的影响程度，自主决定是否向外汇局报告差额金额及差额原因等信息。 2. 对于存在多收汇差额或多付汇差额的，企业可在收款或付款之日起30天内通过监测系统企业端向外汇局报告，或在收款或付款之日起30天后（不含）到外汇局现场报告。	1. 属地管理原则。 2. 企业未按规定进行报告的，外汇局可按下列原则处理： （1）对于因逾期到现场报告的，外汇局审核相关材料无误后，将报告数据录入监测系统； （2）对于企业报告信息错误且严重影响其外汇收支与进出口匹配情况的，可移交外汇检查部门或将其列为B类企业。	1. 对于已报告的差额业务信息，在货物进出口或收付款业务实际发生之日起30天内，企业可通过监测系统企业端进行数据修改或删除操作；在货物进出口或收付款业务实际发生之日起30天后（不含），企业可携情况说明及外汇局要求的相关证明材料，到外汇局现场进行报告数据修改或删除。 2. 对于已报告的差额业务信息，若对应报关单数据或收付款数据被修改或删除，企业应当通过监测系统企业端或到外汇局现场对相应报告数据进行修改或删除操作。企业未及时修改或删除报告数据的，外汇局可直接对相关数据进行相应处理。

续表

项目名称	管理内容	管理原则	注意事项
差额业务报告		3. 企业频繁到外汇局现场进行已报告数据修改或删除操作且涉及金额较大的，外汇局要加大对其数据修改和删除操作的审核力度，并可根据报告数据变动对总量核查结果的影响程度，将存在异常的列入重点监测。	3. 外汇局可通过监测系统记录企业报告违规情况，并留存相关材料 5 年备查。
贸易主体不一致业务报告	1. 对于下列业务，收汇或进口企业可向所在地外汇局报告，并办理收汇或进口数据的主体变更手续： (1) 因企业分立、合并等原因导致进出口与收付汇主体不一致； (2) 捐赠进口项下进口与付汇主体不一致； (3) 经外汇局认定的其他进出口与收付汇主体不一致的情况。 2. 对于上述贸易主体不一致业务，企业可根据相关业务对其贸易外汇收支与进出口匹配情况的影响程度，自主决定是否向外汇局报告相关信息。对于需报告的，企业应在收汇或进口业务实际发生之日起 30 天内，提交下列材料到外汇局现场报告： (1) 情况说明（说明贸易主体不一致的原因、需报告的收汇申报号或进口货物报关单号、相应的收汇金额或进口金额及其变更后的企业代码和名称、企业所属外汇局）； (2) 出口合同或进口合同； (3) 收入申报单或进口货物报关单； (4) 捐赠协议（仅捐赠业务提供）； (5) 相关部门出具的分立、合并证明文件（仅企业分立、合并的提供）； (6) 外汇局要求的其他材料。 企业超过规定期限报告的，还应说明未能及时报告的原因。 3. 已报告的贸易主体不一致业务信息有误的，企业应当提交下列材料到外汇局现场申请撤销变更： (1) 情况说明（说明撤销原因和原报告事项及具体内容）； (2) 外汇局要求的其他材料。 4. 外汇局审核相关材料无误后，通过监测系统为企业办理数据主体变更或变更撤销操作。	1. 属地管理原则。 2. 企业未按规定进行报告的，外汇局可按下列原则处理： (1) 对于逾期报告的，外汇局审核相关材料无误后，将报告数据录入监测系统； (2) 对于企业报告信息错误且严重影响其外汇收支与进出口匹配情况的，可移交外汇检查部门或将其列为 B 类企业。	1. 已报告的贸易主体不一致业务只能由原报告企业向所在地外汇局申请撤销变更。 2. 对于已进行贸易信贷、贸易融资、转口贸易或差额等业务报告的收汇或进口数据，不得再进行贸易主体不一致业务报告。 3. 外汇局可通过监测系统记录企业报告违规情况，并留存相关材料 5 年备查。
辅导期业务报告	1. 企业应当根据辅导期内实际业务发生情况，逐笔对应货物进出口与贸易外汇收支或转口贸易外汇收入与支出数据，如实填写《进出口收付汇信息报告表》（以下简称《报告表》），并在辅导期结束后 10 个工作日内将加盖企业公章的《报告表》报送所在地外汇局。 2. 《报告表》应当包括但不限于下列内容： (1) 出口/付款与相应收款/进口的逐笔匹配情况； (2) 转口贸易收入与相应支出的逐笔匹配情况。	1. 属地管理原则。 2. 外汇局应对企业报告的辅导期业务信息进行抽查，必要时可要求企业提供相关有效凭证、商业单据或其他证明材料。 3. 对于抽查范围内的企业，外汇局可按下列原则处理： (1) 报告数据逐笔对应的，进一步审查企业的非现场监测情况与报告数据是否相符。若不相符可将其列为重点监测企业。	1. 外汇局可结合实际情况按一定比例进行抽查。 2. 外汇局自行确定《报告表》格式。 3. 外汇局可通过监测系统记录企业报告违规情况，并留存《报告表》原件及其他相关材料复印件 5 年备查。

续表

项目名称	管理内容	管理原则	注意事项
辅导期业务报告		（2）报告数据无法逐笔对应的，进一步审查企业已报告的贸易信贷等业务数据，与无法对应的辅导期业务报告数据是否相符，以及不相符是否存在合理性等。若不相符且不具合理性，可将其列为重点监测企业。 （3）企业报告信息错误且情况严重的，可移交外汇检查部门或将其列为B类企业。 4. 对于未按规定报告的企业，可移交外汇检查部门或将其列为B类企业。	
其他特殊交易报告	对于货物进出口与贸易收付款业务中发生的其他特殊交易，企业可根据相关业务对其贸易外汇收支与进出口匹配情况的影响程度，自主决定是否向外汇局报告相关信息。对于需报告的，企业可在进出口或收付款之日起30天内通过监测系统企业端向外汇局报告，或在进出口或收付款之日起30天后（不含）到外汇局现场报告。	1. 属地管理原则。 2. 企业报告的其他特殊交易业务不纳入非现场监测。 3. 外汇局可定期查看企业报告的其他特殊交易业务信息，若企业报告金额较大或显著影响其外汇收支与进出口的匹配情况，外汇局可进一步审查相关业务具体情况及其合理性，并通过监测系统"监测记录"模块记录备查。	1. 对于已报告的其他特殊交易业务信息，在进出口或收付款之日起30天内，企业可通过监测系统企业端进行数据修改或删除操作；在进出口或收付款之日起30天后（不含），企业可到外汇局现场申请数据修改或删除。 2. 对于已报告的其他特殊交易业务信息，若对应进出口或收付款数据被修改或删除，企业应当通过监测系统企业端或到外汇局现场对相应报告数据进行修改或删除操作。企业未及时修改或删除报告数据的，外汇局可直接对相关数据进行相应处理。 3. 外汇局可通过监测系统记录企业报告违规情况，并留存相关材料5年备查。

五、登记管理

项目名称	管理内容	管理原则	注意事项
C类企业贸易外汇支出登记	1. 企业办理进口付汇或开证手续前，应当持书面申请（说明需登记的事项和具体内容）和下列相关证明材料原件及加盖企业公章的复印件到所在地外汇局办理登记手续： （1）以信用证、托收方式结算的，提交进口合同； （2）以汇款方式结算的（预付货款除外），提交进口合同、进口货物报关单； （3）以预付货款方式结算的，提交进口合同、发票；单笔预付货款金额超过等值5万美元的，还须提交经金融机构核对密押的外方金融机构出具的预付货款保函； （4）对于进口与支出主体不一致的业务，除按不同结算方式提交相关材料外，还应区分下列情况提交证明材料： ①属于捐赠进口业务的，提交捐赠协议； ②因企业分立、合并原因导致的，提交相关部门出具的分立、合并证明文件；	1. 外汇局遵循属地管理和分级授权原则，对C类企业全部贸易外汇支出业务实行事前逐笔登记管理。 2. 审核原则： （1）提交材料是否完整、真实； （2）拟登记的支出要素与提交材料之间是否具有一致性。对于合同中付款条款规定需对外支付货款的，可以办理登记；对于合同规定以付款以外其他形式抵偿进口货物的，不得办理登记； （3）交易是否合规：C类企业不得办理90天以上（不含）的远期信用证（含展期）、海外代付等进口贸易融资业务；不得办理90天以上（不含）的延期付款、托收业务，不得办理转口贸易外汇支出；	1. 登记业务的办理程序、办理时限等应当符合行政许可相关规定。 2. 一份《登记表》只能在一家金融机构使用，可分次使用，可签注多笔付汇信息。 3. 金融机构应当根据企业提交的《登记表》，在监测系统银行端查询并核对相应《登记表》电子信息；在《登记表》有效期内，按照《登记表》注明的业务类别、结算方式和"外汇局登记情况"，在登记金额范围内为企业办理相关业务，并通过监测系统银行端签注《登记表》使用情况。对于业务类别为"付汇"的《登记表》，结算方式为"信用证"的，在开证时签注付款金额，在信用证实际付款时补签注付报单号；结算方式非"信用证"的，在付款时同步完成申报单号和金额的签注。 4. 外汇局留存企业书面申请原件及相关证明材料复印件5年备查。

续表

项目名称	管理内容	管理原则	注意事项
C类企业贸易外汇支出登记	③对外汇局认定的其他业务，提交相关证明材料。 (5) 对于贸易收汇的退汇支付，应在书面申请中具体说明退汇原因以及退汇同时是否发生货物退运。因错误汇入产生的，提交原收汇凭证；因错误汇入以外的其他原因产生的，提交原收入申报单、原出口合同；发生货物退运的，还应提交对应的进口货物报关单。 　外汇局按照真实性审核原则，可要求企业补充提供其他有效凭证、商业单据或相关证明材料。 2. 外汇局审核企业提交材料无误后，向企业出具加盖"货物贸易外汇业务监管章"的纸质《登记表》，并通过监测系统将《登记表》电子信息发送指定金融机构。 3. 企业凭《登记表》在登记金额范围内、到指定金融机构办理相关业务。	(4) 出口项下退汇的境内付款人应当为原收款人、境外收款人应当为原付款人。 3.《登记表》的有效期原则上不超过1个月。《登记表》填写要求： (1) 登记类别为"C类企业"； (2) 业务类别为"付汇"； (3) 指定一种结算方式； (4) 指定一家金融机构。 4. 对于代理进口业务，代理方为C类企业的，应当按规定办理贸易外汇支出登记。	
C类企业贸易外汇收入登记	1. 贸易外汇收入从待核查账户结汇、划出或金融机构向企业发放出口贸易融资款项前，企业应当持书面申请（说明需登记的事项和具体内容）和下列相关证明材料原件及加盖企业公章的复印件到所在地外汇局办理登记手续： (1) 以信用证、托收方式结算的，提交收入申报单、出口合同； (2) 以汇款方式结算的（预收货款除外），提交收入申报单、出口合同、出口货物报关单； (3) 以预收货款方式结算的，提交收入申报单、出口合同、发票； (4) 对于出口贸易融资放款，提交与金融机构签订的融资协议、出口合同、发票； (5) 对于出口与收入主体不一致的业务，除按不同结算方式提交相关材料外，还应区分情况提交证明材料：因企业分立、合并原因导致的，提交相关部门出具的分立、合并证明文件；对于外汇局认定的其他情况，提交相关材料； (6) 对于贸易付汇的退汇收入，应在书面申请中具体说明退汇原因以及退汇同时是否发生货物退运。因错误汇出产生的，提交原支出申报单、收入申报单；因错误汇出以外的其他原因产生的，还应提交原进口合同；发生货物退运的，还应提交对应的出口货物报关单； (7) 因汇路不畅需要使用外币现钞结算的，办理外币现钞结汇业务登记时应提交出口合同、出口货物报关单；结汇现钞金额达到规定入境申报金额的，还应提交经海关签章的携带外币现钞入境申报单。 　外汇局按照真实性审核原则，可要求企业补充提供其他有效凭证、商业单据或相关证明材料。 2. 外汇局审核企业提交材料无误后，向企业出具加盖"货物贸易外汇业务监管章"的纸质《登记表》，并通过监测系统将《登记表》电子信息发送指定金融机构。 3. 企业凭《登记表》在登记金额范围内到指定金融机构办理相关业务。	1. 外汇局遵循属地管理和分级授权原则，对C类企业全部贸易外汇收入业务实行事前逐笔登记管理。 2. 审核原则： (1) 提交材料是否完整、真实； (2) 拟登记的收入要素与提交材料之间是否具有一致性； (3) 交易是否合规：C类企业不得签订包含90天以上（不含）收汇条款的出口合同，不得办理转口贸易外汇收入； (4) 进口项下退汇的境外付款人应当为原收款人、境内收款人应当为原付款人。 3.《登记表》的有效期原则上不超过1个月。《登记表》填写要求： (1) 登记类别为"C类企业"； (2) 贸易外汇资金从待核查账户结汇、划出以及出口贸易融资放款，业务类别均为"收汇"； (3) 指定一种结算方式； (4) 指定一家金融机构； (5) 在"外汇局登记情况"栏中注明"待核查账户结汇、划出"或"出口贸易融资放款"字样。 4. 对于代理出口业务，代理方为C类企业的，应当按规定办理贸易外汇收入登记。	1. 登记业务的办理程序、办理时限等应当符合行政许可相关规定。 2. 一份《登记表》只能在一家金融机构使用，可分次使用，可签注多笔收汇信息。 3. 金融机构应当根据企业提交的《登记表》，在监测系统银行端查询并核对相应《登记表》电子信息，在《登记表》有效期内，按照《登记表》注明的业务类别、结算方式和"外汇局登记情况"，在登记金额范围内为企业办理相关业务，并通过监测系统银行端签注《登记表》使用情况。对于业务类别为"收汇"的《登记表》，属于贸易融资业务的，在金融机构放款时按对应的境外回款总额签注收款金额，待企业从境外实际收回货款时补签注申报单号；对于贸易融资以外的其他贸易收款，在资金从待核查账户结汇或划出时同步完成申报单号和金额的签注。 4. 外汇局留存企业书面申请原件及相关证明材料复印件5年备查。

续表

项目名称	管理内容	管理原则	注意事项
B类企业超可收/付汇额度的贸易外汇收支登记	1. 由于下列原因造成可收/付汇额度不足的，企业可经外汇局登记后办理相应贸易外汇收支业务： （1）无货物退运的退汇； （2）错汇款退汇； （3）海关审价； （4）大宗散装商品溢短装； （5）市场行情变动； （6）外汇局认定的其他情况。 2. 企业可收/付汇额度不足的，在办理付汇、开证、待核查账户资金结汇或划出手续或向金融机构申请出口贸易融资贷款项前，应当持本规程C类企业贸易外汇收支登记规定的相关材料以及额度不足证明材料，到所在地外汇局办理登记手续。 3. 外汇局审核企业提交材料无误后，向企业出具加盖"货物贸易外汇业务监管章"的纸质《登记表》，并通过监测系统将《登记表》电子信息发送指定金融机构。 4. 企业凭《登记表》在登记金额范围内、到指定金融机构办理相关业务。	1. 外汇局遵循属地管理和分级授权原则，对B类企业超可收/付汇额度的全部贸易外汇收支业务实行事前逐笔登记管理。 2. 审核原则： （1）提交材料是否完整、真实； （2）拟登记的收支要素与提交材料之间是否具有一致性。对于合同中付款条款规定需对外支付货款的，可以办理支出登记；对于合同规定以付款以外其他形式抵偿进口货物的，不得办理支出登记； （3）交易是否合规：B类企业不得办理90天以上（不含）的延期付款业务、不得签订包含90天以上（不含）收汇条款的出口合同。在分类监管有效期内指标情况好转且没有发生违规行为的，自列入B类之日起6个月后，经登记可办理上述业务； （4）进口项下退汇的境外付款人应当为原收款人、境内收款人应当为原付款人；出口项下退汇的境内付款人应当为原收款人、境外收款人应当为原付款人。 3.《登记表》的有效期原则上不超过1个月。《登记表》填写要求： （1）登记类别为"B类企业超额度"； （2）贸易外汇资金从待核查账户结汇、划出以及出口贸易融资放款，业务类别均为"收汇"；付汇或开证的业务类别为"付汇"； （3）指定一种结算方式； （4）指定一家金融机构； （5）在"外汇局登记情况"栏注明"不需电子数据核查"字样；对于收入业务，相应注明"待核查账户结汇、划出"或"出口贸易融资放款"字样。 4. 对于代理业务，代理方为B类企业且可收/付汇额度不足的，应当按规定办理贸易外汇收支登记。	1. 登记业务的办理程序、办理时限等应当符合行政许可相关规定。 2. 一份《登记表》只能在一家金融机构使用。金融机构《登记表》审核与签注要求同"C类企业贸易外汇收入登记"或"C类企业贸易外汇支出登记"。 3. 外汇局留存企业书面申请原件及相关证明材料复印件5年备查。
B类企业超比例或超期限转口贸易收支登记	1. B类企业同一合同项下转口贸易收入超过相应支出金额20%（不含）的，支出和从待核查账户结汇或划出前，企业应当持书面申请（说明需登记的事项和具体内容）和下列相关证明材料原件及加盖企业公章的复印件到所在地外汇局办理登记手续： （1）收入和支出申报单（收入登记时提供）； （2）买卖合同； （3）提单、仓单或其他货权凭证； （4）其他相关证明材料。	1. 外汇局遵循属地管理和分级授权原则，对同一合同项下转口贸易收入超过相应支出金额20%（不含）的业务实行事前逐笔登记管理。 2. 审核原则： （1）提交材料是否完整、真实； （2）拟登记的收入或支出要素与提交材料之间是否具有一致性；	1. 登记业务的办理程序、办理时限等应当符合行政许可相关规定。 2. 一份《登记表》只能在一家金融机构使用。金融机构《登记表》审核与签注要求同"C类企业贸易外汇收入登记"或"C类企业贸易外汇支出登记"。 3. 外汇局留存企业书面申请原件及相关证明材料复印件5年备查。

项目名称	管理内容	管理原则	注意事项
B 类企业超比例或超期限转口贸易收支登记	2. 分类监管有效期内指标情况好转且没有发生违规行为的 B 类企业，自列入 B 类之日起 6 个月后，经登记可以办理同一合同项下收支日期间隔超过 90 天（不含）的转口贸易外汇收支业务。企业应当持书面申请（说明需登记的事项和具体内容）和"管理内容 1"所列相关证明材料原件及加盖企业公章的复印件到所在地外汇局办理登记手续。 3. 外汇局审核企业提交材料无误后，向企业出具加盖"货物贸易外汇业务监管章"的纸质《登记表》，并通过监测系统将《登记表》电子信息发送指定金融机构。 4. 企业凭《登记表》在登记金额范围内、到指定金融机构办理相关业务。	(3) 交易是否合规：B 类企业不得办理同一合同项下收支日期间隔超过 90 天（不含）的转口贸易外汇收支业务。 5.《登记表》的有效期原则上不超过 1 个月。《登记表》填写要求： (1) 登记类别为"其他"； (2) 业务类别为"其他"； (3) 指定一种结算方式； (4) 指定一家金融机构； (5) 在"外汇局登记情况"栏注明"B 类企业转口贸易超比例收入"或"B 类企业转口贸易超期限收支"字样，同时注明"不需电子数据核查"字样。	
B 类企业90 天以上延期付款登记	1. 企业办理 90 天以上（不含）的延期付款前，应当持书面申请（说明需登记的事项和具体内容）和下列相关证明材料原件及加盖企业公章的复印件到所在地外汇局办理登记手续： (1) 进口合同； (2) 进口货物报关单； (3) 其他相关证明材料。 2. 外汇局审核企业提交材料无误后，向企业出具加盖"货物贸易外汇业务监管章"的纸质《登记表》，并通过监测系统将《登记表》电子信息发送指定金融机构。 3. 企业凭《登记表》在登记金额范围内、到指定金融机构办理相关业务。	1. 在分类监管有效期内指标情况好转且没有发生违规行为的 B 类企业，自列入 B 类之日起 6 个月后，可经外汇局事前逐笔登记后办理此项业务，登记管理遵循属地管理和分级授权原则。 2. 审核原则： (1) 提交材料是否完整、真实； (2) 拟登记的付汇要素与提交材料之间是否具有一致性。 3.《登记表》的有效期原则上不超过 1 个月。《登记表》填写要求： (1) 登记类别为"其他"； (2) 业务类别为"其他"； (3) 指定一种结算方式； (4) 指定一家金融机构； (5) 在"外汇局登记情况"栏注明"B 类企业 90 天以上延期付款"和"需电子数据核查"字样。	1. 登记业务的办理程序、办理时限等应当符合行政许可相关规定。 2. 一份《登记表》只能在一家金融机构使用。金融机构《登记表》审核与签注要求同"C 类企业贸易外汇支出登记"。 3. 外汇局留存企业书面申请及相关证明材料 5 年备查。
B 类企业90 天以上延期收款登记	1. 企业办理 90 天以上（不含）的延期收款前，应当持书面申请（说明需登记的事项和具体内容）和下列相关证明材料原件及加盖企业公章的复印件到所在地外汇局办理登记手续： (1) 出口合同； (2) 出口货物报关单； (3) 其他相关证明材料。 2. 外汇局审核企业提交材料无误后，向企业出具加盖"货物贸易外汇业务监管章"的纸质《登记表》，并通过监测系统将《登记表》电子信息发送指定金融机构。 3. 企业凭《登记表》在登记金额范围内、到指定金融机构办理相关业务。	1. 在分类监管有效期内指标情况好转且没有发生违规行为的 B 类企业，自列入 B 类之日起 6 个月后，可经外汇局事前逐笔登记后办理此项业务，登记管理遵循属地管理和分级授权原则。 2. 审核原则： (1) 提交材料是否完整、真实； (2) 拟登记的收汇要素与提交材料之间是否具有一致性。 3.《登记表》的有效期原则上不超过 1 个月。《登记表》填写要求： (1) 登记类别为"其他"； (2) 业务类别为"其他"； (3) 指定一种结算方式； (4) 指定一家金融机构； (5) 在"外汇局登记情况"栏注明"B 类企业 90 天以上延期收款"和"需电子数据核查"字样。	1. 登记业务的办理程序、办理时限等应当符合行政许可相关规定。 2. 一份《登记表》只能在一家金融机构使用。金融机构《登记表》审核与签注要求同"C 类企业贸易外汇收入登记"。 3. 外汇局留存企业书面申请及相关证明材料 5 年备查。

续表

项目名称	管理内容	管理原则	注意事项
超期限或无法原路退汇登记	1. 对于超期限或无法按照《细则》第十六条规定办理的退汇业务，企业除按本规程C类企业贸易外汇收支登记有关退汇规定提交材料外，还应当在书面申请中说明造成超期限或无法原路退汇的原因，并提供有关证明材料。 2. 外汇局审核企业提交材料无误后，向企业出具加盖"货物贸易外汇业务监管章"的纸质《登记表》，并通过监测系统将《登记表》电子信息发送指定金融机构。 3. 企业凭《登记表》在登记金额范围内、到指定金融机构办理相关业务。	1. 外汇局遵循属地管理和分级授权原则，对下列退汇业务实行事前逐笔登记管理： （1）退汇日期与原收（付）款日期间隔在180天（不含）以上且存在合理原因的； （2）特殊情况导致进口项下退汇的境外付款人不为原收款人、境内收款人不为原付款人，或出口项下退汇的境内付款人不为原收款人、境外收款人不为原付款人。 2. 审核原则： （1）提交材料是否完整、真实； （2）拟登记的收汇或付汇要素与提交材料之间是否具有一致性。 3.《登记表》的有效期原则上不超过1个月。《登记表》填写要求： （1）登记类别为"其他"； （2）业务类别为"收汇"或"付汇"； （3）指定一种结算方式； （4）指定一家金融机构； （5）在"外汇局登记情况"栏注明"超期限或无法原路退汇"字样；对于B类企业，退汇同时发生货物退运的，应注明"需电子数据核查"字样；属错汇或无货物退运的，应注明"不需电子数据核查"字样。	1. 登记业务的办理程序、办理时限等应当符合行政许可相关规定。 2. 一份《登记表》只能在一家金融机构使用。金融机构《登记表》审核与签注要求同"C类企业贸易外汇支出登记"或"C类企业贸易外汇收入登记"。 3. 外汇局留存企业书面申请及相关证明材料5年备查。
待核查账户资金结汇或划出登记	1. 待核查账户的资本项目资金从待核查账户划出前，企业应当持书面申请（说明需登记的事项和具体内容以及资本项目外汇账户账号）、收汇凭证和相关证明材料原件及加盖企业公章的复印件到所在地外汇局办理登记手续。 2. 外汇局审核企业提交材料无误后，向企业出具加盖"货物贸易外汇业务监管章"的纸质《登记表》，并通过监测系统将《登记表》电子信息发送指定金融机构。 3. 企业凭《登记表》在登记金额范围内、到指定金融机构办理相关业务。	1. 资本项目资金误入待核查账户的，不得直接结汇。外汇局遵循属地管理和分级授权原则，对误入待核查账户的资本项目资金划转业务实行事前逐笔登记管理。 2. 审核原则： （1）提交材料是否完整、真实； （2）拟登记的资金划出要素与提交材料之间是否具有一致性。 3.《登记表》的有效期原则上不超过1个月。《登记表》填写要求： （1）登记类别为"其他"； （2）业务类别为"其他"； （3）指定一种结算方式； （4）指定一家金融机构； （5）在"外汇局登记情况"栏注明拟划转的资本项目外汇账户账号；对于B类企业，还需注明"不需电子数据核查"字样。	1. 登记业务的办理程序、办理时限等应当符合行政许可相关规定。 2. 一份《登记表》只能在一家金融机构使用。金融机构《登记表》审核与签注要求同"C类企业贸易外汇收入登记"。金融机构应按照《登记表》上注明的账号，在登记金额范围内将资金划转入账，不得直接结汇。 3. 外汇局留存企业书面申请及相关证明材料5年备查。

续表

项目名称	管理内容	管理原则	注意事项
其他业务登记	1. 对于外汇局认定其他需要登记的业务，企业应当持书面申请（说明需登记的事项和具体内容）和相关证明材料原件及加盖企业公章的复印件到所在地外汇局办理登记手续。 2. 外汇局审核企业提交材料无误后，向企业出具加盖"货物贸易外汇业务监管章"的纸质《登记表》，并通过监测系统将《登记表》电子信息发送指定金融机构。 3. 企业凭《登记表》在登记金额范围内、到指定金融机构办理相关业务。	1. 登记管理遵循属地管理和分级授权原则。 2. 审核原则： （1）登记业务是否具有合理性； （2）提交材料是否完整、真实； （3）拟登记的收汇或付汇要素与提交材料之间是否具有一致性。 3.《登记表》的有效期原则上不超过 1 个月。《登记表》填写要求： （1）登记类别为"其他"； （2）依据登记业务的具体情况，确定业务类别； （3）指定一种结算方式； （4）指定一家金融机构； （5）对于 B 类企业，根据实际情况判断是否需要进行电子数据核查，并在"外汇局登记情况"栏注明相应字样。	1. 登记业务的办理程序、办理时限等应当符合行政许可相关规定。 2. 一份《登记表》只能在一家金融机构使用。金融机构《登记表》审核与签注要求同"C 类企业贸易外汇支出登记"或"C 类企业贸易外汇收入登记"。 3. 外汇局留存企业书面申请及相关证明材料 5 年备查。

六、电子数据核查

项目名称	管理内容	管理原则	注意事项
电子数据核查额度调整	1. 对于下列原因造成出口可收汇额度或进口可付汇额度与实际业务需要存在较大偏差的，企业可向所在地外汇局申请调增或调减额度： （1）业务规模增长超过预期； （2）结算方式发生结构性变化； （3）贸易信贷结构发生重大调整； （4）贸易融资结构发生重大调整； （5）贸易收付款模式发生重大调整； （6）行业类型或主营业务范围发生重大调整； （7）外汇局认定的其他情况。 2. 企业应当持书面申请（说明具体的调整原因、调整金额）和相关证明材料到所在地外汇局办理申请手续。 3. 外汇局审核企业提交材料无误后，通过监测系统增加或扣减相应金额的出口可收汇额度或进口可付汇额度。	1. 属地管理原则。 2. 外汇局根据 B 类企业业务发展变化特点，结合非现场核查和现场核查情况，确定额度调整金额。	1. 对于已通过监测系统增加出口可收汇额度或进口可付汇额度的，外汇局不再向企业出具《登记表》。 2. 外汇局留存企业书面申请及相关证明材料 5 年备查。
进口付汇电子数据核查	1. 对 B 类企业，金融机构应当实施电子数据核查并按本规程规定审核相关单证后，方可为其办理付汇或开证手续。 2. 金融机构应当依据 B 类企业填写的支出申报单，通过监测系统银行端查询企业的进口可付汇余额，并在进口付汇核查界面的"本次核注金额"和"本次核注币种"栏录入企业实际付汇或开证金额与相应币种，供监测系统自动扣减对应进口可付汇额度。 3. B 类企业代理进口业务如需将外汇资金原币划转给代理方，划转时无需实施电子数据核查。代理方收到的相应外汇资金不进入其待核查账户。金融机构为代理方开证或付汇时，应当实施电子数据核查。 4. B 类企业进口可付汇额度不足的，金融机构应当凭外汇局出具的《登记表》办理付汇或开证手续。	1. 进口付汇电子数据核查的本次核注金额不得大于进口可付汇余额。 2. B 类企业代理进口业务应当由代理方付汇，相应付汇纳入电子数据核查范围。	1. 核注发生错误的，金融机构可自核注之日起 15 日（含）内通过监测系统银行端进行撤销操作，系统自动记录备查。 2. 金融机构凭"登记类别"为"B 类企业超额度"的《登记表》为企业办理付汇、开证或待核查账户资金结汇或划出时，无需实施电子数据核查。 3. B 类企业在贸易退汇同时发生货物退运的，金融机构应当在办理相应贸易退汇的付汇或待核查账户结汇或划出手续时，实施电子数据核查； 　　B 类企业的无货物退运退汇和错汇款退汇，金融机构应凭外汇局出具的《登记表》办理相关手续。

项目名称	管理内容	管理原则	注意事项
出口收汇电子数据核查	1. 对 B 类企业，金融机构应当实施电子数据核查并按本规程规定审核相关单证后，方可为其办理待核查账户资金结汇或划出手续。 2. 金融机构应当依据 B 类企业填写的收入申报单，通过监测系统银行端查询企业的出口可收汇余额，并在出口收汇核查界面的"本次核注金额"和"本次核注币种"栏录入企业实际结汇或划出金额与相应币种，供监测系统自动扣减对应的出口可收汇额度。 3. B 类企业代理出口收入应当先进入其待核查账户，经电子数据核查后方可结汇或划出。需原币划转给委托方的，应当先划入代理方经常项目外汇账户后再划转给委托方，相应外汇资金无需进入委托方待核查账户。 4. B 类企业出口可收汇额度不足的，金融机构应当凭外汇局出具的《登记表》办理待核查账户资金的结汇或划出手续。	1. 出口收汇电子数据核查的本次核注金额不得大于出口可收汇额度。 2. B 类企业代理出口业务应当由代理方收汇，相应收汇纳入电子数据核查范围。	
出口贸易融资业务电子数据核查	1. 金融机构为 B 类企业办理出口押汇、福费廷、出口保理等出口贸易融资业务，放款时融资款无需进入企业待核查账户，但应通过监测系统银行端实施电子数据核查，并按对应的境外回款总额录入"本次核注金额"和"本次核注币种"；从境外回款时无需转入待核查账户和实施电子数据核查。 2. B 类企业出口可收汇额度不足的，金融机构应当凭外汇局出具的《登记表》办理出口贸易融资业务。	出口贸易融资业务电子数据核查的本次核注金额不得大于出口可收汇额度。可收汇额度不足的，未经外汇局登记，金融机构不得向 B 类企业发放出口贸易融资款。	
其他业务电子数据核查	1. 金融机构为 B 类企业办理转口贸易项下付汇、开证或待核查账户结汇或划出手续时，无需实施电子数据核查。 2. B 类企业项下外币现钞收入无需进入待核查账户。外币现钞结汇时，金融机构应当实施电子数据核查。 3. 金融机构凭《登记表》为企业办理相关业务时，对于《登记表》"外汇局登记情况"栏注明"需电子数据核查"字样的，应当实施电子数据核查。	电子数据核查的本次核注金额不得大于相应的出口可收汇额度或进口可付汇额度。	核注发生错误的，金融机构可自核注之日起 15 日（含）内通过监测系统银行端进行撤销操作，系统自动记录备查。

七、现场核查与分类管理

（一）企业现场核查

项目名称	管理内容	管理原则	注意事项
现场核查企业通知	1. 外汇局对需现场核查的企业，按照下列程序制发《现场核查通知书》（以下简称《通知书》）： （1）通过监测系统发放电子《通知书》。企业接到《通知书》后，应在《通知书》发放之日起 3 个工作日内通过监测系统企业端签收反馈外汇局；确有必要时，也可到外汇局现场签收。 《通知书》发放并签收反馈外汇局后，监测系统自动向现场核查企业发送货物流与资金流数据包（以下简称数据包），供企业下载开展自查。	1. 属地管理原则。 2. 外汇局实施现场核查前，应向企业制发《通知书》，告知核查原因、核查方式及时限要求等。 3. 企业应及时签收《通知书》，并反馈外汇局。	1. 电子和纸质《通知书》具有同等效力。 2. 企业签收反馈《通知书》后，可在电子《通知书》发放次日起 30 天内通过监测系统企业端下载本企业数据包；超过 30 天的，企业可在现场核查结束前到外汇局获取相关数据包。数据包内容包括企业在《通知书》所列核查期内发生的货物进出口与贸易收支逐笔数据。 3. 外汇局邮寄纸质《通知书》应选择挂号、特快专递等可确认送达的方式。 4. 外汇局留存企业签字盖章的《通知书》回执联 5 年备查。

项目名称		管理内容	管理原则	注意事项
现场核查企业通知		（2）企业到外汇局现场办理签收手续的，外汇局通过监测系统打印《通知书》并加盖"货物贸易外汇业务监管章"后交与企业；企业在《通知书》回执联签字并加盖企业公章后反馈外汇局；外汇局通过监测系统手工将《通知书》企业反馈状态标识为"已反馈"。 （3）企业未在规定期限内签收反馈的，外汇局通过电话督促其尽快签收反馈。电话无法联系的，外汇局可根据实际情况，采取其他联系方式通知企业，或通过监测系统打印《通知书》并加盖业务章后，将纸质《通知书》邮寄企业。 （4）通过电子和纸质两种方式均未收到企业签收反馈信息且通过企业名录登记信息所列联系方式无法与企业取得联系的，外汇局通过监测系统手工将《通知书》反馈状态标识为"无法联系"，同时在企业现场核查预分类结果中记录"注销名录"，并通过监测系统名录管理功能注销该企业名录，撤销该企业网上业务开户。 2. 企业应当按照《通知书》要求，及时、准确、完整准备相关材料，主动配合外汇局开展现场核查工作。		
现场核查实施	企业报告	1. 企业提交的书面报告应重点围绕导致监测指标异常的业务进行说明，包括合同履行情况、交易商品特点、产品竞争力状况、与交易对手的关系、相关融资情况、是否涉及贸易纠纷或索赔等。 企业提交的证明材料应能充分说明导致指标异常或可疑业务的合规性和合理性，可包括但不限于：有关商业合同、各类批准文件、进出口报关单、国际收支申报单证、金融机构收付款凭证、第三方机构有关审计报告、验资报告、财务报表、会计账务有关科目和会计分录、各类纳税记录。其中，有效凭证和商业单据应为原件或加盖企业公章的复印件，相关部门出具的各类批准文件应为原件。证明材料应按顺序编号并提交证明材料清单。 2. 外汇局可从下列方面对企业报告进行审核： （1）审核报告内容是否准确。重点审核企业报告的各类业务数据与监测系统相关数据的一致程度。 （2）审核报告内容是否真实。根据企业提交的证明资料，通过交叉比对分析，挖掘导致异常和可疑业务的深层次原因，判断报告内容的真实程度。 （3）审核关于监测指标异常原因的解释是否合理。结合企业生产经营状况、所处行业、经济类型等，评估企业解释的合理程度。 3. 外汇局应及时通过监测系统记录企业现场核查情况。	1. 属地管理原则。 2. 企业应当在收到《通知书》之日起 10 个工作日内，向外汇局提交由法定代表人或其授权人签字并加盖企业公章的书面报告及相关证明材料。 3. 企业报告应当及时、准确、完整。 4. 现场核查记录应当充分、明确，文字简明扼要，结论清晰明了。	1. 现场核查工作应讲求时效，结合企业规模大小、业务类型复杂程度、企业影响力大小等因素，实事求是、合理安排核查时间。 2. 如非确有必要，企业无需在书面报告中就核查期内发生的货物进出口与贸易收支数据进行逐笔比对。 3. 外汇局可在审核企业报告的基础上，要求企业就特定的业务或交易事项提交相关证明材料，无须要求企业事先提供核查期内所有业务的证明材料。 4. 外汇局留存企业书面报告原件、证明材料原件或复印件 5 年备查。 5. 外汇局现场核查人员应严格遵守信息保密原则，除法律法规另有规定外，不得以任何形式向任何机构和个人提供被核查企业的具体数据及文件资料。

项目名称		管理内容	管理原则	注意事项
现场核查实施	约见谈话	1. 企业报告过程中，存在报告内容可疑、证明材料提交不齐全、关于异常原因的解释不合理或与证明材料不一致等情况的，外汇局可通知企业，采用"约见企业法定代表人或其授权人"的核查方式，进一步了解情况、确认问题，分析判断导致异常的原因。 2. 约见谈话工作按照下列要求，循序渐进： （1）充分准备。在约谈实施前，应根据企业报告审核情况，梳理疑点，明确谈话要点和内容，准备好相关单证资料；确定需要约谈对象的范围和级别，并及时告知企业。 （2）分级约谈。原则上约谈对象的级别要从低到高，根据监管需要逐级递进。要根据约谈对象的层次，有针对性地准备约谈的要点和内容。对于特殊业务或具有特殊情况的企业，可适当扩大约谈对象范围，或直接约谈高级管理人员。需要多级人员共同确认的情况下，可采取集体约谈的方式进行。 （3）注重实效。分级约谈要注意把握节奏，迅速递进，严格控制时间间隔。对确认存在问题的企业，可进一步约见高级管理人员警示谈话，通报问题和处理意见。 3. 约见谈话应形成经双方签字确认的约见谈话笔录材料。笔录材料应交被核查企业当事人核对，由企业当事人和外汇局核查人员签名，并加盖企业公章。企业当事人拒绝签名或盖章的，外汇局核查人员应在笔录材料上注明。 4. 外汇局应及时通过监测系统记录企业现场核查情况。	1. 属地管理原则。 2. 企业应当在收到《通知书》或外汇局约谈通知之日起10个工作日内，授权相关人员到外汇局现场说明相关情况。 3. 现场核查记录应当充分、明确，文字简明扼要，结论清晰明了。	1. 现场核查工作应讲求时效，结合企业规模大小、业务类型复杂程度、企业影响力大小等因素，实事求是、合理安排核查时间。 2. 外汇局现场核查人员不得少于2人。现场核查人员少于2人的，被核查企业有权拒绝。 3. 外汇局留存约见谈话笔录材料原件5年备查。 4. 外汇局现场核查人员应严格遵守信息保密原则，除法律法规另有规定外，不得以任何形式向任何机构和个人提供被核查企业的具体数据及文件资料。
	现场调查	1. 对存在下列情况之一，且通过企业报告和约见谈话，企业无法提供合理解释的，外汇局可通知企业，进一步采取"现场查阅和复制被核查企业相关资料"的核查方式，核实企业核查期内货物贸易的真实性： （1）异常或可疑业务规模较大，非现场监测指标偏离情况严重的； （2）在企业报告或约见谈话过程中存在态度抗拒或砌词推诿行为的； （3）企业报告或约见谈话过程中发现有重大违规嫌疑的。 2. 在进场调查前，应充分准备，根据企业报告和约见谈话情况，确定需要进一步调查核实的问题，明确需要现场查阅的单证资料。 3. 现场调查工作应讲求时效，严格控制调查时间，尽快完成查阅和复制工作，及时离场，保证调查效率。如非必要，避免在现场调查阶段进行分析判断、约见谈话、解释说明等工作，避免形成全面审计的局面。 4. 现场调查应形成经双方签字确认的现场调查记录材料，记录现场查阅并复制的单证资料清单。记录材料应交被核查企业当事人核对，由企业当事人和外汇局核查人员签名，并加盖企业公章。现场复制的单证资料上应加盖企业公章。企业当事人拒绝签名或盖章的，外汇局核查人员应在记录材料上注明。 5.外汇局应及时通过监测系统记录企业现场核查情况。	1. 属地管理原则。 2. 企业应当在收到《通知书》或外汇局现场调查通知之日起10个工作日内准备好相关资料，配合外汇局现场核查人员工作。 3. 现场核查记录应当充分、明确，文字简明扼要，结论清晰明了。	1. 如非确有必要，现场调查方式要谨慎使用。 2. 外汇局现场核查人员不得少于2人，并出示证件。现场核查人员少于2人或者未出示证件的，被核查企业有权拒绝。 3. 外汇局留存现场调查记录材料原件、复制的单证资料5年备查。 4. 外汇局现场核查人员应严格遵守信息保密原则，除法律法规另有规定外，不得以任何形式向任何机构和个人提供被核查企业的具体数据及文件资料。

项目名称		管理内容	管理原则	注意事项
企业分类	确定预分类结果	1. 外汇局根据非现场、现场核查结果，结合企业遵守外汇管理规定等情况，确定企业预分类结果。预分类结果包括：A 类企业、B 类企业、C 类企业。 （1）核查期内遵守外汇管理相关规定，且贸易外汇收支经外汇局非现场或现场核查情况正常的企业，可被列为 A 类企业； （2）存在《细则》第五十三条规定情况之一的企业，可被列为 B 类企业； （3）存在《细则》第五十四条规定情况之一的企业，可被列为 C 类企业。 2. 现场核查过程中发现由于企业经营范围或贸易外汇收支业务具有显著特点造成监测指标异常，且符合加贴特殊标识条件的，可将预分类结果确定为 A 类，并设置相应特殊标识。	1. 属地管理原则。 2. 外汇局对企业预分类结果的确定实行分级授权管理。	1. 非现场、现场核查中发现的涉嫌违规业务应及时移交外汇检查部门。 2. 外汇局留存分级授权内部审批材料 5 年备查。
	分类结论告知	1. 外汇局通过监测系统发放电子《分类结论告知书》（以下简称《告知书》）。企业接到《告知书》后，应在《告知书》发放之日起 3 个工作日内通过监测系统企业端签收反馈外汇局；确有必要时，也可到外汇局现场签收。企业到外汇局现场办理签收手续的，外汇局通过监测系统打印《告知书》并加盖"货物贸易外汇业务监管章"后交与企业；企业在《告知书》回执联签字并加盖企业公章后反馈外汇局；外汇局通过监测系统手工将《告知书》企业反馈状态标识为"已反馈"。 2. 企业未在规定期限内签收反馈的，外汇局通过电话督促其尽快签收反馈。电话无法联系的，外汇局可根据实际情况，采取其他联系方式通知企业，或通过监测系统打印《告知书》并加盖"货物贸易外汇业务监管章"后，将纸质《告知书》邮寄企业。	1. 属地管理原则。 2. 外汇局确定企业预分类结果后，应向企业发放《告知书》，告知其预分类结果。 3. 企业应及时签收《告知书》，并反馈外汇局。	1. 电子和纸质《告知书》具有同等效力。 2. 外汇局邮寄纸质《告知书》应选择挂号、特快专递等可确认送达的方式。 3. 外汇局留存企业签字盖章的《告知书》回执联 5 年备查。
	异议处理	1. 企业对预分类结果有异议的，可自收到《告知书》之日起 7 个工作日内向外汇局提交加盖企业公章的书面情况说明及相关证明材料进行申述。超过规定期限提出申述的，外汇局不予受理。 2. 企业在规定期限内提出申述的，外汇局根据其提交材料进行复核，并于企业申述之日起 20 个工作日内确定是否对预分类结果进行调整。复核后确定进行调整的，外汇局应及时调整企业预分类结果。	1. 属地管理原则。 2. 外汇局对异议处理实行分级授权管理。	1. 预分类结果调整遵循"调轻"原则，包括：（1）将 C 类调整为 B 类或 A 类；（2）将 B 类调整为 A 类。 2. 外汇局留存企业提交的书面情况说明及相关证明材料、分级授权内部审批材料 5 年备查。
分类信息发布		1.《告知书》发放后，出现下列情况之一的企业，外汇局通过监测系统向金融机构发布企业分类信息： （1）在规定期限内签收反馈《告知书》的； （2）未签收反馈但未在规定期限内提出异议的； （3）在规定期限内提出申述，经复核不对预分类结果进行调整的； （4）在规定期限内提出申述，经复核已对预分类结果进行调整的。 2. 外汇局可将企业分类信息向相关管理部门通报，必要时可向社会公开披露。	1. 属地管理原则。 2. 分类结果自发布次日起生效。B 类和 C 类企业的分类监管有效期为一年。 3. 外汇局可根据国际收支形势和外汇管理需要，对分类监管期进行调整。	分类结果发布前，外汇局应通过监测系统为 B 类企业逐家设置出口可收汇比率、进口可付汇比率以及预收货款和预付货款额度；分类结果发布当日由监测系统自动计算 B 类企业可收汇额度和可付汇额度。

项目名称	管理内容	管理原则	注意事项
分类结果直接调整和到期评估	1. 外汇局可根据国际收支形势和外汇管理需要，对企业分类结果进行直接调整。直接调整包括但不限于以下情形： （1）在日常管理中发现 A 类企业存在符合列为 B 类条件的行为的，必要情况下可不经现场核查，直接将其分类结果调整为 B 类； （2）在日常管理中发现 A 类或 B 类企业存在符合列为 C 类条件的行为的，必要情况下可不经现场核查，直接将其分类结果调整为 C 类； （3）国际收支出现或可能出现严重失衡时，可直接将资金流与货物流规模与结构等存在异常或可疑情况的重点监测企业列为 B 类或 C 类企业。 2. 外汇局应在 B、C 类企业分类监管有效期届满前 1 个月内，对其监管期内的情况进行综合评估： （1）对于监管期内遵守外汇管理规定、指标恢复正常的 B、C 类企业，在监管期届满时分类结果自动恢复为 A 类； （2）对于监管期内指标未见好转或存在涉嫌违规行为的 B 类企业，可将 B 类监管期限延长一年，或直接将其分类结果调整为 C 类； （3）对于监管期内依然存在符合列为 C 类条件的行为的 C 类企业，可将 C 类监管期限延长一年。 3. 外汇局直接将企业分类结果调整为 B 类或 C 类，或延长 B、C 类监管期限的，应当按照规定程序向企业发放《告知书》，并直接通过监测系统向金融机构发布企业分类信息。	1. 属地管理原则。 2. 外汇局对分类结果直接调整实行分级授权管理。 3. 直接调整的分类结果自发布次日起生效。B 类和 C 类企业的分类监管有效期为一年。	1. 对处于现场核查过程中的企业，不能直接调整其分类结果。 2. 外汇局留存分级授权内部审批材料 5 年备查。 3. 企业对直接调整的分类结果有异议的，可向外汇局提出申述。

（二）金融机构现场核查

项目名称	管理内容	管理原则	注意事项
现场核查金融机构确定	1. 在非现场核查和对企业进行现场核查的过程中，发现经办金融机构存在涉嫌不按规定办理贸易外汇收支业务或报送相关信息行为的，外汇局可对其实施现场核查。 2. 外汇局对需现场核查的金融机构，应事前通知相关金融机构，并告知核查原因、核查方式及业务范围等情况。	1. 属地管理原则。 2. 外汇局对现场核查金融机构确定实行分级授权管理。	分级授权内部审批材料留存 5 年备查。
现场核查实施	1. 金融机构应根据外汇局告知的现场核查方式，在告知的时限内准备好被核查金融机构负责人或其授权人签字并加盖业务公章的书面情况说明、相关文件和材料，主动配合外汇局开展现场核查工作。 2. 外汇局以"约见被核查金融机构负责人或其授权人"、"现场查阅、复制被核查金融机构相关资料"方式进行现场核查时，应形成经双方签字确认的现场核查笔录材料。现场核查笔录材料应交被核查金融机构当事人核对，由金融机构当事人和外汇局核查人员签名，并加盖业务公章。金融机构当事人拒绝签名或盖章的，外汇局核查人员应在核查记录上注明。 3. 现场核查结束后，外汇局将现场核查情况及相关处理意见反馈金融机构。	1. 外汇局可采取《细则》第五十条规定的一种或多种方式实施现场核查。 2. 被核查金融机构应当按外汇局要求如实说明情况，提供有关文件、材料。 3. 外汇局核查人员应严格遵守信息保密原则，除法律另有规定外，不得以任何形式向任何机构和个人提供被核查金融机构的具体数据及材料。	1. 外汇局以"约见被核查金融机构负责人或其授权人"、"现场查阅、复制被核查金融机构相关资料"方式进行现场核查的，现场核查人员不得少于 2 人；"现场查阅、复制被核查金融机构相关资料"的，需出示介绍信或现场核查证等有效证件。现场核查人员少于 2 人或者未出示证件的，被核查金融机构有权拒绝。 2. 现场核查中发现经办金融机构存在涉嫌违规业务的，可移交外汇检查部门。 3. 外汇局留存金融机构书面情况说明原件、相关文件和材料原件或复印件，以及现场核查笔录材料原件 5 年备查。

八、出口收入存放境外管理

项目名称	管理内容	管理原则	注意事项
业务资格管理与首次开户登记	1. 企业开立用于存放出口收入的境外账户前，应当选定境外开户行，与其签订《账户收支信息报送协议》（以下简称《协议》）。 2. 企业应通过监测系统企业端向外汇局报送境外开户登记信息，并持《细则》第二十五条规定的材料到外汇局办理开户登记手续。 外汇局审核相关材料无误后，通过监测系统为企业登记存放境外业务类型与存放境外规模，并办理境外开户登记。 对于登记业务类型为"集团型主办"的，还需登记成员公司信息。 3. 对于集团型业务，主办企业与成员公司属不同外汇局管辖的，成员公司应当先持加盖企业公章的《出口收入存放境外资格登记表》（以下简称《资格登记表》，一式三联）、情况说明、内控制度、债权债务及相应会计记账管理办法或规章等资料，到所在地外汇局办理资格登记。 外汇局审核通过后，在《资格登记表》相应栏目中填写相关情况和签章，并将《资格登记表》企业留存联和主办企业所在地外汇局留存联退成员公司。	1. 属地管理原则： （1）单一型业务企业应到所在地外汇局办理开户登记。 （2）集团型业务应由主办企业到所在地外汇局办理开户登记。 2. 企业将出口收入存放境外，应当具备《细则》第二十二条规定的条件。 企业集团开展出口收入存放境外业务的，其参与成员公司均应具备上述条件。 3. 企业可以根据自身经营需要选择境外开户行。	1. 存放境外业务类型包括：单一型、集团型主办、集团型成员。 单一型业务指企业出口收入存放境外业务不涉及其他境内关联企业。 集团型业务指企业集团内部有多个境内成员公司参与出口收入存放境外业务。此类业务可由集团总部或指定一家参与成员公司作为主办企业，负责对所有参与成员公司的存放境外出口收入实行集中收付。主办企业的业务类型为"集团型主办"，主办企业以外其他成员公司的业务类型为"集团型成员"。 2. 企业选择的境外开户行，原则上应当是中资金融机构的境外分支机构，或与境内外资金融机构有关联关系的境外金融机构。关联关系是指该境外金融机构与境内外资金融机构之间为母子关系、总分关系，或属于同一家金融机构的子行或分行。 境外开户行所在国家（地区）应当是对账户资金划转及账户信息披露无严格限制且经济政治比较稳定的国家（地区）。 3. 企业通过监测系统企业端报送的境外开户登记信息包括：境外开户金融机构代码（SWIFT CODE 或金融机构标识码）、境外开户金融机构名称、境外账户户名、境外开户国别或地区、境外开户金融机构地址、账户收支信息报送协议或其补充协议编号。 4. 首次开户登记审核材料的内容： （1）企业书面申请的内容应包括但不限于：出口收入存放境外用途、上年度进出口及其收付资金规模、近两年内有无违反外汇管理规定行为；首次申请时，还应说明企业根据经营需要确定的年度累计出口收入存放境外规模。 （2）企业实施出口收入存放境外运作的内控制度包括但不限于：境外账户管理、存放境外资金使用管理、内部风险控制、内部权限管理、信息报送及档案管理。 （3）成员公司情况说明的内容应包括但不限于：成员公司名称、注册地址、与主办企业的关系、上年度进出口及其收付资金规模以及近两年内有无违反外汇管理规定行为。 5. 外汇局为企业办理境外开户登记后，通过监测系统打印《出口收入存放境外登记表》（以下简称《业务登记表》，一式二联），在相应栏目中加盖"货物贸易外汇业务监管章"后，将《业务登记表》（企业留存联）退企业留存。 6. 企业应在开户后 10 个工作日内，通过监测系统企业端将境外账户账号和币种信息报所在地外汇局备案。 7. 依法取得离岸银行业务经营资格的境内金融机构离岸业务部适用出口收入存放境外关于境外金融机构的管理内容。 8. 外汇局留存企业书面申请或情况说明原件、相关单证外汇局留存联以及相关证明材料复印件 5 年备查；企业留存相关材料 5 年备查。

项目名称	管理内容	管理原则	注意事项
后续开户登记与信息变更	1. 后续开户前，企业应持下列材料到所在地外汇局办理登记： （1）法定代表人或其授权人签字并加盖企业公章的书面申请； （2）境内企业与境外开户行新签订的《协议》或原有《协议》的补充协议； （3）外汇局要求的其他材料。 2. 境外账户信息发生变更的，企业应在获知相关信息后 10 个工作日内将变更信息报外汇局备案。	1. 属地管理原则。 2. 同一企业（或企业集团）存放出口收入的境外账户数量不得超过 5 个。确有需要的，经所在地外汇局批准，企业可增加境外账户数量。 3. 企业可在不同国家（地区）金融机构开户，在同一国家（地区）可选择多家金融机构开户，在同一国家（地区）的同一金融机构只能开立一个账户，多币种账户视为一个账户。	1. 境外开户行与之前开户提交的《协议》签订主体不一致的，企业应提交新签订的《协议》。境外开户行未发生变更的，企业可提交原《协议》的补充协议，明确新开账户适用原《协议》。 2. 企业应在开户后 10 个工作日内，通过监测系统企业端将境外账户账号和币种信息报所在地外汇局备案。 3. 境外开户金融机构代码或名称、境外账户户名发生变更的，外汇局在监测系统中重新登记境外账户信息；境外开户金融机构地址、账户收支信息报送协议或其补充协议编号发生变更的，外汇局在监测系统中修改原境外账户登记信息。 4. 外汇局留存企业书面申请原件以及相关证明材料复印件 5 年备查；企业留存相关材料 5 年备查。
境外账户收支范围	1. 境外账户收支应当具有真实、合法的交易基础，符合中国及开户行所在国家和地区相关法律规定。 2. 企业可根据自身经营需要确定出口收入存放境外期限，或将存放境外资金调回境内。对于集团型业务，需将存放境外资金调回境内的，应按照资金归属情况相应划入成员公司的境内经常项目外汇账户。 3. 资金调回时，企业应向金融机构书面说明该笔收入为从其境外账户调回的资金。在同一金融机构首次办理资金调回入账时，还须提供其所在地外汇局或主办企业所在地外汇局签章的《业务登记表》。	1. 境外账户的收支范围应当符合《细则》第二十九条规定。 2. 企业同名出口收入存放境外账户之间资金可以相互划转。企业不得将境内账户资金划转至用于存放出口收入的境外账户；确有合理需求的，应当事先经所在地外汇局批准。 3. 企业境外账户资金可以进行币种转换。	1. 境外账户出口收入具体包括从境外收到的：（1）出口货款，包括预收货款；（2）与贸易融资相关的收入；（3）出口保险理赔款。 　　境外账户货物贸易项下支出具体包括支付到境外的：（1）进口货款，包括预付货款；（2）与贸易融资相关的支出。 2. 存放境外资金调回境内无需进入出口收入待核查账户，可直接入经常项目外汇账户。金融机构审核企业境外账户资金调回入账时，应在入账凭证中签注"存放境外资金调回"，并留存企业书面说明、《业务登记表》复印件等相关材料 5 年备查。 3. 已开办出口收入存放境外业务的企业被列为 B 类的，在分类监管有效期内，出口收入不得存放境外账户，不得使用境外账户对外支付。外汇局可要求其调回境外账户余额。 4. 企业应当留存与境外账户收支相关的文件资料 5 年备查，包括但不限于：境外开户行对账单、交易合同、金融机构融资协议、保险理赔协议、进出口报关单、外汇局登记证明或核准文件、主管部门批准文件、相关证明材料。
存放境外业务变更	1. 集团型业务需要增加参与成员公司的，应由主办企业持下列材料到所在地外汇局办理变更登记： （1）加盖企业公章的书面申请； （2）成员公司所在地外汇局出具的《资格登记表》（新增成员公司与主办企业属不同外汇局管辖时）； （3）外汇局要求的其他材料。 外汇局审核相关材料无误后，通过监测系统为主办企业登记新增成员公司信息。 2. 集团型业务需减少参与成员公司的，应由主办企业持加盖企业公章的书面申请到所在地外汇局办理变更登记；外汇局通过监测系统为主办企业删除相关成员公司信息。	1. 属地管理原则。 2. 新增成员公司应当具备《细则》第二十二条规定的条件。	1. 书面申请的内容应包括但不限于：新增或减少的成员公司名称；对于增加参与成员公司的，还需说明新增成员公司的注册地址、与主办企业的关系、上年度进出口及其收付资金规模以及近两年内有无违反外汇管理规定行为。 2. 企业注册地址发生变更且变更后属不同外汇局管辖的，应在变更后 10 个工作日内向变更后所在地外汇局备案。 3. 新增成员公司与主办企业属不同外汇局管辖的，新增成员公司应按前述规定事先办理资格登记。 4. 外汇局留存企业情况说明原件、相关单证外汇局留存联以及相关证明材料复印件 5 年备查；企业留存相关材料 5 年备查。

项目名称	管理内容	管理原则	注意事项
存放境外规模变更登记	1. 企业需提高存放境外规模的，应当持法定代表人或其授权人签字并加盖企业公章的书面申请，以及外汇局要求的其它资料，到所在地外汇局办理存放境外规模变更登记。 2. 外汇局根据当地实际情况和企业申请，审核相关材料无误后，通过监测系统为企业变更存放境外规模。	1. 属地管理原则。 2. 企业可根据自身经营需要，确定存放境外规模。 3. 企业年度累计存放境外资金不得超出已登记的存放境外规模。	1. 企业应在进行首次开户登记同时办理存放境外规模登记。 2. 企业年度累计存放境外资金指自然年度内企业境外账户收入发生额（境外同名账户划入的资金除外）合计。 3. 企业书面申请的内容应包括但不限于：出口收入存放境外用途、上年度进出口及其收付资金规模、拟存放境外规模。 4. 外汇局留存企业书面申请原件以及相关证明材料复印件5年备查；企业留存相关材料5年备查。
境外账户关闭	1. 企业应在关闭境外账户后10个工作日内，持下列材料向所在地外汇局备案： （1）加盖企业公章的情况说明； （2）境外开户行的销户通知书及其中文翻译件。 2. 外汇局审核相关材料无误后，通过监测系统办理境外账户注销。	1. 属地管理原则。 2. 企业可以根据自身经营需要关闭境外账户。境外账户关闭前留有余额的，应当调回境内。 3. 企业存在违规行为的，外汇局可责令其限期关闭境外账户，并调回账户资金余额。	1. 企业存在下列行为的，所在地外汇局可责令其限期关闭境外账户，并调回账户资金余额： （1）未经外汇局登记擅自在境外开户存放资金的； （2）提供虚假材料开立境外账户的； （3）超出《细则》规定的境外账户收支范围或违反《细则》其他规定使用境外账户的； （4）未按规定报送境外账户相关情况和数据的。 2. 已开办出口收入存放境外业务的企业被列为C类的，应当于列入之日起30日内关闭境外账户并调回账户资金余额。 3. 外汇局留存企业情况说明原件以及相关证明材料复印件5年备查；企业留存相关材料5年备查。
企业境外账户收支报告	1. 企业应当在每月结束后10个工作日内，通过监测系统企业端向所在地外汇局报告境外账户收支情况。 境外账户收支报告具体内容包括：账户收入（分交易性质）、账户支出（分交易性质）、同名划入、同名划出、调回境内、月末账户余额、月末对账单余额、对账单日期以及其他情况说明。 同一账户内部不同币种转换视同境外同名账户之间的资金划转。 月末对账单余额和对账单日期按境外开户行寄送的对账单填写。 2. 集团型业务应由主办企业和各成员公司分别通过监测系统企业端，报告自身通过主办企业境外账户发生的月度收支信息。	1. 属地管理原则。 2. 企业应当区分不同开户行、账号和币种，如实向外汇局报告各境外账户上月的收支汇总情况。	1. 企业应当按照国际收支申报和贸易外汇核查信息申报规定，办理境外账户收支信息申报。 2. 企业应当要求境外开户行按照《协议》约定，按月向所在地外汇局指定的地址邮寄境外账户对账单。所在地外汇局地址变更的，企业应当及时通知境外开户行。 3. 企业境外账户当月未发生收支但月末余额大于零的，应当按规定通过监测系统企业端向外汇局报告境外账户月末余额情况。 4. 主办企业应当做好各成员公司债权债务的管理及相应的会计记账工作，清晰记录各成员公司通过境外账户的代垫代付形成的债权债务关系及相应金额。 5. 存放境外资金运用损失累计超过1000万美元的，企业应当在10个工作日内书面报告所在地外汇局。 6. 境外账户收支涉及贸易信贷等业务的，企业应按照《细则》及本规程的相关要求进行贸易信贷等业务报告。 7. 外汇局留存境外开户行寄送的对账单原件5年备查。

九、档案与公告信息管理

项目名称		管理内容	管理原则	注意事项
贸易企业档案信息管理	档案新增	1. 外汇局为从事对外贸易的机构建立贸易企业档案。 2. 外汇局根据企业办理名录登记时提交的材料补充完善监测系统中的贸易企业档案信息。	属地管理原则	1. 监测系统自动从公共档案库提取贸易企业档案信息；外汇局可通过监测系统新增贸易企业档案。对于监测系统中缺少档案的企业，外汇局应当在确认其为本外汇局所辖企业后进行档案信息的补充完善。 2. 已建立贸易企业档案的企业纳入非现场监测。
贸易企业档案信息管理	档案修改	外汇局根据企业办理名录变更时提交的材料修改相关贸易企业档案信息。	属地管理原则	外汇局通过监测系统进行企业档案修改操作。
	档案注销	企业因终止经营、被工商管理部门注销或吊销营业执照而被注销名录的，外汇局可注销该企业的贸易企业档案。	属地管理原则	1. 外汇局通过监测系统进行企业档案注销操作。 2. 外汇局注销企业名录后，方可注销该企业档案。 3. 注销企业档案时，监测系统将同步删除该企业的特殊标识和联合监管专用标识。 4. 对于已注销名录的企业，自名录注销之日起一年内未再办理名录登记的，监测系统自动注销其档案信息。
金融机构档案信息管理	网上开户	需网上开户的金融机构应向所在地外汇局提交情况说明。	属地管理原则	1. 外汇局通过监测系统进行金融机构网上开户操作。 2. 外汇局留存金融机构情况说明5年备查。
	撤销开户	需撤销网上开户的金融机构应向所在地外汇局提交情况说明。		1. 外汇局通过监测系统进行金融机构网上开户撤销操作。 2. 外汇局留存金融机构情况说明5年备查。
公告发布		外汇局需对外发布的材料或信息。	属地管理原则	1. 外汇局通过监测系统发布公告。 2. 发布对象限于辖内企业、金融机构和下属外汇局。
留言管理		金融机构和企业可通过监测系统银行端和企业端向外汇局咨询业务和反馈意见。	属地管理原则	外汇局应指定专人定期查看并处理企业和金融机构的留言。

货物贸易外汇管理试点指引操作规程
（银行、企业版）

一、企业主体管理

项目名称	法规依据	管理内容	管理原则	注意事项
名录登记	1.《中华人民共和国外汇管理条例》（国务院令第532号）； 2.《货物贸易外汇管理试点指引》、《货物贸易外汇管理试点指引实施细则》（国家外汇管理局公告2011年第2号）； 3.《保税监管区域外汇管理办法》（汇发〔2007〕52号）； 4.《保税监管区域外汇管理办法操作规程》（汇综发〔2007〕166号）。	《货物贸易外汇管理试点指引实施细则》（以下简称《细则》）第三、四条规定的材料。	1. 属地管理原则，即企业受注册所在地国家外汇管理局分支局（以下简称外汇局）监管，应当到注册所在地外汇局办理相关业务（下同）。 2. 相关材料是否完整、真实。	1. 名录登记属行政许可项目，其办理程序、办理时限等应当符合行政许可相关规定。 2. 金融机构不得为不在名录企业办理贸易外汇收支业务。 3. 个人对外贸易经营者的名录登记比照具有对外贸易经营权企业办理。 4. 外汇局审核相关材料无误后，通过货物贸易外汇监测系统（以下简称监测系统）为企业登记名录，并设置辅导期标识。完成名录登记后，外汇局为企业办理监测系统网上业务开户。 5. 外汇局通过监测系统自动向金融机构发布全国企业名录信息。 6. 已完成外汇登记手续的保税监管区域企业（以下简称区内企业）需要从事对外贸易的，应凭《保税监管区域外汇登记证》，到所在地外汇局签署《货物贸易外汇收支业务办理确认书》（以下简称《确认书》），办理名录登记手续。 7. 外汇局长期留存《贸易外汇收支企业名录登记申请书》、《确认书》原件以及其他材料复印件备查。
名录变更		《细则》第五条规定的材料。	1. 属地管理原则。 2. 相关材料是否完整、真实。	1. 外汇局审核相关材料无误后，通过监测系统变更企业的名录登记信息。 2. 对于因注册地址变更导致企业所属外汇局发生变更的，外汇局还应当通过监测系统进行企业所属外汇局代码变更操作。 3. 外汇局留存相关材料复印件5年备查。

续表

项目名称	法规依据	管理内容	管理原则	注意事项
		除企业主动申请注销名录外，外汇局可通过下列方式确定企业存在符合《细则》第七条规定的情况，并注销其名录： （1）定期通过工商、商务管理部门网站或运用其他方式获取被工商管理部门注销或吊销营业执照的企业以及被商务主管部门取消对外贸易经营权的企业信息，据此注销相关企业名录； （2）为区内企业办理保税监管区域外汇登记注销手续后，及时注销相关企业名录； （3）定期通过监测系统查询连续两年未发生贸易外汇收支业务的企业信息，据此注销相关企业名录； （4）现场核查时通过企业名录登记信息所列联系方式无法与其取得联系的，及时注销相关企业名录。	属地管理原则	1. 外汇局通过监测系统注销企业名录，并撤销该企业网上业务开户。 2. 注销名录后，经申请再次被列入名录的企业，视为新列入名录企业纳入辅导期管理。 3. 企业主动申请注销名录的，外汇局留存相关材料复印件5年备查；外汇局强制注销企业名录的，留存外汇局确定企业存在规定情况的相关材料5年备查。

二、数据处理

项目名称	法规依据	管理内容	管理原则	注意事项
进出口货物报关单错误数据修正	1.《中华人民共和国外汇管理条例》（国务院令第532号）； 2.《货物贸易外汇管理试点指引》《货物贸易外汇管理试点指引实施细则》（国家外汇管理局公告2011年第2号）。	1. 进出口货物报关单错误数据指报关单数据入库时，因核心要素为空、代码类数据项在监测系统基础代码表中不存在而无法正确入库的报关单数据。 2. 对于存入报关单错误数据表的错误数据，企业可通过下列方式修正： （1）提交下列材料原件及加盖企业公章的复印件，到外汇局办理手工修正：①进口货物报关单或出口货物报关单；②外汇局要求提供的其他材料。 （2）到海关办理相应数据的修改或删除手续，通过部门数据交换自动完成监测系统数据修正。 3. 对于已正确入库的报关单数据，企业如需修改或删除，应当到海关办理相应数据的修改或删除手续后，再通过部门数据交换自动完成监测系统数据修正。	外汇局按下列原则对进出口货物报关单错误数据进行手工修正： （1）报关单核心要素不全的，修改补全相关数据； （2）监测系统基础代码表缺失的，书面向总局申请，由总局审核并在监测系统中设定相应代码后，再修改相关数据。	1. 进出口货物报关单错误数据由监测系统在报关单数据入库时自动校验并存入报关单错误数据表。 2. 报关单数据核心要素包括企业代码、进出口日期、贸易方式、成交币种和成交总价；代码类数据项包括贸易方式和币种。 3. 进出口货物报关单错误数据类型包括： （1）企业代码为空；（2）进口日期为空；（3）出口日期为空；（4）贸易方式为空；（5）币种为空；（6）成交总价为空或零；（7）超代码范围。 4. 外汇局应定期清理监测系统错误数据表中的进出口货物报关单错误数据。对于无法修正的错误数据，外汇局可定期删除。 5. 可修改的进出口货物报关单要素包括：企业代码、进出口日期、贸易方式、商品明细记录的成交币种和成交总价。 6. 外汇局留存相关材料复印件5年备查。

项目名称	法规依据	管理内容	管理原则	注意事项
贸易收付汇错误数据修正	同上	1.贸易收付汇错误数据指外汇局在日常管理或现场核查过程中发现的与企业贸易收付汇实际业务情况不符的收付汇数据。 2.外汇局通过监测系统，将错误数据及错误原因告知相关金融机构。金融机构应当通知企业进行数据修改或删除，再将修正后的信息及时报送外汇局。	外汇局按下列原则对贸易收付汇错误数据进行处理： （1）错误数据属于贸易外汇监测范围的，通过金融机构从源头修改并重新报送相关数据，经由数据交换自动完成监测系统数据修正； （2）错误数据不属于贸易外汇监测范围的，在监测系统中直接删除相关数据。	贸易收付汇数据存在错误的原因主要包括监测系统所采集收付汇数据的企业代码、收付汇日期、币种、金额、交易编码、收付汇性质等信息与实际业务情况不符。

三、出口收入待核查账户管理

项目名称	法规依据	管理内容	管理原则	注意事项
出口收入待核查账户开立与管理	1.《中华人民共和国外汇管理条例》（国务院令第532号）； 2.《货物贸易外汇管理试点指引》、《货物贸易外汇管理试点指引实施细则》（国家外汇管理局公告2011年第2号）； 3.《境内外汇账户管理规定》（银发〔1997〕416号）。	1.金融机构为企业开立出口收入待核查账户（以下简称待核查账户）时，应通过外汇账户信息交互平台，查询该企业是否已在开户地外汇局进行基本信息登记；对于基本信息已登记的企业，金融机构可直接为其开立待核查账户。 2.金融机构为企业开户后，应于次日按照外汇账户管理信息系统报送数据的要求将相关数据及时报送外汇局。	1.企业贸易外汇收入应当先进入待核查账户，金融机构应按规定为企业开立待核查账户。 2.待核查账户资金按活期存款计息。	待核查账户纳入外汇账户管理信息系统，代码为1101。
出口收入待核查账户收支管理	同上	1.金融机构在为企业办理外汇资金入账前要依据国际收支统计申报规则认真审核收汇资金性质，无法判断的要及时与企业联系，要求企业说明，并将企业贸易外汇收入划入待核查账户。 2.企业一笔收汇既有货物贸易也有服务贸易的，其中货物贸易部分应当进入待核查账户，服务贸易部分金融机构在审核相应合同、发票后可根据企业要求直接结汇或进入经常项目外汇账户；企业暂无法区分资金性质和相应金额或无法提供服务贸易相应单证的，整笔资金应一并进入待核查账户。 3.代理出口业务应当由代理方收汇。代理方收汇后可凭委托代理协议将外汇划转给委托方，也可结汇将人民币划转给委托方；委托方收取代理方外汇划出款项时，无需进入其待核查账户。 4.转让信用证项下贸易收汇，金融机构应当根据转让信用证相关约定判断款项归属，并按照"谁出口谁收汇"的原则进行解付，其中属于第二受益人的出口收汇应直接划入第二受益人的待核查账户。 5.货物贸易项下人民币收入不进入待核查账户，可直接划入企业的人民币户。	1.待核查账户的收入范围包括符合《细则》第十条规定的贸易外汇收入（不含出口贸易融资项下境内金融机构放款及境外回款）；支出范围包括结汇或划入企业经常项目外汇账户，以及经外汇局登记的其他外汇支出。 2.待核查账户内资金不得相互划转。 3.待核查账户中的外汇资金必须先划入企业经常项目外汇账户后方可用于对外支付货款、还贷等支出；待核查账户资金直接结汇的，相应人民币可按实际支付需要使用。	1.由于企业错误说明或金融机构工作失误导致资金错误入待核查账户的，应区分下列情况处理： （1）贸易项下收汇误入经常项目外汇账户的，金融机构可根据企业说明，为其办理该笔收汇划入待核查账户手续； （2）服务贸易项下收汇误入待核查账户的，金融机构可根据企业说明及相关合同、发票等有关单证，直接为其办理从待核查账户结汇或划出手续； （3）出口贸易融资款误入待核查账户的，金融机构可直接为企业办理从待核查账户结汇或划出手续； （4）资本项目项下收汇误入待核查账户的，金融机构凭外汇局出具的《货物贸易外汇业务登记表》（以下简称《登记表》）为企业办理从待核查账户划出手续。

续表

项目名称	法规依据	管理内容	管理原则	注意事项
		6. 出口贸易融资业务项下资金，在金融机构放款及企业实际收回出口货款时，均无需进入企业待核查账户，可直接划入企业经常项目外汇账户。 7. 金融机构应按规定对交易单证的真实性及其与贸易外汇收支的一致性进行合理审查后，方可为企业办理待核查账户资金结汇或划出手续。		2. 待核查账户中的外汇不能用于质押人民币贷款、外汇融资或理财业务。 3. 公检法等执法部门可以依法凭强制（执行令等直接从待核查账户划款。）

四、企业报告管理

项目名称	法规依据	管理内容	管理原则	注意事项
贸易信贷业务报告	1.《中华人民共和国外汇管理条例》（国务院令第532号）； 2.《货物贸易外汇管理试点指引》、《货物贸易外汇管理试点指引实施细则》（国家外汇管理局公告2011年第2号）。	1. A类企业30天以上（不含）的预收货款或预付货款、B类和C类企业在监管期内发生的预收货款或预付货款，企业应当在收款或付款之日起30天内，通过监测系统企业端向外汇局报告相应的预计出口或进口日期、预计出口或进口对应的预收或预付金额等信息。 2. A类企业90天以上（不含）的延期收款或延期付款、B类或C类企业在监管期内发生的30天以上（不含）的延期收款或延期付款，企业应当在出口或进口之日起30天内，通过监测系统企业端向外汇局报告相应的预计收款或付款日期、延期收款或延期付款对应的报关单金额等信息。 3. 上述1、2规定范围以外的贸易信贷业务，企业可根据实际情况，在货物进出口或收付款业务实际发生后30天内，主动通过监测系统企业端向外汇局报告。 4. 对于按上述1、2规定应当报告的贸易信贷业务，企业未在货物进出口或收付款业务实际发生之日起30天内通过监测系统企业端向外汇局报告的，应提交下列材料到所在地外汇局现场报告： （1）情况说明（说明未能及时通过监测系统企业端网上报告的原因、需报告的事项和具体内容）； （2）外汇局要求的相关证明材料。	1. 属地管理原则。 2. 外汇局对企业报告的贸易信贷业务进行非现场监测。 3. 企业未按规定进行报告的，外汇局可按下列原则处理： （1）对于按规定应当报告而未报告的，若因企业自身原因造成，可按规定移交外汇检查部门或将其列为B类企业； （2）对于因逾期到现场报告的，外汇局审核相关材料无误后将报告数据录入监测系统。对于按规定应当报告的业务，若因企业自身原因造成逾期，可按规定移交外汇检查部门或将其列为B类企业； （3）对于企业报告信息错误且严重影响其外汇收支与进出口匹配情况的，可移交外汇检查部门或将其列为B类企业。	1. 对于已报告贸易信贷业务信息，在货物进出口或收付款业务实际发生后30天内，企业可通过监测系统企业端进行数据修改或删除操作；在货物进出口或收付款业务实际发生之日起30天后，企业可通过监测系统企业端对截止上月末贸易信贷未到期部分进行数据调整操作，或携"管理内容4"要求材料到外汇局现场进行报告数据的修改或删除。 2. 对于已报告的贸易信贷业务信息，若对应报关单数据或收付款数据被修改或删除，企业应当通过监测系统企业端或携"管理内容4"要求材料到外汇局现场对相应报告数据进行修改或删除。企业未及时修改或删除报告数据的，外汇局可直接对相关数据进行相应处理。 3. B类和C类企业不得办理90天以上（不含）的延期收款、延期付款业务。 4. 外汇局留存相关材料5年备查。

项目名称	法规依据	管理内容	管理原则	注意事项
远期信用证业务报告	1.《中华人民共和国外汇管理条例》（国务院令第532号）； 2.《货物贸易外汇管理试点指引》、《货物贸易外汇管理试点指引实施细则》（国家外汇管理局公告2011年第2号）。	1. 对于以90天以上（不含）信用证方式结算的贸易付汇，预计付款日期在货物进口日期之后的，企业应当在货物进口后30天内，通过监测系统企业端向外汇局报告预计付款日期、对应报关单金额等信息。 2. 对于按规定应当报告的远期信用证业务，企业未在货物进口后30天内通过监测系统企业端向外汇局报告的，应提交下列材料到所在地外汇局现场报告： （1）情况说明（说明未能及时通过监测系统企业端网上报告的原因、需报告的事项和具体内容）； （2）外汇局要求的相关证明材料。	1. 属地管理原则。 2. 外汇局对企业报告的90天以上（不含）信用证业务进行非现场监测。 3. 企业未按规定进行报告的，外汇局可按下列原则处理： （1）对于按规定应当报告而未报告的，若因企业自身原因造成，可按规定移交外汇检查部门或将其列为B类企业； （2）对于因逾期到现场报告的，外汇局审核相关材料无误后将报告数据录入监测系统。对于按规定应当报告的业务，若因企业自身原因造成逾期，可按规定移交外汇检查部门或将其列为B类企业； （3）对于企业报告信息错误且严重影响其外汇收支与进出口匹配情况的，可移交外汇检查部门或将其列为B类企业。	1. 90天以上信用证指信用证承兑日期与付款日期时间间隔在90天以上。 2. 对于已报告90天以上信用证业务信息，在货物进口后30天内，企业可通过监测系统企业端进行数据修改或删除操作；在货物进口之日起30天后，企业可通过监测系统企业端对截止上月末未到期部分进行数据调整操作，或携"管理内容2"要求材料到外汇局现场进行报告数据修改或删除。 3. 对于已报告的90天以上（不含）信用证业务信息，若对应进口报关单数据被修改或删除，企业应当通过监测系统企业端或携"管理内容2"要求材料到外汇局现场对相应报告数据进行修改或删除操作。企业未及时修改或删除报告数据的，外汇局可直接对相关数据进行相应处理。 4. C类企业不得办理90天以上（不含）远期信用证（含展期）业务。 5. 外汇局留存企业情况说明原件及其他相关材料复印件5年备查。
转口贸易收支业务报告	同上	1. 对于单笔合同项下转口贸易收支日期间隔超过90天（不含）且先收后支项下收汇金额超过等值50万美元（不含）的业务，企业应当在收款之日起30天内，通过监测系统企业端向外汇局报告相应的预计付款日期、付款金额等信息。 2. 对于单笔合同项下转口贸易收支日期间隔超过90天（不含）且先支后收项下付汇金额超过等值50万美元（不含）的业务，企业应当在付款之日起30天内，通过监测系统企业端向外汇局报告相应的预计收款日期、收款金额等信息。 3. 上述1、2规定范围以外的转口贸易外汇收支业务，企业可根据实际情况，在收款或付款后30天内，主动通过监测系统企业端向外汇局报告。 4. 对于按上述1、2规定应当报告的转口贸易外汇收支业务，企业未在收款或付款后30天内通过监测系统企业端向外汇局报告的，应提交下列材料到所在地外汇局现场报告：	1. 属地管理原则。 2. 外汇局对企业报告的转口贸易外汇收支业务进行非现场监测。 3. 企业未按规定进行报告的，外汇局可按下列原则处理： （1）对于按规定应当报告而未报告的，若因企业自身原因造成，可按规定移交外汇检查部门或将其列为B类企业； （2）对于因逾期到现场报告的，外汇局审核相关材料无误后将报告数据录入监测系统。对于按规定应当报告的业务，若因企业自身原因造成逾期，可按规定移交外汇检查部门或将其列为B类企业； （3）对于企业报告信息错误且严重影响外汇收支与进出口的匹配情况的，可移交外汇检查部门或将其列为B类企业。	1. 对于已报告转口贸易外汇收支业务信息，在收款或付款后30天内，企业可通过监测系统企业端进行数据修改或删除操作；在收款或付款之日起30天后，企业可通过监测系统企业端对截止上月末未到期部分进行数据调整操作，或携"管理内容4"要求材料到外汇局现场进行报告数据修改或删除。 2. 对于已报告的转口贸易外汇收支业务信息，若对应收付款数据被修改或删除，企业应当通过监测系统企业端或携"管理内容4"要求材料到外汇局现场对相应报告数据进行修改或删除操作。企业未及时修改或删除报告数据的，外汇局可直接对相关数据进行相应处理。 3. C类企业不得办理转口贸易外汇收支业务。 4. 外汇局留存企业情况说明原件及其他相关材料复印件5年备查。

续表

项目名称	法规依据	管理内容	管理原则	注意事项
		(1) 情况说明（说明未能及时通过监测系统企业端网上报告的原因、需报告的事项和具体内容）； (2) 外汇局要求的相关证明材料。		
差额业务报告	同上	1. 对于单笔进口报关金额与相应付汇金额、单笔出口报关金额与相应收汇金额存在差额的，企业可向所在地外汇局报告差额金额及差额原因等信息。 2. 对于存在多收汇差额或多付汇差额的，企业可在收款或付款之日起30天内通过监测系统企业端向外汇局报告，或在收款或付款之日起30天后到外汇局现场报告。对于存在多出口差额或多进口差额的，企业可在出口或进口之日起30天内通过监测系统企业端向外汇局报告，或在出口或进口之日起30天后到外汇局现场报告。 3. 对于差额报告业务，在货物进出口或收付汇业务实际发生之日起30天内没有报告的，企业确有报告需要，可提交下列材料到所在地外汇局现场报告： (1) 情况说明（说明未能及时通过网上报告的原因及需报告的事项及内容）； (2) 外汇局要求的相关证明材料。	1. 属地管理原则。 2. 外汇局对企业报告的差额业务进行非现场监测。 3. 企业未按规定进行报告的，外汇局可按下列原则处理： (1) 对于因逾期到现场报告的，外汇局审核相关材料无误后，将报告数据录入监测系统； (2) 对于企业报告信息错误且严重影响其外汇收支与进出口匹配情况的，可移交外汇检查部门或将其列为B类企业。	1. 对于已报告的差额业务信息，在货物进出口或收付款业务实际发生后30天内，企业可通过监测系统企业端进行数据修改或删除操作；在货物进出口或收付款业务实际发生之日起30天后，企业可携"管理内容3"要求材料到外汇局现场进行报告数据修改或删除。 2. 对于已报告的差额业务信息，若对应报关单数据或收付款数据被修改或删除，企业应当通过监测系统企业端对相应报告数据进行修改或删除操作。企业未及时修改或删除报告数据的，外汇局可直接对相关数据进行相应处理。 3. 外汇局留存企业情况说明原件及其他相关材料复印件5年备查。
贸易主体不一致业务报告	同上	1. 对于下列业务，收汇或进口企业可向所在地外汇局报告，并办理收汇或进口数据的主体变更手续： (1) 因企业分立、合并等原因导致进出口与收付汇主体不一致； (2) 捐赠进口项下进口与付汇主体不一致； (3) 经外汇局认定的其他进出口与收付汇主体不一致的情况。 2. 对于上述贸易主体不一致业务，企业可在收汇或进口业务实际发生之日起30天内，提交下列材料到所在地外汇局现场报告： (1) 情况说明（说明贸易主体不一致的原因、需报告的收汇或进口数据及其变更后的企业代码和名称、企业所属外汇局、相应的收汇金额或进口金额）； (2) 出口合同或进口合同；	1. 属地管理原则。 2. 外汇局对企业报告的贸易主体不一致业务进行非现场监测。 3. 企业未按规定进行报告的，外汇局可按下列原则处理： (1) 对于逾期报告的，外汇局审核相关材料无误后，将报告数据录入监测系统； (2) 对于企业报告信息错误且严重影响其外汇收支与进出口匹配情况的，可移交外汇检查部门或将其列为B类企业。	1. 已报告的贸易主体不一致业务只能由原报告企业向所在地外汇局申请撤销。 2. 对于已进行贸易信贷、转口贸易、远期信用证或差额等业务报告的收汇或进口，不得再进行贸易主体不一致业务报告。 3. 外汇局留存企业情况说明原件及其他相关材料复印件5年备查。

项目名称	法规依据	管理内容	管理原则	注意事项
		（3）收入申报单证或进口货物报关单； （4）捐赠协议（仅捐赠业务提供）； （5）相关部门出具的分立、合并证明文件（仅企业分立、合并的提供）； （6）外汇局要求的其他材料。 企业超过规定期限报告的，还应说明未能及时报告的原因。 外汇局审核相关材料无误后，通过监测系统为企业办理收汇数据主体变更或进口数据主体变更。 3.已报告的贸易主体不一致业务信息有误的，企业应当提交下列材料到所在地外汇局现场申请撤销数据主体变更： （1）情况说明（说明撤销原因和原报告事项及具体内容）； （2）外汇局要求的其他材料。 外汇局审核相关材料无误后，通过监测系统撤销相应收汇数据主体变更或进口数据主体变更。		
辅导期业务报告	同上	1.企业应当根据辅导期内实际业务发生情况，逐笔对应货物进出口与贸易外汇收支或转口贸易外汇收入与支出数据，如实填写《进出口收付汇信息报告表》（以下简称《报告表》），并在辅导期结束后10个工作日内将加盖企业公章的《报告表》报送所在地外汇局。 2.《报告表》应当包括但不限于下列内容： （1）出口/付款与相应收款/进口的逐笔匹配情况； （2）转口贸易收入与相应支出的逐笔匹配情况。	1.属地管理原则。 2.外汇局可按一定比例对企业报告的辅导期业务信息进行抽查，必要时可要求企业提供相关有效凭证、商业单据或其他证明材料。 3.对于抽查范围内的企业，外汇局可按下列原则处理： （1）若报告数据逐笔对应，应进一步审查企业的非现场监测情况与报告数据是否相符，若不相符可将其列为重点监测企业； （2）若报告数据无法逐笔对应，应进一步审查企业已报告的贸易信贷等业务数据与无法对应的辅导期业务报告数据是否相符以及不相符是否存在合理性等，若不相符且不具合理性，可将其列为重点监测企业； 4.对于未按规定报告的企业，可按规定移交外汇检查部门。	1.外汇局应对辅导期业务报告设置抽查比例，并定期抽查。 2.外汇局自行确定《报告表》格式。 3.外汇局留存《报告表》原件及其他相关材料复印件5年备查。

项目名称	法规依据	管理内容	管理原则	注意事项
其他特殊交易报告	同上	对于货物进出口与贸易收付款业务中发生的其他特殊交易，企业可根据实际情况主动通过监测系统企业端向所在地外汇局报告。	1. 属地管理原则。 2. 企业报告的其他特殊交易业务不纳入非现场监测。 3. 外汇局可定期查看企业报告的其他特殊交易业务信息，若企业报告金额较大或显著影响其外汇收支与进出口的匹配情况，外汇局可进一步审查相关业务具体情况及其合理性，并通过监测系统"监测记录"模块记录备查。	1. 对于已报告的其他特殊交易业务信息，在进出口或收付款后30天内，企业可通过监测系统企业端进行数据修改或删除操作；在进出口或收付款之日起30天后，企业可到外汇局现场申请数据修改或删除。 2. 对于已报告的其他特殊交易业务信息，若对应进出口或收付款数据被修改或删除，企业应当通过监测系统企业端或到外汇局现场对相应报告数据进行修改或删除操作。企业未及时修改或删除报告数据的，外汇局可直接对相关数据进行相应处理。 3. 外汇局留存相关材料5年备查。
出口收入存放境外业务报告	1.《中华人民共和国外汇管理条例》（国务院令第532号）； 2.《货物贸易外汇管理试点指引》、《货物贸易外汇管理试点指引实施细则》（国家外汇管理局公告2011年第2号）； 3.《国家外汇管理局关于实施货物贸易出口收入存放境外管理有关问题的通知》（汇发〔2010〕67号）。	经外汇局登记办理出口收入存放境外业务的企业（以下简称存放境外企业）应当在每月月末之前，通过监测系统企业端，分交易项目（货物贸易、服务贸易、资本项目、其他）、分账号（币种）如实报告上月境外账户的收入、支出、同名划转以及余额情况。一个月报告一次。单一型企业和集团型主办企业还应当报告月末对账单余额及对账单日期。	1. 外汇局对企业报告的出口收入存放境外业务进行非现场监测。 2. 对未按规定报告或报告内容不准确的企业，可按规定移交外汇检查部门或将其列为B类企业。 3. 已办理出口收入存放境外业务的企业被列为B类的，在分类监管有效期内，企业出口收入不得存放境外账户，不得使用境外账户对外支付。外汇局可要求其调回境外账户余额。被列为C类的，企业应当于列入之日起30日内关闭境外账户并调回境外账户余额。	1. 存放境外企业根据其业务类型，分为单一型企业、集团型主办企业和集团型成员公司。 2. 对于已报告的境外账户收支信息，在报告当月，企业可通过监测系统企业端进行数据修改或删除操作。

五、登记管理

项目名称	法规依据	管理内容	管理原则	注意事项
C类企业贸易外汇支出登记	1.《中华人民共和国外汇管理条例》（国务院令第532号）； 2.《货物贸易外汇管理试点指引》、《货物贸易外汇管理试点指引实施细则》（国家外汇管理局公告2011年第2号）。	1. 企业办理进口付汇或开证手续前，应当持书面申请（说明需登记的事项和具体内容）和下列相关证明材料原件及加盖企业公章的复印件到所在地外汇局办理登记手续： （1）以信用证、托收方式结算的，提交进口合同、发票； （2）以汇款方式结算的（预付货款除外），提交进口合同、进口货物报关单； （3）以预付货款方式结算的，还须提交进口合同、发票；单笔预付货款金额超过等值5万美元的，还须提交经金融机构核对密押的外方金融机构出具的预付货款保函； （4）对于进口与支出主体不一致的业务，应区分情况提交：	1. 外汇局遵循属地管理原则，对C类企业全部贸易外汇支出业务实行事前逐笔登记管理。 2. 审核原则： （1）提交材料是否完整、真实； （2）拟登记的支出与提交材料之间是否具有一致性。对于合同中付款条款规定可以对外支付的，可以办理登记；对于合同规定以付款以外其他形式抵偿进口货物的，不得办理登记；	1. 登记业务属行政许可项目，其办理程序、办理时限等应当符合行政许可法相关规定。 2. 一份《登记表》只能在一家金融机构使用，可分次使用，可签注多笔付汇信息。 3. 金融机构应当根据企业提交的《登记表》，在监测系统银行端查询并核对相应《登记表》电子信息；在《登记表》有效期内，按照《登记表》注明的业务类别、结算方式和"外汇局登记情况"，在登

项目名称	法规依据	管理内容	管理原则	注意事项
		①属于捐赠进口业务的，提交捐赠协议、进口合同； ②因企业分立、合并原因导致的，提交相关部门出具的分立、合并证明文件、进口合同； ③对于外汇局认定的其他业务，提交进口合同。 （5）对于贸易收汇的退汇支付，应在书面申请中具体说明退汇原因以及退汇同时是否发生货物退运，因错误汇入产生的，提交原收汇凭证；因错误汇入以外的其他原因产生的，提交原收入申报单证、原出口合同；发生货物退运的，还应提交贸易方式为"退运货物"的进口货物报关单。 外汇局按照真实性审核原则，可要求企业补充提供其他有效凭证、商业单据或相关证明材料。 2. 外汇局审核企业提交材料无误后，向企业出具加盖"货物贸易外汇业务监管章"的纸质《登记表》，并通过监测系统将《登记表》电子信息发送指定金融机构。 3. 企业凭《登记表》在登记金额范围内、到指定金融机构办理相关业务。	（3）交易是否合规：C类企业不得办理90天以上（不含）远期信用证（含展期）业务，不得办理90天以上（不含）的延期付款、托收业务，不得办理转口贸易外汇支出。 （4）出口项下退汇的境内付款人应当为原收款人、境外收款人应当为原付款人。 3.《登记表》的有效期原则上不超过1个月。《登记表》填写要求： （1）登记类别为"C类企业"； （2）业务类别为"付汇"； （3）指定一种结算方式； （4）指定一家金融机构。 4. 对于代理进口业务，代理方为C类企业的，应当按规定办理贸易外汇支出登记。	记金额范围内为企业办理相关业务，并通过监测系统银行端签注《登记表》使用情况。对于业务类别为"付汇"的《登记表》，结算方式为"信用证"的，在开证时签注付款金额，在信用证实际付款时补签注申报单号；结算方式非"信用证"的，在付款时同步完成申报单号和金额的签注。 4. 外汇局留存企业书面申请原件及相关证明材料复印件5年备查。企业留存《登记表》5年备查。
C类企业贸易外汇收入登记	同上	1. 贸易外汇收入从待核查账户结汇、划出或金融机构向企业发放出口贸易融资款项前，企业应当持书面申请（说明需登记的事项和具体内容）和下列相关证明材料原件及加盖企业公章的复印件到所在地外汇局办理登记手续： （1）以信用证、托收方式结算的，提交收入申报单证、出口合同、发票； （2）以汇款方式结算的（预收货款除外），提交收入申报单证、出口合同、出口货物报关单； （3）以预收货款方式结算的，提交收入申报单证、出口合同、发票； （4）对于出口贸易融资放款，提交与金融机构签订的融资协议、出口合同、发票； （5）对于出口与收入主体不一致的业务，因企业分立、合并原因导致的，提交相关部门出具的分立、合并证明文件、收入申报单证、出口合同；对于外汇局认定的其他情况，提交收入申报单证、出口合同； （6）对于贸易付汇的退汇收入，应在书面申请中具体说明退汇原因及是否发生货物退运。因错误汇出产生的，提交原支出申报单证、收入申报单证；因错误汇出以外的其他原因产生的，还应提交原进口合同；发生货物退运的，还应提交贸易方式为"退运货物"的出口货物报关单； （7）对于汇路不通等客观原因导致需要使用外币现钞结算的，办理外币现钞结汇业务登记时应提交出口合同、出口货物报关单；结汇现钞金额达到规定入境申报金额的，还应提交经海关签章的携带外币现钞入境申报单正本。 外汇局按照真实性审核原则，可要求企业补充提供其他有效凭证、商业单据或相关证明材料。 2. 外汇局审核企业提交材料无误后，向企业出具加盖"货物贸易外汇业务监管章"的纸质《登记表》，并通过监测系统将《登记表》电子信息发送指定金融机构。 3. 企业凭《登记表》在登记金额范围内到指定金融机构办理相关业务。	1. 外汇局对C类企业全部贸易外汇收入业务实行事前逐笔登记管理，登记管理遵循属地管理原则。 2. 审核原则： （1）提交材料是否完整、真实； （2）拟登记的收入与提交材料之间是否具有一致性； （3）交易是否合规：C类企业不得签订包含90天以上（不含）收汇条款的出口合同，不得办理转口贸易外汇收入； （4）进口项下退汇的境内付款人应当为原收款人、境外收款人应当为原付款人。 3.《登记表》的有效期原则上不超过1个月。《登记表》填写要求： （1）登记类别为"C类企业"； （2）贸易外汇资金从待核查账户结汇、划出或出口贸易融资放款，业务类别均为"收汇"； （3）指定一种结算方式； （4）指定一家金融机构； （5）在"外汇局登记情况"栏中注明"待核查账户结汇、划出"或"出口贸易融资放款"字样。 4. 对于代理出口业务，代理方为C类企业的，应当按规定办理贸易外汇收入登记。	1. 登记业务属行政许可项目，其办理程序、办理时限等应当符合行政许可相关规定。 2. 一份《登记表》只能在一家金融机构使用，可分次使用，可签注多笔收汇信息。 3. 金融机构应当根据企业提交的《登记表》，在监测系统银行端查询和核对相应《登记表》电子信息；在《登记表》有效期内，按照《登记表》注明的业务类别、结算方式和"外汇局登记情况"，在登记金额范围内为企业办理相关业务，并通过监测系统银行端签注《登记表》使用情况。对于业务类别为"收汇"的《登记表》，属于贸易融资业务的，在金融机构放款时按对应的境外回款总额签注收款金额，待企业从境外实际收回货款时补签注申报单号；对于贸易融资以外的其他贸易收款，在资金从待核查账户结汇或划出时同步完成申报单号和金额的签注。 4. 外汇局留存企业书面申请原件及相关证明材料复印件5年备查。企业留存《登记表》5年备查。

项目名称	法规依据	管理内容	管理原则	注意事项
B类企业超可付汇额度的贸易外汇支出登记	1.《中华人民共和国外汇管理条例》（国务院令第532号）；2.《货物贸易外汇管理试点指引》、《货物贸易外汇管理试点指引实施细则》（国家外汇管理局公告2011年第2号）。	1. 对于下列原因造成电子数据核查进口可付汇额度不足的贸易外汇支出，企业可根据实际业务情况到所在地外汇局办理登记手续：（1）因海关审价、大宗散装商品溢短装或因市场行情变动等客观原因多付汇造成进口可付汇额度不足的；（2）因行业特性、经营或结算特点发生重大变化造成预付货款大幅增加的；（3）外汇局认定的其他情况。2. 企业办理进口付汇或开证时可付汇额度不足的，应当按本规程关于C类企业贸易外汇支出登记相关规定，持有关单证到所在地外汇局办理登记手续。3. 外汇局审核企业提交材料无误后，向企业出具加盖"货物贸易外汇业务监管章"的纸质《登记表》，并通过监测系统将《登记表》电子信息发送指定金融机构。4. 企业凭《登记表》在登记金额范围内、到指定金融机构办理相关业务。	1. 外汇局对B类企业超可付汇额度的全部贸易外汇支出业务实行事前逐笔登记管理，登记管理遵循属地管理原则。2. 审核原则：（1）提交材料是否完整、真实；（2）拟登记的支出与提交材料之间是否具有一致性，对于合同中付款条款规定可以对外支付的，可以办理登记；对于合同规定以付款以外其他形式抵偿进口货物的，不得办理登记；（3）交易是否合规：B类企业不得办理90天以上（不含）的延期付款业务；（4）出口项下退汇的境内付款人应当为原收款人、境外收款人应当为原付款人。3.《登记表》的有效期原则上不超过1个月。《登记表》填写要求：（1）登记类别为"B类企业超额度"；（2）业务类别为"付汇"；（3）指定一种结算方式；（4）指定一家金融机构；（5）在"外汇局登记情况"栏注明"不需电子数据核查"字样。4. 对于代理进口业务，代理方为B类企业且进口可付汇额度不足的，应当按规定办理贸易外汇支出登记。	1. 登记业务属行政许可项目，其办理程序、办理时限等应当符合行政许可相关规定。2. 一份《登记表》只能在一家金融机构使用。金融机构《登记表》审核与签注要求同"C类企业贸易外汇支出登记"。3. 外汇局留存企业书面申请原件及相关证明材料复印件5年备查；企业留存《登记表》5年备查。
B类企业超可收汇额度的贸易外汇收入登记	同上	1. 对于下列原因造成电子数据核查出口可收汇额度不足的贸易外汇收入，企业可根据实际业务情况到所在地外汇局办理登记手续：（1）因海关审价、大宗散装商品溢短装或因市场行情变动等客观原因多收汇造成出口可收汇额度不足的；（2）因行业特性、经营或结算特点发生重大变化造成预收货款大幅增加的；（3）因经营或结算特点发生重大变化造成加工贸易实际收汇比例大幅提升的；（4）外汇局认定的其他情况。2. 企业拟办理待核查账户资金结汇、划出或向金融机构申请出口贸易融资款项但可收汇额度不足的，应当按本规程关于C类企业贸易外汇收入登记相关规定，持有关单证到所在地外汇局办理登记手续。3. 外汇局审核企业提交材料无误后，向企业出具加盖"货物贸易外汇业务监管章"的纸质《登记表》，并通过监测系统将《登记表》电子信息发送指定金融机构。4. 企业凭《登记表》在登记金额范围内、到指定金融机构办理相关业务。	1. 外汇局对B类企业超可收汇额度的全部贸易外汇收入业务实行事前逐笔登记管理，登记管理遵循属地管理原则。2. 审核原则：（1）提交材料是否完整、真实；（2）拟登记的收入与提交材料之间是否具有一致性；（3）交易是否合规：B类企业不得签订包含90天以上（不含）收汇条款的出口合同；（4）进口项下退汇的境外付款人应当为原收款人、境内收款人应当为原付款人。3.《登记表》的有效期原则上不超过1个月。《登记表》填写要求：（1）登记类别为"B类企业超额度"；（2）贸易外汇资金从待核查账户结汇、划出以及出口贸易融资放款，业务类别均为"收汇"；（3）指定一种结算方式；（4）指定一家金融机构；（5）在"外汇局登记情况"栏中注明"待核查账户结汇、划出"或"出口贸易融资放款"字样，并注明"不需电子数据核查"字样。4. 对于代理出口业务，代理方为B类企业且出口可收汇额度不足的，应当按规定办理贸易外汇收入登记。	1. 登记业务属行政许可项目，其办理程序、办理时限等应当符合行政许可相关规定。2. 一份《登记表》只能在一家金融机构使用。金融机构《登记表》审核与签注要求同"C类企业贸易外汇收入登记"。3. 外汇局留存企业书面申请原件及相关证明材料复印件5年备查；企业留存《登记表》5年备查。

项目名称	法规依据	管理内容	管理原则	注意事项
转口贸易超比例收入登记	同上	1. 同一合同项下转口贸易收入结汇或划出金额超过相应支出金额 20%（不含）的，从待核查账户结汇或划出前，企业应当持书面申请（说明需登记的事项和具体内容）和下列相关证明材料原件及加盖企业公章的复印件到所在地外汇局办理登记手续： (1) 进口合同和出口合同； (2) 收入申报单证和支出申报单证； (3) 相关货权凭证（进出保税仓库的还须提交进仓单和出仓单）； (4) 其他相关证明材料。 2. 外汇局审核企业提交材料无误后，向企业出具加盖"货物贸易外汇业务监管章"的纸质《登记表》，并通过监测系统将《登记表》电子信息发送指定金融机构。 3. 企业凭《登记表》在登记金额范围内、到指定金融机构办理相关业务。	1. 外汇局对同一合同项下转口贸易收入超过相应支出金额 20%（不含）的业务实行事前逐笔登记管理，登记管理遵循属地管理原则。 2. 审核原则： (1) 提交材料是否完整、真实； (2) 拟登记的收入与提交材料之间是否具有一致性； (3) 交易是否合规：C 类企业不得办理转口贸易外汇收入。 3.《登记表》的有效期原则上不超过 1 个月。《登记表》填写要求： (1) 登记类别为"其他"； (2) 业务类别为"收汇"； (3) 指定一种结算方式； (4) 指定一家金融机构； (5) 在"外汇局登记情况"栏注明"转口贸易超比例收入"字样；对于 B 类企业，还需注明"不需电子数据核查"字样。	1. 登记业务属行政许可项目，其办理程序、办理时限等应当符合行政许可相关规定。 2. 一份《登记表》只能在一家金融机构使用。金融机构《登记表》审核与签注要求同"C 类企业贸易外汇收入登记"。 3. 外汇局留存企业书面申请原件及相关证明材料复印件 5 年备查。企业留存《登记表》5 年备查。
超期限或无法原路退汇登记	同上	1. 对于超期限或无法按照规定办理的退汇业务，企业除按照本规程关于 C 类企业贸易外汇收支登记有关退汇规定提交材料外，还应当在书面申请中说明造成超期限或无法原路退汇的原因，并提供有关证明材料。 2. 外汇局审核企业提交材料无误后，向企业出具加盖"货物贸易外汇业务监管章"的纸质《登记表》，并通过监测系统将《登记表》电子信息发送指定金融机构。 3. 企业凭《登记表》在登记金额范围内、到指定金融机构办理相关业务。	1. 外汇局对下列退汇业务实行事前逐笔登记管理，登记管理遵循属地管理原则： (1) 退汇日期与原收（付）款日期间隔在 180 天（不含）以上且存在合理原因的； (2) 特殊情况导致进口项下退汇的境外付款人不为原收款人、境内收款人不为原付款人，或出口项下退汇的境内付款人不为原收款人、境外收款人不为原付款人。 2. 审核原则： (1) 提交材料是否完整、真实； (2) 拟登记的收支与提交材料之间是否具有一致性。 3.《登记表》的有效期原则上不超过 1 个月。《登记表》填写要求： (1) 登记类别为"其他"； (2) 业务类别为"收汇"或"付汇"； (3) 指定一种结算方式； (4) 指定一家金融机构； (5) 在"外汇局登记情况"栏注明"超期限或无法原路退汇"字样；对于 B 类企业，退汇同时发生货物退运的，应注明"需电子数据核查"字样；属错汇或无货物退运的，应注明"不需电子数据核查"字样。	1. 登记业务属行政许可项目，其办理程序、办理时限等应当符合行政许可相关规定。 2. 一份《登记表》只能在一家金融机构使用。金融机构《登记表》审核与签注要求同"C 类企业贸易外汇支出登记"以及"C 类企业贸易外汇收入登记"。 3. 外汇局留存企业书面申请及相关证明材料 5 年备查。企业留存《登记表》5 年备查。
待核查账户资金结汇或划出登记	同上	1. 待核查账户的资本项目资金从待核查账户划出前，企业应当持书面申请（说明需登记的事项和具体内容以及资本项目外汇账号）、收汇凭证和相关证明材料原件及加盖企业公章的复印件到所在地外汇局办理登记手续。 2. 外汇局审核企业提交材料无误后，向企业出具加盖"货物贸易外汇业务监管章"的纸质《登记表》，并通过监测系统将《登记表》电子信息发送指定金融机构。	1. 资本项目资金错入待核查账户的，不得直接结汇。外汇局对误入待核查账户的资本项目资金划转业务实行事前逐笔登记管理，登记管理遵循属地管理原则。 2. 审核原则： (1) 提交材料是否完整、真实； (2) 拟登记的资金划出与提交材料之间是否具有一致性。 3.《登记表》的有效期原则上不超过 1 个月。《登记表》填写要求： (1) 登记类别为"其他"；	1. 登记业务属行政许可项目，其办理程序、办理时限等应当符合行政许可相关规定。 2. 一份登记表只能在一家金融机构使用。 3. 外汇局留存企业书面申请及相关证明材料 5 年备查。企业留存《登记表》5 年备查。

续表

项目名称	法规依据	管理内容	管理原则	注意事项
		3. 企业凭《登记表》在登记金额范围内、到指定金融机构办理相关业务。 4. 金融机构为企业办理资本项目资金从待核查账户划出手续时，应当按照《登记表》上注明的账号将资金划转入账，不得直接结汇，不需进行电子数据核查。	（2）业务类别为"其他"； （3）指定一种结算方式； （4）指定一家金融机构； （5）在"外汇局登记情况"栏注明拟划转的资本项目外汇账户账号； 对于B类企业，还需注明"不需电子数据核查"字样。	
其他业务登记	同上	1. 对于外汇局认定其他需要登记的业务，企业应当持书面申请（说明需登记的事项和具体内容）和相关证明材料原件及加盖企业公章的复印件到所在地外汇局办理登记手续。 2. 外汇局审核企业提交材料无误后，向企业出具加盖"货物贸易外汇业务监管章"的纸质《登记表》，并通过监测系统将《登记表》电子信息发送指定金融机构。 3. 企业凭《登记表》在登记金额范围内、到指定金融机构办理相关业务。	1. 登记管理遵循属地管理原则。 2. 审核原则： （1）登记业务是否具有合理性； （2）提交材料是否完整、真实； （3）拟登记的外汇收支与提交材料之间是否具有一致性。 3.《登记表》的有效期原则上不超过1个月。《登记表》填写要求： （1）登记类别为"其他"； （2）依据登记业务的具体情况，确定业务类别； （3）指定一种结算方式； （4）指定一家金融机构； （5）对于B类企业，根据实际情况判断是否需要进行电子数据核查，并在"外汇局登记情况"栏注明相应字样。	1. 登记业务属行政许可项目，其办理程序、办理时限等应当符合行政许可相关规定。 2. 一份《登记表》只能在一家金融机构使用。 3. 外汇局留存企业书面申请及相关证明材料5年备查。企业留存《登记表》5年备查。

六、电子数据核查

项目名称	法规依据	管理内容	管理原则	注意事项
进口付汇电子数据核查	1.《中华人民共和国外汇管理条例》（国务院令第532号）； 2.《货物贸易外汇管理试点指引》、《货物贸易外汇管理试点指引实施细则》（国家外汇管理局公告2011年第2号）。	1. 对B类企业，金融机构应当实施电子数据核查并按本规程规定审核相关单证后，方可为其办理付汇或开证手续。 2. 金融机构应当依据B类企业填写的支出申报单证，通过监测系统银行端查询企业的进口可付汇余额，并在进口付汇核查界面的"本次核注金额"和"本次核注币种"栏录入企业实际付汇或开证金额与相应币种，供监测系统自动扣减对应进口可付汇额。 3. B类企业代理进口业务，委托方如需将外汇资金原币划转给代理方，划转时无需实施电子数据核查。代理方收到的相应外汇资金不进入其待核查账户。金融机构为代理方开证或付汇时，应当实施电子数据核查。 4. B类企业可付汇额度不足的，金融机构应当凭外汇局出具的《登记表》办理付汇或开证手续。	1. 进口付汇电子数据核查的本次核注金额不得大于进口可付汇余额。 2. B类企业代理进口业务应当由代理方付汇，相应付汇纳入电子数据核查范围。	1. 核注发生错误的，金融机构可自核注之日起15日内通过监测系统银行端进行撤销操作，系统自动记录备查。 2. 金融机构凭"登记类别"为"B类企业超额度"的《登记表》为企业办理进口项下开证、付汇或待核查账户资金结汇或划出时，无需实施电子数据核查。 3. B类企业在贸易退汇同时发生货物退运的，金融机构应当在办理相应贸易退汇的付汇或待核查账户结汇或划出手续时，实施电子数据核查； B类企业的预付货款退汇收入、错汇款退汇收入、预收货款退汇支出、错汇款退汇支出，金融机构应凭外汇局出具的《登记表》办理相关手续。
出口收汇电子数据核查	同上	1. 对B类企业，金融机构应当实施电子数据核查并按本规程规定审核相关单证后，方可为其办理待核查账户资金结汇或划出手续。 2. 金融机构应当依据企业填写的收入申报单证，通过监测系统银行端查询企业的出口可收汇余额，并在出口收汇核查界面的"本次核注金额"和"本次核注币种"栏录入企业实际结汇或划出金额与相应币种，供监测系统自动扣减对应的出口可收汇额。	1. 出口收汇电子数据核查的本次核注金额不得大于出口可收汇额度。 2. B类企业代理出口业务应当由代理方收汇，相应收汇纳入电子数据核查范围。	

项目名称	法规依据	管理内容	管理原则	注意事项
		3. B 类企业代理出口收入应当先进入其待核查账户，经电子数据核查后方可结汇或划转。需原币划转给委托方的，应当先划入代理方经常项目外汇账户后再划转给委托方，相应外汇资金无需进入委托方待核查账户。 4. B 类企业可收汇额度不足的，金融机构应当凭外汇局出具的《登记表》办理待核查账户资金的结汇或划出手续。		
出口贸易融资业务电子数据核查	同上	1. 金融机构为 B 类企业办理出口押汇、福费廷、出口保理等出口贸易融资业务，放款时融资款无需进企业待核查账户，但应通过监测系统银行端实施电子数据核查，并按对应的境外回款总额录入"本次核注金额"和"本次核注币种"；从境外回款时无需转入待核查账户和实施电子数据核查。 2. B 类企业可收汇额度不足的，金融机构应当凭外汇局出具的《登记表》办理出口贸易融资业务。	出口贸易融资业务电子数据核查的本次核注金额不得大于出口可收汇额度。可收汇额度不足的，未经登记，金融机构不得向 B 类企业发放出口贸易融资款。	
其他业务电子数据核查	同上	1. 金融机构为 B 类企业办理转口贸易项下付汇、开证或待核查账户结汇或划出手续时，无需实施电子数据核查。 2. B 类企业出口项下外币现钞收入无需进待核查账户。外币现钞结汇时，金融机构应当实施电子数据核查。 3. 金融机构凭《登记表》为企业办理相关业务时，对于《登记表》"外汇局登记情况"栏注明"需电子数据核查"字样的，应当实施电子数据核查。	电子数据核查的本次核注金额不得大于相应的出口可收汇额度或进口可付汇额度。	核注发生错误的，金融机构可自核注之日起 15 日内通过监测系统银行端进行撤销操作，系统自动记录备查。

七、现场核查与分类管理

（一）企业现场核查

项目名称	法规依据	管理内容	管理原则	注意事项
《现场核查通知书》制发与企业签收反馈	1.《中华人民共和国外汇管理条例》（国务院令第532号）； 2.《货物贸易外汇管理试点指引》、《货物贸易外汇管理试点指引实施细则》（国家外汇管理局公告 2011 年第2号）。	1. 外汇局对需现场核查的企业制发《现场核查通知书》（以下简称《通知书》），告知核查原因、核查方式及业务范围等。 2. 外汇局通过监测系统发放电子《通知书》。企业接到《通知书》后，应在《通知书》发放之日起 3 个工作日内通过监测系统企业端签收反馈外汇局；确有必要时，也可到外汇局现场签收。企业到外汇局柜台办理签收手续的，外汇局通过监测系统打印《通知书》交企业；企业在《通知书》回执联签字并加盖公章后反馈外汇局，外汇局通过监测系统手工将《通知书》企业反馈状态标识为"已反馈"。 3. 外汇局发放电子《通知书》时，通过监测系统一并向企业发送货物流与资金流数据包（以下简称数据包），供企业开展自查，以配合外汇局现场核查工作。数据包内容包括企业在《通知书》所列核查期内发生的货物进出口与贸易收支逐笔数据。 4. 企业未在规定期限内签收反馈的，外汇局通过电话督促其尽快签收反馈。电话无法联系的，外汇局可根据实际情况，采取其他联系方式通知企业，或通过监测系统打印《通知书》并加盖业务章后，将纸质《通知书》邮寄企业。	1. 外汇局确定现场核查企业后，应向企业制发《通知书》。 2. 企业应及时签收《通知书》，并反馈外汇局。	1. 电子和纸质《通知书》具有同等效力。 2. 企业签收反馈《通知书》后，可在电子《通知书》发放次日起 30 天内通过监测系统企业端下载本企业数据包；超过 30 天的，企业可在现场核查结束前到外汇局获取相关数据包。 3. 外汇局邮寄纸质《通知书》应选择挂号、特快专递等可确认送达的方式。 4. 外汇局留存企业签字盖章的《通知书》回执联 5 年备查。

项目名称		法规依据	管理内容	管理原则	注意事项
			5. 通过电子和纸质两种方式均未收到企业签收反馈信息且通过企业名录登记信息所列联系方式无法与企业取得联系的，外汇局通过监测系统手工将《通知书》反馈状态标识为"无法联系"，同时将企业现场核查预分类结果确定为"注销名录"。		
现场核查方式与材料要求		同上	被核查企业应当按照《细则》第三十四条规定，及时、完整、如实准备相关材料，主动配合外汇局开展现场核查工作。	1. 外汇局可采取《细则》第三十三条规定的一种或多种方式实施现场核查。 2. 外汇局现场核查人员应严格遵守信息保密原则，除法律法规另有规定外，不得以任何形式向任何机构和个人提供被核查企业的具体数据及材料。	1. 外汇局以"现场查阅、复制被核查企业相关资料"方式进行现场核查的，外汇局现场核查人员不得少于2人，并须出示介绍信或现场核查证等有效证件。现场核查人员少于2人或者未出示证件的，被核查企业有权拒绝。 2. 企业提交的相关证明材料中，有效凭证和商业单据应为原件或加盖企业公章的复印件，相关部门出具的书面证明应为原件；相关证明材料应按顺序编号并提交证明材料清单。 3. 外汇局留存企业书面报告原件、相关证明材料原件或复印件，以及现场核查中复制的文件、材料5年备查。
现场核查记录		同上	1. 外汇局核查人员在现场核查过程中，应当形成现场核查情况记录，并将记录内容录入监测系统。 2. 外汇局以"约见被核查企业法定代表人或其授权人"方式进行现场核查时，应形成经双方签字确认的现场核查笔录材料。书面现场核查笔录材料应交被核查企业当事人核对，由企业当事人和外汇局核查人员签名，并加盖企业公章。企业当事人拒绝签名或盖章的，外汇局核查人员应在核查记录上注明。	现场核查记录应事实表述清晰、准确，文字简练。	1. 外汇局核查人员可在监测系统中多次录入现场核查记录。 2. 外汇局留存现场核查笔录材料5年备查。
现场核查分类结果确定	确定预分类结果	同上	1. 外汇局根据现场核查以及企业遵守外汇管理规定等情况，确定企业预分类结果。预分类结果包括：A类企业、B类企业、C类企业和注销名录。 （1）核查期内企业遵守外汇管理相关规定，且贸易外汇收支经外汇局非现场或现场核查情况正常的，可被列为A类企业； （2）存在《细则》第四十条规定情况之一的企业，外汇局可将其列为B类企业； （3）存在《细则》第四十一条规定情况之一的企业，外汇局可将其列为C类企业； （4）对于通过企业名录登记信息所列联系方式无法与其取得联系，从而无法实施现场核查的企业，外汇局可将其预分类结果确定为注销名录。 2. 现场核查过程中发现企业的经营范围与业务类型符合特殊标识企业特征的，外汇局可将其现场核查预分类结果确定为A类企业，同时为该企业设置相应的特殊标识。	1. 外汇局应根据本次现场核查获取的材料和信息，参考地区、行业、经济类型以及企业以往的非现场核查和现场核查等情况，核实企业核查期内贸易外汇收支的真实性及其与进出口的一致性并确定预分类结果。 2. 外汇局对企业预分类结果的确定实行分级授权管理。	1. 现场核查中发现的涉嫌违规业务应及时移交外汇检查部门。 2. 外汇局留存分级授权内部审批材料5年备查。

项目名称		法规依据	管理内容	管理原则	注意事项
现场核查分类结果确定	分类结论告知与企业签收反馈	同上	1. 外汇局通过监测系统发放电子《分类结论告知书》（以下简称《告知书》）。企业接到《告知书》后，应在《告知书》发放之日起 3 个工作日内通过监测系统企业端签收反馈外汇局；确有必要时，也可到外汇局现场签收。企业到外汇局柜台办理签收手续的，外汇局通过监测系统打印《告知书》交企业；企业在《告知书》回执联签字并加盖业务公章后反馈外汇局；外汇局通过监测系统手工将《告知书》企业反馈状态标识为"已反馈"。 2. 企业未在规定期限内签收反馈的，外汇局通过电话督促其尽快签收反馈。电话无法联系的，外汇局可根据实际情况，采取其他联系方式通知企业，或通过监测系统打印《告知书》并加盖"货物贸易外汇业务监管章"后，将纸质《告知书》邮寄企业。	1. 外汇局确定企业预分类结果后，应向企业发放《告知书》，告知其预分类结果。 2. 企业应及时签收《告知书》，并反馈外汇局。	1. 电子和纸质《告知书》具有同等效力。 2. 外汇局邮寄纸质《告知书》应选择挂号、特快专递等可确认送达的方式。 3. 外汇局留存企业签字盖章的《告知书》回执联 5 年备查。
	企业申述	同上	企业对预分类结果有异议的，可自收到《告知书》之日起 7 个工作日内向外汇局提交加盖企业公章的书面情况说明及相关证明材料进行申述。	企业超过规定期限向外汇局提出申述的，外汇局不予受理。	外汇局留存企业提交的书面情况说明及相关证明材料 5 年备查。
	异议处理	同上	1. 企业在规定期限内提出异议的，外汇局应根据其提交材料，对其被核查业务进行复核，并于企业申述之日起 20 个工作日内确定是否对预分类结果进行调整。 2. 预分类结果调整应遵循"调轻"原则，包括下列三种形式： （1）将 C 类调整为 B 类或 A 类； （2）将 B 类调整为 A 类； （3）将"注销名录"调整为 A 类。	外汇局对异议处理实行分级授权管理。	1. 预分类结果调整后，外汇局在发布最终分类结果前，无需再次向企业发放《告知书》。 2. 外汇局留存分级授权内部审批材料 5 年备查。
分类结果发布		同上	1. 外汇局通过监测系统向金融机构发布企业分类结果： （1）对于企业未在规定期限内签收反馈告知书或提出异议，或在规定期限内申述并经外汇局复核后维持预分类结果的，外汇局可直接发布分类结果； （2）对于企业在规定期限内申述并经外汇局复核后需调整预分类结果的，外汇局在确定最终分类结果后对外发布。 2. 外汇局可将企业分类信息向相关管理部门通报，必要时可向社会公开披露。	分类结果自发布次日起生效，B 类和 C 类企业的分类监管有效期为一年。外汇局可根据国际收支形势和外汇管理需要，对监管期进行调整。	1. 分类结果发布前，外汇局应通过监测系统为 B 类企业逐家设置出口可收汇比率、进口可付汇比率以及预收货款和预付货款额度；分类结果发布当日监测系统将自动计算 B 类企业可收汇额度和可付汇额度。 2. 外汇局留存分级授权内部审批材料 5 年备查。
分类结果直接调整		同上	1. 日常管理：外汇局在日常管理中发现 A 类企业存在符合列为 B 类条件的行为的，必要情况下可不经现场核查，直接将其分类结果调整为 B 类；在日常管理中发现 A 类或 B 类企业存在符合列为 C 类条件的行为的，必要情况下可不经现场核查，直接将其分类结果调整为 C 类。 2. B 类、C 类企业到期管理：B 类、C 类企业监管期即将届满，外汇局应提前 1 个月对其在监管期内遵守外汇管理相关规定的情况进行综合评估，据此调整分类结果： （1）对于监管期内遵守外汇管理相关规定、指标恢复正常的 B 类、C 类企业，在监管期届满时分类结果自动恢复为 A 类； （2）对于监管期内指标未见好转或存在涉嫌违规行为的 B 类企业，外汇局将其原分类结果的监管期限延长一年，或直接将其分类结果调整为 C 类； （3）C 类企业在监管期内存在符合列为 C 类条件的行为的，外汇局可直接将其监管期延长一年。 3. 外汇局直接调整企业分类结果后，应当按照规定程序向企业发放《告知书》。	1. 外汇局对分类结果直接调整实行分级授权管理。 2. 对于调整后的分类结果，按照最新的发布日期确定其有效期。	1. 处于现场核查过程中的企业，不能直接调整其分类结果。 2. 对于因核查指标异常符合列入现场核查标准的企业，外汇局应通过现场核查程序确定其分类结果，不能直接调整其分类结果。 3. 外汇局留存分级授权内部审批材料 5 年备查。

（二）金融机构现场核查

项目名称	法规依据	管理内容	管理原则	注意事项
现场核查金融机构确定	1.《中华人民共和国外汇管理条例》（国务院令第532号）；2.《货物贸易外汇管理试点指引》、《货物贸易外汇管理试点指引实施细则》（国家外汇管理局公告2011年第2号）。	1. 在非现场核查和对企业进行现场核查的过程中，发现经办金融机构存在涉嫌不按规定办理贸易外汇收支业务或报送相关信息行为的，外汇局可对其实施现场核查。2. 外汇局对需现场核查的金融机构，应事前通知相关金融机构，并告知核查原因、核查方式及业务范围等情况。	外汇局实行分级授权管理。	分级授权内部审批材料留存5年备查。
现场核查实施		1. 金融机构应根据外汇局告知的现场核查方式，在告知的时限内准备好被核查金融机构负责人或其授权人签字并加盖业务公章的书面情况说明、相关文件和材料，主动配合外汇局开展现场核查工作。2. 外汇局以"约见被核查金融机构负责人或其授权人"方式进行现场核查时，应形成经双方签字确认的现场核查笔录材料。现场核查笔录材料应交被核查金融机构当事人核对，由金融机构当事人和外汇局核查人员签名，并加盖金融机构公章。金融机构当事人拒绝签名或盖章的，外汇局核查人员应在核查记录上注明。3. 现场核查结束后，外汇局将现场核查情况及相关处理意见反馈金融机构。	1. 外汇局可采取《细则》第三十六条规定的一种或多种方式实施现场核查。2. 被核查金融机构应当按外汇局要求如实说明情况，提供有关文件、材料。3. 外汇局核查人员应严格遵守信息保密原则，除法律另有规定外，不得以任何形式向任何机构和个人提供被核查金融机构的具体数据及材料。	1. 外汇局以"现场查阅、复制被核查金融机构相关资料"方式进行现场核查的，现场核查人员不得少于2人，并需出示介绍信或现场核查证等有效证件。现场核查人员少于2人或者未出示证件的，被核查金融机构有权拒绝。2. 现场核查中发现经办金融机构存在涉嫌违规业务的，可移交外汇检查部门。3. 外汇局留存金融机构书面情况说明原件、相关文件和材料原件或复印件，以及现场核查笔录材料原件5年备查。

八、其他

项目名称		法规依据	管理内容	管理原则	注意事项
金融机构档案信息管理	网上开户	1.《中华人民共和国外汇管理条例》（国务院令第532号）；2.《货物贸易外汇管理试点指引》、《货物贸易外汇管理试点指引实施细则》（国家外汇管理局公告2011年第2号）。	需网上开户的金融机构应向所在地外汇局提交情况说明。	属地管理原则。	1. 外汇局通过监测系统进行金融机构网上开户操作。2. 外汇局留存金融机构情况说明5年备查。
	网上开户撤销		需撤销网上开户的金融机构应向所在地外汇局提交情况说明。		1. 外汇局通过监测系统进行金融机构网上开户撤销操作。2. 外汇局留存情况说明5年备查。
公告发布			外汇局需对外发布的材料或信息。	同上	1. 外汇局通过监测系统发布公告。2. 发布对象限于辖内企业和金融机构。
留言管理			金融机构和企业可通过监测系统银行端和企业端向外汇局咨询业务和反馈意见。	同上	外汇局应指定专人定期查看并处理企业和金融机构的留言。

货物贸易出口收入存放境外管理暂行办法

第一条 为提高境内企业的资金使用效率，进一步促进贸易便利化，根据《中华人民共和国外汇管理条例》及其它相关外汇管理规定，制定本办法。

第二条 境内企业可依据本办法将具有真实、合法交易背景的货物贸易出口收入（以下简称出口收入）存放境外（含港澳台地区，下同）。

第三条 境内企业将出口收入存放境外应当具备下列条件：

（一）具有出口收入来源，且在境外有符合本办法规定的支付需求；

（二）近两年内无违反外汇管理规定行为；

（三）有完善的出口收入存放境外内控制度；

（四）国家外汇管理局及其分局、外汇管理部规定的其他条件。

第四条 符合规定条件的境内企业集团可由集团总部或指定一家参与的境内成员公司作为主办企业，由其负责按照本办法规定，对所有参与的境内成员公司存放境外的出口收入实行集中收付。

第五条 境内企业开立用于存放出口收入的境外账户（以下简称境外账户）前，应当选定境外开户行，与其签订《账户收支信息报送协议》（以下简称《协议》，见附1），并到所在地国家外汇管理局分支局（以下简称外汇局）办理开户登记。

第六条 境内企业集团实行集中收付的，应由主办企业到其所在地外汇局办理开户登记。主办企业与成员公司属不同外汇局管辖的，成员公司应事先到其所在地外汇局进行资格登记。

第七条 境内企业应当持下列材料到所在地外汇局办理开户登记：

（一）法人代表或其授权人签署并加盖企业公章的书面申请；首次登记时，书面申请中应当说明境内企业根据实际需要确定的年度累计出口收入存放境外规模；

（二）《出口收入存放境外登记表》（见附2）；

（三）境内企业与境外开户行签订的《协议》；

（四）境内企业为实施出口收入存放境外运作而制定的内控制度（首次登记时提交）；

（五）实行集中收付的，首次登记时还需提交参与成员公司情况说明、参与成员公司债权债务及相应会计记账管理办法或规章；成员公司与主办企业属不同外汇局管辖的，还需提供成员公司所在地外汇局出具的《出口收入存放境外资格登记表》（见附3）；

（六）国家外汇管理局及其分支局要求的其他材料。

第八条 境内企业开立境外账户后，应在规定期限内将账号和账户币种报所在地外汇局备案；境外账户信息发生变更的，应在规定期限内将变更信息报所在地外汇局备案。

第九条 同一境内企业开立的境外账户不得超过5个，特殊情况下需增加境外账户数量的，应当经所在地外汇局核准。

第十条 境内企业年度累计存放境外资金不得超出已登记的出口收入存放境外规模。需提高存放境外规模的，境内企业应向所在地外汇局进行变更登记。

第十一条　境外账户的收入范围包括：

（一）出口收入；

（二）账户资金孳息；

（三）外汇局批准的其他收入。

支出范围包括：

（一）货物贸易项下支出；

（二）境外承包工程、佣金、运保费项下费用支出；

（三）与境外账户相关的境外银行费用支出；

（四）经外汇局核准或登记的资本项目支出；

（五）调回境内；

（六）符合国家外汇管理局规定的其他支出。

第十二条　境外账户的收支应当具有真实、合法的交易基础，符合中国及开户行所在国家或地区相关法律规定。

第十三条　境内企业应当按照规定格式（见附4），向所在地外汇局如实报告出口收入存放境外收支情况，每个月至少报告一次。

存放境外资金运用出现重大损失的，境内企业应当及时报告所在地外汇局。

第十四条　境内企业应当要求境外开户行按照《协议》约定，按月向所在地外汇局指定的地址邮寄境外账户对账单。

第十五条　境内企业报告的出口收入存放境外收支信息可用于办理核销或核查手续。外汇局根据境内企业报告的相关信息和境外开户行对账单，对境外账户收支的真实性进行合理审查。

第十六条　境内企业可以根据自身经营需要确定出口收入存放境外期限，或将存放境外资金调回境内。

境内企业关闭境外账户后，应当在规定期限内持境外开户行的销户通知书向所在地外汇局备案。

第十七条　境内企业存在本办法第二十条第（一）、（二）、（三）、（四）项规定行为的，外汇局可责令其限期关闭境外账户，并调回账户资金余额。

第十八条　境内企业集团对存放境外出口收入实行集中收付的，应当做好参与成员公司债权债务的管理及相应的会计记账工作，清晰区分各参与成员公司的债权债务状况及金额。

存放境外出口收入调回境内的，应按照成员公司各自存款情况相应划入成员公司的境内经常项目外汇账户。

第十九条　境内企业应当保留与境外账户收支相关的交易合同、凭证等文件资料五年备查。外汇局对境内企业出口收入存放境外业务进行非现场监测，可对异常情况实施现场核查。

第二十条　境内企业存在下列行为的，外汇局按《中华人民共和国外汇管理条例》相关规定予以处罚：

（一）未经外汇局登记，擅自在境外开户存放资金的；

（二）提供虚假材料开立境外账户的；

（三）超出本办法规定的账户收支范围或违反本办法其他规定使用境外账户的；

（四）未按规定报送境外账户相关情况和数据的；

（五）未按规定调回或关闭境外账户的；

（六）违反本办法规定的其他行为。

第二十一条　国家外汇管理局可根据国际收支形势和外汇管理需要对出口收入存放境外的资格条件、存放规模、期限或调回要求等进行调整。

第二十二条　依法取得离岸银行业务经营资格的境内银行离岸业务部视同境外银行，适用本办法。

前款所称离岸银行业务部按照本办法规定吸收的境内企业出口收入，纳入外债统计；相应离岸账户与境内其他账户资金往来，按照跨境交易管理，并按照规定办理国际收支统计申报。

第二十三条 具有对外贸易经营权的个人与保税监管区域内企业不适用本办法。

第二十四条 本办法由国家外汇管理局负责解释。

第二十五条 本办法自 2011 年 1 月 1 日起施行。以前有关规定与本办法相抵触的，按本办法执行。

附 1：《账户收支信息报送协议》（略）

附 2：《出口收入存放境外登记表》（略）

附 3：《出口收入存放境外资格登记表》（略）

附 4：《出口收入存放境外收支情况报告表》（略）

货物贸易进口付汇管理暂行办法

第一章 总 则

第一条 为进一步完善货物贸易进口付汇（以下简称进口付汇）管理，推进贸易便利化，促进涉外经济发展，根据《中华人民共和国外汇管理条例》相关规定，制定本办法。

第二条 国家外汇管理局及其分支机构（以下简称外汇局）依法对进口付汇的真实性与合规性进行监督管理。

第三条 进口付汇管理按照属地管理原则进行，外汇局对辖内进口单位和经营外汇业务的金融机构（以下简称银行）进行监管。

第四条 国家对货物贸易项下国际支付不予限制。进口单位的进口付汇应当具有真实、合法的交易基础，银行应对交易单证的真实性及其与进口付汇的一致性进行合理审查。

第五条 外汇局对进口单位进口付汇情况进行非现场总量核查和监测预警，对异常资金流动情况进行现场核实调查（以下简称现场核查）。

第六条 外汇局对进口单位实行分类管理，在非现场总量核查及监测预警的基础上，结合现场核查情况和进口单位遵守外汇管理规定等情况，将进口单位分为"A 类进口单位"、"B 类进口单位"和"C 类进口单位"。分类管理内容包括进口付汇审核、进口付汇登记以及逐笔报告等业务环节。

第七条 进口单位和银行应按本办法及有关规定办理进口付汇业务，并协助、配合外汇局现场核查。

第二章 名录管理

第八条 进口单位依法取得对外贸易经营权后，应当持有关资料到外汇局办理"进口单位付汇名录"（以下简称名录）登记手续，并签署进口付汇业务办理确认书；进口单位登记信息发生变更的，应当到外汇局办理变更登记手续；进口单位终止经营或被取消对外贸易经营权的，应当到外汇局办理注销登记手续。

第九条 进口单位列入名录后，外汇局对其自发生进口付汇业务之日起三个月内的进口付汇业务进行辅导管理。

第十条 外汇局统一向银行发布名录。不在名录的进口单位，银行不得直接为其办理进口付汇业务。

第十一条 对于已不具备名录登记条件的进口单位，外汇局可将其从名录中注销。

第三章　进口付汇管理

第十二条　本办法所称进口付汇包括：

（一）向境外支付进口货款；

（二）向境内保税监管区域、离岸账户以及境外机构境内账户支付进口货款或深加工结转项下境内付款；

（三）其他具有对外付汇性质的货物贸易项下付款。

第十三条　进口单位应当根据结算方式、贸易方式以及资金流向，按规定凭相关单证在银行办理进口付汇业务。

进口单位应当按规定进行进口付汇核查信息申报。银行应当按规定向外汇局报送相关信息。

第十四条　付汇单位与合同约定进口单位、进口货物报关单经营单位应当一致。代理进口业务，应当由代理方负责进口、购付汇。国家另有规定的除外。

第十五条　外汇局对不在名录进口单位和"C 类进口单位"的进口付汇实行事前登记管理。进口单位应当按规定到外汇局办理进口付汇业务登记。银行应当凭外汇局出具的登记证明和相关单证为进口单位办理进口付汇业务。

第十六条　外汇局对辅导期内进口单位和"B 类进口单位"的进口付汇以及外汇局认定的其他业务实行事后逐笔报告管理。进口单位进口付汇后，需向外汇局逐笔报告其进口付汇和对应的到货或收汇信息，并提供相关单证或证明材料。

第四章　非现场核查与监测预警

第十七条　外汇局对进口付汇数据和进口货物数据（或进口项下收汇数据）进行非现场总量比对，核查进口单位进口付汇的真实性和一致性。

第十八条　外汇局以进口单位为主体，参考地区、行业、经济类型等特点，设置监测预警指标体系，对进口付汇和货物进口及进口项下收汇情况进行监测分析，实施风险预警，识别异常交易和主体。

第十九条　外汇局可根据宏观经济形势和国际收支平衡需要调整监测预警内容。

第五章　现场核查

第二十条　外汇局根据非现场核查及监测预警的结果，对于总量核查指标超过规定范围或存在其他异常情况的进口单位进口项下外汇收支业务实施现场核查。

第二十一条　外汇局可采取要求被核查单位报告、约见进口单位法定代表人或其授权人、现场调查等方式，对进口单位进行现场核查。

第二十二条　外汇局可对银行办理进口付汇业务的合规性与报送相关信息的及时性、准确性和完整性实施现场核查。

第二十三条　进口单位和银行应当协助、配合外汇局现场核查，及时、如实提供相关资料。

第六章　分类管理

第二十四条　"B 类进口单位"和"C 类进口单位"确定前，外汇局应通知相关进口单位。进口单位如有异议，可在收到书面通知之日起 7 个工作日内向外汇局申述。

第二十五条　外汇局向银行和进口单位发布对进口单位的分类管理信息。

第二十六条　国家外汇管理局可根据国际收支形势和外汇管理需要，调整考核分类的期限、频率、标准以及适用的管理措施。

第七章　附　则

第二十七条　进口单位是指具有对外贸易经营权的境内机构。

第二十八条　银行和进口单位违反本办法以及其他相关规定办理进口付汇业务的，由外汇局依据《中华人民共和国外汇管理条例》等相关规定处罚。

第二十九条　具有对外贸易经营权的保税监管区域内进口单位经营非保税货物的进口付汇、具有对外贸易经营权的个人办理进口付汇业务参照适用本办法。国家外汇管理局另有规定的，从其规定。

第三十条　本办法由国家外汇管理局负责解释。

第三十一条　本办法自 2010 年 12 月 1 日起施行，以前法规与本办法相抵触的，按照本办法执行。自本办法实施之日起，附件所列法规废止。

附件：需要废止的法规目录

附件：

需要废止的法规目录

序号	法规名称	文件编号
1	关于下发《贸易进口付汇核销监管暂行办法》的通知	[97] 汇国发字第 01 号
2	关于在"进口付汇备案表"上使用印鉴的备案函	[97] 汇国函字第 074 号
3	关于启用贸易进口付汇监管软件有关问题的紧急通知	[98] 汇国函字第 193 号
4	关于下发《进口付汇核销贸易真实性审核规定》的通知	[98] 汇国函字第 199 号
5	关于修改《关于完善售付汇管理的通知》第八条、第十一条和《关于完善售付汇管理的补充通知》第三条的通知	汇发 [1999] 66 号
6	关于加强进口金银及其制品售付汇审核的通知	汇发 [1999] 244 号
7	关于航空公司对外付汇有关问题的通知	汇综发 [1999] 76 号
8	关于规范《贸易进口付汇核销单》（代申报单）数据传送有关做法的通知	汇发 [1999] 106 号
9	国家外汇管理局关于进口付汇核销报审手续有关问题的通知	汇发 [2001] 98 号
10	国家外汇管理局关于印发《贸易进口付汇核销管理操作规程》的通知	汇发 [2002] 113 号
11	国家外汇管理局关于取消部分进口付汇备案类别有关问题的通知	汇发 [2003] 34 号
12	国家外汇管理局关于在中国电子口岸办理进口报关单联网核查业务有关问题的通知	汇发 [2003] 103 号
13	国家外汇管理局关于印发《货到汇款项下贸易进口付汇自动核销管理规定》的通知	汇发 [2004] 82 号
14	国家外汇管理局关于印发《进口付汇逾期未核销备查管理规定》的通知	汇发 [2004] 101 号
15	国家外汇管理局关于规范凭收汇凭证办理进口付汇核销手续有关问题的通知	汇发 [2004] 76 号
16	国家外汇管理局关于进口付汇备案表使用有关问题的通知	汇发 [2004] 112 号
17	国家外汇管理局关于印发《进口付汇差额核销管理办法》的通知	汇发 [2004] 116 号
18	国家外汇管理局关于做好贸易进口付汇核销监管系统升级工作的通知	汇发 [2005] 3 号
19	国家外汇管理局关于中国石化国际事业有限公司所属经营部办理进口付汇核销业务有关问题的通知	汇发 [2005] 15 号
20	国家外汇管理局关于进一步简化贸易进口付汇及核销手续有关问题的通知	汇发 [2005] 67 号
21	国家外汇管理局关于调整"对外付汇进口单位名录"管理有关问题的通知	汇发 [2006] 25 号
22	国家外汇管理局综合司关于简化航空公司支付预付货款手续有关问题的通知	汇综发 [2006] 51 号

序号	法规名称	文件编号
23	国家外汇管理局综合司关于办理"租赁不满一年"等经营租赁项下对外售（付）汇业务有关问题的批复	汇综复〔2009〕32 号
24	国家外汇管理局综合司关于进口信用证结算项下售汇银行与付汇银行不一致有关问题的批复	汇综复〔2009〕58 号
25	国家外汇管理局关于实施进口付汇核销制度改革有关问题的通知	汇发〔2010〕14 号
26	国家外汇管理局综合司关于组织实施进口付汇核销制度改革试点工作有关问题的通知	汇综发〔2010〕44 号
27	国家外汇管理局综合司关于发布《货物贸易进口付汇业务办理确认书》文本的通知	汇综发〔2010〕45 号
28	国家外汇管理局综合司关于"进口单位付汇名录"查询有关问题的通知	汇综发〔2010〕51 号
29	国家外汇管理局经常项目管理司关于银行进口付汇留存凭证有关问题的批复	汇经复〔2010〕11 号

货物贸易进口付汇管理暂行办法实施细则

第一章 总 则

第一条 为完善货物贸易进口付汇（以下简称进口付汇）管理，依据《货物贸易进口付汇管理暂行办法》（以下简称《办法》），制定本细则。

第二条 外汇局依法对进口单位、银行办理进口付汇业务的真实性和合规性进行监督管理。

第二章 名录管理

第三条 进口单位取得对外贸易经营权后，应按本细则第五条规定到外汇局办理"进口单位付汇名录"（以下简称名录）登记手续，并签署《货物贸易进口付汇业务办理确认书》（以下简称《确认书》，见附1）。

第四条 本细则发布实施前已在外汇局办理名录登记手续的进口单位，应在六个月内签署《确认书》。签署《确认书》后，外汇局将其自动列入名录，未在规定期限内签署的，外汇局将取消其名录资格。

第五条 本细则发布实施前未在外汇局办理名录登记手续的进口单位，需持名录登记申请书及下列材料到外汇局办理名录登记手续：

（一）《对外贸易经营者备案登记表》，依法不需要办理备案登记的提交《中华人民共和国外商投资企业批准证书》或《中华人民共和国台、港、澳、侨投资企业批准证书》等相关证明材料；

（二）《企业法人营业执照》或《企业营业执照》；

（三）《中华人民共和国组织机构代码证》；

（四）《中华人民共和国海关进出口货物收发货人报关注册登记证书》；

（五）法定代表人签字、加盖单位公章的《确认书》；

（六）外汇局要求提供的其他材料。

外汇局审核上述材料无误后，将进口单位列入名录，并向银行发布名录信息。

第六条 进口单位名录信息发生变更的，应当在变更之日起30日内，持相关变更文件或证明到外汇局办理名录变更手续。

第七条 进口单位发生下列情况之一的，外汇局可将其从名录中注销：

（一）进口单位终止经营或被工商管理部门注销、吊销营业执照的；

（二）进口单位终止或被商务部门取消对外贸易经营权的；

（三）外汇局认定的其他情况。

进口单位注销后重新申请进入名录的，应按照《办法》第九条关于列入名录进口单位辅导期管理规定办理进口付汇业务。

第三章　进口付汇管理

第八条　进口单位在银行办理进口付汇时，应根据结算方式和资金流向填写进口付汇核查凭证，向境外付汇的应填写《境外汇款申请书》或《对外付款/承兑通知书》（包括向境内离岸账户、境外机构境内账户付汇），向境内付汇的应填写《境内汇款申请书》或《境内付款/承兑通知书》。

第九条　进口单位应在进口付汇核查凭证上准确标注该笔付汇"是否为进口核查项下付汇"，并根据实际对外付款交易性质填写交易编码。对一笔付汇涵盖多种交易性质的，第一栏交易编码、金额以及币种等信息按贸易从大原则申报。进口付汇申报按照国际收支申报和核查专用信息申报有关规定办理。

第十条　进口单位应按其货物实际装运日期填写进口付汇核查凭证中的"最迟装运日期"。预付货款业务，其最迟装运日期填写合同约定装运日期；一笔进口付汇对应多份合同的，其最迟装运日期填写最迟一笔货物装运日期；境外工程使用物资、转口贸易支付，其最迟装运日期填写实际或预计收汇日期，如为分阶段收款，填写最迟一笔收汇日期。

第十一条　对不在名录进口单位、"C类进口单位"的进口付汇以及外汇局认定的其他付汇业务，未经外汇局登记，银行不得为进口单位办理进口付汇或开立信用证等相关业务。

第十二条　银行为进口单位办理付汇手续时，需审查进口单位填写的进口付汇核查凭证，并按以下规定审查相应有效凭证和商业单据：

（一）以信用证方式结算的，审查进口合同、开证申请书。

对于信用证项下售汇银行与付汇银行不一致的，付汇（开证）银行在核实售汇银行划转的资金到账后，还需审查经售汇银行签注的审单结论和外汇划转凭证；

（二）以托收方式结算的，审查进口合同；

（三）以预付货款方式结算的，审查进口合同、形式发票；

（四）以货到付款方式结算的，按《进口货物报关单"贸易方式"分类付汇代码表》（见附2）审查相关有效凭证和商业单据。

对于凭"可以对外售付汇"进口货物报关单付汇的，审查进口合同、加盖海关"验讫章"的进口货物报关单正本（付汇证明联）、商业发票；对于凭"有条件对外售付汇"进口货物报关单付汇的，还需根据进口货物报关单的贸易方式，审查相应凭证；"不得对外售付汇"进口货物报关单不能凭以办理进口付汇；

（五）境外承包工程项下对外支付贸易货款的，除依据不同结算方式审查有关单证外，还需审查工程承包协议、工程承包资质证明等；

（六）转口贸易项下对外支付贸易货款的，除依据不同结算方式审查有关单证外，先支后收项下还需审查出口合同，先收后支项下还需审查出口合同、收汇凭证；

（七）深加工结转项下对外付汇或境内以外汇结算的，除依据不同结算方式审查转厂合同及有关单证外，还需审查贸易方式为"进料深加工"或"来料深加工"的出口货物报关单（复印件）。

对于上述进口付汇，属于代理进口的，还需审核代理协议；依据本细则第十六条规定需外汇局事前登记的，还需凭《进口付汇登记表》（以下简称《登记表》，见附3）办理付汇。

银行为进口单位办理付汇手续时，无需通过"中国电子口岸—进口付汇系统"对进口货物报关单电子底账进行联网核查。

第十三条　对于进口付汇后因合同取消等原因产生的退汇业务，原则上退款人应当为原付汇收款人。银行为进口单位办理相关收汇手续时，应当审查原进口付汇核查凭证、原进口合同、退汇协议以及其他对应退汇证明材料。对于退款人不是原付汇收款人等特殊情况，还需审查退款人与原付汇收款人不一致的情况说明。

第十四条　银行按规定审查相关资料后，留存进口货物报关单正本，合同、发票、代理协议等单证留存复印件。对于需要分次付汇的货到付款业务，由办结最后一次付汇业务的银行留存进口货物报关单正本，其他付汇银行留存有相关银行签注付汇金额、报关单未付汇余额以及付汇日期并加盖相关银行业务公章的进口货物报关单复印件，并在进口货物报关单正本上签注本行付汇金额并加盖本行业务公章。

第十五条　下列情况之一的进口货物报关单经营单位与付汇单位不一致业务，报关单经营单位需在货物进口后30日内，持申请书、代理协议、免税证明或许可证等证明材料以及进口货物报关单到所在地外汇局办理货物信息变更手续：

（一）进口单位代理外商投资企业和捐赠项下进口；

（二）许可证、进口配额、特定商品登记项下进口；

（三）外汇局认定的其他情况。

第十六条　下列付汇业务，进口单位应在付汇或开立信用证前持申请书和本条规定的材料到外汇局办理进口付汇业务登记手续：

（一）不在名录进口单位的进口付汇，按照不同结算方式除提供本细则第十二条规定的有关单证外，还需提供本细则第五条第（一）、（二）、（三）项规定的有关单证；

（二）"C类进口单位"的货到付款业务，外汇局还需通过"中国电子口岸—进口付汇系统"对进口货物报关单电子底账进行联网核查，核注、结案及打印相关电子底账；

（三）其他需登记的进口付汇。

外汇局审核进口单位提交的上述材料后，为其出具加盖"货物贸易进口付汇业务章"的《登记表》，并留存相关资料复印件。

第十七条　进口单位下列进口付汇业务应在进口货物报关单进口日期或收付汇日期后30日内向外汇局逐笔报告：

（一）"B类进口单位"的进口付汇；

（二）单笔合同项下付汇与实际到货或收汇差额超过合同金额10%且金额超过等值10万美元的进口付汇；

（三）单笔金额超过等值10万美元的进口退汇；

（四）进口单位列入名录后自发生进口付汇业务之日起三个月内的进口付汇；

（五）其他需进行逐笔报告的进口付汇。

进口单位应当通过贸易收付汇核查系统逐笔报告其进口付汇和对应的到货或收汇信息并及时接收外汇局反馈信息，持打印的《进口付汇逐笔核查报告表》（见附4）和相关有效商业单证或证明材料到外汇局现场报告。

第十八条　外汇局确定的"B类进口单位"和"C类进口单位"的进口付汇业务，还应遵守本细则第三十六条和第三十七条规定。

第四章　非现场核查与监测预警

第十九条　外汇局依托贸易收付汇核查系统对进口单位进口付汇数据和进口货物数据或进口项下收汇数据进行总量比对，实施非现场核查。外汇局对进口单位进行定期非现场总量核查，也可根据地区进口付汇监测情况，随时、动态进行非现场总量核查。

第二十条　进口单位贸易项下的进口付汇数据、进口退汇数据、境外承包工程使用物资以及转口贸易等项下的收付汇数据，贸易方式为"可以对外售付汇"和"有条件对外售付汇"的进口货物数据以及其他进口货物数据纳入非现场总量核查。国家外汇管理局可参考地区、行业、经济类型等因素，对参与总量核查的付汇数据、进口货物数据以及收汇数据进行调整。

第二十一条　进口付汇监测预警的主要内容包括：

（一）货物总量核查、多到货金额以及多付汇金额等情况；

（二）转口贸易、境外承包工程等收汇总量核查情况；

（三）进口退汇、进口贸易融资、预付货款以及代理进口等情况；

（四）辅导期内进口单位、跨国公司以及关联进口单位的付汇情况；

（五）资金流与货物流趋势变动情况；

（六）进口付汇规模、结算方式以及国家/地区流向等情况；

（七）进口货物规模、贸易方式以及海关价格申报等情况；

（八）资金流向与货物流向国家/地区偏离度等情况；

（九）其他应实施监测预警管理的情况。

第五章　现场监督核查

第二十二条　对核查期内存在下列情况之一的进口单位，外汇局可实施现场核实调查（以下简称现场核查）：

（一）进口货物金额与进口付汇金额的比率小于80%或大于120%，且多付汇或多到货金额大于等值100万美元；

（二）转口贸易、境外承包工程收汇金额与相应付汇金额的比率小于90%或大于110%，且多付汇或多收汇金额大于等值100万美元；

（三）单月进口退汇频次大于5次或单笔退汇金额大于等值50万美元；

（四）外汇局认为有必要的其他情况。

外汇局可根据总量核查结果和企业主动报告情况，参考地区、行业、经济类型等特点对上述比例或金额指标进行调整，确定实施现场核查的进口单位。

第二十三条　外汇局可采取要求进口单位报告、约见进口单位法定代表人或其授权人、现场调查以及外汇局认为必要的其他方式对进口单位进行现场核查。

第二十四条　外汇局对需现场核查的进口单位，发出《现场核查通知书》（见附5）。

第二十五条　进口单位应按下列规定如实提供相关资料，并主动配合外汇局现场核查工作：

（一）外汇局要求进口单位报告的，进口单位应在收到《现场核查通知书》之日起15个工作日内向外汇局提交由法定代表人或其授权人签字并加盖单位公章的书面报告及相关资料；

（二）外汇局约见进口单位法定代表人或其授权人的，进口单位法定代表人或其授权人应在收到《现场核查通知书》之日起15个工作日内到外汇局说明情况；

（三）外汇局进行现场调查的，进口单位应在收到《现场核查通知书》之日起15个工作日内准备好相关资料，配合外汇局现场调查人员工作；

（四）外汇局采取其他现场核查方式的，进口单位应按外汇局要求做好相关工作。

第二十六条　外汇局应核实进口单位提供的相关资料，审查进口付汇业务的真实性与合规性，确定进口单位现场核查结果。

第二十七条　外汇局根据对银行办理进口付汇业务的非现场核查情况，通过采取调阅凭证、要求银行补充报送相关资料、约见业务负责人等方式对银行实施现场核查。银行应在7个工作日内如实提供相关资料，主动配合外汇局现场核查工作。

第二十八条　对于现场核查中发现涉嫌违反外汇管理规定的进口单位和银行，将移交外汇检查部门。

第六章　分类管理

第二十九条　外汇局定期对名录进口单位进行考核分类，在非现场总量核查及监测预警的基础上，结合现场核查情况和进口单位遵守外汇管理规定等情况，将进口单位分为"A类进口单位"、"B类进口单位"和"C类进口单位"。

第三十条　外汇局向进口单位和银行发布考核分类结果，考核分类结果有效期为半年。

第三十一条　存在下列情况之一且无正当理由的进口单位，应被列为"B类进口单位"：

（一）经现场核查，进口付汇业务存在本细则第二十二条规定情况之一且情况属实的；

（二）进口付汇业务存在本细则第二十二条规定情况之一且未按本细则第二十五条规定如实向外汇局提供相关资料的；

（三）未按本细则规定向外汇局逐笔报告或办理登记进口付汇业务的；

（四）存在逃套骗汇等严重违反外汇管理规定的行为，受到外汇局立案调查的；

（五）外汇局认定的其他情况。

第三十二条　存在下列情况之一的进口单位，应被列为"C类进口单位"：

（一）外汇局实施现场核查时，违反本细则第二十五条规定，拒不接受或拒不配合核查的；

（二）存在逃套骗汇等严重违反外汇管理规定的行为，受到外汇局处罚或被司法机关立案调查的；

（三）外汇局认定的其他情况。

第三十三条　未被列为"B类进口单位"或"C类进口单位"的进口单位，为"A类进口单位"。

第三十四条　外汇局对"A类进口单位"进口付汇业务实施便利化管理，"A类进口单位"按《办法》及本细则规定正常办理进口付汇业务。

第三十五条　外汇局在确定"B类进口单位"和"C类进口单位"前，将《考核分类通知书》（见附6）以书面形式通知相关进口单位。如有异议，进口单位可自收到书面通知之日起7个工作日内向外汇局提交书面情况说明及相关证明材料进行申述。

第三十六条　外汇局对"B类进口单位"可以实施以下管理：

（一）所有进口付汇业务按照本细则第十七条规定实行事后逐笔报告；

（二）单笔预付货款金额超过等值5万美元的，需提供经银行核对密押的外方银行出具的预付货款保函；

（三）约见进口单位法定代表人或其授权人进行风险警示谈话；

（四）外汇局规定的其他管理措施。

第三十七条　外汇局对"C类进口单位"实施以下管理：

（一）所有进口付汇业务按照本细则第十六条规定实行事前登记；

（二）不得以信用证、托收、预付货款等方式付汇；

（三）外汇局规定的其他管理措施。

第七章　罚　则

第三十八条　进口单位和银行应当按照本细则及其他相关规定办理进口付汇业务，对违反规定的，由外汇局依据《中华人民共和国外汇管理条例》（以下简称《条例》）等相关规定处罚。

第三十九条 进口单位有下列行为之一的，由外汇局依据《条例》第四十八条规定，责令改正，给予警告，处 30 万元以下罚款：

（一）拒绝、阻碍外汇局依法实施现场核查；

（二）办理进口付汇业务未按照规定提交有效单证或者提交的单证不真实；

（三）对于需登记的进口付汇业务，未按规定到外汇局办理登记；

（四）对于需逐笔报告的进口付汇业务，未按规定进行报告；

（五）瞒报、漏报、错报进口付汇核查信息；

（六）其他违反《办法》及本细则的行为。

第四十条 银行有下列行为之一的，由外汇局依据《条例》第四十七条规定，责令限期改正，没收违法所得，并处 20 万元以上 100 万元以下的罚款：

（一）未按照本细则及相关规定审核有效凭证及商业单据，为进口单位办理进口付汇业务；

（二）属进口付汇登记业务范围，但未凭外汇局核发的《登记表》为进口单位办理进口付汇业务；

（三）未按照外汇局公布的进口单位分类管理措施为进口单位办理进口付汇业务；

（四）其他违反《办法》及本细则的行为。

第四十一条 银行有下列行为之一的，由外汇局依据《条例》第四十八条规定，责令改正，给予警告，处 30 万元以下罚款：

（一）错报、漏报、虚报、迟报进口付汇核查凭证以及电子信息；

（二）拒绝、阻碍外汇局依法实施现场核查；

（三）在外汇局实施现场核查中未按照本细则及相关规定提供有效单证及资料或提供虚假单证及资料；

（四）其他违反《办法》及本细则的行为。

第八章 附 则

第四十二条 进口多付汇或多到货金额是指进口付汇金额与进口到货金额的差额。

第四十三条 本细则中涉及的相关商业单据、有效凭证、证明材料的原件或复印件及申请书、《登记表》、《进口付汇逐笔核查报告表》、《考核分类通知书》以及《现场核查通知书》的原件，均应作为重要业务档案留存备查。外汇局、进口单位以及银行应妥善保管相关业务档案，留存 5 年备查。

第四十四条 本细则规定的比率、金额、期限均含本值，本细则规定的日期为自然日（明确规定为工作日的除外）。

第四十五条 进口单位支付进口项下佣金、贸易项下赔款以及贸易从属费用，按照服务贸易外汇管理有关规定办理。

第四十六条 进口单位支付预付货款和延期付款按照本细则和贸易信贷登记管理有关规定办理。

第四十七条 本细则由国家外汇管理局负责解释，自 2010 年 12 月 1 日起施行。

附件 1：

货物贸易进口付汇业务办理确认书

本单位已知晓、理解《中华人民共和国外汇管理条例》以及货物贸易进口付汇外汇管理法规规定，并已仔细阅读、知晓、理解本确认书告知和提示的外汇局监管职责。

兹确认，本单位承认并将认真遵守、执行下列条款：

一、依法具有对外贸易经营权。对于本单位具有真实、合法交易基础的货物贸易进口付汇，在按规定提交有关真实有效单证的前提下，享有根据外汇管理法规规定便利办理货物贸易进口付汇的权利。

二、对外汇局的具体行政行为包括行政处罚等，享有依法进行申诉、提起行政复议和行政诉讼等法定权利。

三、接受并配合外汇局对本单位货物进口外汇收支进行监督检查，及时、如实说明情况并提供相关单证资料；按规定进行相关的业务登记与报告；按照外汇局分类管理要求办理货物进口外汇收支业务。

四、若违反外汇管理法规规定，接受外汇局依法实施的包括罚款、列入负面信息名单、限制结算方式、对外公布相关处罚决定等在内的处理措施。

五、知晓并确认本确认书适用于货物贸易进口外汇收支。本单位资本项目、货物贸易出口、服务贸易等其他项目外汇收支按照适用相关项目的外汇管理法规规定依法办理。本确认书未尽事项，按照有关外汇管理法规规定执行；相关外汇管理法规规定发生变化的，以新的外汇管理法规规定为准。

六、本确认书自本单位签署时生效。本单位将认真学习并遵守货物贸易进口付汇外汇管理法规规定，积极支持配合外汇局对货物贸易进口付汇业务的管理。

进口单位（公章）：

法定代表人（签字）：

二〇〇　年　月　日

为进一步促进贸易便利化，更好地为企业服务，全面实施国家依法行政纲要，推进政府职能转变，外汇局根据《中华人民共和国外汇管理条例》及货物贸易进口付汇外汇管理法规规定等，制定本确认书，提示进口单位相关外汇管理法规规定和依法享有权利。进口单位签署本确认书并认真执行，享有依法便利办理进口付汇业务的权利。

外汇局依据《中华人民共和国外汇管理条例》等法规规定，在货物贸易进口付汇具有真实、合法交易基础，满足有关单证真实性及其与外汇收支一致性审核要求的前提下，对货物贸易对外支付不予限制。

外汇局根据国际收支形势等具体情况，制定、调整货物贸易进口付汇外汇管理法规规定，并依法通过文告、外汇局政府网站等适当的公开、透明的方式予以公布。

外汇局依法对进口单位货物进口外汇收支进行监督检查。对进口单位未能遵守货物贸易进口付汇外汇管理法规规定的行为，按照《中华人民共和国外汇管理条例》等法规规定进行行政处罚。

附件2：

进口货物报关单"贸易方式"分类付汇代码表

可以对外售付汇的贸易方式（14种）

贸易方式代码	贸易方式简称	贸易方式代码	贸易方式简称
0110	一般贸易	0715	进料非对口
0314	来料以产顶进（或加工专用油）	1110	对台贸易
0444	保区进料成品	1741	免税品
0445	保区来料成品	1831	外汇商品
0544	保区进料料件	2215	三资进料加工
0545	保区来料料件	4039	对台小额
0615	进料对口	4019	边境小额

有条件对外售（付）汇的贸易方式（25种）

贸易方式代码	贸易方式简称	购付汇条件
0245	来料料件内销	需审查合同，对于合同中付款条款规定可以对外支付的，可以办理付汇。
0345	来料成品减免	需审查合同，对于合同中付款条款规定可以对外支付的，可以办理付汇。
0420	加工贸易设备	需审查合同、发票，对于合同规定以工缴费抵偿设备的，不得办理付汇。
0446	加工设备内销	需审查合同、发票，对于合同规定以工缴费抵偿设备的，不得办理付汇。
0654	进料深加工	除需审查转厂合同及有关单证外，还需审查贸易方式为"进料深加工"或"来料深加工"的出口货物报关单（复印件）后办理付汇。
0815	低值辅料	需审查合同、发票，对于一般贸易、进料加工的，可以办理付汇；对于来料加工的，不得办理付汇。
0845	来料边角料内销	需审查合同，对于合同中付款条款规定可以对外支付的，可以办理付汇。
1233	保税仓库货物	按《关于保税仓库外汇管理有关问题的通知》（汇发〔1998〕97号）规定办理付汇。
1139	国轮油物料	同上。
1200	保税间货物	需审查合同、发票、《保税监管区域外汇登记证》及相关证明材料后办理付汇。
1215	保税工厂	需审查海关核发的加工手册，对于进料加工的，可以办理付汇；对于来料加工的，不得办理付汇。
1234	保税区仓储转口	按《保税监管区域外汇管理办法》（汇发〔2007〕52号）、《保税监管区域外汇管理办法操作规程》（汇发〔2007〕66号）规定办理付汇。
1300	修理物品	需审查原报关单及关税完税证明，增值部分可以办理付汇。
1427	出料加工	同上。
1500	租赁不满一年	需审查租赁合同，对于经营租赁的，可以办理付汇；对于融资租赁的，不得办理贸易项下付汇。
1523	租赁贸易	同上。
9800	租赁征税	同上。
1616	寄售代销	需审查合同、发票、关税完税证明，已完税部分可以办理付汇。
2025	合资合作设备	对于进口日期为2002年5月1日以后报关单，按照"可以对外售（付）汇的贸易方式"的报关单类别进行审核；对2002年5月1日以前的报关单，需区分以下两种情况进行审查：1. 对于报关单"征免"栏注明为"照章"的，可凭报关单到银行直接办理付汇，银行按照"可以对外售（付）汇的贸易方式"的报关单类别进行审核，无需凭外汇局核准件或《进口付汇登记表》办理；2. 对于报关单"征免"栏注明为"全免"的，进口单位应向外汇局提交外经贸部门批准成立企业证书、合资合作合同及章程、外经贸部门核准的合资合作设备进口清单正本、验资报告、进口合同及发票，经外汇局审核后将报关单注销结案，属于现汇投资的凭外汇局核准件或《进口付汇登记表》到银行办理付汇（属于实物投资的不得付汇）。

续表

贸易方式代码	贸易方式简称	购付汇条件
2225	外资设备物品	同上。
3010	货样广告品 A	需审查合同、发票，对于合同中付款条款规定可以对外支付的，可以办理付汇。
3039	货样广告品 B	同上。
3511	援助物资	需审查合同、发票、受赠资金来源证明，对于合同中付款条款规定可以对外支付的，可以办理付汇。
3612	捐赠物资	同上。
4561	退运货物	需审查外汇局出具的"已冲减出口收汇/核销证明"后办理付汇。

不得对外售（付）汇的贸易方式（32 种）

贸易方式代码	贸易方式简称	贸易方式代码	贸易方式简称
0130	易货贸易	2600	暂时进出货物
0214	来料加工	2700	展览品
0255	来料深加工	2939	陈列样品
0258	来料余料结转	3100	无代价抵偿
0300	来料料件退换	3339	其他进口免费
0320	不作价设备	3410	承包工程进口
0456	加工设备结转	4200	驻外机构运回
0500	减免设备结转	4239	驻外机构购进
0513	补偿贸易	4400	来料成品退换
0657	进料余料结转	4500	直接退运
0642	进料以产顶进	4539	进口溢误卸
0644	进料料件内销	4600	进料成品退换
0700	进料料件退换	9700	后续补税
0744	进料成品减免	9739	其他贸易
0844	进料边角料内销	9839	留赠转卖物品
2439	常驻机构公用	9900	其它

国家外汇管理局关于进一步改进贸易外汇收汇与结汇管理有关问题的通知

国家外汇管理局各省、自治区、直辖市分局、外汇管理部，深圳、大连、青岛、厦门、宁波市分局；各中资外汇指定银行：

为进一步改进货物贸易（以下简称"贸易"）外汇收汇和结汇管理，便利企业正常资金使用，增强贸易外汇真实性管理的有效性，维护国际收支平衡，现就有关问题通知如下：

一、国家外汇管理局各分局、外汇管理部（以下简称"外汇局"）对收汇单位贸易外汇实行分类管理。

二、外汇局按年度对收汇单位进行考核，收汇单位存在下列情况之一的，列入结汇"关注企业"名单：

（一）一年内贸易项下的收汇与同期贸易项下应收汇总额相差10%（含10%）以上的；

（二）一年内因违反外汇管理规定受到外汇局处罚的；

（三）根据信用记录、开业期限等，外汇局认为应列入"关注企业"名单的。

三、对船舶、大型成套设备出口等在生产、经营和资金结算方面有特殊需要的收汇单位，以及一年内贸易项下的收汇与同期贸易项下应收汇差额不超过等值50万美元的收汇单位，经外汇局审核后，可适当放宽第二条第（一）项所列标准。

四、取消贸易项下外汇收汇与结汇待结汇账户和支付结汇管理。对"关注企业"名单以外的收汇单位，按相关规定直接办理收汇与结汇；对"关注企业"名单以内的收汇单位，经常项目全部收入应当按照本通知规定经严格审核后办理结汇。

五、凡"关注企业"名单以内的收汇单位，经常项目外汇直接结汇或进入经常项目外汇账户后结汇，应当向外汇指定银行（以下简称"银行"）提供关于结汇款项性质的书面说明，并按照如下规定办理：

（一）属于先支后收转口贸易外汇收入的，凭对应的盖有银行业务章的贸易进口付汇核销单（企业留存联）正本、转口贸易合同办理结汇。

属于先收后支转口贸易外汇收入的，在办理转口贸易对外支付前不得结汇；在完成对外支付后，余额部分凭对应的盖有银行业务章的贸易进口付汇核销单（企业留存联）正本、转口贸易合同办理结汇。

（二）属于贸易项下其他款项（含出口预收货款）的，凭与该笔收汇对应的注明出口收汇核销单编号的出口货物报关单证明联正本、出口合同办理结汇。

（三）属于佣金（代理费）、运保费等贸易从属费用的，凭相应合同（协议）、发票办理结汇。属于贸易外汇以外的其他经常项目外汇收入的，凭相应合同（协议）、发票办理结汇。

银行为"关注企业"办理结汇手续后，应当在其提供的相应单证正本上签注对应的结汇金额、日期，并按规定留存书面说明原件及相关单证原件或者复印件。

六、凡列入"关注企业"名单的收汇单位，无法提供第五条所述材料证明收汇款项性质的，未经外汇局核准，银行不得为其办理结汇手续。

七、经外汇局批准集团公司实行经常项目外汇资金集中收付和集中管理的，被列入"关注企业"名单的成员公司不得参加所属集团公司的经常项目外汇资金集中收付和集中管理。违反规定的，将取消所属集团公司经常项目外汇资金集中收付和集中管理资格。

八、贸易收汇入账或结汇后因故申请退回境外的，外汇局按照《出口收汇核销管理办法实施细则》（汇发〔2003〕107号，以下简称"《细则》"）有关规定严格审核。对属于境外将外汇资金错汇入境内且未核销的，除提供《细则》第六十六条第四款规定的材料外，收汇单位还应提供银行出具的说明该笔收汇解付时间、国际收支申报号码及该笔收汇是否已结汇情况的书面证明。

九、外汇局对"关注企业"名单每年核定一次，报国家外汇管理局备案，同时抄送其他外汇局。外汇局应及时以书面文件和电子名单的方式，将本地区及异地外汇局抄送的"关注企业"名单提供给辖内银行，并将"关注企业"名单的确定情况告知相关收汇单位。

十、银行要严格按照本通知和其他相关外汇管理规定，加强对贸易外汇资金流入的真实性审核。银行违反本通知规定办理结汇手续的，按照《中华人民共和国外汇管理条例》第四十二条的规定处罚；银行、收汇单位违反本通知其他规定的，按照《中华人民共和国外汇管理条例》和其他外汇管理规定处罚。

十一、外汇局要加强对银行和"关注企业"的监管，加大对异常情况的分析、核实和排查力度。对违反外汇管理规定的应及时移交外汇检查部门查处。

十二、保税区、保税港、出口加工区、保税物流园区和保税物流中心企业不适用本通知。

十三、本通知自2006年11月1日起实施。本通知实施前已进入待结汇账户的资金转入经常项目外汇账户。以前规定与本通知相抵触的，以本通知为准。

各分局收到本通知后，应尽快转发至所辖中心支局、支局、外资银行、地方性商业银行和相关单位；各中资外汇指定银行收到本通知后，应尽快转发至所属分支机构。执行中如遇问题，请及时向国家外汇管理局经常项目管理司反馈。

国家税务总局　国家外汇管理局关于扩大申报出口退税免于提供纸质出口收汇核销单试行出口企业范围的通知

各省、自治区、直辖市和计划单列市国家税务局；国家外汇管理局各省、自治区、直辖市分局、外汇管理部，深圳、大连、青岛、厦门、宁波市分局：

根据《国家税务总局国家外汇管理局关于试行申报出口退税免于提供纸质出口收汇核销单的通知》（国税函〔2005〕1051号），北京市、广东省、辽宁省开展了出口企业申报出口退税免于提供纸质出口收汇核销单的试点工作，并取得一定成效。最近，三个地区的国家税务局和国家外汇管理局分局、外汇管理部（以下简称外汇局）来文要求进一步扩大试点出口企业的范围。为推进"出口收汇核销网上报审系统"的工作，促进贸易便利化，优化出口退税服务，经研究，国家税务总局和国家外汇管理局决定在三个地区扩大出口企业申报出口退税免于提供纸质出口收汇核销单的试点工作。现将有关事项通知如下：

一、从2006年6月1日起（以出口企业的出口货物报关单〈出口退税专用〉上注明的出口日期为准），北京市、广东省、辽宁省进一步扩大申报出口退税免于提供纸质出口收汇核销单的出口企业范围。具体是：

（一）北京市扩大到全市所有出口企业；

（二）广东省扩大到广州市、中山市、梅州市所有出口企业；

（三）辽宁省扩大到沈阳市所有出口企业。

二、广东省、辽宁省可根据扩大试点情况，于2006年底前进一步扩大试点出口企业范围。具体是：广东省扩大到珠海、佛山、江门、东莞、惠州和肇庆市所有出口企业；辽宁省扩大到全省所有出口企业。实施前，广东、辽宁省国家税务局和外汇局应将有关情况上报国家税务总局、国家外汇管理局备案。

三、调整广东省、辽宁省试点方案，除特殊情况外，外汇局可每半年向省国家税务局提供一次纸质《出口收汇已核销电子数据清单》，留存备查。

辽宁省试点出口企业向主管税务机关申报出口货物退（免）税时不再提供纸质《出口收汇已核销电子数据清单》，无收汇核销电子数据的按国税函〔2005〕1051号文件附件第五条规定处理。

四、试点地区国家税务局、外汇局应按照国税函〔2005〕1051号文件的有关规定，做好扩大试点工作。双方应进一步加强协作、相互配合，确保收汇核销电子数据安全。各级国家税务局要加强内部的电子数据传递、使用管理。试点地区省级国家税务局应制定用于办理出口退税的出口收汇核销电子数据的复核、监控管理办法。

五、其它已推行"出口收汇核销网上报审系统"的地区应积极研究本地区出口企业申报出口退税免于提供纸质出口收汇核销单的具体办法，条件成熟的可向国家税务总局和国家外汇管理局申请试点工作。未经国家税务总局和国家外汇管理局批准，各地不得擅自改变现行出口退税有关出口收汇核销单管理办法。

国家外汇管理局　海关总署关于旅游购物商品出口退出外汇核销管理有关问题的通知

国家外汇管理局各省、自治区、直辖市分局、外汇管理部，深圳、大连、青岛、厦门、宁波市分局；海关总署广东分署，各直属海关；各中资外汇指定银行：

为促进贸易便利化，适应旅游购物出口与收汇的特点，国家外汇管理局和海关总署决定将旅游购物商品出口退出外汇核销管理。现将有关问题通知如下：

一、将"旅游购物商品"海关监管方式（代码为 0139）列入"不需要使用出口收汇核销单的监管方式"。出口单位以该贸易方式出口报关的，海关不再验凭出口收汇核销单，国家外汇管理局及其分支局（以下简称"外汇局"）不再办理出口收汇核销。

二、外汇指定银行不得为出口单位旅游购物项下收（结）汇出具出口收汇核销专用联。

三、旅游购物项下收（结）汇不得用于其他贸易方式的出口收汇核销。

四、对于"出口收汇核报系统"（以下简称"核报系统"）中尚存在旅游购物项下出口未核销的数据，不再需出口单位进行出口收汇核销报告，外汇局可在核报系统中直接作不收汇核销处理。外汇局应定期清理删除核报系统中的旅游购物项下已收汇未核销数据。

五、本通知自 2005 年 12 月 1 日起执行。以前规定与本通知相抵触的，按本通知规定执行。

请各分局尽快将本通知转发至所辖中心支局、外资银行和相关单位；各中资外汇指定银行收到本通知后，应尽快转发至所辖分支机构。执行中如遇问题，请及时向国家外汇管理局经常项目管理司反馈。

出口收汇核销管理办法

第一条 为进一步完善出口收汇管理，促进我国对外贸易发展，根据《中华人民共和国外汇管理条例》，特制定本办法。

第二条 本办法下列用语的含义：

"出口单位"是指经商务主管部门或其授权机关批准或登记，具有对外贸易经营权的所有单位。

"银行"是指经国家金融监督管理部门及其授权机关批准或备案经营外汇业务的银行及其分支机构，包括中资银行和外资银行。

"出口收汇核销单"（以下简称核销单）是指由国家外汇管理局统一管理，各分支局核发，出口单位凭以向海关办理出口报关、向银行办理出口收汇、向外汇管理机关办理出口收汇核销、向税务机关办理出口退税申报、有统一编号的重要凭证。

"出口收汇报关单证明联"（以下简称报关单）是指出口货物结关后，海关为出口单位签发的证明其货物实际出口并凭以办理出口收汇核销手续的报关单。

"出口收汇核销专用联"（以下简称核销专用联）是指银行出具的出口单位凭以办理出口收汇核销手续的出口收汇核销专用结汇水单或出口收汇核销专用收帐通知。

"出口收汇核销备查"是指将出口单位因客观原因无法正常核销的应收汇数据从日常监管数据库转移到专设的备查监管数据库，不再纳入日常考核，出口单位仍要承担继续办理出口收汇核销义务，国家外汇管理局及其分支局继续对其监管和查处的核销管理制度。

第三条 国家外汇管理局及其分支局（下称外汇局）是出口收汇核销的管理机关，负责对出口单位和银行的出口收汇相关行为进行监督、管理，并通过"出口收汇核报系统"和"中国电子口岸出口收汇系统"为出口单位办理出口收汇核销手续。

第四条 外汇局会同商务主管部门对出口单位的出口收汇核销情况按年度进行考核，评定等级，对外公布。

第五条 出口收汇核销实行属地管理原则，出口单位应当在其注册所在地外汇局备案登记、申领核销单和办理出口收汇核销手续。

第六条 出口单位向境外、境内保税区、出口加工区、钻石交易所等海关实行封闭管理的区域（以下统称境内特殊经济区域）出口货物以及采用深加工结转等方式出口货物，凡以需要使用核销单的监管方式出口的，均应当凭核销单办理报关手续，并应当办理出口收汇核销手续。以其他不需要使用核销单的监管方式出口的，无需凭核销单报关，也无需办理出口收汇核销手续。

第七条 外汇局根据出口收汇核销考核结果和其他相关情况对出口单位的出口收汇核销实行分类管理。

第八条 出口单位取得出口经营权后，应当办理"中国电子口岸"入网认证手续，并到外汇局办理备案登记，外汇局为出口单位建立出口收汇核销档案。

第九条 出口单位的备案信息发生变更时，应当及时到外汇局办理变更登记手续，外汇局需在

"中国电子口岸"变更该出口单位 IC 卡权限；出口单位因终止经营或被取消对外贸易经营资格的，应当到外汇局办理注销登记手续，外汇局需在"中国电子口岸"注销该出口单位 IC 卡权限。

第十条 出口单位应当凭"中国电子口岸"企业操作员 IC 卡及其他规定的凭证向外汇局申领核销单。外汇局向出口单位核发核销单后，应当将核销单电子底帐数据传送至"中国电子口岸"数据中心。

第十一条 核销单只能由领用的出口单位使用，不得涂改、借用、冒用、转让和买卖。

第十二条 出口单位终止经营或被取消对外贸易经营资格或发生合并、分立的，按以下规定办理出口收汇核销业务：

（一）出口单位因终止经营或被取消对外贸易经营资格不再经营出口业务的，应当将未使用的核销单退回外汇局注销，对已经报关出口的核销单应当按规定继续办理核销手续。外汇局应当对其停止发单，对其已发放未使用的核销单实施"禁用"处理。

（二）出口单位因合并、分立不再经营出口业务的，应当将未使用的核销单退回外汇局注销。外汇局应当对其已发放未使用的核销单实施"禁用"处理。

（三）出口单位因合并、分立继续经营出口业务的，应当按照合并、分立协议的约定继续承担原出口单位的出口收汇核销业务。

第十三条 外汇局可以根据出口单位的出口收汇核销考核等级和日常业务经营状况，调整发单数量。对存在严重违反外汇管理规定等行为的出口单位，外汇局可以对其实行控制发单，或对已发放未使用的核销单实施"禁用"处理。

第十四条 外汇局根据出口单位的出口收汇核销考核情况，海关、税务和商务主管部门的考核情况，国际收支申报等情况，以及不同的贸易方式，对出口单位分别实行自动核销、批次核销、逐笔核销管理。

自动核销出口单位的条件由国家外汇管理局规定，名录由国家外汇管理局核定，各分局对外公布。

第十五条 出口单位到海关报关前，应当通过"中国电子口岸出口收汇系统"向报关地海关进行核销单的口岸备案。

第十六条 出口单位报关时应当如实向海关申报成交方式，并按成交方式申报成交价格、数量、运费、保费以及加工贸易合同协议号等信息，保证报关数据的真实性和完整性。

第十七条 海关对出口单位提交的核销单和其它报关材料审核无误并对核销单电子底帐进行核对后，为出口单位办理通关手续。海关应当在核销单上加盖"验讫章"并对核销单电子底帐数据进行"已用"核注，结关后应出口单位申请向出口单位签发注有核销单编号的报关单。核销单号码和报关单号码应当一一对应。海关为出口单位签发报关单后，应当将核销单的签注情况和报关单的电子底帐传送至"中国电子口岸"数据中心。

第十八条 对出口单位从境外或特殊经济区域或境外商户在境内经营离岸银行业务的银行开立的离岸帐户收回的出口货款，以及深加工结转项下转出方从转入方收回的出口货款等，银行应当按照规定为出口单位办理出口收汇的结汇或入帐手续，向出口单位出具核销专用联。

第十九条 出口单位出口货物后，应当在不迟于预计收汇日期起 30 天内，持核销单、报关单、核销专用联及其它规定的核销凭证，到外汇局进行出口收汇核销报告。

对预计收汇日期超过报关日期 180 天以上（含 180 天）的远期收汇，出口单位应当在报关后60 天内到外汇局办理远期收汇备案。

第二十条 外汇局定期将上月已核销电子数据上传至"中国电子口岸"数据中心，供商务、海关、税务等相关主管部门查询或使用。

第二十一条 代理出口项下，应当由代理方办理申领核销单、出口报关、出口收汇以及出口收汇核销报告等手续。

第二十二条 外汇局受理出口单位的出口收汇核销报告后，应当对其提供的核销凭证或数据的真实性进行审核。出口单位报告的数据不齐全的，应当要求其补充；出口单位报告的数据与海关、银行传送的电子数据不一致的，应当要求出口单位到相关部门办理核对、修改和补办手续。海关、银行应当在接到出口单位的相关申请后 5 个工作日内予以处理。

第二十三条 外汇局审核出口单位提供的核销凭证时，对凭证齐全、数据无误且出口与收汇或进口差额未超过规定标准的，根据不同贸易方式予以核销；对出口与收汇或进口差额超过规定标准的，外汇局应当在审核规定的差额证明材料无误后为出口单位办理差额核销；对出口与收汇或进口差额超过规定标准且未能提供规定的差额证明材料的，符合有关规定的予以差额备查，不符合备查条件且超过规定的核销期限的纳入逾期未核销管理。

第二十四条 外汇局为出口单位办理出口收汇核销手续后，应当按规定将核销单退税专用联退出口单位。实行自动核销的出口单位另行规定。

第二十五条 对出口单位由于客观原因无法办理正常核销的应收汇核销出口数据，外汇局可以按照规定进行出口收汇核销备查。

第二十六条 出口单位发生出口项下退赔外汇的，应当持规定的证明材料向外汇局申请，经外汇局审核无误，冲减其出口收汇实绩后，凭外汇局核发的"已冲减出口收汇\核销证明"到银行办理退赔外汇的购付汇手续。

第二十七条 出口单位未按规定期限办理核销手续的，纳入逾期未核销管理，外汇局将定期对出口单位进行逾期未核销催核。对催核后仍未办理核销手续且无正当理由的，由外汇局予以查处。

第二十八条 出口单位和银行应当严格按照本办法办理出口收汇核销手续，对违反本办法的，由外汇局根据《中华人民共和国外汇管理条例》及其他相关规定予以处罚。

第二十九条 本办法由国家外汇管理局负责解释。

第三十条 本办法自 2003 年 10 月 1 日开始施行。附件 2 所列相关法规同时废止，以前有关规定与本办法相抵触的，按本办法执行。

附件 2：

废止文件目录

1. 1990 年 12 月国家外汇管理局等部门发布的《出口收汇核销管理办法》

2. 1996 年 3 月 5 日国家外汇管理局发布的《关于清理旧出口收汇核销单的通知》［(96) 汇国函字第 055 号］

3. 1996 年 3 月 28 日国家外汇管理局发布的《关于严格审核进出口货物报关单防伪标签的通知》［汇传 (1996) 04 号］

4. 1996 年 6 月 27 日国家外汇管理局、海关总署发布的《关于明确"海关进出口货物报关单二次核对"有关问题的通知》［(96) 汇国函字第 178 号］

5. 1996 年 6 月 28 日国家外汇管理局发布的《出口项下退赔外汇支付、核销管理暂行办法》

6. 1997 年 1 月 8 日国家外汇管理局发布的 《关于进一步加强出口收汇核销单管理的通知》［(97) 汇国核字第 001 号］

7. 1997 年 9 月 29 日国家外汇管理局发布的《关于出具出口收汇核销专用联有关问题的规定》

8. 1997 年 9 月 29 日国家外汇管理局发布的《关于出口收汇核销问题的补充规定》

9. 1997 年 7 月 28 日国家外汇管理局、海关总署发布的《关于明确进出口报关单"二次核对"有关问题的通知》［(97) 汇国函字第 214 号］

10. 1998 年 2 月 18 日国家外汇管理局发布的《关于规定出口收汇核销原始凭证最短保留期限的通知》[(98) 汇国函字第 046 号]

11. 1998 年 9 月 21 日国家外汇管理局发布的《关于进一步加强出口收汇核销管理的通知》[汇发 (1998) 27 号]

12. 2000 年 12 月 29 日国家外汇管理局发布的《关于加强旅游购物出口收汇核销监管的通知》[汇发 (2000) 170 号]

13. 1998 年 6 月 22 日国家外汇管理局发布的《关于印发〈出口收汇核销管理办法实施细则〉的通知》[(98) 汇国发字 012 号]

14. 2002 年 11 月 13 日国家外汇管理局发布的《国家外汇管理局关于印发〈出口收汇核销管理操作规程〉的通知》[汇发 (2002) 112 号]

出口收汇核销管理办法实施细则

第一章　总　则

第一条　为切实贯彻执行国家外汇管理局 2003 年 8 月 5 日印发的《出口收汇核销管理办法》（汇发〔2003〕91 号），严格规范出口收汇核销管理，特制定本实施细则。

第二条　国家外汇管理局及其分支局（以下简称外汇局）是出口收汇核销的管理机关。

第三条　出口收汇核销实行属地管理原则，即出口单位办理备案登记、申领出口收汇核销单和办理出口收汇核销手续，均应当在其注册所在地外汇局办理。

第四条　外汇局根据出口单位的出口收汇核销年度考核情况、国际收支申报率、出口贸易方式、收汇方式以及遵守国家外汇管理政策等情况，并结合相关部门对出口单位的管理意见，对出口单位实行分类管理，分别采取自动核销、批次核销和逐笔核销的管理方式。

第五条　外汇局对出口单位实行出口收汇核销员（以下简称核销员）管理制度，出口单位领取出口收汇核销单、办理出口收汇核销手续，均应当由本单位的核销员负责。核销员管理办法由各分局结合本地实际情况自行制定，报总局备案后执行。

第二章　出口单位备案登记

第六条　出口单位取得出口经营权后，应当到海关办理"中国电子口岸"入网手续，并到有关部门办理"中国电子口岸"企业法人 IC 卡和"中国电子口岸"企业操作员 IC 卡电子认证手续。

第七条　出口单位办理核销备案登记时，应当向外汇局提供下列材料：

（一）单位介绍信、申请书；

（二）《中华人民共和国进出口企业资格证书》或《中华人民共和国外商投资企业批准证书》或《中华人民共和国台港澳侨投资企业批准证书》正本及复印件；

（三）《企业法人营业执照》（副本）或《企业营业执照》（副本）及复印件；

（四）《中华人民共和国组织机构代码证》正本及复印件；

（五）海关注册登记证明书正本及复印件；

（六）外汇局要求提供的其他材料。

外汇局审核上述材料无误后，为出口单位办理登记手续，建立出口单位电子档案信息。

第八条　出口单位在外汇局备案登记的电子档案信息内容发生变更时，应当在办理工商、海关等部门的变更登记手续后一个月内，持有关部门变更通知，到外汇局办理变更登记手续，外汇局需在"中国电子口岸"变更该出口单位 IC 卡权限。

第九条　出口单位因终止经营或被取消对外贸易经营资格的，应当在一个月内，持相关部门的有关文件到外汇局办理注销登记手续，外汇局需在"中国电子口岸"注销该出口单位 IC 卡权限。

第三章　出口收汇核销单管理

第十条　出口收汇核销单（以下简称"核销单"）的发放实行逐级核发，专人负责制。国家外汇管理局向各分局核发核销单，各分局向所辖中心支局核发核销单，各中心支局向所辖支局核发核销单，各外汇局向所辖出口单位核发核销单。

第十一条　出口单位在到外汇局领取核销单前，应当根据业务实际需要先通过"中国电子口岸出口收汇系统"向外汇局提出领取核销单申请，然后由本单位核销员持本人"中国电子口岸"操作员 IC 卡及其他规定的凭证到外汇局领取核销单。

第十二条　外汇局根据出口单位申请的核销单份数和出口收汇核销考核等级向出口单位发放核销单，并将核销单电子底账数据传送至"中国电子口岸"数据中心。

第十三条　外汇局应可以根据出口单位的出口收汇核销考核等级和日常业务经营状况调整发单数量，对出口收汇核销考核中被评定为"出口收汇荣誉企业"和"出口收汇达标企业"实行按需发单，对"出口收汇风险企业"和"出口收汇高风险企业"以及其他严重违反外汇管理规定的出口单位应控制发单。

第十四条　出口单位在领取核销单时，应当办理签领手续。空白核销单长期有效。

第十五条　出口单位在核销单正式使用前，应当加盖单位名称及组织机构代码条形章，在骑缝处加盖单位公章。

第十六条　核销单发生全额退关、填错等情况的，出口单位应当在三个月内到外汇局办理核销单注销手续。

第十七条　出口单位终止经营或被取消对外贸易经营资格或发生合并、分立的，按以下规定办理出口收汇核销业务：

（一）出口单位因终止经营或被取消对外贸易经营资格不再经营出口业务的，应当在一个月内将未使用的核销单退回外汇局注销，对已经报关出口的核销单应当按规定继续办理核销手续。外汇局应当对其停止发单，对已发放未使用且未退回外汇局的核销单实施"禁用"处理。

（二）出口单位因合并、分立不再经营出口业务的，应当在一个月内将未使用的核销单退回外汇局注销。外汇局应当对其已发放未使用且未退回外汇局的核销单实施"禁用"处理。

（三）出口单位因合并、分立继续经营出口业务的，应当在一个月内将未使用的核销单退回外汇局注销，并应当按照合并、分立协议的约定继续承担原出口单位的出口收汇核销业务。

第十八条　出口单位发生严重违反外汇管理规定行为或其他特殊情况的，外汇局可以对其已领未用的核销单实施"禁用"处理。

第四章　出口报关

第十九条　出口单位到海关报关前，应当通过"中国电子口岸出口收汇系统"向报关地海关进行核销单的口岸备案。

第二十条　出口单位填写核销单应当准确、完整，并与出口收汇报关单证明联（以下简称"报关单"）上记载的有关内容一致。

第二十一条　出口单位报关时应当如实向海关申报成交方式，按成交方式申报成交价格、数量、运费、保费以及加工贸易合同协议号等内容，保证报关数据的真实性和完整性。

第二十二条　对监管方式为需要使用核销单报关出口的，海关应当审核出口单位提交的核销单和其他报关材料，并核对核销单电子底账无误后，为出口单位办理通关手续。

第二十三条 海关为出口单位办理通关手续时，应当在核销单"海关核放情况"栏加盖"验讫章"，并对核销单电子底账数据进行"已用"核注，结关后应出口单位申请向出口单位签发注有核销单编号的报关单，同时将核销单电子底账的核注情况和报关单电子底账等数据通过"中国电子口岸"数据中心传送至国家外汇管理局。

第二十四条 海关签发报关单时，核销单号码和报关单号码应当一一对应。

第二十五条 出口单位在报关出口后通过"中国电子口岸出口收汇系统"将已用于出口报关的核销单向外汇局交单。

第五章 出口收汇

第二十六条 货物出口后，出口单位应当按照出口合同约定的收汇时间和方式以及报关单注明的成交总价，及时、足额地收回货款。即期收汇项下应当在货物报关出口后180天内收汇，远期收汇项下应在远期备案的收汇期限内收汇。

第二十七条 对于下列外汇的结汇或入账，银行可以向出口单位出具出口收汇核销专用联（以下简称"核销专用联"）：

（一）对于直接从境外或境内特殊经济区域收回的出口货款，银行应当按照结售汇管理规定为出口单位办理结汇手续或办理进入出口单位的经常项目外汇账户（以下简称"入账"）手续后，出具核销专用联。

（二）对于出口货物保险或出口信用保险所得的理赔款，银行应当在凭核销单正本、理赔协议办理结汇或入账手续后，出具核销专用联，并在核销专用联上注明"出口货物保险理赔款"或"出口信用保险理赔款"。

（三）对于通过福费廷业务方式取得的外汇资金，银行应当在按规定为出口单位办理结汇或入账手续后，出具核销专用联，并在核销专用联上注明"福费廷业务"。

（四）出口保理项下，银行未向出口单位提供融资服务或提供有追索权的融资服务的，银行应当在出口单位从境外收回出口货款后，按规定为其办理结汇或入账手续，并向出口单位出具核销专用联。

银行向出口单位提供无追索权的融资服务的，银行可以在向出口单位提供融资资金并按规定为出口单位办理结汇或入账手续后，以融资金额为准向出口单位出具核销专用联，并在核销专用联上编写核销收汇专用号码，同时在核销专用联上注明"出口保理融资业务"。待银行从境外收回货款后，扣除融资资金及利息后，出具余款的核销专用联，并在核销专用联上注明"出口保理余款"以及保理项下的相关费用和融资利息以及涉外收入申报单号码和原核销收汇专用号码。

（五）对于从境外进口商在境内经营离岸银行业务的银行开立的离岸账户收回的货款，银行应当在按规定办理结汇或入账后，出具核销专用联，并在核销专用联上注明"境内离岸账户划转"。

（六）对于深加工结转业务项下转出方收回的外汇，银行应当在为转出方办理结汇或入账后，出具核销专用联，并在核销专用联上注明"深加工结转收汇"字样及转入方单位名称。

（七）对于出口买方信贷项下的出口收汇，银行应当在凭出口合同、境外借款人同意支付的指令或信用证等支付依据或境内贷款银行的委托付款附言或摘要为出口单位办理结汇或入账手续后，出具核销专用联，并在核销专用联上注明"出口买方信贷，境内划转"。

（八）对于以外币现钞结算的出口收汇，出口单位应当向银行办理结汇，不得自行保留或存入银行。对于携入现钞金额达到规定入境申报金额的，银行应当在凭出口合同、发票、核销单、海关签章的携带外币入境申报单正本为出口单位办理结汇手续，并在申报单上签注结汇金额、日期、加盖戳记后出具核销专用联，同时应当在核销专用联上注明"外币现钞结汇"。对于携入现钞金额未达到规定入境申报金额的，银行应当凭出口合同、发票、核销单和结汇申请办理现钞结汇，并在核销专用联上注明"外币现钞结汇"。边境贸易和包机贸易出口业务项下出口收汇除外。

（九）银行在为出口单位办理出口押汇的结汇或出口信用证下远期汇票贴现业务、打包放款的入账手续时不得出具核销专用联，应当在出口货款收回并办理有关手续后，出具核销专用联。

（十）对于直接从境外或境内特殊经济区域收回的出口货款，需由境内银行转汇的，在办理境内原币划转手续时，由解付行出具核销专用联。转汇行应当在交易附言中注明"转汇"字样。

（十一）其他外汇局规定可以出具核销专用联的，按有关规定办理。

第二十八条 对于下列外汇的结汇或入账，银行不得为出口单位出具核销专用联：

（一）除第二十七条规定以外的出口收汇以及暂时无法确定为出口收汇的；

（二）除第二十七条规定外从境内其他单位外汇账户或者从同一单位经常项目和资本项目外汇账户划转来的外汇；

（三）其他外汇局规定不得出具核销专用联的。

第二十九条 银行在出具核销专用联时，应当与银行留存联、收款人记账联的业务内容一致。核销专用联应当具有以下要素：

1. 经办银行名称；

2. 结汇或收账日期；

3. 收款单位名称、账号；

4. 实际收汇金额及币种；

5. 各种扣费明细（如有）、金额及币种；

6. 净结汇或入账金额及币种；

7. 核销单编号；

8. 涉外收入申报单编号或核销收汇专用号码；

9. "出口收汇核销专用联"字样；

10. 银行业务公章及业务员签章；

11. 其他外汇局规定应当注明的。

第三十条 银行应当事先将核销专用联格式及印模报所在地外汇局备案。若格式或印模发生变动，应当在使用前到外汇局变更备案。

第三十一条 出口单位的出口收汇为不需国际收支申报且按规定可以出具核销专用联的，银行应当在核销专用联上编写核销收汇专用号码，并注明相应的收汇资金来源。核销收汇专用号码共22位，前6位为地区标识码；随后6位为银行标识码及顺序码；再后6位为该笔出口收汇的收汇日期；最后4位为该银行当日业务流水码。

第三十二条 银行出具的核销专用联上必须注明涉外收入申报单号码或核销收汇专用号码，否则，外汇局不得凭以为出口单位办理出口收汇核销手续。

第三十三条 对多次出口一次收汇的，银行应当要求出口单位提供该笔收汇所对应的核销单编号，并在核销专用联上注明。一次出口收汇只能出具一张核销专用联，不得分次出具。对于一次收汇中含预收货款和尾款的，银行需填写尾款所对应的核销单号码，并在核销专用联上注明"含预收货款"，待出口单位实际出口后到银行补填核销单号码并加盖银行业务公章及业务员签章。对于单笔预收货款，银行应当在按规定为出口单位办理结汇或入账并确认出口单位有贸易出口（提供核销单号）后，为出口单位出具核销专用联。

第三十四条 对于在结汇或入账后银行已经出具了核销专用联，出口单位需要调整账户或冲销错账的，银行应当将已经签发的核销专用联收回注销。

第三十五条 代理出口项下，若代理方和委托方均有经常项目外汇账户，需要将外汇原币划转委托方时，银行应当将所收外汇全部进入代理方的经常项目外汇账户，并向代理方出具核销专用联，代理方再按有关规定办理外汇划转；若代理方没有经常项目外汇账户，银行应当将所收外汇结汇，并向代理方出具核销专用联，代理方将人民币划给委托方。

第六章 出口单位核销报告

第三十六条 出口单位出口货物后，应当在预计收汇日期起30天内，持规定的核销凭证集中或逐笔向外汇局进行出口收汇核销报告。实行自动核销的出口单位，除特殊情况外，无须向外汇局进行核销报告。

外汇局可以根据本地区出口收汇核销业务量以及出口单位的具体情况，实行出口收汇核销报告表制度，或者实行出口收汇核销报告电子化管理。

第三十七条 对预计收汇日期超过报关日期180天以上（含180天）的，出口单位应当在货物出口报关后60天内凭远期备案书面申请、远期收汇出口合同或协议、核销单、报关单及其他相关材料向外汇局办理远期收汇备案。

第三十八条 出口单位进行出口收汇核销报告时，应当按照下列规定提供核销凭证：

（一）以"一般贸易"、"进料非对口"、"有权军事装备"、"无权军事装备"、"对台贸易"方式出口的，提供核销单、报关单、核销专用联。

（二）以"易货贸易"方式出口的，提供易货合同、核销单、报关单，属全额易货的，还应当提供易进货物的进口报关单；部分易货的，还应当提供核销专用联以及易进货物的进口报关单。

（三）以"来料加工"、"来料深加工"方式出口的，提供核销单、报关单、核销专用联。同一合同项下的出口首次进行收汇核销报告时，还应当提供经商务主管部门核准的加工合同，合同发生变更或终止执行时，还应当提供有关的证明材料。

（四）以"补偿贸易"方式出口且合同规定以实物形式补偿的，提供补偿贸易合同、核销单、报关单以及相应的进口报关单，报关单金额大于进口报关单金额时还应提供核销专用联。

（五）以"进料对口"、"进料深加工"、"三资进料加工"方式出口的，全额收汇的，提供核销单、报关单、核销专用联；进料抵扣的，需到外汇局进行进料抵扣登记，提供核销单、报关单，差额部分的核销专用联以及相应的进口报关单。

同一合同项下的出口首次进行抵扣核销报告时，还应当提供经商务主管部门核准的加工合同；合同发生变更或终止执行时，还应当提供有关的证明材料。以"进料深加工"方式出口且转入方以"进料深加工"方式进口的，提供经商务部门核准的加工合同、核销单、报关单、核销专用联；以人民币计价结算的，提供人民币入账凭证和进口报关单。

（六）以"货样广告品A"方式出口的，提供核销单、报关单，收汇核销的提供核销专用联，对单笔不收汇金额超过等值500美元的，提供双方签订的合同或协议。

（七）以"对外承包出口"方式出口的，提供商务主管部门对外承包的核准件、承包工程合同或协议、核销单、报关单及核销专用联。

（八）以"退运货物"方式出口的，提供核销单、报关单、进口报关单，对于已经办理付汇手续的退运货物还应当提供核销专用联。

（九）以"进料料件复出"、"进料边角料复出"方式出口的，收汇核销的提供核销单、报关单、核销专用联；不收汇的提供核销单、报关单、注明"进料对口"或"进料深加工"等方式的进口报关单。

（十）以"进料料件退换"方式出口的，有收汇的提供核销单、报关单及核销专用联；不收汇的提供核销单、报关单及进料加工类的进口报关单。

（十一）以"对台小额"方式出口的，以现汇结算的，提供核销单、报关单及核销专用联；以外币现钞结算的，提供核销单、报关单、外币现钞结汇水单和购货发票；以人民币结算的，提供核销单、报关单、人民币入账证明。

（十二）以"保税工厂"、"出料加工"方式出口的，收汇的提供核销单、报关单及核销专用联；加工后货物运回且不收汇的，提供核销单、报关单及相应的进口报关单。

（十三）以"租赁贸易"和"租赁不满一年"方式出口的，提供租赁合同、核销单、报关单，如外商为承租方的，还应当提供核销专用联，若收回的租金不足核销的，还应当提供进口报关单；如我方为承租方的，还应当提供进口报关单电子底账打印件（加盖银行业务公章）。

（十四）以"寄售代销"方式出口的，提供核销单、报关单及核销专用联，不能全额收汇的，还应当提供寄售代销确认书。

（十五）以"边境小额"出口的，以现汇结算的，提供核销单、报关单、核销专用联；以外币现钞结算的，提供核销单、报关单、外币现钞结汇水单、购货发票；以人民币结算的，提供核销单、报关单、人民币入账证明（在境外贸易机构已开立人民币边境贸易结算专用账户的地区，可以提供境内人民币资金划转证明）；以毗邻国家货币结算的，提供核销单、报关单、经海关核验的携带毗邻国家货币现钞入境申报单或汇入汇款证明；以易货方式结算的，提供核销单、报关单、进口报关单；通过境内居民个人汇款收回外汇货款的，提供报关单、核销单、出口收汇核销专用结汇水单。

（十六）以"旅游购物商品"及"一般贸易"方式报关的包机贸易出口的，以现汇结算的，提供核销单、报关单、核销专用联；以外币现钞或个人汇款结算的，提供核销单、报关单、购货发票及外币现钞结汇水单或个人汇入汇款结汇水单；以人民币结算的，提供核销单、报关单及人民币入账证明。

（十七）以其他海关贸易监管方式出口的，按外汇局及有关部门的规定提供相关凭证。

第三十九条　因专营商品、更改合同条款或经批准的总、分（子）公司关系等发生收汇单位与核销单位不一致时，收汇单位可以向外汇局申请，经批准后办理"境外收汇过户"手续以便出口单位办理核销，报告时应当提供境外收汇过户申请书、相关协议、出口合同、核销单、报关单、核销专用联及其他相关资料。

第四十条　出口单位进行出口收汇核销报告时，如所属外汇局实行出口收汇核销报告表制度，除提供第三十八条、第三十九条规定的核销凭证外，还应当提供《出口收汇核销报告表》；如所属外汇局实行核销报告电子化管理，除提供第三十八条、第三十九条规定的核销凭证外，还应当提供核销凭证的电子数据。

第四十一条　出口单位出口后，单笔收汇或进口金额大于报关金额在等值2000美元（含2000美元）以内，或者单笔收汇或进口金额小于报关金额在等值500美元（含500美元）以内的，可以按照第三十八条、第三十九条规定办理核销报告手续。单笔收汇或进口金额大于报关金额超过等值2000美元，单笔收汇或进口金额小于报关金额超过等值500美元的，应当办理差额核销报告手续。实行批次核销的，可以按核销单每笔平均计算出口与收汇或进口差额。

第四十二条　出口单位办理差额核销报告时除按第三十八条、第三十九条规定提供核销凭证外，还应当提供法人代表签字并加盖单位公章的差额原因说明函，以及下列有关证明材料：

（一）因国外商品市场行情变动产生差额的，提供有关商会出具的证明或有关交易所行情报价资料。

（二）因出口商品质量原因产生差额的，提供进口商的有关函件和进口国商检机构的证明；由于客观原因无法提供进口国商检机构证明的，提供进口商的检验报告、相关证明材料和出口单位书面保证函。

（三）因动物及鲜活产品变质、腐烂、非正常死亡或损耗产生差额的，提供进口商的有关函件和进口国商检机构的证明；由于客观原因确实无法提供商检证明的，提供进口商有关函件、相关证明材料和出口单位书面保证函。

（四）因自然灾害、战争等不可抗力因素产生差额的，提供报刊等新闻媒体的报道材料或我国驻进口国使领馆商务处出具的证明。

（五）因进口商破产、关闭、解散产生差额的，提供报刊等新闻媒体的报道材料或我国驻进口国使领馆商务处出具的证明。

（六）因进口国货币汇率变动产生差额的，提供报刊等新闻媒体刊登或外汇局公布的汇率资料。

（七）因溢短装产生差额的，提供提单或其他正式货运单证等商业单证。

（八）因其他原因产生差额的，提供外汇局认可的有效凭证。

第七章　出口收汇核销

第四十三条　外汇局收到出口单位报告的核销凭证（包括电子数据）后，应通过"出口收汇核报系统"及其他相关系统核对出口单位报告数据的真实性。如提交的核销凭证与海关、银行传送的数据不一致或提交的审核材料不齐全，应退出口单位进行更正。海关、银行在接到出口单位的更正申请后，应在 5 个工作日内办理核销凭证或电子数据的核对、修改手续。

第四十四条　外汇局可以根据各地业务量和出口单位的具体情况，按照下列规定分别采取不同的出口收汇核销方式：

（一）逐笔核销：即由出口单位按核销单证——对应进行报告，外汇局按照——对应的原则逐笔为出口单位办理核销手续的核销方式。适用于出口收汇高风险企业以及差额核销和无法全额收汇的出口收汇数据。

（二）批次核销：即由出口单位集中报告，外汇局按批次为出口单位办理核销手续的核销方式。适用于除出口收汇高风险企业外的所有出口单位的全额收汇核销，以及来料加工项下和进料加工抵扣项下需按合同核销的出口收汇数据。外汇局审核批次核销数据时，应当按照核销单与核销专用联总量对应的原则进行。

（三）自动核销：即出口单位不需向外汇局报告，外汇局根据从"中国电子口岸出口收汇系统"采集的核销单信息和报关信息，以及从"国际收支统计申报系统"采集的收汇信息，进行总量核销的核销方式。适用于国际收支申报率高以及符合外汇局规定的其他条件的出口收汇荣誉企业的一般贸易项下及其他出口贸易项下全额收汇的出口收汇数据。

第四十五条　外汇局为出口单位办理核销手续时，按照下列规定办理：

（一）以"一般贸易"、"进料非对口"、"有权军事装备"、"无权军事装备"、"寄售代销"、"对台贸易"、"对外承包出口"方式出口的，按报关单成交总价全额收汇核销。

（二）以"来料加工"、"来料深加工"方式出口的，按加工合同规定的工缴费收汇核销。

（三）以"进料对口"、"进料深加工"、"三资进料加工"方式出口的，按报关单成交总价全额收汇核销。

进料加工项下经外汇局核准抵扣的，外汇局根据出口单位的加工合同，对增值部分进行收汇核销，进料部分用相应进口报关单抵扣核销。"进料深加工"以人民币结算的，进口报关单应当由转出方所在地外汇局核注、结案。

（四）以"补偿贸易"方式出口的，如报关单注明金额小于或等于进口报关单注明金额的，直接抵扣核销；报关单注明金额大于进口报关单注明金额的，对超过部分进行收汇核销。

（五）以"退运货物"、"进料料件复出"、"进料料件退换"、"进料边角料复出"、"出料加工"、"保税工厂"方式出口的，按报关单成交总价收汇核销或凭相应的进口报关单抵扣核销。

（六）以"货样广告品A"方式出口的，按报关单成交总价全额收汇或不收汇核销；对单笔不收汇金额超过等值500美元的，需根据双方签订的合同或协议按不收汇差额核销。

（七）以"租赁贸易"、"租赁不满一年"方式出口的，如外商为承租方的，按报关单成交总价全额收汇核销，若收回的租金金额不足核销的，差额部分可凭退回设备（货物）的进口报关单抵扣核销。如我方为承租方的，凭进口报关单电子底账打印件（加盖银行业务公章）办理不收汇核销。

（八）以"对台小额"方式出口的，以现汇结算的，按报关单成交总价全额收汇核销；以外币现钞结算的，按报关单成交总价和外币现钞结汇水单注明的结汇金额核销；以人民币结算的，按报关单成交总价和人民币入账证明上的人民币金额核销。

（九）以"边境小额"出口的，以现汇结算的，按报关单成交总价全额收汇核销；以外币现钞结算的，按报关单成交总价和外币现钞结汇水单注明的结汇金额核销；以人民币结算的，按报关单成交总价和人民币入账证明上的人民币金额核销；以毗邻国家货币结算的，按报关单成交总价和携带外币入境申报单或汇入汇款证明上注明的毗邻国家货币金额核销；以易货方式结算的，按报关单成交总价和相应的进口报关单成交总价抵扣核销；通过境内居民个人汇款收回货款的，按报关单成交总价和出口收汇核销专用结汇水单上注明的金额核销。

（十）以"旅游购物商品"及"一般贸易"方式报关的包机贸易出口的，以现汇结算的，按报关单成交总价全额收汇核销；以外币现钞或个人汇款结算的，按报关单成交总价和外币现钞结汇水单或者个人汇入汇款结汇水单注明的结汇金额核销；以人民币结算的，按报关单成交总价和人民币入账证明上的人民币金额核销。

（十一）以"易货贸易"方式出口的，全额易货的，按照报关单成交总价和相应的进口报关单成交总价抵扣核销；部分易货的，按报关单成交总价收汇核销，差额部分以易进的进口报关单抵扣核销。

（十二）以其他海关贸易监管方式出口的，按外汇局及有关部门的规定核销。

政府贷款项下，凭出口单位提供的情况说明、政府部门批件、合同或协议、报关单等文件以及相应的银行给出口单位出具的人民币入账通知单或外汇入账通知单，以人民币或境内收取的外汇办理核销手续。

援外贷款、基金项目下的出口及境外实物投资项下，凭出口单位提供的情况说明、政府部门批件、合同或协议、报关单等文件，办理不收汇差额核销。

第四十六条　外汇局为出口单位办理核销手续时，对用于抵扣的进口报关单，应当加盖"已核销"印章，并在"中国电子口岸—进口付汇系统"进行核注、结案。

第四十七条　外汇局为出口单位办理核销手续时，对于因网络不通、系统技术故障等原因无法正常获得相关电子底账，或者相关数据没有实行电子化管理无电子底账的，可以在审核出口单位提供的核销凭证无误后，在"出口收汇核报系统"中补录入相关数据，同时办理核销手续。

第四十八条　外汇局审核出口单位提供的核销凭证时，对凭证齐全、数据无误且出口与收汇或进口差额未超过规定标准的，根据不同贸易方式予以核销；对出口与收汇或进口差额超过规定标准的，外汇局应当在审核规定的差额证明材料无误后为出口单位办理差额核销；对出口与收汇或进口差额超过规定标准且未能提供规定的差额证明材料的，符合有关规定的予以差额备查，不符合备查条件且超过规定的核销期限的纳入逾期未核销管理。

第四十九条　外汇局为出口单位办理核销手续后，应当在相应的核销专用联、核销单退税专用联上加盖"已核销"印章，对于差额核销和以外币现钞、毗邻国家货币、人民币等核销的，还应当在核销单退税联上签注净收入金额、币种、日期。除手工录入出口收汇电子数据的留存核销专用联外，其余单证退还出口单位。对于分次使用的核销专用联，应在核销专用联上签注已核销金额或余额后退还出口单位，出口单位在第一次凭该核销专用联办理核销手续后将该核销专用联原件留存归档，以后凭该核销专用联复印件办理核销及留存归档。未实行出口收汇报告表制度的外汇局应当做好已核销清单的签退手续，实行出口收汇报告表制度的外汇局应当做好《出口收汇核销报告表》的签收、签退手续，并保存该表的外汇局留存联。差额核销项下外汇局应当留存除核销单退税专用联外的所有核销凭证。

第五十条 外汇局定期将已核销电子数据上传至"中国电子口岸"数据中心，供商务、海关、税务等相关主管部门查询使用。

第八章 出口收汇自动核销

第五十一条 对符合下列规定条件的出口单位，外汇局按年度核定其自动核销资格：

（一）国际收支申报率为100%；

（二）上年度出口收汇核销考核等级为"出口收汇荣誉企业"；

（三）近两年没有违反外汇管理规定的行为；

（四）外汇局规定的其他条件。

第五十二条 外汇局在审核出口单位自动核销资格时，应当填制《出口收汇自动核销资格审核表》（附件1），并逐级上报。经国家外汇管理局核准后，外汇局应当及时向出口单位发出《自动核销资格确认通知书》（附件2）。

出口单位必须在《自动核销资格确认通知书》的回执上签章确认，承诺履行规定义务并承担相关责任后，外汇局方可对其实行自动核销管理。

第五十三条 外汇局各分局应当及时将实行自动核销管理的出口单位（以下简称"自动核销单位"）名单对外公布，并抄送当地商务、税务、海关等相关部门。

第五十四条 自动核销单位可一次性向外汇局申领半年出口所需的核销单，并按有关规定使用核销单。

第五十五条 自动核销单位应当及时、全额收回出口货款，并按有关规定领取核销专用联。

第五十六条 有下列情形之一的，自动核销单位应当按照本实施细则第六章的规定办理核销报告手续，外汇局应当按照本实施细则第七章规定为其办理核销手续：

（一）不能按规定全额收汇的出口业务；

（二）需在货物报关出口后90天内办理出口退税或其他相关手续且已收汇的；

（三）以不收汇或部分收汇的贸易方式出口的；

（四）出口后收汇不需办理涉外收入申报的。

对第二种情况，自动核销单位向外汇局报告后，外汇局应当在"出口收汇核报系统"中相应调整出口应收汇日期。

第五十七条 除本实施细则第五十六条规定的情形外，自动核销单位无需向外汇局进行核销报告，也无需到外汇局办理核销手续，但应将用于核销的报关单进行网上交单，由外汇局按月通过"出口收汇核报系统"对其出口报关数据和银行收汇数据按时间顺序自动总量核销。

第五十八条 自动核销单位无须凭核销单退税联办理出口退税手续，由税务部门根据从"中国电子口岸"数据中心接收的电子数据和外汇局按月向税务部门提供的已核销清单办理退税手续。

第五十九条 自动核销单位的核销单口岸备案、出口报关、远期收汇备案、差额核销、退赔外汇、差额备查等核销业务按有关规定办理。

第六十条 外汇局按月为自动核销单位办理核销手续后，如其出口收汇核销率未达到规定比率的，外汇局应当及时向其发出预警通知。

第六十一条　自动核销单位经连续三次预警，出口收汇核销率仍未达到规定比率的，或不再符合第五十一条所列条件的，外汇局可以撤销其自动核销资格，且下一年度不再核定其自动核销资格。

第六十二条　对被撤销自动核销资格的自动核销单位，外汇局应当向其发出《撤销自动核销资格通知书》（附件3），并报国家外汇管理局备案，同时抄送当地商务、税务、海关等相关部门。

第六十三条　自动核销单位被外汇局撤销自动核销资格后，应当按照本实施细则第六章规定办理核销报告手续，外汇局应当按照本实施细则第七章规定为其办理核销手续。

第六十四条　自动核销单位应当按有关规定妥善保管各项出口收汇核销原始凭证。

第九章　退赔外汇

第六十五条　出口项下发生退赔需向进口商支付外汇的，出口单位应当持规定的材料向外汇局申请，外汇局审核真实性后，冲减出口单位的出口收汇实绩并签发《已冲减出口收汇/核销证明》（附件4），银行凭《已冲减出口收汇/核销证明》为出口单位办理退赔外汇的售付汇手续。对提供进口报关单的，外汇局应当按规定在"中国电子口岸—进口付汇系统"中对相应的进口报关单进行核注、结案。

第六十六条　出口单位申请退赔外汇时，应当按下列规定向外汇局提供证明材料：

（一）未出口报关但已预收全部或部分货款后因故终止执行合同的，提供出口合同、终止执行合同证明或退赔协议、核销专用联或银行出具的收汇凭证。

（二）已出口报关且已收汇，但未办理核销手续的，提供出口合同、退赔协议、核销单、报关单、核销专用联。若为退货赔付的，还应当提供注明"退运货物"的进口报关单。

（三）已出口报关并收汇且已办理核销手续的，提供出口合同、退赔协议、核销单退税专用联或税务部门出具的未退税（或已补税）证明；若为退货赔付的，还应当提供注明"退运货物"的进口报关单。

（四）境外将货款错汇入境内未核销的，提供情况说明、外方要求退汇函件、核销专用联或银行出具的收账凭证。

第十章　逾期未核销监管

第六十七条　货物出口后，出口单位超过预计收汇日期30天未办理核销手续的，视为出口收汇逾期未核销。

第六十八条　外汇局对出口收汇逾期未核销情况按月进行清理、定期催核，签发"催核通知书"，并向出口单位提供"逾期未核销清单"。

第六十九条　出口单位接到外汇局"催核通知书"后，应当对照"逾期未核销清单"进行认真清理，核对、确认数据，及时办理出口收汇核销手续。

第七十条　出口单位存在如下情况，外汇局核销部门应当按规定移交检查部门予以查处：

（一）外汇局核销部门催核无结果或经催核但出口单位无正当理由说明原因；

（二）出口单位收汇6个月后未办理核销手续且无正当理由说明原因；

（三）出口单位未核销收汇总量达到等值500万美元且无正当理由说明原因。

第十一章　出口收汇核销考核

第七十一条　出口收汇核销考核系指外汇局会同商务主管部门对出口单位的出口收汇核销业绩

进行考核，评定出口单位的出口收汇等级，并对不同等级出口单位分别予以奖励或惩罚的管理制度。出口收汇核销考核按年度进行。

第七十二条 出口收汇核销考核的对象为考核期内有出口收汇且应当办理出口收汇核销的所有出口单位。

第七十三条 出口收汇核销考核指标是出口收汇核销率。出口收汇核销率系指考核期内应核销出口额中已核销额与应核销额之比。国家外汇管理局和商务部可以根据不同时期的具体情况对出口收汇核销考核标准进行适当调整。

第七十四条 出口收汇核销考核标准和年度考核评定等级为：

（一）出口收汇核销率达到或超过95%的，评为"出口收汇荣誉企业"，出口收汇核销率达到或超过85%且年度出口额在等值2亿美元以上的大型出口单位，也可评为"出口收汇荣誉企业"；

（二）出口收汇核销率在70%（含70%）至95%之间的，评为"出口收汇达标企业"；

（三）出口收汇核销率在50%（含50%）至70%之间的，评为"出口收汇风险企业"；

（四）出口收汇核销率低于50%的，评为"出口收汇高风险企业"。

第七十五条 出口收汇核销考核实行属地分级考核原则。国家外汇管理局各分支局与同级商务主管部门负责对所辖出口单位进行年度考核评定工作。

第七十六条 出口收汇核销考核评定结果实行通报制度。通报的范围为辖内出口单位、海关、银行和税务等部门。省级外汇局会同同级商务主管部门对考核评定结果进行联合通报，并对年度考核评定的"出口收汇荣誉企业"和"出口收汇高风险企业"予以公布。

第七十七条 "出口收汇荣誉企业"、"出口收汇达标企业"、"出口收汇风险企业"、"出口收汇高风险企业"的评定结果自评定之日起生效，有效期为一年。

第七十八条 一个年度被评定为"出口收汇高风险企业"或连续两个年度被评定为"出口收汇风险企业"的，商务主管部门应当暂停或取消其出口业务经营权。

第十二章 遗失出口收汇核销单证的处理

第七十九条 对遗失核销单的，出口单位和外汇局应当按下列规定处理：

（一）未用于报关出口的空白核销单遗失后，出口单位应当在一个工作日内在"中国电子口岸出口收汇系统"进行挂失。

（二）已用于报关出口未办理核销手续的核销单遗失，出口单位应当凭核销单以外的其他核销凭证向所在地外汇局提出核销单退税专用联挂失及补办申请。外汇局应当审核出口单位提供的核销凭证无误后，通过"中国电子口岸出口收汇系统"对核销单退税专用联进行挂失处理，并在为出口单位办理核销后，于三个工作日内为其签发"出口收汇核销单退税专用联补办证明"（附件5）。

（三）已办理核销手续后遗失核销单退税专用联的，出口单位应当凭税务部门签发的退税情况证明向外汇局提出核销单退税专用联挂失、补办申请。对税务部门证明未退税的，外汇局在"出口收汇系统"进行挂失处理后，于三个工作日内为出口单位签发"出口收汇核销单退税专用联补办证明"。

第八十条 对遗失核销专用联的，出口单位、银行和外汇局应当按下列规定处理：

（一）属于境外收汇的，出口单位应当凭书面报告、境外收入申报单向外汇局申请补办。外汇局核实银行报送的涉外收入申报电子数据并确认未用于核销的，为其出具"出口收汇核销专用联补办核准件"（附件6）。

（二）属于不需要办理国际收支申报的出口收汇，出口单位应当凭书面报告及出口收汇结汇水单/收账通知的出口单位留存联或银行出具的证实出口单位结汇或收账情况的书面说明，向外汇局申请补办，外汇局审核出口单位提供的材料无误并确认未用于核销的，为其出具"出口收汇核销专用联补办核准件"。

（三）银行应当凭外汇局核发的"出口收汇核销专用联补办核准件"为出口单位补办核销专用联，并在核销专用联上注明"补办"字样和原涉外收入申报单编号或核销收汇专用号码和收汇资金来源。

第八十一条 对出口单位遗失进出口报关单的，应当按照《国家外汇管理局、海关总署关于纸质进出口报关单及相关电子底账有关问题的通知》（汇发〔2003〕14号）的规定办理。

第十三章 档案管理

第八十二条 外汇局、银行、出口单位应当对本实施细则规定的出口核销业务档案资料进行分类管理，除按规定需长期保存的，其他核销档案均保存3年备查。对出口收汇核销项下相关电子数据，外汇局应当保存10年。

（一）外汇局应当保存的核销档案资料

1. 对于手工补录入电子数据的，留存相应的纸质凭证；

2. 出口收汇核销清单或出口收汇核销报告表（外汇局留存联）；

3. 核销备查业务项下的资料；

4. 差额核销资料；

5. 银行提供的核销专用联格式、印模；

6. 出具"出口收汇核销单退税专用联补办证明"、"已冲减出口收汇/核销证明"、"出口收汇核销专用联补办核准件"等相关文件时审核的资料及所出具证明的外汇局留存联；

7. 注销业务项下应留存的核销单；

8. 外汇局认为必须留存的其他资料。

（二）银行应当保存的资料

1. "已冲减出口收汇/核销证明"；

2. "出口收汇核销专用联补办核准件"；

3. 其他应当保存的资料。

（三）出口单位应当保存的资料

1. 外汇局退回的核销凭证，其中对于分次使用的核销专用联，出口单位在第一次凭该核销专用联办理核销后，将该核销专用联原件留存归档，以后凭该核销专用联复印件办理核销及存档；

2. 出口收汇核销清单或出口收汇核销报告表（出口单位留存联）；

3. 其他应当保存的资料。

第八十三条 外汇局、银行、出口单位应当定期将核销资料整理成册，并指定专人负责档案管理工作。

第八十四条 外汇局定期或不定期对银行及出口单位的出口收汇核销档案保存情况进行检查。

第八十五条 对超过保存期限的档案资料，外汇局、银行、出口单位可以自行销毁。

第十四章 罚 则

第八十六条 银行和出口单位应当按照《出口收汇核销管理办法》和本细则及其他相关规定办理出口收汇核销业务，对违反规定的，由外汇局根据《中华人民共和国外汇管理条例》及其他相关规定进行处罚。

第八十七条　银行有下列行为之一的，由外汇局给予 1 万元以上 3 万元以下罚款的处罚：

（一）不完整、准确填写出口收汇核销专用联的；

（二）未及时为出口单位办理收汇、结汇或未及时出具核销专用联，致使出口单位逾期未核销的；

（三）错报、漏报收汇电子信息的。

第八十八条　银行有下列行为之一的，由外汇局给予 5 万元以上 30 万元以下罚款的处罚：

（一）对不属于出口收汇的结汇或入账出具核销专用联的；

（二）重复出具核销专用联的；

（三）擅自为出口单位补办核销专用联的；

（四）虚报收汇电子信息的；

（五）不按规定办理出口项下退赔外汇业务的；

（六）未妥善保存有关收汇单证，发生丢失及损坏造成严重后果的。

第八十九条　出口单位有下列行为之一的，由外汇局给予 1 万元以上 3 万元以下罚款的处罚：

（一）收汇后未按规定办理核销手续的；

（二）向银行虚报、错报核销单编号骗取核销专用联的；

（三）因故不再经营出口业务，未按规定办理核销清理手续的。

第九十条　出口单位有下列行为之一的，由外汇局给予 5 万元以上 30 万元以下罚款的处罚：

（一）使用伪造、变造的核销单、进出口报关单、核销专用联等核销单证的；

（二）重复使用核销专用联的；

（三）用贸易出口收汇以外的外汇收入进行虚假收汇核销报告的；

（四）未经外汇局批准，即期出口项下超过报关日期 180 天未收汇的；远期出口收汇项下，超过在外汇局备案的预计收汇日期未收汇且无正当理由的；

（五）未妥善保管或丢失核销原始凭证造成严重后果的。

第十五章　附　则

第九十一条　本实施细则由国家外汇管理局负责解释。

第九十二条　本实施细则自 2003 年 10 月 1 日开始施行。以前有关规定与本办法相抵触的，按本细则执行。

附件略

出口收结汇联网核查办法

  第一条 为完善企业货物贸易出口收结汇管理，加强出口交易与收结汇的真实性及其一致性的核查，根据《中华人民共和国外汇管理条例》，制定本办法。

  第二条 出口收结汇应当具有合法、真实的交易背景，并按照本办法规定，通过出口收结汇联网核查系统（以下简称核查系统，网址为 http：//www.chinaport.gov.cn），进行出口电子数据等联网核查。

  第三条 核查系统依据海关提供的企业出口货物报关单有关数据和外汇局提供的企业出口预收货款数据，结合企业贸易类别及行业特点等，产生企业与出口对应的可收汇额。

  第四条 企业出口收汇（含预收货款，下同），应当先进入银行直接以该企业名义开立的出口收汇待核查账户（以下简称待核查账户）。待核查账户收支范围由外汇局规定。

  第五条 出口收汇进入待核查账户后，需要结汇或者划出的，企业应当如实填写《出口收汇说明》（见附表），连同中国电子口岸操作员 IC 卡，一并提交银行办理。

  银行应当凭企业及自身操作员 IC 卡登录核查系统，对企业出口收汇进行联网核查，并按照本办法规定，在企业相应出口可收汇额内办理结汇或划出资金手续，同时在核查系统中核减其对应出口可收汇额。银行不得超过核查系统内企业出口可收汇额为其办理结汇或者划出资金手续。

  第六条 一般贸易、进料加工贸易或者边境小额、对外承包出口等其他贸易项下出口可收汇额，按出口货物报关单成交总价之和确定。

  来料加工贸易项下出口可收汇额，按出口货物报关单成交总价与收汇比例的乘积累加之和确定。

  预收货款项下可收汇额，按企业依有关外债管理规定办理预收货款登记情况，结合企业出口收汇及其所属行业特点等确定。出口买方信贷项下企业提前收汇，纳入该企业预收货款可收汇额管理。

  第七条 按规定不需办理货物报关项下的出口收汇，进入待核查账户后需要结汇或者划出资金的，除本办法第五条规定的单证外，企业还应向银行提供盖有银行业务公章的涉外收入申报单正本和邮寄货物清单。银行登录核查系统，记录对应的涉外收入申报号和收汇金额后办理。

  代理出口业务应当由代理方负责出口和收汇，其收结汇按照本办法规定进行联网核查。如需原币划转给委托方的，应当在联网核查后划入代理方经常项目外汇账户，再按照境内外汇划转管理有关规定办理。委托方收取代理方原币划转时，不得进入其待核查账户，不再办理联网核查手续。

  出口押汇、无追索权的福费廷和出口保理等贸易融资项下出口收结汇，按照本办法规定进行联网核查。

  第八条 企业因故申请将出口收汇退回境外的，按照外汇局出口收汇核销管理有关退赔外汇的相关规定办理。

  第九条 银行和企业可根据业务需要，向所在地中国电子口岸制卡分中心申领操作员 IC 卡，取得相应授权。企业可凭其操作员 IC 卡登陆核查系统，查询与出口对应的可收汇额。

　　第十条　外汇局应当加强对银行和企业办理出口收结汇的现场和非现场检查，对违反外汇管理规定的，依据《中华人民共和国外汇管理条例》及其他相关规定予以处罚。商务部门应当加强对外贸易经营权的备案管理，促进对外贸易规范发展，对违反对外贸易管理规定的，依据有关法律、法规予以处罚。海关进一步加强出口货物监管，规范企业出口申报行为，对违反海关法规定的，依据《中华人民共和国海关法》、《中华人民共和国海关行政处罚实施条例》予以处罚。

　　第十一条　具有对外贸易经营权的个人出口收汇及具有对外贸易经营权的保税监管区域内企业经营非保税货物的出口收汇，适用本办法。

　　第十二条　本办法由国家外汇管理局、商务部、海关总署负责解释。

　　第十三条　本办法自 2008 年 7 月 14 日起实施。以前规定与本办法不一致的，以本办法为准。

国家外汇管理局关于进一步简化出口
收汇核销手续有关问题的通知

国家外汇管理局各省、自治区、直辖市分局、外汇管理部，深圳、大连、青岛、厦门、宁波市分局；各中资外汇指定银行：

为进一步完善经常项目外汇管理，促进贸易便利化，国家外汇管理局决定进一步简化出口收汇核销手续。现就有关事宜通知如下：

一、出口单位进行出口收汇核销报告时，对以"易货贸易"、"补偿贸易"、"租赁贸易"、"租赁不满一年"、"对外承包出口"方式出口的，取消向外汇局提供相关易货合同、补偿贸易合同、租赁合同、承包工程合同或协议、商务主管部门出具的对外承包核准件等凭证的要求。出口单位凭出口报关单、核销单、核销专用联或相应进口报关单等材料办理核销手续。

二、出口单位以"进料对口"、"进料深加工"、"三资进料加工"方式出口需进行进料抵扣核销的，取消事先由外汇局进行备案审批的要求。出口单位凭经商务主管部门核准的加工贸易合同（首次抵扣核销时提供）、出口报关单、核销单、差额部分的核销专用联及相应的进口报关单等材料办理核销手续。

三、出口单位以"货样广告品 A"方式出口的，对其中单笔不收汇金额超过等值 500 美元的货样广告品出口核销时，取消需提供贸易双方签订的合同或协议的规定，外汇局直接按不收汇差额核销处理。

四、出口单位已办理国际收支申报的出口收汇，因遗失、毁损等原因申请补办核销专用联的，不再由外汇局审批和出具核准件。出口单位可凭书面报告、涉外收入申报单等相关资料直接到原签发银行办理核销专用联的补办手续。

五、调整出口收汇差额核销的范围。出口单位出口后，单笔核销单对应的收汇或进口金额多于报关金额不超过等值 5000 美元（含 5000 美元），或单笔核销单对应的收汇或进口金额少于报关金额不超过等值 5000 美元（含 5000 美元）的，凭《出口收汇核销管理办法实施细则》（汇发〔2003〕107 号）第三十八条、第三十九条规定的相关核销凭证直接办理核销手续。在此范围之外的出口应当办理差额核销报告手续。实行批次核销的，可按核销单每笔平均计算出口与收汇或进口差额。

六、因专营商品、更改合同条款或经批准的总、分（子）公司关系等原因发生收汇单位与核销单位不一致，收汇单位申请办理"境外收汇过户"的，取消提供出口报关单、核销单的规定。收汇单位凭境外收汇过户申请书、相关协议、出口合同复印件、核销专用联等相关材料办理过户手续。

七、保税区、出口加工区等海关实行封闭管理的特殊经济区域企业不适用本通知。

八、本通知自 2005 年 11 月 1 日起执行，以前规定与本通知相抵触的，以本通知为准。

各分局收到本通知后，应尽快转发至所辖中心支局、外资银行和相关单位；各中资外汇指定银行收到本通知后，应尽快转发至所辖分支机构。执行中如遇问题，请及时向国家外汇管理局经常项目管理司反馈。

国家外汇管理局关于授权分局确定出口收汇自动核销企业名单有关问题的通知

国家外汇管理局各省、自治区、直辖市分局、外汇管理部，深圳、大连、青岛、厦门、宁波市分局：

为进一步便利企业办理外汇核销业务，促进对外经济的健康发展，国家外汇管理局于 2003 年 10 月建立了对部分优秀企业实施出口收汇自动核销的管理制度。根据前一阶段这一制度的实施情况，国家外汇管理局决定将列入自动核销名单企业的审批权限授予分局。现就有关事项通知如下：

一、从 2004 年 10 月 1 日起，将列入出口收汇自动核销管理的企业资格审批权限授予各分局，由分局按有关规定审查后确定列入自动核销管理的企业名单。

各分局应当按照《出口收汇核销管理办法实施细则》规定的基本条件，结合当地实际情况，切实选取那些遵守外汇管理规定、核销率高、信誉好的企业，将其纳入自动核销管理，并按季将确定的自动核销企业名单报总局备案。

二、各分局应加强对实施自动核销的企业的事后监督管理。企业被列入自动核销名单后若出现违反外汇管理规定的情况，分局应及时撤消其自动核销的资格，并依照有关规定进行处罚。

三、各分局在确定列入自动核销管理的企业名单后，应向这部分企业强调按规定进行网上交单等相关业务操作的重要性，有条件的分局可以组织培训，使企业熟悉相关业务操作。

四、各分局在工作中要注意加强与税务等部门的信息沟通，及时将实施自动核销管理的企业名单抄送当地税务部门并向税务部门提供有关的核销电子数据及核销清单，确保不影响已实施自动核销管理的企业的出口退税工作顺利进行。

五、关于自动核销管理涉及的计算机程序及参数设置问题，总局着手组织研究，适时修改出口收汇核报系统技术软件。在总局对出口收汇核报系统技术软件修改前，各分局应当结合当地实际情况，立足现有管理条件，采取有效措施，确保已列入自动核销管理的企业业务顺利进行。

各分局收到本通知后，应尽快转发至所辖中心支局。执行中如遇问题，请及时向国家外汇管理局经常项目管理司反馈。

国家外汇管理局关于个人对外贸易经营
有关外汇管理问题的通知

国家外汇管理局各省、自治区、直辖市分局、外汇管理部，深圳、大连、青岛、厦门、宁波市分局，各中资外汇指定银行：

为促进对外贸易发展，推动贸易便利化，完善外汇管理，现就个人对外贸易经营者从事对外货物贸易的有关外汇管理政策问题通知如下：

一、本通知所称个人对外贸易经营者，是指依法办理工商登记或者其他执业手续，取得个人工商营业执照或者其他执业证明，并按照国务院商务主管部门的规定，办理备案登记（依法不需要办理备案登记的除外），取得对外贸易经营权，从事对外贸易经营活动的个人。

二、个人对外贸易经营者从事对外货物贸易经营活动，应当在海关办理"中国电子口岸"入网手续后，到工商登记或者取得其他执业资格所在地的外汇局（以下简称外汇局）办理"对外付汇进口单位名录"或者出口收汇核销备案登记手续。办理上述手续后，个人对外贸易经营者才能开立个人对外贸易结算账户，办理外汇收付。

三、个人对外贸易经营者办理"对外付汇进口单位名录"或出口收汇核销备案登记时，应当向外汇局提供下列材料：

（一）申请书；

（二）个人有效身份证明正本及复印件；

（三）依法取得的工商营业执照或者其他执业证明（副本）及复印件；

（四）加盖备案登记印章的对外贸易经营者备案登记表正本及复印件；

（五）海关注册登记证明书以及复印件；

（六）组织机构代码证书及复印件；

（七）中国电子口岸 IC 卡；

（八）外汇局要求的其他材料。

外汇局审核上述材料无误后，为个人对外贸易经营者办理相应手续。

四、个人对外贸易经营者经外汇局批准，可以按实际经营需要开立个人对外贸易结算账户。

开立个人对外贸易结算账户，应当凭下列材料向外汇局申请：

（一）开户申请书；

（二）本人有效身份证明正本及复印件；

（三）加盖备案登记印章的对外贸易经营者备案登记表正本及复印件；

（四）组织机构代码证书及复印件；

（五）外汇局要求的其他材料。

外汇局审核无误后颁发"经常项目业务核准件"，个人对外贸易经营者凭该核准件到所在地经营外汇业务的银行（以下简称银行）办理开户手续。银行开立个人对外贸易结算账户时，应当在账户名称中加注"个人"字样的标识。

五、个人对外贸易经营者对外贸易结算账户纳入外汇账户管理信息系统管理，其限额按个人对外贸易经营者货物贸易实际外汇收入的100%核定。

有关个人对外贸易经营者对外贸易结算账户纳入外汇账户管理信息系统的接口程序和技术规范，总局将另行发文布置。在此之前，上述账户的开立、关闭等外汇管理手续暂时采用手工操作。

个人对外贸易经营者对外贸易结算账户的收入支出范围为货物贸易进出口项下的收付汇，包括货物贸易从属项下的收支。

六、个人对外贸易结算账户为现汇账户，不得存入和提取外币现钞。

同一个人对外贸易结算账户和个人外币储蓄现汇账户可以相互划转外汇资金，但个人储蓄现汇账户向个人对外贸易结算账户划款仅限于划款当日的对外支付，不得用于结汇。个人对外贸易结算账户可以向个人外币储蓄现钞账户划转资金，但个人外币储蓄现钞账户不得向个人对外贸易结算账户内划转资金。

七、个人对外贸易经营者从事对外货物贸易经营活动，可以直接到银行办理购汇对外支付、结汇手续，也可以通过个人对外贸易结算账户办理，但不得通过个人外币储蓄账户直接办理对外付汇手续，也不得与本人其他外币储蓄账户串用或者混用。

八、个人对外贸易经营者对外支付货物贸易项下预付货款，一次支付等值3万美元（含3万美元）以下的，应持进口合同、进口付汇核销单及形式发票等相关证明材料到银行办理对外支付手续；一次支付超过等值3万美元的，应持进口合同、进口付汇核销单、形式发票和预付货款保函到银行办理。

九、个人对外贸易经营者从事货物贸易出口所得的外汇收入，可以直接结汇，或存入个人对外贸易结算账户结汇，也可以存入个人对外贸易结算账户并划转至个人外币储蓄现汇账户后结汇。

（一）一次性结汇等值1万美元（含1万美元）以下的，凭本人身份证明到银行直接办理。

（二）一次性结汇或者1日内累计结汇等值1万美元以上的：

1. 以信用证、保函、跟单托收等方式结算的，凭该结算方式下的有效商业单据办理结汇手续。

2. 以汇款方式结算，属于自营出口直接结汇和存入个人对外贸易结算账户后结汇的，凭本人身份证明、出口报关单和出口收汇核销单等证明材料，经银行审核真实性后办理。

（三）存入个人对外贸易结算账户并转入个人外币储蓄现汇账户结汇的，除按前两项规定的标准审核相应证明材料外，还应当遵守《国家外汇管理局关于规范居民个人外汇结汇管理有关问题的通知》（汇发〔2004〕18号）的规定。

十、对于需要使用出口收汇核销单出口报关的监管方式，个人对外贸易经营者应当按现行规定向外汇局申领核销单。外汇局根据其业务量状况、核销业绩等经审核后确定发单数量，向其发放核销单。对于新开户个人对外贸易经营者，第一次申领核销单还需持合同正本及复印件，经外汇局审核后根据具体情况确定发单数量，为其发放核销单。

十一、个人从事对外贸易经营活动时从境外收到或者向境外支付款项，应当按照《国际收支统计申报办法》及相关规定办理国际收支统计申报，填写相应的对公单位申报单。

十二、个人对外贸易经营者办理技术进出口和服务贸易项下外汇收付业务，按照境内机构非贸易项下有关外汇管理规定办理。个人资本与金融项目外汇收支，按照现行有关外汇管理规定办理。

个人对外贸易经营者从事边境贸易或在保税区、出口加工区等特殊经济区域从事对外货物贸易经营活动，不适用本通知的规定。

十三、个人对外贸易经营者应当接受外汇局的监督、检查。如违反本通知以及其他外汇管理规定，由外汇局依照《中华人民共和国外汇管理条例》以及其他外汇管理法规中的规定，予以处罚；

构成犯罪的，由司法机关依法追究刑事责任。

十四、本通知未做规定或者规定不明确的其它外汇管理问题，参照现行境内机构从事对外贸易活动的外汇管理政策执行。

本通知自发布之日起 30 天后施行。各分局、外汇管理部收到本通知后，应尽快转发辖内支局和银行，并对外公布。各中资外汇指定银行应尽快转发。

边境贸易外汇管理办法

第一章 总 则

第一条 为了促进我国与周边国家边境贸易的健康发展，完善对边境贸易相关的外汇管理，规范边境贸易中的资金结算行为和账户管理，根据《中华人民共和国外汇管理条例》及其他有关规定，制定本办法。

第二条 本办法所称"边境贸易"包括边民互市、边境小额贸易和边境地区对外经济技术合作。

边民互市贸易，系指边境地区边民在边境线 20 公里以内、经政府批准的开放点或指定的集市上，在不超过规定的金额或者数量范围内进行的商品交换活动。

边境小额贸易，系指我国边境地区经批准有边境小额贸易经营权的企业，通过国家指定的陆地边境口岸，与毗邻国家边境地区的企业或者其他贸易机构（以下简称境外贸易机构）进行的贸易活动。

边境地区对外经济技术合作，系指我国边境地区经批准有对外经济技术合作经营权的企业，与我国毗邻国家边境地区开展的承包工程和劳务合作项目。

第三条 本办法所称"边贸企业"包括我国的边境小额贸易企业和对外经济技术合作企业。

边境小额贸易企业，系指经商务主管部门批准，有边境小额贸易经营权的企业。

对外经济技术合作企业，系指经商务主管部门批准，有在毗邻国家边境地区开展承包工程和劳务合作项目等对外经济技术合作经营权的企业。

第四条 边贸企业或个人与境外贸易机构进行边境贸易时，可以用可自由兑换货币、毗邻国家货币或者人民币计价结算，也可以用易货的方式进行结算。

第五条 边贸企业或个人与境外贸易机构进行边境贸易结算时，应当按照《国际收支统计申报办法》及其他有关规定办理国际收支统计申报。

第六条 国家外汇管理局及其分支局（以下简称外汇局）为边境贸易外汇业务的管理机关。

第七条 边贸企业应当在商务主管部门批准其边境小额贸易经营权或对外经济技术合作经营权后，凭工商管理部门颁发的营业执照、商务主管部门的批准件、组织机构代码证及海关注册登记证明书等材料到外汇局备案。

第二章 边境贸易账户管理

第八条 边贸企业应当按照《境内外汇账户管理规定》、《境内机构经常项目外汇账户管理实施细则》及其他有关规定，在我国边境地区外汇指定银行（以下简称"银行"）开立、使用和关闭经常项目外汇账户。

第九条　边贸企业可以在我国边境地区银行开立以毗邻国家货币结算的边境贸易账户。对于货币发行国中央银行尚未与中国人民银行签订双边本币支付协定的毗邻国家货币，边贸企业以该种货币开立边境贸易账户时，其收入范围为：从境外贸易机构在我国边境地区银行开立的经常项目外汇账户或毗邻国家货币边境贸易账户划转边境贸易项下的资金；支出范围为：向境外贸易机构在我国边境地区银行开立的经常项目外汇账户或毗邻国家货币边境贸易账户划转边境贸易项下的资金。对于货币发行国中央银行已经与中国人民银行签订双边本币支付协定的毗邻国家货币，边贸企业以该种货币开立的边境贸易账户，应当按照双边本币支付协定的规定使用，并纳入"外汇账户管理信息系统"管理。

第十条　境外贸易机构可以在我国边境地区银行开立经常项目外汇账户和毗邻国家货币边境贸易账户。对于所在国中央银行尚未与中国人民银行签订双边本币支付协定的毗邻国家贸易机构，其开立的经常项目外汇账户和以该国货币开立的边境贸易账户的收入范围为：从境内边贸企业和个人开立的边境贸易外汇账户或毗邻国家货币边境贸易账户划转边境贸易项下的资金；支出范围为：向境内边贸企业和个人开立的边境贸易外汇账户或毗邻国家货币边境贸易账户划转边境贸易项下的资金。对于所在国中央银行已经与中国人民银行签订双边本币支付协定的毗邻国家贸易机构，其开立的经常项目外汇账户和以该国货币开立的边境贸易账户，应当按照双边本币支付协定的规定使用。

第十一条　在人民币结算业务量较大的边境地区，境外贸易机构可以在我国边境地区银行开立人民币边境贸易结算专用账户，该账户只能用于边境贸易结算项下的资金收付，不能作其他用途。

第十二条　境外贸易机构在我国边境地区银行开立经常项目外汇账户、毗邻国家货币边境贸易账户和人民币边境贸易结算专用账户，应当持本国的经营许可证明（个人持护照等有效身份证明）、边境贸易合同等材料向开户所在地外汇局申请，凭外汇局核准件到银行办理开户手续。开户银行应当按照本办法规定为境外贸易机构办理开户手续，并在境外贸易机构开立的经常项目外汇账户和毗邻国家货币边境贸易账户的账号作特殊标识，纳入"外汇账户管理信息系统"进行管理。

对于境外贸易机构在我国边境地区银行开立的经常项目外汇账户、毗邻国家货币边境贸易账户和人民币边境贸易结算专用账户，其账户与境外发生的一切涉外收支交易，均须按照我国外汇管理的有关规定办理国际收支统计申报手续。

第十三条　边贸企业通过境内居民个人作为收款人收回出口货款的，应当提前将拟接收出口货款的居民个人姓名、账号等向所在地外汇局备案，开户银行凭外汇局出具的证明为其办理开户手续，并对此账户做出标识。该类账户的收入范围为：从境外汇入的边境贸易出口项下的外汇货款。收款企业在办理出口货款入账后应立即向银行结汇，银行向收款企业出具出口收汇核销专用结汇水单。该类账户中的结汇交易为贸易项下结汇，银行在向外汇局报送《银行结售汇统计月（旬）报》时，应将其统计在"101贸易收入"科目内。

第三章　边境贸易外汇收支管理

第十四条　边贸企业经常项目项下收入的可兑换货币，在外汇局核定的经常项目外汇账户限额内的，可以结汇，也可以存入经常项目外汇账户保留；超过核定限额的，应当按照规定结汇。边贸企业经常项目下收入的毗邻国家货币，可以存入毗邻国家货币边境贸易账户，也可以根据银行自愿购买的意愿卖给银行。

第十五条　边贸企业经常项目项下的对外支付，应当按照《结汇、售汇及付汇管理规定》及其他有关规定，持规定的有效凭证和商业单据，从其经常项目外汇账户、毗邻国家货币边境贸易账户和人民币账户中支付或者到银行兑付。

第十六条　边贸企业和个人，如发生直接向境外贸易机构在我国边境地区银行开立的经常项目外汇账户、毗邻国家货币边境贸易账户和人民币边境贸易结算专用账户收付的行为，应当视同向境外收付。边贸企业和个人应当按照《国际收支统计申报办法》、《结汇、售汇及付汇管理规定》及其他有关规定，向银行办理国际收支统计申报手续，并持规定的有效凭证和商业单据办理有关收付手续。

第四章　边境贸易收付款核销管理

第十七条　边贸企业办理边境贸易进口项下的对外支付，如以可自由兑换货币、毗邻国家货币结算，无论是向境外支付还是向境外贸易机构在我国边境地区银行开立的经常项目外汇账户、毗邻国家货币边境贸易账户支付，均应当填写《贸易进口付汇核销单（代申报单）》，按照《贸易进口付汇核销监管暂行办法》及其他有关规定办理进口付汇核销手续。

第十八条　边贸企业在进口时需以人民币结算的，如对方为已经与我国签订双边本币支付协定的所在国企业，边贸企业支付货款时，应当填写《贸易进口付汇核销单（代申报单）》，并按照《贸易进口付汇核销监管暂行办法》及其他有关规定办理进口付汇核销手续。

第十九条　边贸企业在进口时需向境外贸易机构在我国边境地区银行开立的人民币边境贸易结算专用账户支付货款的，收款银行应当凭境外贸易机构提供的合同、边贸企业的进口货物报关单等凭证办理人民币入账手续。办妥入账手续后，收款银行应当将相应的进口货物报关单在"中国电子口岸 &#0；进口付汇系统"上及时核注、结案或报当地外汇局核注、结案。

第二十条　外汇局和银行为边贸企业办理进口付汇核销手续后，应当按照有关规定，及时在"中国电子口岸 &#0；进口付汇系统"对相应的进口货物报关单核注、结案。

第二十一条　边贸企业办理边境贸易项下出口，应当按照出口收汇核销管理规定向外汇局申领出口收汇核销单，办理出口报关、收汇等手续，其出口收汇核销按以下规定办理：

（一）以可自由兑换货币现汇结算的，边贸企业应当按照《出口收汇核销管理办法》、《出口收汇核销管理办法实施细则》和其他有关规定办理出口收汇核销手续。

（二）以可自由兑换货币现钞结算的，边贸企业应当凭出口货物报关单、出口收汇核销单、银行出具的外币现钞结汇水单及购货发票办理出口收汇核销手续。

（三）以毗邻国家货币结算的，边贸企业应当凭出口货物报关单、出口收汇核销单和经海关核验的携带毗邻国家货币现钞入境申报单或银行出具的汇入汇款证明办理出口收汇核销手续。

（四）以人民币结算的，边贸企业应当凭出口货物报关单、出口收汇核销单和人民币汇入汇款证明（在境外贸易机构已开立人民币边境贸易结算专用账户的地区，企业可以凭境内人民币资金划转证明）办理出口收汇核销手续。

（五）从境外贸易机构在我国边境地区银行开立的经常项目外汇账户或毗邻国家货币边境贸易账户收回货款的，边贸企业应当凭出口货物报关单、出口收汇核销单、付款银行的资金划转证明办理出口收汇核销手续。

（六）通过境内居民个人汇款收回外汇货款的，边贸企业应当凭出口货物报关单、出口收汇核销单和出口收汇核销专用结汇水单办理出口收汇核销手续。

（七）以易货贸易方式结算的，边贸企业应当凭出口收汇核销单、出口货物报关单和进口货物报关单等单证办理出口收汇核销手续。

第二十二条　外汇局为边贸企业办理出口收汇核销手续后，应当向边贸企业出具"出口收汇核销退税专用联"，并在备注栏中注明核销币种和金额。

第二十三条　外汇局应当按照《出口收汇核销管理办法》、《出口收汇核销管理办法实施细则》和本办法规定，为边贸企业办理出口收汇核销单的发单及出口收汇核销等手续，并按规定对其出口收汇情况进行考核。

　　第二十四条　边境地区外汇局应当加强对边境贸易的统计和分析，及时汇总辖内边境贸易情况。各分局应当在每月前 10 个工作日内将上月《边境小额贸易进出口及核销情况统计表》（见附表）上报国家外汇管理局。

第五章　边境贸易结算及货币兑换管理

　　第二十五条　边境地区银行应当按照中国人民银行的有关规定，与毗邻国家边境地区商业银行建立代理行关系，开通银行直接结算渠道。

　　第二十六条　按照《中国人民银行关于外币现钞管理有关问题的通知》（银发〔2001〕376 号）、《中国人民银行关于外币现钞管理有关问题的补充通知》（银发〔2001〕384 号）、《外汇指定银行办理结汇、售汇业务管理暂行办法》（中国人民银行令〔2002〕第 4 号）及《境内居民个人购汇管理实施细则》的规定，凡经银行监管部门批准经营外币储蓄业务的边境地区商业银行，均可向当地外汇局申请办理个人结汇业务；凡经银行监管部门和外汇局批准经营结售汇业务或外币兑换业务的边境地区商业银行，经所在地外汇局批准后均可办理个人售汇业务，增加结售汇网点。

　　第二十七条　边境地区银行应当按照《中国人民银行关于调整外币现钞管理政策有关问题的通知》（银发〔2002〕283 号）规定，在规定的浮动范围内，调整外币现钞买入、卖出价格。边境地区外汇局应当协助银行依照相关规定随行就市地开展个人结售汇业务，并指导其做好风险管理和资金平衡工作。

　　第二十八条　边境地区银行可以加挂人民币兑毗邻国家货币的汇价，其买卖价差自行确定，收兑的毗邻国家货币自行消化。

　　第二十九条　边境地区银行应当按照银行监管部门和国家外汇管理局的有关规定设立外币代兑点，办理人民币与可兑换货币及毗邻国家货币的兑换业务。

第六章　附　则

　　第三十条　银行、边贸企业和个人，应当按照本办法和其他相关的外汇管理规定，办理与边境贸易相关的外汇业务，对违反本办法和其他相关外汇管理规定的，外汇局根据《中华人民共和国外汇管理条例》等法规予以处罚。

　　第三十一条　本办法没有明确规定的其他外汇管理事宜，按照有关的外汇管理法规执行。

　　第三十二条　银行应当严格执行中国人民银行制定的《金融机构反洗钱规定》和《金融机构大额和可疑外汇资金交易报告管理办法》，认真履行对大额和可疑资金交易的报告规定。如遇可疑情况，应及时地向上级行及当地人民银行、外汇局和公安部门反映，并主动配合人民银行、外汇局、公安部门做好相关工作，防范和打击利用边境贸易支付、结算进行洗钱等违法的外汇交易活动。

　　第三十三条　边境地区所在的外汇局省（区）分局可以根据本办法及其他外汇管理法规，结合本地区实际情况，制定相应的实施细则，经国家外汇管理局批准后发布实施。

　　第三十四条　本办法由国家外汇管理局负责解释。

　　第三十五条　本办法自 2003 年 10 月 1 日起施行。1997 年 1 月 23 日发布的《边境贸易外汇管理暂行办法》及 2002 年 9 月 16 日发布的《关于我国与俄罗斯等独联体国家边境小额贸易外汇管理有关问题的通知》同时废止。

　　附表：边境小额贸易进出口及核销情况统计表（略）

服务贸易外汇管理指引

第一条 为完善服务贸易外汇管理，促进贸易投资便利化，服务涉外经济发展，根据《中华人民共和国外汇管理条例》，制定本指引。

第二条 国家对服务贸易项下国际支付不予限制。

服务贸易外汇收入可按规定的条件、期限等调回境内或者存放境外。

第三条 服务贸易外汇收入，可以自行保留或办理结汇；服务贸易外汇支出，可以使用自有外汇支付或者以人民币购汇支付。

第四条 服务贸易外汇收支应当具有真实、合法的交易基础。

境内机构和境内个人不得以虚构交易骗取资金收付，不得以分拆等方式逃避外汇监管。

第五条 境内机构和境内个人从事服务贸易活动应当符合国家规定，需经国家相关主管部门审批、核准、登记、备案等的，在办理服务贸易外汇收支前，应先办妥有关手续。

第六条 经营外汇业务的金融机构（以下简称金融机构）办理服务贸易外汇收支业务，应当按照国家外汇管理规定对交易单证的真实性及其与外汇收支的一致性进行合理审查，确认交易单证所列的交易主体、金额、性质等要素与其申请办理的外汇收支相一致。

第七条 金融机构应根据本指引及相关规定制定内部管理制度，明确有关业务操作规程，并按照国家外汇管理规定及时报送相关外汇收支信息，报告异常、可疑线索。

第八条 境内机构和境内个人办理服务贸易外汇收支，应按规定提交能证明交易真实合法的交易单证；提交的交易单证无法证明交易真实合法或与其申请办理的外汇收支不一致的，金融机构应要求其补充其他交易单证。

第九条 服务贸易外汇收支涉及的交易单证应符合国家法律法规和通行商业惯例的要求，主要包括：

（一）包含交易标的、主体等要素的合同（协议）；

（二）发票（支付通知）或列明交易标的、主体、金额等要素的结算清单（支付清单）；

（三）其他能证明交易真实合法的交易单证。

第十条 办理服务贸易外汇收支业务，金融机构应按规定期限留存审查后的交易单证备查；境内机构和境内个人应按规定期限留存相关交易单证备查。

第十一条 国家外汇管理局及其分支机构（以下简称外汇局）有权对第二条至第十条规定事项进行监督检查。

外汇局通过外汇监测系统，监测服务贸易外汇收支情况，对外汇收支异常的境内机构、境内个人和相关金融机构进行非现场核查、现场核查或检查，查实外汇违法行为。

第十二条 下列服务贸易外汇收支，外汇管理另有明确规定的，从其规定；没有明确规定的，按照本指引及其实施细则执行：

（一）境内个人的服务贸易外汇收支；

（二）海关特殊监管区域内境内机构的服务贸易外汇收支；

（三）金融机构自身的服务贸易外汇收支；

（四）因资本和金融项目交易发生的服务贸易外汇收支；

（五）货物贸易外汇管理有明确规定的服务贸易外汇收支。

第十三条　收益和经常转移项下外汇管理按照本指引执行。

第十四条　违反本指引规定的，由外汇局依据《中华人民共和国外汇管理**条例**》及相关规定予以处罚。

第十五条　国家外汇管理局依据本指引制定实施细则。

第十六条　本指引由国家外汇管理局负责解释。

第十七条　本指引自 2013 年 9 月 1 日起施行。之前规定与本指引规定不一致的，按照本指引执行。

国家税务总局　国家外汇管理局关于服务贸易等项目对外支付税务备案有关问题的公告

为便利对外支付和加强跨境税源管理，现就服务贸易等项目对外支付税务备案有关问题公告如下：

一、境内机构和个人向境外单笔支付等值5万美元以上（不含等值5万美元，下同）下列外汇资金，除本公告第三条规定的情形外，均应向所在地主管国税机关进行税务备案，主管税务机关仅为地税机关的，应向所在地同级国税机关备案：

（一）境外机构或个人从境内获得的包括运输、旅游、通信、建筑安装及劳务承包、保险服务、金融服务、计算机和信息服务、专有权利使用和特许、体育文化和娱乐服务、其他商业服务、政府服务等服务贸易收入；

（二）境外个人在境内的工作报酬，境外机构或个人从境内获得的股息、红利、利润、直接债务利息、担保费以及非资本转移的捐赠、赔偿、税收、偶然性所得等收益和经常转移收入；

（三）境外机构或个人从境内获得的融资租赁租金、不动产的转让收入、股权转让所得以及外国投资者其他合法所得。

外国投资者以境内直接投资合法所得在境内再投资单笔5万美元以上的，应按照本规定进行税务备案。

二、境内机构和个人（以下称备案人）在办理对外支付税务备案时，应向主管国税机关提交加盖公章的合同（协议）或相关交易凭证复印件（外文文本应同时附送中文译本），并填报《服务贸易等项目对外支付税务备案表》（一式三份，以下简称《备案表》，见附件1）。

同一笔合同需要多次对外支付的，备案人须在每次付汇前办理税务备案手续，但只需在首次付汇备案时提交合同（协议）或相关交易凭证复印件。

三、境内机构和个人对外支付下列外汇资金，无需办理和提交《备案表》：

（一）境内机构在境外发生的差旅、会议、商品展销等各项费用；

（二）境内机构在境外代表机构的办公经费，以及境内机构在境外承包工程的工程款；

（三）境内机构发生在境外的进出口贸易佣金、保险费、赔偿款；

（四）进口贸易项下境外机构获得的国际运输费用；

（五）保险项下保费、保险金等相关费用；

（六）从事运输或远洋渔业的境内机构在境外发生的修理、油料、港杂等各项费用；

（七）境内旅行社从事出境旅游业务的团费以及代订、代办的住宿、交通等相关费用；

（八）亚洲开发银行和世界银行集团下属的国际金融公司从我国取得的所得或收入，包括投资合营企业分得的利润和转让股份所得、在华财产（含房产）出租或转让收入以及贷款给我国境内机构取得的利息；

（九）外国政府和国际金融组织向我国提供的外国政府（转）贷款（含外国政府混合（转）贷

款）和国际金融组织贷款项下的利息。本项所称国际金融组织是指国际货币基金组织、世界银行集团、国际开发协会、国际农业发展基金组织、欧洲投资银行等；

（十）外汇指定银行或财务公司自身对外融资如境外借款、境外同业拆借、海外代付以及其他债务等项下的利息；

（十一）我国省级以上国家机关对外无偿捐赠援助资金；

（十二）境内证券公司或登记结算公司向境外机构或境外个人支付其依法获得的股息、红利、利息收入及有价证券卖出所得收益；

（十三）境内个人境外留学、旅游、探亲等因私用汇；

（十四）境内机构和个人办理服务贸易、收益和经常转移项下退汇；

（十五）国家规定的其他情形。

四、境外个人办理服务贸易、收益和经常转移项下对外支付，应按照个人外汇管理的相关规定办理。

五、备案人可通过以下方法获取《备案表》：

（一）在主管国税机关办税服务厅窗口领取；

（二）从主管国税机关官方网站下载。

六、备案人提交的资料齐全、《备案表》填写完整的，主管国税机关无须当场进行纳税事项审核，应编制《备案表》流水号，在《备案表》上盖章，1 份当场退还备案人，1 份留存，1 份于次月10 日前以邮寄或其他方式传递给备案人主管地税机关。

《备案表》流水号具体格式为：年份（2 位）+税务机关代码（6 位）+顺序号（6 位）。"年份"指公历年度后两位数字，"顺序号"为本年度的自然顺序号。

七、备案人完成税务备案手续后，持主管国税机关盖章的《备案表》，按照外汇管理的规定，到外汇指定银行办理付汇审核手续。

八、主管国税机关或地税机关应自收到《备案表》后 15 个工作日内，对备案人提交的《备案表》及所附资料进行审查，并可要求备案人进一步提供相关资料。审查的内容包括：

（一）备案信息与实际支付项目是否一致；

（二）对外支付项目是否已按规定缴纳各项税款；

（三）申请享受减免税待遇的，是否符合相关税收法律法规和税收协定（安排）的规定。

九、主管税务机关审查发现对外支付项目未按规定缴纳税款的，应书面告知纳税人或扣缴义务人履行申报纳税或源泉扣缴义务，依法追缴税款，按照税收法律法规的有关规定实施处罚。

十、主管国税机关、地税机关应加强对外支付税务备案事项的管理，及时统计对外支付备案情况及税收征管情况，填写《服务贸易等项目对外支付税务备案情况年度统计表》（见附件 2），并于次年 1 月 31 日前层报税务总局（国际税务司）。

十一、各级税务部门、外汇管理部门应当密切配合，加强信息交换工作。执行过程中如发现问题，应及时向上级部门反馈。

十二、本公告自 2013 年 9 月 1 日起施行。《国家税务总局　国家外汇管理局关于加强外国公司船舶运输收入税收管理及国际海运业对外支付管理的通知》（国税发〔2001〕139 号）、《国家税务总局　国家外汇管理局关于加强外国公司船舶运输收入税收管理及国际海运业对外支付管理的补充通知》（国税发〔2002〕107 号）、《国家税务总局　国家外汇管理局关于境内机构及个人对外支付技术转让费不再提交营业税税务凭证的通知》（国税发〔2005〕28 号）、《国家外汇管理局　国家税务总局关于服务贸易等项目对外支付提交税务证明有关问题的通知》（汇发〔2008〕64 号）、《国家税务总局关于印发〈服务贸易等项目对外支付出具税务证明管理办法〉的通知》（国税发〔2008〕122 号）、《国家外汇管理局关于转发国家税务总局服务贸易等项目对外支付出具税务证明管理办法的通知》(汇发〔2009〕1号)、《国家外汇管理局 国家税务总局关于进一步明确服务贸易等项目对外支付提交税务证明有关问题的通知》(汇发〔2009〕52号)和《国家税务总局关于修改〈服务贸易等项目对外支付出具税务证明申请表〉的公告》(国家税务总局公告2012年第54号)同时废止。

特此公告。

附件:

1. 服务贸易等项目对外支付税务备案表(略)

2. 服务贸易等项目对外支付税务备案情况年度统计表(略)

国家税务总局 国家外汇管理局

2013年7月9日

国家外汇管理局关于境内机构捐赠外汇管理有关问题的通知

为完善捐赠外汇管理，便利捐赠外汇收支，根据《中华人民共和国外汇管理条例》及其他相关规定，现将境内机构捐赠外汇管理有关问题通知如下：

一、本通知所称的捐赠是指境内机构与境外机构或境外个人之间无偿赠与及援助合法外汇资金的行为。

二、境内机构捐赠外汇收支必须遵守我国法律法规及其他相关管理规定，不得违背社会公德，不得损害公共利益和其他公民的合法权益。

三、境内机构应当通过捐赠外汇账户办理捐赠外汇收支。外汇指定银行（以下简称银行）应当为境内机构开立捐赠外汇账户，并纳入外汇账户管理信息系统进行管理。

除本通知另有规定外，捐赠外汇账户的开立、使用、变更、关闭按照经常项目外汇账户管理相关规定办理，其收入范围是：从境外汇入的捐赠外汇资金、从同名经常项目外汇账户或购汇划入的用于向境外捐赠的外汇资金；支出范围是：按捐赠协议约定的支出及其他捐赠支出。

境外非政府组织境内代表机构捐赠外汇账户收支范围是：境外非政府组织总部拨付的捐赠项目外汇资金及其在境内的合法支出。

境内企业接受或向境外营利性机构或境外个人捐赠，其捐赠外汇账户的开立、使用、变更、关闭按照资本项目外汇账户管理相关规定办理。

四、境内机构应按照本通知规定，提交相关单证并经银行审核通过后，方可办理捐赠外汇资金的入账及对外支付手续。

五、境内企业接受或向境外非营利性机构捐赠，应持以下单证在银行办理：

（一）申请书（境内企业在申请书中须如实承诺其捐赠行为不违反国家相关禁止性规定，已按照国家相关规定办理审批备案等手续，与其发生捐赠外汇收支的境外机构为非营利性机构，境内企业将严格按照捐赠协议使用资金，并承担由此产生的法律责任。格式见附件1）；

（二）企业营业执照复印件；

（三）经公证并列明资金用途的捐赠协议；

（四）境外非营利性机构在境外依法登记成立的证明文件（附中文译本）；

（五）在上述材料无法充分证明交易真实性时，要求提供的其他材料。

境内企业接受或向境外营利性机构或境外个人捐赠，按照跨境投资、对外债权债务有关规定办理。

六、县级以上（含）国家机关、根据有关规定不登记和免予社团登记的部分团体（名单见附件2）接受或向境外捐赠，应持申请书在银行办理外汇收支手续。

七、境外非政府组织境内代表机构凭申请书、境外非政府组织总部与境内受赠方之间的捐赠协议办理外汇入账手续。

八、除本通知第五、六、七条规定之外的其他境内机构办理捐赠外汇收支，应向银行提交以下单证：

（一）申请书（境内机构在申请书中须如实承诺该捐赠行为不违反国家相关禁止性规定，已按照国家相关规定办理审批备案等手续，并承担由此产生的法律责任）；

（二）有关管理部门颁发的登记证书复印件；

（三）列明用途的捐赠协议。

全国性宗教团体一次性接受等值100万元人民币以上（含）的捐赠外汇收入，还应提交国家宗教事务局批准接受该笔捐赠的证明文件；寺院、宫观、清真寺、教堂等宗教活动场所和地方宗教团体一次性接受等值100万元人民币以上（含）的捐赠外汇收入，还须提交所在地省级人民政府批准接受该笔捐赠的证明文件。

九、境内机构向境外捐赠，除按本通知规定提交相关单证外，还应按有关规定提交《服务贸易、收益、经常转移和部分资本项目对外支付税务证明》。

十、银行为境内机构办理捐赠外汇收支，应按规定审核相关单证，并及时向所在地外汇管理部门报告可疑或异常捐赠外汇收支信息。

银行应在审核单证上注明办理日期、金额并加盖业务印章后，留存相关单证五年备查。

十一、外汇管理部门应依法对捐赠外汇收支进行监督管理，并加强对捐赠外汇收支的非现场监管。

十二、对违反本通知及相关外汇管理规定的行为，依照《中华人民共和国外汇管理条例》等有关规定予以处罚。

十三、本通知自2010年3月1日起执行。以往规定与本通知规定相抵触的，按本通知执行。

各分局收到本通知后，应尽快转发辖内支局、城市商业银行、农村商业银行、外资银行；各中资外汇指定银行应尽快转发所辖分支机构。执行中如遇问题，请及时向国家外汇管理局反馈。

二〇〇九年十二月二十五日

中国人民银行　商务部　银监会　证监会　保监会　外汇局关于金融支持服务外包产业发展的若干意见

中国人民银行上海总部，各分行、营业管理部，省会（首府）城市中心支行；各省（自治区、直辖市）商务主管部门、银监局、证监局、保监局、国家外汇管理局分局；各政策性银行，国有商业银行，股份制商业银行，中国邮政储蓄银行，中国出口信用保险公司：

为深入贯彻落实《国务院办公厅关于当前金融促进经济发展的若干意见》（国办发〔2008〕126号）和《国务院办公厅关于促进服务外包产业发展问题的复函》（国办函〔2009〕9号）精神，加大金融对产业转移和产业升级的支持力度，重点做好20个示范城市服务外包产业发展的金融服务工作，现提出如下意见：

一、充分认识做好金融支持服务外包产业发展的重要意义

服务外包产业是智力人才密集型的现代服务业，具有信息技术承载高、附加值大、资源消耗低、环境污染少、吸纳高素质人才就业能力强、国际化水平高等特点。大力发展服务外包产业，符合实践科学发展观的要求，有利于转变经济发展方式、促进"资源节约型、环境友好型社会"建设和推动科技型中小企业发展，有利于优化出口结构、提高利用外资水平，有利于增加高校毕业生就业、扩大国内消费。

当前，服务外包产业快速发展，做好金融支持服务外包产业发展工作，是金融机构落实当前宏观调控政策，支持产业结构调整和优化信贷结构的"多赢"战略。金融机构要抓住国家产业政策支持服务外包产业加快发展的有力时机，充分考虑服务外包产业特点和企业的实际情况，配合对服务外包产业的优惠财税补贴政策，稳步有序开展促进服务外包产业发展的金融服务工作，努力通过加大对服务外包产业的金融支持，寻求新的盈利增长点。同时，金融机构要在符合监管要求的前提下，积极探索将非核心后台业务如呼叫中心、客户服务、簿记核算、凭证打印等，发包给有实力、有资质的服务外包企业，进一步提高金融服务的质量和效率。

二、全方位提升银行业支持服务外包产业发展的水平

积极发展符合服务外包产业需求特点的信贷创新产品。充分重视对服务外包企业现金流和资金流程的监控。在现有保理、福费廷、票据贴现等贸易融资工具的基础上，通过动态监测、循环授信、封闭管理等具体方式，开发应收账款质押贷款、订单贷款等基于产业链的融资创新产品。研究推动包括专有知识技术、许可专利及版权在内的无形资产质押贷款业务。

探索推动适合服务外包产业业态的多种信用增级形式。发挥政府、行业自律机构及服务外包企业等多方面的积极性，充分运用行业协会（管委会）牵头、服务外包信用共同体和企业间联保互保等多层次的外部信用增级手段。加强与信用担保机构的合作，鼓励以地方政府出资为主的担保机构优先支持服务外包企业。

深化延伸对服务外包产业配套服务的信贷支持。积极支持示范城市基础设施、投资环境、相关公共技术服务平台、公共信息网络平台的建设及运营。支持示范城市各类服务外包企业集中区域的开发建设。配合财政贴息政策，支持中西部地区国家级经济技术开发区内服务外包基础设施建设项目的建设开发。

鼓励银行业金融机构在符合商业原则的基础上，从 20 个服务外包示范城市中选取有一定基础的城市开展金融产品和服务创新试点，通过创新信贷产品和服务方式等途径切实加大对服务外包企业的信贷支持力度，以扶持一批有实力、有市场、有订单的服务外包企业尽快做大做强。

三、多渠道拓展服务外包企业直接融资途径

支持符合条件的服务外包企业境内外上市。积极推进多层次资本市场建设，创新融资品种，为符合条件的服务外包企业特别是具有自主创新能力的服务外包企业提供融资平台。加大对服务外包企业的上市辅导力度，力争支持一批有实力、发展前景好、就业能力强的服务外包企业在国内资本市场上市融资，提升我国服务外包企业的国际竞争力。

积极通过各类债权融资产品和手段支持服务外包企业。鼓励现有符合条件的服务外包企业充分运用短期融资券、中期票据和公司债、可转换债券等直接融资工具满足企业经营发展的资金需求。探索发行服务外包中小企业集合债券。鼓励各类担保机构联合提供担保服务，提高集合债券信用等级。

支持各类社会资金通过参控股或债权等投资方式支持服务外包企业发展。鼓励产业投资基金、股权投资基金及创业投资企业加大对服务外包企业的投资力度。

四、完善创新适应服务外包企业需求特点的保险产品

完善出口信用保险政策。中国出口信用保险公司要降低短期险费率，对国别风险较小的国家降低中长期险费率，切实提高出口信用保险对示范城市服务外包产业出口的覆盖率。

创新保险产品类型。各中资保险公司要积极发展科技保险，加大对符合服务外包企业特点的保险服务支持。逐步建立服务外包企业产品研发、技术出口的保险保障机制，为服务外包企业"走出去"战略提供服务。创新商业化保险产品，加强对服务外包企业商业信用风险保障，为服务外包企业提供出口收汇保障、商账追收服务和保险项下的贸易融资便利等服务。积极采取市场运作、政策引导、政府推动等方式，加快发展责任保险，特别是适应服务外包企业发展的知识产权侵权险、员工忠诚险、产品责任险、产品质量险等责任保险品种。通过产品创新为服务外包企业提供包括设备、财产、技术以及技术人员人身安全在内的一揽子风险保障。

五、改进外汇管理，便利服务外包企业外汇收支

降低服务外包企业的汇率风险。鼓励服务外包企业发展离岸外包业务时采用人民币计价结算。积极培育外汇市场，在现有外汇远期、掉期等汇率风险管理工具的基础上，大力推动人民币汇率避险产品的发展。

简化服务外包企业外汇收支审核手续。对服务外包企业对外支付一定金额以下的服务贸易、收益和经常转移外汇资金，免交税务证明。对符合条件的服务外包企业发展离岸外包业务给予账户开立、资金汇兑等方面的政策便利。允许经政府主管部门认定的承接服务外包业务的企业开立经常项目外汇专用账户，用于收付代外包客户发放的薪酬、津贴等外汇资金，并简化服务外包业务相关的外汇收支审核手续。对经政府主管部门认定的服务外包企业在境内转（分）包离岸服务外包业务，可以凭服务外包企业资格认定文件、转（分）包合同或协议直接在金融机构办理境内外汇划转。

六、加强工作协作及政策指导，推动政策有效落实

加强部门间的配合协调，建立相应工作机制。各地金融管理部门应会同商务主管部门，在政策规划、项目信息、人员培训和宣传方面加强合作与交流，建立信息共享和工作协调机制，结合促进服务外包产业发展的"千百十工程"，主动做好优质服务外包项目、企业与金融机构间的对接工作，

提升服务外包企业的融资能力，扶持服务外包示范城市建设。

加强政策指导和监测评估。各地金融管理部门要会同当地商务主管部门做好政策的贯彻落实工作，根据辖区服务外包产业的发展特点，在 2009 年 9 月末前制定辖区内的具体落实措施，切实抓好贯彻实施工作。加强信贷政策指导，做好服务外包产业信贷政策的评估工作，建立定期通报制度。加强服务外包企业贷款的专项统计与监测分析。

请人民银行上海总部，各分行、营业管理部、省会（首府）城市中心支行会同所在省（区、市）商务主管部门、银监局、证监局、保监局、国家外汇管理局分局将本意见联合转发至辖内相关机构。

二〇〇九年九月七日

国家外汇管理局综合司关于规范电子银行个人结售汇业务接入审核工作的通知

国家外汇管理局各省、自治区、直辖市分局、外汇管理部，深圳、大连、青岛、厦门、宁波市分局，各中资外汇指定银行：

为进一步便利和规范银行开办电子银行个人结售汇业务，根据《电子银行个人结售汇业务管理暂行办法》（汇发〔2011〕10号印发）（以下简称《办法》），现将有关问题通知如下：

一、银行因开办电子银行个人结售汇业务，申请将电子银行系统接入个人结售汇管理信息系统（以下简称电子银行个人结售汇系统接入）时，按照以下原则办理：

（一）国有商业银行、全国性股份制银行、中国邮政储蓄银行（以下简称全国性银行）应由其总行向国家外汇管理局（以下简称总局）提出申请，由总局负责接入审核工作。

（二）上述全国性银行以外的其它地方性银行和外资银行应由其总行向所在地国家外汇管理局分局、外汇管理部（以下简称分局）提出申请，由分局负责接入审核工作。

（三）银行经验收合格接入个人结售汇管理信息系统后，其省级和计划单列市分行应于总行授权其开办电子银行个人结售汇业务后30日内，按照《办法》规定，向所在地分局备案。

二、银行申请电子银行个人结售汇系统接入时，应首先进行联调测试。申请进行联调测试时，银行总行应填写《个人结售汇管理信息系统测试环境接入申请表》（附件1），加盖公章后提交总局或分局。总局或分局技术部门在征求业务部门同意后，向银行开放测试用户。

三、银行开展联调测试后，总局或分局技术部门应当根据《办法》规定，严格审查银行提交的技术材料及其联调测试情况，对其进行技术审查。

四、银行完成联调测试并通过技术审查后，由总局或分局业务部门和技术部门共同对其开展现场验收，验收通过后银行总行方可向总局或分局提交正式接入申请。

五、各分局应当按照《办法》规定，加强对电子银行个人结售汇系统接入审核工作的内部约束和监督，在办理具体手续时逐项审查、填写并留存《电子银行个人结售汇系统接入审核表》（附件2），并在批准银行电子银行个人结售汇系统接入的同时报备总局。

六、各分局应对银行开办的电子银行个人结售汇业务加强非现场监测，确保相关信息真实、完整、准确地录入个人结售汇管理信息系统，并按年对辖内银行开办电子银行个人结售汇业务进行总结。

各分局接到本通知后，应尽快转发辖内中心支局、支局、城市商业银行、农村商业银行、外资银行；各中资外汇指定银行应尽快转发所辖分支机构。执行中如遇问题，请及时向总局经常项目管理司和科技司反馈。

联系电话：010-68402275；010-68402417

特此通知。

附件：

1. 个人结售汇管理信息系统测试环境接入申请表（略）
2. 电子银行个人结售汇系统接入审核表（略）

国家外汇管理局综合司
2013 年 8 月 13 日

电子银行个人结售汇业务管理暂行办法

第一章 总 则

第一条 为促进电子银行个人结售汇业务发展，便利银行和个人办理结售汇业务，规范电子银行个人结售汇业务管理，根据《中华人民共和国外汇管理条例》及《个人外汇管理办法》等有关规定，制定本办法。

第二条 电子银行个人结售汇业务是指通过网上银行、电话银行、自助终端等银行非柜台渠道办理的个人结售汇业务。

第三条 开办电子银行个人结售汇业务的银行总行（包括在境内未设总行的外国银行分行，下同）及其分支机构应具有个人结售汇业务经营资格。

第四条 银行经国家外汇管理局（以下简称外汇局）验收合格后方可将本行电子银行系统接入个人结售汇管理信息系统（以下简称个人结售汇系统），办理电子银行个人结售汇业务。

第五条 境内个人年度总额以内经常项目非经营性结售汇和境外个人年度总额以内经常项目非经营性结汇可通过电子银行办理；除上述情况以外的个人结售汇业务应按规定通过银行柜台办理，法规另有规定的除外。

第六条 办理电子银行个人结售汇业务的个人，应具有凭以下有效身份证件（不含临时证件）开立的人民币结算账户或外汇储蓄账户：

（一）境内个人的中华人民共和国居民身份证；

（二）外国人（包括无国籍人）的外国护照；

（三）港澳同胞的港澳居民来往内地通行证，台湾同胞的台湾居民来往大陆通行证。

个人办理电子银行个人结售汇业务时，应当遵守有关结售汇年度总额管理规定，不得以分拆等方式逃避限额监管。

第七条 个人应通过本人人民币结算账户和外汇储蓄账户办理电子银行个人结售汇业务。

第八条 银行在为个人办理电子银行结售汇业务时，应核实录入个人结售汇系统的国别代码、身份证件号码与业务办理账户开户国别信息、身份证件号码相符。

第九条 银行和个人办理电子银行个人结售汇业务时，应符合其他有关外汇管理规定。

第十条 外汇局及其分支局负责对电子银行个人结售汇业务进行统计、监测、管理和检查。

第二章 电子银行个人结售汇系统接入管理

第十一条 近 2 年内无重大违反个人外汇管理规定行为，并符合本办法第一、三章规定及《电子银行系统接入个人结售汇系统的技术要求》（见附）的银行，应由其总行向外汇局报告并开通测试用户，使用外汇局个人结售汇测试系统进行联调测试。

第十二条 银行总行经外汇局确认通过联调测试后，方可向外汇局申请电子银行系统接入个人结售汇系统（以下简称电子银行个人结售汇系统接入），开办电子银行个人结售汇业务。

第十三条 银行申请电子银行个人结售汇系统接入时，应提交以下材料：

（一）系统接入申请；

（二）业务运营方案，应包含分拆结售汇筛查及管理方案；

（三）系统接入技术方案；

（四）内部操作规程；

（五）系统接入测试报告；

（六）外汇局要求的其他材料。

第十四条 外汇局根据银行上报的申请材料，对电子银行个人结售汇系统接入情况及业务管理方案进行验收，并在验收后做出准予接入或不予接入的书面决定。

第十五条 银行电子银行个人结售汇系统接入经外汇局验收合格后，增加网上银行、电话银行、自助终端等不同业务办理渠道，使用相同技术标准的，持本办法第十三条（二）至（五）项规定的材料向外汇局分别申请报备，经外汇局同意后方可办理。银行增加境外个人等电子银行结售汇主体的，也应照此办理。

银行增加业务办理渠道，使用不同技术标准的，应按照本办法的相关规定，另行申请接入个人结售汇系统。

对于同一种业务办理渠道，同一家银行的分支机构应与其总行使用同一电子银行系统开办个人结售汇业务。

第十六条 经验收合格可以办理电子银行个人结售汇系统接入的银行，其省级和计划单列市分行应于总行授权开办电子银行个人结售汇业务后30日内，向所在地外汇局分局备案。

第十七条 银行分行办理电子银行个人结售汇业务备案时，应提交以下材料：

（一）备案申请；

（二）总行电子银行个人结售汇系统接入经外汇局验收合格的文件；

（三）外汇局要求的其他材料。

第十八条 银行总行决定取消电子银行个人结售汇系统接入的，应提前30日就取消系统接入的原因及相关问题处置方案等向外汇局报备。

银行省级或计划单列市分行决定取消电子银行个人结售汇系统接入的，应提前30日就取消系统接入的原因及相关问题处置方案等向所在地外汇局分局报备。所在地外汇局分局将有关情况上报外汇局。

第十九条 银行总行取消电子银行个人结售汇系统接入后，需要重新接入系统的，应于取消接入1年后，按照本办法相关规定向外汇局重新申请。

银行省级或计划单列市分行取消电子银行个人结售汇系统接入后，需要重新接入系统的，应于取消接入1年后，按照本办法相关规定向所在地外汇局分局重新备案。

第三章 日常业务管理

第二十条 银行办理电子银行个人结售汇业务，应当实时访问个人结售汇系统，并确保相关交易信息真实、完整、准确地录入个人结售汇系统。

第二十一条 电子银行个人结售汇业务原则上应由其业务办理账户所属分支机构负责具体管理和数据维护，并由所在地外汇局分支局进行监督管理。

通过自助终端办理的个人结售汇业务也可由设备摆放所在分支机构负责具体管理和数据维护。

第二十二条 银行办理电子银行个人结售汇业务，应使用电子银行专用柜员号。电子银行专用柜员号不得与柜台业务的柜员号交叉使用。

第二十三条 银行应建立有效的内部核对和纠错机制，每日核对电子银行个人结售汇业务数据，确保录入个人结售汇系统的信息及时、准确和完整，并留存相关材料5年备查。

第二十四条 银行对于以分拆方式办理个人结售汇业务的个人，应纳入"关注名单"管理。根据有关外汇管理法规认定的个人分拆结售汇行为特征，结合柜台业务办理情况，定期筛查涉嫌分拆结售汇业务的客户名单，列入"关注名单"管理。

对于列入"关注名单"的个人，银行应自列入之日起当年及之后2年内，拒绝为其办理电子银行个人结汇和售汇业务。银行可根据情况适当延长拒绝办理时限。银行在柜台为列入"关注名单"的个人办理业务时，应严格执行有关规定。

第四章 罚 则

第二十五条 未经外汇局验收合格，银行不得擅自将电子银行系统接入个人结售汇系统，违者将根据《中华人民共和国外汇管理条例》第四十七条及其他相关规定予以处罚。

第二十六条 银行在办理电子银行个人结售汇业务时，违反有关个人分拆外汇管理规定及其他个人外汇管理规定的，由外汇局及其分支局根据《中华人民共和国外汇管理条例》第四十一条、第四十七条、第四十八条及其他相关规定予以处罚。情节严重的，由外汇局责令停止电子银行系统接入个人结售汇系统。

第二十七条 个人违反本办法规定的，由外汇局及其分支局根据《中华人民共和国外汇管理条例》第四十一条、第四十八条及其他相关规定予以处罚。

第五章 附 则

第二十八条 本办法由外汇局负责解释。
第二十九条 本办法自2011年4月1日起施行。

国家外汇管理局关于进一步完善个人结售汇业务管理的通知

国家外汇管理局各省、自治区、直辖市分局、外汇管理部，深圳、大连、青岛、厦门、宁波市分局；各中资外汇指定银行：

为进一步完善个人结售汇管理，遏制个人以分拆等方式规避限额监管，规范个人手持外币现钞结汇行为，现就有关问题通知如下：

一、个人不得以分拆等方式规避个人结汇和境内个人购汇年度总额管理。个人分拆结售汇行为主要具有以下特征：

（一）境外同一个人或机构同日、隔日或连续多日将外汇汇给境内5个以上（含，下同）不同个人，收款人分别结汇。

（二）5个以上不同个人同日、隔日或连续多日分别购汇后，将外汇汇给境外同一个人或机构。

（三）5个以上不同个人同日、隔日或连续多日分别结汇后，将人民币资金存入或汇入同一个人或机构的人民币账户。

（四）个人在7日内从同一外汇储蓄账户5次以上（含）提取接近等值1万美元外币现钞；或者5个以上个人同一日内，共同在同一银行网点，每人办理接近等值5000美元现钞结汇。

（五）同一个人将其外汇储蓄账户内存款划转至5个以上直系亲属，直系亲属分别在年度总额内结汇；或者同一个人的5个以上直系亲属分别在年度总额内购汇后，将所购外汇划转至该个人外汇储蓄账户。

（六）其他通过多人次、多频次规避限额管理的个人分拆结售汇行为。

二、银行发现个人结售汇行为符合本通知第一条规定的特征之一的，应按照以下规定处理：

（一）对于个人分拆结售汇特征明显、银行能够确认为分拆结售汇行为的，应不予办理。

（二）个人结售汇行为符合上述特征之一，但银行无法直接确认为分拆结售汇行为的，经常项目项下银行应按照经常项目外汇收支真实性审核原则，要求个人提交有交易额的相关证明材料后办理；个人无法提供的，银行应不予办理。资本项目项下银行应按照《个人外汇管理办法实施细则》第三章等个人资本项目管理规定处理。

（三）银行在事后核查中发现个人涉嫌分拆结售汇的，应注意收集相关线索，避免同一个人再次办理分拆业务，同时于发现之日起3个工作日内向国家外汇管理局所在地分支局（以下简称"外汇局"）报告。

三、个人手持外币现钞结汇，应按照以下规定办理：

（一）本年度未超过年度结汇总额的个人手持外币现钞结汇，当日外币现钞结汇累计金额在等值5000美元以下（含）的，凭本人有效身份证件在银行办理；当日累计金额超过等值5000美元的，凭本人有效身份证件、本人经海关签章的《中华人民共和国海关进境旅客行李物品申报单》

（以下简称"海关进境申报单"）或本人原存款银行外币现钞提取单据在银行办理。

（二）本年度已超过年度结汇总额的个人手持外币现钞结汇，经常项目项下的凭本人有效身份证件、本人海关进境申报单或本人原存款银行外币现钞提取单据以及《个人外汇管理办法实施细则》（汇发〔2007〕1号）第二章规定的有交易额的相关证明材料在银行办理；资本项目项下凭本人有效身份证件、本人海关进境申报单或本人原存款银行外币现钞提取单据并按照《个人外汇管理办法实施细则》第三章等个人资本项目管理规定办理。

四、个人经常项目项下非经营性购汇，购汇资金来源应限于人民币现钞、本人或其直系亲属的人民币账户和银行卡内资金。

五、个人本外币兑换特许业务试点机构比照银行，适用本通知规定。

六、银行、个人本外币兑换特许业务试点机构和个人应严格遵守《个人外汇管理办法》（中国人民银行令〔2006〕第3号）、《个人外汇管理办法实施细则》以及本通知规定。违反本通知规定的，由外汇局根据《中华人民共和国外汇管理条例》（2008年8月5日中华人民共和国国务院令第532号）第四十七条、第四十八条及其他相关规定予以处罚。

七、本通知自下发之日起执行。

国家外汇管理局各分局、外汇管理部接到本通知后，应立即转发辖内支局、城市商业银行、农村商业银行、外资银行、个人本外币兑换特许业务试点机构；各中资外汇指定银行应尽快转发所辖分支机构。执行中如遇问题，请及时向国家外汇管理局反馈。

二〇〇九年十一月十九日

国家外汇管理局关于个人对外贸易经营
有关外汇管理问题的通知

国家外汇管理局各省、自治区、直辖市分局、外汇管理部，深圳、大连、青岛、厦门、宁波市分局，各中资外汇指定银行：

为促进对外贸易发展，推动贸易便利化，完善外汇管理，现就个人对外贸易经营者从事对外货物贸易的有关外汇管理政策问题通知如下：

一、本通知所称个人对外贸易经营者，是指依法办理工商登记或者其他执业手续，取得个人工商营业执照或者其他执业证明，并按照国务院商务主管部门的规定，办理备案登记（依法不需要办理备案登记的除外），取得对外贸易经营权，从事对外贸易经营活动的个人。

二、个人对外贸易经营者从事对外货物贸易经营活动，应当在海关办理"中国电子口岸"入网手续后，到工商登记或者取得其他执业资格所在地的外汇局（以下简称外汇局）办理"对外付汇进口单位名录"或者出口收汇核销备案登记手续。办理上述手续后，个人对外贸易经营者才能开立个人对外贸易结算账户，办理外汇收付。

三、个人对外贸易经营者办理"对外付汇进口单位名录"或出口收汇核销备案登记时，应当向外汇局提供下列材料：

（一）申请书；

（二）个人有效身份证明正本及复印件；

（三）依法取得的工商营业执照或者其他执业证明（副本）及复印件；

（四）加盖备案登记印章的对外贸易经营者备案登记表正本及复印件；

（五）海关注册登记证明书以及复印件；

（六）组织机构代码证书及复印件；

（七）中国电子口岸 IC 卡；

（八）外汇局要求的其他材料。

外汇局审核上述材料无误后，为个人对外贸易经营者办理相应手续。

四、个人对外贸易经营者经外汇局批准，可以按实际经营需要开立个人对外贸易结算账户。

开立个人对外贸易结算账户，应当凭下列材料向外汇局申请：

（一）开户申请书；

（二）本人有效身份证明正本及复印件；

（三）加盖备案登记印章的对外贸易经营者备案登记表正本及复印件；

（四）组织机构代码证书及复印件；

（五）外汇局要求的其他材料。

外汇局审核无误后颁发"经常项目业务核准件"，个人对外贸易经营者凭该核准件到所在地经营外汇业务的银行（以下简称银行）办理开户手续。银行开立个人对外贸易结算账户时，应当在账户名称中加注"个人"字样的标识。

五、个人对外贸易经营者对外贸易结算账户纳入外汇账户管理信息系统管理，其限额按个人对外贸易经营者货物贸易实际外汇收入的100%核定。

有关个人对外贸易经营者对外贸易结算账户纳入外汇账户管理信息系统的接口程序和技术规范，总局将另行发文布置。在此之前，上述账户的开立、关闭等外汇管理手续暂时采用手工操作。

个人对外贸易经营者对外贸易结算账户的收入支出范围为货物贸易进出口项下的收付汇，包括货物贸易从属项下的收支。

六、个人对外贸易结算账户为现汇账户，不得存入和提取外币现钞。

同一个人对外贸易结算账户和个人外币储蓄现汇账户可以相互划转外汇资金，但个人储蓄现汇账户向个人对外贸易结算账户划款仅限于划款当日的对外支付，不得用于结汇。个人对外贸易结算账户可以向个人外币储蓄现钞账户划转资金，但个人外币储蓄现钞账户不得向个人对外贸易结算账户内划转资金。

七、个人对外贸易经营者从事对外货物贸易经营活动，可以直接到银行办理购汇对外支付、结汇手续，也可以通过个人对外贸易结算账户办理，但不得通过个人外币储蓄账户直接办理对外付汇手续，也不得与本人其他外币储蓄账户串用或者混用。

八、个人对外贸易经营者对外支付货物贸易项下预付货款，一次支付等值3万美元（含3万美元）以下的，应持进口合同、进口付汇核销单及形式发票等相关证明材料到银行办理对外支付手续；一次支付超过等值3万美元的，应持进口合同、进口付汇核销单、形式发票和预付货款保函到银行办理。

九、个人对外贸易经营者从事货物贸易出口所得的外汇收入，可以直接结汇，或存入个人对外贸易结算账户结汇，也可以存入个人对外贸易结算账户并划转至个人外币储蓄现汇账户后结汇。

（一）一次性结汇等值1万美元（含1万美元）以下的，凭本人身份证明到银行直接办理。

（二）一次性结汇或者1日内累计结汇等值1万美元以上的：

1. 以信用证、保函、跟单托收等方式结算的，凭该结算方式下的有效商业单据办理结汇手续。

2. 以汇款方式结算，属于自营出口直接结汇和存入个人对外贸易结算账户后结汇的，凭本人身份证明、出口报关单和出口收汇核销单等证明材料，经银行审核真实性后办理。

（三）存入个人对外贸易结算账户并转入个人外币储蓄现汇账户结汇的，除按前两项规定的标准审核相应证明材料外，还应当遵守《国家外汇管理局关于规范居民个人外汇结汇管理有关问题的通知》（汇发〔2004〕18号）的规定。

十、对于需要使用出口收汇核销单出口报关的监管方式，个人对外贸易经营者应当按现行规定向外汇局申领核销单。外汇局根据其业务量状况、核销业绩等经审核后确定发单数量，向其发放核销单。对于新开户个人对外贸易经营者，第一次申领核销单还需持合同正本及复印件，经外汇局审核后根据具体情况确定发单数量，为其发放核销单。

十一、个人从事对外贸易经营活动时从境外收到或者向境外支付款项，应当按照《国际收支统计申报办法》及相关规定办理国际收支统计申报，填写相应的对公单位申报单。

十二、个人对外贸易经营者办理技术进出口和服务贸易项下外汇收付业务，按照境内机构非贸易项下有关外汇管理规定办理。个人资本与金融项目外汇收支，按照现行有关外汇管理规定办理。

个人对外贸易经营者从事边境贸易或在保税区、出口加工区等特殊经济区域从事对外货物贸易经营活动，不适用本通知的规定。

十三、个人对外贸易经营者应当接受外汇局的监督、检查。如违反本通知以及其他外汇管理规定，由外汇局依照《中华人民共和国外汇管理条例》以及其他外汇管理法规中的规定，予以处罚；

构成犯罪的，由司法机关依法追究刑事责任。

十四、本通知未做规定或者规定不明确的其它外汇管理问题，参照现行境内机构从事对外贸易活动的外汇管理政策执行。

本通知自发布之日起30天后施行。各分局、外汇管理部收到本通知后，应尽快转发辖内支局和银行，并对外公布。各中资外汇指定银行应尽快转发所属分支行。执行中如遇问题，请及时向国家外汇管理局反馈。

境内机构外币现钞收付管理暂行办法

第一条 为完善境内机构外币现钞收付管理，根据《结汇、售汇及付汇管理规定》第十一条和第十五条规定，特制定本办法。

第二条 本办法所称境内机构外币现钞收付系指境内机构从事对外贸易和非贸易活动所发生的外币现钞提取、支付、收取、结汇和转现汇行为。

第三条 境内机构资本项目项下不得收付外币现钞。

第四条 境内机构单笔提取不超过等值一万美元的外币现钞，可以持《结汇、售汇及付汇管理规定》（以下简称《规定》）中第二章规定的有效凭证和有效商业单据直接到经营外汇业务的银行（以下简称银行）办理。

第五条 境内机构单笔提取超过等值一万美元的外币现钞，须持《规定》中规定的有效凭证和有效商业单据向外汇局申请，由外汇局审核真实性后予以核准。银行须凭外汇局核准件办理。外汇局在核准外币现钞提取时，应区分贸易和非贸易性质，审核外币现钞提取的真实性和必要性。对于贸易项下银行汇路畅通的，原则上不得支付外币现钞。

第六条 外商投资企业支付外籍、华侨、港澳台职工工资和境外差旅费，如需提取外币现钞，单笔不超过等值一万美元的可以持董事会决议、完税证明直接到银行办理；单笔超过等值一万美元的，须持董事会决议、完税证明向外汇局申请，由外汇局审核真实性后予以核准。银行须凭外汇局核准件办理。

第七条 境内机构进出口贸易项下佣金（含回扣）不得收付外币现钞。

第八条 除另有规定者外，境内机构从事非贸易活动一般不得收取外币现钞，如因特殊情况收取的外币现钞，必须报外汇局核准后向银行办理结汇。

第九条 境内机构从事对外贸易活动收取的外币现钞必须向银行办理结汇，不得自行保留或存入银行转为现汇。

第三编　资本项目类
政策法规

国家外汇管理局关于推广资本项目
信息系统的通知

国家外汇管理局各省、自治区、直辖市分局、外汇管理部，深圳、大连、青岛、厦门、宁波市分局，各中资外汇指定银行：

为进一步推动资本项目便利化、加强跨境资本流动统计监测和风险防范，国家外汇管理局决定，自 2013 年 5 月 13 日起在全国推广资本项目信息系统。现就有关事项通知如下：

一、自 2013 年 5 月 13 日起，国家外汇管理局及其分支局（以下简称外汇局）和境内银行应通过资本项目信息系统为境内主体办理各类资本项目业务。

除 2013 年外商投资企业年检仍通过直接投资外汇管理信息系统进行外，外汇局不再使用直接投资外汇管理信息系统、外债统计监测管理系统、高频债务监测预警系统、外汇账户管理信息系统为境内主体办理各类资本项目业务。境内银行不再在直接投资外汇管理信息系统中进行信息备案。

二、外汇局为境内主体办理各类资本项目业务时，应为该主体出具加盖业务公章的相应业务办理凭证（含核准件、业务登记凭证）。境内银行凭该业务办理凭证上列示的信息在资本项目信息系统中查询核准件或控制信息表，确认合规后方可为该主体办理业务。对需要外汇局核准的业务，银行应在资本项目信息系统中对该核准件进行核注。

直接投资外汇管理信息系统 IC 卡外汇登记证不再使用。国家外汇管理局各分局、外汇管理部（以下简称各分局）应参照重要空白凭证销毁的有关规定，销毁已经领取但尚未使用的 IC 卡外汇登记证。

三、境内银行为境内主体办理各项资本项目业务时，应按照《国家外汇管理局关于做好调整境内银行涉外收付凭证及相关信息报送准备工作的通知》（汇发〔2011〕49 号）、《国家外汇管理局关于规范境内银行资本项目数据报送的通知》（汇发〔2012〕36 号）、《国家外汇管理局关于资本项目信息系统试点及相关数据报送工作的通知》（汇发〔2012〕60 号）的要求，协助和督促该主体按照业务办理的顺序及时准确申报涉外收付款、境内收付款信息、账户内结售汇和账户信息，并按照《资本项目业务的业务编号/核准件号填写规范》（见附件 1）的要求，根据资本项目信息系统提示的内容准确填写"外汇局批件号/备案表号/业务编号"栏。

2013 年 5 月 13 日以前开立的核准件，应报送原账户系统开立的核准件编号，并在开头添加"11"字样，即"11+原账户系统开立的核准件编号"。

由于上述数据报送错误，导致无法在核准信息/登记信息和交易信息间建立关联的，外汇局应要求该主体及相关银行修正原数据信息并上报。

四、境内银行应严格控制账户信息、账户内结售汇信息、银行自身资本项目业务数据和部分银行资本项目代客业务数据等通过接口方式或资本项目信息系统报送的数据错误率。

各分局资本项目管理部门应安排专人逐日跟踪辖内银行相关数据错误率。对错误率超过 1%的银行要通过电话、约谈、现场调研等方式向该银行了解原因，并督促银行尽快降低错误率。对于错误率偏高或被发现数据漏报错报的银行，应按照银行执行外汇管理规定情况考核的相关要求扣分。

各分局资本项目管理部门应在每月初 5 个工作日内向国家外汇管理局资本项目管理司（以下简称资本司）报送辖内银行数据质量跟踪简报（资本司综合处门户网邮箱：genl@capital.safe），总结上月辖内银行数据质量情况并就银行数据质量存在的问题提出解决方案。

各分局科技管理部门应积极参与和配合业务部门开展数据质量跟踪和检查工作。

五、按照《国家外汇管理局关于财务公司账户数据接口规范的通知》（汇发〔2012〕55 号）要求开发了账户信息接口的企业集团财务公司，报送账户信息的有关要求参照境内银行执行。

六、境内银行不再通过外债统计监测系统报送 2013 年 10 月 1 日以后发生的外债数据，不再通过国家外汇管理局应用服务平台（ASONE）报送 2013 年 10 月 1 日以后发生的 QFII、QDII 和 RQ-FII 报表。

境内银行不再报送 2013 年 10 月 1 日以后发生的对外担保、国内外汇贷款、境外担保项下境内贷款、外汇质押人民币贷款、商业银行人民币结构性存款、合格境外机构投资者（QFII）境内证券投资、人民币合格境外机构投资者（RQFII）境内证券投资、合格境内机构投资者（QDII）境外证券投资、境内个人参与境外上市公司股权激励计划等业务的相关纸质报表（废除报送的纸质报表名录见附件 2）。

境内银行应在 2013 年 5 月 10 日 17：00 以前，将截至当日已经发生的直接投资业务，按照《国家外汇管理局关于进一步改进和调整直接投资外汇管理政策的通知》（汇发〔2012〕59 号）要求在直接投资外汇管理信息系统中进行信息备案。国家外汇管理局将于 2013 年 5 月 10 日 17：30 开始进行直接投资外汇管理信息系统数据迁移。如由于境内银行未及时备案导致数据迁移错误，由银行承担相应后果。

各分局停止报送 2013 年 10 月及以后的《资本项目及附属项目流动和汇兑月报表》。

七、外汇局为境外机构办理外商直接投资项下前期费用登记、合格境外机构投资者（QFII）投资额度审批、人民币合格境外机构投资者（RQFII）投资额度审批、不良资产备案登记等四类业务时，应确认该境外机构是否已经申领特殊机构代码。如从未申领特殊机构代码，则该境外机构应当按照特殊机构代码赋码业务的有关规定向外汇局资本项目管理部门提交有效的批文或证明，以申领特殊机构代码。资本项目管理部门对境外机构提交的有效批文或证明审核无误后，填具《特殊机构代码申领表》（见附件 3）并交同级国际收支部门。国际收支部门通过全国组织机构代码管理中心办理特殊机构代码赋码业务后，将赋码信息通过资本项目管理部门反馈该境外机构。

境内银行为境外机构办理上述四类业务相关的账户开关户、涉外收付款、境内收付款、账户内结售汇等外汇业务时，应将特殊机构代码作为其唯一标识，境内银行不得为上述机构重复申领特殊机构代码。

八、推广要求

（一）资本项目信息系统推广工作由国家外汇管理局统一安排。各分局应高度重视此项工作，成立专门的推广领导小组和工作小组，组织协调推广工作。领导小组组长由分管副局长担任，小组成员应包括资本项目管理部门、国际收支部门和科技部门的人员。各分局应于 2013 年 4 月 30 日前将领导小组和工作小组成员名单和联系方式报资本司。

（二）2013 年 5 月 6 日至 5 月 12 日，外汇局、境内银行和境内主体应按照《资本项目信息系统推广上线准备工作要求》（见附件 4）完成网络、浏览器设置、用户创建和权限维护等上线准备工作。

（三）各分局应当按照国家外汇管理局和本分局内控制度要求，制定符合本分局实际情况和业务特点的资本项目信息系统管理规定，并于 2013 年 6 月 30 日前报国家外汇管理局资本项目管理司备案。各分局应当监督和指导辖内各级分支机构建立和执行相应的资本项目信息系统管理规定。

（四）如遇资本项目信息系统故障导致无法及时为辖内主体办理资本项目业务时，各分局应及时向资本司和外汇业务数据监测中心（科技司）报告。如遇紧急情况，各分局可手工为辖内主体办理业务，待系统恢复后尽快在资本项目信息系统中补录并将业务办理凭证补交该主体。

（五）为保证历史数据查询，请各分局确保外债统计监测系统的相关查询统计功能正常运行至2013年底。

各分局收到本通知后，应及时转发给辖内中心支局、支局、外资银行、财务公司、会计师事务所，并组织相关培训，加强对推广工作的组织和协调。各中资外汇指定银行应尽快将本通知转发各分支机构。

在推广工作中，如遇问题需要咨询，请与国家外汇管理局资本项目信息系统试点推广办公室联系。联系电话：010-68402125（业务）、010-68402519/2683（技术）。传真：010-68402208。外汇局内网邮箱：safecfa@mail.safe，外汇局互联网邮箱：safecfa@safe.gov.cn。

特此通知。

附件：

1. 资本项目业务的业务编号/核准件号填写规范（略）
2. 2013年10月以后停止报送的纸质报表名录（略）
3. 特殊机构代码申领表（参考格式）（略）
4. 资本项目信息系统推广上线准备工作要求（略）

国家外汇管理局

2013年4月25日

国家外汇管理局关于资本项目信息系统
试点及相关数据报送工作的通知

国家外汇管理局各省、自治区、直辖市分局、外汇管理部，深圳、大连、青岛、厦门、宁波市分局，各中资外汇指定银行：

资本项目信息系统是根据《中华人民共和国国民经济和社会发展第十二个五年规划纲要》中关于"逐步实现人民币资本项目可兑换"的要求和国家外汇管理局《外汇管理"十二五"信息化发展规划纲要》，由国家外汇管理局建设的重要电子政务系统，是进一步推动资本项目便利化、加强跨境资本流动统计监测和风险防控的重要手段。为做好资本项目信息系统推广准备工作，国家外汇管理局决定自 2012 年 12 月 3 日起进行资本项目信息系统试点工作。现就有关事宜通知如下：

一、外汇账户内结售汇、账户信息和银行资本项目数据报送安排

（一）中国工商银行自 2012 年 12 月 3 日开始，按照《国家外汇管理局关于做好调整境内银行涉外收付凭证及相关信息报送准备工作的通知》（汇发〔2011〕49 号）和《国家外汇管理局关于规范境内银行资本项目数据报送的通知》（汇发〔2012〕36 号）的要求，进行外汇账户内结售汇、账户信息和银行资本项目数据（不含双边贷款、对外担保履约、QFII、RQFII、QDII、股权激励计划等银行代客业务和银行月度资产负债信息）报送试点。自 2013 年 1 月 14 日开始，中国工商银行增加双边贷款、对外担保履约、QFII、RQFII、QDII、股权激励计划等银行代客业务和银行月度资产负债信息的报送。

（二）其他境内银行自 2013 年 1 月 14 日开始向国家外汇管理局报送外汇账户内结售汇、账户信息和银行资本项目数据（含 QFII、RQFII、QDII、股权激励计划等银行代客业务和银行月度资产负债信息）。

完成外汇账户内结售汇、账户信息和银行资本项目数据接口验收和联调工作的银行，应尽快启动数据报送，并在启动数据报送前的五个工作日内将启动日期报所在地外汇局，由国家外汇管理局各分局、外汇管理部（以下简称各分局）汇总后报国家外汇管理局资本项目管理司。国家外汇管理局将根据银行在接口联调时上报的接口方式对生产环境进行设置。

未能在 2013 年 1 月 14 日开始报送外汇账户内结售汇和账户信息的银行，由于信息缺失原因，暂无法为辽宁、陕西、浙江（不含宁波，以下均同）、大连等参加资本项目信息系统业务试点的地区企业办理资本项目业务。

未能在 2013 年 1 月 14 日前完成银行资本项目数据接口程序验收和联调工作的银行，可向所在地外汇局申请适当延后报送数据，但报送数据的时间不得晚于 2013 年 3 月 31 日。

（三）首次数据报送要求。境内银行应按照《首次报送数据范围》（见附件 1）做好各类业务数据的准备和首次报送工作。延后报送数据的境内银行也应按照《首次报送数据范围》进行补报。

（四）各分局自 2013 年 4 月 1 日起，对本分局辖区内报送数据和相关的纸质报表进行数据质量

评估，确保上述数据的完整性、准确性和一致性。对数据质量存在问题的银行，各分局应及时与银行沟通，解决数据质量问题。各分局应在 2013 年 4 月 20 日前将数据质量评估报告报总局资本项目管理司。

（五）按照《国家外汇管理局关于财务公司账户数据接口规范的通知》（汇发〔2012〕55 号）要求开发了账户信息接口的企业集团财务公司，报送账户信息的时间要求参照其他境内银行执行。

（六）国家外汇管理局将《国家外汇管理局关于规范境内银行资本项目数据报送的通知》（汇发〔2012〕36 号）中《银行资本项目数据采集规范（1.0 版）》和《外汇账户数据采集规范（1.0 版）》修订为《银行资本项目数据采集规范（1.1 版）》（见附件 3）、《外汇账户数据采集规范（1.1 版）》（见附件 4）。

二、资本项目信息系统业务试点安排

（一）试点内容

自 2013 年 1 月 14 日起，在辽宁、浙江（不含宁波）、陕西、大连等四个地区（以下简称试点地区）进行资本项目信息系统业务试点。试点内容包括上述试点地区外汇局（以下简称试点分局）为辖内主体办理的各类资本项目业务以及境内银行为在全国范围内为试点地区主体办理的各类资本项目业务。

（二）试点要求

1. 试点工作由国家外汇管理局统一安排。试点分局应高度重视此项工作，成立专门的试点领导小组和工作小组，组织协调试点工作。试点分局应于 2012 年 11 月 30 日前将领导小组和工作小组成员名单和联系方式报国家外汇管理局资本项目管理司，领导小组组长由分管副局长担任，小组成员应包括资本项目管理部门、国际收支部门和科技部门的人员。在试点期间，参与试点的人员应保持相对固定。

2. 试点分局应按《资本项目信息系统试点方案》（见附件 2）要求组织开展辖内试点工作。

3. 试点分局应建立简报制度，及时反映试点情况。

4. 试点分局应于 2013 年 4 月 30 日之前对系统试点进行评估和总结，就资本项目信息系统和《资本项目信息系统操作手册》提出改进建议并上报国家外汇管理局。

5. 试点期间的相关工作安排，将通过外汇局内部邮箱发送给试点分局，试点分局应及时关注邮箱中发布的信息，并严格按照工作计划完成相关工作。

各分局收到本通知后，应及时转发给辖内中心支局、支局、外资银行和财务公司，组织相关培训，并加强对试点工作的组织和协调。各中资外汇指定银行应尽快将本通知转发至各自分支机构。

在试点工作中，如遇问题需要咨询，请与国家外汇管理局资本项目信息系统试点推广办公室联系。联系电话：68402125（业务）、68402519（技术）。传真电话：68402208。外汇局内网邮箱：safecfa@mail.safe。

附件：

1. 首次报送数据范围（略）

2. 资本项目信息系统试点方案（略）

3. 银行资本项目数据采集规范（1.1 版）（略）

4. 外汇账户数据采集规范（1.1 版）（略）

国家外汇管理局

2012 年 11 月 22 日

国家外汇管理局关于取消和调整部分资本项目外汇业务审核权限及管理措施的通知

国家外汇管理局各省、自治区、直辖市分局、外汇管理部，深圳、大连、青岛、厦门、宁波市分局；各中资外汇指定银行：

为进一步减少行政许可项目，促进贸易投资便利化，稳步推动人民币资本项目可兑换进程，根据《中华人民共和国行政许可法》、《中华人民共和国外汇管理条例》及相关外汇管理规定，国家外汇管理局（以下简称总局）决定取消和调整部分资本项目外汇业务审核权限，并调整部分贸易信贷管理措施。现就有关问题通知如下：

一、取消贸易信贷登记管理中的延期付款超期限登记核准

企业在进口报关单海关签发日期 120 天（含）后办理延期付款提款登记的，无需到所在地外汇局办理超期限登记核准手续，贸易信贷登记管理系统不再对其进行特殊的红色标记处理。

《国家外汇管理局行政许可项目表》（汇发〔2010〕43 号，以下简称《行政许可项目表》）第 12.9 项"境内企业进口延期付款基础比例、延期付款额度及延期付款超期限登记核准"中境内企业进口延期付款超期限登记相关内容失效，第 12.9 项名称变更为"境内企业进口延期付款基础比例、延期付款额度核准"。

二、取消贸易信贷登记管理中的预付货款退汇核准

企业预付货款发生退汇的，可直接登录贸易信贷登记管理系统办理注销手续，并按经常项目外汇管理相关规定办理退汇资金的入账等手续。

《行政许可项目表》第 20.5 项"企业进口预付货款退汇核准"失效。

三、取消减持境外上市公司国有股份所得外汇资金划转至全国社保基金备案

减持境外上市公司国有股份所得外汇资金划转至全国社保基金，授权外汇指定银行直接办理。境内公司可持关于上缴国有股减持所得资金的情况说明及相关真实性证明等材料，向其境内股票专用账户开户行申请将外汇资金划转至财政部专用外汇账户（相关业务操作规程详见附件）。

《行政许可项目表》第 23.7 项"减持境外上市公司国有股份所得外汇资金划转至全国社保基金备案"失效。

四、部分融资性对外担保余额指标核定业务审核权限由总局下放至分局、外汇管理部

授权国家外汇管理局各分局、外汇管理部（以下简称各分局）按照现行对外担保管理规定，为辖内注册的外汇指定银行（明确规定由总局核定指标的除外）核定融资性对外担保余额指标，并将指标核定情况逐笔向总局报备。各分局应按季度向总局报送辖内担保人对外担保余额指标执行情况。

五、将贸易信贷项下预付货款基础比例从 30% 提高到 50%

以上审核权限和贸易信贷管理措施取消或调整后，各分局、外汇指定银行应完善相应的内控管

理制度，加强人员培训，严格执行。各分局应加大事后监督和核查力度，进一步加强统计监测。

本通知自 2011 年 6 月 1 日起实施。请各分局尽快将本通知转发至辖内中心支局、支局和辖内银行；各中资银行尽快将本通知转发至分支机构。执行中如遇问题，请及时向国家外汇管理局资本项目管理司反馈。

联系电话：010-68402250。

特此通知。

二〇一一年五月二十三日

附件 1：外汇指定银行办理相关业务操作规程

附件 1：

外汇指定银行办理相关业务操作规程

外汇指定银行办理减持境外上市公司国有股份所得外汇资金划转全国社保基金相关业务操作规程

法规依据	1.《中华人民共和国外汇管理条例》（国务院令 2008 年第 532 号） 2.《减持国有股筹集社会保障资金管理暂行办法》（国发〔2001〕22 号） 3.《国家外汇管理局、中国证监会关于进一步完善境外上市外汇管理有关问题的通知》（汇发〔2002〕77 号） 4.《国家外汇管理局关于完善境外上市外汇管理有关问题的通知》（汇发〔2003〕108 号） 5.《国家外汇管理局关于境外减持外汇收入上缴全国社会保障基金有关问题的通知》（汇发〔2004〕64 号） 6.《国家外汇管理局关于境外上市外汇管理有关问题的通知》（汇发〔2005〕6 号） 7.《国家外汇管理局关于下放部分资本项目外汇业务审批权限有关问题的通知》（汇发〔2005〕63 号） 8. 其他相关法规
审核材料	书面申请（应明确股票减持所得资金的测算说明和应缴、拟缴外汇资金数量）； 盖有境外上市外资股公司或境外中资控股上市公司的境内股权持有单位所在地外汇局业务印章的《境外上市外资股公司境外上市股票外汇登记表》或《境外中资控股上市公司境外上市股票外汇登记表》。
审核原则	由境外上市外资股公司或境外中资控股上市公司的境内股权持有单位在资金调回境内后 10 个工作日内提出书面申请。
审核要素	审核材料的规范性、齐备性及材料之间的一致性。
授权范围	境外上市公司境内股票专用外汇账户开户行或境外中资控股上市公司的境内股权持有单位外汇账户开户行直接办理。
注意事项	减持资金直接以外汇原币划转。 划转资金应直接进入财政部在国内银行开立的专用外汇账户内。港元账户：户名：财政部；开户银行：中信银行总行营业部；账号：7111011383100000182。 美元账户：户名：财政部；开户银行：中信银行总行营业部；账号：7111011483300001971。

境内企业内部成员外汇资金集中运营管理规定

第一章 总 则

第一条 为便利和支持境内企业经营和外汇资金运用行为，完善境内企业外汇资金内部运营管理，提高外汇资金使用效率，根据《中华人民共和国外汇管理条例》等相关法规，制定本规定。

第二条 本规定所称的境内企业，是指在中华人民共和国境内依法登记，以资本为联结纽带，由母公司、子公司及其他成员企业或机构共同组成的企业法人联合体（不含金融机构）。

本规定所称内部成员，是指母公司及其控股 51% 以上的子公司；母公司、子公司单独或者共同持股 20% 以上的公司，或者持股不足 20% 但处于最大股东地位的公司；母公司、子公司下属的事业单位法人或者社会团体法人。

第三条 外汇资金集中运营管理，是指境内企业内部成员（以下简称境内企业）依照本规定及其他外汇管理有关规定，使用境内自有外汇资金的行为，包括相互拆放外汇资金、实施外币资金池管理、通过内部财务公司开展即期结售汇业务。

第四条 境内企业相互拆放外汇资金，可通过外汇指定银行或经核准设立并具有外汇业务资格的内部财务公司（以下简称财务公司）以委托贷款的方式进行。

境内企业开展外币资金池业务，可在委托贷款的法律框架下通过外汇指定银行或财务公司进行。

第五条 境内企业相互拆放外汇资金、开展外币资金池业务，应当以其资本金外汇账户、经常项目外汇账户内可自由支配的外汇资金进行。

境内企业相互拆放外汇资金、开展外币资金池业务，应坚持全收全支原则，不得自行轧差结算，并应参照国际金融市场同期商业贷款利率水平约定拆放利率，不得畸高或畸低。

第六条 境内企业委托贷款资金不得结汇使用，不得用于质押人民币贷款。若需结汇使用，境内企业应将来源于其资本金外汇账户或经常项目外汇账户的委托贷款资金原路返回至其原划出资金的资本金外汇账户、经常项目外汇账户后，再按相关规定办理结汇。

委托贷款资金汇入境内企业原划出资金的资本金外汇账户时，不占用该资本金外汇账户最高限额；汇入银行在答复针对该笔资金的银行询证函时，应在备注栏注明"委贷资金"，会计师事务所不得凭此类银行询证函回函为外商投资企业办理验资业务。

第七条 境内企业应按照有关外汇管理规定履行国际收支申报等各项统计报告义务及外汇资金的收付手续。

第二章 境内企业相互拆放外汇资金业务管理

第八条 境内企业相互拆放外汇资金，可选择放款人或借款人所在地的一家外汇指定银行（或财务公司）作为受托人（以下简称受托银行），受托银行应按照本规定要求审核境内企业资格条件无误后，与放款人、借款人签订外汇委托贷款合同。

第九条 境内企业相互拆放外汇资金，借款人应在受托银行开立外汇委托贷款专用账户。

第十条 外汇委托贷款专用账户的收入范围为借款人委托贷款收入及划入的还款资金本息；支出范围为借款人偿还委托贷款本息、经常项目外汇支出及经核准的资本项目外汇支出。

第十一条 受托银行在办理放款或还款资金在放款人资本金外汇账户或经常项目外汇账户与借款人外汇委托贷款专用账户之间的划转手续时，无须经国家外汇管理局及其分支局（外汇管理部，以下简称外汇局）核准。

借款人办理还本付息手续可按照国内外汇贷款相关规定进行。

受托银行应于每月初 5 个工作日内向所在地外汇局报备外汇委托贷款的相关情况（参考格式见附 1）。

第十二条 境内企业相互拆放外汇资金，如放款期满或借款人要求分期还款、提前还款的，受托银行应监督并协助放款人和借款人遵守以下路径还款：首先按放款人资本金外汇账户原划出的金额将还款资金划回该资本金外汇账户，直至补足从该资本金外汇账户划出的金额，剩余本息可划入经常项目外汇账户。

第十三条 非本规定第二条所指的企业以委托贷款方式相互拆放外汇资金参照上述相关条款执行。

第三章 境内企业外币资金池业务管理

第十四条 开展外币资金池业务的境内企业应依法注册成立，注册资本均已按期足额到位，且最近两年内未存在违反外汇管理法规行为。

第十五条 在委托贷款框架下开展外币资金池业务，应由其中一家参与的内部成员作为主办企业（以下简称主办企业），由其牵头对所有参与的内部成员（以下简称参与成员）的外汇资金进行集中运营。

主办企业原则上应选择一家受托银行，向受托银行出具相应的授权委托书后，由受托银行向所在地国家外汇管理分局（外汇管理部，以下简称所在地外汇分局）提交以下材料：

（一）书面申请，包括但不限于：境内企业基本情况、参加外币资金池的主办企业和参与成员的名单、股权结构及其实际控制人等；

（二）主办企业出具的授权受托银行办理外币资金池业务的书面文件；参与成员的参与确认文件；主办企业、参与成员以及受托银行等就境内外币资金池而拟订的委托贷款协议文本；

（三）外币资金池运作方案，包括但不限于：主办企业拟开立的作为外币资金池外汇委托贷款主账户及参与成员拟开立的作为外币资金池外汇委托贷款子账户的收支范围；上述账户透支业务的处理原则；委托贷款及还款资金的区分方法及其资金来源；资金划转条件及划转路径；

（四）受托银行为实施外币资金池运作方案而制定的内控制度和相关内部操作规程，以及实施外币资金池运作方案的技术条件和技术保障措施的说明；

（五）外汇局要求的其他相关材料。

所在地外汇分局收到上述完整材料审核无误后，应在 20 个工作日内，作出核准或不予核准的决定。对于核准的，出具批复文件；不予核准的，做出不予核准的书面决定并说明理由。

受托银行取得所在地外汇分局核准后，应将正式签署的协议、外币资金池运作方案等材料报所在地外汇分局备案后，方可正式实施外币资金池业务。

第十六条 在委托贷款框架下开展外币资金池业务，应严格依据所在地外汇分局核准的内容及经所在地外汇分局确认的外币资金池运作方案办理业务。经确认的外币资金池运作方案所涉账户开立、境内外汇划转等事项，受托银行可凭所在地外汇分局核准文件为主办企业和参与成员办理。

受托银行应将本行办理的外币资金池运作情况，于每月初10个工作日内向所在地外汇分局报送外币资金池业务月报表（参考样式见附2）。

如参与成员发生变化的，受托银行应及时与境内企业重新签订或修改相关协议，报经所在地外汇分局备案通过后，方可按照增加或减少后的参与成员范围继续实施外币资金池方案。

第十七条　在委托贷款框架下开展外币资金池业务，受托银行与参与成员可协商约定日间透支额度，允许参与成员从其外汇委托贷款子账户进行透支支付，该透支金额必须在当日由其资本金外汇账户和经常项目外汇账户内资金，或从主办企业收回（或拆入、划入）的委托贷款资金及时进行弥补，不得隔日。

受托银行可与主办企业约定委托贷款主账户的隔日透支额度，主办企业应从参与成员收回（或拆入、划入）的委托贷款资金、或以其资本金外汇账户和经常项目外汇账户内资金及时对透支金额予以弥补。

第十八条　在委托贷款框架下开展外币资金池业务，主办企业外汇委托贷款主账户的收入范围是：拆入的委托贷款、收回的委托贷款本金和利息或从其资本金外汇账户和经常项目外汇账户划入的资金；支出范围是：拆出的委托贷款、归还的委托贷款本金和利息、原路划回其资本金外汇账户和经常项目外汇账户的资金、划入其经常项目外汇账户的委托贷款利息，或用于其经常项目对外支付。

参与成员外汇委托贷款子账户的收入范围是：拆入的委托贷款、收回的委托贷款本金和利息以及其资本金外汇账户和经常项目外汇账户划入的资金；支出范围是：拆出的委托贷款、归还的委托贷款本金和利息、原路划回其资本金外汇账户和经常项目外汇账户的资金、划入其经常项目外汇账户的委托贷款利息，或用于其经常项目对外支付。

第十九条　境内企业通过财务公司以吸收参与成员外汇存款、对参与成员发放外汇贷款的方式开展外汇资金运营业务，或财务公司在主管部门核准的经营范围内，吸收参与成员外汇存款，向参与成员发放外汇贷款，所涉及的外汇账户开立、境内外汇划转等事项无须经外汇局核准。

财务公司应按照有关规定通过外汇账户管理信息系统报送相关数据。

第四章　境内企业通过财务公司开展即期结售汇业务管理

第二十条　境内企业通过财务公司开展即期结售汇业务，包括财务公司对参与成员的人民币与外汇之间兑换的业务以及财务公司因自身经营活动需求产生的人民币与外汇之间兑换的业务。

第二十一条　财务公司开展即期结售汇业务，应符合以下条件：

（一）经核准具有相关金融业务及外汇业务经营资格；

（二）具有完备的结售汇业务内部管理制度，包括但不限于：结售汇业务内控制度、操作规程、统计报告制度、单证管理制度；独立的结售汇业务会计科目及核算办法；完善的国际收支申报业务内部管理规章制度；

（三）具有完备的结售汇业务技术条件和基础设施，包括结售汇汇价接收、发送管理系统；报送国际收支统计申报数据和结售汇统计数据所必备的技术条件；两名以上相关专业人员；适合开展结售汇业务的场所；

（四）最近两年内未存在违反外汇管理法规行为；

（五）外汇局规定的其他条件。

第二十二条　境内企业通过财务公司开展即期结售汇业务，应由财务公司向所在地外汇分局提交以下材料：

（一）书面申请，包括但不限于：境内企业基本情况、所有参与成员的名单、股权结构及其实际控制人等；所有参与成员的外汇收支和结售汇情况；开展即期结售汇业务的可行性分析报告；

（二）财务公司《金融许可证》及其业务范围的批复文件；财务公司资本金或营运资金的验资报告；所有参与成员的参与确认文件；

（三）结售汇业务内部管理规章制度；国际收支申报业务内部管理规章制度；结售汇汇价接收、发送管理系统及查询报送相关数据的设备等情况；从事结售汇业务的高管人员的名单履历；财务公司和所有参与成员最近两年经审计的财务报表；

（四）外汇局要求的其他相关材料。

所在地外汇分局在收到完整申请材料后应实地核查相关硬件设施，并在核查相关硬件设施符合标准后 20 个工作日内做出核准或不予核准的决定。对于核准的，出具批复文件，并抄报国家外汇管理局；不予核准的，做出不予核准的书面决定并说明理由。

第二十三条 财务公司应在取得即期结售汇业务经营资格后的 30 个工作日内，向所在地外汇分局申请核定结售汇综合头寸。

财务公司应在获得银行间即期外汇市场会员资格后按照结售汇管理的相关规定开展即期结售汇业务。

财务公司的分支机构不得经营即期结售汇业务。

第二十四条 财务公司开展即期结售汇业务应执行国家外汇管理局关于外汇指定银行办理外汇业务的有关管理要求，包括会计处理凭证审核及保管、自身结售汇、结售汇综合头寸、大额结售汇备案、挂牌汇价以及结售汇统计等各项规定。

参与成员从财务公司购汇后应在 5 个工作日内以自身名义对外支付除货物贸易外的其他经常项目支出。

第二十五条 若境内企业申请停办即期结售汇业务，应由财务公司向所在地外汇分局提交以下材料：

（一）书面申请（其中应说明停办原因和后续处理措施）；

（二）企业决定停办结售汇业务的文件；

（三）申请停办之前结售汇业务开展的情况；

（四）外汇局要求提供的其他材料。

所在地外汇分局在收到完整申请材料无误后 20 个工作日内，作出批复并抄报国家外汇管理局。

第五章 附 则

第二十六条 境内企业从事外汇资金集中运营，应遵守本规定及其他外汇管理有关规定，接受外汇局的监督、管理和检查。

第二十七条 国家外汇管理局可以根据我国国际收支形势及境内企业外汇资金集中运营情况，对外汇资金集中运营管理相关规定进行适时调整。

第二十八条 由同一境外母公司控股的境内企业内部成员适用此规定。

第二十九条 境内企业、外汇指定银行、财务公司违反本规定办理外汇业务的，由外汇局按照《中华人民共和国外汇管理条例》及相关外汇管理规定进行处罚。

境内企业、外汇指定银行、财务公司有违反本规定以及相关外汇管理规定的行为，情节严重的，所在地外汇分局可停止其外币资金池业务或结售汇业务。

第三十条 本规定由国家外汇管理局负责解释。

第三十一条 本规定自二〇〇九年十一月一日起实施。《国家外汇管理局关于跨国公司外汇资金内部运营管理有关问题的通知》（汇发〔2004〕104 号）、《国家外汇管理局关于企业集团财务公司开展即期结售汇业务有关问题的通知》（汇发〔2008〕68 号）同时废止。以前规定与本规定不一致的，按本规定执行。

附件（略）

国家外汇管理局关于调整部分资本项目外汇业务审批权限的通知

国家外汇管理局各省、自治区、直辖市分局、外汇管理部，深圳、大连、青岛、厦门、宁波市分局：

为简化行政审批手续和程序，促进投资贸易便利化，根据《中华人民共和国行政许可法》《中华人民共和国外汇管理条例》及相关外汇管理规定，国家外汇管理局（以下简称总局）决定对部分资本项目外汇业务审批权限进行调整。现就有关问题通知如下：

一、外商投资企业申请异地开立资本金账户，由所在地分局、外汇管理部（以下简称所在地分局）负责审批。

二、历史遗留的外商投资企业固定回报项目外方资金购付汇，由固定回报项目所在地分局负责审批。

三、非银行金融机构和企业为境外企业逐笔提供融资性（发行债券除外）和非融资性对外担保，符合规定的，由担保人所在地分局逐笔审批。

四、境内机构为境外机构发行债券（包括商业票据）提供的对外担保，由担保人所在地分局审批。

五、证券公司基金管理公司申请不涉及调整经营范围的《证券业务外汇经营许可证》的更换，由所在地分局负责审批。

六、证券公司基金管理公司终止外汇业务，由所在地分局负责审批。

七、合格境外机构投资者设立的开放式中国基金，其每月净申购或净赎回金额超过等值5000万美元的，由托管人所在地分局负责审批。

八、企业集团财务公司申请停止办理即期结售汇业务，由企业集团财务公司所在地分局负责审批。

九、移民财产转移购付汇核准，由移民原户籍所在地分局负责审批。其中，对外转移总金额超过等值人民币50万元的，所在地分局应将批准复函报总局备案。

十、继承财产转移购付汇核准，由被继承人生前户籍所在地分局负责审批。其中，对外转移总金额在等值人民币50万元以上的，所在地分局应将批准复函报总局备案。

所在地分局可根据辖区内具体情况，按照有关内控制度的要求，对辖内中心支局（支局）进行相应授权。

以上审批权限调整后，总局要按照"权责明确配置科学、风险可控便利主体"的原则，制定完善操作程序和政策标准，加强对分局的指导，强化对分局的监督。各分局要建立相应的内控管理制度，加强人员培训，加大对有关审批事项的事后监督和检查力度，并按照相关规定履行报备手续。在办理具体审批事项时，需严格执行有关规章和资本项目外汇业务操作规程的规定。在遇到重大情况和政策问题时，须及时向总局请示报告。各分局应进一步加强统计监测，严格按照有关规定及时、准确地向总局报送有关数据。

　　本通知自 2009 年 6 月 1 日起执行。

二〇〇九年五月六日

国家外汇管理局　建设部关于规范房地产市场外汇管理有关问题的通知

国家外汇管理局各省、自治区、直辖市分局、外汇管理部，深圳、大连、青岛、厦门、宁波市分局；各省、自治区建设厅，直辖市房地局（建委）；各中资外汇指定银行总行：

为落实建设部等六部委发布的《关于规范房地产市场外资准入和管理的意见》（建住房〔2006〕171号），促进房地产市场健康发展，现就规范房地产市场外资准入和管理所涉及的外汇管理事宜通知如下：

一、境外机构在境内设立的分支、代表机构（以下简称"境内分支、代表机构"）在注册登记地购买符合实际需要的自用商品房应按以下规定办理：

（一）从境外汇入购房款的，应持以下文件向外汇指定银行申请，外汇指定银行进行真实性审核确认后，将购房外汇资金结汇后直接划入房地产开发企业的人民币账户：

1. 商品房销售合同或预售合同；

2. 境内分支、代表机构获准设立的批准文件和有效登记证明；

3. 房地产主管部门出具的该境内分支、代表机构在注册登记地购房的商品房预售合同登记备案等相关证明；

4. 所购商品房符合实需自用原则的书面承诺。

房地产开发企业的经常项目外汇账户不得保留境内分支、代表机构境外汇入的购房款。

（二）从境内外汇账户支付购房款的，应持本条第（一）款规定的各项文件向外汇指定银行申请，外汇指定银行进行真实性审核确认后，将购房结汇资金直接划入房地产开发企业人民币账户。境内代表机构经常项目账户资金不得结汇购买境内商品房。

二、在境内工作、学习时间超过一年的境外个人，可购买符合实际需要的自住商品房，并按以下规定办理：

（一）从境外汇入购房款的，应持以下文件向外汇指定银行申请，外汇指定银行进行真实性审核确认后，将购房外汇资金结汇后划入房地产开发企业的人民币账户：

1. 商品房销售合同或预售合同；

2. 有效护照等身份证明；

3. 一年期以上的境内有效劳动雇佣合同或学籍证明；

4. 房地产主管部门出具的该境外个人在所在城市购房的商品房预售合同登记备案等相关证明。

房地产开发企业的经常项目外汇账户不得保留境外个人境外汇入的购房款。

（二）从境内外汇账户支付购房款的，应持本条第（一）款规定的各项文件向外汇指定银行申请，外汇指定银行进行真实性审核确认后，将购房结汇资金直接划入房地产开发企业人民币账户。

三、港澳台居民和华侨因生活需要，可在境内购买一定面积的自住商品房，并按以下规定办理：

（一）从境外汇入购房款的，应持以下文件向外汇指定银行申请，外汇指定银行进行真实性审核确认后，将购房外汇资金结汇后划入房地产开发企业的人民币账户：

1. 商品房销售合同或预售合同；

2.《港澳居民往来内地通行证》等有效身份证明；

3. 房地产主管部门出具的该境外个人在所在城市购房的商品房预售合同登记备案等相关证明。

房地产开发企业的经常项目外汇账户不得保留港澳台居民和华侨境外汇入的购房款。

（二）从境内外汇账户支付购房款的，应持本条第（一）款规定的各项文件向外汇指定银行申请，外汇指定银行进行真实性审核确认后，将购房结汇资金直接划入房地产开发企业人民币账户。

四、境内分支、代表机构和境外个人因故不能完成商品房交易的，需将退回的人民币购房款购汇汇出的，应持以下文件向原结汇外汇指定银行申请，外汇指定银行进行真实性审核确认后，可将人民币购房款及利息购汇划回境外机构或个人外汇账户：

1. 申请书（包括没有完成商品房交易的原因说明）；

2. 原结汇凭证；

3. 房地产开发企业与境内分支、代表机构或境外个人解除商品房买卖合同的证明文件；

4. 房地产主管部门出具的境内分支、代表机构或境外个人取消购买商品房的相关证明。

五、境内分支、代表机构和境外个人转让所购境内商品房取得的人民币资金，经商品房所在地国家外汇管理局分支局、外汇管理部（以下简称"外汇局"）审核确认以下文件后，方可购汇汇出：

（一）购汇申请书；

（二）商品房转让合同；

（三）房屋权属转让的完税证明文件。

六、外商投资房地产企业注册资本未全部缴付的，或未取得《国有土地使用证》的，或开发项目资本金未达到项目投资总额的 35% 的，不得向境外借用外债，外汇局不予办理外债登记和外债结汇核准。

七、境外机构和个人通过股权转让及其他方式并购境内房地产企业，或收购合资企业中方股权，未能以自有资金一次性支付全部转让款的，外汇局不予办理转股收汇外资外汇登记。

外商投资房地产企业的中外投资各方，在合同、章程、股权转让协议以及其他文件中，订立保证任何一方固定回报或变相固定回报条款的，外汇局不予办理外商投资企业外汇登记或登记变更。

八、境外机构和个人在境内银行开立的外国投资者专用外汇账户内的资金，不得用于房地产开发和经营。

九、外汇指定银行应当按照本通知的规定，严格审核和办理境内分支、代表机构和境外个人买卖境内商品房的外汇收支和汇兑业务。

外汇指定银行应按月汇总境内分支、代表机构和境外个人购买境内商品房的外汇收支和汇兑情况，并于每月 10 日前，将上月情况按照附表一格式报送所在地外汇局。

十、外汇局应加强对境内分支、代表机构和境外个人买卖商品房外汇收支以及汇兑的统计监测和监督管理，并加强与当地房地产主管部门的联系和沟通。每月 15 日前，将辖区内上月有关统计数据按照附表二的格式汇总后，上报国家外汇管理局。如发现异常、违规情况，应及时进行调查并报告。

房地产主管部门应严格商品房预售合同登记备案制度。同时，要加强部门间的协作配合，建立健全房地产外资交易信息共享、情况通报机制。

十一、外汇指定银行、境内分支、代表机构和境外个人违反本通知规定的，外汇局应根据《中华人民共和国外汇管理条例》及相关规定进行处罚。

房地产主管部门要认真贯彻执行有关法律、法规和政策，建立健全对房地产交易环节违法违纪行为的监督和惩戒机制，严肃查处房地产交易环节的违法违纪行为。

十二、本通知自发布之日起实施。其他以前规定与本通知相抵触的，以本通知为准。本《通知》生效前，境内分支、代表机构和境外个人已签订商品房买卖合同的，转让商品房涉及的汇兑事宜仍按原规定办理。

各分局、外汇管理部收到本通知后，应及时转发所辖中心支局和外资银行；各省、自治区建设厅，直辖市房地局（建委）收到本通知后，应及时转发所辖房地产主管部门；各外汇指定银行收到本通知后，应尽快转发所属分支机构。

附表：

一、境外机构和个人购买境内商品房外汇收支统计表（银行）（略）

二、境外机构和个人购买境内商品房外汇收支统计表（分局）（略）

中华人民共和国建设部、商务部、国家发展和改革委员会、中国人民银行、国家工商行政管理总局、国家外汇管理局关于规范房地产市场外资准入和管理的意见

各省、自治区、直辖市人民政府，国务院各部委、各直属机构：

今年以来，我国房地产领域外商投资增长较快，境外机构和个人在境内购买房地产也比较活跃。为促进房地产市场健康发展，经国务院同意，现就规范房地产市场外资准入和管理提出以下意见：

一、规范外商投资房地产市场准入

（一）境外机构和个人在境内投资购买非自用房地产，应当遵循商业存在的原则，按照外商投资房地产的有关规定，申请设立外商投资企业；经有关部门批准并办理有关登记后，方可按照核准的经营范围从事相关业务。

（二）外商投资设立房地产企业，投资总额超过 1000 万美元（含 1000 万美元）的，注册资本金不得低于投资总额的 50%。投资总额低于 1000 万美元的，注册资本金仍按现行规定执行。

（三）设立外商投资房地产企业，由商务主管部门和工商行政管理机关依法批准设立和办理注册登记手续，颁发一年期《外商投资企业批准证书》和《营业执照》。企业付清土地使用权出让金后，凭上述证照到土地管理部门申办《国有土地使用证》，根据《国有土地使用证》到商务主管部门换发正式的《外商投资企业批准证书》，再到工商行政管理机关换发与《外商投资企业批准证书》经营期限一致的《营业执照》，到税务机关办理税务登记。

（四）外商投资房地产企业的股权和项目转让，以及境外投资者并购境内房地产企业，由商务主管等部门严格按照有关法律法规和政策规定进行审批。投资者应提交履行《国有土地使用权出让合同》、《建设用地规划许可证》、《建设工程规划许可证》等的保证函，《国有土地使用证》，建设（房地产）主管部门的变更备案证明，以及税务机关出具的相关纳税证明材料。

（五）境外投资者通过股权转让及其他方式并购境内房地产企业，或收购合资企业中方股权的，须妥善安置职工、处理银行债务、并以自有资金一次性支付全部转让金。对有不良记录的境外投资者，不允许其在境内进行上述活动。

二、加强外商投资企业房地产开发经营管理

（六）对投资房地产未取得《外商投资企业批准证书》和《营业执照》的境外投资者，不得进行房地产开发和经营活动。

（七）外商投资房地产企业注册资本金未全部缴付的，未取得《国有土地使用证》的，或开发项目资本金未达到项目投资总额35%的，不得办理境内、境外贷款，外汇管理部门不予批准该企业的外汇借款结汇。

（八）外商投资房地产企业的中外投资各方，不得以任何形式在合同、章程、股权转让协议以及其他文件中，订立保证任何一方固定回报或变相固定回报的条款。

（九）外商投资房地产企业应当遵守房地产有关法律法规和政策规定，严格执行土地出让合同约定及规划许可批准的期限和条件。有关部门要加强对外商投资房地产企业开发、销售等经营活动的监管，发现囤积土地和房源、哄抬房价等违法违规行为的，要根据国办发〔2006〕37号文件及其他有关规定严肃查处。

三、严格境外机构和个人购房管理

（十）境外机构在境内设立的分支、代表机构（经批准从事经营房地产业的企业除外）和在境内工作、学习时间超过一年的境外个人可以购买符合实际需要的自用、自住商品房，不得购买非自用、非自住商品房。在境内没有设立分支、代表机构的境外机构和在境内工作、学习时间一年以下的境外个人，不得购买商品房。港澳台地区居民和华侨因生活需要，可在境内限购一定面积的自住商品房。

（十一）符合规定的境外机构和个人购买自用、自住商品房必须采取实名制，并持有效证明（境外机构应持我政府有关部门批准设立驻境内机构的证明，境外个人应持其来境内工作、学习，经我方批准的证明，下同）到土地和房地产主管部门办理相应的土地使用权及房屋产权登记手续。房地产产权登记部门必须严格按照自用、自住原则办理境外机构和个人的产权登记，对不符合条件的不予登记。

（十二）外汇管理部门要严格按照有关规定和本意见的要求审核外商投资企业、境外机构和个人购房的资金汇入和结汇，符合条件的允许汇入并结汇；相关房产转让所得人民币资金经合规性审核并确认按规定办理纳税等手续后，方允许购汇汇出。

四、进一步强化和落实监管责任

（十三）各地区、特别是城市人民政府要切实负起责任，高度重视当前外资进入房地产市场可能引发的问题，进一步加强领导，落实监管责任。各地不得擅自出台对外商投资房地产企业的优惠政策，已经出台的要清理整顿并予以纠正。建设部、商务部、发展改革委、国土资源部、人民银行、税务总局、工商总局、银监会、外汇局等有关部门要及时制定有关操作细则，加强对各地落实规范房地产市场外资准入和管理政策的指导和监督检查，对擅自降低企业注册资本金和项目资本金比例，以及管理不到位出现其他违法违规行为的，要依法查处。同时，要进一步加大对房地产违规跨境交易和汇兑违法违规行为的查处力度。

（十四）完善市场监测分析工作机制。建设部、商务部、统计局、国土资源部、人民银行、税务总局、工商总局、外汇局等有关部门要建立健全外资进入房地产市场信息监测系统，完善外资房地

产信息网络。有关部门要加强协调配合，强化对跨境资本流动的监测，尽快实现外资房地产统计数据的信息共享。

中华人民共和国建设部

中华人民共和国商务部

中华人民共和国国家发展和改革委员会

中国人民银行

中华人民共和国国家工商行政管理总局

国家外汇管理局

二〇〇六年七月十一日

国家外汇管理局关于下放部分资本项目外汇业务审批权限有关问题的通知

国家外汇管理局各省、自治区、直辖市分局、外汇管理部，深圳、大连、青岛、厦门、宁波市分局：

为简化行政审批手续和程序，根据《中华人民共和国行政许可法》及相关外汇管理法规的规定，国家外汇管理局（以下简称总局）决定进一步改进资本项目外汇管理方式及行政许可程序，将部分资本项目外汇业务审批权限下放到各分局、外汇管理部（以下简称分局）。现就有关问题通知如下：

一、关于对外担保审批

除为境外机构提供对外担保外，其余所有形式的对外担保（包括以境外机构或境外自然人为被担保人的对外房屋按揭担保），符合现行法规的，均由担保人所在地分局审批。

二、关于境外上市外资股公司回购本公司境外上市股票的审批

境外上市外资股公司回购本公司境外上市流通股份涉及购、付汇及境外开户审批的，若购、付汇金额低于 2500 万美元，由所在地分局审批；若购、付汇金额高于 2500 万美元（含 2500 万美元），仍应通过所在地分局报总局审批。

三、关于证券、信托、财务、金融租赁公司外汇资金结汇及购付汇的审批

经营外汇业务的证券公司、信托投资公司、企业集团财务公司、金融租赁公司购汇补充外汇资本金（或外汇营运资金），以及将超过规定要求的外汇资本金（或外汇营运资金）结汇由所在地分局审批。各分局应将辖内上述机构购付汇、结汇情况定期报总局资本项目管理司。

上述机构外汇利润结汇由所在地分局或授权下级支局审批。上述机构应当于每个会计年度结束后四个月内，或者于董事会批准当年分配方案后十个工作日内，按照《结汇、售汇及付汇管理规定》有关规定，向外汇局提出净利润结汇申请。

四、境外上市公司减持国有股以外汇形式上缴社保基金的核准

境外上市外资股公司、境外中资控股上市公司的境内股权持有单位申请将减持外汇收入划拨全国社保基金的，由所在地分局审批。

各分局可根据企业的申请，核准以上企业将减持外汇收入直接划拨至财政部开立的外汇账户。

五、改进外国投资者专用外汇账户（费用类）账户管理

将外国投资者专用外汇账户（费用类）限额由原来的 10 万美元，调整为 10 万美元或经投资主管部门批准的投资总额的 5%，账户有效期由原来的 3 个月延长至 6 个月。

六、简化个人财产对外转移审批方式

对超过等值 50 万元人民币个人财产对外转移（移民转移和继承转移）申请，各分局资本项目处或相关业务处在征得主管外汇业务的副局长（局长）同意后，可以处发文形式直接报总局资本项目管理司批准。

以上审批权限下放后，各分局要建立相应的内控管理制度，加强人员培训，加大对有关审批事项的事后监督和检查力度，并按照相关规定履行报备手续。在办理具体审批事项时，需严格执行有关法规和《资本项目外汇业务操作规程》的有关规定。在遇到重大情况和政策问题时，须及时向总局请示报告。总局将定期或不定期地对各分局的审批业务情况进行检查。另外，各分局应进一步加强统计监测，严格按照有关规定及时、准确地向总局报送有关数据。

国家税务总局　国家外汇管理局关于个人财产对外转移提交税收证明或者完税凭证有关问题的通知

各省、自治区、直辖市和计划单列市国家税务局、地方税务局，国家外汇管理局各省、自治区、直辖市分局、外汇管理部，深圳、大连、青岛、厦门、宁波市分局：

为落实《个人财产对外转移售付汇管理暂行办法》（中国人民银行公告〔2004〕第16号，以下简称《办法》），便利申请人办理业务，防止国家税收流失，现就《办法》所涉及个人财产对外转移提交税收证明或完税凭证的有关问题通知如下：

一、税务机关对申请人缴纳税款情况进行证明。税务机关在为申请人开具税收证明时，应当按其收入或财产不同类别、来源，由收入来源地或者财产所在地国家税务局、地方税务局分别开具。

二、申请人拟转移的财产已取得完税凭证的，可直接向外汇管理部门提供完税凭证，不需向税务机关另外申请税收证明。

申请人拟转移的财产总价值在人民币15万元以下的，可不需向税务机关申请税收证明。

三、申请人申请领取税收证明的程序如下：

（一）申请人按照本通知第五条的规定提交相关资料，按财产类别和来源地，分别向国税局、地税局申请开具税收证明。

开具税收证明的税务机关为县级或者县级以上国家税务局、地方税务局。

（二）申请人资料齐全的，税务机关应当在15日内开具税收证明；申请人提供资料不全的，可要求其补正，待补正后开具。

（三）申请人有未完税事项的，允许补办申报纳税后开具税收证明。

（四）税务机关有根据认为申请人有偷税、骗税等情形。需要立案稽查的，在稽查结案并完税后可开具税收证明。

申请人与纳税人姓名、名称不一致的，税务机关只对纳税人出具证明，申请人应向外汇管理部门提供其与纳税人关系的证明。

四、税务机关开具税收证明的内部工作程序由省、自治区、直辖市和计划单列市国家税务局、地方税务局明确。

五、申请人向税务机关申请税收证明时，应当提交的资料分别为：代扣代缴单位报送的含有申请人明细资料的《扣缴个人所得税报告表》复印件，《个体工商户所得税年度申报表》、《个人承包承租经营所得税年度申报表》原件，有关合同、协议原件，取得有关所得的凭证，以及税务机关要求报送的其他有关资料。

申请人发生财产变现的，应当提供交易合同、发票等资料。

必要时税务机关应当对以上资料进行核实；对申请人没有缴税的应税行为，应当责成纳税人缴清税款并按照税收征管法的规定处理后开具税收证明。

六、税务机关必须按照申请人实际入库税额如实开具证明，并审查其有无欠税情况，严禁开具虚假证明。

申请人编造虚假的计税依据骗取税收证明的，伪造、变造、涂改税收证明的，按照税收征管法及其实施细则的规定处理。

七、税务机关应当与当地外汇管理部门加强沟通和协作，要建立定期协调机制，共同防范国家税收流失。税务机关应当将有税收违法行为且可能转移财产的纳税人情况向外汇管理部门通报，以防止申请人非法对外转移财产。外汇管理部门审核过程中，发现申请人有偷税嫌疑的，应当及时向相应税务机关通报。

有条件的地方，税务机关应当与外汇管理部门建立电子信息交换制度，建立税收证明的电子传递、比对、统计、分析评估制度。

各地税务机关、外汇管理部门对执行中的问题，应及时向国家税务总局、国家外汇管理局反映。

附件：《税务局税收证明》式样（略）

个人财产对外转移售付汇管理暂行办法

(中国人民银行公告〔2004〕第 16 号)

第一条 为便利和规范个人财产对外转移行为，根据《中华人民共和国外汇管理条例》及其他法律、法规的有关规定，特制定本办法。

第二条 本办法所称个人财产对外转移包括移民财产转移（以下简称移民转移）和继承财产转移（以下简称继承转移）。移民转移是指从中国内地移居外国，或者赴香港特别行政区、澳门特别行政区定居的自然人（以下简称移民），将其在取得移民身份之前在境内拥有的合法财产变现，通过外汇指定银行购汇和汇出境外的行为。继承转移是指外国公民或香港特别行政区、澳门特别行政区居民（以下简称继承人）将依法继承的境内遗产变现，通过外汇指定银行购汇和汇出境外的行为。

第三条 申请人申请对外转移的财产应是本人所有的合法财产，且不得与他人有权益的争议。

第四条 国家外汇管理局及其分支机构（以下简称外汇局）负责个人财产对外转移的外汇管理工作。

第五条 申请人办理移民转移需向移民原户籍所在地外汇管理分局、外汇管理部（以下简称所在地外汇局）申请；申请人办理继承转移需向被继承人生前户籍所在地外汇局申请。申请人所在地国家外汇管理局中心支局可以代为接受申请材料。

第六条 移民转移必须一次性申请拟转移出境的全部财产金额，分步汇出。首次可汇出金额不得超过全部申请转移财产的一半；自首次汇出满一年后，可汇出不超过剩余财产的一半；自首次汇出满两年后，可汇出全部剩余财产。全部申请转移财产在等值人民币 20 万元以下（含 20 万元）的，经批准后可一次性汇出。

从同一被继承人继承的全部财产变现后拟转移出境的，必须一次性申请，可一次或分次汇出。继承人从不同被继承人处继承的财产应分别申请，分别汇出。

第七条 申请财产对外转移，可由本人办理，也可委托他人办理。

第八条 申请人申请办理移民转移，需向所在地外汇局提交以下材料：

（一）书面申请。内容包括：申请移民转移的原因；财产收入来源和财产变现的详细说明等。

（二）由申请人本人签名的《移民财产对外转移申请人情况表》。

（三）由申请人或其代理人签名的《个人财产对外转移外汇业务申请表》。

（四）申请人身份证明文件。

移居外国的，应当提供公安机关出具的中国户籍注销证明和中国驻外使领馆出具或认证的申请人在国外定居证明。

赴香港特别行政区或者澳门特别行政区定居的，应提交公安机关出具的内地户籍注销证明、香港特别行政区或者澳门特别行政区的居民身份证以及回乡证或者特区护照。

（五）申请人财产权利证明文件。如房屋产权证复印件、房地产买卖契约或拆迁补偿安置协议书以及其他证明文件。

（六）申请转移财产所在地或收入来源地主管税务机关开具的税收证明或完税凭证。

（七）外汇局要求提供的其他资料。

申请人办理第二次（包括第二次）以后资金汇出的，需提交所在地外汇局向申请人出具的批准复函、申请人前一次办理汇出时所在地外汇局核发的《资本项目外汇业务核准件》（以下简称"核准件"），向原批准地外汇局申请购汇、汇出核准。

委托他人办理的，还需提供委托代理协议和代理人身份证明。

委托代理协议、相关财产权利证明，未经公证的，应当进行公证。

第九条 申请人申请办理继承转移，需向所在地外汇局提交以下材料：

（一）书面申请。内容包括：申请继承转移的原因；申请人与被继承人之间的关系；被继承人财产来源和变现的详细书面说明等。

（二）由申请人或其代理人签名的《个人财产对外转移外汇业务申请表》。

（三）申请人身份证明文件。

申请人为外国公民的，应当提供中国驻外使领馆出具或认证的申请人在国外定居证明；申请人为香港特别行政区、澳门特别行政区居民的，应提供香港特别行政区或者澳门特别行政区的居民身份证以及回乡证或护照。

（四）申请人获得继承财产的证明文件。

（五）被继承人财产权利证明文件和被继承人财产所在地主管税务机关开具的税收证明或完税凭证。

（六）外汇局要求提供的其他资料。

委托他人办理的还需提供委托代理协议和代理人身份证明。

委托代理协议、继承人获得继承财产的证明文件、被继承人财产权利证明文件，未经公证的，应当进行公证。

第十条 申请财产对外转移总金额在等值人民币50万元以下（含50万元）的，由所在地外汇局审批。经批准后，所在地外汇局向申请人出具批准复函和核准件，申请人持核准件到当地外汇指定银行办理购付汇手续。超过上述金额的，由所在地外汇局初审后，报国家外汇管理局审批。所在地外汇局凭国家外汇管理局的批准文件，向申请人出具批准复函和核准件，申请人持核准件到当地外汇指定银行办理购付汇手续。

第十一条 外汇指定银行办理售汇后，应直接将外汇汇往移民或继承人居住国或地区申请人本人的账户，不得在境内提取外币现钞。

第十二条 司法、监察等部门依法限制对外转移的财产的对外转移申请，外汇局不予受理。

涉及国内刑事、民事诉讼案件的财产对外转移申请，在案件审结前，外汇局不予受理。

涉及国内刑事、民事案件人员的近亲属申请对外转移财产，应提供案件管辖机关出具的该财产与案件无关的证明。法律规定不得对外转移的财产、不能证明合法来源财产等的对外转移申请，外汇局不予受理。

第十三条 申请人通过提供虚假材料、以同一财产重复提出申请等手段非法套取外汇或者骗购外汇对外转移财产的，外汇局按照《中华人民共和国外汇管理条例》第四十条的规定给予处罚。

外汇指定银行未按照本办法办理个人财产对外转移的售汇、付汇业务的，外汇局按照《中华人民共和国外汇管理条例》有关规定给予处罚。

第十四条 从中国大陆赴台湾地区定居的自然人的有关财产转移，或台湾地区居民继承内地财产的对外转移，比照适用本办法。申请人身份证明文件，系指公安机关出具的大陆户籍注销证明、大陆居民往来台湾通行证、台湾居民往来大陆通行证、在台湾地区居住的有效身份证明和其他出入境证件。

第十五条　本办法由中国人民银行负责解释。

第十六条　本办法自 2004 年 12 月 1 日起施行。

国家外汇管理局关于跨国公司外汇资金内部运营管理有关问题的通知

国家外汇管理局各省、自治区、直辖市分局、外汇管理部，深圳、大连、青岛、厦门、宁波市分局；各中资外汇指定银行：

为优化外汇资源配置，便利和支持跨国公司外汇资金运用和经营行为，依照《中华人民共和国外汇管理条例》及有关法律、法规的规定，现就跨国公司外汇资金内部运营管理有关问题通知如下：

一、基本定义与管理原则

（一）本通知所称跨国公司，是指同时在境内外拥有成员公司、且由一家在中国境内的成员公司行使其全球或区域（含中国）投资管理职能的企业集团，包括中资控股企业集团（即中资跨国公司）和外资控股企业集团（即外资跨国公司）。

本通知所称成员公司，是指跨国公司企业集团内部的相互拥有控股或被控股关系的、具有独立法人资格的各家公司。

本通知不适用于跨国金融机构。

（二）本通知所称外汇资金内部运营，是指跨国公司为降低财务成本、提高资金使用效率，依照本通知的规定，由境内成员公司之间、或境内成员公司与境外成员公司之间相互拆放外汇资金的投资理财方式。

（三）跨国公司成员公司之间拆放外汇资金，可依照《企业集团财务公司管理办法》的规定，通过经金融主管部门批准设立的财务公司进行；也可依照《贷款通则》的规定，通过外汇指定银行以委托放款的方式进行。跨国公司境内成员公司向境外成员公司拆放外汇资金，符合本通知规定条件的，也可以直接放款方式进行。

跨国公司境内成员公司从境外成员公司拆入外汇资金及偿还该笔资金的本息，应当遵守我国外债管理的相关规定。

（四）跨国公司成员公司之间相互拆放外汇资金，双方应参照同期国际金融市场商业贷款利率水平约定拆放利率，不得畸高或畸低。

（五）跨国公司外汇资金内部运营应当以自有外汇资金进行。自有外汇资金是指来源于跨国公司境内成员公司的资本金账户、经常项目外汇账户内的可自由支配的资金。

（六）跨国公司境内委托放款的资金不得结汇使用，不得用于质押人民币贷款。

（七）中资跨国公司的境内成员公司从事境外放款，外汇放款余额不得超过其所有者权益的20%。

外资跨国公司的境内成员公司从事境外放款，外汇放款余额不得超过其上一年度对外国投资者已分配未汇出利润与外国投资者按投资比例享有的企业未分配利润之和。

（八）跨国公司从事外汇资金内部运营，应当坚持全收全支原则，不得自行抵扣、冲销境内外应收与应付款项，不得自行轧差结算。

（九）跨国公司从事外汇资金内部运营，应遵守本通知及其他外汇管理有关规定，接受国家外汇管理局及其各分局、外汇管理部（以下简称外汇局）的管理、监督和检查。

二、跨国公司外汇资金内部运营的资格条件

（一）跨国公司境内成员公司之间从事外汇资金境内委托放款，应当符合以下条件：

1. 委托放款人和借款人均依法注册成立，且注册资本均已按期足额到位；

2. 委托放款人与借款人之间已进行的上一笔境内成员公司间外汇委托放款已在约定的期限内收回本金和收益。

（二）跨国公司境内成员公司向境外成员公司进行外汇资金境外放款，除符合本通知第二条第（一）款的规定外，还应符合以下条件：

1. 中资跨国公司的境外成员公司不少于 3 家；

2. 外资跨国公司的境内成员公司不少于 3 家；

3. 中资跨国公司在境内的行使全球或区域（含中国）投资管理职能的成员公司，对境外借款成员公司投资总额不少于 500 万美元，且境外借款成员公司在最近一次境外投资联合年检中评级为二级以上；

4. 外资跨国公司提供放款资金的境内成员公司，上一年度外汇应收款占外汇总资产的比例低于所在行业外商投资企业上一年度的正常、平均水平；上一年度公司在银行结汇金额大于购汇金额，或购汇大于结汇的金额低于所在行业外商投资企业上一年度该金额的正常、平均水平；所有者权益不低于 3000 万美元，净资产与总资产之比不低于 20%；

5. 已经批准从事境外放款的，已进行的上一笔境外放款已在约定的期限内收回本金和收益。

三、跨国公司外汇资金内部运营的申请

（一）跨国公司拟从事外汇资金境内委托放款，应由作为委托放款人的境内成员公司向其资本金账户或经常项目外汇账户开户银行提出申请。开户银行按照本《通知》要求审核跨国公司境内成员公司资格条件无误后，如接受其申请，应以受托银行身份与委托放款人、借款人签订外汇委托放款合同。

受托银行应当按照《国家外汇管理局关于实施国内外汇贷款外汇管理方式改革的通知》（汇发〔2002〕125 号）中对"债权人"的各项要求对该项委托放款业务履行相应的操作、监管及报备等各项责任。

（二）跨国公司拟从事外汇资金境外放款的，应在放款协议签订后，由提供放款资金的境内成员公司通过所在地外汇局，向国家外汇管理局提交以下材料供审核：

1. 申请书（参考格式见附件 1）；

2. 放款人与境外借款人签订的放款协议，或者放款人、境外借款人与境内受托金融机构签订的放款协议；

境外借款人将所拆借外汇资金进一步用于对境外成员公司的股票、债券、期权等投资运作的，还应当在放款协议中列明放款人对境外借款人的投资委托条款；

3. 放款人最近一年含外汇收支情况表的财务审计报告；

4. 放款人最近一期的验资报告；

5. 已进行的境外放款及其偿还情况的说明；

6. 中资跨国公司另须提供其境外成员公司的名单、各境外成员公司的商务主管部门的批准证书

复印件，以及境外借款人最近一年的财务报表、与境外借款人直接相关的境外投资联合年检报告书；

7. 外资跨国公司另须提供其境内成员公司的名单、各境内成员公司的外汇登记证复印件，以及其境外控股母公司出具的放款资金安全性保证函（保证境内放款人提供的该项境外放款及其进一步的投资运作能够足额回收本金）。

放款人所在地外汇局收到放款人提交的材料后，应于 10 个工作日内初审完毕并上报国家外汇管理局。国家外汇管理局自收到上述完整的申请材料之日起 20 个工作日内，经审查无误后向放款人作出该项境外放款的批复，并抄送放款人及参与放款企业所在地外汇局。放款人所在地外汇局及参与放款企业所在地外汇局以该批复文件为依据，分别向放款人及参与放款企业出具相应的批准开户、境内划转或境外付汇的资本项目外汇业务核准件。

四、跨国公司外汇资金内部运营的操作

（一）跨国公司委托放款的境内成员公司、借款的境内成员公司以及受托银行三方共同签订委托放款协议后，受托银行可参照《国家外汇管理局关于实施国内外汇贷款外汇管理方式改革的通知》（汇发〔2002〕125 号）的规定为借款人开立外汇贷款专用账户，办理放款资金划转及还本付息手续。受托银行在办理放款或还款资金在委托放款人资本金账户或经常项目外汇账户与借款人外汇贷款专用账户之间的划转手续时，无须经外汇局核准。

受托银行应当参照《国家外汇管理局关于实施国内外汇贷款外汇管理方式改革的通知》（汇发〔2002〕125 号）中附件 1 至附件 4 的格式和内容（在附件 1 至附件 3 表格最后一列补充"委托放款人"列，在附件 4"贷款情况"各科目下增列"其中境内委托放款"子科目），定期向所在地外汇局报告跨国公司境内委托外汇贷款的变动情况。

（二）跨国公司外汇资金境内委托放款，如放款期满或借款人要求分期还款、提前还款的，受托银行应监督并协助委托放款人和借款人遵守以下路径还款：首先按原划出资本金账户的金额将还款外汇资金划回原划出资金的资本金账户，直至补足从资本金账户划出的金额后，再将放款资金本息的其余部分按照本息配比原则划入原划出资金的经常项目外汇账户。

放款期限届满还款的，应当在期限届满之日起 20 个工作日内完成上述手续。分期还款、提前还款的，也应按照三方约定的期限和方式，及时完成上述还款手续。

（三）跨国公司申请从事外汇资金境外放款，放款人应当向所在地外汇局提交以下材料申请开立境外放款专用账户：

1. 开户申请书；

2. 国家外汇管理局批准其从事境外放款的批复文件。

所在地外汇局审核上述材料无误后，为放款人出具开户核准件，银行凭以为放款人办理开户手续。境外放款专用账户的收入限于经外汇局批准从放款人或其他境内成员公司的资本金账户或经常项目外汇账户划入的外汇资金、从境外回收的放款资金本息以及境外控股母公司的履约保证金，支出限于经国家外汇管理局批准的境外放款及向对应的资本金账户或经常项目账户划回资金。

（四）跨国公司可在国家外汇管理局批准境外放款之日起 6 个月内，在批准放款额度内，经放款人所在地外汇局核准，一次或者分次向境外汇出资金。

（五）跨国公司每笔外汇资金境外放款的期限不得超过两年。如放款期满或境外借款人要求分期还款、提前还款的，境外借款人应将还款外汇资金汇入原汇出资金的境外放款专用账户，并经放款人所在地外汇局核准，首先按原划出资本金账户的金额将还款资金划回原划出资金的资本金账户，直至补足从资本金账户划出的金额后，再将放款资金本息的其余部分按照本息配比原则划入原划出资金的经常项目外汇账户。放款如需展期，放款人应于到期日前 1 个月内向所在地外汇局提出申请。

（六）跨国公司境内成员公司向其境外成员公司放款、或放款并委托其境外成员公司以借款资金进一步投资运作的，按年度核算的最末一日境外放款权益总额不得低于所对应境外放款的本金之和。

（七）跨国公司外汇资金境外放款，放款的境内成员企业应当为境外资金运作建立专门的会计分账簿，统一管理，集中核算，按月编制《境外放款专用账户外汇资金头寸变动表》、《境外放款资金运用情况表》（参考格式见附件2）。

（八）跨国公司境内外汇委托放款和境外放款的还款资金在汇、划入境内成员企业的资本金账户时，不占用资本金账户最高限额；汇、划入银行在答复针对该笔还款资金的银行询证函时，应在备注栏注明"还贷资金"，会计师事务所不得凭此类银行询证函回函为外商投资企业办理验资业务。

五、监督管理

（一）国家外汇管理局各分局（外汇管理部）应当根据辖内银行定期上报的报表，在《资本项目及附属项目流动和汇兑月报表》"国内外汇贷款"各科目下增列"其中境内委托放款"子科目，按月上报国家外汇管理局。

（二）从事集团内部境外放款运营超过一年的跨国公司，应在每年的6月份，由放款人汇总境内各成员公司境外放款情况，通过所在地外汇局向国家外汇管理局报审。汇总报送的材料包括以下内容：

1. 截至本年度5月末的该跨国公司前12个月各家境内成员公司外汇资金境外放款及运作情况报告（参考格式见附件3）；

2. 前12个月该跨国公司境外放款的境内成员公司《境外放款专用账户外汇资金头寸变动表》、《境外放款资金运用情况表》；

3. 前12个月该跨国公司境外放款的境内成员公司的审计报告；

4. 前12个月该跨国公司境外放款的境内成员公司的验资报告（如上一年度未发生验资事项无需提供）。

（三）国家外汇管理局在收到上述完整材料之日起30个工作日内，经审查发现该跨国公司的境内成员公司境外放款不符合本通知第二条所规定资格条件，或境外放款权益达不到第四条第（六）款规定标准的，有权取消该跨国公司的境内成员公司境外放款资格。该境内成员公司应在资格取消之日起20个工作日内将放款本金及收益调回境外放款专用账户。外资跨国公司资金回收达不到本通知第四条第（六）款规定标准的，出具放款资金安全性保证函的境外控股母公司还应当在该境内成员公司境外放款资格被取消之日起20个工作日内，履行其保证责任。

跨国公司无正当理由不按时、按要求向国家外汇管理局报送第五条第（二）款要求的材料的，参照第五条第（三）款规定处理。

六、其他事项

（一）跨国公司从事外汇资金内部运营，违反本通知规定的，由外汇局按照《中华人民共和国外汇管理条例》予以处罚。

（二）未在境外设立成员企业的中资企业集团，其境内成员企业之间进行外汇资金境内委托放款的，参照本通知执行。

（三）本通知由国家外汇管理局负责解释。

（四）本通知自2004年11月1日起开始实施。

国家外汇管理局关于改进外商投资企业资本项目结汇审核与外债登记管理工作的通知

国家外汇管理局各省、自治区、直辖市分局、外汇管理部，深圳、大连、青岛、厦门、宁波市分局：

为引导外商投资资金在境内合理有序流动，维护和促进国际收支平衡，现就改进外商投资企业资本项目结汇审核与外债登记管理工作有关事项通知如下：

一、国家外汇管理局各分局（以下简称外汇局）以及经授权的外汇指定银行在办理外商投资企业资本金结汇时，除根据《国家外汇管理局关于完善外商直接投资外汇管理工作有关问题的通知》（汇发〔2003〕30号）和《国家外汇管理局关于改革外商投资项下资本金结汇管理方式的通知》（汇发〔2002〕59号）的要求进行审核外，对于一次结汇金额在20万美元以上的，应要求申请结汇的企业提供有关结汇资金用途的书面支付命令，直接向其指定的收款人进行支付。对于企业支付工资、留存备用金或结汇资金在20万美元以下（含20万美元）的小额支付，可以不要求申请企业提供书面支付命令而将结汇资金进入申请企业人民币账户，但该企业在办理下一笔结汇时，应提供上一笔结汇资金的用途明细清单。

二、外汇局在办理外商投资企业外债资金结汇核准手续时，应严格按照现行操作规程以及本通知第一条的规定履行审核职责，如外商投资企业外债资金结汇用于偿还人民币债务，外汇局应不予批准。

三、外商投资企业举借的中长期外债累计发生额和短期外债余额之和严格控制在审批部门批准的项目投资总额和注册资本之间的差额以内。非经原审批部门批准变更投资总额，外汇局不得办理外商投资企业超额汇入部分外债资金的登记和结汇核准手续。如外商投资企业外债资金已超额汇入，应自觉到原审批部门补办变更投资总额核准，外汇局允许企业在三个月期限内保留外债资金，如超出此期限，外汇局应以资本项目外汇业务核准件的形式通知开户银行将超额部分资金沿原汇路退回。

四、各外汇指定银行应修订相应的内部业务流程，落实上述操作要求，各级外汇局负责对辖区外汇指定银行改进资本项目结汇管理和外债资金汇出入管理工作进行指导和监督。

五、以上各项措施系对现有资本项目外汇管理法规的进一步完善和落实，各级外汇局应注意作好宣传解释工作，保证上述各项措施的顺利贯彻执行。

六、本通知自发布之日起45天起开始施行。各级外汇局在收到本通知后，应尽快转发辖地各外汇指定银行。执行中如遇问题，请及时向国家外汇管理局资本项目管理司反馈。

国家外汇管理局关于取消部分资本项目外汇管理行政审批后过渡政策措施的通知

国家外汇管理局各省、自治区、直辖市分局、外汇管理部，深圳、大连、青岛、厦门、宁波市分局：

《国务院关于取消第一批行政审批项目的决定》（国发〔2002〕24号）和《国务院关于取消第二批行政审批项目和改变一批行政审批项目管理方式的决定》（国发〔2003〕5号）已经对外发布，为了保证有关行政审批项目取消后，资本项目管理工作能够顺利衔接，防止脱节，现将有关过渡期内的政策措施通知如下：

一、关于取消境内中资机构中长期外债融资条件、境内中资机构融资租赁金融条件、对外发债市场时机选择和融资条件、项目融资金融条件的审批

相应审批取消后，中资机构对外借用中长期外债、发行中长期外币债券、进行飞机融资租赁和项目融资，不再要求到外汇局办理有关融资条件的审批手续，只需在签订借款合同后办理外债逐笔登记手续。

中资机构办理以上项目的外债登记手续、外商投资企业办理项目融资、发债、飞机融资租赁的外债登记手续时，各地外汇分支局应按下列程序办理：

（一）各外汇分支局应根据新修订的中长期国际商业贷款、项目融资、飞机融资租赁、发行外币债券借款资格审核操作规程（见附件1、附件2、附件3、附件4）对借款人的借款资格进行审核。其中，飞机融资租赁、项目融资、发行外币债券分别按照相应的借款资格审核操作规程进行审核，其他形式的中长期对外借款（外商投资企业除外）按照中长期国际商业贷款借款资格审核操作规程进行审核。

（二）凡符合上述借款资格审核条件的，各分支局应按现行操作规程办理外债的签约和提款登记、开立外债专用账户、办理结汇和还本付息手续，不再要求债务人出具外汇局的事前批准文件。

（三）凡借款资格不符合审核条件、登记手续不符合要求及对外借款安排中有关条款不符合现行外汇管理规定的（如项目融资中的账户安排和担保安排、保值条款等），应先取得国家外汇管理局的书面批复。未取得国家外汇管理局书面批复同意的，各分支局不得为其办理登记手续。

（四）债务人需在获得外汇局颁发的外债登记证之后办理提款手续。

（五）各分支局办理中资机构中长期对外借款的外债登记手续，自企业报齐外汇局所需全部材料之日起，按以下时限办理：1. 不需要报总局批准的，各分支局应在10个工作日内予以登记；2. 需要报总局批准的，各分支局应在30个工作日内予以登记（其中总局办文时间为10个工作日）。

二、取消境内中资金融机构海外分支机构大额融资的审批

境内中资金融机构海外分支机构大额融资的审批取消后，不再要求到外汇局办理事前审批手续，但应事前报外汇局备案，即中资金融机构海外分行一次性举借等值5000万美元以上（含5000

万美元）的商业贷款，应当由其总行提前 10 个工作日报国家外汇管理局备案。

三、取消证券公司在境内外资银行 B 股保证金账户（现统称"客户交易结算资金账户"）的开立、变更和撤销的审批

取消审批后，外汇局对证券公司开立、变更 B 股交易结算资金账户的管理方式是：

（一）获准经营外汇业务的证券公司，可持有效的《证券业务外汇经营许可证》、证监会颁发的相关业务经营许可证明文件等，在所在地银行分别开立境内投资者、境外投资者 B 股交易结算资金账户。

被授权经营外汇业务的证券公司营业部，可以持证券公司总部授权书、证券公司《证券业务外汇经营许可证》复印件、证监会颁发的相关业务经营许可证明文件复印件等，在所在地银行开立境内投资者、境外投资者 B 股交易结算资金账户。

（二）证券公司及其营业部开立、变更及撤销境内投资者、境外投资者 B 股交易结算资金账户后，应于 3 个工作日内向所在地外汇局备案。

（三）境内投资者 B 股交易结算资金账户的收入范围为：境内投资者从其境内现汇存款账户、现钞存款账户划入的外汇资金和从事外币证券交易所获得的外汇。支出范围为：从事外币证券交易需要支付的外汇和转入其在境内商业银行开立的外币现钞账户，不得汇往境外。

境外投资者 B 股交易结算资金账户的收入范围为：境外投资者从境外汇入的、或从其境内现汇存款账户划入的和其从事外币证券交易所获得的外汇资金；支出范围为：从事外币证券交易需要支付的外汇、转入其在境内商业银行开立的现汇账户以及汇出境外的外汇资金。

四、取消境内机构境外投资外汇风险审查

外汇局不再进行境外投资外汇风险审查。同时，简化境外投资外汇资金来源审查手续。具体操作办法见《国家外汇管理局关于简化境外投资外汇资金来源审查有关问题的通知》（汇发〔2003〕43 号）文。

各分局应尽快将本通知转发所在地的外汇指定银行，并严格按照本通知的要求办理相关业务。

特此通知。

二〇〇三年四月一日

附件：

1. 中资机构中长期国际商业贷款借款资格的审核（略）

2. 项目融资借款资格的审核（略）

3. 飞机融资租赁借款资格的审核（略）

4. 发行境外债券借款资格的审核（略）

资本项目外汇收入结汇暂行办法

第一条 为完善资本项目结汇管理，根据《结汇、售汇及付汇管理规定》第二十七条，特制定本办法。

第二条 境内机构资本项目的下列外汇收入，可以向国家外汇管理局及其分局（以下简称"外汇局"）申请结汇：

（一）外国政府贷款和国际金融组织贷款；

（二）外商投资企业用于投资项目正常开支的外汇资本金；

（三）外商投资企业借入的用于在境内采购与项目有关的设备和原材料的境外中长期借款，但不包括外商投资企业立项合同中已明确为人民币投资的部分。

（四）外商投资企业借入的用于贸易项下流动资金的短期国际商业贷款。但其申请结汇的最高金额不得超过其上年度短期流动资金月平均余额的 30%。

（五）境内机构对外发行股票收入的外汇；

（六）外商投资企业在境外发行的、审批时已明确在国内使用的除股票以外的其它有价证券；

（七）经外汇局批准的其它资本项目外汇收入。

第三条 境外法人或自然人作为投资汇入，已经外汇局批准存入其投资临时帐户，用于在境内支付开办费等费用的外汇，可以向所在地外汇局申请结汇。

第四条 境内机构申请资本项目外汇收入结汇，应当向外汇局提供下述所列有效凭证：

（一）外国政府贷款和国际金融组织贷款的结汇，持《外债登记证》、《外汇（转）贷款登记证》和在境内采购与项目有关的设备、原材料的合同和凭证；

（二）外商投资企业外汇资本金的结汇，持《外商投资企业外汇登记证》、在境内采购设备、原材料的合同或者其它费用的收据；

（三）外商投资企业借入的中长期国际商业贷款的结汇，持《外债登记证》、立项合同和境内采购合同；

（四）外商投资企业借入的用于贸易项下流动资金的短期国际商业贷款的结汇，持《外债登记证》、有关贸易凭证、商业单据和上年度资产负债表；

（五）境内机构对外发行股票收入外汇的结汇，持国家证券监督管理委员会允许对外发行股票的批准文件和招股说明书（外商投资企业还需持有《外商投资企业外汇登记证》，按招股说明书规定的用途和比例结汇；

（六）外商投资企业在境外发行的除股票以外的其它有价证券的结汇，持《外债登记证》、国家计委或其授权部门的批准文件，按批准文件规定的用途和比例结汇；

（七）国家外汇管理局批准的其它资本项目外汇收入的结汇，持外汇局要求的有效凭证。

第五条 境外法人或者自然人作为投资汇入的外汇结汇，持开办费等费用有效支付凭证或支付清单。结汇后，不得将所结人民币再转换成外汇。

第六条　境内机构、境外法人或自然人一次结汇 3000 万美元以下的，到所在地外汇局办理《资本项目结汇核准件》；一次结汇 3000 万美元以上（含 3000 万美元）的，由所在地外汇局报国家外汇管理局核准；累计结汇超过 3000 万美元的，由所在地外汇局报国家外汇管理局备案。

第七条　外汇指定银行应当凭外汇局的《资本项目结汇核准件》为境内机构办理资本项目结汇。

第八条　对违反本办法的境内机构和外汇指定银行，由外汇局根据《中华人民共和国外汇管理条例》、《结汇、售汇及付汇管理规定》予以处罚。

第九条　本办法由国家外汇计理局负责解释。

第十条　本办法自公布之日起执行。

第四编 国际收支统计与结售汇类政策法规

国家外汇管理局、国家质量监督检验检疫总局关于下发国际收支统计申报中特殊机构代码赋码业务操作规程的通知

国家外汇管理局各省、自治区、直辖市分局、外汇管理部，深圳、大连、青岛、厦门、宁波市分局；各中资外汇指定银行总行；各省、自治区、直辖市及计划单列市质量技术监督局：

为完善外汇监管，提高国际收支统计数据信息的全面性、准确性和标识的统一性，解决国际收支统计申报中特殊机构代码的赋码问题，根据国家外汇管理局和国家质量监督检验检疫总局《关于在外汇业务中全面使用组织机构代码标识的通知》（汇发〔2002〕24号）的规定，将对国际收支统计申报中的特殊机构赋予代码。为此，国家外汇管理局和国家质量监督检验检疫总局联合制定了《国际收支统计申报中特殊机构代码赋码业务操作规程》（以下简称《规程》，见附件）。现将该《规程》下发给你们，请认真遵照执行，并就有关事项明确如下：

一、该《规程》实施后，银行自行为特殊机构编制的代码、国家外汇管理局分支局（以下简称"外汇局分支局"）自行为特殊机构赋予的代码一律停止使用，特殊机构应当按照《规程》的规定申领特殊机构代码。

二、请各外汇局分支局做好特殊机构新旧代码的对照表，以便于特殊机构申报信息的前后衔接。

三、各外汇局分支局和各级质量技术监督部门代码工作机构应积极配合，做好特殊机构代码的申领、赋码和管理工作。

请国家外汇管理局各分局将此文转发辖内支局和银行（包括外资银行）。

国际收支统计申报中特殊机构代码赋码业务操作规程

第一条 为贯彻落实国家外汇管理局、国家质量监督检验检疫总局《关于在外汇业务工作中全面使用组织机构代码标识的通知》（汇发〔2002〕24号）精神，切实完善外汇监管、提高国际收支统计监测数据质量，保证申报主体基本情况信息的全面性、准确性和标识的统一性，制定本规程。

第二条 国家外汇管理局委托国家质量监督检验检疫总局全国组织机构代码管理中心办理特殊机构代码赋码工作。国家外汇管理局各省、自治区、直辖市分局、外汇管理部以及深圳、大连、青岛、厦门、宁波市分局（以下简称"外汇局分局"）负责代理辖内特殊机构代码的申领、管理等工作。国家外汇管理局负责全国特殊机构代码申领和赋码的协调工作，全国组织机构代码管理中心统一负责特殊机构代码的赋码、防重、查错等工作，并负责安装、维护国际收支统计申报中特殊机构代码赋码系统（以下简称"赋码系统"）。

第三条 本规程所指的特殊机构是指按照有关规定，目前不属于全国组织机构代码管理中心赋予正式组织机构代码范围的、确因办理收支业务需要统一标识的申报机构，包括部分境内机构（军队、武警等），以及在境内银行有收支业务的境外机构（包括香港、澳门、台湾的机构，以下简称"境外机构"）、驻华使领馆和国际组织驻华机构等。

特殊机构代码是指全国组织机构代码管理中心向特殊机构统一赋予的、仅供该机构在办理国际收支申报时使用的专用代码。该代码不作为认可特殊机构为有效机构的证明。

第四条 办理涉外收付业务的银行，对首次办理国际收支统计申报的机构，需查验其《中华人民共和国组织机构代码证》（简称"代码证"），并核验其有效性。

（一）如果该机构无代码证，但属于本规程第三条所规定的军队、武警的境内机构、境外机构或驻华使领馆和国际组织驻华机构的，应当按以下流程办理特殊机构代码：

1. 该机构应当向银行出具包含其准确、完整、规范名称的有效证明或其主管部门的批文或证明，银行应当审核该申领机构的名称，确保该机构名称与开户档案资料中的名称或预留印鉴一致，并留存该机构出具的有效证明或批文的复印件两年备查。银行应于当日按照"特殊机构代码申领表"（表1）的格式将需要申领特殊机构代码的信息通知相应的外汇局分局或者已安装赋码系统的所在地外汇局支局。

2. 外汇局分局/支局收到"特殊机构代码申领表"后，于1个工作日内通过赋码系统向全国组织机构代码管理中心申领特殊机构代码并留存相应的申领表。

3. 全国组织机构代码管理中心根据外汇局分局/支局提交的申领请求进行审核、查重后，通过赋码系统实时赋予特殊机构代码并返回相应的外汇局分局/支局。

4. 外汇局分局/支局收到全国组织机构代码管理中心赋予的特殊机构代码后，于本工作日内打印出"特殊机构代码赋码通知（按银行）"（表2）和"特殊机构代码赋码通知单"（表5），并通知相应的银行。

5. 银行收到外汇局分局/支局的特殊机构代码赋码通知（表 2 和表 5）后，应留存"特殊机构代码赋码通知（按银行）"。同时应在本工作日内通知申领机构前来领取"特殊机构代码赋码通知单"。

（二）对于组织机构代码证已经失效的境内机构、无组织机构代码证且不属于军队、武警的境内机构，应当按照以下业务操作流程办理特殊机构代码：

1. 办理涉外收付业务的银行应填写"特殊机构代码申领协办单"（以下简称"协办单"，见表 3）中的"银行填写"栏，并要求该机构自行填写"机构填写"栏后，前往当地质量技术监督部门的代码工作机构办理代码证。

2. 如果经当地质量技术监督部门的代码工作机构核实，该机构属于其赋码范围，则该机构应按规定申领组织机构代码；如果不属于其赋码范围，则当地质量技术监督部门的代码工作机构应于本工作日内填写协办单中的"代码管理中心意见"栏，并通知该机构凭该协办单前往所在地外汇局分局/支局办理特殊机构代码。当地质量技术监督部门的代码工作机构应留存协办单的复印件，以便于日后筹办机构转为正式组织机构时进行核对。

3. 已安装赋码系统的外汇局支局收到协办单后，应于 1 个工作日内通过赋码系统向全国组织机构代码管理中心申领特殊机构代码并留存有关协办单；未安装赋码系统的外汇局支局收到协办单后，应于 1 个工作日内将申领特殊机构代码的清单汇总并填写"境内特殊机构代码申领表"（表 4）后，将该申领表递交所属的外汇局分局，并留存有关协办单。

4. 外汇局分局收到辖内支局提交的"境内特殊机构代码申领表"或代码工作机构出具的"特殊机构代码申领协办单"后，应于 1 个工作日内通过赋码系统向全国组织机构代码管理中心申领特殊机构代码，并留存相应的申领表或协办单。

5. 全国组织机构代码管理中心根据外汇局分局/支局提交的申领请求进行审核、查重后，通过赋码系统实时赋予特殊机构代码并返回相应的外汇局分局/支局。

6. 外汇局分局/支局收到全国组织机构代码管理中心赋予的特殊机构代码后，应于本工作日内打印出"特殊机构代码赋码通知单"（表 5）和"境内特殊机构代码赋码通知"（表 6），并通知申请机构或辖内相应外汇局支局。

7. 未安装赋码系统的外汇局支局收到外汇局分局的特殊机构代码赋码通知后，于本工作日内通知申请机构前来领取"特殊机构代码赋码通知单"（表 5）。

第五条　协办单和申领表的留存期限为两年。

第六条　对由特殊机构转为符合全国组织机构代码管理中心赋码范围的机构，应重新按照组织机构代码的申领要求，到当地质量技术监督部门的代码工作机构申领组织机构代码。该类机构在申领组织机构代码时，应当向代码工作机构出示其特殊机构代码赋码通知单，以确保机构代码的唯一性。

第七条　已安装赋码系统的外汇局分支局应当将赋码信息制作备份并定期对赋码信息和赋码系统进行维护。

第八条　全国组织机构代码管理中心将所办理的特殊机构代码赋码情况，于每月后 5 个工作日内反馈给国家外汇管理局。国家外汇管理局定期将特殊机构及其代码情况在外汇局系统内部网上发布，供各分支局查询，以减少重复申领特殊机构代码的负担。全国组织机构代码管理中心应做好数据备份工作，并定期将特殊机构及其代码情况提供给各地的代码工作机构，便于其核对和管理组织机构代码。

第九条　本规程自 2003 年 12 月 1 日起实施。

表 1 至表 6（略）

国际收支统计申报办法实施细则

第一条　根据《国际收支统计申报办法》，制定本细则。

第二条　国家外汇管理局及其分支局（以下简称外汇局）是负责国际收支统计的管理部门。交易主体应当按照规定向外汇局申报其以各种支付方式（包括本外币电子支付手段和现钞等）进行的对外交易和相应的收支情况。

第三条　中国居民通过境内金融机构从境外收入款项的，应当按照有关操作规程进行国际收支统计申报。解付行应当按照规定，通过计算机系统向外汇局传送有关国际收支统计申报信息。

中国居民未在申报期内按操作规程进行申报的，之后其在外汇局规定的一段时间内从境外收入的款项，应当在完成国际收支统计申报之后，解付行方可为其办理解付手续。

非中国居民通过境内金融机构从境外收入款项的，由境内金融机构按照有关操作规程进行国际收支统计申报并通过计算机系统向外汇局传送有关国际收支统计申报信息。

第四条　中国居民通过境内金融机构向境外支付款项的，应当按照有关操作规程进行国际收支统计申报。付款行在受理其申报后，方可为其办理对外付款手续，并按照规定，通过计算机系统向外汇局传送有关国际收支统计申报信息。

非中国居民通过境内金融机构向境外支付款项的，由境内金融机构按照有关操作规程进行国际收支统计申报并通过计算机系统向外汇局传送有关国际收支统计申报信息。

第五条　收款人通过境内邮政机构等从境外收入款项的和付款人通过境内邮政机构等向境外支付款项的，由邮政机构等按照有关规定进行国际收支统计申报。

第六条　中国境内办理外币兑换人民币以及人民币兑换外币业务的兑换机构应当填写汇兑业务统计申报表，并按照规定向外汇局申报其办理的汇兑业务情况。

第七条　中国境内外商投资企业以及对境外直接投资的企业，应当填写直接投资统计申报表，并按照规定直接向外汇局申报其直接投资者与直接投资企业间的所有者权益、债权债务状况以及分红派息等情况。

各有关管理部门应向外汇局提供企业涉外资产划拨、收购、兼并、重组、处置的相关信息。

第八条　涉外证券投资，应当按照以下规定进行申报：

（一）通过中国境内证券交易所进行涉外证券交易，由境内证券登记机构或证券交易所填写证券投资统计申报表，并按照规定向外汇局申报该交易以及相应的收支和分红派息情况。

（二）中国境内不通过境内证券交易所进行涉外证券交易的（包括自营和代理），由境内证券交易商或境内投资者填写证券投资统计申报表，并按照规定直接向外汇局申报其交易以及相应的收支和分红派息情况。

（三）中国境内机构在境外发行证券的，应当填写证券投资统计申报表，并按照规定直接向外汇局申报其境外证券发行以及相应的收支和分红派息等情况。

第九条　涉外期货、期权等交易，应当按照以下规定进行申报：

（一）通过中国境内期货、期权等交易所（交易中心）进行的涉外期货、期权等交易，由境内期货、期权等交易所（交易中心）填写期货、期权交易申报表，并按照规定向外汇局申报该交易以及相应的收支情况。

（二）中国境内不通过境内交易所（交易中心）进行涉外期货、期权等交易的，由境内交易商或境内投资者填写期货、期权交易申报表，并按照规定直接向外汇局申报其交易以及相应的收支情况。

第十条　中国境内的金融机构应当填写金融机构对境外资产负债及损益申报表，按照规定直接向外汇局申报其对外资产负债状况及损益情况。

第十一条　在境外开立账户的中国非金融机构应当填写境外账户收支申报表，按照规定向外汇局申报其境外账户的余额及其变动情况，并向外汇局提供相应的银行对账单。

第十二条　从事国际收支统计申报业务的人员，应当经过国际收支统计申报业务培训并达到相应的要求。

第十三条　外汇分支局应当按照要求通过计算机系统逐级向上一级外汇局传送国际收支统计申报信息。

第十四条　经营外汇业务的金融机构未按照规定办理国际收支申报的，按照《金融违法行为处罚办法》第二十五条的规定给予警告，并处 5 万元以上 30 万元以下的罚款；对该金融机构直接负责的高级管理人员、其他直接负责的主管人员和直接负责人员，给予记过直至开除的纪律处分；情节严重的，对该金融机构直接负责的高级管理人员，给予撤职直至开除的纪律处分。

第十五条　其他违反《国际收支统计申报办法》及本细则的，由外汇局视情节轻重对其单处或并处以警告、罚款处罚：

（一）逾期未履行申报或申报信息传送义务的；

（二）造成国际收支统计申报信息遗失的；

（三）误报、谎报、瞒报国际收支交易的；

（四）阻挠、妨碍或破坏外汇局对国际收支申报信息进行检查、审核的。

本条上款（一）（二）（三）中的罚款金额为所涉及的单笔国际收支交易金额的 1–5%，但最高不超过 3 万元人民币。本条上款（四）中的罚款金额由外汇局根据违法情节轻重确定，但最高不超过 3 万元人民币。

第十六条　外汇局对国际收支统计申报行为进行调查、检查和审核时，应当按照《国家外汇管理局国际收支统计申报核查处罚规程》的规定办理，有关机构和人员应当为之提供便利。

第十七条　对外汇局违反保密规定，泄漏国际收支统计具体申报信息的，有关单位和个人可提请责任者所在外汇局或者上一级外汇局进行处理。

第十八条　本细则由国家外汇管理局负责解释。

第十九条　本细则自 2003 年 3 月 1 日起施行。1995 年 11 月 23 日国家外汇管理局发布的《国际收支统计申报办法实施细则》废止。

国家外汇管理局关于正式运行"口岸电子执法系统"出口收汇系统的通知

（汇发〔2001〕140号，2001年7月31日　国家外汇管理局发布）

国家外汇管理局各省、自治区、直辖市分局、外汇管理部，深圳、大连、青岛、厦门、宁波市分局：

自2001年6月1日在全国试运行"口岸电子执法系统"出口收汇系统以来，国家外汇管理局及其分支局（以下简称外汇局）、各地出口企业逐步开始使用该系统对核销单进行网上申领、登记电子底帐、口岸备案、挂失、注销、数据下载等操作。通过试点运行，目前该系统已基本具备了正式运行的条件。现决定，从2001年8月1日起在全国正式运行"口岸电子执法系统"出口收汇系统。

为保证该系统的顺利实施，现将有关事项通知如下：

一、从2001年8月1日起，各外汇局一律发放带条形码的新版出口收汇核销单，并通过系统将核销单电子底帐上网登记。出口企业应在2001年9月1日前将未使用的旧版出口收汇核销单送回外汇局注销。

二、各外汇局应当按照《国家外汇管理局、海关总署关于在全国范围内试运行"口岸电子执法系统"出口收汇系统的通知》〔汇发（2001）102号〕的有关规定和《出口收汇系统操作规程（暂行）》（详见附件）办理发单、核销等手续。

三、在系统运行过程中如遇到问题，请及时报国家外汇管理局经常项目司（热线电话：010-68518956）和海关总署通关司。

四、本通知自2001年8月1日起实行。

二〇〇一年七月三十一日

国际收支统计申报办法

(1995 年 8 月 30 日国务院批准 1995 年 9 月 14 日中国人民银行发布 根据 2013 年 11 月 9 日《国务院关于修改〈国际收支统计申报办法〉的决定》修订)

第一条 为完善国际收支统计,根据《中华人民共和国统计法》,制定本办法。

第二条 国际收支统计申报范围为中国居民与非中国居民之间发生的一切经济交易以及中国居民对外金融资产、负债状况。

第三条 本办法所称中国居民,是指:

(一) 在中国境内居留 1 年以上的自然人,外国及香港、澳门、台湾地区在境内的留学生、就医人员、外国驻华使馆领馆外籍工作人员及其家属除外;

(二) 中国短期出国人员 (在境外居留时间不满 1 年)、在境外留学人员、就医人员及中国驻外使馆领馆工作人员及其家属;

(三) 在中国境内依法成立的企业事业法人 (含外商投资企业及外资金融机构) 及境外法人的驻华机构 (不含国际组织驻华机构、外国驻华使馆领馆);

(四) 中国国家机关 (含中国驻外使馆领馆)、团体、部队。

第四条 本办法适用于中国境内所有地区,包括在中国境内设立的保税区和保税仓库等。

第五条 国家外汇管理局按照《中华人民共和国统计法》规定的程序,负责组织实施国际收支统计申报,并进行监督、检查;统计、汇总并公布国际收支状况和国际投资状况;制定、修改本办法的实施细则;制发国际收支统计申报单及报表。政府有关部门应当协助国际收支统计申报工作。

第六条 国际收支统计申报实行交易主体申报的原则,采取间接申报与直接申报、逐笔申报与定期申报相结合的办法。

第七条 中国居民和在中国境内发生经济交易的非中国居民应当按照规定及时、准确、完整地申报国际收支信息。

第八条 中国居民通过境内金融机构与非中国居民进行交易的,应当通过该金融机构向国家外汇管理局或其分支局申报交易内容。

第九条 中国境内提供登记结算、托管等服务的机构和自营或者代理客户进行对外证券、期货、期权等交易的交易商,应当向国家外汇管理局或其分支局申报对外交易及相应的收支和分红派息情况。

第十条 中国境内各类金融机构应当直接向国家外汇管理局或其分支局申报其自营对外业务情况,包括其对外金融资产、负债及其变动情况,相应的利润、利息收支情况,以及对外金融服务收支和其他收支情况;并履行与中国居民和非中国居民通过其进行国际收支统计申报活动有关的义务。

第十一条 在中国境外开立账户的中国非金融机构,应当直接向国家外汇管理局或其分支局申报其通过境外账户与非中国居民发生的交易及账户余额。

第十二条　中国境内的外商投资企业、在境外有直接投资的企业及其他有对外金融资产、负债的非金融机构，必须直接向国家外汇管理局或其分支局申报其对外金融资产、负债及其变动情况和相应的利润、股息、利息收支情况。

第十三条　拥有对外金融资产、负债的中国居民个人，应当按照国家外汇管理局的规定申报其对外金融资产、负债的有关情况。

第十四条　国家外汇管理局或其分支局可以就国际收支情况进行抽样调查或者普查。

第十五条　国家外汇管理局或其分支局有权对中国居民和非中国居民申报的内容进行检查、核对，申报人及有关机构和个人应当提供检查、核对所需的资料和便利。

第十六条　国家外汇管理局及其分支局应当对申报者申报的具体数据严格保密，只将其用于国际收支统计。除法律另有规定外，国际收支统计人员不得以任何形式向任何机构和个人提供申报者申报的具体数据。

银行、交易商以及提供登记结算、托管等服务的机构应当对其在办理业务过程中知悉的申报者申报的具体数据严格保密。

第十七条　中国居民、非中国居民未按照规定进行国际收支统计申报的，由国家外汇管理局或其分支局依照《中华人民共和国外汇管理条例》第四十八条的规定给予处罚。

第十八条　国际收支统计人员违反本办法第十六条规定的，依法给予处分。

国家外汇管理局或其分支局，银行、交易商以及提供登记结算、托管等服务的机构违反本办法第十六条规定的，依法追究法律责任。

第十九条　国家外汇管理局根据本办法制定《国际收支统计申报办法实施细则》。

第二十条　本办法自 1996 年 1 月 1 日起施行。

国家外汇管理局关于明确和调整国际收支统计申报有关事项的通知

国家外汇管理局各省、自治区、直辖市分局、外汇管理部，深圳、大连、青岛、厦门、宁波市分局；各中资外汇指定银行：

为进一步完善国际收支统计申报制度，便于国家外汇管理局及其分支局（以下简称"外汇局"）以及外汇指定银行国际收支业务人员更好地了解国际收支统计申报要求，现对境内居民与境内非居民之间的人民币收付款国际收支统计申报，以及其他国际收支统计申报有关事项进行明确。同时，对 29 件国际收支统计申报规范性文件予以废止。具体内容通知如下：

一、关于国际收支统计间接申报范围的调整及具体要求

（一）境内居民通过境内银行与境内非居民发生的所有外汇及人民币收付款均属国际收支统计间接申报范围，申报主体为境内居民机构或个人。其中，境内居民个人通过境内银行与境内非居民个人之间发生的人民币收付款暂不申报。

（二）境内居民通过境内银行与境内非居民发生的收付款，其国际收支统计间接申报流程和要求如下：

1. 境内居民通过境内银行与境内非居民发生的收付款，由境内居民根据《国家外汇管理局关于印发〈通过金融机构进行国际收支统计申报业务操作规程〉的通知》（汇发〔2010〕22 号，以下简称 22 号文）的有关规定进行国际收支统计间接申报，交易性质按照其与非居民之间的实际交易性质进行申报。

对于境内银行离岸账户（OSA 账户），应区别由居民开立还是非居民开立，居民开立的 OSA 账户不应视为非居民。

2. 境内居民从境内非居民收款的申报。为便于境内收款银行识别该笔款项的来源并通知境内居民及时办理申报，境内付款银行在办理非居民向境内居民付款业务时，应在付款报文的付款附言中注明"OSA PAYMENT"或"NRA PAYMENT"字样。境内收款银行收到上述来自境内非居民的款项时，应当通知、督促和指导境内居民办理国际收支统计间接申报。境内居民收到境内非居民支付的款项时，应当填写《涉外收入申报单》，交易性质按照其与非居民之间的实际交易性质进行申报，交易附言中除需按原有规定描述该笔交易外，还需首先注明"收到境内 OSA/NRA 非居民款项"字样。

3. 境内居民向境内非居民付款的申报。境内付款银行在办理境内居民向境内非居民付款业务时，应就收款人情况询问境内居民，以便判断对方收款人是否为非居民。如对方收款人为非居民，则应当要求境内居民填写《境外汇款申请书》或《对外付款/承兑通知书》，交易性质按照其与非居民之间的实际交易性质进行申报，交易附言除需按原有规定描述该笔交易外，还需首先注明"向境内

OSA/NRA 非居民支付款项"字样。

（三）境内非居民通过境内银行与境外（包括居民与非居民）发生的收付款，经办银行应按照 22 号文的规定办理国际收支统计间接申报，境内非居民无需进行国际收支统计间接申报。具体申报流程和要求如下：

1. 经办银行应当为其非居民机构客户建立《单位基本情况表》，并将《单位基本情况表》信息通过计算机系统报送给外汇局。

2. 经办银行应将《涉外收入申报单》、《境外汇款申请书》和《对外付款/承兑通知书》的基础信息和申报信息通过计算机系统报送给外汇局，无需打印相关凭证。

3. 境内非居民通过境内银行与境外发生的收付款，其交易性质统一申报在"其他投资—负债—货币和存款—境外存入款项/境外存入款项调出"项下，国际收支交易编码为"802031"，交易附言注明"非居民从境外收款"或"非居民向境外付款"。

4. 驻华使领馆、驻华国际组织和外交官个人应进行国际收支统计间接申报。其与境外发生的收付款应当申报在"服务—别处未提及的政府服务"的相应项目下，与境内所发生的收付款无需进行国际收支统计间接申报。

（四）境内居民与境外居民之间发生的跨境收付款，境内居民应在收付款时进行国际收支统计间接申报。其中，境内居民收到境外居民汇入的款项时，应按照境外居民的资金来源性质进行申报；境内居民向境外居民支付款项时，应按照境外居民的资金用途性质进行申报。

对于货物贸易出口收入存放境外业务，其既涉及境内居民与境外居民之间发生的跨境收付款，也涉及境外居民与境外非居民之间的收付款。境内企业应按照《国家外汇管理局关于实施货物贸易出口收入存放境外管理有关问题的通知》（汇发〔2010〕67 号）中《出口收入存放境外收支情况报告表》的有关规定申报以下数据：境内企业的出口收入存放在境外账户时，应按照出口收入的实际交易性质进行申报；境内企业将境外账户中存放的出口收入直接用于境外支付时，应按照支出的实际交易性质进行申报。此外，当境内企业将存放在境外的出口收入调回境内时，应进行国际收支统计间接申报，具体申报在"货币和存款收回—收回或调回存放境外存款本金"项下，国际收支交易编码为"801031"。

（五）境内居民与境内银行之间的交易，例如因支付境内银行费用或者归还境内银行贷款等导致的境内机构和个人向境内银行的境外账户支付款项等属于国内交易，无需进行国际收支统计间接申报。境内银行应按照《国际收支统计申报办法》和《金融机构对境外资产负债及损益申报制度》（（96）汇国发字第 13 号，以下简称 13 号文）申报其境外账户变动及余额情况。

二、关于国际收支统计间接申报涉及的概念

（一）关于居民和非居民个人的认定

根据《国际收支统计申报办法》，中国居民和非中国居民个人的认定依据是其是否在我国居住一年（含）以上，一年（含）以上的视为中国居民。实践中，在缺乏相关辅助信息的情况下，可按照有效证件中的国籍来认定其是否为中国居民。

（二）关于币种和金额的确定

1.《境外汇款申请书》中的"汇款币种及金额"是指汇款人申请汇出的实际付款币种及金额。其中，汇款币种是指汇款人申请汇出的币种，而非客户账户的币种；汇款金额为汇款人申请汇出的金额，其中可能包含境内银行扣费。鉴于银行通过外汇金宏系统—国际收支网上申报系统接口程序从自身计算机系统中提取数据时，"汇款金额"可能为银行实际对外支付的金额（不包含境内银行已扣除费用），因此国际收支网上申报系统中的电子数据可与汇款人填写的《境外汇款申请书》存在差异。

2.《对外付款/承兑通知书》中的"付款币种及金额"指付款人支付款项的币种及金额，可能包含境内银行费用。实际付款币种及金额指银行实际对外支付的币种及金额，不包括境内银行已扣除的费用。因此《对外付款/承兑通知书》中的"付款金额"可能大于或等于实际付款金额。

（三）关于国别的确定

1. 对于涉外收付款中对方收款人或付款人的国别，应申报为该笔涉外收入或支出的实际对方付款人或收款人常驻的国家或地区。

2. 对于境内居民与境外居民之间发生的跨境收付款，国别项暂申报境外居民境外账户开户银行所在国家或地区。

3. 对于境内非居民通过境内银行与境外发生的收付款，为反映我国对外负债的变动情况，国别项应申报为境内非居民的常驻国家或地区。

三、关于部分特殊业务的国际收支统计申报要求

（一）关于优惠贷款、买方信贷等涉外收付款的国际收支统计申报

1. 对境外提供优惠贷款、买方信贷等交易的申报。境内银行对境外提供优惠贷款、买方信贷等，应进行金融机构对境外资产负债及损益申报，填报《金融机构对境外贷款业务申报表》，并根据贷款期限和借款人分类（外国政府/境外金融机构/境外其他部门）归属在相应项目下。

如果境外借款人使用该笔优惠贷款或买方信贷从境内企业购买货物或服务，资金由境内银行直接向境内企业支付，则境内解付行/结汇行应通知境内企业进行国际收支统计间接申报，具体应按照基础交易性质申报在境内企业与境外借款人之间的交易项下，交易附言除描述该项交易外，还应注明"使用境内银行对外提供的优惠贷款/买方信贷"字样。

2. 接受境外提供的优惠贷款、买方信贷等交易的申报。对于境内企业接受境外提供的优惠贷款或者买方信贷，如果资金汇入境内，则在境内企业收到款项时进行国际收支统计间接申报，交易性质为"获得买方信贷本金"，国际收支交易编码为"802024"。

如果贷款未汇入境内企业在境内银行的账户而是存放在境外，且境内企业从境外进口货物或服务，并由境内企业通过境内银行对外发出指令，在境外提取贷款支付给境外出口商，则境内企业通过境内银行对外发出指令的同时进行国际收支统计间接申报，具体应按照基础交易性质申报在境内企业与境外出口商之间的交易项下，交易附言除描述该项交易外，还应注明"接受境外优惠贷款/买方信贷"字样。

如果贷款未汇入境内企业在境内银行的账户而是存放在境外，且境内企业向境内供货商购买货物，并由境内企业通过境内银行对外发出指令，在境外提取贷款汇入境内供货商在境内银行的账户，则由境内供货商在收到款项时进行国际收支统计间接申报，交易性质为"获得买方信贷本金"，国际收支交易编码为"802024"。

（二）关于QFII、QDII业务的国际收支统计申报

1. 对于合格的境外机构投资者（QFII）在境内进行证券投资所发生的跨境收付款，由境内托管人代其办理国际收支统计间接申报，申报主体仍为合格的境外机构投资者。境内托管人应严格按照国际收支统计申报的有关规定如实申报。

QFII项下的资金自境外汇入时，应申报在"货币和存款—境外存入款项"项下，国际收支交易编码为"802031"，并在交易附言中注明"QFII项下资金汇入"。资金汇出境外时，应区分以下情况进行申报：本金汇出境外时申报在"货币和存款—境外存入款项调出"项下，国际收支交易编码为"802031"，并在交易附言中注明"QFII项下本金汇出"；利息汇出境外时，若能够区分，则将投资股票所得收益申报在"证券投资收益—股票投资收益支出"项下，国际收支交易编码为"302021"，并在交易附言中注明"QFII项下股息等汇出"；投资债券等其他证券所得收益申报在"证券投资收

益—债券投资收益支出"，国际收支交易编码为"302022"，并在交易附言中注明"QFII 项下债券等利息汇出"。

2. 合格境内机构投资者（QDII，包括基金公司、证券公司和从事代客境外理财业务的商业银行等）通过境内托管账户对境外进行投资所发生的跨境收付款，由境内托管人按照有关规定代其办理国际收支统计间接申报，申报主体（即申报单证中的境内收/付款人）为合格境内机构投资者。合格境内机构投资者（除商业银行外）通过其在境内银行开立的非托管账户与境外发生的其他跨境收付款，申报主体为合格境内机构投资者并由其办理国际收支统计间接申报。

QDII 项下境内托管账户资金汇出境外时，应申报在"货币和存款—存放境外存款"项下，国际收支交易编码为"801031"，并在交易附言中注明"QDII 项下资金汇出"。境内托管账户收到境外汇入款项时，应区分以下情况：境内托管账户收到境外汇入的本金时，应申报在"货币和存款收回—收回或调回存放境外存款本金"项下，国际收支交易编码为"801031"，并在交易附言中注明"QDII 项下本金汇回"；收到利息收入时，投资股票所得收益应申报在"证券投资收益—股票投资收益收入"项下，国际收支交易编码为"302021"，并在交易附言中注明"QDII 项下股息等汇回"；投资债券等其他证券所得收益应申报在"证券投资收益—债券投资收益收入"项下，国际收支交易编码为"302022"，并在交易附言中注明"QDII 项下债券等利息汇回"。境内托管人应按照 13 号文的规定，将以境内托管人名义在境外开立的"境外外汇资金运用结算账户"的余额纳入《金融机构存放和拆放业务申报表》进行统计。

（三）关于特殊贸易融资业务的国际收支统计申报

关于福费廷、保理、押汇、海外代付等特殊贸易融资的国际收支统计间接申报，应在上述业务所涉收付款发生实际跨境时，由申报主体（境内收款人或付款人）通过原始经办银行按照实际交易性质进行国际收支统计间接申报。

（四）关于出口贸易境外融资业务的国际收支统计申报

对于境内出口商由境内银行提供担保，从境外银行获得贷款性质的境外融资业务，境内出口商应在以下环节进行国际收支统计间接申报：境外银行向境内出口商提供融资时，境内出口商应将该笔款项申报在"获得外国贷款—获得国外银行及其他金融机构贷款本金"项下，国际收支交易编码为"802023"；境内出口商从境外进口商收回货款时，应按照该笔交易的实际性质申报在相应贸易项下；境内出口商向境外融资银行偿还款项时，应将该笔款项申报在"偿还外国贷款—偿还国外银行及其他金融机构贷款本金"项下，国际收支交易编码为"802023"。

（五）关于未纳入海关统计货物贸易的国际收支统计申报

某些货物的所有权在居民与非居民之间发生了转移，但货物未发生实际跨境，或货物虽发生跨境但无需报关的货物贸易项下涉外收付款，也应纳入国际收支统计间接申报。该类收付款申报在"货物贸易—其他收入/支出"项下，国际收支交易编码为"109000"，交易附言中应注明业务类型，如"邮寄货物"、"网络购物"等。但非批量购买的图书报刊、软件和医药分别记录在相应的服务项下。

（六）关于居民与非居民联名账户的国际收支统计申报

若银行为一居民个人和一非居民个人开立了联名账户，如果该联名账户内资金主要由境外汇入，则应将该联名账户视同为非居民账户办理国际收支统计申报，即该账户与境外发生的所有收支交易以及该账户与境内发生的所有收支交易均需进行国际收支统计间接申报。如果该联名账户内资金主要为境内汇入或存入，则该联名账户视同为境内居民账户，即该联名账户与境内居民发生的收支交易无需办理国际收支统计间接申报。

（七）关于可转让信用证项下涉外收入的国际收支统计申报

对于可转让信用证，由转让人全额收取货款后再向受让人划拨的，应由转让人进行全额申报；

由银行直接将款项分别划入转让人和受让人账户的，应由转让人和受让人分别进行国际收支统计间接申报，具体应申报在货物贸易相应项下。

（八）关于银联卡的国际收支统计申报

境内居民使用银联卡在境外提现与消费的，以及非居民使用银联卡在境内提现与消费的，统一由银联进行国际收支统计间接申报，相应的收支应申报在"因私旅游"项下，国际收支交易编码为"202030"。

（九）关于不结汇中转行划转涉外收入款项的国际收支统计申报

根据 22 号文规定，通过不结汇中转行划转的涉外收入款项，应由解付银行/结汇中转行在收到该笔款项后办理涉外收入申报。不结汇中转行在以原币方式向解付银行/结汇中转行划转涉外收入款项时，必须注明原始汇款行，以便解付银行/结汇中转行办理涉外收入申报。

（十）关于不足 0.5 美元涉外收付款的国际收支统计申报

国际收支网上申报系统中的收付款金额为正整数，对于不足 0.5 美元的涉外收付款无需办理国际收支统计间接申报，即无需报送基础信息和申报信息。

四、关于电子银行涉外付款业务的国际收支统计申报要求

根据 22 号文第四十九条规定，境内银行以电子银行等方式接受委托办理涉外付款业务，应满足 22 号文所规定的国际收支统计申报原则，并就国际收支统计有关事宜报国家外汇管理局备案。现将电子银行涉外付款业务的国际收支统计申报要求明确如下：

（一）关于电子银行涉外付款业务界面的要求。电子银行涉外付款业务界面应当符合《国家外汇管理局关于下发"境内银行涉外收付相关凭证管理规定"的通知》（汇发〔2004〕45 号）确立的原则，并按照《境外汇款申请书》和《对外付款/承兑通知书》的格式和内容设置网上银行系统界面，使其至少包括国际收支统计申报所需信息，如汇款人名称、身份证件号码、汇款币种及金额、收款人名称及常驻国家（地区）、国际收支交易编码及交易附言等，以满足报送国际收支统计间接申报基础信息和申报信息的要求。

（二）关于电子银行涉外付款业务国际收支申报流程的要求。以电子银行方式办理涉外付款业务的境内银行应根据 22 号文的有关规定，制定电子银行国际收支统计申报操作规范，对电子银行涉外付款业务中国际收支统计申报号码编制、基础信息接口导入、申报或核销信息的录入/导入、纸质申报凭证打印和签章、信息审核、修改等作出规定，以规范电子银行国际收支统计申报数据的报送。

（三）关于电子银行涉外付款业务纸质申报单的要求。境内银行通过电子银行方式办理客户对外付款业务时，可根据汇款人的电子银行汇款指令直接打印《境外汇款申请书》，并在"申请人签章"栏内注明"本笔付款来自电子银行"，同时在"银行签章"栏内加盖银行印鉴。

（四）境内银行就其电子银行涉外付款业务有关国际收支统计事宜进行备案时，应提交电子银行涉外付款业务界面及国际收支统计申报业务流程等材料。若同意上述备案，国家外汇管理局将不进行回复；若不同意备案，国家外汇管理局将于受理备案后 15 个工作日内回复。

（五）境内银行办理电子银行涉外付款业务，还应符合现行外汇管理有关规定。

五、其他需要说明的问题

（一）关于外汇分局特殊处理措施标准和程序的备案要求

根据 22 号文第四十五条规定，外汇分局应将辖内"不申报、不解付"特殊处理措施的标准和程序报国家外汇管理局备案。上述标准和程序应适用于外汇分局全辖，下属支局无需另行制定相关标准和程序。分局制定辖内"不申报、不解付"标准和程序后，在实施前报国家外汇管理局备案，

国家外汇管理局不对此备案进行批复。

　　（二）关于国际收支统计间接申报现场核查的有关问题

　　根据《国家外汇管理局关于印发〈国际收支统计间接申报核查制度〉的通知》（汇发［2011］1号）第二十一条第（七）项规定，现场核查结束后，各分支局应向被核查单位下发现场核查报告。关于现场核查报告的具体名称，各分支局可根据实际情况自行确定。该条第（七）项与第（八）项的执行顺序可由各分支局根据当地具体情况进行调整。

　　六、本通知中所提及的"居民"和"非居民"包括机构和个人。"境内非居民"是指通过境内银行办理收付款业务的非居民，"境外居民"是指在境外办理收付款业务的中国居民。

　　七、国家外汇管理局各分局、外汇管理部应在收到本通知后，及时转发辖内支局和银行，并遵照执行。对违反本通知有关规定的行为，由国家外汇管理局根据《中华人民共和国外汇管理条例》等规定进行处罚。

　　八、本通知自发布之日起施行，部分国际收支统计申报规范性文件同时废止（目录见附件）。

　　特此通知。

　　附件：国家外汇管理局予以废止的 29 件国际收支统计申报规范性文件目录

二〇一一年八月十六日

附件：

国家外汇管理局予以废止的 29 件国际收支统计申报规范性文件目录

序号	文件名称	文号
1	国家外汇管理局国际收支司对中国进出口银行关于国际收支申报有关问题请示的批复	汇国复［2002］15 号
2	国家外汇管理局国际收支司关于部分分局国际收支统计间接申报问题的复函	汇国复［2003］1 号
3	国家外汇管理局国际收支司对部分分局有关国际收支申报问题的批复	汇国复［2003］2 号
4	国家外汇管理局国际收支司关于对境外机构投资者境内证券投资等国际收支申报问题的复函	汇国复［2003］3 号
5	国家外汇管理局国际收支司对部分分局有关国际收支申报问题的批复	汇国复［2004］1 号
6	国家外汇管理局国际收支司关于对部分分局有关国际收支统计申报问题的批复	汇国复［2004］2 号
7	国家外汇管理局国际收支司关于对部分分局有关国际收支统计申报问题的批复	汇国发［2004］4 号
8	国家外汇管理局关于奥组委国际收支统计申报时限有关问题的复函	汇函［2007］22 号
9	国家外汇管理局国际收支司关于驻华机构、驻华国际组织、外交官个人和驻京外国新闻机构进行国际收支统计申报的批复	汇国复［2007］2 号
10	国家外汇管理局国际收支司关于中国工商银行买入海外代付资产项下国际收支统计申报相关事宜的批复	汇国复［2007］4 号
11	国家外汇管理局国际收支司关于国际收支交易编码问题的批复	汇国复［2007］5 号
12	国家外汇管理局国际收支司关于国际收支统计申报和核销问题的批复	汇国复［2007］7 号
13	国家外汇管理局综合司关于国际收支统计监测系统升级后边境贸易申报与核销有关事项的批复	汇综复［2007］5 号
14	国家外汇管理局综合司关于电子银行对外付款业务的批复	汇综复［2007］15 号
15	国家外汇管理局综合司关于美国摩根大通银行有限公司上海分行对外付款相关问题请示的批复	汇综复［2007］23 号
16	国家外汇管理局综合司关于美国银行有限公司上海分行汇款业务相关问题请示的批复	汇综复［2007］24 号
17	国家外汇管理局综合司关于中国银行奥运外汇临时账户有关问题的批复	汇综复［2007］30 号
18	国家外汇管理局综合司关于国际收支间接申报有关问题的批复	汇综复［2007］41 号

续表

序号	文件名称	文号
19	国家外汇管理局综合司关于商业银行代客境外理财业务国际收支申报问题的批复	汇综复〔2007〕73号
20	国家外汇管理局综合司关于人民币跨境流动国际收支漏申报相关问题的批复	汇综复〔2007〕117号
21	国家外汇管理局国际收支司关于诺基亚公司对外付款项下国际收支统计申报相关问题的批复	汇国复〔2008〕1号
22	国家外汇管理局国际收支司关于国际收支统计申报相关问题的批复	汇国复〔2008〕5号
23	国家外汇管理局国际收支司关于对上海市分局国际收支处有关汇兑业务统计申报问题的批复	汇国复〔2008〕7号
24	国家外汇管理局国际收支司关于国际收支统计申报相关问题的批复	汇国复〔2008〕9号
25	国家外汇管理局综合司关于银行卡国际收支统计申报问题的批复	汇综复〔2008〕12号
26	国家外汇管理局综合司关于中国邮政储蓄银行国际收支申报业务相关问题的复函	汇综函〔2008〕48号
27	国家外汇管理局国际收支司关于汇出汇款海外银行扣费国际收支申报事宜的批复	汇国复〔2009〕2号
28	国家外汇管理局综合司关于境内非居民收付款国际收支统计间接申报有关事项的通知	汇综发〔2009〕85号
29	国家外汇管理局综合司关于跨境贸易人民币结算中国际收支统计申报有关事宜的通知	汇综发〔2009〕90号

国家外汇管理局关于启用境内银行涉外收付凭证及明确有关数据报送要求的通知

国家外汇管理局各省、自治区、直辖市分局、外汇管理部，深圳、大连、青岛、厦门、宁波市分局；各中资外汇指定银行：

为配合货物贸易外汇管理改革全国推广，促进贸易投资便利化及外汇管理方式的转变，根据《国家外汇管理局关于做好调整境内银行涉外收付凭证及相关信息报送准备工作的通知》（汇发〔2011〕49 号）和《国家外汇管理局综合司关于印发〈国际收支网上申报系统操作规程〉的通知》（汇综发〔2010〕122 号）有关要求，现将启用境内银行涉外收付凭证及相关数据报送要求通知如下：

一、启用境内银行涉外收付凭证

（一）从 2012 年 8 月 1 日起，境内银行应使用汇发〔2011〕49 号文规定的新的涉外和境内收付款相关凭证，办理收付款业务和国际收支统计及管理信息申报，并通过新的接口程序向国家外汇管理局报送数据。

（二）对于在 2012 年 8 月 1 日之前发生，但尚未完成全部信息申报和数据报送或需要进行修改操作的业务，也应使用新凭证继续办理收付款业务和国际收支统计及管理信息申报。

（三）国家外汇管理局对已接收的旧格式接口数据文件的最后一次导入时间为 2012 年 8 月 1 日 07：00。各银行应充分考虑机器时间差异、网络传输等因素，合理设置新、旧格式的数据报送时间和新、旧接口程序切换时间。

（四）对未通过新版银行接口程序验收和联调或有关准备工作未就绪的银行，应按照汇综发〔2010〕122 号文中应急处理流程和银行接口方式切换流程，于 2012 年 7 月 20 日前向所在地国家外汇管理局分支局（以下简称外汇局）申请切换为手工方式，并按照汇综发〔2010〕122 号文中的相关要求上报切换原因和接口方式恢复时间等内容，同时提前做好人员培训、权限分配以及网络、浏览器设置等准备工作，以便于 8 月 1 日起通过访问国际收支网上申报系统银行版进行申报。国家外汇管理局各分局、外汇管理部（以下简称各分局）应审核辖内银行的申请，于 7 月 25 日前将汇总后的申请银行名单、切换原因和接口方式恢复时间等内容上报国家外汇管理局国际收支司。

（五）关于汇综发〔2010〕122 号文和更新后的《国际收支网上申报操作手册》，银行可从网点访问国家外汇管理局应用服务平台银行版（http：//asone.safe：9101/asone）"常用下载"中"国际收支网上申报系统"栏目下查询。

二、明确境内居民间外汇同名划转业务数据的报送要求

自新凭证启用之日起，境内同一居民（包括机构和个人）通过境内银行办理的涉及资本项目账

户资金收付（定期转活期等外汇存款期限转换业务或外汇局另有规定除外）的行内和跨行外汇同名划转业务，客户可不填写《境内汇款申请书》及《境内收入申报单》，但境内银行应报送相关信息。其中，付款银行应将基础信息和管理信息报送外汇局，交易性质申报在"909010 同名账户资金转出"项下；收款银行应报送境内外汇收入基础信息。

三、通过境外账户收支余信息申报子系统报送有关数据

（一）从 2012 年 8 月 1 日起，根据出口收入存放境外管理有关规定已开立境外账户的企业，应登录国家外汇管理局网上服务平台（互联网址为：Http：//asone.safesvc.gov.cn/asone），通过其中的"境外账户收支余信息申报子系统"申报其境外账户的收支和余额信息。有关使用方法见该网站"常用下载"中"境外账户收支余信息申报子系统"的操作手册。

（二）企业应在月后 10 个工作日内申报其境外账户的月末余额和当月发生的逐笔收支信息。

四、各分局在接到本通知后，应及时转发至辖内中心支局、支局和辖内银行，并将相关要求以适当方式通知相关企业。执行中如遇问题，请及时向国家外汇管理局反馈。

国家外汇管理局经常项目管理司联系电话：010-68402450。

国家外汇管理局资本项目管理司联系电话：010-68402366。

国家外汇管理局国际收支司联系电话：010-68402434。

国家外汇管理局外汇业务数据监测中心（科技司）联系电话：010-68402047。

特此通知。

二〇一二年七月十三日

国家外汇管理局综合司关于明确境内银行涉外收付凭证备案工作有关问题的通知

国家外汇管理局各省、自治区、直辖市分局、外汇管理部，深圳、大连、青岛、厦门、宁波市分局；各中资外汇指定银行：

根据《国家外汇管理局关于做好调整境内银行涉外收付凭证及相关信息报送准备工作的通知》（汇发〔2011〕49号）有关规定，现将境内银行涉外收付相关凭证备案的具体要求明确如下：

一、凭证备案工作原则上按照《国家外汇管理局关于下发"境内银行涉外收付相关凭证管理规定"的通知》（汇发〔2004〕45号）和《国家外汇管理局关于规范境内银行涉外收付相关凭证印制工作的通知》（汇发〔2004〕65号）相关规定执行。

二、政策性银行、全国性商业银行应由其总行将涉外收付相关凭证向国家外汇管理局备案，其分支行无需再向所在地国家外汇管理局分支局、外汇管理部（以下简称所在地外汇局）进行涉外收付相关凭证的备案工作。

三、城市商业银行、农村商业银行、农村合作银行、城市信用社、农村信用社、村镇银行等地方性银行以及外资银行（外资商业银行、中外合资商业银行、外国商业银行分行）应由其法人（外国商业银行分行境内牵头行视同法人）向所在地外汇局备案。所在地外汇局负责涉外收付相关凭证的存档，国家外汇管理局各分局、外汇管理部（以下简称各分局）无需再收集后报送至国家外汇管理局。

四、各分局应督促所辖境内银行于2012年3月31日前完成新凭证的备案工作，并于2012年4月10日前汇总辖内报备情况，填写《境内银行总行凭证备案情况表》（见附件），传送至国家外汇管理局国际收支司（邮箱地址：stat@bop.safe）。自2012年5月起，各分局应于每月后五个工作日内将上月新增境内银行总行凭证备案情况填写《境内银行总行凭证备案情况表》，并传送至国家外汇管理局国际收支司（无新增情况可不报送）。国家外汇管理局国际收支司将在国家外汇管理局信息门户网上公布银行总行凭证备案情况以供各分支局、外汇管理部查询。

五、各分局在接到本通知后，应及时转发辖内中心支局、支局和银行。以前规定与本通知内容不一致的，以本通知为准。

六、在执行中如遇问题，请及时向国家外汇管理局国际收支司反馈。

联系电话：010-68402306

二〇一二年二月二十九日

国家外汇管理局关于做好调整境内银行涉外收付凭证及相关信息报送准备工作的通知

国家外汇管理局各省、自治区、直辖市分局、外汇管理部，深圳、大连、青岛、厦门、宁波市分局；各全国性外汇指定银行：

为促进贸易投资便利化及外汇管理方式的转变，完善外汇收支统计监测，国家外汇管理局决定调整境内银行涉外收付相关凭证内容、国际收支统计申报要求以及境内收付款凭证使用范围，并规范机构外汇账户和个人资本项目外汇账户结售汇信息采集。现就有关事项通知如下：

一、境内银行应按照涉外收付相关凭证调整内容（见附件1）及样式（见附件2）做好新凭证启用准备工作，并于2012年3月31日前依据有关涉外收付相关凭证管理规定的要求完成新凭证备案工作。境内银行涉外收付新凭证启用时间将另文通知。

二、自境内银行涉外收付新凭证启用之日起，调整国际收支统计申报要求和境内收付款凭证使用范围。

（一）关于调整涉外付款申报的有关要求

境内申报主体通过境内银行办理涉外付款业务，如果境内申报主体向境外支付款项，境内付款银行应当在基础信息中的对方收款人名称前添加"（JW）"字样；如果境内居民向境内非居民支付款项，境内付款银行应当在基础信息中的对方收款人名称前添加"（JN）"字样。

（二）关于调整涉外收入申报的有关要求

境内申报主体通过境内银行办理涉外收入业务，如果申报主体收到来自境外的款项，境内收款银行应当在基础信息中的对方付款人名称前添加"（JW）"字样；如果境内居民收到来自境内非居民的款项，境内收款银行应当在基础信息中的对方付款人名称前添加"（JN）"字样。

（三）关于调整境内收付款凭证使用范围的有关要求

境内居民（包括机构和个人）之间通过境内银行办理的外汇收付款以及货物贸易核查项下人民币收付款应按要求填报境内收付款凭证。其中，货物贸易核查项下外汇和人民币收付款，收付款双方均应填写境内收付款凭证；非货物贸易核查项下外汇收付款，由付款方填写《境内汇款申请书》或《境内付款/承兑通知书》，收款方无需填写《境内收入申报单》。

境内银行应向国家外汇管理局报送境内居民填写的上述境内收付款凭证涉及信息，以及无需填写《境内收入申报单》的境内外汇收入基础信息。

三、境内银行应规范机构外汇账户和个人资本项目外汇账户内资金结汇信息以及购汇进入机构外汇账户和个人资本项目外汇账户信息（以下简称外汇账户内结售汇信息）的采集，并向国家外汇管理局报送上述采集信息。

四、涉外收付相关凭证调整和外汇账户内结售汇信息采集的接口规范详见《国际收支网上申报系统与银行业务系统数据接口规范》（1.2版）（见附件3）、《银行接口错误反馈类型说明》（1.2版）

（见附件4）、《国际收支网上申报系统向银行反馈申报/管理数据接口规范》（1.2版）（见附件5）。

境内法人银行总行及境外银行境内牵头行（以下简称银行总行）应按照上述规范和有关规定修改接口程序和自身业务系统。其中，银行总行应在2012年2月29日前完成与涉外收付相关凭证调整有关的接口程序和自身业务系统的修改工作，并于2012年3月31日前做好与国家外汇管理局联调测试等准备工作；银行总行应在2012年6月30日前做好外汇账户内结售汇信息报送准备。

五、国家外汇管理局各分局、外汇管理部在接到本通知后，应及时转发至辖内中心支局、支局和辖内银行。执行中如遇问题，请及时向国家外汇管理局反馈。

国家外汇管理局国际收支司联系电话：010-68402306

国家外汇管理局经常项目管理司联系电话：010-68402450

国家外汇管理局资本项目管理司联系电话：010-68402366

国家外汇管理局外汇业务数据监测中心（科技司）联系电话：010-68402047

特此通知。

二〇一一年十二月十三日

相关信息：

附件1：境内银行涉外收付相关凭证调整内容

附件2：境内银行涉外收付相关凭证样式（略）

附件3：国际收支网上申报系统与银行业务系统数据接口规范（1.2版）（略）

附件4：银行接口错误反馈类型说明（1.2版）（略）

附件5：国际收支网上申报系统向银行反馈申报管理数据接口规范（1.2版）（略）

附件1：

境内银行涉外收付相关凭证调整内容

凭证名称	调整内容
境外汇款申请书	1. 将"是否为进口核查项下付款"调整为"本笔款项是否为保税货物项下付款"。
	2. 删除"最迟装运日期"。
	3. 删除"报关单经营单位代码"、"报关单号"、"报关单币种及总金额"、"本次核注币种及金额"。
	4. 将"外汇局批件/登记表号"调整为"外汇局批件号/备案表号/业务编号"。
	5. 取消"第二联 外汇局留存联"及其背面的"国家（地区）名称代码表"，银行可根据实际需要自行印制"国家（地区）名称代码表"。
	6. 取消"专用附联《国际收支交易编码表》"，银行可根据实际需要自行印制"《国际收支交易编码表》"。
对外付款/承兑通知书	1. 将"是否为进口核查项下付款"调整为"本笔款项是否为保税货物项下付款"。
	2. 删除"最迟装运日期"。
	3. 将"外汇局批件/登记表号"调整为"外汇局批件号/备案表号/业务编号"。
	4. 取消"第三联 外汇局留存联"及其背面的"国家（地区）名称代码表"，银行可根据实际需要自行印制"国家（地区）名称代码表"。
	5. 取消"专用附联《国际收支交易编码表》"，银行可根据实际需要自行印制"《国际收支交易编码表》"。
涉外收入申报单	1. 将"本笔款项是否为出口核销项下收汇"调整为"本笔款项是否为保税货物项下收入"。
	2. 增加"收入类型"栏目，其后选项包括：福费廷、出口保理、出口押汇、出口贴现、其他。
	3. 将"如果本笔款项为外债提款，请填写外债编号"调整为"外汇局批件号/备案表号/业务编号"。
	4. 取消"第一联 银行留存联"背面的"国家（地区）名称代码表"，银行可根据实际需要自行印制"国家（地区）名称代码表"。
	5. 取消"专用附联《国际收支交易编码表》"，银行可根据实际需要自行印制"《国际收支交易编码表》"。

续表

凭证名称	调整内容
境内汇款申请书	1. 将"进口付汇核查专用申报号码"调整为"申报号码"。
	2. 将"本笔付款是否为进口核查项下付款"调整为"本笔款项是否为保税货物项下付款"。
	3. 将"预付款"调整为"预付货款"。
	4. 删除"最迟装运日期"。
	5. 在"付汇性质"中增加"其他特殊经济区域"选项。
	6. 删除"报关单经营单位代码"、"报关单号"、"报关单币种及总金额"、"本次核注币种及金额"。
	7. 将"外汇局批件/登记表号"调整为"外汇局批件号/备案表号/业务编号"。
	8. 将"请按照贵行背页所列条款代办以上汇款并进行进口核查申报"调整为"请按照贵行背页所列条款代办以上汇款并进行申报"。
	9. 取消"第二联　外汇局留存联"及其背面的"国家（地区）名称代码表"，银行可根据实际需要自行印制"国家（地区）名称代码表"。
	10. 取消"专用附联《国际收支交易编码表》"，银行可根据实际需要自行印制《涉外收支交易代码表》。
境内付款/承兑通知书	1. 将"进口付汇核查专用申报号码"调整为"申报号码"。
	2. 将"本笔付款是否为进口核查项下付款"调整为"本笔款项是否为保税货物项下付款"。
	3. 删除"最迟装运日期"。
	4. 在"付汇性质"中增加"其他特殊经济区域"选项。
	5. 将"外汇局批件/登记表号"调整为"外汇局批件号/备案表号/业务编号"。
	6. 取消"第三联　外汇局留存联"及其背面的"国家（地区）名称代码表"，银行可根据实际需要自行印制"国家（地区）名称代码表"。
	7. 取消"专用附联《国际收支交易编码表》"，银行可根据实际需要自行印制《涉外收支交易代码表》。
出口收汇核销专用联信息申报表（境外收入）	取消凭证。
出口收汇核销专用联信息申报表（境内收入）	1. 更名为《境内收入申报单》。
	2. 将"核销收汇专用号码"调整为"申报号码"。
	3. 将"本笔款项是否为出口核销项下收汇"调整为"本笔款项是否为保税货物项下收入"。
	4. 删除"出口收汇核销单号码"和"收汇总金额中用于出口核销的金额"。
	5. 将"境内收汇类型"调整为"境内收入类型"，选项中"特殊经济区域"拆分为"保税区、出口加工区、钻石交易所、其他特殊经济区域"，删除"福费廷业务"、"无追索权出口保理业务"，"汇路引起出口项下的跨境收汇"调整为"汇路引起出口项下的跨境收入"，"其他出口项下收汇"调整为"其他"。
	6. 增加"外汇局批件号/备案表号/业务编号"栏目。

国际收支统计间接申报核查制度

第一章　总　则

第一条　为规范通过金融机构进行国际收支统计申报业务（以下简称"间接申报"）的核查工作，提高申报数据质量，国家外汇管理局根据《国际收支统计申报办法》（中国人民银行行长第 2 号令）、《国际收支统计申报办法实施细则》（汇发〔2003〕21 号）以及《通过金融机构进行国际收支统计申报业务操作规程》（汇发〔2010〕22 号，以下简称《操作规程》）等有关规定，结合工作实际，制定本制度。

第二条　国家外汇管理局各分局、外汇管理部及其支局（以下简称"各分支局"）国际收支工作人员应认真完成间接申报核查工作，确保申报数据的准确性、及时性和完整性。

第三条　间接申报核查方式包括非现场核查和现场核查。

间接申报非现场核查（以下简称"非现场核查"），是指通过运用与间接申报统计相关的辅助核查软件及其他核查手段，对申报情况进行的核查。

间接申报现场核查（以下简称"现场核查"），是指国际收支工作人员前往银行和申报主体工作场所，现场调阅与涉外收付款相关的原始交易凭证及其他相关凭证，对申报情况进行的核查。

第四条　各分支局间接申报核查工作的管理原则：

（一）负责对辖内银行以及申报主体的间接申报业务进行培训、核查和考核；

（二）负责对其下级外汇局间接申报核查工作进行培训、指导、检查和考核；

（三）应及时处理上级外汇局反馈的核查结果并将有关事项及时通知下级外汇局，督促其与辖内银行和申报主体进行核实或修改；

（四）核查工作应落实到岗；

（五）应加强与本单位内其他部门的联系和协调，通过其他部门反馈的数据问题总结核查工作经验、提高数据质量。

第二章　非现场核查

第五条　非现场核查主要是对国际收支网上申报系统外汇局版（以下如无特殊说明，均指外汇局版）中涉外收付款数据和单位基本情况表有关情况的核查，以及综合查询系统电子数据的核查。

对国际收支网上申报系统的核查主要包括对涉外收付款申报电子数据的导（录）入及时性和完整性、信息要素的表面一致性、信息要素的内部关联关系和逻辑关系正确性，以及单位基本情况表等内容的核查。对综合查询系统的核查主要包括对滞留数据的核查。

第六条　各分支局应运用核查软件并辅以其他核查手段，按以下要求开展非现场核查：

（一）每日完成对国际收支网上申报系统中新增及修改单位基本情况表的核查；

（二）每旬完成一次所辖银行申报电子数据中"已申报信息"及"待申报信息"的逐笔核查，对"逾期未申报信息"进行催报，对"删除申报单"的删除理由进行排查，并对"滞留数据"进行清理；

（三）各分支局应将核查中发现的问题形成电子文档或纸质文件保存 24 个月，并将核查出的问题通知相关银行，督促其在 5 个工作日内反馈，如需修改，应按《操作规程》有关规定办理。

第七条 各分支局应核查所辖银行涉外收付款申报电子数据中各项要素的准确性。

（一）根据实际业务情况，核查涉外收付款凭证种类选择是否正确；

（二）核查申报号码、收/付款人名称、结算方式、交易币种、交易金额、收/付款账号、（对方）付/收款人名称、（对方）付/收款人常驻国家（地区）名称及代码、交易编码、交易附言、预收预付款类型、是否为退款等各项要素的准确性；

（三）核查（对方）付/收款人名称与（对方）付/收款人常驻国家（地区）名称及代码之间、交易币种与（对方）付/收款人常驻国家（地区）名称及代码之间、交易编码与交易附言之间、收/付/汇款人名称与个人身份证件号码及组织机构代码之间、个人身份证件号码与申报主体类型之间、境内非居民项下收支交易与交易编码之间、有外债编号的收支交易与交易编码之间等逻辑关系是否正确；

（四）其他要素的填报是否准确、规范。

第八条 各分支局应核查所辖银行涉外收付款申报电子数据中基础信息与申报信息导（录）入国际收支网上申报系统的及时性。

（一）核查银行基础信息通过接口程序导入国际收支网上申报系统的时间是否符合《操作规程》规定的时限。

（二）核查银行或企业的涉外收付款申报信息导（录）入国际收支网上申报系统的时间是否符合《操作规程》规定的时限。

（三）为保证基础信息报送的及时性，外汇局不要求银行对基础信息中境内"收/付款人名称"的英文信息和对方"付/收款人名称"包含的地址信息进行修改。境内"收/付款人名称"字段可以为中文或者英文，对方"付/收款人名称"字段中可以包括对方"付/收款人"的名称和地址信息。

第九条 各分支局应核查所辖银行涉外收付款申报电子数据的完整性。

（一）核查是否存在未按规定范围报送国际收支统计间接申报基础信息或申报信息的情况；

（二）核查银行删除数据的情况。

第十条 各分支局应核查国际收支网上申报系统中单位基本情况表的电子信息各要素的准确性和完整性。

（一）核查单位基本情况表中的组织机构代码（含特殊机构代码）的准确性；

（二）核查机构名称是否准确规范，包括机构名称是否采用简称、是否包含不需要的空格、是否含有不合法的特殊字符、是否存在乱码等；

（三）核查经济类型与机构名称之间、经济类型与组织机构代码之间、经济类型与常驻国家之间、行业属性与机构名称之间等逻辑关系是否正确等；

（四）核查其他要素的完整性与准确性。如单位联系人、联系电话、邮政编码、邮寄地址及是否为特殊经济区内企业等。

第三章 现场核查

第十一条 现场核查是对银行和申报主体涉外收付款申报业务及相关情况的核查，具体包括对单位基本情况表填制和保存情况、银行接口程序是否符合要求、申报信息与实际交易的一致性、申报的及时性和完整性、对纸质涉外收付款凭证（银行或申报主体留存联）填制和保管情况以及银行间接申报内控制度制定及执行情况等进行的核查。

第十二条　各分支局应当按照以下要求组织开展现场核查：

（一）各分支局每年至少应对辖内 4 家银行进行现场核查，三年内完成对辖内所有银行的现场核查。如辖内银行超过 30 家，则应在三年内至少完成对辖内 30 家银行的现场核查工作。国家外汇管理局可根据各分局、外汇管理部（以下简称"各分局"）辖内业务情况的变化，不定期的以国际收支司发文形式调整各分局需要进行现场核查的最低银行数量要求。

（二）对一家银行的核查可以依据申报数量及申报质量合理选择该银行一家或几家分支机构进行抽查，鼓励对该银行所有分支机构开展普查。

（三）各分支局应结合非现场核查中大额交易和重要项目重点核实的情况，对相关银行和申报主体进行不定期现场核查。

（四）各分支局可根据申报工作的总体情况和工作安排，不定期地组织下级局之间对银行或申报主体进行现场交叉核查。

第十三条　各分支局应核查所辖银行涉外收付款申报数据中各项要素的准确性。

（一）核查内容：申报信息中申报号码、收/付款人名称、结算方式、交易币种、交易金额、收/付款账号、（对方）付/收款人名称、（对方）付/收款人常驻国家（地区）名称及代码、交易编码、交易附言、预收预付款类型、是否为退款等各项要素的准确性。

（二）主要核查方法：

1. 汇款项下涉外收付款凭证核查。通过调阅银行汇款科目项下的流水清单以及留存的相关业务档案进行。

2. 信用证和托收项下的涉外收付款凭证核查。通过调阅银行信用证和托收项下的业务明细数据以及相关信用证来单资料和托收协议进行。

3. 各分支局可结合现场核查中的实际情况采取其他方法进行核实，以保证申报数据的准确性。

第十四条　各分支局应核查所辖银行涉外收付款申报数据的及时性和完整性。

（一）核查内容：涉外收入申报单、境外汇款申请书、对外付款/承兑通知书的申报数据（包括基础信息及申报信息）。

1. 是否按《操作规程》要求自动生成申报号码；

2. 是否存在有申报数据但无会计数据的情况；

3. 是否存在有会计数据但无申报数据的情况；

4. 是否存在既有会计数据又有申报数据，但不属于申报范围的情况。

（二）主要核查方法：采取国际收支网上申报系统电子数据与银行会计账目中的收汇、付汇流水清单逐笔勾对等方式。

第十五条　各分支局应核查银行接口程序是否符合《国际收支网上申报系统与银行业务系统接口程序验收要求》（汇综发〔2010〕122 号附件）。

第十六条　各分支局应对银行申报的单位基本情况表进行核查。

（一）核查内容：组织机构代码、机构名称、住所/营业场所代码及名称、常驻国家（地区）代码及名称、外方投资者国别（地区）代码及名称、经济类型代码、所属行业属性代码、是否为特殊经济区域企业、所属外汇局代码等信息是否准确；

（二）主要核查方法：通过比对国际收支网上申报系统中的单位基本情况表信息和机构申报主体在银行的账户开户资料，核查单位基本情况表信息的完整性和准确性。

第十七条　各分支局应对银行留存纸质涉外收付款凭证进行核查。核查采取随机抽查方式进行。

（一）核查以往月份涉外收付款凭证。

1. 是否准确使用涉外收付款凭证种类；

2. 纸质涉外收付款凭证填写的信息与国际收支网上申报系统中的电子信息是否一致；

3. 纸质涉外收付款凭证的填写是否准确、完整、规范；

4. 纸质涉外收付款凭证留存期限是否满 24 个月。

（二）核查当月涉外收付款凭证。

核对当月纸质涉外收付款凭证（银行留存联）与国际收支网上申报系统中相应申报数据，查看是否存在涉外收付款凭证导（录）入不及时的情况。

第十八条　各分支局应对银行间接申报内控制度进行核查。

（一）符合《操作规程》要求的间接申报内部操作规程的建立和执行情况；

（二）其他与国际收支工作相关的工作制度、管理制度和岗位责任制度的建立和执行情况。

第十九条　各分支局应对银行执行"不申报、不解付"特殊处理措施的情况进行核查。

（一）核查经办银行是否督促被执行"不申报、不解付"特殊处理措施的申报主体逐笔补报其此前未按期申报的涉外收入款项；

（二）核查银行为被执行"不申报、不解付"特殊处理措施的申报主体办理新收款项入账或结汇是否符合"不申报、不解付"特殊处理措施相关规定。

第二十条　各分支局可开展对申报主体的现场核查，主要核查申报数据的真实性。

（一）核查方法：将国际收支网上申报系统中相关申报主体的国际收支申报数据与其相关会计科目以及相应的有效凭证（合同、协议、发票等）进行核对。被核查单位会计科目中所反映的收入、支出款应与银行出具的对账单一致。

（二）核查的内容包括：申报号码、收/付款人名称、结算方式、交易币种、交易金额、收/付款账号、（对方）付/收款人名称、（对方）付/收款人常驻国家（地区）名称及代码、交易编码、交易附言等。

第二十一条　各分支局国际收支工作人员进行国际收支申报现场核查应遵循以下工作流程：

（一）各分支局国际收支工作人员在执行国际收支申报现场核查前，应制发核查通知书（参见格式一，格式可调整），并提前 5 个工作日通知被核查单位。

（二）各分支局进行国际收支统计申报现场核查时，不得少于两人，并应出示"国际收支申报核查证"或本单位的介绍信，其中必须有一名以上的核查人员持有"国际收支申报核查证"。

（三）各分支局对现场核查中发现的可疑申报数据如涉及采用纸质申报方式时，应调阅相关的纸质涉外收付款凭证进行查证，确认责任归属，并应对现场核查调阅的资料进行记录，填制"国际收支现场核查调阅资料清单"（参见格式二，格式可调整）。

（四）各分支局应向被核查单位了解其国际收支项下实际收付汇会计账务处理的情况，通过逐笔勾对会计凭证、核对会计报表等方法，对其涉外收付款申报数据进行核查，并根据核查结果填写"国际收支现场核查工作底稿"（参见格式三，格式可调整）。

（五）对现场核查中发现的问题，各分支局应进行材料取证。材料中应包含该材料与原件一致的意思表达、材料提供人、提供日期和银行业务公章。

（六）在现场核查结束后、核查人员离场前，各分支局应根据现场核查情况、存在的问题填写"国际收支现场核查事实与评价"（参见格式四，格式可调整），并要求被核查单位签字并加盖单位公章。

（七）现场核查结束后，各分支局应根据现场核查情况、违规情况和处理方案撰写并向被核查单位下发《现场核查报告》，要求被核查单位根据《现场核查报告》上报整改报告。

（八）各分支局在现场核查结束后，应根据"国际收支现场核查事实与评价"以及《现场核查报告》对被核查单位的现场核查情况进行集体评价和审议，并根据审议结果填写"国际收支现场核查集体审议记录"，作为是否移交外汇检查部门的依据。

第二十二条　各分支局应建立现场核查档案并妥善保存，保存期为 24 个月。核查档案主要包括：核查通知书（复印件）、国际收支现场核查调阅资料清单、国际收支现场核查工作底稿、国际收支现场核查事实与评价、现场核查报告（复印件）等。保存期满后，可按照档案管理程序销毁。

第四章　大额交易与重要交易项目重点核实

第二十三条　各分支局应按季度开展大额交易重点核实工作。

（一）各分支局应按季度对辖内单笔货物贸易项下收入（支出）金额 3000 万美元（含）以上，其他项下收入（支出）金额 1000 万美元（含）以上的大额交易进行重点核实。

如辖内当季货物贸易项下的收入（支出）金额达到 3000 万美元（含）以上的交易不足 10 笔时，各分局应重点逐笔核实辖内货物贸易项下收入（支出）排名为前 10 名的交易。

如辖内当季非货物贸易项下的收入（支出）金额达到 1000 万美元（含）以上的交易不足 10 笔时，各分局应重点逐笔核实辖内非货物贸易项下收入（支出）排名为前 10 名的交易。

（二）为确保大额交易数据的准确性，各分支局应采取非现场核查、通过银行或申报主体确认与现场核查相结合的方式开展大额交易重点核实工作。

各分支局应向银行或申报主体下发"国际收支统计间接申报大额交易重点核实情况通知书"（参见格式五）进行再确认（可通过电子邮件、传真等方式下发，通过电子方式下发时，不需加盖公章），并留存银行或申报主体反馈的"国际收支统计间接申报大额交易重点核实情况确认回执"（参见格式五—附 1）及经确认的"国际收支统计间接申报大额交易重点核实情况反馈表"（见格式五—附 2）。各分支局对于银行或申报主体确认后仍有疑问的，可进行现场核查。

（三）对于在大额交易重点核实中发现的申报错误，各分支局应督促相关银行及申报主体及时进行修改。

（四）在当季大额交易重点核实结束后，各分局应汇总当季大额交易重点核实情况，填报"国际收支统计间接申报大额交易重点核实情况反馈明细表"（见格式六）以及"国际收支统计间接申报大额交易重点核实情况汇总表"（见格式七）。

（五）国家外汇管理局可根据国际收支形势和跨境资金流动情况变化，不定期以国际收支司发文形式调整各分局大额交易重点核实的金额标准及内容。

第二十四条　各分支局可结合核查工作实际情况，根据当期辖内涉外资金流动的情况及特点，选择所需核实的重要交易项目，不定期组织对辖内重要交易项目的重点核实工作。

第二十五条　各分支局应当建立大额交易与重要交易项目重点核实档案并妥善保存，保存期为 24 个月。保存期满后，可按照档案管理程序销毁。

第五章　附　则

第二十六条　对现场核查与非现场核查中发现的违反国际收支统计申报有关规定的行为，外汇局各分支局国际收支部门可采取约见谈话（"约见谈话通知书"参见格式八，"约见谈话记录"参见格式九，格式均可调整）、通报等方式督促被核查单位予以整改。

第二十七条　各分局应根据辖内实际情况制定"国际收支统计间接申报现场核查案件移交标准"，并报国家外汇管理局国际收支司备案。

第二十八条　各分支局国际收支部门可视被核查单位违反国际收支统计申报有关规定的情节及

其整改情况，根据集体审议结论、《国家外汇管理局案件移交操作规程》（汇发〔2001〕219 号）和《国家外汇管理局综合司关于完善外汇案件移交有关工作的通知》（汇综发〔2010〕155 号）等有关规定，将违规案件移交外汇检查部门，并报国家外汇管理局国际收支司备案。

第二十九条 各分支局应按照对银行考核的相关规定，将对辖内银行间接申报核查情况纳入当期考核。

第三十条 外汇局各分局应于每季度后 20 个工作日内将辖内核查情况汇总后以书面形式报国家外汇管理局国际收支司。

核查报告内容可包括：

（一）当季开展非现场与现场核查的情况；

（二）当季开展大额交易和重要交易项目重点核实情况，并附汇总的辖内"国际收支统计间接申报大额交易重点核实情况反馈明细表"（分为收入和支出两类）以及"国际收支统计间接申报大额交易重点核实情况汇总表"；

（三）结合具体实例归纳总结核查中发现的各类问题及核查方法；

（四）当季对被核查单位的处理情况；

（五）上季被核查单位存在主要问题的整改情况；

（六）其他内容。如日常核查操作中存在的主要问题、某些交易项目下的异常收支变动情况等。

第三十一条 本制度自 2011 年 2 月 1 日起实行，由国家外汇管理局负责解释。《国家外汇管理局关于下发〈国际收支统计间接申报核查制度（试行）〉的通知》（汇发〔2003〕1 号）、《国家外汇管理局国际收支司关于开展国际收支统计间接申报大额交易重点核实工作的通知》（汇国发〔2007〕8 号）同时废止。

格式一~格式九略

通过金融机构进行国际收支统计申报
业务操作规程

第一章　总　则

　　第一条　为规范通过境内银行进行的国际收支统计申报业务，确保国际收支统计申报相关信息及时、准确、完整，根据国际收支统计申报相关办法，制定本操作规程。

　　第二条　通过境内银行进行国际收支统计申报的凭证有《涉外收入申报单》、《境外汇款申请书》、《对外付款/承兑通知书》，其格式和内容由国家外汇管理局负责统一制定、修改，由境内银行按照有关涉外收付相关凭证规定的要求备案后自行印制。

　　《境外汇款申请书》、《对外付款/承兑通知书》应作为付款人通过境内银行办理涉外付款业务的必要凭证和境内银行涉外付款业务会计核算的必要凭证。

　　第三条　通过境内银行发生涉外收入或涉外付款的非银行机构和个人（以下称"申报主体"），应及时、准确、完整地进行国际收支统计申报。

　　发生涉外收入的申报主体，应在解付银行解付之日（T）或结汇中转行结汇之日（T）后五个工作日（T+5）内办理该款项的申报。

　　发生涉外付款的申报主体，应在提交《境外汇款申请书》或《对外付款/承兑通知书》的同时办理该款项的申报。

　　机构申报主体在办理涉外收付款国际收支统计申报前，应按照有关规定申领组织机构代码或特殊机构代码，并按照本操作规程第二章的有关规定办理。

　　第四条　境内银行应按照国家外汇管理局信息系统代码标准化管理的有关规定向国家外汇管理局及其分支局（以下简称外汇局）申领金融机构代码和金融机构标识码，外汇局按规定受理申请并办理赋码工作。境内银行信息要素发生变更时，应按照金融机构代码和金融机构标识码信息要素变更流程办理。

　　外汇局应当在国际收支网上申报系统（外汇局版）中为开办国际收支业务的境内银行进行国际收支业务的开通/关闭设置。

　　第五条　境内银行应确保基础信息报送的及时性、准确性、完整性，督促和指导申报主体办理申报，并履行审核及发送国际收支统计申报相关信息等职责。

　　第六条　境内银行应根据国家外汇管理局制定的数据接口规范及有关规定，设计和开发其接口程序，实现银行自身计算机处理系统与国际收支网上申报系统之间的数据转换。

　　第七条　境内银行及申报主体应当妥善保管《涉外收入申报单》、《境外汇款申请书》和《对外付款/承兑通知书》各自留存联。

纸质《涉外收入申报单》、《境外汇款申请书》和《对外付款/承兑通知书》的保存期限至少为24个月，保存期满后可自行销毁。国家外汇管理局另有规定的，从其规定。

第八条　境内银行应按照货物贸易进口付汇核销的有关规定，将涉及货物贸易进口付汇核销项下的纸质《境外汇款申请书》和《对外付款/承兑通知书》的"外汇局留存联"报送外汇局。

第九条　境内银行应对申报主体的有关信息进行保密。外汇局国际收支工作人员到境内银行或申报主体进行现场核查时，应持有并出示国家外汇管理局统一制发的《国际收支申报核查证》，并在境内银行或申报主体相关人员的陪同下进行。境内银行或申报主体应提供核查所需的资料和便利。

第二章　单位基本情况表

第十条　境内银行应按照国家外汇管理局规定的格式和内容自行印制《单位基本情况表》一式两联（见附表），并提供给机构申报主体使用。

第十一条　凡在境内银行任何一家网点首次办理涉外收付款业务的机构申报主体，应填写《单位基本情况表》，同时提供《组织机构代码证》或《特殊机构代码赋码通知》、《营业执照》等行业主管部门颁发的证明文件。申报主体为外商投资企业的，还应当提供《外商投资企业批准证书》。

第十二条　境内银行应对机构申报主体填写的《单位基本情况表》信息与该机构提供的《组织机构代码证》或《特殊机构代码赋码通知》、《营业执照》、《外商投资企业批准证书》等证明文件进行核对，核对有误的退回申报主体修改；核对无误的于本工作日内登录国际收支网上申报系统（银行版）或通过银行接口程序进行处理：

（一）对于该申报主体的《单位基本情况表》信息在国际收支网上申报系统（银行版）中已经存在，并显示为已经过外汇局核查，且与该申报主体填写的《单位基本情况表》关键要素（包括组织机构代码、组织机构名称、经济类型、行业属性、国别、是否为特殊经济区企业、外方投资者国别、住所/营业场所）一致的，经办银行应将该申报主体的机构联系人、联系电话、传真号码补充录入/导入国际收支网上申报系统（银行版）；关键要素不一致的，经办银行应将该申报主体的机构联系人、联系电话、传真号码补充录入/导入国际收支网上申报系统（银行版），同时将《单位基本情况表》、《组织机构代码证》或《特殊机构代码赋码通知》、《营业执照》、《外商投资企业批准证书》等证明文件传真或报送至银行所在地外汇局，由银行所在地外汇局转至申报主体住所/营业场所所在地外汇局对关键要素进行修改。

（二）对于该申报主体的《单位基本情况表》信息在国际收支网上申报系统（银行版）中存在，但显示为尚未经过外汇局核查，且与该申报主体填写的《单位基本情况表》关键要素一致的，经办银行应将该申报主体的机构联系人、联系电话、传真号码补充录入/导入国际收支网上申报系统（银行版）；关键要素不一致的，经办银行应在核实后将该申报主体的《单位基本情况表》修改信息录入/导入国际收支网上申报系统（银行版）。

（三）对于该申报主体的《单位基本情况表》信息在国际收支网上申报系统（银行版）中不存在的，经办银行应于本工作日内将该申报主体填写的《单位基本情况表》信息录入/导入国际收支网上申报系统（银行版）。

第十三条　申请办理涉外收入网上申报的机构申报主体应在《单位基本情况表》"申报方式"中选择"开通网上申报"。经办银行应登录国际收支网上申报系统（银行版）开通该机构的网上申报，并将系统自动生成的管理员用户名、用户密码和生效日期等信息告知给该机构。

该机构自开通网上申报的第二日起可登录国际收支网上申报系统（企业版）修改管理员密码，并创建业务操作员用户办理国际收支统计申报业务。

该机构可向经办银行申请关闭涉外收入网上申报业务，经办银行应登录国际收支网上申报系统（银行版）关闭该机构的网上申报，自关闭网上申报的第二日起，该机构应通过纸质方式办理国际收支统计申报业务。

第十四条 《单位基本情况表》关键要素发生变更的机构申报主体，应及时通知其一家经办银行，并提交本操作规程第十一条规定的材料。

该经办银行对机构申报主体填写的《单位基本情况表》信息与该申报主体提供的《组织机构代码证》或《特殊机构代码赋码通知》、《营业执照》、《外商投资企业批准证书》等证明文件进行核对，核对无误后于本工作日内将材料传真或报送至银行所在地外汇局，由银行所在地外汇局转至该申报主体住所/营业场所所在地外汇局，住所/营业场所所在地外汇局应于收到材料后的第二个工作日内进行修改。

第十五条 银行所在地外汇局应于当日对国际收支网上申报系统（外汇局版）中待核查的《单位基本情况表》进行核查，发现待核查的《单位基本情况表》要素有误，应在国际收支网上申报系统（外汇局版）中直接进行修改。

外汇局发现已核查的《单位基本情况表》关键要素有误，应通知该机构申报主体住所/营业场所所在地外汇局进行修改。

第十六条 境内银行和外汇局应及时在国际收支网上申报系统中对《单位基本情况表》非关键要素的变更进行修改。

第十七条 机构申报主体因注销、更换组织机构代码而需要停用《单位基本情况表》时，经办银行应向其所在地外汇局传真或报送需停用的《单位基本情况表》，勾选"单位基本情况表停用"。所在地国家外汇管理局分局（含外汇管理部，以下简称外汇分局）负责将停用需求汇总后报国家外汇管理局。对于外汇分局停用需求中住所/营业场所为其辖内的机构，国家外汇管理局直接在国际收支网上申报系统（外汇局版）中进行停用处理；对于外汇分局停用需求中住所/营业场所不在其辖内的机构，国家外汇管理局将该机构信息发至住所/营业场所所在地外汇分局确认，并根据住所/营业场所所在地外汇分局的意见进行停用或者不停用的处理。

第十八条 境内银行和机构申报主体应妥善永久留存纸质《单位基本情况表》备查。

第三章　涉外收入申报

第十九条 解付银行应于涉外收入款项解付之日（T）后的第一个工作日（T+1）中午12：00前，将相应的涉外收入基础信息按照国家外汇管理局数据接口规范的要求从银行自身计算机处理系统导入国际收支网上申报系统（银行版）。

结汇中转行应于涉外收入款项结汇之日（T）后的第一个工作日（T+1）中午12：00前，将相应的涉外收入基础信息按照国家外汇管理局数据接口规范的要求从银行自身计算机处理系统导入国际收支网上申报系统（银行版）。

第二十条 不结汇中转行在以原币方式向解付银行/结汇中转行划转涉外收入款项时，应将原始信息及时、准确、完整地逐笔传送到解付银行/结汇中转行，该原始信息应能够表明该笔款项为境外款项。解付银行/结汇中转行收到该笔款项后按照本操作规程第十九条的规定办理涉外收入申报。

第二十一条 采取福费廷、出口押汇、出口保理等方式办理涉外收入的，应按以下规定办理：

福费廷、出口押汇、出口保理等业务在境内未发生转让时，办理福费廷、出口押汇、出口保理等业务的境内银行应在收到境外款项时通知申报主体办理涉外收入申报。

福费廷、出口押汇、出口保理等业务在境内发生转让时，原始经办银行应及时跟踪境外到款情况；境内受让银行应于收到境外款项的当日将收款日期、币种、金额等信息以书面形式通知原始经办行。原始经办行收到书面通知后，应按书面通知中的收款日期生成申报号码，并于本工作日内通知申报主体办理涉外收入申报。

第二十二条　涉外收入纸质申报流程：

（一）解付银行/结汇中转行应在涉外收入款项解付/结汇之日，通知申报主体在五个工作日内办理涉外收入申报（通知内容应包括其自身计算机处理系统自动产生的该笔涉外收入款项的申报号码和该收款人应于何日前完成该笔涉外收入申报等相关信息）。

（二）申报主体应在解付银行为其解付之日后或结汇中转行为其结汇之日后五个工作日内，按申报单背面的填报说明逐笔填写《涉外收入申报单》，并交解付银行/结汇中转行。

（三）解付银行/结汇中转行收到申报主体提交的《涉外收入申报单》后，应于本工作日内对其进行审核，审核的主要内容为：1. 申报主体是否错用了其他种类的凭证；2. 申报主体是否按填报说明填写了所有内容；3. 申报主体申报的内容是否与该笔涉外收入业务的相关内容一致。

（四）解付银行/结汇中转行审核发现有误，应于本工作日内与申报主体核实后直接在原涉外收入申报单上进行修改并在修改处签章，或者将申报单退回申报主体。

（五）申报主体应于申报单退回的当日对解付银行/结汇中转行退回的申报单进行核实。核实有误，则在原申报单上进行修改、在修改处签章并及时退回经办银行；核实无误，则以书面形式说明原因并连同原申报单一并及时退回经办银行。

（六）解付银行/结汇中转行审核无误后，应在《涉外收入申报单》"申报主体留存联"上加盖银行业务印章。"银行留存联"由境内银行按规定留存；"申报主体留存联"退回申报主体。解付银行/结汇中转行应于申报主体申报之日（T）后的第一个工作日（T+1）内将申报信息录入或导入国际收支网上申报系统（银行版）。

第二十三条　机构申报主体可以通过国际收支网上申报系统（企业版）完成涉外收入申报，并可以不填写纸质《涉外收入申报单》。选择网上申报方式的申报主体仍可以通过纸质申报方式完成涉外收入申报。

第二十四条　涉外收入网上申报流程：

（一）对于以网上申报方式办理涉外收入申报的机构申报主体，国际收支网上申报系统（银行版）自动将其《单位基本情况表》信息和涉外收入基础信息发送到国际收支网上申报系统（企业版）。

（二）涉外收入款项的机构申报主体应在解付银行为其解付之日后或结汇中转行为其结汇之日后五个工作日内，通过国际收支网上申报系统（企业版）完成涉外收入申报。

（三）解付银行/结汇中转行应在本工作日营业结束前对前一个工作日的网上涉外收入申报信息进行审核。审核的主要内容为：1. 申报主体是否按填报说明填写了所有内容；2. 申报主体申报的内容是否与该笔涉外收入业务的相关内容一致。

（四）对审核无误的申报信息，解付银行/结汇中转行予以审核通过；对审核未通过的申报信息，解付银行/结汇中转行应在系统中标注原因，要求申报主体核实。申报主体应于当日对未通过银行审核的涉外收入申报信息进行核实，并在系统中对错误信息进行修改或对核实无误的说明原因。

（五）申报主体发现所报送申报信息有误时，应及时通过国际收支网上申报系统（企业版）修改该申报信息。

第二十五条　通过境外汇路进行的境内款项划转，应由款项原始汇出银行在 SWIFT 报文的 52 场填写原始汇款行信息。对于不通过 SWIFT 系统的银行，应比照 SWIFT 格式发送报文，将原始汇款行信息传递给境内收款行。

第四章　涉外付款申报

第一节　汇款项下涉外付款业务

第二十六条　申报主体以汇款方式通过境内银行办理涉外付款业务时，应当填报《境外汇款申请书》。

第二十七条　境内银行收到申报主体填写的《境外汇款申请书》后，应于本工作日内对其进行审核，审核的主要内容为：（一）申报主体是否错用了其他种类的凭证；（二）申报主体是否按填报说明填写了所有内容；（三）申报主体申报的内容是否与该笔涉外汇款业务的相关内容一致。

审核有误的，境内银行应要求申报主体修改或重新填写。审核无误的，境内银行方可为申报主体办理涉外付款手续。

第二十八条　境内银行应将其自身计算机处理系统自动生成的该笔涉外汇款的申报号码填写在《境外汇款申请书》"银行留存联"、"外汇局留存联"和"申报主体留存联"上，并在"外汇局留存联"和"申报主体留存联"加盖银行印章。"银行留存联"由境内银行按规定留存；"外汇局留存联"按照本操作规程第八条规定处理；"申报主体留存联"退回申报主体。

第二十九条　境内银行应于款项汇出之日（T）后的第一个工作日（T+1）中午 12：00 之前，将相应的涉外汇款基础信息按照国家外汇管理局数据接口规范要求从银行自身计算机处理系统中导入国际收支网上申报系统（银行版）。

第三十条　境内银行应将审核无误的境外汇款申报信息，于款项汇出之日（T）后的第一个工作日（T+1）内录入/导入国际收支网上申报系统（银行版）。

第二节　信用证、保函、托收等项下涉外付款业务

第三十一条　申报主体采用信用证、保函、托收等汇款以外的结算方式办理涉外付款业务时，应当使用《对外付款/承兑通知书》。

第三十二条　境内银行收到境外来单后，填制《对外付款／承兑通知书》中应由银行填写的到单信息，并在第一联"到单通知银行/客户留存联"上签章后，将相应联次送达付款人。

第三十三条　申报主体收到《对外付款/承兑通知书》后，应将《对外付款/承兑通知书》各联填写完整，并加盖印鉴后，按境内银行规定时间，退还境内银行办理涉外付款手续。

第三十四条　境内银行收到申报主体提交的《对外付款/承兑通知书》后，应于本工作日内对其进行审核，审核主要内容为：（一）申报主体是否错用了其他种类的凭证；（二）申报主体是否按填报说明填写了所有内容；（三）申报主体申报的内容是否与该笔涉外付款业务的相关内容一致。

审核有误的，境内银行应要求申报主体修改或重新填写；审核无误的，境内银行方可为申报主体办理涉外付款手续。

第三十五条　境内银行应将其自身计算机处理系统自动生成的该笔涉外付款的申报号码填写在《对外付款/承兑通知书》"银行留存联"、"外汇局留存联"和"申报主体留存联"上，并在"外汇局留存联"和"申报主体留存联"上加盖银行印章。"银行留存联"由境内银行按规定留存；"外汇局留存联"按照本操作规程第八条规定处理；"申报主体留存联"退回申报主体。

第三十六条　境内银行应于涉外付款之日（T）后的第一个工作日（T+1）中午 12：00 之前，将相应的涉外付款基础信息按照国家外汇管理局数据接口规范要求从银行自身计算机处理系统中导入国际收支网上申报系统（银行版）。

第三十七条　申报主体在境内银行规定的时间内将《对外付款/承兑通知书》返还境内银行的，

境内银行应在涉外付款之日（T）后的第一个工作日（T+1）内将审核无误的涉外付款申报信息录入/导入国际收支网上申报系统（银行版）。

第三十八条 申报主体未在境内银行规定的时间内将《对外付款/承兑通知书》返还银行的，申报主体应于境内银行按惯例付款之日后五个工作日内进行申报。

境内银行应将本工作日内审核无误的涉外付款申报信息录入/导入国际收支网上申报系统（银行版）。

第五章　申报数据的修改处理

第三十九条 境内银行发现所报送的基础信息有误时，应在银行自身计算机处理系统中修改后重新导入国际收支网上申报系统（银行版）。

境内银行对基础信息的修改如涉及收付款人的组织机构代码、个人身份证件号码或者对公/对私属性的改变，境内银行应删除原错误基础信息，并在系统中说明删除原因后，重新生成新的申报号码报送基础信息。

境内银行对基础信息中的修改如涉及收付款币种或收付款金额时，应通知申报主体按原申报号码重新申报，或者删除原错误基础信息，并在系统中说明删除原因后，重新生成新的申报号码报送基础信息。

第四十条 纸质申报的申报信息有误时，境内银行应及时通过国际收支网上申报系统（银行版）进行修改。对于以录入方式处理的申报信息，境内银行应在国际收支网上申报系统（银行版）中凭申报主体修改后的申报信息直接进行修改；对于以接口导入方式处理的申报信息，银行应凭申报主体修改后的申报信息在其自身计算机处理系统中修改后重新导入国际收支网上申报系统（银行版）。

网上申报的申报信息有误时，申报主体应及时通过国际收支网上申报系统（企业版）修改该申报信息。

第四十一条 对于已经申报的无实际交易背景的涉外收入或付款的错汇款，经办银行应当删除该笔错汇款项的申报数据，并在系统中说明删除原因。

对于因交易被撤销等而支出或收到的原涉外收付款的退款，申报主体应在《涉外收入申报单》或《境外汇款申请书》中勾选"退款"，退款的交易性质应当与原涉外收付款的交易性质相对应，如无相对应的交易编码，则填写所属大类项目的其他项。

第六章　逾期未申报处理

第四十二条 机构申报主体未在五个工作日内按规定办理涉外收入申报情节严重的，经办银行所在地外汇分局应以书面形式对该机构申报主体实行"不申报、不解付"的特殊处理措施。

第四十三条 对于被执行"不申报、不解付"特殊处理措施的机构申报主体，经办银行和申报主体应当按以下规定办理：

（一）经办银行应当督促该机构首先逐笔补报其此前未按期申报的涉外收入款项，并通知其应以纸质申报方式完成其被执行特殊处理措施期间新收款项的申报。

（二）申报主体应通过纸质申报方式或网上申报方式补报此前未按期申报的涉外收入款项，履行补报义务后应向外汇分局申请签发补报确认书。

（三）申报主体应当以纸质申报方式完成被执行特殊处理措施期间新收款项的申报。经办银行审核无误后，凭申报主体提供的外汇分局为其出具的补报确认书，方可为其办理该笔新收涉外收入款项的解付手续，并完成基础信息和申报信息的报送。

第四十四条　外汇分局在特殊处理措施期间已满，并确认该申报主体已经补报其未按期申报的涉外收入款项后，应当以书面方式解除该机构的特殊处理措施。

第四十五条　外汇分局应当根据辖内申报业务情况制定对机构申报主体执行涉外收入"不申报、不解付"特殊处理措施的标准和程序，并将该标准和程序事前报国家外汇管理局备案。

第七章　外汇局职责

第四十六条　国家外汇管理局应当履行如下职责：

（一）组织、管理和指导通过境内银行进行的国际收支统计申报工作；

（二）核查全国范围内通过境内银行进行的国际收支统计申报数据；

（三）建立和维护全国的外汇局基本情况表、金融机构代码表、金融机构基本情况表；

（四）维护全国的单位基本情况表；

（五）统一管理和维护系统参数、公共代码数据；

（六）按境内银行总行开通/关闭收入网上申报功能；

（七）考核、考评外汇分局国际收支统计申报的数据质量和工作质量；

（八）对违反国际收支统计申报有关规定的行为予以处罚；

（九）定期清理国际收支网上申报系统中的历史数据；

（十）分析、编制、公布有关统计资料；

（十一）国家安排的其他工作。

第四十七条　国家外汇管理局分支局应当履行如下职责：

（一）管理辖内通过境内银行进行的国际收支统计申报日常工作；

（二）核查辖内国际收支统计申报数据；

（三）建立和维护辖内金融机构基本情况表；

（四）核查和修改辖内单位基本情况表；

（五）根据辖内银行分支机构的申请开通/关闭其收入网上申报功能；

（六）考核下级外汇局和辖内银行、企业的国际收支统计申报的数据质量和工作质量；

（七）制定辖内执行"不申报、不解付"特殊处理措施的标准和程序；

（八）对辖内违反国际收支统计申报有关规定的行为予以处罚；

（九）分析、编制、提供辖内有关统计资料；

（十）上级外汇局安排的其他工作。

第八章　附　则

第四十八条　本操作规程中下列用语的含义：

（一）涉外收付款，是指非银行机构和个人通过境内银行从境外收到的款项和对境外支付的款项，以及境内居民通过境内银行与境内非居民发生的收付款。涉外收付款包括外汇和人民币。具体内容包括：

1. 以信用证、托收、保函、汇款（电汇、信汇、票汇）等结算方式办理的涉外收付款，包括银行卡项下的涉外收付款。

2. 通过境内银行对境外发出支付指令的涉外收付款，及从境外向境内银行发出支出指令的涉外收付款。

3. 通过记账方式办理对外援助的涉外收付款。

4. 与非货币黄金进出口相关的涉外收付款。

由于汇路原因引起的跨境收支、银行自身及银行之间发生的跨境收支以及非银行机构和个人的外币现钞（包括出国取现）存取除外。

（二）申报主体，是指通过境内银行办理涉外收付款业务的所有非银行机构和个人。

（三）境内银行，是指在中国境内依法设立的，为申报主体办理涉外收付款相关业务的银行。

（四）解付银行，是指收到款项后将收入款项贷记收款人账户的银行。

（五）结汇中转行，是指收到款项并将收入款项结汇后直接划转到收款人在其他银行账户的银行。

（六）不结汇中转行，是指收到款项后不贷记收款人账户，以原币形式划转到收款人在其他银行账户的银行。

（七）国际收支网上申报系统，是指国家外汇管理局按照国家"金宏工程"的建设要求，根据国际收支统计申报相关办法进行开发，提供给境内银行和申报主体进行国际收支统计间接申报（以下简称间接申报）的专用电子系统，包括外汇局版、银行版和企业版。申报主体可通过该系统进行间接申报，申报方式包括纸质申报和网上申报。

（八）纸质申报，是指申报主体填报纸质申报单进行申报的申报方式。

（九）网上申报，是指机构申报主体通过国际互联网进行申报的申报方式。

（十）申报号码，是指由银行按外汇局要求编制的号码，共22位。第1至12位为金融机构标识码（具体定义见下文）；第13至18位为该笔涉外收入款的贷记客户日期/结汇中转日期或该笔涉外付款的支付日期（按年月日 YYMMDD 格式）；第19至22位为该银行的当日业务流水码。银行当日业务流水码不得重号。

（十一）金融机构代码是唯一标识境内从事金融业务的经济组织（金融机构）的四位数字代码，该金融机构所有分支机构的金融机构代码与总行（总公司）保持一致。金融机构代码由国家外汇管理局统一编制并分配。

（十二）地区代码，是指办理涉外收付款业务的银行所在地区的行政区划代码。

（十三）金融机构标识码是唯一标识金融机构总行（总公司）及其分支机构的代码，每个总行或分支机构均拥有一个唯一的12位金融机构标识码。

（十四）银行自身计算机处理系统包括与国际收支统计间接申报信息有关的银行的各种业务处理系统、会计核算系统、账务处理系统及人民币系统等。

（十五）数据接口规范，是指由国家外汇管理局统一制定，供银行开发接口程序时使用的一种数据标准。

（十六）基础信息，是指涉外收付款和贸易进出口核销所需的境内收付款中必须从银行自身计算机处理系统采集的信息。

（十七）申报信息，是指申报单中由申报主体填写的除核销专用信息外的信息。申报信息可以是申报主体填写的纸质申报单中的内容，也可以是申报主体通过网上填写发送到银行的内容。

（十八）核销专用信息，是指核销主体填写的仅用于进出口核销的信息。

第四十九条　境内银行以电子银行等方式接受委托办理涉外付款业务，应满足本操作规程中所规定的国际收支统计申报原则，并事前报国家外汇管理局备案。

第五十条　对等值金额在3000美元以下（含）的对私涉外收入款项实行限额申报，即收款人可免填《涉外收入申报单》，但涉及贸易出口收汇、非居民项下的对私涉外收入款项不实行限额申报。

对于实行限额申报的涉外收入款项，境内银行仍应按照本操作规程的规定报送基础信息。

第五十一条　银行卡项下自动柜员机（ATM）取现和电子收款机系统（POS）消费交易的国际

收支统计申报另行规定，但银行卡项下涉外收入款项和涉外支出款项适用本操作规程。

第五十二条　办理资金集中收付业务的财务公司，可按照本操作规程的规定通过境内银行办理国际收支统计申报业务，也可向国家外汇管理局申请视同境内银行办理国际收支统计申报业务。

第五十三条　对违反本操作规程的行为，由外汇局根据《中华人民共和国外汇管理条例》等进行处罚。

第五十四条　本操作规程由国家外汇管理局负责解释。

第五十五条　本操作规程自发布之日起施行。《通过金融机构进行国际收支统计申报业务操作规程（试行）》（汇发〔2006〕57号文件附件3、汇发〔2009〕35号文件附件4、汇发〔2009〕37号文件附件4、汇发〔2009〕43号文件附件4、汇发〔2009〕45号文件附件7）同时废止。

附表：单位基本情况表（略）

国家外汇管理局综合司关于境内银行涉外收付相关凭证备案工作有关事项的通知

国家外汇管理局各省、自治区、直辖市分局、外汇管理部，深圳、大连、青岛、厦门、宁波市分局；各中资外汇指定银行总行：

根据"国家外汇管理局关于下发《境内银行涉外收付相关凭证管理规定》的通知"（汇发〔2004〕45号，以下简称"45号文"）和"国家外汇管理局关于规范境内银行涉外收付相关凭证印制工作的通知"（汇发〔2004〕65号，以下简称"65号文"）的规定，各银行应于2005年1月1日前，将涉外收付相关凭证向国家外汇管理局及其分支局备案。现将备案工作有关事项通知如下：

一、凭证内容的调整

45号文和65号文下发后，国家外汇管理局对涉外收付相关凭证的内容进行了以下调整：

（一）《涉外收入申报单》附联"国际收支交易代码表"中"102050带料加工贸易收入"，修改为"102040出料加工贸易出口"；增加"211014带料加工贸易加工费收入"。

（二）《涉外收入申报单》附联"国际收支交易代码表"中"802041撤回非货币性国际组织股本金"，修改为"802041认缴非货币性国际组织股本金"。

（三）《境外汇款申请书》和《境内汇款申请书》一至三联中"金额大写"的英文表述"Amount Capitalization"，修改为"Amount in Words"。

二、17家中资外汇指定银行涉外收付相关凭证的备案工作

根据45号文的规定，17家中资外汇指定银行（中国银行、中国工商银行、中国建设银行、中国农业银行、国家开发银行、中国进出口银行、农业发展银行、光大银行、中信实业银行、交通银行、招商银行、兴业银行、民生银行、华夏银行、浦东发展银行、广东发展银行、深圳发展银行）应由其总行将涉外收付相关凭证向国家外汇管理局备案。按照65号文的要求，同一银行系统内必须使用统一的凭证。因此，国家外汇管理局届时将把17家银行备案的凭证印发国家外汇管理局各分支局（以下简称外汇局分支局），上述17家银行的分支行无需再向当地外汇局分支局进行涉外收付相关凭证的备案工作。

三、各外资银行及城市商业银行、农村商业银行、信用社等涉外收付相关凭证的备案，各外资银行及城市商业银行、农村商业银行、信用社等应向所属外汇局提交两套涉外收付相关凭证进行备案。其中一套由分支局存档，另外一套由省级分局收集（包括向分局备案的凭证和向支局备案的凭证），并于2005年1月31日前报送至国家外汇管理局。

四、凭证备案时需要核对的内容

外汇局分支局在凭证备案时应认真核对凭证的内容及格式，对备案凭证不符合要求的银行，应按45号文的有关规定办理。对由国家外汇管理局委托印刷凭证样品的公司（东港安全印刷股份有限公司）印制的凭证，主要核对45号文和65号文下发后，本通知所调整的内容是否已经更正（国

家外汇管理局已将凭证调整的内容通知了该公司）；对由其他公司印制的凭证，则须逐项根据国家外汇管理局印发的凭证样品及本通知所调整的内容进行逐项核对。

五、各分局接到本通知后，应及时转发至各支局及所在地外资银行及城市商业银行、农村商业银行、信用社等。

如有问题，请与国家外汇管理局国际收支司统计制度处联系。

联系人：刘芳

电话：68402144

传真：68519211

国家外汇管理局综合司

国家外汇管理局关于规范境内银行涉外收付相关凭证印制工作的通知

国家外汇管理局各省、自治区、直辖市分局、外汇管理部，深圳、大连、青岛、厦门、宁波市分局；各中资外汇指定银行总行：

根据《国家外汇管理局境内银行涉外收付相关凭证管理规定》（汇发〔2004〕45 号），为确保银行涉外收付相关凭证能够满足银行业务处理和外汇局对跨境收付信息以及进出口收付汇核销项下境内收付汇信息的统计监测需要，现将境内银行涉外收付相关凭证的印制工作规范如下：

一、凡办理对境外付款、从境外收款业务和进出口核销项下境内收付汇业务的境内银行（以下简称"银行"），均须按照国家外汇管理局规定的内容、格式、纸张大小及颜色印制相应的《境外汇款申请书》、《对外付款/承兑通知书》、《涉外收入申报单》、《境内汇款申请书》、《境内付款/承兑通知书》、《出口收汇核销专用联信息申报表（境外收入）》和《出口收汇核销专用联信息申报表（境内收入）》，并按照国家外汇管理局的规定在外汇局留存联的指定位置印制防伪标识（具体印制要求及说明详见附件）。

二、银行可根据其自身业务需要，在单证的规定联数后适当增加联次。

三、银行自行增加的联次应与规定的纸张大小保持一致，增加联次的式样、条款内容、字体等应与前面联次保持协调。

四、银行可将申报号码栏、进口核销专用申报号码和核销收汇专用号码栏中的前 10 位号码（地区标识码和金融机构标识码）印在《境外汇款申请书》、《对外付款/承兑通知书》、《涉外收入申报单》、《境内汇款申请书》、《境内付款/承兑通知书》、《出口收汇核销专用联信息申报表（境外收入）》和《出口收汇核销专用联信息申报表（境内收入）》上。

五、银行可在单证的规定位置加印银行自身标识。该标识应与单证的印制风格保持协调。

六、同一银行系统内必须使用统一格式的《境外汇款申请书》、《对外付款/承兑通知书》、《涉外收入申报单》、《境内汇款申请书》、《境内付款/承兑通知书》、《出口收汇核销专用联信息申报表（境外收入）》和《出口收汇核销专用联信息申报表（境内收入）》，各总行应加强对系统内单证的管理。

七、银行可根据自身业务种类、业务量大小等情况，确定《境外汇款申请书》、《对外付款/承兑通知书》、《涉外收入申报单》、《境内汇款申请书》、《境内付款/承兑通知书》、《出口收汇核销专用联信息申报表（境外收入）》和《出口收汇核销专用联信息申报表（境内收入）》的印量。

各总行应及时将本通知转发系统内分支行，并积极做好单证印制的各项工作。各分局应及时将本通知转发辖内支局及中外资银行（含农村信用合作社联合社）。单证印制的内容及格式应以本通知所附附件为准。

在执行过程中如有问题，请与国家外汇管理局联系。

国际收支司：邹兆荣、刘芳。联系电话：010-68402146、68402144。

经常项目管理司：陈婧、叶欣。联系电话：010-68402298、010-68402416。

国家外汇管理局关于下发"境内银行涉外收付相关凭证管理规定"的通知

国家外汇管理局各省、自治区、直辖市分局、外汇管理部，深圳、大连、青岛、厦门、宁波市分局；各中资外汇指定银行总行：

为加强对跨境资金流动统计监测，进一步完善我国国际收支统计申报体系和进出口收付汇核销管理，提高国际收支统计申报数据和进出口收付汇核销数据质量，减轻负担，简化操作，降低社会成本，国家外汇管理局组织相关各方经过充分论证，决定将设立在我国境内的银行目前使用的对境外付款凭证以及涉及进口核销项下的对境内付款凭证分别进行统一，并与相应的对外付款申报单、进口付汇核销单进行合并；对目前使用的《涉外收入申报单（对公单位）》和《涉外收入申报单（对私）》进行合并；对银行目前使用的各种不同格式的《出口收汇核销专用联》进行规范。为此，国家外汇管理局制定了《境内银行涉外收付相关凭证管理规定》（以下简称《规定》，详见附件）。为便于银行尽早安排相关工作，做好国际收支统计监测系统升级的准备，现将该《规定》下发给你们，并就有关事项说明如下：

一、单证合并方式。

（一）国际收支统计申报及跨境支付进口核销项下单证合并方式

将银行目前使用的对境外付款凭证进行统一，与涉及跨境支付项下的《贸易进口付汇核销单（代申报单）》、《非贸易（含资本）对外付款申报单（对公单位）》、《对外付款申报单（对私）》进行合并。合并统一后的对境外付款凭证分为《境外汇款申请书》和《对外付款/承兑通知书》两种格式，同时满足国际收支统计申报和涉及跨境支付项下进口核销管理的需要。

将银行目前使用的《涉外收入申报单（对公单位）》和《涉外收入申报单（对私）》合并为统一的《涉外收入申报单》一种格式，满足国际收支统计申报的需要。

（二）进出口核销项下单证合并方式

将银行目前使用的涉及进口核销项下的对境内付款凭证进行统一，与涉及境内支付项下的《贸易进口付汇核销单（代申报单）》进行合并。合并统一后的涉及进口核销项下的对境内付款凭证分为《境内汇款申请书》和《境内付款/承兑通知书》两种格式，满足涉及境内支付项下进口核销管理的需要。

将银行目前各种不同格式的《出口收汇核销专用联》统一为《出口收汇核销专用联（境外收入）》和《出口收汇核销专用联（境内收入）》两种格式，满足出口核销管理的需要。

二、单证印制。各银行应按照有关单证印制的具体要求进行单证印制。关于单证印制规范和要求将另行下发。

三、单证备案。有关单证的备案应按照《规定》中所确定的报备方式进行。各银行应在2005年1月1日前完成单证的报备工作。

四、数据接口规范要素和银行自行开发的接口程序要求将另行下发。

五、新单证的启用日期和数据报送方式的正式施行日期将根据国际收支统计监测系统升级的进度安排另行通知。

六、各银行应在本阶段开展以下工作：

（一）单证印制和系统调整的准备工作。

（二）研究通过银行内部网络将报送数据集中到一个出口，从而统一渠道报送到国家外汇管理局的相关方案。

（三）与国家外汇管理局建立专线网络连接的准备工作。

七、各银行总行应及时将本通知转发系统内分支行，并加强对系统内分支行国际收支统计监测系统升级工作的组织、协调与领导。

八、各分局应及时将本通知转发辖内支局及银行。

九、各分局和银行在转发本通知时所需要的单证印刷样品，请与国家外汇管理局国际收支司联系。

十、在执行过程中如有问题，请与国家外汇管理局联系。

国际收支司：邹兆荣、刘芳。联系电话：010-68402146、68402144。

经常项目司：方海新、陈婧、叶欣。联系电话：010-68402276、68402298、68402416。

境内银行涉外收付相关凭证管理规定

第一条 为加强对跨境资金流动统计监测，完善我国国际收支统计申报体系和进出口收付汇核销管理，规范涉外收支单证管理和进出口收付汇核销管理所需的境内收支单证管理，根据《中华人民共和国外汇管理条例》、《国际收支统计申报办法》及其实施细则，制定本规定。

第一部分　国际收支统计申报及跨境支付进口核销项下涉外收付相关凭证管理规定

第二条 将银行目前使用的对境外付款凭证进行统一，与涉及跨境支付项下的《贸易进口付汇核销单（代申报单）》、《非贸易（含资本）对外付款申报单（对公单位）》、《对外付款申报单（对私）》合并。合并统一后的对境外付款凭证分为《境外汇款申请书》、《对外付款/承兑通知书》两种格式（详见附件1、2）。

第三条 将银行目前使用的《涉外收入申报单（对公单位）》和《涉外收入申报单（对私）》合并为统一的《涉外收入申报单》一种格式（详见附件3）。

第四条 《境外汇款申请书》和《对外付款/承兑通知书》分别是办理对境外付款业务的机构和个人（以下统称"汇款人/付款人"）通过银行办理对境外汇款、信用证、托收、保函等项下对境外付款业务的必要凭证；是银行对境外付款业务会计核算的必要凭证；也是汇款人/付款人办理国际收支统计申报及涉及跨境项下贸易进口付汇核销的必要凭证。

第五条 汇款人/付款人以汇款方式通过银行办理对境外付款业务时，必须填报《境外汇款申请书》；以信用证、托收、保函等方式通过银行办理对境外付款业务时，必须填报《对外付款/承兑通知书》。

第六条 汇款人/付款人通过银行办理对境外付款业务时，应按照《国际收支统计申报办法》、《贸易进口付汇核销监管暂行办法》及有关规定办理国际收支统计申报及贸易进口付汇核销手续。

第七条 凡以电子银行等方式接受汇款人/付款人委托办理对境外付款业务的银行，应按本规定所确立的原则和要求执行。

第八条 《涉外收入申报单》是通过银行收到境外款项的机构和个人（以下简称"收款人"）办理国际收支统计申报的必要凭证。

第九条 收款人应按照《国际收支统计申报办法》及有关规定，对通过银行从境外收到的款项，在规定的时间内，填报纸质《涉外收入申报单》或在网上填报《涉外收入申报单》，办理国际收支统计申报手续。

第二部分　进出口核销项下外汇收付相关凭证管理规定

第十条 将银行目前使用的涉及进口核销项下的对境内付款凭证进行统一，与涉及境内支付项下的《贸易进口付汇核销单（代申报单）》进行合并。合并统一后的涉及进口核销项下的境内付款凭证分为《境内汇款申请书》和《境内付款/承兑通知书》两种格式（详见附件 4、5）。

第十一条　将银行目前使用的各种不同格式的《出口收汇核销专用联》改为《出口收汇核销专用联（境外收入）》和《出口收汇核销专用联（境内收入）》两种格式（详见附件 6、7），在收款人完成出口收汇核销专用联信息申报后由银行打印生成。

第十二条　《境内汇款申请书》和《对境内付款/承兑通知书》是办理向境内保税区、出口加工区、钻石交易所等海关实行封闭管理的区域（以下统称"境内特殊经济区域"）、离岸账户付款以及境内深加工结转（转厂）项下机构和个人通过银行办理涉及进口核销项下境内汇款、付款/承兑业务的必要凭证，是银行会计核算的必要凭证，同时也是贸易进口付汇核销的必要凭证。

第十三条　汇款人/付款人通过银行办理涉及进口核销项下的对境内付款业务时，必须填报《境内汇款申请书》或《境内付款/承兑通知书》。

第十四条　汇款人/付款人通过银行办理涉及进口核销项下的对境内付款业务时，应按照《贸易进口付汇核销监管暂行办法》，办理贸易进口付汇核销手续。

第十五条　《出口收汇核销专用联（境外收入）》和《出口收汇核销专用联（境内收入）》是收款人通过银行从境外、境内特殊经济区域、离岸帐户以及深加工结转项下收回出口货款，办理贸易出口收汇核销的必要凭证。

第十六条　收款人应按照《出口收汇核销管理办法》及有关规定，对通过银行从境外收到的款项以及从境内收到的涉及出口核销项下的款项，在规定的时间内，填报纸质或在网上填报《出口收汇核销专用联信息申报表（境内收入）》（详见附件 8）或《出口收汇核销专用联信息申报表（境内收入）》（详见附件 9），办理出口收汇核销专用信息申报手续。

第三部分　其他有关管理规定

第十七条　国家外汇管理局负责《境外汇款申请书》、《对外付款/承兑通知书》、《涉外收入申报单》、《境内汇款申请书》、《境内付款/承兑通知书》、《出口收汇核销专用联信息申报表（境外收入）》和《出口收汇核销专用联信息申报表（境内收入）》内容和格式的制定和修改。

第十八条　凡办理对境外付款和从境外收款业务以及涉及贸易进出口核销项下境内收付款业务的银行，应按照国家外汇管理局制定的内容、格式及要求印制《境外汇款申请书》、《对外付款/承兑通知书》、《涉外收入申报单》、《境内汇款申请书》、《境内付款/承兑通知书》、《出口收汇核销专用联信息申报表（境外收入）》和《出口收汇核销专用联信息申报表（境内收入）》。

第十九条　银行按本规定印制《境外汇款申请书》、《对外付款/承兑通知书》、《涉外收入申报单》、《境内汇款申请书》、《境内付款/承兑通知书》、《出口收汇核销专用联信息申报表（境外收入）》和《出口收汇核销专用联信息申报表（境内收入）》应向国家外汇管理局及其分支局（以下简称"外汇局"）备案。对于银行印制的相关单证不符合本规定要求的，外汇局有权责成其进行改正。银行应及时对相关单证的印制进行改正，并将改正后的单证报外汇局备案。

各中资外汇指定银行应由总行向国家外汇管理局备案；各外资银行及城市商业银行、农村商业银行、信用社等应向当地国家外汇管理局分支局备案。

第二十条　银行应按照《国际收支统计申报办法》及有关规定，将涉外收付款及涉及贸易进出口核销项下境内收付款业务信息，按数据接口规范要素的要求，从其自身计算机处理系统通过接口程序导入国际收支统计监测系统。

第二十一条　银行应按照《国际收支统计申报办法》及有关规定对汇款人/付款人或收款人提交的《境外汇款申请书》、《对外付款/承兑通知书》、《境内汇款申请书》、《境内付款/承兑通知书》或《涉外收入申报单》、《出口收汇核销专用联信息申报表（境外收入）》、《出口收汇核销专用联信息申报表（境内收入）》信息进行审核，审核无误后，将申报及核销等信息补录或通过接口程序导入国际收支统计监测系统。

第二十二条　外汇局应对银行按规定印制、使用《境外汇款申请书》、《对外付款/承兑通知书》、《涉外收入申报单》、《境内汇款申请书》、《境内付款/承兑通知书》、《出口收汇核销专用联信息申报表（境外收入）》和《出口收汇核销专用联信息申报表（境内收入）》情况及信息报送情况进行核查。

第二十三条　对于违反本规定的，外汇局将按《中华人民共和国外汇管理条例》、《国际收支统计申报办法》、《贸易进口付汇核销监管暂行办法》、《出口收汇核销管理办法》和《金融违法行为处罚办法》及其有关规定对其进行处罚。

第二十四条　本规定由国家外汇管理局负责解释和组织实施。

第二十五条　本规定自 2005 年 9 月 1 日起施行。

附件：

1. 境外汇款申请书（略）

2. 对外付款/承兑通知书（略）

3. 涉外收入申报单（略）

4. 境内汇款申请书（略）

5. 境内付款/承兑通知书（略）

6. 出口收汇核销专用联（境外收入）（略）

7. 出口收汇核销专用联（境内收入）（略）

8. 出口收汇核销专用联信息申报表（境外收入）（略）

9. 出口收汇核销专用联信息申报表（境内收入）（略）

国家外汇管理局综合司关于中资金融机构外汇资产负债统计软件试点及上线有关事项的通知

国家外汇管理局各省、自治区、直辖市分局、外汇管理部，深圳、大连、青岛、厦门、宁波市分局；各全国性中资外汇指定银行、全国社会保障基金理事会、中国投资有限责任公司：

为便利中资外汇指定银行和从事外汇业务的中资非银行金融机构（均指机构总部，以下简称"中资金融机构"）报送外汇资产负债报表，增强数据报送的安全性，提高国家外汇管理局各级分支机构审核、汇总及分析报表数据的效率，国家外汇管理局开发了中资金融机构外汇资产负债统计软件（以下简称"中资软件"）。目前中资软件的开发工作已基本完成，中资金融机构可以通过该软件直接报送外汇资产负债报表，各分局、外汇管理部（以下简称"各分局"）可以通过该软件完成报表的审核、数据的统计与分析，以及对机构报送情况的考核等。

为使中资软件合理有序地向全国推广，根据该软件建设要求和推广计划，国家外汇管理局决定启动该软件的试点及上线工作，现就有关事项通知如下：

一、国家外汇管理局将于 2010 年 1 月 10 日至 2010 年 2 月 28 日开展中资软件试点工作。软件试点期间，各中资金融机构应按照《国家外汇管理局关于中资金融机构报送外汇资产负债统计报表的通知》（汇发〔2009〕6 号）相关要求，通过中资软件完成"2009 年 12 月"和"2010 年 1 月"两期外汇资产负债报表的报送工作，各分局应按照汇发〔2009〕6 号文件的要求，通过中资软件及时审核所辖中资金融机构报送的报表。为保障数据报送的可靠性，试点期间各中资金融机构仍需报送外汇资产负债报表的纸质报表和电子报表（指通过国家外汇管理局专线或光盘等存储介质报送的 EXCEL 电子文件，下同），各分局仍需通过国家外汇管理局内部邮箱报送电子报表，并留存所辖报送主体的纸质报表。

二、中资软件将于 2010 年 3 月 1 日起正式上线。上线后，各中资金融机构应按照汇发〔2009〕6 号文件的相关要求，通过中资软件完成外汇资产负债报表的报送工作，同时及时报送相应的纸质报表，但无需报送电子报表；各分局应按照汇发〔2009〕6 号文件的要求，通过中资软件及时审核所辖中资金融机构报送的报表，同时留存所辖报送主体的纸质报表，但无需通过国家外汇管理局内部邮箱报送电子报表。

三、各中资金融机构在报送外汇资产负债报表时，应根据《国家外汇管理局信息系统代码标准管理实施细则（暂行）》（汇综发〔2009〕82 号）（简称"实施细则"）的有关要求，统一使用金融机构代码和金融机构标识码。非银行金融机构参照银行金融机构向所在地外汇局申领金融机构代码和金融机构标识码。

各外汇局分支局应根据实施细则的要求，受理辖内非银行金融机构的金融机构代码和金融机构标识码申领工作，审核所提交的有关金融主管部门的批复或有效证明文件。在外汇代码标准管理信息系统中录入金融机构标识码信息时，非银行金融机构的总部（总公司），其级别应选择为 1 级行，金融许可证金融机构编码应填写其主管部门批复的机构编码，如确实没有相关机构编码，则录入NA 备查。

四、中资软件试点期间，各中资金融机构（包括曾经报送过外汇资产负债报表的中资金融机构）根据《中资金融机构外汇资产负债统计软件操作手册（金融机构版）》指导要求，登录"国家外汇管理局网上服务平台（互联网地址：http：//www.safesvc.gov.cn）"，并在中资软件中补录入 2009 年1-11 月各期外汇资产负债报表；各分局根据《中资金融机构外汇资产负债统计软件操作手册（外汇局版）》指导要求，登录国家外汇管理局内网（内网地址：http://100.1.50.12），完成对所辖中资金融机构报送所有报表的审核。

五、中资软件试点期间，各中资金融机构应将发现的软件问题，及时填列《中资金融机构外汇资产负债报表统计软件问题反馈表》（见附件）反馈至所在地分局；各分局也应将发现的软件问题，及时填列《中资金融机构外汇资产负债报表统计软件问题反馈表》，并汇总辖内所有中资金融机构反馈的问题，报国家外汇管理局国际收支司；总部在京的全国性中资外汇指定银行、全国社会保障基金理事会和中国投资有限责任公司可将软件问题直接向国家外汇管理局国际收支司反馈。

六、中资软件正式上线后，各中资金融机构如发生变更、合并等影响软件数据连贯性的情况，应于变更后的五个工作日内向国家外汇管理局所在地分局说明，所在地分局应于收到说明的当月在软件中变更相关信息；各分局对辖内新开办外汇业务的中资金融机构，应于当月在软件中新增该机构信息，并于次月指导其通过软件报送数据；各分局对辖内停止开办外汇业务的中资金融机构，应及时在中资软件中禁用该机构信息。

七、中资软件在试点与正式上线后均采用同一生产环境，期间所报送数据均为真实数据，各分局应加强对所辖中资金融机构报送数据的核查，确保上报数据的及时、完整和准确。

八、各分局应将本通知尽快转发至辖内各中资金融机构（包括曾经报送过外汇资产负债报表的中资金融机构），并于 2010 年 1 月 15 日前完成对辖内各中资金融机构有关中资软件使用操作培训。

在中资软件试点及上线过程中，有关业务和技术问题咨询和反馈，请与国家外汇管理局国际收支司联系，联系电话：010-68402093 或 010-68402593（业务）、010-68402536（技术），传真电话：010-68402316。国家外汇管理局内网邮箱 bop@bop.safe；互联网邮箱 bopstat@safe.gov.cn。

二〇一〇年一月十八日

国家外汇管理局关于中资金融机构报送外汇资产负债统计报表的通知

国家外汇管理局各省、自治区、直辖市分局、外汇管理部，深圳、大连、青岛、厦门、宁波市分局；各全国性中资外汇指定银行、全国社会保障基金理事会、中国投资有限责任公司：

为了解中资金融机构对境外投资风险状况，国家外汇管理局于 2008 年 10 月下发了《国家外汇管理局关于中资金融机构试行报送外汇资产负债统计报表的通知》（汇发〔2008〕52 号）。为进一步加强对中资金融机构外汇资产负债统计情况的监测，明确数据报送要求，同时针对金融机构在前期试行报送过程中发现和遇到的问题，国家外汇管理局修订了中资金融机构外汇资产负债统计报表并实行正式报送。现就有关事项及要求通知如下：

一、本报表报送主体包括依法在中国境内设立的中资商业银行政策性银行保险公司、证券公司、期货公司基金管理公司、财务公司等经批准可从事外汇业务的中资金融机构及全国社会保障基金理事会、中国投资有限责任公司。

二、本通知所称中资金融机构是指中资金融机构法人，包括其境内及境外分支机构。

三、中资金融机构外汇资产负债统计报表共计十张（报表样式及填报说明见附件 1、2）。表一至表四统计范围为中资金融机构资产负债表内的外汇资产、负债及币种结构；表五至表十统计中资金融机构的外汇证券、衍生金融产品总体投资情况及特定资产投资情况，统计范围包括需要计入金融机构表内资产负债表或损益表的业务，即包括资产负债表内业务、自营衍生金融交易及承担交易风险的代客业务。

四、报送主体应当每月填报上述十张报表；该套报表实行零报送制度。

五、总部在京的全国性中资外汇指定银行、全国社会保障基金理事会和中国投资有限责任公司，按总部原则将本单位系统内各分支机构数据汇总后于月后 10 个工作日内直接报送国家外汇管理局。除此以外的其他中资金融机构（包括总部在京外的全国性中资外汇指定银行、地方性中资银行，以及中资非银行金融机构）应于月后 10 个工作日内按总部原则将本单位系统内各分支机构数据汇总后报送所在地国家外汇管理局分局、外汇管理部国际收支处（以下简称分局）；分局收齐并汇总辖内中资金融机构的报表后将一览表（见附件 3）和汇总表（见附件 3）于月后 12 个工作日内报送国家外汇管理局。

六、各报送主体应当采取纸质报表和电子报表（以 EXCEL 文件形式通过外汇局专线或光盘等存储介质）形式报送外汇资产负债统计报表。各分局通过外汇局内部邮箱（bop@bop.safe）报送电子报表，并留存所辖报送主体的纸质报表。总部在京的全国性中资外汇指定银行、全国社会保障基金理事会和中国投资有限责任公司通过光盘等存储介质向国家外汇管理局报送电子报表，并通过邮寄（或交换）方式报送纸质报表，邮寄地址为：北京市海淀区阜成路 18 号华融大厦国家外汇管理局国际收支司，邮政编码 100048。

七、银行电子报表 EXCEL 文件名称格式为：填报机构代码（中资金融机构为 4 位金融机构代码，全国社会保障基金理事会机构代码为 7913，中国投资有限责任公司机构代码为 7912）+机构简称+报送日期（4 位年份 2 位月份，如 200809）。分局电子报表 EXCEL 文件名称格式为：分局代码（6 位外汇局代码）+分局简称+报送日期（4 位年份 2 位月份，如 200809）。十张报表应分别置于一个 EXCEL 文件的不同工作表（sheet）中。

八、各分局应将本通知尽快转发至辖内各中资外汇指定银行（包括中资地方性城市商业银行、农村商业银行和农村信用社）和从事外汇业务的中资非银行金融机构，并监督报表及时报送。各分局在转发本通知时，应通知辖内中资金融机构报送当地分局的渠道。

九、本通知自发文之日起执行，各报送主体首次应报送 2009 年 1 月末数据，首次报送时间延迟至 2009 年 2 月 20 日。汇发〔2008〕52 号文件同时废止。

如有问题，请与国家外汇管理局国际收支司联系。联系人：周国林、高铮；电话：68402446、68402447。

特此通知。

附件：

1.中资金融机构外汇资产负债统计表（金融机构填报）（略）

2.中资金融机构外汇资产负债统计表填报说明（略）

3.中资金融机构外汇资产负债统计表分局报送一览表（略）

4.中资金融机构外汇资产负债统计表汇总表（分局填报）（略）

二〇〇九年一月二十一日

国家外汇管理局综合司关于金融机构对境外资产负债及损益申报有关事项的通知

国家外汇管理局各省、自治区、直辖市分局、外汇管理部，深圳、大连、青岛、厦门、宁波市分局；各中资外汇指定银行：

1997 年开始实施的金融机构对境外资产负债及损益申报制度是国际收支统计申报体系的重要组成部分，对编制国际收支平衡表和国际投资头寸表以及宏观经济形势分析起到了十分重要的作用。但目前该制度在执行中存在一些问题，数据质量有待提高。为进一步提高金融机构对境外资产负债及损益申报数据质量，现就有关事项通知如下：

一、各分局和中资外汇指定银行必须严格按照《国际收支统计申报办法》和《金融机构对境外资产负债及损益申报业务操作规程》及有关规定，及时、准确、完整地进行金融机构对境外资产负债及损益申报，如有违反规定者，将按有关制度进行处罚。

二、申报表格内容

（一）金融机构对境外人民币资产和负债

以人民币形式发生的金融机构对境外资产负债应申报在相应的申报表中，例如非居民的人民币存款应申报在金融机构存放和拆放业务申报表中，对非居民的人民币贷款则申报在金融机构对境外贷款业务申报表中。

（二）关于金融机构存放和拆放业务申报表

1. 与境外联行业务往来按"存放"和"拆放"分别申报在境外同业存放（或存放境外同业）和境外同业拆放（或拆放境外同业）项下。

2. "外币现钞"是指境内金融机构持有的外币库存现金。欧元现钞国别统一申报为"德国"。

3. "境外其他部门存款"指除境外金融机构外的非居民机构和非居民个人存入本金融机构的款项。

（三）关于金融机构对境外投资业务申报表（一）

1. 本表所指的金融机构对境外投资是指境内金融机构购入的、由境外机构（包括境外金融机构等）发行的有价证券。

2. 对债券按"期限"分类时，分类原则比照财政部金融机构会计制度执行。"持有目的"的债券按剩余期限区分长短期，"交易目的"的债券不论剩余期限长短全部计入短期。

3. "拨付境外分支机构运营资金"包括在"拨付境外分支机构外汇资本金"项下。

（四）关于金融机构对境外业务损益申报表（附表1）

1. 损益申报不再区分国别和币别，统一按申报当月内部折算率折算为"美元"后申报在"美国"项下。

2. 损益表由按年度报送改为按季度报送。

（五）中资金融机构利润分配申报表（附表 2）和吸收境外投资者入股或参股中资金融机构股权申报表（附表 3）

有境外投资者入股或参股（包括吸收境外战略投资者投资）的中资金融机构应按季度填报此表。

三、申报时间和申报主体

总部在京的中资外汇指定银行和政策性银行，按总部原则将本单位系统内各分支机构数据汇总后于季后 30 个工作日直接报送国家外汇管理局，除此以外的其他金融机构（含外资金融机构）应于季后 20 个工作日内报送国家外汇管理局当地分局，由分局汇总辖内金融机构申报数据并于季后 30 个工作日内报送国家外汇管理局（传真号码和电子邮箱地址附后）。

四、申报表的报送方式

（一）金融机构对境外业务损益申报表（附表 1）、中资金融机构利润分配申报表（附表 2）和吸收境外投资者入股或参股中资金融机构股权申报表（附表 3）采取纸质报表（传真）或电子报表（电子邮件）形式报送。

（二）除附表 1、附表 2 和附表 3 外，金融机构对境外资产负债及损益的其他报表报送方式如下：

1. 总部在京的中资外汇指定银行和政策性银行直接报送国家外汇管理局，可以按照目前国际收支系统的数据报送方式，使用通信平台向文件接收服务器 100.1.1.1 报送数据。目前国家外汇管理局正着手进行个人购汇系统网络的完善工作，该项工作完成后，总部在京的中资外汇指定银行和政策性银行可以通过连接国家外汇管理局的个人购汇系统专线进行金融机构对境外资产负债业务的报送工作。

2. 其它金融机构（含外资金融机构）可以专线或拨号方式向国家外汇管理局当地分局报送数据，具体网络连接方式请与国家外汇管理局当地分局联系。

五、请各分局将本通知尽快转发至辖区内各银行、非银行金融机构，并进一步加强该项申报业务的核对、核查工作，及时反映申报统计过程中的有关情况。

国家外汇管理局传真号码和电子邮箱地址：

传真：68402316

电子邮箱：shzh-shzh2@mail.safe.gov.cn

联系人：周国林　周济

电话：68402446　68402312

附表：

1. 金融机构对境外业务损益申报表（略）

2. 中资金融机构利润分配申报表（略）

3. 吸收境外投资者入股或参股中资金融机构股权申报表（略）

关于金融机构对境外资产负债及损益申报业务有关事项的通知

国家外汇管理局各省、自治区、直辖市分局，计划单列市和经济特区分局；各中资外汇指定银行；各全国性非银行金融机构；国家开发银行、中国进出口银行、中国农业发展银行：

为全面实施《国际收支统计申报办法》及其实施细则，国家外汇管理局于 1996 年 12 月 9 日下发了《金融机构对境外资产负债及损益申报业务操作规程》（以下简称操作规程）[（96）汇国发字第 13 号]，现就有关事项明确如下：

一、关于手工阶段前（金融机构对境外资产负债及损益申报应用软件使用之前）"金融机构对境外资产负债及损益申报表（以下简称申报表)"的报送。

1. 各金融机构总行（或总部）按照操作规程的规定在报送 1997 年第一季度申报表的同时，还需按照申报表的格式报送 1996 年 12 月 31 日的申报表。

2. 国家外汇管理局各省、自治区、直辖市分局和重庆分局、深圳经济特区分局收到同级金融机构报送的申报表和辖内分局报送的申报表后，转报国家外汇管理局，申报表不必汇总；但分局须保留一份备存。

3. 总行（或总部）不设在北京的中资外汇指定银行和全国性非银行金融机构在直接向国家外汇管理局报送申报表的同时，应抄报当地外汇管理局（分局不必将此申报表转报国家外汇管理局）。

二、对于会计年度与我国会计制度的规定不同的金融机构，在按操作规程规定报送申报表的同时，还应按照该金融机构自身的会计年度向国家外汇管理局报送"金融机构利润分配申报表（表 7)"。

三、租赁公司（包括外资租赁公司）应按操作规程的规定申报其对境外资产、负债及损益业务。

四、总行（或总部）不设在北京的中资外汇指定银行和全国性非银行金融机构由当地外汇管理局负责监督、指导、检查等工作。

五、请各金融机构总行（或总部）按照操作规程的规定，结合自身的实际情况，制定本金融机构对境外资产负债及损益申报业务操作办法，并于 1997 年 7 月 1 日前报送相应的外汇管理局备案（该操作办法的报送渠道与申报表的报送渠道一致）。

六、请各级外汇管理局将本通知转发至辖内所有发生国际收支统计申报业务的金融机构。

国家外汇管理局

金融机构对境外资产负债及损益申报业务操作规程

1. 根据《国际收支统计申报办法》及其实施细则，特制定本操作规程。

2. 本规程所称金融机构系指在中国境内依法设立的各类中资金融机构和外资金融机构（保险公司除外）。本规程所指外资金融机构包括在中国境内依法设立的中外合资金融机构、外商独资金融机构和外国金融机构在中国设立的分支机构（分行或分公司）[不包括在我国设立的代表处、办事处]。

3. 凡在中国境内的金融机构都必须按照本规程的规定填报"金融机构对境外资产负债及损益申报表"，向国家外汇管理局申报其自身的资产、负债及损益情况。

4. 金融机构对境外资产负债及损益申报表暂分为7种：金融机构存放和拆放业务申报表、金融机构对境外贷款业务申报表、金融机构吸收境外贷款业务申报表、金融机构对境外投资业务申报表（一）、金融机构境外投资业务申报表（二）、金融机构对境外业务损益申报表和金融机构利润分配申报表。

5. 国家外汇管理局负责统一设计和修改申报表。金融机构根据国家外汇管理局统一制订的申报表格式自行印制。

6. 凡发生存放境外同业款项和境外同业存放款项业务、拆放境外同业款项和境外同业拆放款项业务以及吸收境外存款业务的金融机构，必须每季填报《金融机构存放和拆放业务申报表》。

7. 凡发生对境外贷款业务的金融机构，必须每季填报《金融机构对境外贷款业务申报表》。

8. 凡发生吸收境外贷款业务的金融机构，必须每季填报《金融机构吸收境外贷款业务申报表》。

9. 凡发生对境外投资业务的金融机构，必须每季填报《金融机构对境外投资业务申报表》（一）和《金融机构对境外投资业务申报表》（二）。

10. 凡拥有境外资产及负债的金融机构，必须每季填报《金融机构对境外业务损益申报表》。

11. 凡在我国境内设立的外资金融机构，必须每季填报《金融机构利润分配申报表》。

12. 本申报表由各金融机构总行（或总部）汇总后，各中资外汇指定银行和政策性银行应于季后30个工作日内报送国家外汇管理总局；除此以外的其他金融机构（含外资金融机构）应于季后20个工作日内报送当地外汇管理局；然后由省级外汇管理局汇总辖内申报表，于季后30个工作日内报送国家外汇管理总局（汇总报表格式另行通知）。

13. 金融机构应将申报表依次编定页数，并加封面（格式见附件），装订成册，加盖公章。

14. 申报表应按币别分别填报期末余额（表4按"国别"分别填报期末余额）。

15. "国别"指与之发生交易业务的交易主体所在国家（或地区）（即如：交易主体是分支机构的，应填分支机构所在的国家或地区，而不是填写分支机构的总部所在的国家或地区）。"国别"项，金融机构可根据自身的业务情况进行适当调整。"国别"项中的"其他"栏指本表中未列明的国家（或地区），应明细填报［表4中"币别"项中的"其他"栏指本表中未列明的币种，应明细填报]。

16. 各级外汇管理局对其收集的具体金融机构的申报信息进行保密，违者按照《国际收支统计申报办法》及其实施细则进行处罚。

17. 各级外汇管理局国际收支统计部门须根据《国际收支统计申报办法》及其实施细则和本操作规程的有关规定对本辖区内的金融机构自身申报业务情况进行调查、检查和处罚工作。

18. 本操作规程自 1997 年 1 月 1 日起实施。

证券投资统计申报业务操作规程

1. 根据《国际收支统计申报办法》及其实施细则，特订本操作规程。

2. 本操作规程所称证券投资系指非居民投资人对我国境内公司发行的境内上市外资股、境外上市外资股以及其派生形式，如在境内上海证券交易所和深圳证券交易所上市的 B 股、在香港上市的 H 股、分别在纽约和新加坡上市的 N 股、ADR 和 SDR 等进行的投资。非居民投资人系指外国和港、澳、台地区的投资人。

3. 本证券投资统计申报包括《非居民投资 B 股统计申报表》和《非居民投资中国境外上市公司股票统计申报表》。

4. 上海证券交易所和深圳证券交易所及其结算公司和中国在境外上市的公司均应按照本操作规程分别填制上述报表，进行国际收支统计申报。

5. 国家外汇管理局负责统一设计、修改上述报表。

6. 上海证券交易所和深圳证券交易所及其结算公司应按季度编制《非居民投资 E 股统计申报表》；并于季后 15 天内以磁盘或打印稿方式分别向上海分局和深圳分局报送该报表。

7. 在境外上市的公司应由董事会秘书负责按季度编制《非居民投资中国境外上市公司股票统计申报表》；并于季后 15 天内以磁盘或打印稿方式向当地外汇管理局报送该报表。

8. 上海分局、深圳分局以及其它有关分局应于季后 30 天内将所收到的有关报表审核无误后，以磁盘或打印稿方式向总局报送上述报表。

9. 本报表数据仅用于国际收支统计，国家外汇管理局及其分支机构有责任对具体数据严格保密。

10. 各地外汇管理局国际收支统计部门须根据《国际收支统计申报办法》和本操作规程的有关规定对本辖区内的证券投资统计申报情况进行调查、检查和处罚工作。

11. 本操作规程自 1997 年 1 月 1 日起实行。

国家外汇管理局

一九九六年十二月三十日

贸易信贷调查制度

  第一条 为准确、及时地反映中国大陆贸易信贷情况，科学、有效地组织全国贸易信贷统计工作，满足我国国际收支平衡表和国际投资头寸表的编制需要，根据《中华人民共和国统计法》和《国际收支统计申报办法》的有关规定，制定本制度。

  第二条 本制度中的贸易信贷是指发生在中国大陆居民与境外（含港、澳、台地区）的非居民间，由货物交易的卖方和买方之间直接提供信贷而产生的资产和负债，即由于商品的资金支付时间与货物所有权发生转移的时间不同而形成的债权和债务。

  第三条 本制度由国家外汇管理局及其分支机构（以下简称外汇局）负责执行。贸易信贷调查对象为中国大陆境内直接与境外从事货物进出口的对外贸易经营者（以下简称调查对象）。

  第四条 贸易信贷调查采用调查对象定期申报方式，每半年进行一次。国家外汇管理局可以根据需要调整贸易信贷调查频率。

  第五条 国家外汇管理局负责对全国贸易信贷调查实行统一管理，负责制定和修改贸易信贷调查方案及《贸易信贷调查表》，负责对外汇局分支机构相关工作的培训、指导和检查，汇总、编制全国贸易信贷流量和存量数据。

  第六条 外汇局分支机构负责本辖区的贸易信贷调查工作，包括对调查对象进行培训和指导、采集调查对象申报数据、控制申报数据质量、汇总分析有关数据等，并向上一级外汇局报送相关统计资料；外汇局分支机构如发现已上报数据存在差错，应及时向上一级外汇局书面报告并予以改正。

  第七条 外汇局分支机构负责辖内调查数据的原始档案管理工作，妥善保存有关的电子和纸质资料，留存两年备查。

  第八条 调查对象应依照外汇局的要求，建立货物进出口及其对应的收付款台帐，在规定时间内完整、准确地向当地外汇局申报贸易信贷统计数据。调查对象如发现已上报数据存在差错，应及时向当地外汇局书面报告并予以改正。

  第九条 外汇局有权对调查对象申报的内容进行检查、核对，调查对象应当提供检查（核对）所需的资料和便利。

  第十条 对违反本制度的调查对象，由外汇局依照《国际收支统计申报办法实施细则》进行处罚。

  第十一条 外汇局应对统计调查对象上报的数据保密。调查对象提供的具体数据只用于国际收支统计。除法律另有规定外，国际收支统计人员不得以任何形式向任何机构和个人提供申报的具体数据。对泄漏具体申报信息的，有关调查对象可提请责任者所在外汇局或者上一级外汇局进行处理。

  第十二条 本制度由国家外汇管理局负责解释。

  第十三条 本制度自发文之日起施行。

国家外汇管理局关于新台币兑换管理有关问题的通知

国家外汇管理局各省、自治区、直辖市分局、外汇管理部，深圳、大连、青岛、厦门、宁波市分局；各中资外汇指定银行：

为规范商业银行等机构办理新台币兑换业务，便利两岸经贸交流与人员往来的货币兑换服务，根据《中华人民共和国外汇管理条例》等规定，现就有关问题通知如下：

一、商业银行可按照经营需要自行决定办理新台币兑换业务。

二、商业银行办理新台币兑换业务应提前向所在地外汇局备案。所在地外汇局确认收到文件后20个工作日内没有提出异议的，商业银行可以开始办理新台币兑换业务。

三、新台币兑换业务的买卖价由商业银行自行确定。

四、商业银行办理新台币兑换业务可以公开挂牌，但仅限于标明新台币的中文名称及货币代码，中文名称为"新台币"，货币代码为"TWD"。

商业银行办理其他新台币业务时，也应遵守本条中关于公开挂牌的规定。

五、商业银行办理新台币兑换业务应遵守国家的有关法律、法规。

六、外币代兑机构、个人本外币兑换特许业务经营机构（以下简称特许机构）办理新台币兑换业务，参照上述规定执行。其中，外币代兑机构办理新台币兑换业务，应通过其签约的商业银行向所在地外汇局备案。

七、各外汇分局、管理部应将开办新台币兑换业务的机构名单和兑换业务规模向所在地台湾事务管理部门通报。

八、各外汇分局、管理部应加强对辖内新台币兑换业务工作的指导和监管，如遇异常情况，及时向国家外汇管理局报告。

请各分局、管理部接到本通知后，尽快向辖内中心支局、支局和金融机构、特许机构转发。执行中如遇问题，请及时向国家外汇管理局国际收支司反馈。

国家外汇管理局

2013 年 3 月 18 日

银行执行外汇管理规定情况考核内容及评分标准（2013 年）

项目	细目	分值	考核指标	详细标准	评分办法	主要参考文件依据	备注
业务合规60分	国际收支12分	12分	结售汇等业务办理的合规性	1. 办理即期、远期结售汇业务（含合作办理远期结售汇业务），人民币与外币掉期业务（含货币掉期）、人民币对外币即期、远期外汇权交易以及其他人民币对外币衍生业务是否经过外汇局审批或备案，是否具备开办本业务的基本条件及相关业务的基本条件； 2. 办理远期结售汇（含合作办理远期结售汇）、人民币与外币掉期业务（含货币掉期）、人民币对外汇即期权交易时是否对客户交易背景的真实性和合规性进行审核； 3. 银行停止经营结售汇业务或者银行经营结售汇业务时，结售汇机构名称、营业地址等信息变更是否在规定时间向外汇局备案； 4. 是否按照规定办理银行自身收付汇业务，如代客办理外币卡在境内的收单业务； 5. 是否按照规定办理外币代兑机构备案，是否按照规定设置个人本外币兑换业务是否按照相关规定； 6. 是否按照规定办理境内机构外汇账户有关业务； 7. 是否按照规定办理境内机构外汇账户有关业务； 8. 银行与设定客户（如大额结算客户）的业务是否在在超出牌价浮动幅度的情况； 9. 银行对客户美元挂牌汇价是否符合浮动幅度管理规定； 10. 银行是否按照规定开办代理境外分支机构开户见证业务。	1. 银行开办即期、远期结售汇业务（含合作办理远期结售汇业务），人民币与外币掉期业务（含货币掉期）、人民币对外币即期、远期外汇权交易以及其他人民币对外币衍生业务未按规定到外汇局办理审批或备案，每发现1次扣3分； 2. 办理结售汇及相关业务所需的基本条件不具备的，每发现1次扣1.5分； 3. 办理为客户办理远期结售汇（含合作办理远期结售汇）、人民币与外币掉期业务远期结售汇）、人民币对外汇即期权交易时未进行真实性审核的，每发现1次扣1.5分； 4. 银行停止经营结售汇业务或者银行经营结售汇业务名称、营业地址等信息发生变更但未及时办理备案的，每发现1次扣0.2分； 5. 银行未按规定办理自身收付汇业务的，每发现1次扣1.5分； 6. 未按规定办理外币代兑机构备案的，每发现1次扣1分； 7. 银行没有按照相关规定设置个人本外币兑换业务统一标识的，每发现1次扣1分； 8. 银行未按规定办理境内机构境内外汇账户相关业务管理职责的，每发现1次扣1分； 9. 银行未对外币代兑机构尽到相关管理职责的，每发现1次扣1分； 10. 银行未按规定办理境内机构境内外汇账户业务的，每发现一次扣1分； 11. 银行对客户美元挂牌汇价不符合浮动幅度管理，每发现一次扣1分； 12. 银行与议定客户美元议定汇价超出实际结算汇价的，每发现1次扣0.1分； 13. 银行未按规定开办代理境外分支机构开户见证业务的，每发现1次扣1分。	1. 《中华人民共和国外汇管理条例》（国务院令第532号）第二十四、第二十六条 2. 《外汇指定银行办理结汇、售汇业务管理暂行办法》（中国人民银行令[2002]第4号） 3. 《国家外汇管理方式调整银行即期结售汇业务市场化退出管理方式的通知》（汇发[2007]20号） 4. 《中国人民银行关于扩大外汇指定银行对客户远期结售汇业务和开办人民币与外币掉期业务有关问题的通知》（银发[2005]201号） 5. 《国家外汇管理局关于完善银行自身结售汇业务管理有关问题的通知》（汇发[2011]23号） 6. 《外汇代兑机构外汇管理办法》（中国人民银行令[2003]第6号） 7. 《国家外汇管理局关于改进外币兑换业务有关问题的通知》（汇发[2008]48号） 8. 《国家外汇管理局关于进一步完善银行本外币兑换业务管理的通知》（汇发[2008]70号） 9. 《国家外汇管理局关于进一步规范银行外币卡管理的通知》（汇发[2010]53号） 10. 《国家外汇管理局关于境内机构境内外汇账户管理有关问题的通知》（汇发[2009]29号） 11. 《中国人民银行关于银行间外汇市场交易汇价和对外指定银行挂牌汇价有关事项的通知》（银发[2005]183号） 12. 《中国人民银行关于进一步改善银行间外汇市场交易汇价和外汇指定银行挂牌汇价管理的通知》（银发[2005]250号） 13. 《中国人民银行关于进一步完善银行间即期外汇市场人民币兑美元交易价浮动幅度的公告》（2007年5月18日公告） 14. 《中国人民银行关于扩大银行间即期外汇市场人民币兑美元交易价浮动幅度的公告》 15. 《中国人民银行关于进一步完善银行间即期外汇市场汇价的公告》（[2006]第1号） 16. 《中国人民银行关于扩大银行间即期外汇市场人民币兑美元交易价浮动幅度的公告》（2007年5月18日公告）	

续表

项目	细目	分值	考核指标	详细标准	评分办法	主要参考文件依据	备注
	经常项目 23 分	8 分	货物贸易外汇收支业务的合规性	1. 是否存在为不在名录企业办理收付汇的情形； 2. 是否按规定审核贸易进出口交易单证的真实性及其与外汇收支的一致性，办理贸易外汇收支业务； 3. 是否按规定办理结汇、售汇业务； 4. 是否存在将贸易外汇收入纳入待核查账户； 5. 是否存在待核查账户内资金相互划转等违反待核查账户管理规定的情形； 6. 是否存在未凭登记表为 C 类企业办理付汇，如是否凭登记表金额收付汇，B 类企业超额度未登记收付汇等情形； 7. 是否存在拒绝、阻碍外汇管理机关依法进行检查或核查的情形； 8. 保税监管区域内企业货物贸易购付汇、结售汇业务是否按规定在相应单证、结售汇业务是否在相应签注证明中标注，是否按规定督促企业提交单证并报告外汇局； 9. 是否按规定留存相关资料并留存齐全。	存在第 1、5、7 项情形的，每笔扣 1 分，违反第 2、3、4、6、8、9 项规定的，每笔扣 1 分。	17.《中国人民银行关于银行间外汇市场交易价和外汇指定银行挂牌汇价管理有关问题的通知》(银发 [2010] 325 号) 18.《国家外汇管理局关于开办结售汇远期合作办理业务有关问题的通知》(汇发 [2010] 62 号) 19.《国家外汇管理局关于对外汇指定银行对客户人民币外汇货币掉期业务有关外汇管理问题的通知》(汇发 [2011] 3 号) 20.《国家外汇管理局关于工商个体外汇交易有关问题的通知》(汇发 [2011] 8 号) 21.《国家外汇管理局关于外贸个体人外汇结算账户资金办理远期结售汇及人民币外币掉期外汇交易有关问题的批复》(汇复 [2010] 197 号) 22.《国家外汇管理局关于交通银行开办境外分支机构开户见证业务的批复》(汇复 [2010] 208 号) 23.《国家外汇管理局关于人民币对外汇期权组合企业的通知》(汇发 [2011] 42 号)	
						1.《国家外汇管理局关于印发货物贸易外汇管理法规有关问题的通知》(汇发 [2012] 38 号)； 2.《国家外汇管理局关于印发〈保税监管区域外汇管理办法〉的通知》(汇发 [2007] 52 号)； 3.《国家外汇管理局综合司关于印发〈保税监管区域外汇管理办法操作规程〉的通知》(汇综发 [2007] 166 号)。	

续表

项目	细目	分值	考核指标	详细标准	评分办法	主要参考文件依据	备注
	经常项目 23分	6分	服务贸易、经常转移、收益外汇业务真实性审核情况	1. 是否按规定审核相应单证； 2. 是否按规定在相关登记证明或单据上进行签注； 3. 是否按规定留存相应单证； 4. 是否配合外汇局做好事后核查工作等； 5. 是否及时向外汇局报告异常、可疑线索。	第 1、4、5 项每笔扣 0.1 分，第 2、3 项每笔扣 0.04 分。	1.《关于非贸易项下结汇、售汇及付汇管理有关问题的通知》（[96] 汇管函字第 209 号） 2.《国家外汇管理局关于下发（非贸易售付汇及境内居民个人外汇收支管理操作规程（试行）的通知》（汇发 [2002] 29号） 3.《国家外汇管理局关于跨境外国公司非贸易售付汇管理有关问题的通知》（汇发 [2004] 62号） 4.《国家外汇管理局关于现行法规中没有明确规定的非贸易项目售付汇有关问题的通知》（汇发 [2003] 35号） 5.《国家外汇管理局 国家税务总局关于服务贸易等项目对外支付提交税务证明有关问题的通知》（汇发 [2008] 64号） 6.《国家外汇管理局 国家税务总局关于服务贸易等项目对外支付提交税务证明有关问题的通知》（汇发 [2009] 52号） 7.《国家外汇管理局关于国际海运业外汇收支管理有关问题的通知》（汇发 [2001] 58号） 8.《国家税务总局 国家外汇管理局关于加强外国公司船运运输收入税收管理及国际海运支付外汇管理的通知》（国税发 [2001] 139号） 9.《关于加强外国公司船运输收入税收管理及国际海运支付外汇管理的通知》（国税发 [2002] 107号） 10.《关于调整对引进无形资产售付汇管理有关问题的补充通知》（[98] 汇管函字第 092 号） 11.《关于调整专利权许可用汇审核引进售付汇管理手续的通知》（汇发 [2002] 34号） 12.《关于简化外商投资企业技术引进售付汇管理手续的通知》（汇发 [1999] 319号） 13.《国家外汇管理局关于旅游外汇管理有关问题的通知》（汇发 [2002] 84号） 14.《国家外汇管理局关于旅行社组织境内居民赴香港、澳门地区旅游有关外汇管理问题的通知》（汇发 [2001] 3号） 15.《国家外汇管理局关于旅行社组织境内居民赴香港、澳门地区旅游有关外汇管理问题的通知》（汇发 [2002] 31号） 16.《国家外汇管理局关于旅游外汇管理问题的补充通知》（汇发 [2002] 109号） 17.《国家外汇管理局关于调整中国公民出境旅游购汇政策的通知》（汇发 [2002] 55号） 18.《关于外汇指定银行办理利润、股息、红利汇出有关问题的通知》（汇发 [1998] 29号） 19.《关于修改〈关于外汇指定银行办理利润、股息、红利汇出有关问题的通知〉的通知》（汇发 [1999] 308号） 20.《国家外汇管理局 农业部关于印发远洋渔业企业远洋渔业外汇收支管理暂行规定的通知》（汇发 [2001] 49号） 21.《国家外汇管理局关于免税商品外汇管理有关问题的通知》（汇发 [2006] 16号） 22.《国家外汇管理局综合司关于调整部分服务贸易项下售付汇政策有关问题的通知》（汇综发 [2006] 73号）	

项目	细目	分值	考核指标	详细标准	评分办法	主要参考文件依据	备注
						23.《国家外汇管理局关于外币旅行支票代售管理等有关问题的通知》(汇发 [2004] 15号) 24.《国家外汇管理局关于境内机构捐赠外汇管理有关问题的通知》(汇发 [2009] 63号) 25.《国家外汇管理局综合司关于国际运输专用发票取消后相关衔接工作的批复》(汇综复 [2010] 122号)	
		2分	办理保险公司项下外汇收支的合规性情况	1. 是否按规定审核相应单证; 2. 是否按规定留存相应单证; 3. 是否根据外汇局批内审核办各办理有关结汇、售汇业务等; 4. 是否配合外汇局进行事后核查工作。	第1、3、4项每笔扣0.1分, 第2项每笔扣0.04分。	1.《保险业务外汇管理暂行规定》的通知(汇发 [2002] 95号) 2.《国家外汇管理局关于印发〈保险业务外汇管理操作规程〉的通知》(汇发 [2003] 118号) 3.《国家外汇管理局关于保险公司开办外汇保险业务有关问题的通知》(汇发 [2003] 105号) 4.《国家外汇管理局关于简化对保险公司外汇审核审核手续有关问题的通知》(汇发 [2004] 85号) 5.《国家外汇管理局关于出口信用保险业务外汇收付有关问题的批复》(汇复 [2004] 93号) 6.《国家外汇管理局关于调整部分保险业外汇管理政策有关问题的通知》(汇发 [2004] 29号) 7.《国家外汇管理局关于保险业务外汇管理有关问题的通知》(汇发 [2006] 23号)	3分
		3分	银行办理个人外汇业务的合规性	1. 银行是否对个人外汇收支、结售汇、外汇账户、外币现钞等各项外汇业务实施有效管理, 严格按照各项政策规定进行个人外汇业务的真实性审核; 2. 是否按规定留存相关证明材料备查; 3. 是否配合外汇局进行事后核查工作; 4. 是否经批准办各各项个人外汇业务; 5. 是否存在违规办理电子银行个人外汇业务的情况; 6. 是否存在违规与汇款机构、电子商务平台、支付机构等合作开办个人外汇业务的情况; 7. 是否存在在银行协助客户违规办理个人外汇业务的情况; 8. 银行是否采取有效措施保证工作人员对个人外汇政策的准确理解和掌握, 保证业务开展的合规性; 9. 银行对异常、可疑业务具有敏感性, 及时将发现问题报告外汇局, 并进行有效处理; 10. 是否存在违规接入系统, 并按业务流程通过系统办理个人结售汇业务; 11. 是否使用具有业务权限的银行代码进行个人结售汇业务; 12. 是否未经许可擅自脱机操作。	第1、2、9项每笔扣0.04分; 第3项每次扣0.1分; 第4、5、6、10项每次扣3分; 第7、8、11、12项每次扣1分。	1.《个人外汇管理办法》(中国人民银行令 [2006] 第3号) 2.《国家外汇管理局关于印发〈个人外汇管理办法实施细则〉的通知》(汇发 [2007] 1号) 3.《国家外汇管理局、海关总署关于印发〈携带外币现钞出入境管理暂行办法〉的通知》(汇发 [2003] 102号) 4.《携带外币现钞出入境管理操作规程》(汇发 [2004] 21号) 5.《国家外汇管理局关于规范银行办理个人结售汇业务操作的通知》(汇综发 [2007] 90号) 6.《国家外汇管理局综合司关于发布〈个人结售汇管理信息系统应急预案〉的通知》(汇综发 [2008] 49号) 7.《国家外汇管理局关于进一步完善个人结售汇业务管理的通知》(汇发 [2009] 56号) 8.《国家外汇管理局关于印发〈电子银行个人结售汇业务管理暂行办法〉的通知》(汇发 [2011] 10号) 9.《国家外汇管理局关于开办个人电子银行渠道个人结售汇业务试行个人分拆结售汇 "关注名单" 管理的通知》(汇发 [2011] 41号)	办理保险公司项下外汇收支的合规性情况

续表

项目	细目	分值	考核指标	详细标准	评分办法	主要参考文件依据	备注
		4分	银行办理外汇账户业务的合规性	1. 银行开立是否按照规定开立、变更、关闭外汇账户；2. 是否存在串用账户或超范围使用外汇账户的情况；3. 是否配合外汇局进行事后核查工作；4. 规定应通过账户办理的业务，是否通过外汇账户办理并按规定报送相关数据；5. 银行是否将发现的问题及时上报外汇局。	第1、2、4、5项每笔各扣0.04分、第3项每次扣0.1分。	1.《国家外汇管理局关于境内机构自行保留经常项目外汇收入的通知》（汇发[2007]49号）2.《国家外汇管理局综合司关于驻华使领馆经常项目外汇账户管理有关问题的通知》（汇综发[2007]114号）3.《国家外汇管理局综合司关于〈境内居民个人购汇操作规程〉的通知》（汇综发[2006]32号）4.《国家外汇管理局关于调整经常项目外汇账户管理政策有关问题的通知》（汇发[2006]19号）5.《国家外汇管理局关于进一步调整经常项目外汇账户管理政策有关问题的通知》（汇发[2002]87号）6.《国家外汇管理局综合司关于印发〈外汇账户管理信息系统银行接口程序技术规范性要求（银行版）〉的通知》（汇综发[2004]127号）7.《外汇账户信息交互平台用户使用手册（银行版v2.0）》；《外汇账户信息交互平台管理办法》（汇发[2007]52号）8.《保税监管区域外汇管理操作流程》（汇发[2012]59号）	
	资本项目 25分	3.5分	直接投资项下账户开立与账户变更	1. 账户开立是否符合外汇局登记或核准信息；2. 账户性质、收支范围、使用期限是否符合外汇局登记或核准要求；3. 账户开立、注销等数据备案是否准确、及时。	1. 擅自开户每笔扣1分；2. 开户不符合要求每笔扣0.2分；3. 销户不符合要求每笔扣0.1分；4. 数据备案不准确或不及时每笔扣0.1分。	1.《中华人民共和国外汇管理条例》（国务院令第532号）2.《境内外汇账户管理规定》（银发[1997]46号）3.《个人外汇管理办法》（中国人民银行令[2006]第3号）及其《实施细则》（汇发[2007]1号）4.《国家外汇管理局关于下发〈外商直接投资外汇业务操作规程（系统版）〉的通知》（汇发[2008]137号）5.《国家外汇管理局关于下发外商投资合伙企业外汇管理有关问题的通知》（汇发[2012]58号）6.《国家外汇管理局关于进一步改进和调整直接投资外汇管理政策的通知》（汇发[2012]59号）	
		4分	直接投资项下资金账户收支	1. 资本金、境内资产变现账户、前期费用账户、保证金账户等直接投资项下结汇是否符合结汇管理的要求；2. 外汇资金入账是否符合限额管理要求；3. 非居民境内房产买卖结汇是否符合规定要求；4. 清算、转股等直接投资项下付汇是否符合外汇局登记或核准信息；5. 非居民转让境内商品房所得资金购汇出等是否符合外汇局登记信息；6. 直接投资项下资金出入境购买境内商品房结汇准确，及时；7. 跨境购汇的境内商品房备案是否准确，及时跨境投资人民币而投资外汇项业务备案。	1. 资本金、境内资产变现账户、前期费用账户直接投资项下结汇不符合规定每笔扣2分；2. 未在外汇局登记额内办理入账每笔扣1分；3. 未按规定非居民购房结汇或购付汇每笔扣0.2分；4. 未按外汇局登记或核准信息办理直接投资项下购付汇每笔扣1分；5. 先行回收跨境投资等直接投资收付未及时逐笔备案；6. 跨境人民币结汇，每笔扣0.2分；各类数据备案不准确，不及时每笔扣0.2分。	1.《中华人民共和国外汇管理条例》（国务院令第532号）2.《结汇、售汇及付汇管理规定》（银发[1996]210号）3.《关于改进外商直接投资企业资本项目结汇审核与外债登记管理工作的通知》（汇发[2004]42号）4.《关于非居民境内房产买卖结汇及购汇方式改革的通知》（汇发[2002]59号）5.《关于外商投资项下外汇资本金结汇管理有关问题的通知》（汇发[2001]141号）6.《国家外汇管理局综合司关于完善外商直接投资资本金支付结汇管理有关操作问题的通知》（汇综发[2008]142号）7.建设部等六部委《关于规范房地产市场外资准入和管理的意见》（建住房[2006]171号）8.《国家外汇管理局综合司关于下发〈资本项目外汇业务操作规程（银行版、外汇局版）〉的通知》（汇综发[2007]3号）9.《国家外汇管理局关于下发〈外商直接投资外汇业务操作规程（系统版）〉的通知》（汇发[2008]137号）10.《国家外汇管理局综合司关于规范跨境人民币直接投资有关操作问题的通知》（汇综发[2011]38号）	

续表

项目	细目	分值	考核指标	详细标准	评分办法	主要参考文件依据	备注
						11.《国家外汇管理局关于进一步明确和规范部分资本项目外汇业务管理有关问题的通知》（汇发[2011]45号） 12.《国家外汇管理局综合司关于进一步完善外商投资企业外汇资本金支付结汇管理有关业务操作问题的补充通知》（汇综发[2011]88号） 13.《国家外汇管理局关于外商投资合伙企业外汇登记有关问题的通知》（汇发[2012]58号） 14.《国家外汇管理局关于进一步改进和调整直接投资外汇管理政策的通知》（汇发[2012]59号）	
		3分	境外投资	1. 是否按境外投资外汇登记要求汇出境外投资款； 2. 境外投资前期费用汇出是否符合合汇核准或登记信息； 3. 境外减资、转股、清算所得等调回境内，是否按照规定汇立境外资产变现账户，是否按照外汇登记局登记或准确及时入账； 4. 1-3项数据是否准确及时备案； 5. 境外投资收益汇回或结汇是否准确及时备案； 6. 跨境人民币境外投资是否准确及时备案。	1. 每汇箭一笔一笔境外投资扣0.5分； 2. 2-3项未经核准或登记办理每笔扣1分，未按核准或登记要求办理每笔扣0.5分； 3. 跨境人民币直接投资收付未及时每逐笔备案，每笔扣0.2分； 4. 数据备案不准确或未及时每笔扣0.2分。	1.《中华人民共和国外汇管理条例》（国务院令第532号） 2.《境内机构境外直接投资外汇管理规定》（汇发[2009]30号） 3.《国家外汇管理局综合司关于规范人民币项目业务操作有关问题的通知》（汇综发[2011]38号） 4.《国家外汇管理局关于进一步改进和调整直接投资外汇管理政策的通知》（汇发[2012]59号）	
		1.5分	境外放款	1. 是否按照外汇登记局核准汇出境外放款资金并准确及时备案； 2. 境外放款专户的开立、注销以及该账户的资金汇入、流出是否符合相关规定； 3. 数据处理不准确或未及时每笔扣0.2分。	1. 未按登记信息汇出、汇入境外放款户的扣1分； 2. 境外放款户的开立、注销以及该账户的资金汇入、流出处理不符合相关规定，每笔扣0.2分； 3. 数据备案不准确或未及时每笔扣0.2分。	1.《中华人民共和国外汇管理条例》（国务院令第532号） 2.《关于境内企业境外放款外汇管理有关问题的通知》（汇发[2009]24号） 3.《境内企业内部成员外资金集中运营管理规定》（汇综发[2009]49号） 4.《国家外汇管理局综合司关于规范跨境人民币资本项目业务操作有关问题的通知》（汇综发[2011]38号） 5.《国家外汇管理局关于进一步改进和调整直接投资外汇管理政策的通知》（汇发[2012]59号）	
		3分	外债账户开立和变更	1. 外债账户开立是否经外汇局核准； 2. 外债账户开户、账户变更、关闭是否经外汇局核准。	1. 未经核准开立外债账户自开户每笔扣1分； 2. 开户不符合要求每笔扣0.2分； 3. 变更账户及销户不符合要求每笔扣0.2分。	1.《中华人民共和国外汇管理条例》（国务院2008年第532号令） 2.《境内外汇账户管理规定》（银发[1997]416号） 3.《外债统计监测暂行规定》（1987年）及其实施细则[97] 4.《外债转贷款登记管理办法》（银发[1997]46号）	
		4分	外债账户收支	1. 每笔登记的外债合同是否对应一个外债账户； 2. 外债资金是否已存入所对应的外债账户； 3. 企业外债资金结汇以及还本付息是否经外汇局核准。	1. 企业多个外债账户出现混用的扣0.2分； 2. 入错账户或超额入账每笔扣0.2分； 3. 外债资金结汇或还本付息未经核准每笔扣1分，违规办理外债资金结汇后偿还人民币贷款扣1分； 4. 外债使用不符合合同规定未按规定用途的扣0.5分，违规外债转质押还本付息每笔扣0.5分； 5. 外债担保业务外汇收支未经核准每笔扣0.5分。	1.《中华人民共和国外汇管理条例》（国务院2008年第532号令） 2.《结汇、售汇、付汇管理规定》（银发[1996]210号） 3.《关于改进外商投资企业外方资本项目结汇审核与外债登记管理工作的通知》（汇发[2004]42号） 4.《外债统计监测实施细则》（1987年）及其实施细则[97]	

续表

项目	组目	分值	考核指标	详细标准	评分办法	主要参考文件依据	备注
				4. 外债资金使用（包括外债结汇和对外直接支付）是否符合合同规定用途；是否遵行外债账户资金不得用于国际商业借款企业质押人民币贷款等规定； 5. 企业外债保值业务外汇收支是否经外汇局核准。		5.《外债管理暂行办法》（国家外汇管理局令第28号） 6.《境内机构借用国际商业贷款管理办法》（汇政发字 [1997] 第6号）	
		1分	境内贷款项下的境外担保管理	1. 境内贷款对外担保是否按时办理或有负债登记及报备手续； 2. 是否自行履约结汇； 3. 担保履约后，是否在未办理对外还本付息情况下擅自为被担保人办理对外还本付息信息。	1. 未能按时报备每笔扣0.2分； 2. 擅自将担保履约资金结汇每笔扣0.5分； 3. 擅自为被担保人办理对外还本付息每笔扣1分。	1.《国家外汇管理局关于2005年境内外资银行短期外债指标核定工作的通知》（汇发 [2005] 4号） 2.《国家外汇管理局关于人民币贷款项下境外担保项下外汇核准的通知》（汇发 [2005] 26号） 3.《国家外汇管理局关于完善外债管理有关问题的通知》（汇发 [2005] 74号） 4.《国家外汇管理局综合司关于规范跨境人民币资本项目业务操作有关问题的通知》（汇综发 [2011] 38号）	
		2分	境内银行提供融资性对外担保	1. 是否定期登记并及时准确报送报表； 2. 是否提供不符合条件的担保； 3. 融资性对外担保余额是否控制在指标之内。	1. 提供不符合条件担保的，每笔扣0.5分； 2. 融资性对外担保超额的，在2分内按超保点后1分扣。 融资性对外担保超额扣分公式（数值四舍五入保留小数后1位，取值范围为0.1-1）：（担保余额-担保指标）/超指标率担保指标	1.《国家外汇管理局关于调整境内中资银行为境外投资企业提供融资性对外担保管理方式的通知》（汇发 [2005] 61号） 2.《国家外汇管理局综合司关于规范跨境人民币资本项目业务操作有关问题的通知》（汇综发 [2011] 38号）	
		2分	非银行金融机构（不含保险公司）开立外汇资本金账户、账户收支及结售汇	1. 账户开立是否符合合规要求（外资参股非银行金融机构开立股本外汇账户是否经过外汇局核准，收支范围是否符合外汇局规定相关资料）； 2. 账户性质、收支范围是否符合外汇局规定； 3. 是否在额度内； 4. 是否按照外汇局所具的核准件办理结售汇。	1. 开户不符合要求，变更或销户不符合要求每笔扣0.2分； 2. 结售汇每错1笔扣0.1分； 3. 人账每错1笔扣0.1分。	1.《非银行金融机构外汇业务管理规定》（国家外汇管理局1993年1月1日） 2.《国家外汇管理局关于外资参股基金管理有限公司有关外汇管理问题的通知》（汇发 [2003] 44号） 3.《境内外汇账户管理规定》（银发 [1997] 46号） 4.《国家外汇管理局关于汽车金融公司有关外汇管理问题的通知》（汇发 [2004] 72号）	
		1分	居民个人资本项下账户开立、外汇收支及结售汇	1. 境内个人参与境外上市公司员工持股计划、认股期权计划等所涉及股份及外汇收入汇回，是否统一向外汇局申请核准后，开立境内专用账户，再划至或其个人储蓄账户，账户性质、收支范围是否符合外汇局规定； 2. 账户性质、收支范围是否符合外汇局规定； 3. 是否在额度内； 4. B股境外收益是否合规结售汇。	1. 开户不符合要求，变更或销户不符合要求每笔扣0.2分； 2. 结售汇每错1笔扣0.1分； 3. 人账每错1笔扣0.1分。	1.《国家外汇管理局关于印发〈个人外汇管理办法实施细则〉的通知》（汇发 [2007] 1号） 2.《国家外汇管理局综合司关于境内个人参与境外上市股份公司股权激励计划等外汇管理操作规程》（汇综发 [2007] 78号） 3.《国家外汇管理局关于境内个人投资者B股投资收益结汇有关问题的批复》（汇复 [2007] 283号）	
数据质量30分	国际收支21分	15分	国际收支统计间接申报数据的准确性、及时性和完整性	是否及时、准确、完整的上报国际收支统计间接申报信息	(一) 准确性（11分） 1.考核项目 (1) 国际收支统计申报单中基础信息和申报信息的填报错误和填报内容不全或不匹配，具体包括：交易编码、交易附言、收/付款币种和金额（包括现汇金额、结购汇金额和其他金额）、收/付款人名称、个人身份证件号码、收/付款账号、对方收/付款人名称、常驻国家（地区）名称及代码、申报日期、结算方式等各项信息；	1.《中华人民共和国国际收支统计申报条例》（国务院令第532号） 2.《国际收支统计申报办法》（1995年中国人民银行行长第2号令） 3.《国家外汇管理局关于下发〈国际收支统计申报办法实施细则〉的通知》（汇发 [2003] 21号） 4.《国际收支网上申报系统操作规程》（汇综发 [2010] 122号） 5.《国家外汇管理局综合司关于调整境内银行涉外收付款相关凭证内容的通知》（汇综发 [2010] 50号）	

续表

项目	细目	分值	考核指标	详细标准	评分办法	主要参考文件依据	备注
					(2) 单位基本情况表要素填报错误和填报内容不全或不匹配，具体包括：组织机构代码、组织机构名称、经济类型、行业属性、常驻国家（地区）、是否为特殊经济区企业、外方投资来源国别、住所营业场所、所属外汇局等。 2. 计分标准： (1) 设定全辖平均差错率的银行为80分，差错率为0的银行为100分，差错率最高的银行为60分，则得出以下公式： 差错级差1（差错率<平均差错率）=20÷(平均差错率-最低差错率) 差错级差2（差错率>平均差错率）=20÷(最高差错率-平均差错率) 如差错率<该行差错率，则银行得分=80+（平均差错率-该行差错率）×差错级差1；如差错率>该行平均差错率，则银行得分=80+（平均差错率-该行差错率）×差错级差2 银行该项扣分=(100-银行得分)/100×11（差错率为0的银行不扣分，差错率最高的银行扣4.4分）银行该项最终得分=11-银行该项扣分（具体解释见说明） (2) 在上述计分的基础上，对核查中发现单笔交易金额3000万美元（含）以上，且错误类型为交易编码错误的（根据申报折算率计算），每笔减0.01分。 (3) 有下级局的各省（市）分局按照下级各分局国际收支申报加权平均后计算本级各分行国际收支申报情况调整设定的全辖平均得分。 (4) 总局可根据实际情况调整差错分值。 （二）及时性（2分） 1. 未按相关规定传输基础信息，导致年平均逾期率大于0的，每高一个千分点扣0.005分，不足一个千分点的，取小数点后两位进行折算。基础信息的逾期率=考核期内逾期申报信息总笔数÷考核期内实际申报信息总笔数；年度平均逾期率=实际考核期月或季度逾期率之和÷实际考核次数。基础信息总笔数=考核期内基础信息实际申报笔数。逾期率之和÷实际考核次数。 2. 申报信息笔数增扣0.005分，每高一个千分点扣0.005分，不足一个千分点的，考核期内逾期率=逾期申报信息数÷申报信息总笔数，年度逾期率=实际考核月或实际考核期数逾期率之和÷实际考核次数。基础信息按照《通过金融机构进行国际收支统计申报业务操作规程》规定，银行在基础信息报送在外汇局系统的初始入库日期-申报单日期>规定天数，目前分别为2天和7天。	6.《国家外汇管理局关于印发〈通过金融机构进行国际收支统计申报业务操作规程〉的通知》（汇发〔2010〕22号） 7.《国家外汇管理局关于印发〈国际收支间接申报核查制度〉的通知》（汇发〔2011〕1号） 8.《国家外汇管理局关于印发〈关于明确和调整国际收支统计申报有关事项的通知〉》(汇发〔2011〕34号) 9.《国家外汇管理局关于做好境内银行涉外收付汇凭证及相关信息报送准备工作的通知》(汇发〔2011〕49号)	

续表

项目	细目	分值	考核指标	详细标准	评分办法	主要参考文件依据	备注
		6分	银行结售汇统计数据的准确性、及时性和完整性	1. 结售汇统计是否存在报表漏报情况。主要包括： (1) 新准入机构漏报； (2) 子项漏报，如漏报代客资本金结售汇、自身结售汇等； (3) 结售汇报表数据与银行会计报表统计数据不符等。 2. 是否按规定时间向外汇统计数据报送分中心规定为总局对各分局在此基础上可对本辖区银行的数据报送提出同要求。(文件中规定的数据报送细则) 3. 结售汇统计数据是否准确。主要包括：结售汇项目分类、币种、金额、交易远期报送 (含货币掉期) 业务数据是否及时、准确。 4. 向外汇局报送的数据远期 (含货币掉期) 期权、漏报数据的	（三）完整性（2分） 1. 对银行错误删除申报单，每错误删除一笔申报单，扣0.001分。 2. 对核查中发现的未按规定报送或超出国际收支统计间接申报范围的基础信息，每笔扣0.005分。 3. 国际收支统计间接申报系统未按规定备份的，一次扣0.3分；未按规定备份导致数据丢失无法恢复的（不可抗力除外），一次扣1分。 （四）其他 在外汇局发出核查结果前，银行主动发现并已修改的错误，不扣分。 说明：国际收支统计间接申报计分公式内涵：该公式运用函数分布进行计算，设定一个平均值（80分），一个最高值（100分），一个最低值（60分）。差错级差为20分值中每单位差错率所扣到的分值。银行得分为平均值加到该行编离值（即该行得分在20分值中得到或减去的分数），最后将银行得分转换为扣分类的最终辖得分。平均得分×转换为扣分类的最终辖内申报单总笔数×100（由国际收支统计间接申报汇总系统所得） 例1：某行差错率0.4%，该行所在辖区全辖平均差错率0.5%，辖内最低差错0.1%， 差错级差 1=20/(0.5-0.1) =50 该行得分=80+ (0.5-0.4) ×50=85 该行最终得分=（100-85）/100×11-1.65=9.35 例2：某行差错率0.7%，该行所在辖区全辖平均差错率0.5%，辖内最高差错0.9%， 差错级差 2=20/(0.9-0.5) =50 该行得分=80+ (0.5-0.7) ×50=70 该行扣分=（100-70）/100×11-3.3 该行最终得分=11-3.3=7.7	1. 《国家外汇管理局关于印发〈银行结售汇统计制度〉的通知》（汇发〔2006〕42号） 2. 《国家外汇管理局综合司关于将个人民币购售业务纳入结售汇统计有关问题的通知》（汇综发〔2010〕99号） 3. 《国家外汇管理局关于进一步强化银行国际收支申报工作的通知》（汇发〔2011〕47号） 4. 《国家外汇管理局关于进一步规范银行结售汇统计管理有关问题的通知》（汇发〔2008〕54号） 5. 《国家外汇管理局关于外汇指定银行对客户人民币外汇货币掉期业务办理有关问题的通知》（汇发〔2011〕8号） 6. 《国家外汇管理局关于人民币对外汇期权交易有关问题的通知》（汇发〔2011〕3号） 7. 《国家外汇管理局关于银行办理人民币对外汇期权组合业务有关问题的通知》（汇发〔2011〕42号）	

续表

项目	细目	分值	考核指标	详细标准	评分办法	主要参考文件依据	备注
经常项目 8分		2分	货物贸易外汇收支核查信息申报的准确性、及时性	是否及时、准确按规定进行贸易外汇收支信息申报。	迟报、错报、漏报每项一次扣0.1分；瞒报一次扣0.5分。	《国家外汇管理局关于印发货物贸易外汇管理法规有关问题的通知》(汇发[2012]38号)	
		1.5分	报送服务贸易外汇交易统计报表的准确性、及时性	1.是否按规定报送特殊非贸易项目售付汇登记表；2.是否按规定报送地区/银行收支季报表。	迟报、错报、漏报每项一次扣0.2分。	1.《国家外汇管理局关于现行法规中没有明确规定的非贸易项目售付汇有关问题的通知》(汇发[2003]35号) 2.《国家外汇管理局关于报送保险项下外汇收支季报有关问题的通知》(汇发[2003]27号)	
		2分	报送外汇账户系统数据的准确性	1.是否严格按照规定要求，将应纳入外汇账户系统的数据逐日报送外汇局。2.报送的数据是否准确，是否存在人为修改；3.是否按照要求如实、准确填报交易编码；4.是否及时查看系统，修改出错信息。	每笔扣0.04分。	1.《国家外汇管理局关于境内机构自行保留经常项目外汇收入的通知》(汇发[2007]49号) 2.《国家外汇管理局关于驻华使领馆经常项目外汇账户管理有关问题的通知》(汇发[2007]114号) 3.《国家外汇管理局综合司关于下发〈经常项目外汇账户和境内居民个人购汇操作规程〉的通知》(汇综发[2006]32号) 4.《国家外汇管理局关于调整经常项目外汇管理政策的通知》(汇发[2006]19号) 5.《国家外汇管理局关于有关问题的通知》(汇发[2002]87号) 6.《国家外汇管理局综合司关于规范性要求(试行)》(汇发[2004]127号) 7.《外汇账户接口程序使用手册(银行)》(汇发[2007]52号) 8.《外汇账户信息交互平台信息交互平台管理办法》(汇发[2007]52号) 9.《保税监管办法》	
		1.5分	银行录入、报送个人结售汇管理数据的准确性、及时性	1.是否按规定将经常、资本项下的个人结售汇业务录入系统；2.录入数据是否准确、完整，出现错误是否按规定进行修改、冲正处理；3.是否按规定将个人异常交易信息和分拆结售汇"关注名单"报送；4.是否按规定报送携带外币出境钞申出统计表。	1、2每笔扣0.04分；迟报、漏报第3、4项，每项扣0.2分。	1.《个人外汇管理办法》(中国人民银行令[2006]第3号) 2.《国家外汇管理局关于印发〈个人外汇管理办法实施细则〉的通知》(汇发[2007]1号) 3.《国家外汇管理局综合司关于下发个人外汇业务操作规程的通知》(汇综发[2007]90号) 4.《国家外汇管理局综合司关于下发〈个人结售汇管理信息系统应急预案〉的通知》(汇综发[2008]49号) 5.《国家外汇管理局关于印发〈携带外币现钞出入境管理暂行办法〉的通知》(汇发[2003]102号) 6.《国家外汇管理局关于印发〈海关总署个人携带外币现钞出入境管理操作规程〉的通知》(汇发[2004]21号) 7.《国家外汇管理局关于进一步完善银行办理个人结售汇业务管理的通知》(汇发[2009]56号) 8.《国家外汇管理局关于印发〈电子银行个人结售汇业务管理暂行办法〉的通知》(汇发[2011]10号) 9.《国家外汇管理局关于银行开办个人电子渠道人结售汇业务试行个人分拆结售汇"关注名单"管理的通知》(汇发[2011]41号)	

续表

项目	分值	考核指标	详细标准	评分办法	主要参考文件依据	备注
	1分	保税监管区域相关季报报送	1. 是否于每季度结束之日起10个工作日内报送本银行办理保税监管区域内企业收付汇、结售汇情况报表； 2. 对区内企业付汇未在规定时限内提供相关凭证和单据的，银行是否在每季结束后3个工作日内将企业信息上报外汇局。	发生迟报、错报、漏报或瞒报的，每次扣0.1分。	《保税监管区域外汇管理办法》（汇发〔2007〕52号）及其操作规程	
	资本项目1分	银行报送其他资本项目数据的准确性和及时性	是否及时准确地报送下列报表（包括但不限于）： 1. 国内外汇贷款债权人集中登记表； 2. 国内外汇贷款数变动反馈表； 3. 国内外汇贷款专户开户销户月报表； 4. 国内外汇贷款业务数据汇总表； 5. 金融机构外汇担保登记表； 6. 金融机构外汇担保情况反馈表； 7. 境内银行提供对外担保情况月报表； 8. 直接投资项下业务备案； 9. 资本项目下跨境人民币业务逐笔备案。	发生迟报、错报、漏报或瞒报的，每次扣0.1分。	1. 《国家外汇管理局关于实施国内外汇贷款外汇管理方式改革的通知》（汇发〔2002〕125号） 2. 《境内机构对外担保管理办法》（银发〔1996〕302号） 3. 《国家外汇管理局关于调整境内银行为境外投资企业提供融资性对外担保管理方式的通知》（汇发〔2005〕61号） 4. 《国家外汇管理局综合司关于规范跨境人民币资本项目业务操作有关问题的通知》（汇综发〔2011〕38号）	
内控制度及其他10分	10分		1. 银行内部组织架构和管理职责是否落实； 2. 外汇管理内部制度是否完善； 3. 外汇政策传导渠道是否有力； 4. 内部控制与监督是否有力； 5. 对外汇管理规定的培训、宣传是否到位； 6. 对外汇要求完成的工作是否积极配合落实； 7. 是否积极向外汇局反映外汇管理规定的执行情况； 8. 发现客户有外汇违法行为是否及时上报； 9. 专项检查有自查要求的，银行是否能够按照检查通知要求自查，认真开展自查，不走过场； 10. 现场检查中银行是否能够积极配合检查工作，及时提供检查所需数据和相关材料； 11. 银行对检查发现的违规问题是否能够积极、及时整改； 12. 是否存在重大外汇违规行为。	1. 执行情况优秀的，扣0~1分； 2. 执行情况良好的，扣1~3分； 3. 执行情况一般的，扣3~5分； 4. 执行情况较差的，扣5~10分； 5. 考核期内发生重大违规问题的，扣10分。	相关外汇管理法规及要求	由考核工作小组汇总各业务部门意见后统一进行评分。

续表

项目	细目	分值	考核指标	详细标准	评分办法	主要参考文件依据	备注
风险性考核指标10分	国际收支5分	2分	远期结售汇业务违约率	考核期内是否把远期结售汇业务违约率控制在规定标准内。	考核期内，远期结售汇业务违约率低于20%的不扣分；高于20%的，每超过1个百分点扣0.2分，不足1个百分点的，取小数点后两位折算。远期结售汇业务违约率=（远期结售汇违约金额+远期结售汇展期金额）/（远期结售汇违约金额+远期结售汇展期金额+远期结售汇履约金额+远期结售汇展期约金额）		风险性考核指标以法人单位为进行考核，不作为对银行分支机构的考核。风险性考核指标考核内容，未开办业务该项的得分取全国开办业务相应的其他银行分的该项目在此项得分全国开办业务银行项目上均为均分。
		2分	外汇贷存比	考核期内，是否将外汇贷存比控制在比例以内。	1.考核期内，外汇贷存比低于规定比例的不扣分；高于规定比例的，每超过1个百分点扣0.05分，不足1个百分点的，取小数点后两位折算，扣分最高不超过2分。2.外汇贷存比较上一考核年度降低的，每降低1个百分点加0.025分，不足1个百分点，取小数点后两位折算，加分最高不超过1分。3.本指标最高得分为2分，最低得分为0分。外汇贷存比=外汇贷款/（外汇存款+结售汇综合头寸）。其中：1.政策性银行此项考核指标，取全国综合平均分。2.外贸银行此项考核指标规定比例为110%，其余银行规定比例为85%。3.外汇贷款、外汇存款取自《中国人民银行金融机构外汇信贷收支月报》中季末余额的平均值；外汇贷款不含境外筹转贷款。4.结售汇综合头寸取自计算的结售汇综合头寸季末日平均值。		
		1分	结售汇差额变动率	考核期间结售汇顺差增长速度是否低于同期全国平均水平	考核期间结售汇差额为顺差的，差额增长速度每低于同期全国平均水平1个百分点加0.025分，最高不超过1分；每高于全国平均水平1个百分点的，取小数点后两位折算，扣0.05分，扣完为止。考核期间结售汇差额增长速度为逆差的，根据差额增长速度评分：小于等于0的，每个百分点加0.05分，大于0的，每个百分点扣0.025分，取小数点后两位折算，扣完为止。结售汇差额增长速度=（考核期结售汇差额-上一考核期结售汇差额）/上一考核期结售汇差额。其中：1.结汇、售汇、结售汇数据包含自身和代客两项下；2.结售汇差额=结汇-售汇。		
	资本项目5分	2.5分	对外担保履约率	银行提供对外担保的履约率是否控制在合理标准之内。	履约率在0~3‰之间不扣分；每增加1个千分点（四含五入到3‰），扣1分，直至扣完为止。对外担保履约率=当年末对外担保履约额/当年末对外担保余额*100%		

续表

项目	细目	分值	考核指标	详细标准	评分办法	主要参考文件依据	备注
		2.5分	贸易融资风险度	考核期内是否将海外代付占比控制在同类银行全国平均水平之内。	90天以下远期信用证及海外代付占比在同类银行全国平均值以内的不扣分，每超过1个百分点的，不足1个百分点的，取小数点后两位折算。90天（含）以下远期信用证及海外代付占比＞90天以下远期信用证及海外代付全国平均水平。其中：1.银行按代付余额计算分类。2.各类银行的平均值由国家外汇管理局计算并公布。		
总行单独考核指标10分	国际收支5分	2分	结售汇综合头寸管理的合规性	1.是否按照规定及时、准确向外汇局报送结售汇综合头寸报表（每个工作日10:00时之前报送上日银行结售汇综合头寸）；2.是否将结售汇综合头寸保持在外汇局核定的头寸限额内（通过核对外汇局核定的银行综合头寸限额批件和《银行结售汇综合头寸限额表》实现）；3.是否将外汇收付实现制头寸保持在外汇局核定的限额之上。	1.未经外汇局备案或核定限额，擅自调整头寸盘的，于下一个工作日内报送结售汇综合头寸报表1次扣0.5分，连续2天超限额的，扣1分；连续3天超限额的，扣1分；连续4天以上的扣2分。2.银行超过限额的每发现1次扣1分。3.漏报结售汇综合头寸报表1次扣0.5分，迟报1次扣0.1分，每发现错误1次扣0.2分。迟报：超过当天外汇综合报送时间，但在当天工作时间之内报送；漏报：在当天未上报上一日数据的；错报：报送数据未经外汇局验证错误的。	1.《国家外汇管理局关于银行结售汇综合头寸管理有关问题的通知》（汇发[2010]56号）2.《中国人民银行关于结售汇人民币专用账户有关问题的通知》（银发[2005]292号）3.《国家外汇管理局关于加强外汇业务管理有关问题的通知》（汇发[2010]59号）4.《国家外汇管理局关于进一步加强外汇业务管理有关问题的通知》（汇发[2011]11号）	
		1分	办理自身结售汇等业务的合规性	1.办理贵金属汇率敞口平盘业务是否经过外汇局审批或备案，是否按照规定向外汇局报送贵金属业务敞口统计报表；2.办理资本金（或营运资金、自身运营资金）本外币转换是否经过外汇局核准，自身运用支出是否符合实需原则；3.是否按照规定将交外汇利润处理情况的备案报表报送外汇局；4.是否按照规定对银行卡在境外使用的商户类别码进行分类；5.是否对银行卡在境外使用的商户类别码进行设置，并按规定向外汇局报送银行外币卡统计报表。	1.未向外汇局备案经核汇批准，每发现1次扣1分。漏报贵金属业务敞口统计报表1次扣0.5分，迟报1天扣0.05分。2.未按规定办理资本金（或营运资金、自身运营资金）本外币转换的，每发现1次扣1分。3.未按规定向外汇局报送交外汇利润处理情况的备案报表的，每发现1次扣1分。4.未对银行卡在境外使用的商户类别码进行分类的，每发现1次扣1分。5.未对银行卡在境外使用的商户类别码进行设置的，每发现1次扣1分。6.未按规定报送银行外币卡统计报表的，1次扣0.5分。	1.《中华人民共和国外汇管理条例》第二十四、第二十六条 2.《结售汇业务办理办法》（中国人民银行[2002]第4号）3.《国家外汇管理局关于规范银行外币卡管理的通知》（汇发[2010]53号）4.《国家外汇管理局关于完善外汇利润处理有关问题的通知》（汇发[2011]23号）5.《国家外汇管理局关于贵金属业务汇率敞口外汇管理有关问题的通知》（汇发[2012]8号）	
		2分	金融机构直接申报统计对外资产负债及申报数据的准确性、及时性和完整性	1.是否及时、准确、完整地上报金融机构对外资产负债及申报数据。2.是否及时、准确、完整报送中资金融机构外债统计报表。3.是否及时、准确、完整报送银行贸易融资业务调查。	1.申报表中数据每发现一处错误扣0.1分。2.未在规定时间内报送或反馈申报数据的，未按规定时间报送数据的迟报0.1分。3.报送的申报表内容不全或申报表数量不全，每缺报一张表格扣0.1分，每缺一项内容扣0.1分。0.3分。4.未按规定报送备份数据的，一次扣0.1分，未按规定备份恢复的（不可抗力除外），一次扣0.3分。在外汇局发现致数据灭失，无法恢复的，银行主动发现并已修复的情况，不扣分。	1.《国际收支统计申报办法》（1995年中国人民银行第2号令）《国际收支统计申报办法实施细则》的通知（汇发[2003]21号）3.《国家外汇管理局关于中资金融机构对外资产负债统计报表的通知》（汇发[2009]6号）4.《国家外汇管理局综合司关于开展银行贸易融资业务调查的通知》（汇综发[2011]114号）5.《国家外汇管理局综合司关于统计系统升级报送系统的通知》（汇综发[2012]145号）6.《国家外汇管理局综合司关于中资金融机构补充报送外汇资产负债统计报表的通知》（汇综发[2012]3号）	

续表

项目	细目	分值	考核指标	详细标准	评分办法	主要参考文件依据	备注
资本项目 5分		3分	短期外债指标执行情况	银行是否将受控制的短期外债余额控制在外汇局核定的短期外债余额指标以内。	按两个指标考核：1. 每月末执行情况：每月末银行短期外债指标一次扣 0.1 分。现场检查中如发现超指标情况，视同当月末超指标扣分。2. 全年执行情况：月均短债余额是否超标，按超标率扣分。超标率在 0-10%（含）之间的扣 0.5 分，超标率在 10-20%（含）之间的扣 1 分，超标率在 20-50%（含）之间的扣 1.5 分，超标率在 50%以上的扣 2 分。超标率在 50%以上，银行不主动说明原因且过后不及时调低短债余额的扣 3 分。[月均短债余额≤每月末短债余额/12 超标率＝（月均短债余额-短债指标）/短债指标 *100%]	1.《境内机构借用国际商业贷款管理办法》（汇政发字[1997]第 6 号）2.《外债管理暂行办法》（国家发展计划委员会 财政部 国家外汇管理局令第 28 号）3.《国家外汇管理局关于实施〈境内外资银行外债管理办法〉有关问题的通知》（汇发[2004]59 号）4. 每年下达金融机构短期外债余额指标的通知。	
		2分	银行登记的外债数据的准确和及时性	外债登记的每项要素是否与外债合同相符，是否符合外汇要求。	每笔外债出现一处错误扣 0.1 分，未及时进行外债登记的每笔每次扣 0.2 分。	1.《境内机构借用国际商业贷款管理办法》[97] 汇政发字 06 号）2.《外债管理暂行办法》（国家发展计划委员会 国家外汇管理局令第 28 号）3. 每年下达金融机构短期外债余额指标的通知	
附加项目		10分	境内 QFII 托管行托管业务	1. 是否按照外汇管理规定要求为 QFII 办理账户开立，并及时向报备开户情况。2. 是否存在为 QFII 办理超过外汇局批准的投资额度或超过投资额度有效期开立账户的情况。3. 对于 QFII 资金出入是否结汇、购汇及时准确向外管局报备关于资金流出入及时及购汇。4. 是否及时、准确报送账户关于重大事项。5. 是否履行监督 QFII 投资运作的职责，发置投资情况报表及违法、违规的，及时报备。6. 是否按报送境内证券投资情况进行及时准确登记。7. 是否向境外业务实际发生情况进行及时准确登记。	根据报送相关数据的准确性和及时性扣分，错报每笔扣 0.5 分，未及时报送每笔扣 0.2 分；根据是否按照法规办理账户开立和使用，资金汇出入和资金汇兑扣分，每笔违规扣 0.5 分；根据是否按照报送要求及时报告每笔扣 0.5 分；扣完为止。	1.《合格境外机构投资者境内证券投资管理办法》（证监会、人民银行、外汇局[2006]第 36 号）2.《合格境外机构投资者境内证券投资外汇管理规定》（国家外汇管理局公告[2009]第 1 号）	仅有部分银行开办，在计算银行最终考核时单列。
		10分	境内 RQFII 托管行托管业务	1. 是否按照外汇管理规定要求为 RQFII 机构账户开立情况；2. 是否存在为 RQFII 办理超过外汇批准的投资额度超过人民币本金的情况；3. 是否及时准确向外汇局报送的各项报表；4. 是否及时向报告重大事项。	根据报送相关数据的准确性和及时性扣分，错报每笔扣 0.5 分，未及时报送每笔扣 0.2 分；根据是否按照法规办理账户开立和使用，资金汇出人和资金汇兑扣分，每笔违规扣 0.5 分；根据是否及时报告报送要求及时报告每笔扣 0.5 分；扣完为止。	1.《基金管理公司、证券公司人民币合格境外机构投资者境内证券投资试点办法》（中国证监会、人行、外汇局第 76 号令）2.《国家外汇管理局关于基金管理公司、证券公司人民币合格境外机构投资者境内证券投资试点有关问题的通知》（汇发[2011]50 号）	

续表

项目	分值	考核指标	详细标准	评分办法	主要参考文件依据	备注
	10分	境内 QDII 托管行托管业务	1. 是否按照外汇管理规定要求为 QDII 办理账户开立和使用。 2. 是否按规定办理资金汇出入并报备相关情况。 3. 是否按时报送各类报表及报告重大事项。	根据报送相关数据的准确性和及时性扣分，错报每笔扣 0.5 分，未及时报送每笔扣 0.2 分； 根据是否按照法规办理账户开立和资金兑汇出入和资金使用，每笔违规扣 0.5 分； 根据是否按照要求及时报告重大事项时报告每笔扣 0.5 分；	1.《中国人民银行公告〔2006〕第 5 号、《商业银行开办代客境外理财业务管理暂行办法》（银发〔2006〕121 号） 2.《国家外汇管理局综合司关于印发《商业银行代客境外理财业务外汇管理操作规程》的通知》（汇综发〔2006〕135号） 3.《国家外汇管理局关于基金管理公司和证券公司境外证券投资外汇管理有关问题的通知》（汇发〔2009〕47 号） 4.《信托公司受托境外理财业务管理暂行办法》（银监发〔2007〕27 号） 5.《保险资金境外投资管理暂行办法》（中国保险监督管理委员会、中国人民银行、国家外汇管理局令〔2007〕第 2 号） 6.《保险外汇资金境外运用管理暂行办法实施细则》（保监发〔2005〕77 号）	
		是否按照外汇管理法规要求为 QDII 办理账户开立和使用、资金汇出入；是否及时准确向外汇局提供投资运作情况报表及报告重大事项。		扣报是否及时及时报告每笔扣 0.5 分； 扣完为止。		
	10分	境内 QDII 业务	1. 商业银行从事代客境外理财业务中，累计购汇与累计结售汇之间的差额（收益金额除外）是否超过核准的购汇额度。 2. 是否及时准确报送相关报表。	超过购汇额度的，按照超额率扣分，每笔扣 0.5 分，扣完为止。	《国家外汇管理局综合司关于印发《商业银行代客境外理财业务外汇管理操作规程》的通知》（汇综发〔2006〕135 号）	

国家外汇管理局综合司关于调整银行结售汇综合头寸统计报表及报送方式的通知

国家外汇管理局各省、自治区、直辖市分局、外汇管理部，深圳、大连、青岛、厦门、宁波市分局，各中资外汇指定银行：

为进一步改进银行结售汇综合头寸报表和大额结售汇交易统计工作，现就有关事项通知如下：

一、根据外汇收支监测工作需要，国家外汇管理局决定调整结售汇综合头寸报表格式（附件1、2）。

二、为配合报表调整需要，国家外汇管理局对结售汇综合头寸系统进行了升级。新版结售汇综合头寸系统仍通过国家外汇管理局应用服务平台（简称 ASOne）报送。其中，外汇局访问地址为：http：//100.1.48.51：9101/asone/，银行访问地址为：http：//asone.safe：9101/asone/。系统使用方法详见 ASOne 平台首页"常用下载"栏目"结售汇综合头寸系统用户使用手册"。

三、新版结售汇综合头寸系统上线工作分为两个阶段进行：

（一）2012 年 8 月 20 日~9 月 3 日，新版结售汇综合头寸系统进行试运行。在此期间，银行仍然通过旧版结售汇综合头寸系统向外汇局报送正式数据。银行应同时在新版结售汇综合头寸系统中报送不少于 2 个交易日的数据，以确保可以通过新版系统正常报送数据，但相关数据只作为测试数据管理。

（二）自 2012 年 9 月 4 日（报送 9 月 3 日的结售汇综合头寸数据）起，新版结售汇综合头寸系统正式运行，旧版结售汇综合头寸系统停用，银行必须通过新版结售汇综合头寸系统向外汇局报送数据。新版结售汇综合头寸系统启用后，银行不再通过传真方式报送《结售汇综合头寸日报表》。

四、银行结售汇综合头寸和大额结售汇交易的其他制度性要求，仍按照《国家外汇管理局关于银行结售汇综合头寸管理有关问题的通知》（汇发〔2010〕56 号）执行。

五、各分局、外汇管理部接到本通知后，应立即转发辖内中心支局、支局和城市商业银行、农村商业银行、农村合作金融机构、外资银行。

执行中如遇问题，请及时与国家外汇管理局联系。

业务支持联系电话：010-68402271、68402313；

技术支持联系电话：010-68402220。

附件：

1.（银行）结售汇综合头寸日报表（略）

2.（银行）大额结售汇交易统计（略）

2012 年 8 月 10 日

国家外汇管理局关于完善银行结售汇综合头寸管理有关问题的通知

国家外汇管理局各省、自治区、直辖市分局、外汇管理部，深圳、大连、青岛、厦门、宁波市分局；各中资外汇指定银行：

为进一步发展外汇市场，增强银行外汇交易和风险管理的灵活性与主动性，促进人民币汇率的价格发现，根据当前国际收支状况和人民币汇率形成机制改革需要，国家外汇管理局决定完善银行结售汇综合头寸管理，现就有关问题通知如下：

一、对银行结售汇综合头寸实行正负区间管理。在现有结售汇综合头寸上下限管理的基础上，将下限下调至零以下。

二、除全国性银行、银行间外汇市场即期做市商的结售汇综合头寸下限由国家外汇管理局另行通知外，其他银行（含取得结售汇业务经营资格的企业集团财务公司）的结售汇综合头寸下限统一执行以下标准：

（一）2011 年度结售汇业务量低于 1 亿美元，以及新取得结售汇业务经营资格的银行，结售汇综合头寸下限为–300 万美元。

（二）2011 年度结售汇业务量介于 1 亿至 10 亿美元，结售汇综合头寸下限为–500 万美元。

（三）2011 年度结售汇业务量 10 亿美元以上，结售汇综合头寸下限为–1000 万美元。

银行申请核定或调整结售汇综合头寸上下限，仍应遵照《国家外汇管理局关于银行结售汇综合头寸管理有关问题的通知》（汇发〔2010〕56 号）执行。

三、取消对银行收付实现制头寸余额实行的下限管理，《国家外汇管理局关于加强外汇业务管理有关问题的通知》（汇发〔2010〕59 号）第一条、《国家外汇管理局关于进一步加强外汇业务管理有关问题的通知》（汇发〔2011〕11 号）第一条停止执行。

四、本通知自 2012 年 4 月 16 日起实施。

国家外汇管理局各分局、外汇管理部接到本通知后，应立即转发辖内城市和农村商业银行、农村合作金融机构、外资银行、企业集团财务公司，并根据 2011 年度银行结售汇统计数据计算出辖内各银行的负头寸下限，一并通知各银行执行。

特此通知。

二〇一二年四月十六日

国家外汇管理局关于银行贵金属业务汇率敞口外汇管理有关问题的通知

国家外汇管理局各省、自治区、直辖市分局、外汇管理部，深圳、大连、青岛、厦门、宁波市分局；各中资外汇指定银行：

为规范贵金属业务外汇管理，便利银行为客户提供贵金属投资服务，现就银行贵金属业务汇率敞口外汇管理有关问题通知如下：

一、本通知所称贵金属业务汇率敞口是指，银行在境内办理以人民币计价的即期贵金属（包括但不限于黄金、白银、铂金）买卖业务后，在境外市场平盘贵金属交易敞口而形成的本外币错配的一种汇率敞口。

其中，即期贵金属买卖业务包括在上海黄金交易所从事的黄金现货延期交收业务，但不包括其他贵金属的现货延期交收业务。

二、银行对贵金属业务汇率敞口进行平盘，应区分贵金属的种类，在首次平盘前20个工作日内，由总行（或主报告行）以书面和电子邮件方式向国家外汇管理局备案。备案材料包括：

（一）贵金属业务开办情况；

（二）贵金属业务操作规程；

（三）贵金属汇率敞口管理制度；

（四）相关监管部门颁发的开办该种贵金属业务的许可文件；

（五）向中国人民银行备案黄金现货延期交收业务的证明文件（申请对黄金延期交收业务汇率敞口进行平盘时提供）；

（六）国家外汇管理局要求的其他文件。

三、对于备案后的贵金属业务汇率敞口，银行可视同自身结售汇交易进行平盘。

四、银行通过自身结售汇交易平盘贵金属业务汇率敞口，应履行以下统计和报告义务：

（一）在平盘当期的《银行结售汇统计月（旬）报表》和《银行结售汇综合头寸日报表》进行统计。其中，结汇和售汇在《银行结售汇统计月报表》的科目归属为"240 其他投资—银行自身01"和"440 其他投资—银行自身01"，在《银行结售汇统计旬报表》的科目归属为"200 资本与金融项目"和"400 资本与金融项目"。

（二）在每季度末15个工作日内，分别通过传真和电子邮件向国家外汇管理局报送《银行贵金属业务汇率敞口统计报表》（格式见附件）。

五、银行办理黄金进出口等实物贵金属业务的结售汇和收付汇遵照货物贸易外汇管理相关规定执行。

六、银行办理本通知规定以外的贵金属交易品种所涉及的汇率敞口管理，应事前报国家外汇管理局批准。

七、本通知自发布之日起实施。《国家外汇管理局关于银行黄金业务汇率敞口外汇管理有关问题的通知》（汇发〔2007〕42号）同时废止。

国家外汇管理局各分局、外汇管理部接到本通知后，应即转发辖内各中心支局、支局、城市商业银行、农村商业银行、农村合作金融机构、外资银行。

执行中如遇问题，请与国家外汇管理局国际收支司联系。

电话：010-68402295　传真：010-68402315

电子信箱：yinhangchu@mail.safe.gov.cn

特此通知。

二〇一二年二月二十七日

附件：年季度银行贵金属业务汇率敞口统计报表（略）

国家外汇管理局关于完善银行自身结售汇业务管理的通知

国家外汇管理局各省、自治区、直辖市分局、外汇管理部，深圳、大连、青岛、厦门、宁波市分局；各中资外汇指定银行：

为规范银行办理自身结售汇业务，便利银行业务经营，防范国际收支风险，根据《中华人民共和国外汇管理条例》等规定，现就有关问题通知如下：

一、本通知所称银行自身结售汇业务是指银行因自身经营活动而产生的人民币与外币之间的兑换业务，不包括银行为客户办理的结售汇业务和在银行间外汇市场进行的结售汇综合头寸平盘交易。

二、国家外汇管理局及其分支机构（以下简称外汇局）负责对银行自身结售汇业务进行监督管理。有关职责划分如下：

（一）政策性银行、国有商业银行、全国性股份制银行、邮政储蓄银行由国家外汇管理局负责监督管理；

（二）城市商业银行、农村商业银行、农村合作银行、城市信用社、农村信用社、村镇银行等地方性银行以及外资银行由所在地国家外汇管理局分局、管理部（以下简称外汇分局）负责监督管理，或由其根据业务实际情况授权所辖中心支局和支局监督管理。

三、银行经营业务中获得的外汇收入，扣除支付外汇开支和结汇支付境内外汇业务日常经营所需人民币开支，应统一纳入外汇利润管理，不得单独结汇。

四、境内银行为境外关联行垫付在境内的服务贸易开支，对于之后收到境外关联行汇入的外汇资金，可自行审核并留存有关真实性单证后办理结汇。境内银行由境外关联行垫付在境外的服务贸易开支，可自行审核并留存有关真实性单证后办理购汇支付境外关联行。银行应及时清理因垫支形成的对外债权或债务。垫支期限（垫款实际发生之日与偿付之日的时间间隔）不得超过六个月。

五、外资银行结汇支付境内外汇业务日常经营所需人民币开支的，应自行审核并留存有关真实性单证后依法办理。结汇方式可选择按月预结或按照实际开支结汇。按月预结的，预结金额不得超过上月实际人民币开支的105%，不足部分可继续按照实际开支结汇；当月预结未使用部分应结转下月。

六、银行若以外币计提营业税、利息税或其他税款，且需要结汇为人民币缴纳税务部门，应当自行审核并留存有关真实性单证后办理。属于银行自身应缴纳的税收，计入自身结售汇；属于依法代扣代缴的税收，计入代客结售汇。

七、银行当年外汇利润（包括境内机构外汇利润、境外分支机构分配的利润、参股境外机构分配的利润）可以在本年每季度后按照财务核算结果自行办理结汇，并应按经审计的年度会计决算结果自动调整。外汇亏损应挂账并使用以后年度外汇利润补充。历年留存外汇利润结汇可在后续年度自行办理。外汇局可根据国际收支形势对前述银行外汇利润结汇政策进行调整。

八、银行支付外方股东的股息、红利或外资银行利润汇出，应当用外汇或用人民币购汇后自行支付，并留存下列资料备查。

（一）资产负债表、损益表及本外币合并审计报告；

（二）完税证明；

（三）董事会或股东大会的相关决议，或外资银行总行的划账通知。

九、银行应在每年6月底之前，向外汇局提交外汇利润处理情况的备案报告，包括如下内容：

（一）上年度外汇利润或亏损的基本情况（具体格式见附件1）；

（二）上年度外币资产负债表和外币损益表；

（三）本外币合并的审计报告。

十、银行资本金（或营运资金）本外币转换应按照如下规定，经外汇局批准后办理：

（一）银行申请本外币转换的金额应满足下列要求：

1.完成本外币转换后的"（外汇所有者权益+外汇营运资金）/外汇资产"与"（人民币所有者权益+人民币营运资金）/人民币资产"基本相等；

2.以上数据按银行境内机构的资产负债表计算，不包括境外关联行；营运资金和所有者权益不重复计算；计算外汇所有者权益时应扣除未分配外汇利润；计算外汇资产可扣除部分政策性因素形成的外汇资产；计算人民币资产，应对其中的存放同业和拆放同业取结汇申请前四个季度末的平均数；

3.新开办外汇业务的中资银行或新开办人民币业务的外资银行，首次可申请将不超过10%的资本金进行本外币转换；

4.银行业监督管理部门对资本金币种有明确要求或其他特殊情况的，可不受前述第1项条件限制。

（二）银行申请时应提供下列材料：

1.申请报告；

2.人民币和外币资产负债表；

3.本外币转换金额的测算依据；

4.相关交易需经银行业监督管理部门批准的，应提供相应批准文件的复印件；

5.外汇局要求的其他材料。

（三）银行每年申请原则上不得超过一次，并在每年1月或7月按照附件2的要求向外汇局报送计划。

（四）外汇分局受理单笔金额超过等值3亿美元（含）的申请，应初审后报国家外汇管理局核准。

（五）外汇局可根据国际收支形势对银行资本金（或营运资金）的本外币转换数额、节奏等进行限制。

（六）银行购汇用于境外直接投资按照《国家外汇管理局关于境内银行境外直接投资外汇管理有关问题的通知》（汇发〔2010〕31号）执行，不适用本条前述规定。

十一、外国银行在境内筹建分支机构或子行，可凭主管部门批准筹备的文件经所在地外汇局批准后在境内商业银行开立外汇账户，用于筹备期间的费用开支，筹建期间汇入账户资金累计不得超过拟设立机构注册资本金（或营运资金）的5%；账户结汇可直接向开户行提供有关真实性单证，由开户行审核后办理；筹备结束，账户剩余资金应原路退回或抵作资本金（或营运资金），并相应注销账户。上述账户不作为境外机构境内外汇账户（NRA账户）管理，资金余额不占用开户行短期外债指标。

十二、外国银行分支机构、子行关闭或清算时，可凭主管部门的批准文件、会计报表及审计报告，经所在地外汇局批准后办理相应的购付汇手续。

十三、银行经营业务过程中收回资金（含利息）与原始发放资金本外币不匹配，且需要代债务人结售汇的，应按照下列规定办理：

（一）代债务人结售汇应满足下列两项条件：

1. 债务人因破产、倒闭、停业整顿、经营不善或与银行法律纠纷等而不能自行办理结售汇交易；

2. 银行获得的债务人或其担保人等资金来源合法，包括但不限于：法院判决、仲裁机构裁决；抵押或质押非货币资产变现（若自用应由相关评估部门评估价值）；扣收保证金等。

（二）银行向外汇局申请代债务人结售汇时应提交以下材料：

1. 证明与债务人债权关系的书面材料，如合同、凭证、法院判决书等；

2. 证明结售汇资金来源的书面材料，如资金到账证明等；

3. 外汇管理规定要求登记备案的，应提供相应手续；

4. 外汇局要求的其他材料。

（三）银行办理代债务人结售汇业务，应报银行所在地外汇分局审批。外汇分局可以根据业务实际情况授权所辖中心支局和支局直接审批。

（四）境外银行境内追索贷款等发生资产币种与回收币种本外币不匹配的，可委托境内关联行按本条前述规定申请办理代债务人结售汇。

（五）银行依法转让境内股权发生本外币不匹配的，参照本条第（二）项提供真实性、合规性材料，并按照本条第（三）项规定的程序办理。

十四、银行经营外汇贷款等业务，因无法回收或转让债权造成银行损失的，银行应按照有关会计制度用外汇呆账准备金或等值人民币呆账准备金自行购汇冲抵。

十五、银行自身货物贸易项下的购汇业务，应当按照代理进口有关规定办理，国家另有规定除外。

十六、银行自身服务贸易、收益和经常转移项下的购汇业务，应当自行审核并留存有关真实性单证后办理。

十七、不具备结售汇业务资格银行的自身结售汇业务，必须通过其他具备结售汇业务资格的银行办理；具备结售汇业务资格银行的自身结售汇业务，不得通过其他银行办理。

十八、银行办理的自身结售汇业务应按照相关外汇管理规定进行结售汇统计，并将大额交易在《结售汇综合头寸日报表》中进行备案。

十九、银行违反本办法规定办理业务的，外汇局依据《中华人民共和国外汇管理条例》等规定进行处罚。

二十、本通知有关用语含义如下：

（一）人民币营运资金是指外国银行向境内分行拨付的人民币营运资金（含结汇后人民币营运资金）；外汇营运资金是外国银行向境内分行拨付的外汇营运资金，以及境内法人银行以自有人民币购买并在外汇营运资金科目核算的资金。

（二）关联行包括具有总分行关系、母子行关系的银行；同属一家机构的分行或子行；同一银团贷款项下具有合作关系的银行等。

二十一、本通知自 2011 年 7 月 1 日起执行。《国家外汇管理局关于银行自身资本与金融项目结售汇审批原则及程序的通知》（汇发〔2004〕61 号）、《国家外汇管理局关于中资外汇指定银行信用证项下外汇垫款处理原则的通知》（汇发〔2002〕56 号）同时废止；《国家外汇管理局行政许可项目表》（汇发〔2010〕43 号）"3.2 银行外汇利润结汇核准"和"4.1 外资银行、有外资投资入股的中资银行外汇净利润汇出或者人民币净利润购汇汇出核准"同时失效。以前规定与本通知内容不一致的，以本通知为准。

请各分局、管理部接到本通知后，尽快向辖内中心支局、支局和中、外资金融机构转发。执行中如遇问题，请及时向国家外汇管理局国际收支司反馈。联系电话：010-68402313、68402295，传真：68402315。

　　附件 1：银行外汇利润处置情况表（略）

　　附件 2：银行资本金（营运资金）本外币转换计划（略）

国家外汇管理局关于外汇指定银行对客户人民币外汇货币掉期业务有关外汇管理问题的通知

国家外汇管理局各省、自治区、直辖市分局、外汇管理部，深圳、大连、青岛、厦门、宁波市分局；各外汇指定银行：

为进一步满足国内经济主体规避汇率风险需求，现就外汇指定银行（以下简称银行）对客户人民币外汇货币掉期（以下简称货币掉期）业务有关外汇管理问题通知如下：

一、本通知所称货币掉期，是指在约定期限内交换约定数量人民币与外币本金，同时定期交换两种货币利息的交易协议。

本金交换的形式包括：（一）在协议生效日双方按约定汇率交换人民币与外币的本金，在协议到期日双方再以相同汇率、相同金额进行一次本金的反向交换；（二）中国人民银行和国家外汇管理局规定的其他形式。

利息交换指双方定期向对方支付以换入货币计算的利息金额，可以固定利率计算利息，也可以浮动利率计算利息。

二、取得对客户人民币外汇掉期业务经营资格满 1 年的银行，可以对客户开办货币掉期业务。银行分支机构经其法人（外国商业银行分行视同为法人）授权后，可以对客户开办货币掉期业务。

三、银行对客户办理货币掉期业务的币种、期限等交易要素，由银行自行确定。

货币掉期中的利率均由交易双方协商确定，但应符合中国人民银行关于存贷款利率的管理规定，银行换入（换出）货币的利率不得突破中国人民银行公布的存（贷）款基准利率上（下）限。

四、银行对客户办理货币掉期业务，应参照执行《国家外汇管理局关于外汇指定银行对客户远期结售汇业务和人民币与外币掉期业务有关外汇管理问题的通知》（汇发〔2006〕52 号）和《国家外汇管理局关于印发〈银行结售汇统计制度〉的通知》（汇发〔2006〕42 号）等文件中关于外汇掉期业务的相关外汇管理规定和统计要求。

银行应按月报送货币掉期业务人民币利率情况，具体见附件 1、2。

五、在货币掉期业务中，银行从客户获得的外币利息应纳入本行外汇利润统一管理，不得单独结汇。

六、银行违反本通知规定办理货币掉期业务，国家外汇管理局将依据《中华人民共和国外汇管理条例》等有关外汇管理法规进行处罚。

七、本通知自 2011 年 3 月 1 日起实施。

国家外汇管理局各分局、外汇管理部接到本通知后，应立即转发辖内城市商业银行、农村商业银行、农村合作银行和外资银行。执行中如遇问题，请与国家外汇管理局国际收支司联系。联系电话：010-68402304、68402313。

特此通知。

二〇一一年一月十九日

附件 1：（银行）对客户货币掉期业务人民币利率统计表（略）
附件 2：《银行对客户货币掉期业务人民币利率统计表》填报说明（略）

国家外汇管理局关于合作办理远期结售汇业务有关问题的通知

国家外汇管理局各省、自治区、直辖市分局、外汇管理部，深圳、大连、青岛、厦门、宁波市分局；全国性外汇指定银行：

为提高金融机构为客户提供规避汇率风险服务的能力，根据《中华人民共和国外汇管理条例》等规定，现将合作办理远期结售汇业务有关问题通知如下：

一、本通知所称合作办理远期结售汇业务，是指境内不具备经营远期结售汇业务资格的银行及其分支机构（以下简称"合作银行"）与具备经营远期结售汇业务资格的银行及其分支机构（以下简称"具备资格银行"）合作为客户办理远期结售汇相关业务。

二、合作银行总行（或总社）应具备以下条件：

（一）国家外汇管理局及其分支局（以下简称外汇局）核准的即期结售汇业务资格，并已开办即期结售汇业务2年（含）以上；

（二）近2年（含）即期结售汇业务经营中未发生重大违规行为；

（三）上年度外汇资产季平均余额在等值2000万美元（含）以上；

（四）近2年执行外汇管理规定情况考核等级为B级（含）以上；

（五）具有完善的合作办理远期结售汇业务管理制度；

（六）外汇局要求的其他条件。

合作银行分支机构应取得其总行（或总社）授权，同时满足上述（一）、（二）、（四）条。

三、具备资格银行应具备以下条件：

（一）银行总行取得银行间外汇市场远期掉期做市商或综合做市商资格；

（二）近2年（含）结售汇业务未发生重大违规行为；

（三）完善的合作办理远期结售汇业务相关管理制度；

（四）上年度执行外汇管理规定情况考核等级为B级（含）以上；

（五）外汇局要求的其他条件。

四、合作银行申请合作办理远期结售汇业务，应向所在地外汇局提出申请。所在地外汇局是中心支局或支局的，应在受理之日起20个工作日内完成初审并逐级上报国家外汇管理局分局（外汇管理部）（以下简称外汇分局）。外汇分局应当自收到申请报告等材料之日起20个工作日内决定是否予以备案，对符合条件的金融机构应出具《国家外汇管理局分局（外汇管理部）合作办理远期结售汇业务备案通知书》（见附件1），并留存内部办理联。

五、合作银行申请合作办理远期结售汇业务的，需向所在地外汇局提交下列材料：

（一）申请报告；

（二）合作办理远期结售汇业务相关管理制度，包括：业务操作规程、内部职责分工、统计报告制度、风险控制措施、会计核算制度等；

（三）与具备资格银行签订的合作协议书范本，范本中应明确双方的权利和义务；

（四）申请人为分支机构的，除应提交上述材料外，还应提交其总行（或总社）获准合作办理远期结售汇业务备案通知书（复印件），以及其总行（或总社）的授权文件；

（五）所在地外汇局要求的其他文件和资料。

六、合作银行与具备资格银行在合作办理远期结售汇业务时，应遵守以下规定：

（一）遵循现有远期结售汇业务管理规定，并由合作银行、具备资格银行和客户签订三方远期结售汇业务合作协议；

（二）合作银行负责对客户办理远期结售汇业务签约和履约的合规性进行审核，对远期结售汇业务设置会计科目进行单独核算，并将与客户办理的远期结售汇业务逐笔同具备资格银行平盘；

（三）具备资格银行应将合作办理远期结售汇业务视为代客远期结售汇业务（交易主体依照客户性质确定），纳入本行结售汇综合头寸统计和管理，并按银行结售汇统计等要求向外汇局报送统计报表。合作银行应配合具备资格银行履行有关统计义务；

（四）合作银行应于每月初5个工作日内向所在地外汇局报送《合作办理远期结售汇业务统计表》（见附件2）。

七、合作办理远期结售汇业务由所在地外汇局分别纳入对具备资格银行和合作银行的年度考核。

合作银行在经营结售汇业务中如发生重大违规行为或年度考核结果为C级的，应暂停其合作办理远期结售汇业务资格。

具备资格银行在经营结售汇业务中如发生重大违规行为或不具备本通知第三条条件的，外汇局应及时通知合作银行与其终止合作办理远期结售汇业务。

八、合作银行新增、变更、终止合作对象，应提前20个工作日向所在地外汇局报备。

九、外汇分局应于每年年初10个工作日内填报截止上年末《辖内机构合作办理远期结售汇业务情况一览表》（见附件3），并及时发送至国家外汇管理局信息门户网邮箱（manage@bop.safe）。

十、合作银行或具备资格银行违规合作办理远期结售汇业务的，由外汇局依据《中华人民共和国外汇管理条例》等相关规定进行处罚。

外汇分局接到本通知后应及时转发辖内中心支局、支局及相关金融机构。执行中如有问题，请与国家外汇管理局联系，联系电话：010-68402374，68402464。

特此通知。

二〇一〇年十二月一日

国家外汇管理局关于银行结售汇综合头寸
管理有关问题的通知

国家外汇管理局各省、自治区、直辖市分局、外汇管理部，深圳、大连、青岛、厦门、宁波市分局：

为规范银行结售汇综合头寸管理，根据《中华人民共和国外汇管理条例》，国家外汇管理局制定了本通知。本通知对现有银行结售汇综合头寸管理法规进行了梳理整合。现通知如下：

一、银行结售汇综合头寸（以下简称头寸）是指外汇指定银行（以下简称银行）持有的因人民币与外币间交易形成的外汇头寸，由银行办理符合外汇管理规定的对客户结售汇业务、自身结售汇业务和参与银行间外汇市场交易所形成。

二、国家外汇管理局及各分局、外汇管理部（以下简称外汇局）负责核定银行头寸限额并进行日常管理。

（一）政策性、全国性银行的头寸由国家外汇管理局负责核定和日常管理。

（二）城市商业银行、农村商业银行、农村合作金融机构、外资银行和企业集团财务公司（以下简称地方性金融机构）的头寸，由所在地国家外汇管理局分局、外汇管理部（以下简称外汇分局）负责核定和管理。外汇分局可授权辖内中心支局对银行头寸进行日常管理。

（三）外汇分局拟核定地方性金融机构的头寸上限超过 10 亿美元（含）以及核定在银行间外汇市场行使做市商职能的地方性金融机构的头寸，应进行初审后报国家外汇管理局统一核定。

三、头寸的管理原则

（一）法人统一核定。银行头寸由外汇局按照法人监管原则统一核定，不对银行分支机构另行核定（外国银行分行除外）。

（二）限额管理。外汇局根据国际收支状况和银行外汇业务经营情况等因素对头寸采取核定限额的管理模式。

（三）按权责发生制原则管理。银行应将对客户结售汇业务、自身结售汇业务和参与银行间外汇市场交易在交易订立日（而不是资金实际收付日）计入头寸。

（四）按日考核和监管。银行应按日管理全行头寸，使每个交易日结束时的头寸保持在外汇局核定限额内。对于临时超过限额的，银行应在下一个交易日结束前调整至限额内。

（五）头寸余额应定期与会计科目核对。对于两者之间的差额，银行可按年向外汇局申请调整，对于因汇率折算差异等合理原因导致的差额，外汇局可直接核准调整；对于因统计数据错报、漏报等其他原因导致的差额，外汇局可以核准调整，但应对银行违规的情况进行处罚。

四、头寸的具体管理要求

（一）银行应当自取得结汇、售汇业务经营资格之日起 30 个工作日内向外汇局申请核定头寸限额。

（二）银行因结汇、售汇业务量发生较大变化，需调整头寸限额时，应当向外汇局提出书面申请。未经批准，银行不得擅自调整头寸限额。

（三）银行申请核定或调整头寸限额，应向外汇局提交下列资料：

1. 核定或者调整头寸限额的请示。

2. 核定或者调整头寸限额的测算依据。

3. 申请前上年末的境内本外币合并及境内外币资产负债表。

4. 外汇局要求的其他文件和资料。

（四）外汇局根据申请银行的实际经营需要、代客结售汇及收付汇业务量、本外币资本金（或者营运资金）以及资产状况等因素，核定银行的头寸限额。外汇局对银行头寸限额的调整频率，原则上一个公历年度不超过一次。

（五）尚未经外汇局核定头寸限额的银行，应实行零头寸管理，其营业当日的结售汇净差额应于下一营业日通过银行间外汇市场平补。

（六）银行之间的头寸平补交易应通过银行间外汇市场进行。未经外汇局批准，银行不得在场外平盘。

（七）银行主动申请停办结汇、售汇业务或因违规经营被外汇局取消结汇、售汇业务经营资格的，应自停办结汇、售汇业务起 30 个工作日内向外汇局提出申请，经外汇局核准后对其截至该业务停办之日的头寸进行清盘。

五、已具有结售汇业务资格、但尚未获准开办人民币业务的外资银行，不适用本通知中的头寸管理规定，应按下列规定执行：

（一）按照《外资银行结汇、售汇及付汇业务实施细则》（银发〔1996〕202 号）的规定，在中国人民银行当地分支行开立和使用结售汇人民币专用账户。

（二）实行结售汇人民币专用账户余额管理。账户余额不得超过该银行等值 20% 的注册外汇资本金或者营运资金，余额内银行可自行进行人民币与外币的转换。

（三）可以按照《中国人民银行关于外资银行开立结售汇人民币现金专用账户有关问题的通知》（银发〔2003〕180 号）开立和使用结售汇人民币现金专用账户。结售汇人民币现金专用账户的余额纳入结售汇人民币专用账户的余额管理。

（四）经银监会批准办理人民币业务后，应在 30 个工作日内按照本通知第四部分向外汇局申请核定头寸限额，申请时应提交银监会批准其办理人民币业务的许可文件。在获准限额之日起 10 个工作日内，应按照《中国人民银行关于结售汇人民币专用账户有关问题的通知》（银发〔2005〕292 号）向所在地中国人民银行分支行申请关闭结售汇人民币专用账户，并将结售汇综合头寸调整至核定的头寸限额区间内。

六、外国银行分行头寸集中管理

（一）在境内有两家以上分行的外国银行，可由该外国银行总行或地区总部，授权一家境内分行（以下简称集中管理行），对境内各分行头寸实行集中管理。

（二）外国银行分行实行头寸集中管理，应由集中管理行向其所在地外汇分局提出申请。申请材料应包括以下内容：

1. 总行同意实行头寸集中管理的授权函。

2. 银监会对外资金融机构在境内常驻机构批准书。

3. 该外国银行对头寸实施集中管理的内部管理制度、会计核算办法以及技术支持情况说明。

（三）外汇分局收到申请后，应实地走访集中管理行的营业场地，现场考察和验收其技术系统对该行头寸集中管理的支持情况。对符合条件的，应自受理之日起 20 个工作日内，出具同意集中管理行实施头寸集中管理的意见，抄报国家外汇管理局，同时抄送该外国银行各分行所在地外汇分支局。

（四）外国银行分行实行头寸集中管理后，境内所有分支行原有头寸纳入集中管理行的头寸管理，由集中管理行统一平盘和管理。若有新增外国银行分支行纳入头寸集中管理，集中管理行及新增分支行应提前 10 个工作日分别向各自所在地外汇分局报备。

（五）外国银行分行实行头寸集中管理后，集中管理行所在地外汇分局负责核定其头寸限额并进行日常管理；集中管理行在银行间外汇市场行使做市商职能的，执行本通知第二部分第（三）项。集中管理行在申请或调整头寸限额时，其测算依据应使用该外国银行境内全部分支行的汇总数据。

（六）外国银行分行实行头寸集中管理后，若集中管理行和纳入集中管理的其他分支行均未开办人民币业务，则适用本通知第五部分的相关规定。若集中管理行已开办人民币业务，境内其他分支行尚未开办人民币业务，则未开办人民币业务的分支行仍适用本通知第五部分的相关规定，但其结售汇人民币专用账户余额应折算为美元以负值计入集中管理行的头寸。

七、数据报送

（一）各外汇分局应于每年初 20 个工作日内，填写《国家外汇管理局××分局（外汇管理部）辖内金融机构结售汇综合头寸限额核定情况表》（见附件 1），并发送邮件至国家外汇管理局内网邮箱 manage@bop.safe。

（二）各银行应按照"《结售汇综合头寸日报表》及报送说明"（见附件 2）的要求，及时、准确、完整地向外汇局报送综合头寸的相关数据。

（三）各银行应在《结售汇综合头寸日报表》的备注栏中，填报本行当日单笔超过等值 5000 万美元的对客户结售汇交易、自身结售汇交易、对客户远期结售汇签约交易。每笔交易应提供客户名称、项目、金额、币种和期限（仅限于远期结售汇签约）等交易信息。

八、银行违反头寸管理规定，外汇局将依据《中华人民共和国外汇管理条例》等法律、法规进行处罚。

九、本通知自发布之日起实施。此前规定与本通知相抵触的，以本通知为准。附件 3 所列外汇管理文件自本通知实施之日起废止。

各外汇分局接到本通知后，应立即转发辖内中心支局、支局、城市商业银行、农村商业银行、农村合作金融机构、外资银行。执行中如遇问题，请与国家外汇管理局国际收支司联系。联系电话：010-68402374，68402464。

银行执行外汇管理规定情况考核办法

第一条 为激励银行认真贯彻和实施外汇管理规定，促进银行依法合规经营，提升外汇管理工作有效性，根据《中华人民共和国外汇管理条例》、《金融违法行为处罚办法》等相关规定，制定本办法。

第二条 国家外汇管理局及其分支局（以下简称外汇局）对银行执行外汇管理规定的综合情况按年度进行考核。考核周期为每年1月1日至12月31日。

第三条 考核内容、方法和标准由国家外汇管理局统一制定。外汇局设立考核工作小组，负责具体实施考核工作。

第四条 考核内容及分值：

（一）合规性考核指标，考核银行对于现行外汇管理规定的执行情况，共分为三类：

1. 业务合规，共60分。考核银行按外汇管理规定办理相关业务情况。

2. 数据质量，共30分。考核银行按外汇管理规定及时、准确、完整报送相关数据、信息和报表情况。

3. 内控制度及其他，共10分。考核银行内控制度建立情况、监督执行情况，对外汇管理规定的培训、宣传情况，对外汇管理工作要求的配合、落实情况，以及检查情况。此项内容由考核工作小组汇总各业务部门意见后统一进行评分。

（二）风险性考核指标，考核银行对于阶段性外汇管理工作的执行效果，共10分。具体指标根据外汇管理工作的需要按年度进行调整，提前向银行公布。风险性考核指标以法人为单位进行考核，不作为对银行分支机构的考核内容。

（三）总行单独考核指标，考核管理权在银行总行（外国银行分行头寸集中管理行、主报告行、短期外债管理行等视为总行，下同）的业务，共10分。总行单独考核指标不作为对银行分支机构的考核内容。

（四）附加项目，考核仅由部分银行开办的特殊业务，共30分，由外汇局相关部门进行专项考核。附加项目分值不纳入总成绩。

第五条 考核评分采取扣分方式。外汇局按照本办法第四条所列考核内容及相应考核标准（见附表1），以日常监管中发现银行存在的问题作为依据，并结合现场核查，进行各项目分值扣减。对于银行主动发现并能够及时纠正，且未造成不良后果的问题，不予扣分。

第六条 对于现场检查发现的违规问题，外汇检查部门应在银行确认后及时通知考核工作小组，由考核工作小组组织相关业务部门进行记录并判定是否计入该银行当年度的考核成绩。

判定的标准为：考核期内以及考核期上一年度发生的违规问题，计入该银行当年度的考核成绩，同一违规问题不重复录入；其他年度发生的违规问题，不计入当年的考核成绩。

第七条 对于银行没有开办相应业务的考核指标（含风险性指标和总行单独考核指标），不予考核。为保持与开办相应业务银行的可比性，在计算此类银行总分值时，该考核项目的得分按照同一地区内其他开办此项业务的银行在该项目上的平均分予以调整。

开办业务的判定标准为：取得业务资格的，认定为该业务已开办；未取得业务资格的，则认定为该业务未开办。

第八条　外汇局对银行考核，按法人和属地相结合方式进行。

（一）政策性银行和全国性商业银行（国有商业银行和股份制商业银行）总行由国家外汇管理局负责。

（二）上述银行的分支机构、城市商业银行、农村商业银行、外商独资银行、中外合资银行、外国银行分行以及农村合作金融机构，由所在地外汇局负责。

（三）外汇管理权限下放的，由所在地外汇局负责考核。

第九条　银行考核成绩的计算汇总：

（一）单项考核指标得分的计算。

银行单项考核指标得分 =

$$\frac{\text{下级行1得分×该行国际收支申报笔数+下级行2得分×该行国际收支申报笔数+……}}{\text{下级行1国际收支申报笔数+下级行2国际收支申报笔数+……}}$$

对于上级管辖行和下级行共有的考核指标，将上级管辖行视为一家分支机构，与其他分支机构的得分一并汇总。

（二）业务合规项下考核指标得分的调整。调整方法为：以考核期辖内银行平均国际收支申报笔数同各银行国际收支申报笔数之比确定调整系数，最高为4，最低为0.25。银行业务合规项下考核指标最终所扣分数 = 原始所扣分数 × 调整系数。

（三）最终考核得分的计算。

银行全行最终考核得分 = ∑银行全行各单项指标得分（总行单独考核指标除外）× 80% + 总行单独考核指标得分 + 风险性考核指标得分

若银行的总行不在辖内，则将调整后的单项考核指标得分之和作为该银行在辖内最终考核得分。

附加项目得分在计算银行最终考核成绩时予以单列。

第十条　外汇局根据银行最终考核得分，将被考核银行评定为 A、B、C 三类，并就银行执行外汇管理规定综合情况形成整体评估报告。

国家外汇管理局各分局、外汇管理部应于每年 1 月 31 日前，通过银行执行外汇管理规定情况考核系统完成辖内银行考核业务记录的录入、计算和提交工作，并于 3 月 1 日前向国家外汇管理局考核工作小组提交对辖内银行的考核评估报告。评估报告应包括但不限于以下内容：辖内银行执行外汇管理规定的基本情况（报表格式见附表 2、附表 3），对辖内银行执行外汇管理规定情况的整体评估，考核反映的主要问题。

第十一条　外汇局应于每年 3 月底前将银行上一年度的考核结果和评定等级采取适当方式通知被考核银行，并视情况将银行执行外汇管理规定的整体评估情况予以公布。

外汇局综合考虑银行考核结果和评定等级对银行进行监管。

第十二条　外汇局对银行进行考核，应及时将考核信息录入国家外汇管理局银行执行外汇管理规定情况考核系统，同时留存相应业务记录。保留记录的期限为 24 个月。

第十三条　外汇局应在每个考核年度中期，向辖内银行通报考核中发现的问题，督促银行整改。

第十四条　国家外汇管理局各业务部门应对下级外汇局的考核工作予以监督指导。

第十五条　新开设的银行自下一年度起参加考核。

第十六条　本办法由国家外汇管理局负责解释。

第十七条　本办法自 2010 年 8 月 1 日起实施。

国家外汇管理局关于进一步规范银行结售汇统计管理有关问题的通知

国家外汇管理局各省、自治区、直辖市分局、外汇管理部，深圳、大连、青岛、厦门、宁波市分局；各中资外汇指定银行：

为规范银行结售汇业务的管理，提高银行结售汇统计的数据质量，现就有关问题通知如下：

一、银行统计结售汇业务数据，将非美元货币折算为美元时，应使用实时交易汇率。对于使用实时交易汇率确有困难的，可以按照一日一价进行统计，不得按旬或按月取统一折算价。每日价格的选取方式由各银行总行自行确定。

二、银行为客户办理远期结售汇和人民币与外币掉期业务，在按照《国家外汇管理局关于印发〈银行结售汇统计制度〉的通知》（汇发〔2006〕42号）和《国家外汇管理局关于调整银行结售汇综合头寸管理的通知（汇发〔2006〕26号）等进行统计时，应遵守以下规定：

（一）远期择期交易，应严格按照客户实际履约日期统计远期履约数据。

（二）远期结汇违约，应以负值计入远期结汇签约；在单独统计远期违约的栏目，应以正值计入远期结汇违约。远期售汇违约，应以负值计入远期售汇签约；在单独统计远期违约的栏目，应以正值计入远期售汇违约。

（三）远期结汇展期，应以负值计入远期结汇签约，再记录一笔新的远期结汇签约；在单独统计远期展期的栏目，应以正值计入远期结汇展期。远期售汇展期，应以负值计入远期售汇签约，再记录一笔新的远期售汇签约；在单独统计远期展期的栏目，应以正值计入远期售汇展期。

（四）远期结售汇提前履约，应作为正常履约在远期结售汇履约的报表中统计。

（五）与客户新签掉期合约调整远期或掉期合约期限时，该掉期业务不得作为一笔新的掉期交易单独统计。

（六）掉期交易不得分拆为一笔即期和一笔远期交易统计。

三、银行应加强结售汇综合头寸的内部管理，定期与会计科目核对，避免发生异常差异。

（一）对于由于汇率折算差异导致两者不一致的情况，银行应按年调整，并在调整前向核定其头寸的国家外汇管理局或其分支机构（以下简称外汇局）申请，由外汇局核准后调整。

（二）银行2008年12月31日的综合头寸与会计科目异常差异，应在2009年2月28日之前，向外汇局申请核准后调整。

四、本文自2009年1月1日起执行。

各分局、外汇管理部收到本通知后，应及时转发辖内支局和中外资外汇指定银行。执行中如遇问题，请及时与国家外汇管理局联系。（联系电话：010-68402313，68402374；传真：010-68402315）

特此通知。

二〇〇八年十月二十一日

国家外汇管理局关于调整银行即期结售汇业务市场准入和退出管理方式的通知

国家外汇管理局各省、自治区、直辖市分局、外汇管理部，深圳、大连、青岛、厦门、宁波市分局；各政策性银行、国有商业银行、股份制商业银行：

为规范银行业金融机构（以下简称"银行"）开办即期结售汇业务（以下简称"结售汇业务"）的市场准入和退出程序，提高行政许可效率，国家外汇管理局决定调整银行结售汇业务的市场准入和退出管理方式，现就有关问题通知如下：

一、调整后的银行结售汇业务市场准入管理方式为：

（一）政策性银行总行、全国性商业银行（国有商业银行和股份制商业银行）总行经营结售汇业务，实行核准制准入管理，由国家外汇管理局审核批准。

（二）城市商业银行总行、农村商业银行总行、外商独资银行总行、中外合资银行总行、外国银行分行、农村合作金融机构（农村信用社、农村信用合作联社、农村信用合作社联合社和农村合作银行）总行经营结售汇业务实行核准制准入管理，由所在地国家外汇管理局分局审核批准。以上银行机构如处于市（地）、县，应经所在地国家外汇管理局中心支局或支局向上级分局提出申请。其中，农村信用社应以县（市、区）或者市（地）农村信用合作社联合社为单位申请。

（三）上述以外的银行分支机构（含农村信用合作社联合社辖内的农村信用社，以下同）经营结售汇业务实行备案制准入管理，由其向所在地国家外汇管理局分支局备案。

二、银行申请经营结售汇业务应具备以下条件：

（一）具有金融业务经营资格；

（二）具有健全完善的结售汇业务内部管理制度；

（三）银行分支机构申请经营结售汇业务应取得其上级行的授权；

（四）国家外汇管理局规定的其他条件。

农村合作金融机构申请经营结售汇业务，还应具备银行业监督管理部门批准的外汇业务经营资格。

三、实行核准制准入管理的银行申请经营结售汇业务应提交下列文件和资料：

（一）《金融许可证》复印件。

（二）经营结售汇业务的申请报告。

（三）经营结售汇业务的内部管理规章制度，应至少包括以下内容：

1. 结售汇业务操作规程；

2. 结售汇业务单证管理制度；

3. 结售汇业务统计报告制度；

4. 结售汇头寸管理制度；

5. 结售汇业务会计科目和核算办法；

6. 结售汇业务内部审计制度和从业人员岗位责任制度；

7. 结售汇业务授权管理制度。

（四）国家外汇管理局要求的其他文件和资料。

农村合作金融机构申请经营结售汇业务，还应提交银行业监督管理部门批准经营外汇业务的许可文件。

国家外汇管理局及其分支局应当自收到银行按照本通知要求提交的完整申请材料之日起20个工作日内予以批复。如遇特殊情况，可将核准期限延长10个工作日，但需事先向提交申请的银行告知。

四、实行备案制准入管理的银行经营结售汇业务，应当经其已取得结售汇业务经营资格的上一级行授权（如上一级行不具备授权资格，可由跨级的上级行授权），并持《银行经营即期结售汇业务备案表》（见附件1）一式两份向所在地国家外汇管理局分支局备案，在所在地国家外汇管理局分支局确认备案后即可开办结售汇业务。银行可以为下辖机构集中办理备案手续，但只能在被授权机构的所在地国家外汇管理局分支局办理。

国家外汇管理局分支局应当自收到银行内容齐全的《银行经营即期结售汇业务备案表》之日起20个工作日内，对《银行经营即期结售汇业务备案表》加盖公章或者业务专用章予以确认备案，并将其中的一份备案表退还银行保存。同时，应按照国家外汇管理局银行结售汇统计系统、个人结售汇管理信息系统等有关系统的规定，对银行落实相关的管理工作措施。

五、银行授权下辖机构开办结售汇业务，应加强对被授权机构的内控管理。被授权机构经营结售汇业务如发生重大外汇违规行为受到国家外汇管理局及其分支局处罚，自执行处罚决定之日起6个月内，该机构的原上级授权行不得新授权下辖机构开办结售汇业务。

银行经营结售汇业务如发生重大外汇违规行为而受到国家外汇管理局及其分支局处罚，自执行处罚决定之日起1年内，该机构不得新授权下辖机构开办结售汇业务。

六、银行可以根据自身经营需要分别或者一并申请对公和对私结售汇业务经营资格。

如银行在本通知实施前已取得的结售汇业务经营资格不包括对私业务（结售汇、结汇或者售汇），可自本通知实施之日起将经营资格自动扩大至全部对公和对私业务；如银行已取得的结售汇业务经营资格只限于某部分对私业务（结售汇、结汇或者售汇），可自本通知实施之日起原经营资格自动扩大至全部对私业务。如需要扩大至对公业务，应按照本通知规定办理准入手续。

七、银行取得结售汇业务经营资格后，应严格按照国家外汇管理规定经营结售汇业务。

银行在开办结售汇业务前应具备结售汇统计数据报送条件，并按照《国家外汇管理局关于印发〈银行结售汇统计制度〉的通知》（汇发〔2006〕42号）等有关管理规定，严格履行结售汇统计义务。

银行取得对私结售汇业务经营资格后，应按照《个人外汇管理办法》及其实施细则的管理规定，具备与国家外汇管理局个人结售汇管理信息系统的网络接入条件，依法合规办理个人结售汇业务。

八、农村合作金融机构自其总行获准结售汇业务经营资格之日起6个月后，其分支机构（含农村信用合作社联合社辖内的农村信用社）方可按照本通知申请经营结售汇业务。

九、银行停止经营结售汇业务，应提前20个工作日，由停办业务行或者授权其开办结售汇业务的上级行持《银行停办即期结售汇业务备案表》（见附件2）一式两份，参照本通知第一条规定的程序向国家外汇管理局及其分支局办理备案。国家外汇管理局及其分支局对《银行停办即期结售汇业务备案表》加盖公章或者业务专用章后，将其中的一份备案表退还银行保存。

十、银行经营结售汇业务期间，如发生机构更名、营业地址变更等情况，应在机构信息变更正式确认后的 20 个工作日内，持《银行经营即期结售汇业务机构信息变更备案表》（见附件 3）一式两份，参照本通知第一条规定的准入程序向国家外汇管理局及其分支局办理备案。国家外汇管理局及其分支局对《银行经营即期结售汇业务机构信息变更备案表》加盖公章或者业务专用章后，将其中的一份备案表退还银行保存。

十一、国家外汇管理局及其分支局应通过非现场监管和现场检查等方式，切实加强对银行经营结售汇业务的监督管理，并建立科学完善的银行结售汇业务监管信息档案。

国家外汇管理局各分局应按季以电子邮件方式向国家外汇管理局报送《（地区）结售汇业务金融机构信息表》（见附件 4）。报送时间为季后 20 个工作日内。电子信箱为：manage@bop.safe。

十二、银行有下列情形之一，国家外汇管理局及其分支局应当取消其结售汇业务经营资格：

（一）因法定事由被银行业监督管理机构接管；

（二）被依法撤销或者宣告破产。

十三、银行有下列情形之一，国家外汇管理局及其分支局将根据《中华人民共和国外汇管理条例》等有关规定暂停或者取消其结售汇业务经营资格：

（一）未经国家外汇管理局及其分支局核准或者备案擅自经营结售汇业务；

（二）在结售汇业务市场准入核准或者备案中向国家外汇管理局及其分支局提供虚假信息；

（三）违规授权下辖机构开办结售汇业务；

（四）未及时向国家外汇管理局及其分支局履行机构信息变更备案。

对银行经营结售汇业务期间发生的违规行为，国家外汇管理局及其分支局将根据《中华人民共和国外汇管理条例》等有关规定进行处罚。

十四、本通知自发布之日起实施，以前规定与本通知内容相抵触的，以本通知为准。《国家外汇管理局关于金融机构办理结售汇业务登记备案有关问题的通知》（汇发〔2004〕56 号）、《国家外汇管理局关于报送经营结售汇业务金融机构信息的通知》（汇发〔2005〕21 号）、《国家外汇管理局关于农村合作金融机构开办结售汇业务有关问题的通知》（汇发〔2005〕90 号）、《国家外汇管理局关于湖北省分局外汇指定银行结售汇业务管理试点的批复》（汇复〔2006〕278 号）和《国家外汇管理局关于湖南省分局简化银行类金融机构结售汇业务市场准入程序及下放部分业务审核权限实施方案的批复》（汇复〔2006〕301 号）自本通知实施之日起废止。

国家外汇管理局各分局接到本通知后，应即转发辖内支局、城市商业银行和农村商业银行、农村合作金融机构、外资银行。

执行中如遇问题，请与国家外汇管理局联系。联系电话：010-68402385；传真：010-68402315。

特此通知。

附件 1：银行经营即期结售汇业务备案表（略）

附件 2：银行停办即期结集汇业务备案表（略）

附件 3：银行经营即期结害汇业务机构信息变更备案表（略）

附件 4：（地区）结售汇业务金融机构信息表（略）

二〇〇七年四月十七日

国家外汇管理局关于外资银行改制所涉外汇管理有关问题的通知

国家外汇管理局各省、自治区、直辖市分局、外汇管理部，深圳、大连、青岛、厦门、宁波市分局：

根据国务院 2006 年 11 月 11 日公布的《中华人民共和国外资银行管理条例》，现就外国银行分行改制涉及的外汇管理问题通知如下：

一、业务资格

改制后的外商独资银行承继原外国银行分行已经获准经营的即期结售汇、远期结售汇、人民币与外币掉期以及其他人民币对外币衍生业务等资格，并向所在地国家外汇管理局分局（含外汇管理部，以下简称外汇局分局）办理登记变更手续。外商独资银行的分行承继本网点在改制前已经获准经营的相关结售汇及人民币对外币衍生业务资格，并向所在地外汇局分局办理登记变更手续。

改制后的外商独资银行承继原外国银行分行的外汇市场会员资格。承继银行间即期外汇市场会员资格的外商独资银行，应在中国外汇交易中心进行变更登记；承继银行间远期外汇交易资格和银行间人民币与外币掉期交易资格的外商独资银行，应将变更情况报中国外汇交易中心初审后在国家外汇管理局进行变更登记；承继银行间外汇市场人民币对外币交易做市商资格的外商独资银行，应将变更情况报国家外汇管理局登记备案。

已具有 QFII 托管业务资格的外国银行分行进行改制，应向国家外汇管理局申请确认托管业务资格的承继人。承继人为外商独资银行的，应向国家外汇管理局办理登记变更手续；承继人为保留从事外汇批发业务的外国银行分行（以下简称"记账行"）的，应报国家外汇管理局登记备案。

已具有 QDII 业务资格的外国银行分行改制为外商独资银行，可直接承继 QDII 额度。

二、结售汇综合头寸管理

国家外汇管理局及其分局仍按照现行管理方式对外商独资银行的结售汇综合头寸进行管理。外商独资银行可承继原外国银行分行的结售汇综合头寸限额。外商独资银行如需调整结售汇综合头寸限额，应根据其资本金状况，依照《国家外汇管理局关于调整银行结售汇头寸管理办法的通知》（汇发［2005］69 号）、《国家外汇管理局综合司关于核定银行结售汇综合头寸限额有关事项的通知》（汇综发［2005］118 号）等有关规定，向所在地外汇局分局申请。

在改制前没有实行结售汇综合头寸集中管理的记账行，可承继原外国银行分行的结售汇综合头寸限额。在改制前已经实行结售汇综合头寸集中管理的记账行，应持相关材料向所在地外汇局分局申请重新核定结售汇综合头寸限额。

三、外汇资本金的划转和本外币转换

改制后的外商独资银行及其下辖分行相互之间的外汇营运资金划转可自行办理。外商独资银行资本金（或营运资金）本外币转换，应依照《国家外汇管理局关于银行自身资本与金融项目结售汇审批原则及程序的通知》（汇发〔2004〕61号）等相关规定，事前向所在地外汇局分局申请核准。对于年度累计资本金（或营运资金）本外币转换超过等值5亿美元（含）的，由所在地外汇局分局初审后报国家外汇管理局核准。

四、结售汇会计科目

改制后的外商独资银行应依照《外汇指定银行办理结汇、售汇业务管理暂行办法》（中国人民银行令〔2002〕第4号）有关规定，建立独立的结汇、售汇会计科目，并区分与客户之间的结售汇业务、自身结售汇业务、系统内结售汇头寸平补及市场结售汇头寸平补交易，分别在结汇、售汇会计科目下进行会计处理。改制筹备工作结束时仍未能达到上述要求的外商独资银行，应当在获中国银行业监督管理委员会批准开业后2年内达到上述要求。

五、短期外债和对外担保余额指标管理

改制后的外商独资银行承继原外国银行分行的短期外债指标和为境外投资企业提供的融资性对外担保指标，并向国家外汇管理局和所在地外汇局分局备案。原由外国银行分行办理的债权、债务及对外担保登记应相应变更为外商独资银行登记。外债登记的变更由银行一次性向国家外汇管理局申请办理。对外担保和国内外汇贷款登记的变更由担保人或债权行一次性向所在地外汇局分支局申请办理。

境外银行在境内同时设有外商独资银行和记账行的，由外商独资银行与记账行共同使用该短期外债和为境外投资企业提供的融资性对外担保余额指标，并由外商独资银行承担相应的管理职责。

办理上述各项业务的登记变更或备案应提供书面申请、中国银监会批准其开业的文件、外汇局原核准其该项业务资格的相关文件以及外汇局要求的其它文件。各外汇局分局应简化登记变更的核准手续。

请各外汇局分局接到本通知后，尽快向辖内支局、外资银行转发。执行中如遇问题，请及时向国家外汇管理局反馈。

联系电话：

国际收支司：010-68402464、68402311；

传真：010-68402315、68402303

资本项目管理司：010-68402247、68402348；

传真：010-68402208、68402349

二〇〇七年三月二十日

国家外汇管理局关于外汇指定银行对客户远期结售汇业务和人民币与外币掉期业务有关外汇管理问题的通知

国家外汇管理局各省、自治区、直辖市分局、外汇管理部，深圳、大连、青岛、厦门、宁波市分局；各政策性银行、国有商业银行、股份制商业银行：

为适应国内经济主体规避汇率风险的需要，便利外汇指定银行（以下简称"银行"）为客户提供规避汇率风险的产品服务，根据《中国人民银行关于扩大外汇指定银行对客户远期结售汇业务和开办人民币与外币掉期业务有关问题的通知》（银发〔2005〕201号），现就银行对客户办理远期结售汇业务和人民币与外币掉期（以下简称"掉期"）业务涉及的有关外汇管理问题明确如下：

一、远期结售汇业务

（一）按照外汇管理规定可办理即期结售汇的外汇收支，均可办理远期结售汇业务。

（二）远期结售汇业务实行履约审核。银行可根据自身经营和风险管理需要决定与客户办理远期签约。远期合约到期时，银行凭客户提供的相应有效凭证为其办理结售汇。

（三）远期结售汇履约应以约定远期交易价格的合约本金全额交割，不得进行差额交割。

（四）远期合约到期时客户如违约，按照商业原则处理。

（五）客户可以通过掉期业务调整远期合约的履约期限（提前履约或展期）。合约金额、展期次数和期限由客户与银行自行协商。

二、掉期业务

（一）客户掉期近端（指掉期中的前一次资金交换，以下同）换出的外汇资金，限于按照外汇管理规定可以办理即期结汇的外汇资金；掉期远端（指掉期中的后一次资金交换，以下同）换出的外汇资金，限于近端换入的外汇资金。

银行应参照远期结售汇业务的履约审核管理，在客户掉期履约换出外汇资金时，按照即期结汇的管理规定审核客户交付的资金和凭证。

（二）客户可以通过掉期业务直接以人民币换入外汇，换入外汇资金的支付使用应符合外汇管理规定。

（三）客户掉期远端换入外汇资金原则上应进入原换出外汇资金账户；对于近端来自外商投资企业资本金账户、外债专户、外债转贷款专户的外汇资金，远端换入时可以进入经常项目外汇账户，不得再进入上述三类资本项目外汇账户。

（四）因客户掉期业务违约形成的银行外汇或人民币敞口，银行可以自行纳入本行结售汇综合头寸进行平盘，由此产生的损益由银行自行与客户处理。

（五）客户可以对掉期合约全额或部分金额进行履约期限调整（提前履约或展期），展期次数和期限由客户与银行自行协商。

三、统计管理

（一）客户以新签掉期合约调整远期或掉期合约期限时，银行对该掉期业务不作为一笔新的交易单独统计，只需统计调整后的远期或掉期合约履约。

（二）客户掉期业务违约后，银行应将近端履约金额或远端部分履约时近端履约与远端部分履约的差额视为即期结售汇统计。

（三）上述统计应在《银行结售汇统计月（旬）报表》和《银行结售汇综合头寸日报表》中反映。

四、银行办理远期结售汇业务和掉期业务的客户范围限于境内机构以及经国家外汇管理局批准的其他客户。

银行可为居民个人办理符合规定的人民币购汇境外投资或理财项下的远期结汇业务和近端换入外汇、远端换出外汇的掉期业务。

五、未经国家外汇管理局批准，境内机构和个人不得以任何形式参与境外人民币对外汇衍生交易，银行应在规定业务范围内对客户提供规避人民币汇率风险的产品服务。

国家外汇管理局各分局接到本通知后，应即转发辖内支局、城市和农村商业银行、农村合作金融机构、外资银行。

执行中如遇问题，请与国家外汇管理局国际收支司联系。

联系电话：010-68402385、68402313；传真：010-68402315。

特此通知。

外汇指定银行对客户远期结售汇业务和人民币与外币掉期业务备案操作指引

一、对备案材料的要求

外汇指定银行（以下简称银行）申请开办远期结售汇业务，应当具备《中国人民银行关于扩大外汇指定银行对客户远期结售汇业务和开办人民币与外币掉期业务的通知》（银发〔2005〕201号，以下简称《通知》）第一条规定的条件。《通知》规定的结售汇业务资格不限年限。

符合规定条件的银行申请开办远期结售汇业务，应提交下列备案材料：

（一）办理远期结售汇业务的备案报告。

（二）中国银行业监督管理委员会同意开办衍生产品交易业务的批准文件。

（三）远期结售汇业务内部管理规章制度。

1. 业务操作规程。应包括交易的签约、报价、交易的受理和审核以及交易平盘等业务流程，明确各环节的审核要求和法规依据。业务操作规程应符合《通知》第四条的相关规定。《通知》中规定的远期结售汇业务外汇收支范围，限于经常项目交易和第 1–5 类资本与金融项目交易。

2. 统计报告制度。应包括银行内部产生报表的程序，明确数据的采集渠道是台帐登记手工汇总或是系统登记产生汇总；报表需从不同部门取得数据的，应明确职责部门和职责分工。统计报告制度应符合《通知》附件《远期结售汇业务和掉期业务统计要求》的相关规定。

3. 风险敞口和头寸平盘管理制度。应包括头寸计算方式和风险敞口平盘机制，并符合国家外汇管理局结售汇头寸管理有关规定。

4. 定价管理制度。应包括远期结售汇业务定价原理、定价公式以及报价方式；展期、择期以及违约交易的报价处理。

5. 会计核算制度。应包括远期结售汇业务的科目设置；签约、履约、展期、违约与平盘时的会计核算。

二、备案申请的受理

（一）各类银行须按照《通知》规定的程序提交备案材料。正式受理备案申请之前，国家外汇管理局及其分支局（简称外汇局）应首先确定备案材料的完整性。备案材料不齐全或者不符合法定形式的，应根据《行政许可法》的有关规定尽快告知银行需要补正的全部内容。备案材料齐全、符合法定形式，或者银行按照要求已提交全部补正申请材料的，方可受理备案申请。

（二）外国商业银行在中国境内两家以上分行拟办理远期结售汇业务，并由其在中国境内分行的主报告行履行备案手续的，各分行均应符合结售汇业务资格、经营合规性，以及前述对备案材料的相关要求。

（三）银行分支机构办理远期结售汇业务，可在其法人（外国商业银行分行视同为法人）取得该业务资格后，持备案报告和法人书面授权文件向所在地外汇局备案。为提高备案效率，银行分支机构统一由其所在地的管辖行履行备案手续。

（四）城市商业银行、农村商业银行、农村合作银行及外资银行提出备案申请后，国家外汇管理局分局（含外汇管理部，以下简称外汇分局）应自受理符合规定条件的备案材料之日起 5 个工作日内，将备案材料和初审意见上报国家外汇管理局。

三、远期结售汇业务备案通知书的下达

（一）对于政策性银行、全国性商业银行的备案申请，由国家外汇管理局直接向银行下达远期结售汇业务备案通知书。

（二）对于城市商业银行、农村商业银行、农村合作银行及外资银行的备案申请，外汇分局初审后上报国家外汇管理局。由国家外汇管理局通过外汇分局向银行下达远期结售汇业务备案通知书。

（三）银行分支机构所在地外汇局按照《通知》的规定对银行分支机构的结售汇业务资格和经营合规性进行确认后，向其下达备案通知书。银行分支机构通过管辖行履行备案手续的，应在备案通知书中列明所有申请分支机构的名称。

（四）外汇局下达备案通知书时应抄送所在地银行业监督管理部门。

四、人民币与外币掉期业务的备案

（一）已获准办理远期结售汇业务 6 个月以上的银行可申请开办人民币与外币掉期业务。对于银行开办人民币与外币掉期业务的备案申请，参照远期结售汇业务备案材料的相关要求，凡与远期结售汇业务备案材料一致的可不重复报送，但应注明与远期结售汇业务相同。

已获准办理远期结售汇业务的银行分支机构，可在其法人（外国商业银行分行视同为法人）取得人民币与外币掉期业务资格后，持备案报告和法人书面授权文件向所在地外汇局备案。

（二）外汇局在审核各项材料的基础上，按照与远期结售汇业务备案相同的程序向银行下达人民币与外币掉期业务备案通知书。

五、其他问题

远期结售汇业务和人民币与外币掉期业务报表由各银行总行负责向国家外汇管理局报送。外国商业银行分行由其主报告行将中国境内办理远期结售汇业务和人民币与外币掉期业务的各分行统计数据汇总后，报送国家外汇管理局。

附件：
1. 国家外汇管理局远期结售汇业务备案通知书（略）
2. 国家外汇管理局人民币与外币掉期业务备案通知书（略）
3. 远期结售汇业务和人民币与外币掉期业务备案通知书的说明

附件 3：
远期结售汇业务和人民币与外币掉期业务备案通知书的说明

一、远期结售汇业务备案通知书印制格式

备案通知书按照以下规定的格式印制：

（一）页边距：上、下为2.54厘米，左、右为3.17厘米

（二）方向：纵向

（三）纸张：A4

（四）字体和字号

1. 标题"国家外汇管理局远期结售汇业务备案通知书"为黑体二号并加粗。

2. 次标题"编号："为宋体小三。

3. 表中文字为宋体三号。

（五）位置

1. 标题"国家外汇管理局远期结售汇业务备案通知书"和次标题"编号："居中。

2. 表中"申请备案银行"和"备案审核意见"居中。

（六）其他：备案通知书的全部内容不得手工填写。

二、远期结售汇业务备案通知书填写说明

（一）编号规则

备案通知书的编号执行分级和顺序两项规则。

1. 根据《中国人民银行关于扩大外汇指定银行对客户远期结售汇业务和开办人民币与外币掉期业务有关问题的通知》（银发〔2005〕201号）规定的备案管理程序，银行法人由国家外汇管理局统一编号，银行分支机构由国家外汇管理局各分支局统一编号。

2. 银行法人的编号设置三位阿拉伯数字，从001至999按照各银行的备案时间顺序排列，一份备案通知书一个编号。

银行分支机构的编号设置十三位阿拉伯数字，前六位为银行分支机构所在地的行政区划代码，中间四位为金融机构标识码，后三位从001至999按照各银行的备案时间顺序排列，一份备案通知书一个编号。

（二）"申请备案银行"栏

填写申请备案远期结售汇业务的银行法人名称或者其分支机构名称。其中：

1. 对于外国商业银行在中国境内的多家分行由其主报告行履行备案，应在本栏中填写全部分行的名称，并在主报告行后注明"（主报告行）"。

2. 对于同一银行的多家分支机构申请备案，可在本栏中填写"××银行×家分支机构（名单附后）"，同时在另一页列出该银行各家分支机构名称。

（三）"备案审核意见"栏

1. 对同意备案的，填写：

"予以备案，自备案通知书下达之日起可以开办对客户远期结售汇业务。

你行办理对客户远期结售汇业务，应遵照《中国人民银行关于扩大外汇指定银行对客户远期结售汇业务和开办人民币与外币掉期业务有关问题的通知》（银发〔2005〕201号）等有关规定执行。

目前远期结售汇业务的范围限于银发〔2005〕201号文中规定的经常项目交易和第1-5类资本与金融项目交易。"

2. 对不同意备案的，填写：

"不予以备案。

理由：……。"

（四）其他

国家外汇管理局分支局的名称使用全称，并加盖公章。

三、人民币与外币掉期业务备案通知书的印制格式、填写说明与远期结售汇业务相同

中国人民银行关于扩大外汇指定银行对客户远期结售汇业务和开办人民币与外币掉期业务有关问题的通知中国人民银行各分行、营业管理部，省会（首府）城市中心支行，大连、青岛、宁波、厦门、深圳市中心支行；国家外汇管理局各省、自治区、直辖市分局、外汇管理部，深圳、大连、青岛、厦门、宁波市分局；各政策性银行、国有商业银行、股份制商业银行：

为建立和完善社会主义市场经济体制，充分发挥市场在资源配置中的基础性作用，满足国内经济主体规避汇率风险的需要，中国人民银行决定扩大外汇指定银行远期结售汇业务和开办人民币与外币掉期业务（以下简称掉期业务）。现就有关问题通知如下：

一、外汇指定银行（以下简称银行）办理远期结售汇业务应符合以下条件：

（一）具备国家外汇管理局及其分支局（以下简称外汇局）核准的结售汇业务资格，近两年结售汇业务经营中没有发生重大外汇违规行为。

（二）具备中国银行业监督管理委员会核准的衍生产品交易业务资格。

（三）国家外汇管理局规定的其他条件。

二、外汇局对银行办理远期结售汇业务实行备案管理。

（一）政策性银行、全国性商业银行办理远期结售汇业务，其法人应向国家外汇管理局备案。

城市商业银行、农村商业银行、农村合作银行、外资银行（外资商业银行、中外合资商业银行、外国商业银行分行）办理远期结售汇业务，其法人（外国商业银行分行视同为法人）应向所在地国家外汇管理局分局（含外汇管理部，以下简称外汇分局）提交备案材料，经外汇分局初审后，由外汇分局报国家外汇管理局备案。外国商业银行拟在中国境内两家以上分行办理远期结售汇业务，可由其在中国境内分行的主报告行履行备案手续。

（二）银行分支机构办理远期结售汇业务，凭其法人书面授权文件向所在地外汇局备案。外汇局按照本通知第一条第（一）款规定对该机构的结售汇业务资格和经营合规性进行确认。

（三）外汇局自受理符合要求的备案材料之日起 20 个工作日内，根据本通知规定的条件和程序向银行下达备案通知书。

三、银行申请办理远期结售汇业务应提交以下备案资料：

（一）办理远期结售汇业务的备案报告。

（二）远期结售汇业务内部管理规章制度。包括：

1. 业务操作规程；

2. 统计报告制度；

3. 风险敞口和头寸平盘管理制度；

4. 定价管理制度；

5. 会计核算制度。

（三）具备衍生产品交易业务资格的法定证明文件。

（四）国家外汇管理局要求的其他文件和资料。

四、银行办理远期结售汇业务应遵守以下规定：

（一）银行可以为境内机构的经常项目交易办理远期结售汇业务。

（二）银行可以为境内机构下列范围的资本与金融项目交易办理远期结售汇业务：

1. 偿还银行自营外汇贷款；

2. 偿还经外汇局登记的境外借款；

3. 经外汇局登记的境外直接投资外汇收支；

4. 经外汇局登记的外商投资企业外汇资本金收入；

5. 经外汇局登记的境内机构境外上市的外汇收入；

6. 经国家外汇管理局批准的其他外汇收支。

（三）银行办理远期结售汇业务须按照外汇管理规定，对境内机构的外汇收支进行真实性和合规性审核。远期结售汇合约到期时，银行在审核境内机构提供的符合外汇管理规定的有效凭证后，方可办理履约手续。

（四）远期结售汇业务的期限结构、合约展期次数和汇率由银行自行确定。

五、已获准办理远期结售汇业务 6 个月以上的银行，在比照本通知第二条规定的程序向外汇局备案后，可以办理不涉及利率互换的人民币与外币间的掉期业务。

（一）银行办理掉期业务必须遵守本通知第四条远期结售汇业务的各项管理规定。

（二）除本通知第四条第（一）、（二）款规定的资金范围外，银行可以为境内机构的人民币资金办理掉期业务。境内机构掉期换入外汇的使用应符合外汇管理规定。

境内机构以经常项目外汇资金办理掉期业务，履约换回的外汇资金可以进入境内机构的经常项目外汇账户。

六、银行办理远期结售汇业务和掉期业务，应遵守国家外汇管理局的结售汇头寸管理规定。

七、银行应按照本通知附件要求及其他外汇管理规定，向外汇局报送远期结售汇业务和掉期业务的相关统计报表。

八、中国人民银行通过国家外汇管理局对外汇指定银行的远期结售汇业务和人民币与外币掉期业务实施监督和管理。各级外汇管理部门要根据本通知精神加强对外汇指定银行的监督和检查。外汇指定银行违反本通知规定办理远期结售汇业务和掉期业务，外汇局将依据《中华人民共和国外汇管理条例》等有关外汇管理法规进行相应处罚。

九、本通知自下发之日起实施。此前规定与本通知相抵触的，以本通知为准。

各外汇分局接到本通知后，应即转发辖内城市商业银行、农村商业银行、农村合作银行和外资银行。

中国人民银行

二〇〇五年八月二日

中国人民银行关于结售汇业务管理工作的通知

中国人民银行各分行、营业管理部，省会（首府）城市中心支行，深圳、大连、青岛、厦门、宁波市中心支行，国家外汇管理局各省、自治区、直辖市分局、外汇管理部，深圳、大连、青岛、厦门、宁波市分局，各政策性银行、国有独资商业银行、股份制商业银行：

根据 2003 年 12 月 27 日第十届全国人民代表大会常务委员会第六次会议通过的《全国人民代表大会常务委员会关于修改〈中华人民共和国商业银行法〉的决定》和《中华人民共和国外汇管理条例》，现就金融机构经营结汇、售汇业务的市场准入、退出管理及程序问题通知如下：

一、根据国务院有关规定，国家外汇管理局及其分支局（以下统称外汇局）负责金融机构结汇、售汇业务的市场准入、退出管理。

二、本通知所称金融机构是指包括政策性银行、国有独资商业银行、股份制商业银行、城市和农村商业银行、外资银行和其他金融机构。

三、金融机构经营结汇、售汇业务，须经外汇局批准。具体审批权限为：

（一）政策性银行、国有独资商业银行、股份制商业银行总行和其他金融机构申请经营结汇、售汇业务，报所在地外汇局出具初审意见后由所在地外汇局报国家外汇管理局审批。

（二）政策性银行、国有独资商业银行、股份制商业银行分支机构，城市和农村商业银行及其分支机构、外资银行及其分支机构申请经营结汇、售汇业务，由所在地外汇局审批；其中，商业银行支行以下的分支机构申请经营结汇、售汇业务，统一由其所属支行向所在地外汇局申请和报批。

四、外汇局受理金融机构结汇、售汇业务的市场准入申请，应根据《外汇指定银行办理结汇、售汇业务管理暂行办法》（中国人民银行令〔2002〕第 4 号）第十二条所规定的相关条件进行审查，向符合准入条件的金融机构出具同意其办理结汇、售汇业务的批复文件，并抄送所在地人民银行分支行和中国银行业监督管理委员会的分支机构，同时将批复文件抄报上一级外汇局。

五、外汇局受理金融机构结汇、售汇业务的市场退出申请，应根据《外汇指定银行办理结汇、售汇业务管理暂行办法》（中国人民银行令〔2002〕第 4 号）第十七条所规定的相关条件进行审查，向符合退出条件的金融机构出具同意其停办结汇、售汇业务的批复文件，并抄送所在地人民银行分支行和中国银行业监督管理委员会的分支机构，同时将批复文件抄报上一级外汇局。

六、各外汇局分局汇总上月全辖已批准开办或停办结售汇业务的金融机构的情况，于每月五个工作日内上报国家外汇管理局。

国家外汇管理局在网站（www.safe.gov.cn）上公布全国已批准开办结售汇业务的金融机构名单及相关信息。

七、本通知实行前已经营结汇、售汇业务的金融机构，应在 2004 年 6 月 30 日前，根据本通知第三条规定的审批权限，持相关结汇、售汇业务的批准文件到相应外汇局办理登记备案手续。

八、本通知自文到之日起施行。

请人民银行各分行、营业管理部将本通知转发至辖区内城市商业银行、农村商业银行、外资银行。如有问题，请向国家外汇管理局反馈。

特此通知。

外汇指定银行办理结汇、售汇业务管理暂行办法

第一章 总 则

第一条 为规范外汇指定银行办理结汇、售汇业务，明确对银行自身结售汇业务的管理原则，保障外汇市场平稳运行，根据《中华人民共和国外汇管理条例》（以下简称《外汇管理条例》）及其他有关规定，制定本暂行办法。

第二条 中国人民银行（以下简称人民银行）及其分支行和国家外汇管理局（以下简称外汇局）及其分支局是外汇指定银行结汇、售汇业务的监督管理机关，其中结汇、售汇业务的市场准入和退出由人民银行会同外汇局审批，结汇、售汇业务的日常监管、结售汇周转头寸的核定与调整、非现场检查由外汇局负责，现场检查由外汇局会同人民银行实施。外汇局有权否决金融机构经营结汇、售汇业务申请，暂停或取消违规外汇指定银行的结汇、售汇业务经营资格。

第三条 本暂行办法中下列用语含义如下：

（一）外汇指定银行是指经人民银行批准经营结汇、售汇业务的金融机构，包括中资金融机构和外资金融机构。中资金融机构是指政策性银行、国有独资商业银行、股份制商业银行及其分支机构，城市、农村商业银行以及其他经批准的金融机构；外资金融机构是指《中华人民共和国外资金融机构管理条例》中所称外资银行、外国银行分行、合资银行以及其他经批准的金融机构。

（二）与客户之间的结汇、售汇业务是指外汇指定银行为客户办理人民币与可自由兑换货币之间兑换的业务。

（三）自身结汇、售汇业务是指外汇指定银行因自身经营活动需求而产生的人民币与可自由兑换货币之间进行兑换的业务。

（四）结售汇周转头寸是指由外汇局核定，外汇指定银行持有，专项用于结汇、售汇业务周转的资金，包括具体数额及规定的浮动幅度。

第四条 金融机构经营结汇、售汇业务，须经人民银行批准，取得外汇指定银行资格；非外汇指定银行不得经营结汇、售汇业务。

第五条 外汇指定银行办理与客户之间的结汇、售汇业务和自身结汇、售汇业务应当遵守本暂行办法及其他有关结汇、售汇业务管理规定，并分别管理和统计。

第六条 外汇指定银行应当遵照结售汇周转头寸限额管理规定，对超限额的结售汇头寸应及时通过银行间市场进行平补。未经外汇局批准，不得与资本与金融项目项下自身结汇、售汇需求对冲。

第七条 外汇指定银行应当建立独立的结汇、售汇会计科目，在结汇、售汇会计科目下，应当区分与客户之间的结售汇业务、自身结售汇业务、系统内结售汇头寸平补及市场结售汇头寸平补交易，并分别核算。

第八条 外汇指定银行应当建立结汇、售汇单证保留制度，并按照与客户之间的结汇、售汇业

务和自身结汇、售汇业务将有关单据分别保存，保存期限不得少于 5 年。

第九条 外汇指定银行应当按照规定及时、准确地向外汇局报送结汇、售汇和周转头寸等数据以及外汇局规定的其他相关报表和资料。

第十条 外汇指定银行大额结汇、售汇交易实行备案制度。

第十一条 外汇局对外汇指定银行主管结汇、售汇业务的负责人（部门经理或主管行长）实行考试、问卷等业务能力审查制度。

第二章 结汇、售汇业务市场准入、退出

第十二条 具备下列条件的金融机构，可申请经营结汇、售汇业务：

（一）已经人民银行批准设立并取得金融业务经营资格。

（二）具有完善的内部管理规章制度，主要包括：1.结汇、售汇业务操作规程，2.结汇、售汇统计报告制度，3.结售汇周转头寸管理制度，4.结汇、售汇单证管理制度，5.独立的结汇、售汇会计科目以及核算办法等。

（三）具有经外汇局培训，并经外汇局考试合格的相关业务人员。

（四）具有结售汇汇价接收、发送管理系统。

（五）具有可以实时查询进出口报关单电子底账、报送国际收支统计申报数据和结汇、售汇统计数据所必备的电子、通讯设备以及适合开展业务的场所。

（六）金融机构分支机构申请经营结汇、售汇业务，还需取得其总行（部）或者上级行（主管部门）的授权。

（七）外汇业务经营稳健，内部控制健全，能按照人民银行或外汇局的要求，针对过去的外汇业务违规行为进行整改并予以纠正。

（八）人民银行或外汇局规定的其他条件。

第十三条 金融机构申请经营结汇、售汇业务，应当向人民银行提交下列材料，同时抄报外汇局：

（一）经营结汇、售汇业务的申请报告；

（二）经营结汇、售汇业务的可行性分析报告；

（三）结汇、售汇业务人员的名单、履历、外汇局核发的考核合格证书；

（四）经营结汇、售汇业务所必须的电子、通讯设备和办公场所情况简介；

（五）经营结汇、售汇业务的规章制度和内部管理制度；

（六）人民银行或外汇局要求的其他材料。

金融机构分支机构申请经营结汇、售汇业务，除提交上述材料外，还应提供其总行（部）或者上级行（主管部门）同意其经营结汇、售汇业务的批准文件。

第十四条 金融机构办理结汇、售汇业务的审批程序为：

（一）政策性银行、国有独资银行、股份制商业银行总行经营结汇、售汇业务，由人民银行会同外汇局审批。

（二）政策性银行、国有独资商业银行、股份制商业银行分支机构，城市、农村商业银行，其他中资金融机构以及外资银行经营结汇、售汇业务，由人民银行分行、营业管理部会同外汇局当地分局、外汇管理部审批；人民银行各分行、营业管理部可根据所属中心支行的监管能力，授权中心支行审批辖区内银行分支机构、城市商业银行、农村商业银行、其他中资金融机构和外资银行开办结汇、售汇业务的申请，并会签当地外汇局分支局。

第十五条 对以人民银行会签外汇局方式审批银行经营结汇、售汇业务申请的，外汇局应当自

收到会签文件起 15 个工作日内出具核准意见，并反馈给人民银行。

第十六条　经批准经营结汇、售汇业务的外汇指定银行正式开办业务前应通过所在地外汇局对本暂行办法第十二条第五款所规定的电子、通讯条件进行验收。

第十七条　外汇指定银行申请停办结汇、售汇业务，应当向人民银行提交以下材料：

（一）停办结汇、售汇业务的申请报告（包括停办原因和停办后债权、债务的处理措施和步骤等）；

（二）董事会或者总行（部）、上级行（主管部门）同意停办结汇、售汇业务的批准文件；

（三）人民银行或外汇局要求的其他材料。

人民银行核准外汇指定银行停办结汇、售汇业务申请时，应同时将相关核准文件抄送外汇局。

第三章　结售汇周转头寸管理

第十八条　外汇指定银行应当自取得结汇、售汇业务经营资格之日起 30 个工作日内向外汇局申请核定结售汇周转头寸限额。

第十九条　外汇局对外汇指定银行结售汇周转头寸实行限额管理，按日进行考核。

第二十条　结售汇周转头寸限额的核定权限为：

（一）国有独资商业银行、股份制商业银行及政策性银行总行的结售汇周转头寸限额，由外汇局核定；

（二）城市商业银行、农村商业银行、其他中资金融机构以及外资银行的结售汇周转头寸限额由所在地外汇局分局核定，报外汇局备案。

第二十一条　外汇指定银行结售汇周转头寸限额由外汇局按照法人监管原则统一核定。外汇局不对外汇指定银行的分支机构另行核定结售汇周转头寸。

外汇指定银行分支机构的结售汇周转头寸由其总行（部）在外汇局核定的范围内自行分配、统一管理，并将分配结果报分支机构所在地外汇局分支局备案。所在地外汇局分支局负责本地外汇指定银行结售汇周转头寸的日常管理。

第二十二条　结售汇周转头寸限额的核定和调整依据为：

（一）外汇指定银行资本金或者营运资金的规模；

（二）分支机构数量；

（三）日均结汇、售汇差额；

（四）日最高售汇量；

（五）单笔结汇、售汇最高金额；

（六）每日结售汇周转头寸数据报送质量；

（七）国家宏观经济因素如外汇储备状况、本外币利率状况等；

（八）其他。

第二十三条　经外汇局批准，外汇指定银行可以用人民币营运资金在银行间外汇市场买入外汇作为结售汇周转头寸。

外汇指定银行用人民币营运资金购买外汇作为结售汇周转头寸的，应当在外汇局批准后 30 个工作日内通过银行间外汇市场办理；逾期未办理的，外汇局的批准文件到期自动失效。

第二十四条　外汇指定银行因结汇、售汇业务量发生较大变化，需调整结售汇周转头寸限额时，应当向外汇局提出书面申请。未经批准，外汇指定银行不得擅自调整结售汇周转头寸限额。

第二十五条　外汇指定银行总行（部）取得外汇指定银行资格以后，应当向中国外汇交易中心申请，成为银行间外汇市场会员；外汇指定银行分支机构申请银行间外汇市场会员资格，应取得其上级行（主管部门）的授权。取得银行间外汇市场会员资格的外汇指定银行分支机构，可以通过银行间外汇市场进行结售汇头寸平补，也可以通过系统内进行结售汇头寸平补；未取得银行间外汇市场会员资格的分支行，只能在本系统内平补结售汇头寸。

第二十六条　外汇指定银行应当按日管理结售汇周转头寸，使结售汇周转头寸保持在外汇局核定的头寸限额内；并按日向外汇局报送头寸日报。

外汇指定银行之间的结售汇头寸平补交易只能通过银行间外汇市场进行。

第二十七条　外汇指定银行各营业日的结售汇周转头寸均折合成美元计算，结售汇周转头寸的汇兑损益统一通过其他外币买卖科目处理，不计入结售汇周转头寸。

第二十八条　尚未经外汇局核定结售汇周转头寸限额的外汇指定银行，应实行零头寸管理，其营业当日的结售汇净差额应于下一营业日通过银行间外汇市场平补。

第二十九条　外汇指定银行主动申请停办结汇、售汇业务或因违规经营被人民银行或外汇局取消结汇、售汇业务经营资格的，应自停办结汇、售汇业务起30个工作日内向外汇局提出申请，经外汇局核准后对其截至该业务停办之日的结售汇周转头寸进行清盘。

第四章　自身结汇、售汇业务管理

第三十条　除另有规定外，外汇指定银行外汇净收益应当在财务年度终了后3个月内，或在董事会批准当年分配方案后10个工作日内，通过银行间外汇市场卖出，并在事前报外汇局备案。

未取得人民币业务经营资格的外资银行，其外汇净收益可以不结汇。

第三十一条　经批准经营人民币业务的外资银行的人民币净收益，可以购汇汇出，并报所在地外汇局分支局备案。

第三十二条　外汇指定银行自身贸易项下进口，应当按照国家有关代理进口的管理规定，委托有外贸代理经营权的外贸公司办理。外汇指定银行不得直接对外支付。

第三十三条　外汇指定银行自身服务贸易项下对外支付，可以从其外汇账户中直接对外支付，也可以按照规定用人民币购汇支付。

第三十四条　外汇指定银行自身经外汇局批准的资本与金融项目用汇，应当使用自有外汇营运资金。

银行因经营外汇贷款、国际结算、外汇信用卡等业务造成对客户外汇垫款而客户不能按时偿付的，银行应当按照有关规定用自有外汇资本金或者营运资金冲抵，不得自行购汇或以客户结汇资金冲抵。

外汇指定银行总行（部）外汇资本金或者外汇营运资金不足的，经外汇局批准，可以在银行间外汇市场购汇补足。

第五章　与客户之间的结汇、售汇业务管理

第三十五条　外汇指定银行应当按照国家有关结汇、售汇及付汇的管理规定，办理与客户之间的结汇、售汇及付汇业务，审核规定的有效凭证和商业单据，并按规定在相应的有效凭证和商业单据上签章后留存备查。

第三十六条　外汇指定银行应当根据人民银行每日公布的人民币基准汇率和规定的浮动幅度，公布挂牌人民币汇价，办理与客户之间的结汇和售汇业务。

第三十七条　未取得外汇指定银行资格的其他金融机构的结汇、售汇需求，应当通过外汇指定银行办理。

第三十八条　从事个人外币与人民币之间兑换业务的外币兑换点，应当取得外汇指定银行的授权，其每日办理外币兑换业务的发生额应由其授权银行纳入相应的结汇、售汇统计，超过周转金限额的部分应由授权银行进入银行间外汇市场平盘。

第六章　罚　则

第三十九条　外汇指定银行违反本暂行办法及其他有关结汇、售汇及付汇管理规定的，按《外汇管理条例》及其他有关规定进行处罚。

外汇指定银行有下列情形之一的，人民银行应当取消其结汇、售汇业务经营资格：

（一）因法定事由被人民银行接管的；

（二）被依法撤销或者宣告破产的；

（三）被人民银行依法终止经营外汇业务的。

第四十条　外汇指定银行有下列情形之一的，外汇局除根据《外汇管理条例》对其进行处罚外，应当暂停或取消其结汇、售汇业务经营资格：

（一）无规定的有效凭证和商业单据，为客户办理结汇、售汇或者付汇，累计金额在等值100万美元以上的；

（二）规定的有效凭证和商业单据不全，为客户办理结汇、售汇或者付汇，累计金额在等值500万美元以上的；

（三）为客户售汇，金额超出有效凭证和商业单据标明金额，累计发生金额在等值500万美元以上的；

（四）自身结汇、售汇业务中，须报外汇局审批而未经批准，擅自办理的；

（五）违规结汇或者售汇金额占本机构年度结汇或者售汇总量10%以上的；

（六）违规结汇或者售汇笔数占本机构年度结汇或者售汇总笔数10%以上的；

（七）其他严重违反结汇、售汇管理规定的行为。

第四十一条　外汇指定银行违反结售汇周转头寸管理规定，有下列情形之一的，外汇局除根据《外汇管理条例》有关规定对其进行处罚外，应当暂停或取消其结汇、售汇业务经营资格：

（一）连续5个工作日或5个工作日以上超过外汇局核定的结售汇周转头寸限额及浮动幅度，而未通过银行间外汇市场进行平补的；

（二）一个季度内超过外汇局核定的结售汇周转头寸限额及浮动幅度，而未通过银行间外汇市场进行平补累计达到10次以上的；

（三）连续3个月出现4次或4次以上结售汇周转头寸统计错误的；

（四）其他严重违反结售汇周转头寸管理规定的行为。

第四十二条　外汇指定银行违反结汇、售汇报告制度，未按规定报送报表和资料，以及未按规定进行异常情况备案的，由外汇局根据《外汇管理条例》及其他有关规定进行处罚；一年内多次未按规定报送报表和资料或者未按规定进行大额结汇、售汇备案的，由外汇局暂停或取消其结汇、售汇业务经营资格。

第四十三条　外汇指定银行及外币兑换点违反本暂行办法及其他结汇、售汇及付汇管理规定的，对直接责任人员和直接负责的主管人员，由有关部门按照《关于对违反售付汇管理规定的金融机构及其责任人行政处分的规定》和《关于骗购外汇、非法套汇、逃汇、非法买卖外汇等违反外汇管理规定行为的行政处分或者纪律处分暂行规定》等，予以处理。

第七章 附 则

第四十四条 远期结汇、售汇业务以及其他涉及人民币与外币兑换的衍生交易，其管理办法由人民银行另行制定。

第四十五条 本暂行办法由人民银行负责解释。

第四十六条 本暂行办法自 2002 年 12 月 1 日起施行。此前规定与本暂行办法相抵触的，以本暂行办法为准。人民银行 1996 年 6 月 18 日发布的《外资银行结汇、售汇及付汇业务实施细则》第四条、1996 年 6 月 20 日发布的《中国人民银行关于对外商投资企业实行银行结售汇的公告》和《国家外汇管理局综合司关于办理对国有独资商业银行分支机构结售汇业务审批有关问题的批复》（汇综复〔2001〕1 号）同时废止。

外资银行结汇、售汇及付汇业务实施细则

第一章 总 则

第一条 为了完善结汇、售汇制度，规范外资银行结汇、售汇及付汇行为，根据《中华人民共和国外资金融机构管理条例》和《结汇、售汇及付汇管理规定》，制定本实施细则。

第二条 本实施细则所称外资银行系指经中国人民银行批准，由国家外汇管理局核发《经营外汇业务许可证》①的在中国境内的外国资本的银行、外国银行分行和中外合资银行。

第三条 本实施细则所称结售汇人民币专用帐户系指外资银行在中国人民银行当地分行开立的办理结汇、售汇业务所使用的人民币专用帐户。

第四条 外资银行只能办理外商投资企业的结汇、售汇及付汇业务、非外商投资企业贷款项下的结算业务和国家外汇管理局批准的其他结汇、售汇及付汇业务，并执行《结汇、售汇及付汇管理规定》的各项有关规定。

第二章 结售汇人民币帐户的管理

第五条 经中国人民银行当地分行批准、外资银行可以在中国人民银行当地分行开立结售汇人民币专用帐户，用于结售汇业务的人民币往来。

第六条 外资银行开立结售汇人民币专用帐户须具备下列条件：

（一）经国家外汇管理局批准办理进出口结算业务；

（二）经中国外汇交易中心批准并报国家外汇管理局备案成为中国外汇交易中心会员。

第七条 外资银行开立结售汇人民币专用帐户须提交下列文件：

（一）开立结售汇人民币专用帐户申请书；

（二）国家外汇管理局核发的《经营外汇业务许可证》；

（三）经批准成为中国外汇交易中心会员的文件。

第八条 经批准开立结售汇人民币专用帐户的外资银行可以将20%以内的注册外汇资本金或者营运资金通过银行间外汇交易市场卖出，买入人民币存放结售汇人民币专用帐户作为周转资金。

第九条 外汇局对外资银行结售汇人民币专用帐户实行余额管理。结售汇人民币专用帐户每日

---

① 根据银发〔1997〕205号文《关于金融机构经营本外币业务统一发放许可证的通知》，从1997年7月1日起，中国人民银行对金融机构经营人民币业务和外币业务统一发放许可证，即由中国人民银行根据外汇管理部门的批准文件办法或换发《金融机构法人许可证》、《金融机构营业许可证》或《保险机构法人许可证》、《经营保险业务许可证》，许可证上注明其经营本外币的业务范围。下同。

资金余额未经批准不得超过核定的数额。超过数额部分应当通过银行间外汇交易买成外汇，不得拆出人民币。

国家外汇管理局根据外资银行的结售汇情况核定并调整其结售汇人民币专用帐户余额。

第十条　如出现人民币资金划转不到位而产生结售汇人民币专用帐户不足清算的现象，可以通过当地从事同业拆借业务的融资中介机构代理，由与该外资银行签定结售汇日拆协议并在中国人民银行当地分行开立帐户的中资金融机构向该外资银行提供日拆资金，期限在 48 小时以内，以保证交易的正常运行。

第十一条　外资银行结售汇人民币专用帐户的收支范围如下：

收：售出本行外汇资本金或者营运资金的人民币款项；客户购汇所划入的人民币款项；在银行间外汇市场卖出外汇所得人民币款项。

支：客户结汇应得人民币款项；在银行间外汇市场买入外汇的人民币。

第十二条　办理结汇和售汇业务的外资银行参加中国人民银行的人民币同城票据交换系统，以建立外资银行与客户之间的人民币划转网络，进行人民币资金清算。

第十三条　外资银行参加人民币同城票据交换系统需具备以下条件：

一、有经人民币同城票据交换场考试合格的员工；

二、有与中资金融机构签定的结售汇人民币日拆协议。

第十四条　外资银行应当使用中国人民银行统一印制的结售汇人民币专用支付凭证办理结售汇人民币专用帐户的资金收付，不得将此专用凭证用于其他业务。

第十五条　外资银行应当按照中国人民银行《银行帐户管理办法》（中国人民银行 1994 年 10 月 9 日公布）使用结售汇人民币专用帐户，不得利用该帐户代其他单位或个人收付、保存或转让人民币，也不得出租、出借或串用人民币专用帐户。

第三章　附　则

第十六条　外资银行应当按照《进口付汇核销管理暂行办法》[①] 及其他有关规定为客户办理进口付汇核销的有关手续，并配合做好与出口收汇核销有关的工作。

第十七条　为使有远期贸易合同的客户避免汇率风险，外资银行经批准可以按照有关规定办理人民币与外汇的远期买卖及其他保值业务。

第十八条　外资银行应当每日向国家外汇管理局当地分局报送《外资银行结、售汇人民币专用帐户余额日报表》和国家外汇管理局规定的报表。当每日帐户资金余额超过国家外汇管理局核定的结售汇人民币专用帐户额时，须自动报告外汇局。

第十九条　外汇局按照规定对外资银行结汇、售汇及付汇业务和结售汇人民币专用帐户的使用情况进行监督、检查。

第二十条　对违反本细则有关规定的，外汇局可以依据《中华人民共和国外汇管理条例》对其处以警告、通报批评、罚款或者暂停办理结汇、售汇、付汇业务的处罚。

第二十一条　本细则由国家外汇管理局负责解释。

第二十二条　本细则自 1996 年 7 月 1 日起施行，1994 的 4 月 13 日公布的《外资银行人民币专用帐户暂行管理规定》同时废止。

---

① 已废止。现执行 1997 年 1 月国家外汇管理局发布的《贸易进口付汇核销监管暂行办法》。

《外资银行结汇、售汇及付汇业务实施细则》会计处理的有关规定

现根据《外资银行结汇、售汇及付汇业务实施细则》（以下简称《实施细则》），就各地区外资银行在中国人民银行开立结售汇人民币专用帐户的有关问题规定如下：

一、外资银行的结售汇人民币专用帐户设在中国人民银行"0109外资银行存款"科目下，该科目改为人民币和外币共用科目。

二、中国人民银行为外资银行开立结售汇人民币专用帐户时，应按照中国人民银行《帐户管理办法》和《实施细则》第八条的规定审核有关文件。每日营业终了除进行常规帐务核对外，还应重点审查专户存款余额是否超过外汇管理局核定的数额。

三、外资银行结售汇人民币专用帐户存款，按金融机构在中国人民银行存款利率计付利息。

四、外资银行参加中国人民银行组织的同城票据交换，应按照中国人民银行当地分行的同城票据交换办法办理。

五、外资银行使用的结售汇人民币专用凭证的格式附后。

国家外汇管理局关于进一步完善银行试行办理个人外汇预结汇汇款业务有关问题的通知

中国工商银行、中国农业银行、中国银行、中国建设银行：

为方便境外个人通过银行办理外汇汇入汇款，规范境外汇款业务外汇管理，我局于 2003 年印发了《国家外汇管理局关于部分银行试行办理个人外汇预结汇汇款业务有关问题的通知》（汇发〔2003〕48 号）。根据部分银行试行办理的有关情况，为进一步完善个人外汇预结汇汇款业务（以下简称"预结汇业务"）相关政策，结合《个人外汇管理办法》和《个人外汇管理办法实施细则》等相关管理规定，现就有关问题通知如下：

一、预结汇业务应通过个人结售汇管理信息系统办理。

（一）你行开办预结汇业务的境外分支机构应要求境外汇款人提供境内收款人的姓名和身份证号码，并基于收款人角度填报资金属性。你行境外分支机构应在汇款申请书上列明所有非经营性资金属性（包括运输、旅游、金融和保险服务、专有权利使用费和特许费、咨询服务、其他服务、职工报酬和赡家款、投资收益、其他经常转移等），供境外汇款人办理汇款时进行选择，同时提示汇款人该笔汇款将占用收款人年度结汇 5 万美元的额度，对于超出部分，境内收款人只能收到外汇汇款或可根据汇款人要求将超限额部分原币汇回。

（二）你行境内收款行应通过个人结售汇管理信息系统审核汇款人所提供信息，与实际收款人账户姓名和身份证号一致后方可办理结汇业务。对累计结汇超过个人年度结汇限额部分，按外汇汇款原币划转至境内收款人外汇账户。境内收款人可按《个人外汇管理办法实施细则》的相关要求办理转存或提取外币现钞。

二、预结汇业务汇款人为境内个人或境外个人，收款人限于持有中华人民共和国居民身份证的境内个人。汇款性质为经常项目项下"非经营性资金"。

三、你行境外分支机构不得与境外银行签署预结汇业务代理协议，变相扩大业务办理范围。

四、你行境外分支机构申请办理外汇预结汇业务，应事前向我局备案，提交材料包括：备案报告、境外分支机构情况、境内收款行情况、人民币铺底资金金额、汇路情况、平盘机制、内控制度、汇率、汇费、境内收款行履行国际收支统计申报义务等。我局出具备案通知后，你行方可办理预结汇业务。

五、你行应按《国家外汇管理局关于部分银行试行办理个人外汇预结汇汇款业务有关问题的通知》（汇发〔2003〕48 号）的相关规定履行国际收支统计间接申报及结售汇统计义务。

特此通知。

二〇〇九年十一月九日

国家外汇管理局关于进一步完善个人本外币兑换业务有关问题的通知

国家外汇管理局各省、自治区、直辖市分局、外汇管理部，深圳、大连、青岛、厦门、宁波市分局；各全国性中资外汇指定银行：

为更好地满足北京奥运会期间个人本外币兑换需求，现就有关事项通知如下。

一、统一个人本外币兑换服务标识。已开办个人本外币兑换的银行网点、外币代兑机构应于2008年7月31日前，在其营业网点、所设置的自助式金融机具（包括自助式兑换机和可受理外币卡的自助式柜员机等）的醒目位置设置个人本外币兑换统一标识（具体样式、参数见附件《个人本外币兑换统一标识手册》，以下简称手册）；新开办个人本外币兑换业务的银行网点、外币代兑机构和自助式金融机具均应在醒目位置设置统一兑换标识；各外汇指定银行总行应根据手册的相关标准，结合本行的具体情况，制定适合本行使用的统一兑换标识并指导督促下辖分支机构及授权代兑机构推广使用。

二、积极推进外币代兑机构办理兑回业务。授权外汇指定银行应积极贯彻《国家外汇管理局关于改进外币代兑机构外汇管理有关问题的通知》（汇发［2007］48号）的精神，结合自身实际，制定代兑机构开展兑回业务的相关制度并加强培训；对于设立在境内关外的外币代兑机构，授权外汇指定银行必须允许其开办境外个人限额内兑回业务。

三、扩大银行本外币兑换服务网点覆盖范围。各外汇指定银行应结合自身条件，积极拓展个人本外币兑换服务网点。

四、为解决部分地区银行自身网点不足问题，银行可与已办理工商登记、并获得其所属法人机构授权的境内非独立法人机构签订协议，经银行授权后境内非独立法人机构可办理个人本外币兑换业务。

五、提升个人本外币兑换服务水平。各银行及签约外币代兑机构应按照《个人外汇管理办法》（中国人民银行令［2006］第3号）及实施细则，《外币代兑机构管理暂行办法》（中国人民银行令［2003］第6号）及《国家外汇管理局关于改进外币代兑机构外汇管理有关问题的通知》（汇发［2007］48号）的要求，切实履行兑换职责，根据北京奥运会等重大涉外活动的需要，提供优质高效的个人本外币兑换服务。

六、国家外汇管理局各分局、外汇管理部接到本通知后，应即转发辖内城市商业银行、农村商业银行、农村合作银行和外资银行，落实本通知要求的各项工作，并加强与奥组委、机场、交通、城管等相关部门的沟通协调，强化对开展个人本外币兑换服务的银行网点及外币代兑机构的监督、检查，根据北京奥运会等重大涉外活动本外币兑换服务的需要，制定相应的工作方案及应急预案。工作中如遇问题，请及时与国家外汇管理局联系。（联系电话：010-68402310，68402313；传真：

010-68402315）

特此通知。

附件：货币兑换统一标识手册（略）

二〇〇八年六月十三日

国家外汇管理局关于改进外币代兑机构外汇管理有关问题的通知

国家外汇管理局各省、自治区、直辖市分局、外汇管理部，深圳、大连、青岛、厦门、宁波市分局；各中资外汇指定银行：

为满足对外交往中个人兑换外币的合理需求，促进外币代兑机构改善外币兑换服务，现就改进外币代兑机构外汇管理的有关问题通知如下：

一、经授权银行同意，外币代兑机构可为持本人有效身份证件的境外个人办理每人每日累计不超过等值500美元（含）的人民币兑换外币现钞的兑回业务。设立在境内关外场所的外币代兑机构，上述限额可调高至等值1000美元（含）。

二、外币代兑机构办理外币兑换业务的外币库存限额，由授权银行根据外币代兑机构的业务状况核定。

三、外币代兑机构经与授权银行协商，可参照中国人民银行汇价管理的有关规定，自行制定外币兑换的挂牌价格。

四、本通知所称授权银行是指经国家外汇管理局批准具备结售汇业务资格，与外币代兑机构签订协议，委托其办理外币兑换业务的境内商业银行（含农村合作金融机构）及其分支机构。

五、本通知自印发之日起正式执行。以前有关规定与本通知相抵触的，按本通知规定执行。

国家外汇管理局各分局、外汇管理部收到本通知后，应转发所辖（中心）支局、城市商业银行、农村商业银行、农村合作金融机构和外资银行；各中资外汇指定银行应转发所辖分支机构。执行中如遇问题，请与国家外汇管理局联系。联系电话：010-68402464、2310；传真：010-68402315。

特此通知。

二〇〇七年八月八日

个人本外币兑换特许业务试点管理办法

第一章　总　则

第一条　为适应对外交往中个人货币兑换服务的需要，根据《中华人民共和国外汇管理条例》（以下简称《条例》）、《个人外汇管理办法》等有关规定，制定本办法。

第二条　本办法所称个人本外币兑换特许业务（以下简称特许业务），是指境内非金融机构经国家外汇管理局及其分支机构（以下简称外汇局）批准，为境内外个人办理的人民币与外币之间的货币兑换业务。

第三条　经批准经营特许业务的境内非金融机构（以下简称特许机构）应通过国家外汇管理局个人结售汇管理信息系统（以下简称个人结售汇系统）办理货币兑换业务。

境内外个人通过特许机构办理的兑换业务应纳入个人结售汇年度总额管理。特许机构不得为超过年度总额的客户办理兑换业务。

第四条　外汇局依照本办法对特许机构的经营活动实施监督管理。

第二章　市场准入及退出管理

第五条　境内非金融机构拟经营特许业务，应向外汇局申请在单一外汇局分局、外汇管理部（以下简称外汇分局）所辖地区内或在全国范围内经营的资格，并取得《个人本外币兑换特许业务经营许可证》（以下简称兑换特许证）。

兑换特许证是境内非金融机构经营特许业务的法定证明文件，由国家外汇管理局统一印制。外汇分局负责对辖内特许机构（含分支机构和网点）发放兑换特许证。

第六条　获准经营特许业务的境内非金融机构应在特许业务经营范围内从事经营活动，不得将特许业务外包，不得转让、出租、出借兑换特许证。

第七条　申请经营特许业务应经过筹备和开办两个阶段。

第八条　境内非金融机构申请在单一外汇分局所辖地区内经营特许业务，应具备以下条件：

（一）具有独立法人资格，注册资本不少于 500 万元人民币或等值外汇；

（二）企业资信状况良好；

（三）有符合任职资格条件的高级管理人员；

（四）有具备相应专业知识和从业经验的工作人员；

（五）有固定的适合经营特许业务的场所，安全防范措施以及相应的软硬件设施；

（六）有必需的管理制度；

（七）经营外币代兑业务 6 个月以上，在申请经营特许业务资格前 6 个月内办理代兑业务不少于 1000 笔、兑换金额不少于等值 20 万美元，且期间未被外汇局处罚；

（八）满足接入个人结售汇系统的技术条件；

（九）外汇局要求的其他条件。

第九条　拟在单一外汇分局所辖地区内经营特许业务的境内非金融机构，应持以下文件和资料向所在地外汇局提交申请；所在地外汇局初审合格后逐级报上级外汇分局批准。外汇分局应在收到完整申请材料之日起 20 个工作日内做出批准或不批准其进入筹备期的书面决定：

（一）申请报告；

（二）筹备工作方案及相关人员名单、简历；

（三）营业执照副本（含网点）、组织机构代码证及其复印件；

（四）上年度经审计的会计报告；

（五）不少于 2 名拟任职的高级管理人员资历的证明材料（大学本科以上学历、从事相关经济工作 5 年以上）；

（六）每一网点不少于 2 名工作人员资历的证明材料（从事货币兑换工作 6 个月以上，熟悉相关外汇管理政策）；

（七）个人本外币兑换特许业务系统（以下简称特许系统）的说明材料，特许系统应具备实时办理兑换业务、备付金管理、会计核算、汇总统计、存储相关记录的功能，以及遵照个人结售汇相关规定对超限额及分拆等行为予以风险提示的功能；

（八）适合从事特许业务的经营场所及其他软硬件设施的说明材料，包括但不限于：营业场所基本情况，以醒目中英文双语显示方式展示兑换币种和牌价的设备，办理特许业务所需电脑、数据库设备及其他软硬件设施，能够完整记录经营活动的高清录像监控设备等；

（九）经营外币代兑业务 6 个月以上的总结报告及在申请前 6 个月内办理代兑业务达到最低兑换金额和兑换笔数标准的证明材料；

（十）相关管理制度，包括但不限于：特许系统操作规程，个人结售汇系统操作规程，外币兑换牌价管理、备付金管理、现钞管理、会计核算、统计报告、风险及相应内控管理、凭证和档案印章管理等制度；

（十一）外汇局要求的其他材料。

第十条　境内非金融机构申请经营特许业务的筹备期为批准之日起 3 个月。未能按期筹备的，应在筹备期限届满前 1 个月向所在地外汇局提交延期申请；所在地外汇局初审合格后逐级报上级外汇分局批准。外汇分局自接到书面申请之日起 20 个工作日内做出是否批准延期的决定。筹备期延长的最长期限为 1 个月。

境内非金融机构应在前款规定的期限届满前提交开办业务申请，逾期未提交的，原筹备批准文件失效。

第十一条　境内非金融机构在筹备期间达到特许业务开办条件的，应持以下文件和资料向所在地外汇局提交申请；所在地外汇局初审合格后逐级报上级外汇分局批准。外汇分局自收到完整申请材料之日起 20 个工作日内，应对申请机构的开办条件进行现场验收，做出批准或不批准的书面决定，并对获得批准的机构发放兑换特许证：

（一）申请报告；

（二）筹备工作总结报告；

（三）营业场所所有权或使用权的证明材料；

（四）满足安保需要的相关说明材料；

（五）满足接入个人结售汇系统技术条件的说明材料；

（六）外汇局要求的其他材料。

第十二条 境内非金融机构应在收到开办业务批准文件后30个工作日内持该文件与原外币代兑业务授权银行解约，终止外币代兑业务资格。

境内非金融机构获得特许业务经营资格后，不得在同城兼营外币代兑业务。

第十三条 境内非金融机构收到开办业务批准文件后，应按国家有关规定及时办理营业执照的变更登记手续。

境内非金融机构自变更登记之日起3个月内未能开办业务的，原开办批准文件失效。该机构应在时限届满后10个工作日内向所在地外汇局缴销兑换特许证，由所在地外汇分局予以公告。

第十四条 境内非金融机构申请特许业务经营资格未获批准的，自收到不予批准决定之日起1年内不得再次申请；除不可抗力因素外，筹备期内未能申请开办业务或申请开办业务获准后未能按期开办业务的，自截止日起2年内不得再次申请。

前款申请开办业务获准后未能按期开办业务且未向所在地外汇局缴销兑换特许证的，自截止日起3年内不得再次申请。

第十五条 新设特许机构持续经营6个月以上，可持以下文件和资料按本办法第九条规定的程序向所在地外汇分局申请在其辖内异地新增分支机构，并可附带为原外币代兑点或不多于3个新设网点申请经营资格：

（一）申请报告；

（二）获准经营的批复文件复印件；

（三）本办法第九条第（二）、（三）、（五）、（六）、（八）、（十）、（十一）款规定的文件和资料。

继续新增分支机构应在前款机构获准经营3个月后方能申请。

特许机构在拟新设地区已经营外币代兑业务的，不受新增分支机构时间间隔的限制。

第十六条 新设特许机构或分支机构持续经营6个月以上，可持以下文件和资料按本办法第九条规定的程序向所在地外汇分局申请新增同城网点，每次申请不多于3个：

（一）申请报告；

（二）本办法第九条第（二）、（三）、（六）、（八）、（十一）款规定的文件和资料。

继续新增网点应在前款网点获准经营3个月后方能申请。

第十七条 本办法第十、十一、十二、十三、十四条适用于本办法第十五、十六条新增分支机构和网点筹备期和申请开办业务的管理。

外汇分局可授权辖内中心支局负责特许机构或分支机构新增同城网点的审批。

第十八条 特许机构申请在全国范围内经营特许业务，应具备以下条件：

（一）注册资本不少于3000万元人民币或等值外汇；

（二）经营特许业务1年以上，开设网点5家（含）以上，在申请前12个月内兑换金额不少于等值1000万美元，且期间未被外汇局处罚；

（三）具备总部集中管理能力，能统一进行会计核算，管理全系统资本金或营运资金、备付金、业务数据等；

（四）外汇局要求的其他条件。

第十九条 拟在全国范围内经营的特许机构应持以下文件和资料按本办法第九条规定的程序向所在地外汇分局提交申请。外汇分局自收到完整申请材料之日起20个工作日内初审同意后报国家外汇管理局批准：

（一）申请报告；

（二）业务发展情况总结及未来拓展规划；

（三）营业执照副本、组织机构代码证及其复印件；

（四）达到全国性经营最低标准的网点数及业务量的证明材料；

（五）对跨区域分支机构进行管理的规章制度和软硬件设施的说明材料；

（六）国家外汇管理局要求的其他条件。

第二十条 特许机构获准全国范围内经营后拟跨区域新增分支机构的，应持以下文件和资料按本办法第九条规定的程序向拟新增分支机构所在地外汇分局提交申请，并可附带为原外币代兑点或不多于 3 个新设网点申请经营资格：

（一）申请报告；

（二）特许机构总部对拟设分支机构开办特许业务的授权文件；

（三）特许机构总部所在地外汇分局对设立分支机构的无异议函；

（四）获准全国经营的批复文件复印件；

（五）本办法第九条第（二）、（三）、（四）、（五）、（六）、（七）、（八）、（十）、（十一）款规定的文件和资料。

第二十一条 本办法第十五、十六条适用于对第二十条特许机构跨区域分支机构在同一外汇分局所辖区域内继续新增分支机构和网点的管理。

第二十二条 特许机构须加强对分支机构和网点的内控管理。特许机构及其分支机构、网点发生违法违规行为受到外汇局处罚的，自执行处罚之日起 6 个月内，外汇局不受理其新增分支机构和网点的申请。

第二十三条 特许机构为外商投资企业的，其外汇登记、验资询证、外汇资本金结汇等事宜应按照现行资本项目外汇管理的相关规定办理。

第二十四条 特许机构在持续经营特许业务期间发生以下变更事项，应事前按第九条或第十九条规定的程序向外汇局备案，由外汇局出具备案通知书后方可办理：

（一）变更名称；

（二）变更注册资本；

（三）变更经营场所；

（四）变更持有股份总额 5%以上的股东；

（五）变更高级管理人员；

（六）变更组织形式；

（七）外汇局规定的其他变更事项。

第二十五条 发生下列情形，特许机构应向原发证机关申请换发兑换特许证：

（一）变更名称；

（二）变更经营场所；

（三）兑换特许证破损；

（四）兑换特许证遗失；

（五）外汇局认为其他需要更换兑换特许证的情形。

变更名称和经营场所、兑换特许证破损应在重新申领兑换特许证时向原发证机关缴回原证。

兑换特许证遗失，特许机构应在外汇局指定的报纸上声明原证作废后方可申领新证。

第二十六条 特许机构主动终止特许业务的，应在终止业务后 10 个工作日内，向所在地外汇局缴销兑换特许证，并及时到工商行政管理部门办理变更或注销登记的手续。

第二十七条 特许机构有以下情形之一的，外汇局有权终止其特许业务经营资格，并注销兑换特许证：

（一）未正常开展特许业务不具备持续经营能力；

（二）因分立、合并或公司章程规定的解散事由出现而解散；

（三）被人民法院依法宣告破产；

（四）国家法律、法规规定的其他情形。

第二十八条 特许机构主动终止或被外汇局终止特许业务经营资格并注销兑换特许证的，自注销之日起 3 年内不得再次申请特许业务经营资格。

第三章　柜面业务管理

第二十九条 特许机构可为个人办理当日累计等值 5000 美元（含）以下的人民币与外币之间的货币兑换业务，具体包括：

（一）境内个人在个人结售汇年度总额以内人民币与外币之间的兑换业务；

（二）境外个人在个人结汇年度总额以内外币兑人民币的业务；

（三）境外个人原兑换未用完的人民币兑回外币的业务。

第三十条 除国家外汇管理局另有规定外，特许机构可受理客户支付的资金包括现钞和旅行支票，向客户交付的资金应为现钞。

第三十一条 特许机构办理兑换业务时应审核客户有效身份证件，并准确记录个人身份信息；办理境外个人当日累计等值 1000 美元以上 5000 美元（含）以下未用完人民币的兑回业务时，还应审核并留存本机构为其兑入人民币时所出具的原兑换水单，原兑换水单的兑回有效期为自兑换日起 24 个月。

第三十二条 特许机构应按相关规定向所在地外汇局申领金融机构代码和标识码，连通个人结售汇系统后方可办理特许业务。特许机构使用个人结售汇系统参照金融机构管理。

（一）特许机构办理单笔等值 500 美元以上的兑换业务以及为同一日内兑换业务达到 5 笔的个人继续办理兑换业务，应实时登录个人结售汇系统录入有关交易信息。

（二）单笔等值 500 美元（含）以下的兑换业务，可在办理兑换业务后的 24 小时内补录，备注栏注明"特许兑换补录"，并每日打印补录交易流水留存 3 年。

（三）特许机构将兑换业务的信息录入个人结售汇系统时，应正确选择其资金属性。

（四）设在国家边境口岸内的特许机构网点办理外币兑换为人民币的业务，单笔等值 100 美元（含）以下的，可不录入个人结售汇系统。

（五）特许机构应建立有效的内部核对和纠错机制，每日对录入个人结售汇系统的数据信息、自身特许系统兑换业务的数据信息与兑换水单记载的数据信息进行核对，保证录入数据信息的及时、准确和完整，并留存相关材料 3 年备查。

第三十三条 特许机构应在营业场所的显著位置安置符合国家外汇管理局要求的货币兑换统一标识、兑换特许证、兑换牌价、"请出示有效身份证件"等标示。依法单独收取手续费的应明示收费标准。

第三十四条 特许机构可根据自身服务能力和市场需求选择兑换货币种类（国家另有规定的除外），并在挂牌前不少于 10 个工作日向所在地外汇局报告。特许机构应参照中国人民银行、国家外汇管理局对银行汇价管理的有关规定制定挂牌汇价。

第三十五条 特许机构应印制并使用兑换水单办理兑换业务。

（一）水单应为一式两联，一联为特许机构联，一联为客户联。

（二）水单应完整记录每笔兑换交易的明细情况，其内容包括但不限于：特许机构及网点名称、交易日期及时间、顾客姓名、身份证件种类及号码、交易货币币种及金额、支付方式、兑换使用的牌价、交易流水号码、手续费收入（单独收取手续费时填写）等。

（三）水单必须连续编号，不得重复使用，同本水单不得跳号使用，作废水单应剪角保存。兑换水单应妥善保管，须登记领用或发放的情况，不得转让、出售，使用过的水单保存 3 年备查，相关电子记录长期保存。

第三十六条　特许机构办理兑换业务时，应按照下列流程办理：

（一）审核身份证件，及按照本办法第三十一条的规定审核并留存原兑换水单；

（二）在个人结售汇系统中逐笔录入有关信息（本办法第三十二条规定可事后补录或不录入个人结售汇系统的除外）；

（三）通过特许系统逐笔办理兑换业务；

（四）出具兑换水单交客户签字确认，客户联返还客户；

（五）交付资金。

特许机构应使用监控录像设备清晰完整记录上述兑换业务的办理过程。监控记录保存 3 个月备查。

第三十七条　特许机构应按个人结售汇相关规定，有效防止客户通过特许业务实施分拆或使用虚假单证规避结售汇管理。

第四章　备付金管理

第三十八条　本办法所指备付金是指特许机构办理兑换业务形成的库存现钞，以及通过在银行开立备付金账户存储的用于兑换业务的资金。

备付金包括人民币备付金和外币备付金。人民币备付金和外币备付金间可自由兑换。

第三十九条　特许机构应通过备付金办理兑换业务，并按本办法规定或经国家外汇管理局批准的渠道和方式管理备付金。

第四十条　特许机构的备付金通过以下渠道形成：

（一）按照本办法规定自行投入的人民币及用其购买的外币资金；

（二）办理兑换业务中收到并留存的人民币和外币资金；

（三）调剂备付金余缺时调入的人民币和外币资金；

（四）以货币价差形式或手续费方式获取的营业收入；

（五）汇率变动产生的汇兑收益。

第四十一条　备付金应专款专用，不得将非特许业务的收入混入备付金，也不得使用备付金支付日常费用。

第四十二条　特许机构应在银行开立备付金账户。

（一）特许机构经外汇局批准可选择在包括其人民币基本存款账户（以下简称基本户）开户银行在内，原则上不多于 3 家同城银行（以下简称开户银行）开立外币备付金账户。外币备付金账户按外币现钞账户管理，可根据需要存提现钞。

（二）特许机构应在开立外币备付金账户时向开户银行申请开立与外币备付金账户对应的人民币备付金账户。

（三）备付金账户收入限于：特许机构同城基本户划入的款项、备付金账户间划入的款项、库存备付金现钞的存入，其他经外汇局批准划入的款项。

（四）备付金账户支出限于：向特许机构同城基本户划出的款项、备付金账户间划出的款项、库存备付金现钞的提取，其他经外汇局批准划出的款项。

除国家外汇管理局另有规定外，特许机构不得开立备付金项下的外币现汇账户。

第四十三条　特许机构应加强库存备付金现钞的管理。

（一）库存备付金现钞包括：从备付金账户提取的现钞；与客户兑换时收到的现钞；调剂备付金余缺时调入的现钞。

（二）库存备付金现钞的存提均应通过备付金账户办理。

（三）特许机构不得将第（一）款以外的现钞作为库存备付金现钞，也不得将库存备付金现钞存入备付金账户以外的其他账户。

第四十四条　特许机构可将同城基本户资金划转至人民币备付金账户（以下简称备付金转入），也可将人民币备付金账户资金划转至同城基本户（以下简称备付金转出），每月限各办理一次。

特许机构为外商投资企业的，经外汇局核准，可将不超过外汇资本金总额 50%的资金结汇后通过基本户转入备付金账户，1 年内不得转出。满 1 年后，可按前款规定办理备付金转出。

第四十五条　特许机构可以携带现钞或开户银行转账的方式通过下列三种渠道调剂备付金的余缺：

（一）同一法人的特许机构内部。包括：同币种备付金的拆入或借出，人民币与外币备付金间的兑换交易。涉及在不同外汇分局辖区间调剂的，调剂双方应于首次调剂前制定调运及调剂方案，同时向所在地外汇分局报备。

（二）与同一外汇分局辖内的特许机构间。包括：人民币与非美元外币备付金间的兑换交易。首次调剂前，调剂双方应制定调运及调剂方案，同时向所在地外汇分局报备。

（三）与开户银行间。包括：人民币与外币备付金间的兑换交易，不同币种外币备付金间的兑换交易。

第四十六条　特许机构应建立备付金交易电子台账，完整记录备付金项下存提现钞、转入转出和调剂的明细情况。

（一）台账记录的内容应包括但不限于：交易性质（包括存钞或提钞、转入或转出、调剂），调入调出双方名称（交易性质为调剂时填写），交易时间，交易地点（以携带现钞方式调剂时填写并注明同城或异地）或交易账号，交易方式（现钞或转账），存入、转入或调入资金的币种及金额，提取、转出、调出资金的币种及金额，交易时所使用的汇率（交易性质为调剂且涉及不同货币间兑换时填写）。

（二）特许机构应每月打印纸质台账，盖章后连同相关凭证保存 3 年备查，相关电子记录长期保存。

第四十七条　开户银行应按本办法的规定为特许机构办理备付金项下存提现钞、转入转出、调剂等业务，包括：

（一）备付金账户现钞（含大额现钞）的存提；

（二）人民币备付金账户与同城基本户间的相互划转；

（三）人民币备付金账户间资金的相互划转；

（四）外币备付金账户间资金的相互划转；

（五）人民币与外币现钞或备付金账户内资金的兑换；

（六）外币与外币现钞或备付金账户内资金的兑换。开户银行办理备付金账户项下现钞的存提调运业务，应遵守中国人民银行对人民币现钞整点的有关规定，并比照该规定制定外币现钞整点的有关制度后方能办理。

第四十八条　开户银行应将与特许机构间人民币与外币的兑换交易（不同外币间的兑换交易除外）纳入银行结售汇统计。其中交易主体为非居民个人，交易性质为旅游。

第五章　监督检查

第四十九条　外汇局应依据本办法及其他外汇管理法规对特许机构的经营活动进行现场和非现场的核查。特许机构及其开户银行应接受外汇局的核查，并如实提供有关资料。

特许机构所在地外汇局应在 3 年内对所辖地区的全部特许机构至少进行一次现场核查。

第五十条　外汇局依法按《条例》对特许机构及其开户银行进行监督检查或者调查。

第五十一条　特许机构应按以下规定向所在地外汇局报送业务统计报表和有关资料：

（一）特许机构应指派专人从事统计和报表报送工作，并实行 A、B 角制度，相关人员发生变动，应在 5 个工作日内向所在地外汇局备案；

（二）特许机构应按所在地外汇局要求报送备付金监管报表（附表 1）；

（三）特许机构或分支机构应在月初 5 个工作日内按月向所在地外汇局报送"特许业务月报表"（附表 2）；

（四）全国范围内经营的特许机构总部应在前款时限内按月向所在地外汇分局报送"全系统特许业务月报表"（附表 3）；

（五）外汇局要求的其他数据和报表。

第五十二条　外汇分局负责按月采集、汇总所辖区域内特许机构业务开展情况，并于每月初 10 个工作日内，向国家外汇管理局报送"辖内特许业务月报表"（附表 4）。

第五十三条　特许机构应当按照国家有关规定，真实记录并全面反映特许业务经营活动和财务状况，编制年度财务会计报告。

第五十四条　特许机构开展经营活动，应按照反洗钱规定履行反洗钱义务。

第五十五条　特许机构涉及以下事项的，应制定相应的方案报所在地外汇局，由所在地外汇局逐级报国家外汇管理局另行审批：

（一）本办法未规定的与本外币兑换有关的其他创新业务；

（二）本办法未规定的其他备付金调剂渠道、方式等。

第六章　附　则

第五十六条　任何非金融机构未经外汇局批准擅自从事或变相从事特许业务的，按《条例》第四十六条处罚；特许机构和开户银行违反本办法规定及相关外汇管理法规规定的，按《条例》第四十七、四十八、四十九条及其他相关规定进行处罚。所在地外汇局应将处罚决定书抄送或抄报特许机构总部所在地外汇分局和国家外汇管理局。

第五十七条　本办法由国家外汇管理局负责解释。

第五十八条　本办法自 2012 年 5 月 1 日起施行。以前规定与本办法不一致的，按本办法执行。《国家外汇管理局关于扩大个人本外币兑换特许业务试点的通知》（汇发〔2009〕54 号）及所附的《个人本外币兑换特许业务试点管理办法》、《国家外汇管理局综合司关于下发〈个人本外币兑换特许业务试点内部审批操作规程〉的通知》（汇综发〔2009〕145 号）同时废止。

附表 1：略

附表 2：略

附表 3：略

附表 4：略

国家外汇管理局关于规范银行外币卡管理的通知

国家外汇管理局各省、自治区、直辖市分局、外汇管理部，深圳、大连、青岛、厦门、宁波市分局；中国银联股份有限公司；各中资外汇指定银行：

为规范银行外币卡管理工作，便于社会公众理解银行外币卡管理政策，国家外汇管理局对银行外币卡的有关外汇管理法规进行了梳理整合。现通知如下：

一、本通知中的银行外币卡包括境内外币卡和境外银行卡。前者指境内金融机构发行的外币卡（以下简称"境内卡"）；后者指境外机构发行的银行卡，但不包括境外机构发行的人民币卡（以下简称"境外卡"）。

二、境内卡的分类

（一）按照发行对象，境内卡可以分为个人卡和单位卡。个人卡是向自然人发行的外币卡；单位卡是向法人或其他组织发行，由该单位指定人员使用的外币卡。

（二）按照是否给予持卡人授信额度，境内卡可以分为贷记卡和借记卡。贷记卡是允许持卡人在发卡金融机构给予的信用额度内先使用、后还款的外币卡；借记卡是持卡人先存款、后使用，没有信用额度的外币卡。

（三）按照发卡币种，·境内卡可以分为外币卡和本外币卡。外币卡指单币种外币卡；本外币卡指人民币和外币的双币种或多币种卡。

三、境内卡的发行和使用

（一）境内金融机构可发行外币贷记单位卡，但卡内不能存有外汇资金；可以向在本行开有经常项目外汇账户的单位发行外币借记单位卡，卡内外汇资金应纳入经常项目外汇账户资金管理。

（二）个人卡在境内银行营业柜台可以提取人民币现钞，受理银行应将相应结汇信息实时录入个人结售汇管理信息系统；也可以到发卡金融机构营业柜台，在其对外挂牌兑换的币种范围内提取外币现钞，但不得透支提取外币现钞，也不得在自动柜员机上提取外币现钞。

（三）单位卡在境内不得提取外币现钞或人民币现钞。

（四）境内卡在境外可用于经常项目下的消费支付，不得用于其他交易的支付。具体管理要求参见本部分第（五）至（十）项。

（五）各发卡金融机构应当按照《境内银行卡在境外使用的商户类别码》（见附件1）列出的商户类别码（MCC）在系统内做好设置，严格控制脱机交易。

（六）附件1列出的商户类别码分为完全禁止、金额限制和完全放开三类。完全禁止类是指持卡人不得在此类代码项下进行交易。金额限制类是指除6010、6011两个商户类别码之外，其余代码项下持卡人单笔交易金额不得超过等值5000美元。完全放开类是指对交易金额没有限制。

（七）各发卡金融机构应将商户类别码6010（银行柜台提现）和6011（自动提款机提现）合并设置境外提现限额：一日内累计不得超过等值1000美元，一个月内累计不得超过等值5000美元，六个月内累计不得超过等值10000美元。

（八）各发卡金融机构若通过国际卡组织进行代授权交易，应遵守本通知规定。

（九）各发卡金融机构若因技术等原因未及时完成系统设置，应按月逐笔向国家外汇管理局报送已发生的不合规交易。

（十）附件 1 列出的商户类别码包含威士（Visa）、万事达（MasterCard）、运通（American Express）、JCB 四个银行卡组织。各发卡金融机构发行其他银行卡组织标识卡涉及的商户类别码，须报国家外汇管理局备案。

四、境外卡收单业务

（一）境外卡在境内可以提取人民币现钞。通过银行营业柜台办理，受理银行应将相应结汇信息实时录入个人结售汇管理信息系统；通过自动柜员机办理，每笔不得超过 3000 元人民币。

境外卡在境内可以到境内金融机构营业柜台提取外币现钞，但不得在自动柜员机上提取外币现钞。

（二）境外个人使用境外卡在境内提取人民币现钞未用完部分，可凭其原始交易凭证，如 ATM 或收单金融机构柜台的相应单据，在提现后 6 个月内，到银行营业柜台兑回不超过原提现金额的外币，并可按相关规定汇出或携带出境。

（三）境内金融机构为境外卡办理资金存入的，视同向境外汇款，应遵守国家外汇管理局的有关规定。

（四）境内尚未开办人民币业务的外资金融机构办理境外卡收单业务时，其银行卡项下人民币资金来源，应通过其经所在地中国人民银行分支行批准开立的结售汇人民币专用账户解决。

五、银行外币卡项下的清算、还款及购汇

（一）银行外币卡境内使用，应当遵守境内禁止外币计价结算的外汇管理规定。境内特约商户（包括免税店）受理的银行外币卡交易，其与收单金融机构之间必须以人民币清算。

（二）境内卡境内交易，扣除柜台提取外币现钞部分，应通过境内清算渠道以人民币完成清算；境内交易形成的透支，持卡人应以人民币偿还。

（三）境内卡境内交易若因特殊原因通过银行卡国际组织清算，发卡金融机构在以外币完成清算后，可用持卡人偿还的人民币购汇补充已垫付的外汇。通过银行卡国际组织清算是指两种情形：一是境内外币卡境内交易通过银行卡国际组织清算；二是"误抛"交易，即境内本外币卡在境内使用本应视同人民币卡，却被收单金融机构判为外币卡，抛至银行卡国际组织清算。

（四）收单金融机构因银行外币卡境内交易从银行卡国际组织收取的外汇，扣除柜台提取外币现钞部分，应及时结汇。

（五）经批准在境外受理银行外币卡的境内航空公司等特约商户，与收单金融机构之间可以用外汇清算，发卡金融机构可以支付外汇。

（六）境内卡在境外消费或提现形成的透支，持卡人可以用自有外汇资金偿还，也可在发卡金融机构购汇偿还。

（七）发卡金融机构办理上述售汇业务时，售汇额不得超过境内卡已形成的外币透支额，且必须直接用于偿还已形成的透支款。

（八）境内卡项下的各项费用，年费、换卡补卡费应以人民币计收；其他费用可以由银行直接从有外汇余额的卡中扣取，也可由持卡人以人民币支付。

（九）除外币卡（含境内卡和境外卡）境内消费结汇、境外卡通过自动柜员机提取人民币现钞和境内卡境外使用购汇还款三项外，银行卡项个人结售汇业务均应按规定录入个人结售汇管理信息系统。

（十）境内和境外个人使用银行卡办理外汇业务时，应严格遵守《个人外汇管理办法》（中国人民银行令［2006］第 3 号）和《个人外汇管理办法实施细则》（汇发［2007］1 号的附件）等个人外汇管理规定。

六、银行外币卡项下有关业务的统计及报备

（一）银行外币卡的结售汇统计应按属地管理原则，由收取外汇并结汇、扣收人民币并购汇的金融机构完成。

（二）银行外币卡的国际收支统计申报应按照《国家外汇管理局关于印发〈通过金融机构进行国际收支统计申报业务操作规程〉的通知》（汇发〔2010〕22 号）执行。

（三）各发卡金融机构应按年度汇总向国家外汇管理局报送《境内外币卡交易和购汇信息统计表》（见附件 2）。报送方式：纸质文件（加盖业务部门公章）。时间要求：年后一个月内。通讯地址：北京市海淀区阜成路 18 号华融大厦。收件单位：国家外汇管理局国际收支司银行外汇收支管理处。邮政编码：100048。

（四）对于银行外币卡项下发生的大额存款、提现或消费交易，境内金融机构应严格履行反洗钱报告等有关义务。

七、其他事项

（一）境内卡所有附属卡的消费、提现限额及大额报备等应与主卡纳入同一个账户管理。

（二）本文所涉及的时间，"一个月"指一个自然月，"六个月"按连续自然月计算。

（三）境内人民币卡清算组织应做好本外币卡境内交易的人民币清算工作。发卡金融机构必须将本外币卡的卡 BIN 上报境内人民币卡清算组织，供收单金融机构下载。收单金融机构应做好相应的银行卡系统设置，在判卡时，必须优先判人民币卡。

（四）人民币卡在境外使用，由负责信息转接的境内人民币卡清算组织参照附件 1 统一在系统内设置。境内人民币卡清算组织应将 6010 列入完全禁止类，以防止人民币卡在境外通过银行柜台提现；应对 6011 设置金额限制，每卡每日不超过等值 10000 元人民币。

（五）开展银行外币卡业务的金融机构应全面客观地向客户介绍银行外币卡的外汇管理政策，向公众说明银行外币卡使用范围和透支还款等项管理规定，防止片面宣传和误导。

（六）各地外汇局应对辖内金融机构银行外币卡项下的宣传、业务开展中外汇管理法规政策的执行情况及可疑信息进行跟踪检查。对金融机构片面和错误宣传的，应责令其改正。对违反外汇管理规定的金融机构、特约商户和个人，各地外汇局可依据《中华人民共和国外汇管理条例》等外汇管理法规进行处罚。

八、本通知自 2010 年 11 月 1 日起实施。《国家外汇管理局关于规范银行外币卡管理的通知》（汇发〔2004〕66 号）、《国家外汇管理局关于下发境内银行卡在境外使用的禁止类和限制类商户类别码的通知》（汇函〔2004〕19 号）、《国家外汇管理局关于更新境内银行卡在境外使用的商户类别码的通知》（汇发〔2004〕110 号）和《国家外汇管理局关于规范部分新增境内银行卡在境外使用的商户类别码的通知》（汇发〔2007〕55 号）同时废止。

请各分局、管理部接到本通知后，尽快向辖内中心支局、支局和中、外资金融机构转发。执行中如遇问题，请及时向国家外汇管理局国际收支司反馈。联系电话：010-68402313，传真：68402315。

附件 1：境内银行卡在境外使用的商户类别码（略）

附件 2：境内外币卡交易和购汇信息统计表（略）

国家外汇管理局关于报送内地人民币卡在香港使用统计报表的通知

中国银联股份有限公司：

为及时准确地反馈内地人民币卡在香港使用的相关统计数据，完善内地人民币在香港使用的管理，我局确定了内地人民币卡在香港使用统计报表（见附件），请你公司按照以下要求严格执行：

一、请于 2004 年 12 月 31 日前完成相关系统开发，并于 2005 年 1 月正式报送所有报表。

二、报表上报时间为月后 5 个工作日内。

三、请在规定时间内以电子方式或书面方式分别报送有关报表。E-mail 地址：yinhangchu@mail.safe.gov.cn。通讯地址：北京市海淀区阜成路 18 号华融大厦。收件单位：国家外汇管理局国际收支司银行外汇收支管理处。邮政编码：100037。

四、在系统完成开发之前，请按月报送表 1（见附件）；并按我局管理需要报送相关信息。

执行中若遇问题，请及时与我局国际收支司联系。

联系人：乔林智

联系电话：010-68402313

相关信息：

附件 1：内地人民币卡在香港使用统计报表（略）

国家外汇管理局综合司、海关总署办公厅关于调运卢布现钞进出境有关问题的通知

国家外汇管理局黑龙江省分局；哈尔滨海关：

　　为保证黑龙江省黑河地区边境贸易及银行卢布现钞收付业务的正常开展，规范黑河地区卢布现钞进出境管理，现就调运卢布现钞进出境的有关问题通知如下：

　　一、黑龙江省黑河地区各银行应参照《银行调运外币现钞进出境管理规定》（汇函〔1998〕65号）中的有关规定，在黑河海关办理调运卢布现钞进出境业务。

　　二、黑河地区各银行办理调运卢布现钞进出境业务应当取得其总行的授权。在开展此项业务前，各银行总行应当将授权办理调运卢布现钞进出境业务的黑河地区分行名单及其有权签字人签字样本，事先报国家外汇管理局黑龙江省分局和哈尔滨海关备案，并抄报国家外汇管理局和海关总署。国家外汇管理局黑龙江省分局为银行办理备案手续后，应书面通知国家外汇管理局黑河市中心支局。哈尔滨海关将有关备案文件通知黑河海关。

　　三、黑河地区各银行办理调运卢布现钞进出境业务时，统一使用国家外汇管理局印制的"银行调运外币现钞进出境许可证"（以下简称"许可证"）。

　　四、办理调运卢布现钞进出境业务的黑河地区各银行可根据实际业务需要，到国家外汇管理局黑河市中心支局领取"许可证"。"许可证"的发放、保管、使用以及相应的管理应严格按照《银行调运外币现钞进出境管理规定》及其他有关规定执行。

　　五、本通知自 2004 年 5 月 1 日起实施。

外币代兑机构管理暂行办法

（中国人民银行令［2003］第6号，2003年5月28日中国人民银行第3次行长办公会讨论通过）

第一条 为规范外币代兑机构经营外币兑换业务行为，维护市场秩序，根据《中华人民共和国中国人民银行法》、《中华人民共和国外汇管理条例》、《结汇、售汇及付汇管理规定》及《外汇指定银行办理结汇、售汇业务管理暂行办法》等有关规定，制定本办法。

第二条 本办法所称外币代兑机构，是指与具有外币兑换（或结售汇）业务经营资格的境内商业银行及其分支行（以下简称银行）签订协议，经银行授权办理外币兑换业务的境内企业法人机构（以下简称代兑机构）。

第三条 外币代兑机构办理的外币兑换业务的品种限于可自由兑换货币的现钞及旅行支票。

外币代兑机构办理外币兑换业务限于境内居民个人及非居民个人用外币和外币旅行支票兑换人民币的单方面兑换业务。

非居民个人若将在外币代兑机构兑换所得的人民币兑回外币，需到为其办理外币兑换业务的代兑机构的授权银行办理，兑回金额不得超过原兑换的外币金额。兑回有效期为自兑换之日起6个月内。

居民个人不得办理兑回业务。

第四条 国家外汇管理局及其分支机构依法对银行授权的外币代兑机构的外币兑换业务进行监督、管理。

第五条 银行总行需制定统一的系统内部委托办理外币兑换业务的管理制度及风险控制制度。

授权银行需根据总行的管理制度及风险控制制度制定管理规定及操作规程，内容应当包括：外币代兑机构的外币兑换牌价管理、代兑业务的结算管理、外币兑换水单的领用、使用、作废、核对等管理、因兑换而产生的亏损的风险控制及责任分担、纠纷处理管理、办理兑换业务的币种管理、人民币和外币库存限额管理、代兑人员管理等。

第六条 银行授权代兑机构办理外币兑换业务，必须与代兑机构签订授权办理外币兑换业务的书面协议，明确双方的权利义务以及纠纷处理原则，并向国家外汇管理局当地分支机构备案。书面协议应包括本办法第五条规定的管理规定及操作规程的主要内容。在备案确认前，代兑机构不得办理外币兑换业务。

第七条 授权银行办理备案手续需报送以下材料：

（一）总行制定的统一的系统内部委托办理外币兑换业务的管理制度及风险控制制度；

（二）授权代兑机构办理外币兑换业务申请书；

（三）代兑机构的基本情况说明；

（四）授权办理外币兑换业务管理规定；

（五）已签订的授权办理外币兑换业务的书面协议；

（六）外币代兑机构结汇水单和业务用章样本；

（七）国家外汇管理局及其分支机构要求的其他材料。

国家外汇管理局当地分支机构应当在收到上述材料之日起30日内给予确认或不予确认复函，如不予确认，需在复函中说明不予确认原因。授权银行如获国家外汇管理局当地分支机构不予确认的复函，自收到复函之日起半年内不得再次提出同样内容的备案申请。

第八条　代兑机构办理外币兑换的业务场所，原则上须地处人流稠密的口岸、机场、车站、码头、旅游点、边境口岸地区、主要商业区、涉外宾馆酒店等。

第九条　代兑机构办理外币兑换业务，应当具备以下条件：

（一）有境内企业法人资格；

（二）有固定的营业场所；

（三）不少于2名经授权银行培训合格的从事外币兑换业务的工作人员；

（四）具备能够准确、及时接收授权银行外币兑换牌价的设备或相应设施；

（五）授权银行要求的其他条件。

第十条　代兑机构只能与同城的一家银行签订授权办理外币兑换业务协议，不得与多家银行或异地的银行签订授权办理外币兑换业务协议办理外币兑换业务。

代兑机构可以与签约银行协议约定设置多家外币兑换业务经营场所。

第十一条　银行终止与代兑机构的授权办理外币兑换业务协议，应在协议终止后10日内向国家外汇管理局当地分支机构备案。

第十二条　外币代兑机构实行挂牌经营。办理外币兑换业务时，必须在其营业场所的显著位置悬挂"××银行（授权银行名称）外币代兑机构"铭牌。铭牌样式由授权银行负责规范。

第十三条　外币代兑机构应当按照授权银行制定的外币兑换牌价管理规定办理外币兑换业务，并在其营业场所的显著位置公布外币兑换牌价。

第十四条　外币代兑机构的外币兑换业务需单独核算。

第十五条　外币代兑机构办理外币兑换业务必须使用外币兑换水单，不得以其他单证代替外币兑换水单。外币兑换水单由授权银行负责提供并管理。

外币兑换水单需记载以下内容，内容应包括但不限于以下内容：客户姓名、客户国籍、证件种类及号码、兑换日期、外币币种、外币和人民币金额、外汇牌价等。

外币代兑机构留存的外币兑换水单应当经客户签名和经办人员盖章确认。外币代兑机构使用外币兑换水单应当套写，一式不得少于三联，一联交客户留存，一联送授权银行留存，一联由外币代兑机构留存做账使用。授权银行和外币代兑机构须保留外币兑换水单5年备查。

外币代兑机构在办理境内居民个人外币兑换人民币业务时，应在外币兑换水单上加注"不得办理兑回业务"字样。

第十六条　外币代兑机构应当遵守授权银行制定的收兑外币的保管、上缴、库存限额的管理制度。

外币代兑机构办理外币兑换业务的外币库存限额，由其授权银行核定，原则上在每个营业日终了时不得超过等值1万美元。

第十七条　授权银行负责对外币代兑机构的从业人员进行业务培训。

外币代兑机构的从业人员必须具备以下条件：

（一）鉴别外币现钞和外币旅行支票的能力；

（二）相应的外汇管理法规知识；

（三）授权银行内控制度要求具备的其他能力。

第十八条　授权银行应当按照《国际收支统计申报办法》及有关规定、银行结售汇有关统计报告制度，将与其授权的外币代兑机构办理的兑换业务内容合并报送，履行统计申报义务。

第十九条　授权银行应当监督外币代兑机构按双方签订的业务协议办理外币兑换业务，发现外币代兑机构未按规定使用外币兑换水单、违反外币兑换牌价管理规定及其他违反国家外汇管理法规行为的，应当及时纠正并向国家外汇管理局当地分支机构报告。

第二十条　授权银行和外币代兑机构有以下行为之一的，由国家外汇管理局当地分支机构进行处罚：

（一）未将外币代兑机构办理外币兑换业务的有关资料送国家外汇管理局当地分支机构备案，外币代兑机构开办外币兑换业务的，由国家外汇管理局当地分支机构按照《中华人民共和国外汇管理条例》第四十一条的规定对授权银行和外币代兑机构进行处罚。

（二）违反汇率管理规定制定外币兑换牌价的，由国家外汇管理局当地分支机构按照《中华人民共和国外汇管理条例》第四十三条的规定进行处罚。

（三）授权银行未按照规定监督外币代兑机构使用外币兑换水单办理外币兑换业务的，由国家外汇管理局当地分支机构按照《中华人民共和国外汇管理条例》第四十二条和《外汇指定银行办理结汇、售汇业务管理暂行办法》第四十条的规定对授权银行进行处罚。

（四）授权银行和外币代兑机构有其他违反外汇管理规定的行为的，由国家外汇管理局当地分支机构按照有关规定处罚。

第二十一条　本办法施行前设立的外币代兑机构，应当在本办法施行之日起两个月内，由其授权银行按本办法规定的要求向国家外汇管理局当地分支机构补办备案手续。

第二十二条　本办法自 2003 年 11 月 1 日起施行。

国家外汇管理局关于部分银行试行办理个人外汇预结汇汇款业务有关问题的通知

中国工商银行、中国农业银行、中国银行、中国建设银行：

为方便境外个人通过银行办理外汇汇入汇款，规范境外汇款业务的外汇管理，经商中国人民银行，现决定允许中国工商银行、中国农业银行、中国银行和中国建设银行有条件的境外分行试行办理境外个人外汇预结汇汇款业务（以下简称"预结汇汇款"）。现将有关要求通知如下：

一、基本管理原则和操作程序

（一）本通知所称预结汇汇款是指境外分行办理境外个人向境内的外汇汇入汇款时，如汇款人要求以人民币交付收款人，境外分行先按照其总行制定的汇款日现汇买入价将所汇汇款折成人民币，告知汇款人所汇的人民币金额，再将外汇汇往指定的境内收款行，境内收款行根据境外分行的付款指令，通知解付行对收款人直接解付人民币的特定汇款方式。

（二）本通知所称"有条件的境外分行"是指经总行授权试办预结汇汇款，并经当地金融监管当局批准开办居民或非居民汇款业务的境外分行。

（三）银行试办预结汇汇款的客户限制。预结汇汇款的汇款人为境外个人，包括居民个人和非居民个人，收款人为境内居民个人。

（四）银行试办预结汇汇款的业务范围及汇款金额限制。银行的预结汇汇款只能办理个人经常项下外汇汇款，不得办理资本项下外汇汇款。

为严格遵守国家外汇管理规定，预结汇汇款单笔金额暂限定在等值5万美元（含）以内。其中，等值1万美元（含）以下的汇款，境外银行可直接办理；等值1万至5万美元（含）的汇款，境外银行需审核汇款人的身份证明和资金来源证明，留存汇款人身份证明复印件和资金来源证明复印件备查。为保证境内收款行准确进行国际收支统计申报，境外分行需将下列信息传送给境内收款行：汇款人姓名、收款人姓名、汇款外汇金额、汇款人民币金额、交易性质。

（五）试办预结汇汇款的银行需要指定总行营业部或一家境内分行作为境内收款行。境内收款行的主要职责是：

1. 集中办理预结汇汇款业务的收款转汇业务。

2. 根据境外汇款行的指令将人民币拨付解付行，由解付行对收款人进行解付。

3. 办理境外汇款行的汇入汇款的结汇手续。

4. 办理大额报备和代收款人进行国际收支统计申报。境内收款行应根据中国人民银行制定的《金融机构大额和可疑外汇资金交易报告管理办法》和外汇管理有关规定，向所在地外汇管理部门统一进行大额和可疑外汇交易报告。境内收款行还应按照《国际收支统计申报办法》及其实施细则和有关操作规程的规定代收款人进行逐笔的国际收支统计申报。预结汇汇款不实行限额申报。

（六）境外个人可以自由选择预结汇汇款或一般外汇汇款方式，境外分行不得强制要求汇款人采取何种汇款方式。

（七）境外分行在试办预结汇汇款业务的汇率使用上，需使用其总行制定的当日汇买价进行折算。

（八）在汇款速度上，境外分行需在受理客户汇款业务的当天将外汇汇给境内收款行。境内收款行需在收到境外分行汇款指令当天办妥收款转汇手续并通知解付行。境内解付行需在收到收款行解付通知当天办妥解付手续。

（九）为了避免境内收款行在办理收款转汇时所承担的风险，境外汇款行应拨付外汇资金结汇作境内收款行的人民币铺底资金。境内收款行需对人民币铺底资金设立专用帐户，该帐户原则上不得透支，如发生透支，不得超过一天。境内收款行需在透支行为发生两日内，将透支情况报当地人民银行备案。境内收款行需按月与境外汇款行核对人民币铺底资金的使用情况。人民币铺底资金由各家银行总行统一管理。人民币铺底资金的相应外汇规模应由各家银行总行在向人民银行申请办理"预结汇汇款"业务时统一提出，经人民银行备案及外汇局批准后确定并办理结汇手续。

二、试办预结汇汇款业务的申请程序

你行试办个人外汇预结汇汇款业务应事前向中国人民银行提出申请，由中国人民银行会同国家外汇管理局审核批准。银行申请材料应当包括：申请报告、预结汇汇款业务的操作流程、境外分行基本情况、境内收款行的基本情况、预拨外汇结汇作人民币铺底资金的计划金额、汇款线路、平盘机制、内控制度、试办业务使用的汇率、汇费、境内收款行负责大额和可疑外汇交易报告和国际收支统计申报的管理办法等。

特此通知。

二〇〇三年四月二十八日

关于银行调运澳门元现钞有关问题的通知

国家外汇管理局各分局，北京、重庆外汇管理部；各中资外汇指定银行；海关总署广东分署，拱北海关：

自 1999 年 2 月 1 日《银行调运外币现钞进出境管理规定》实施以来，各银行调运外币现钞进出境业务进展顺利。为进一步完善该规定，便利银行现钞业务的开展，根据实际工作的需要，对于澳门元现钞的调运作如下通知：

一、国家外汇管理局珠海支局（以下简称"珠海外汇局"）辖区内银行可在拱北海关办理调运澳门元现钞进出境手续。其它币种的调运手续按《银行调运外币现钞进出境管理规定》执行。

二、各中资外汇指定银行总行需在珠海口岸办理澳门元调运业务的，应将授权办理此项业务的珠海外汇局辖区内分行名单及有权签字人签字样本，事先报国家外汇管理局、海关总署及拱北海关备案。

珠海外汇局辖区内外资银行如需在珠海口岸办理澳门元调运手续，应事先将其有权签字人签字样本报国家外汇管理局、海关总署和拱北海关备案。

三、珠海外汇局辖区内银行调运澳门元现钞所需的《银行调运外币现钞进出境许可证》应向国家外汇管理局广州分局申领，该证的使用及管理按《银行调运外币现钞进出境管理规定》有关条款执行。

四、其它地区银行如办理调运澳门元现钞进出境手续，应按《银行调运外币现钞进出境管理规定》执行。

五、珠海外汇局辖区内银行调运澳门元现钞的其它管理工作，按《银行调运外币现钞进出境管理规定》执行。

六、有关调运澳门元进出境海关进出口货物报关单填报规定按《海关总署关于明确进出境货币现钞管理有关问题的通知》规定办理。

七、本通知由国家外汇管理局和海关总署负责解释，自 1999 年 8 月 1 日起施行。

银行调运外币现钞进出境管理规定

第一条 为保证经营外汇业务的银行外币现钞收付业务的正常开展，规范各经营外汇业务的银行及其分行（以下简称"银行"）外币现钞进出境管理，特制定本规定。

第二条 银行经营外汇业务收付外币现钞（可自由兑换货币纸币及硬币）需调出境外或从境外调入的，适用本规定。

第三条 国家外汇管理局、海关总署为银行调钞进出境业务的管理机关。

第四条 银行原则上应在北京、上海、福州、广州、深圳口岸海关办理外币进出境手续。如需在其他口岸办理，应由有关银行总行事前报国家外汇管理局核准后报海关总署备案，外资银行应通过所在地外汇局报国家外汇管理局核准后报海关总署备案，由海关总署通知有关口岸海关办理审核验放手续。

第五条 各银行总行应当将授权办理调运外币现钞进出境业务的分行名单及其有权签字人签字样本，事先报国家外汇管理局和海关总署以及上述指定的外币现钞进出境口岸海关备案。

上述指定口岸海关所在地外资银行应将其有权签字人签字样本事先报国家外汇管理局、海关总署和所在地口岸海关备案。

第六条 国家外汇管理局负责印制统一编号的《银行调运外币现钞进出境许可证》（以下简称《许可证》，见附表 1），并将《许可证》样式送交海关总署备案。

第七条 各银行总行及其授权分行、指定口岸海关所在地外资银行应到所在地外汇局领取《许可证》，按要求于调运外币现钞前填写该证所有内容。外汇局在发放《许可证》时，应记录领证银行名称及所领《许可证》编号。

银行丢失《许可证》的，应当及时向所在地外汇局和外币现钞进出境口岸海关备案，所丢失的《许可证》不得凭以办理外币现钞进出境。

因填写错误等原因需作废的《许可证》，银行不得自行销毁，应全部交回外汇局。

第八条 银行办理外币现钞进出境业务时，海关凭银行填制的《许可证》、进出口货物报关单，验明报关人员身份后，办理验放手续，并留存《许可证》第一联备查。

第九条 其他单位未经国家外汇管理局批准不得调运外币现钞出入境。

第十条 各银行及其授权分行应于每月 5 日前将上月使用的《许可证》第二联送所在地外汇局备案。银行再次申领新的《许可证》时，外汇局应根据申领银行《许可证》第二联送交情况核发新证。如有必要，外汇局可向口岸海关核对银行调钞情况。

第十一条 有关口岸海关所在地外汇局应当在每年的 1 月 31 日前，向国家外汇管理局报送上一年度本局所辖地区《银行调运外币现钞进出境统计表》（附表 2）。

第十二条 对违反本规定的，国家外汇管理局或海关总署将根据国家有关法律、法规进行处罚；构成犯罪的，依法追究刑事责任。

第十三条　本规定由国家外汇管理局和海关总署负责解释。

第十四条　本规定自 1999 年 2 月 1 日起施行。

附表略

第五编 外汇市场与人民币汇率类政策法规

银行间外汇市场做市商指引

  第一条 为进一步发展外汇市场，提高我国外汇市场的流动性，完善价格发现机制，根据《中华人民共和国中国人民银行法》、《中华人民共和国外汇管理条例》、《银行间外汇市场管理暂行规定》（银发〔1996〕423 号）和《中国人民银行关于加快发展外汇市场有关问题的通知》（银发〔2005〕202 号），制定《银行间外汇市场做市商指引》（以下简称《指引》）。

  第二条 《指引》所称银行间外汇市场做市商，是指经国家外汇管理局（以下简称外汇局）核准，在我国银行间外汇市场进行人民币与外币交易时，承担向市场会员持续提供买、卖价格义务的银行间外汇市场会员。

  第三条 银行间外汇市场做市商分为即期做市商、远期掉期做市商和综合做市商。即期做市商是指在银行间即期竞价和询价外汇市场上做市的银行。远期掉期做市商是指在银行间远期、外汇掉期和货币掉期市场做市的银行。综合做市商是指在即期、远期、外汇掉期和货币掉期等各外汇市场开展做市的银行。

  2011 年 1 月 1 日以前经外汇局备案核准取得银行间外汇市场做市商资格的银行自动承继即期做市商资格。远期掉期做市商和综合做市商资格须另行申请。

  第四条 银行间外汇市场即期做市商和远期掉期做市商享有以下权利：

  （一）适度扩大结售汇综合头寸区间，实行较灵活的头寸管理；

  （二）享有向中国人民银行（以下简称人民银行）申请外汇一级交易商的资格；

  （三）具有参与外汇市场新业务试点的优先权。

  银行间外汇市场综合做市商除享有上述三项权利外，对于银行间外汇市场新批准交易品种，经外汇局批准交易资格后，可自动获得该交易品种的做市资格；在同等条件下，可优先获得银行间外汇市场清算会员和综合清算会员资格。

  第五条 银行间外汇市场做市商应履行以下义务：

  （一）在规定的交易时间内，在银行间外汇市场（包括电子交易平台）连续提供人民币对主要交易货币的买、卖双向价格，所报价格应是有效的可成交价格；

  （二）在银行间即期竞价和询价外汇市场上，报价不得超过人民银行规定的银行间市场交易汇价的浮动幅度；

  （三）在外汇市场诚实交易，不利用非法或其他不当手段操纵市场价格；

  （四）严格遵守外汇市场交易和结售汇综合头寸的相关管理规定；

  （五）按照外汇局要求定期报告外汇市场运行和做市情况。

  第六条 申请银行间外汇市场做市商资格须首先申请相应做市品种的尝试做市资格。申请尝试做市资格应具备以下基本条件：

  （一）取得银行间外汇市场会员资格两年（含）以上的银行类金融机构；

  （二）单个评选周期内，依据《银行间外汇市场评优办法》在最具做市潜力会员中连续排名前三名；

（三）集中管理结售汇综合头寸，外汇局核定的银行结售汇综合头寸上限在 2 亿美元（含）以上；

（四）具备健全的外汇业务风险管理系统、内部控制制度、内部资金和结售汇转移定价机制和较强的本外币融资能力；

（五）遵守人民银行和外汇局的有关规定，在提交申请的前两年内，结售汇业务和外汇市场交易没有重大违法、违规记录；

（六）外汇局规定的其他条件。

第七条　银行间外汇市场即期做市商和远期掉期做市商应具备以下基本条件：

（一）在申请做市的交易品种上尝试做市两年以上，具备必要的经验和能力。2011 年 1 月 1 日以前经外汇局备案核准取得银行间外汇市场做市商资格的银行，在银行间远期、外汇掉期、货币掉期市场开展双边报价交易的时间视为其尝试做市时间；

（二）单个评选周期内，依据《银行间外汇市场评优办法》计算的做市品种客观指标评分和外汇局评分两项综合得分，在全部尝试做市机构中排名前三名，且高于评分最低的做市商；

（三）集中管理结售汇综合头寸，外汇局核定的银行结售汇综合头寸上限 5 亿美元（含）以上；

（四）具备健全的外汇业务风险管理系统、内部控制制度、内部资金和结售汇转移定价机制和较强的本外币融资能力；

（五）遵守人民银行和外汇局的有关规定，在提交申请的前两年内，结售汇业务和外汇市场交易没有重大违法、违规记录；

（六）外汇局规定的其他条件。

第八条　银行间外汇市场综合做市商应具备以下基本条件：

（一）取得银行间外汇市场即期、远期掉期做市商资格三年（含）以上；

（二）单个评选周期内，依据《银行间外汇市场评优办法》计算的即期和远期掉期客观指标评分和外汇局评分两项综合得分，在全部做市商和尝试做市机构中排名前 10 名；

（三）单个评选周期内，全行境内代客跨境收支规模在全部银行中连续排名前 20 名；

（四）外汇局核定的银行结售汇综合头寸上限在 10 亿美元（含）以上；

（五）具备健全的外汇业务风险管理系统、内部控制制度、内部资金和结售汇转移定价机制和较强的本外币融资能力；

（六）遵守人民银行和外汇局的有关规定，在提交申请的前两年内，结售汇业务和外汇市场交易没有重大违法、违规记录；

（七）有 4 名以上具有中国外汇交易中心（以下简称交易中心）颁发的银行间外汇市场交易员资格证书的交易员，岗位设置合理，职责明确；

（八）外汇局规定的其他条件。

第九条　符合本《指引》第六条所列条件的市场会员可向外汇局申请即期或远期掉期尝试做市资格，经外汇局备案，交易中心开通相应交易品种的双向报价功能后，开展尝试做市业务。

第十条　符合本《指引》第七条或第八条所列条件并愿意承担我国银行间外汇市场做市义务的市场会员，由其总行或有头寸集中管理权的授权分行向外汇局提出申请，经外汇局备案后成为银行间外汇市场即期、远期掉期或综合做市商。

第十一条　市场会员在提出银行间外汇市场尝试做市机构或做市商申请时应提交以下材料：

（一）承诺严格履行做市商做市义务的申请报告；

（二）符合本《指引》第六、七、八条对应条件的可行性分析报告；

（三）外汇局要求提供的其他材料和文件。

第十二条　外汇局自受理银行外汇市场做市商或尝试做市机构申请之日起于 15 个工作日内做出备案或不备案的决定，并将该决定抄送人民银行、交易中心。

第十三条　发生外资银行法人化改制资格承继、中英文名称变更等机构变更情况的做市商或尝试做市机构，应及时报外汇局登记备案。

第十四条　外汇局对做市商结售汇综合头寸实行统一核定和调整。

第十五条　外汇局就做市商报价、成交、信息报送和清算等情况进行定期评估和不定期核查，并接受市场会员对不履行本《指引》第五条所列做市义务行为的举报。

第十六条　交易中心应根据外汇局要求和市场反馈，完善银行间外汇市场做市商做市评估指标体系，并定期向外汇局报送做市商评估指标情况。

第十七条　外汇局对违反本《指引》机构和个人，依据《中华人民共和国外汇管理条例》予以处罚。

第十八条　外汇局对出现下列情况的综合做市商、即期和远期掉期做市商及尝试做市机构，做市资格下调一级；自要求其停办做市业务之日起两年内不受理其此类业务新申请：

（一）单个评选周期内，依据《银行间外汇市场评优办法》计算的尝试做市机构做市品种客观指标评分和外汇局评分两项综合得分，在全部尝试做市机构中排名后三名，且低于评分最低的做市商；

（二）单个评选周期内，依据《银行间外汇市场评优办法》计算的即期、远期掉期做市商做市品种客观指标评分和外汇局评分两项综合得分，在全部做市商排名后三名，且低于评分最高的尝试做市机构；

（三）单个评选周期内，综合做市商不符合本《指引》第八条所列条件；

（四）因存在可能危及其正常做市的风险，被外汇局要求停办做市业务，在规定时间内整改仍未达到相关要求的。

第十九条　外汇局对做市商相关指标予以监测，并可约谈可能被要求停办做市业务的市场会员。

第二十条　放弃做市商或尝试做市机构资格的市场会员应提前 15 个工作日向外汇局申请，经外汇局备案后，转为普通市场会员。

第二十一条　银行间外汇市场新批准交易品种做市办法由外汇局另行规定。

第二十二条　本《指引》由外汇局负责解释。

本《指引》中所称"单个评选周期"以 2013 年为起始时间，每两个年度为一个周期。

第二十三条　本《指引》自发布之日起施行，《银行间外汇市场做市商指引》（汇发〔2010〕46号）同时废止。

国家外汇管理局关于调整银行间外汇市场
部分业务管理的通知

国家外汇管理局各省、自治区、直辖市分局、外汇管理部，深圳、大连、青岛、厦门、宁波市分局；各政策性银行、国有商业银行、股份制商业银行，中国外汇交易中心：

为进一步推动金融服务实体经济，促进外汇市场发展，根据《中国人民银行关于加快发展外汇市场有关问题的通知》（银发〔2005〕202号）、《中国人民银行关于在银行间外汇市场开办人民币外汇货币掉期业务有关问题的通知》（银发〔2007〕287号）等有关规定，现就调整银行间外汇市场部分业务管理有关事宜通知如下：

一、简化外汇掉期和货币掉期业务的市场准入管理

（一）国家外汇管理局对银行间外汇市场人民币外汇远期、外汇掉期、货币掉期业务实行一次性备案管理。符合《中国人民银行关于加快发展外汇市场有关问题的通知》（银发〔2005〕202号）第三条规定条件的境内机构，持规定材料（包括但不限于业务申请、定价与头寸管理、风险内控制度等）通过中国外汇交易中心向国家外汇管理局一并申请备案上述三项业务交易资格。

（二）本通知实施前已备案获得银行间外汇市场远期交易资格的境内机构，可自动获得外汇掉期、货币掉期交易资格，无需再次申请备案。

二、增加货币掉期业务的本金交换形式

境内机构在银行间外汇市场开展人民币外汇货币掉期业务，除现有规定外，还可以采取在协议生效日和到期日均不实际交换人民币与外币的本金交换形式。

中国外汇交易中心应根据上述规定相应调整交易规则及系统，做好技术支持与服务工作。

三、本通知自2012年6月11日起实施。

国家外汇管理局各分局、外汇管理部应将本通知转发辖内城市和农村商业银行、农村合作银行、城市和农村信用合作社、外资银行、货币经纪公司等相关金融机构。

二〇一二年五月二十一日

国家外汇管理局关于银行办理人民币对外汇期权组合业务有关问题的通知

国家外汇管理局各省、自治区、直辖市分局、外汇管理部,深圳、大连、青岛、厦门、宁波市分局;各政策性银行、国有商业银行、股份制商业银行:

为进一步推动人民币对外汇期权市场发展,满足经济主体汇率避险需求,根据《国家外汇管理局关于人民币对外汇期权交易有关问题的通知》(汇发〔2011〕8号),现就银行办理人民币对外汇期权组合业务有关问题通知如下:

一、本通知所称期权组合是指客户同时买入一个和卖出一个币种、期限、合约本金相同的人民币对外汇普通欧式期权所形成的组合,具体包括以下两种类型:

(一)外汇看跌风险逆转期权组合:客户针对未来的实际结汇需求,买入一个执行价格较低(以一单位外汇折合人民币计量执行价格,以下同)的外汇看跌期权,同时卖出一个执行价格较高的外汇看涨期权。

(二)外汇看涨风险逆转期权组合:客户针对未来的实际购汇需求,卖出一个执行价格较低的外汇看跌期权,同时买入一个执行价格较高的外汇看涨期权。

二、银行对客户办理期权组合业务应坚持实需原则,并遵守以下规定:

(一)期权组合遵循整体性原则。客户对期权组合的任何操作(包括但不限于签约、反向平仓、交割方式选择)必须针对整个期权组合,不能选择期权组合中的单一期权交易进行,且银行与客户的期权组合业务签约及任何变更均应体现在同一产品确认书中。

(二)期权组合签约前,银行应要求客户提供基础商业合同并进行必要的审核,确保客户叙做期权组合符合套期保值原则。

(三)期权组合到期时,仅能有一个期权买方可以行权并遵循客户优先行权原则,即仅当客户决定对其买入的期权放弃行权后,银行方能选择是否对自身买入的期权行权;如果客户选择行权,银行应放弃行权。

对于任一期权买方行权,银行必须对客户交割的外汇收支进行真实性和合规性审核。客户作为期权卖方如果无法履约,双方按照商业原则处理。

(四)期权组合到期后,如客户与银行均未选择行权,客户可凭相关单证叙做一笔即期结售汇业务。

(五)期权组合中,客户卖出期权收入的期权费应不超过买入期权支付的期权费。

三、取得银行间外汇市场人民币对外汇期权交易资格和对客户人民币对外汇期权业务经营资格的银行,可以对客户办理期权组合业务。取得对客户人民币对外汇期权业务经营资格的银行分支机构,经其法人(外国商业银行分行视同为法人)授权后,可以对客户办理期权组合业务。

四、银行办理期权组合业务,应按照汇发〔2011〕8号文等有关规定,分别计量和管理组合中所有期权交易的 Delta 头寸。

五、银行办理期权组合业务，应遵照执行以下统计要求：

（一）银行应将期权组合业务中任一期权买方对期权的行权，视为客户远期结售汇履约，按照《国家外汇管理局关于印发〈银行结售汇统计制度〉的通知》（汇发〔2006〕42 号）的规定，纳入《银行结售汇统计月（旬）报表》的远期结售汇履约统计。

（二）银行应将期权组合业务中的所有期权交易，逐笔纳入《银行结售汇综合头寸日报表》和汇发〔2011〕8 号文规定的统计报表。其中，汇发〔2011〕8 号文附件 2 规定的《银行对客户人民币对外汇期权业务统计》，按照本通知附件的规定进行调整。

六、银行办理期权组合业务的客户范围、交易期限、期权费币种、反向平仓、交割方式等事项，按照汇发〔2011〕8 号文的相关规定执行。

七、本通知自 2011 年 12 月 1 日起实施。

国家外汇管理局各分局、外汇管理部接到本通知后，应即转发辖内城市商业银行、农村商业银行、农村合作银行和外资银行。执行中如遇问题，请与国家外汇管理局国际收支司联系。联系电话：010-68402385、68402313。

二〇一一年十一月八日

国家外汇管理局关于人民币对外汇期权
交易有关问题的通知

国家外汇管理局各省、自治区、直辖市分局、外汇管理部，深圳、大连、青岛、厦门、宁波市分局；各政策性银行、国有商业银行、股份制商业银行；中国外汇交易中心：

为进一步发展外汇市场，为企业和银行提供更多的汇率避险保值工具，国家外汇管理局（以下简称外汇局）决定推出人民币对外汇期权交易。现就有关问题通知如下：

一、本通知所称期权是指人民币对外汇的普通欧式期权（以下简称期权）。

二、银行开办对客户期权业务应具备下列条件：

（一）取得外汇局备案核准的远期结售汇业务经营资格3年以上，银行执行外汇管理规定情况考核连续两年为B类（含）以上；

（二）具有开展外汇对外汇期权交易的相关经验；

（三）有健全的期权产品交易风险管理制度和内部控制制度及适当的风险计量、管理和交易系统；

（四）外汇局规定的其他条件。

三、外汇局对银行开办客户期权业务实行备案管理。

银行及其分支机构备案期权业务参照执行远期结售汇业务的市场准入管理程序。

四、银行备案申请开办对客户期权业务应提交以下文件和资料：

（一）开办对客户期权业务的申请报告、可行性报告（包括已开展外汇对外汇期权交易的经营状况）及业务计划书；

（二）期权业务内部管理规章制度（包括但不限于业务操作流程、统计报告制度、会计核算制度等）；

（三）期权定价模型（包括但不限于计量方法和各项参数的选取标准及来源）和头寸管理制度；

（四）期权主管人员和主要交易人员名单、履历及所获得的相关资格证书；

（五）交易场所、设备和系统的安全性测试报告以及不少于1个月的内部业务模拟测试报告；

（六）外汇局要求的其他文件和资料。

五、银行对客户办理期权业务应坚持实需原则，并遵守以下规定：

（一）银行只能办理客户买入外汇看涨或看跌期权业务，除对已买入的期权进行反向平仓外，不得办理客户卖出期权业务。

（二）期权签约前，银行应要求客户提供基础商业合同并进行必要的审核，确保客户叙做期权业务符合套期保值原则。

（三）期权到期前，当客户的基础商业合同发生变更而导致外汇收支的现金流变化时，在提供变更证明材料及承诺书并经银行审核确认后，客户方可对已买入的期权进行对应金额的反向平仓。

因反向平仓产生的损益，按照商业原则处理。

银行应对发生反向平仓的客户建立逐笔登记制度，定期开展客户评估，加强风险管理。

（四）期权到期时，客户如果行权，银行必须对客户交割的外汇收支进行真实性和合规性审核。客户期权交易的外汇收支范围与远期结售汇相同，限于按照外汇管理规定可办理即期结售汇的外汇收支。

客户行权应以约定的执行价格对期权合约本金全额交割，原则上不得进行差额交割。客户以其经常项目外汇账户存款在开户银行叙做买入外汇看跌期权，可以进行全额或差额交割，但期权到期前，客户若支取该存款，须将对应金额的期权合约进行反向平仓。

客户如因基础商业合同发生变更而导致外汇收支的现金流部分消失，在提供变更证明材料及承诺书并经银行审核确认后，银行可以为客户的期权合约本金办理部分行权。

（五）期权业务的客户范围和交易期限比照远期结售汇业务。

（六）期权交易应以人民币作为期权费币种。

（七）银行为客户办理期权业务，应向客户充分揭示期权交易的风险并取得客户的确认函，确认其已理解并有能力承担期权交易的风险。

六、银行在银行间外汇市场开展期权交易，应向外汇局备案取得期权交易资格。

（一）银行申请开展银行间外汇市场期权交易，除应具备本通知第二条规定的第（二）至（四）项条件外，还应具备以下条件：取得外汇局备案核准的银行间外汇市场人民币外汇远期交易资格 3 年以上；具有符合中国外汇交易中心（以下简称外汇交易中心）的期权交易系统技术规范的软硬件设备。

（二）银行可以单独开办银行间外汇市场期权交易或与对客户期权业务同时申请。如单独申请开办银行间外汇市场期权交易，参照执行银行间外汇市场人民币外汇远期交易的市场准入管理程序；如同时申请开办两项业务，由银行总行（外国商业银行在中国境内分行视同为总行）向外汇局备案。

（三）银行备案申请开展银行间外汇市场期权交易，除应提交本通知第四条规定的第（二）至（六）项文件和资料外，还应提交以下文件和资料：开展银行间外汇市场期权交易的申请报告、可行性报告（包括已开展外币对期权交易的经营状况）及业务计划书；由外汇交易中心出具的符合期权交易系统技术规范的软硬件设备的证明。

七、银行办理期权业务，应将期权的 Delta 头寸纳入结售汇综合头寸统一管理。银行应选择适当和公认的计量方法，基于合理的、符合市场水平的假设前提和参数，准确计量 Delta 头寸。

银行计量 Delta 头寸的方法和参数原则上参照外汇交易中心发布的有关业务指引。银行因选择其他方法计量 Delta 头寸而与按照业务指引计量的值存在明显差异的，应及时向外汇局报告说明。

八、货币经纪公司开展期权经纪服务，应按照《国家外汇管理局关于印发〈货币经纪公司外汇经纪业务管理暂行办法〉的通知》（汇发［2008］55 号）的规定，依法取得期权经纪服务资格并合规开展业务。

九、银行应按照本通知的要求，向外汇局报送期权业务相关统计报表。

（一）银行应将客户对期权的行权视为远期结售汇履约，按照《国家外汇管理局关于印发〈银行结售汇统计制度〉的通知》（汇发［2006］42 号）的规定，纳入《银行结售汇统计月（旬）报表》的远期结售汇履约统计。

（二）《银行结售汇综合头寸日报表》的报表内容执行本通知附件 1 的要求。

（三）银行应于每月前 10 个工作日，向外汇局报告上月本行的期权业务状况（附件 2、3 和 4）。

十、外汇局对银行对客户和银行间外汇市场期权交易实施监督和管理。银行违反本通知规定办理期权业务，外汇局将依据《中华人民共和国外汇管理条例》等有关外汇管理法规进行处罚。

十一、本通知中有关用语说明如下：

（一）"普通欧式期权"：指买入期权的一方只能在期权到期日当天才能执行的标准期权。

（二）"看涨期权"和"看跌期权"：看涨期权指期权买方有权在到期日以执行价格从期权卖方买入约定数量的外汇；看跌期权指期权买方有权在到期日以执行价格向期权卖方卖出约定数量的外汇。

（三）"全额交割"和"差额交割"：全额交割指期权合约到期行权时，交易双方按照约定的执行价格对合约本金全额实际交付；差额交割指期权合约到期行权时，交易双方按照约定的执行价格与到期日人民币对相应货币汇率中间价的差额对合约本金轧差交割。

十二、本通知自 2011 年 4 月 1 日起实施。

十三、本通知由外汇局负责解释。

外汇局各分局、外汇管理部接到本通知后，应即转发辖内城市商业银行、农村商业银行、农村合作银行和外资银行。执行中如遇问题，请与外汇局国际收支司联系。联系电话：010-68402304、68402313。

附件 1：（银行）结售汇综合头寸日报表（略）

附件 2：（银行）对客户人民币对外汇期权业务统计（略）

附件 3：（银行）人民币对外汇期权交易风险状况情景分析（略）

附件 4：（银行）人民币对外汇期权交易风险值（略）

二〇一一年二月十四日

货币经纪公司外汇经纪业务管理暂行办法

第一条 为进一步发展银行间外汇市场，规范货币经纪公司外汇经纪业务，依据《中华人民共和国外汇管理条例》，制定本暂行办法。

第二条 本暂行办法所称货币经纪公司是指经银行业监督管理部门批准的，专门从事货币经纪业务的非银行金融机构。

第三条 国家外汇管理局依法对货币经纪公司外汇经纪业务进行监督管理。货币经纪公司及其分公司开展外汇经纪业务，需经国家外汇管理局批准。

第四条 货币经纪公司及其分公司经国家外汇管理局批准可开展下列全部或部分外汇经纪业务：

（一）人民币对外汇衍生产品交易经纪服务；

（二）外汇拆借经纪服务；

（三）外汇对外汇交易经纪服务；

（四）经国家外汇管理局批准的其他外汇经纪业务。

货币经纪公司不得从事自营外汇业务或承担交易双方资金清算业务。

第五条 货币经纪公司申请开展外汇经纪业务的条件：

（一）申请开办人民币对外汇衍生产品交易经纪业务应具备的条件：

1. 依法成立并从事货币经纪业务 1 年以上；

2. 申请之日起前 1 年内没有重大违法、违规经营记录；

3. 具有 5 年以上金融市场从业经历、熟悉外汇经纪业务的高级管理人员；

4. 具有完善的业务操作规程、内部风险控制制度、信息披露制度和道德操守规范；

5. 具有支持通过中国外汇交易中心发布报价信息的软硬件设备。

（二）申请开办其他外汇经纪业务应具备的条件：

1. 具有 5 年以上金融市场从业经历、熟悉外汇经纪业务的高级管理人员；

2. 具有完善的业务操作规程、内部风险控制制度、信息披露制度和道德操守规范。

第六条 货币经纪公司及其分公司申请开展外汇经纪业务，应由具有法人资格的主体通过所在地国家外汇管理局分局、外汇管理部（以下简称外汇分局）向国家外汇管理局提交下列材料：

（一）开展外汇经纪业务的申请报告；

（二）银行业监督管理部门批准货币经纪公司设立的文件；

（三）《金融许可证》（副本）复印件；

（四）货币经纪公司章程和股东结构；

（五）货币经纪公司董事、外汇经纪业务高级管理人员、部门主要负责人的名单、详细履历及任职资格证明材料；

（六）外汇经纪业务操作规程、内部风险控制制度、信息披露制度及道德操守规范；

（七）由货币经纪公司法定代表人出具的申请材料真实性声明；

（八）申请之日起前 1 年内合规经营情况；

（九）由中国外汇交易中心出具的符合报价信息、成交信息等相关信息传输的硬件和网络条件的证明；

（十）国家外汇管理局要求的其他材料。

仅申请开展人民币对外汇衍生产品交易经纪业务以外的外汇经纪业务，无需提供前款第八项、第九项材料。

第七条　外汇分局收到申请材料后的 5 个工作日内完成资料的完整性审查。如申请材料不齐全或不符合本暂行办法的规定，外汇分局应一次性告知申请人需补充的申请材料。对申请材料符合规定的，外汇分局应当受理，并在收到申请材料之日起 5 个工作日内书面通知申请人。外汇分局应于受理之日起 10 个工作日内完成初审工作并将材料转交国家外汇管理局。

国家外汇管理局在收到完整申请材料 20 个工作日内做出是否批准开展外汇经纪业务的书面决定。

第八条　货币经纪公司在开展外汇经纪业务前，应核实委托方是否具有从事该项交易的从业资格；在委托交易双方达成交易后，应督促双方即时将逐笔成交信息录入银行间外汇市场外汇交易系统。

第九条　货币经纪公司开展外汇经纪业务，应与委托方签订服务协议，并根据委托方要求进行报价或询价。货币经纪公司在开展人民币对外汇衍生产品交易经纪业务时，应即时将最新报价和成交信息以该货币经纪公司名义通过银行间外汇市场外汇交易系统对外发布，随后还可以自身名义在其他信息披露渠道发布。货币经纪公司不得对外公布非公开信息。

第十条　货币经纪公司应在每月结束后 5 个工作日内向所在地外汇分局报告外汇经纪业务月报表（见附件）和月度总结报告。单笔人民币对外汇衍生产品交易经纪业务超过等值 5000 万美元（含），应于交易后下一个工作日向所在地外汇分局事后报备。外汇分局每年对辖内货币经纪公司执行外汇管理规定的情况进行考核。外汇分局应在每季度结束后 15 个工作日内向国家外汇管理局报送辖内货币经纪公司外汇经纪业务季度报告。

第十一条　货币经纪公司应严格按照相关管理规定进行风险管理。货币经纪公司开展外汇经纪业务，必须遵循公正、公平、诚信、为客户保密的原则依法进行，必须遵守外汇市场管理规定和外汇市场规则，不得扰乱外汇市场正常运行。

第十二条　货币经纪公司外汇经纪业务系统、风险管理系统等发生重大变动或发现市场交易异常情况应及时向国家外汇管理局报告。

经营外汇经纪业务的货币经纪公司控股股东重组、股权变更，董事、高级管理人员发生人事变动，应于相应事项发生之日起 3 个工作日内向国家外汇管理局报告。

第十三条　货币经纪公司终止外汇经纪业务，应当提前 30 个工作日向国家外汇管理局提出书面申请。

第十四条　货币经纪公司开展外汇经纪业务的相关纸质记录的保存时限不得低于该业务所含产品有效期终止后 5 年，相关电子记录应长期保存。电子记录内容包括但不限于交易时间、交易对手、交易品种、价格、期限和金额等。

第十五条　货币经纪公司资本金、利润及业务损失需要进行人民币与外币间兑换的，应当按照国家外汇管理局的有关规定办理相关手续。货币经纪公司对境外资产负债及损益状况，应按照国际收支统计申报规定进行申报。

第十六条　国家外汇管理局有权依照有关程序和规定对货币经纪公司的外汇经纪业务进行现场检查。

第十七条　货币经纪公司开展外汇经纪业务，有下列违反本办法和外汇市场其他有关规定行为之一的，由国家外汇管理局及其外汇分局按照《中华人民共和国外汇管理条例》等有关规定予以处罚。

（一）未经批准擅自开展外汇经纪业务的；

（二）超范围经营外汇经纪业务的；

（三）未按照规定办理进行资本金、利润及业务损失人民币与外币兑换的；

（四）未即时将最新报价和成交信息通过银行间外汇市场交易系统发布的；

（五）未及时向国家外汇管理局上报外汇经纪业务统计表、总结报告和基本信息的；

（六）其他违反本暂行办法和外汇市场有关管理规定的行为。

第十八条　本暂行办法由国家外汇管理局负责解释。

第十九条　本暂行办法自发布之日起施行。

中国人民银行关于在银行间外汇市场开办人民币外汇货币掉期业务有关问题的通知

中国人民银行上海总部，各分行、营业管理部，各省会（首府）城市中心支行、副省级城市中心支行；国家外汇管理局各省、自治区、直辖市分局，外汇管理部，深圳、大连、青岛、宁波、厦门市分局；各政策性银行、国有商业银行、股份制商业银行、中国外汇交易中心：

现就境内机构在银行间外汇市场开办人民币外汇货币掉期业务的有关事宜通知如下：

一、本通知所称人民币外汇货币掉期，是指在约定期限内交换约定数量人民币与外币本金，同时定期交换两种货币利息的交易协议。本金交换的形式包括：（一）在协议生效日双方按约定汇率交换人民币与外币的本金，在协议到期日双方再以相同的汇率、相同金额进行一次本金的反向交换；（二）中国人民银行和国家外汇管理局规定的其他形式。利息交换指双方定期向对方支付以换入货币计算的利息金额，可以固定利率计算利息，也可以浮动利率计算利息。

二、现阶段在银行间外汇市场开办人民币兑美元、欧元、日元、港币、英镑五个货币对的货币掉期交易。

三、具备银行间远期外汇市场会员资格的境内机构可以在银行间外汇市场开展人民币外汇货币掉期业务。

四、国家外汇管理局对人民币外汇货币掉期业务实行备案制管理。

具备本通知第三条规定资格的境内机构，在开展人民币外汇货币掉期业务之前，应通过中国外汇交易中心向国家外汇管理局备案。备案材料包括：开办人民币外汇货币掉期业务的申请；申请机构开展人民币外汇货币掉期业务的风险内控制度。

备案材料交中国外汇交易中心初审后，报国家外汇管理局。国家外汇管理局自收到中国外汇交易中心递交的备案材料之日起20个工作日内，根据本通知规定的条件向申请人下达备案通知书，同时抄报中国人民银行、抄送中国外汇交易中心。

五、开展人民币外汇货币掉期业务应遵循以下规定：

（一）货币掉期中人民币的参考利率，应为经中国人民银行授权全国银行间同业拆借中心发布的具有基准性质的货币市场利率，或中国人民银行公布的存贷款基准利率；货币掉期中外币参考利率由交易双方协商约定。

（二）境内机构开展人民币外汇货币掉期业务应遵守国家外汇管理局的结售汇综合头寸管理规定及有关外汇管理规定。

（三）在银行间外汇市场办理人民币外汇货币掉期业务应通过中国外汇交易中心的交易系统进行。

（四）为明确交易双方的权利和义务，办理人民币外汇货币掉期业务交易双方须签订主协议。主协议和成交记录（包括中国外汇交易中心的交易系统打印的交易单等）共同构成书面交易合同。

交易双方认为必要时，可签订补充协议，对双方的权利义务、违约情形及违约责任等做出明确约定，补充协议是交易合同的组成部分。

（五）货币掉期交易合同达成后，交易双方应严格履行合同义务，并按交易协定内容进行清算。

（六）货币掉期交易发生违约，对违约事实或违约责任存在争议的，交易双方可以根据交易合同申请仲裁或者向人民法院提起诉讼，并于接到仲裁或诉讼最终结果的次一工作日 12：00 之前，将最终结果送达中国外汇交易中心，中国外汇交易中心应在接到最终结果的当日公告。

六、中国外汇交易中心负责提供人民币外汇货币掉期交易系统，并依据本通知制定人民币外汇货币掉期交易规则，报中国人民银行及国家外汇管理局备案后实施。

七、中国外汇交易中心对交易进行日常统计和监控，应将统计信息和有关情况于次月的前 10 个工作日内以书面形式报送中国人民银行和国家外汇管理局，并及时向市场披露有关信息，但不得泄漏非公开信息或误导市场参与者，发现异常情况应及时向中国人民银行和国家外汇管理局报告。

八、中国人民银行和国家外汇管理局对银行间外汇市场人民币外汇货币掉期业务实施监督和管理。中国人民银行和国家外汇管理局将依据《中华人民共和国中国人民银行法》和《中华人民共和国外汇管理条例》等有关法律、法规和其他相关管理规定，对违反本通知规定开展人民币外汇货币掉期业务、扰乱市场秩序的机构，进行相应处罚。

九、请人民银行各分支机构将本通知转发至辖区内城市商业银行、农村商业银行、农村合作银行和外资银行。

十、本通知自印发之日起实施。

二〇〇七年八月十七日

国家外汇管理局关于统一银行间外汇市场即期竞价交易和即期询价交易时间的通知

国家外汇管理局各省、自治区、直辖市分局、外汇管理部，深圳、大连、青岛、厦门、宁波市分局；中国外汇交易中心，各中资外汇指定银行：

为规范银行间外汇市场交易，便利金融机构在柜台结售汇交易结束后及时平补外汇头寸，促进外汇市场的健康发展。现就统一银行间外汇市场即期竞价交易和即期询价交易时间的有关事宜通知如下：

一、自 2006 年 10 月 9 日起，银行间外汇市场即期竞价交易收市时间由原来的 15：30 调整为 17：30，与即期询价交易的收市时间保持一致。

二、中国外汇交易中心接到本通知后，应向银行间外汇市场会员公告，并组织做好相关准备工作，保证交易系统的安全平稳运行。

特此通知。

国家外汇管理局关于境内外汇指定银行办理韩元挂牌兑换业务有关事项的通知

国家外汇管理局各省、自治区、直辖市分局、外汇管理部，深圳、大连、青岛、厦门、宁波市分局，各中资外汇指定银行：

为促进中韩两国之间经济贸易往来，规范境内韩元兑换，维护外汇市场秩序，根据《中国人民银行关于进一步改善银行间外汇市场交易汇价和外汇指定银行挂牌汇价管理的通知》（银发［2005］250 号）的规定，现就境内外汇指定银行办理韩元挂牌兑换业务的有关事项通知如下：

一、各外汇指定银行可根据自身业务发展需要和风险管理能力，自行决定办理对客户的韩元挂牌（包括现汇和现钞）兑换业务。

二、国家外汇管理局对各外汇指定银行办理韩元挂牌兑换业务实行备案管理。政策性银行、全国性商业银行须在开展韩元挂牌兑换业务的同时向国家外汇管理局备案，并于每季度后 15 个工作日内报送该项业务的开展情况。城市商业银行、农村商业银行、农村合作金融机构和外资银行须在开展韩元挂牌兑换业务的同时向所在地国家外汇管理局分、支局（外汇管理部）备案，并于每季度后 10 个工作日内报送该项业务的开展情况。

三、各外汇指定银行可自行决定对客户挂牌的韩元对人民币现汇和现钞买卖价，也可与客户面议买卖价格。

四、本通知自发布之日起实施。各分局接到本通知后，应立即转发辖内城市商业银行、农村商业银行、农村合作金融机构和外资银行。

中国人民银行关于进一步完善银行间
即期外汇市场的公告

为完善以市场供求为基础、参考一篮子货币进行调节、有管理的浮动汇率制度，促进外汇市场发展，丰富外汇交易方式，提高金融机构自主定价能力，中国人民银行决定进一步完善银行间即期外汇市场，改进人民币汇率中间价形成方式。现就有关事宜公告如下：

一、自2006年1月4日起，在银行间即期外汇市场上引入询价交易方式（以下简称OTC方式），同时保留撮合方式。银行间外汇市场交易主体既可选择以集中授信、集中竞价的方式交易，也可选择以双边授信、双边清算的方式进行询价交易。同时在银行间外汇市场引入做市商制度，为市场提供流动性。

二、自2006年1月4日起，中国人民银行授权中国外汇交易中心于每个工作日上午9时15分对外公布当日人民币对美元、欧元、日元和港币汇率中间价，作为当日银行间即期外汇市场（含OTC方式和撮合方式）以及银行柜台交易汇率的中间价。

三、引入OTC方式后，人民币兑美元汇率中间价的形成方式将由此前根据银行间外汇市场以撮合方式产生的收盘价确定的方式改进为：中国外汇交易中心于每日银行间外汇市场开盘前向所有银行间外汇市场做市商询价，并将全部做市商报价作为人民币兑美元汇率中间价的计算样本，去掉最高和最低报价后，将剩余做市商报价加权平均，得到当日人民币兑美元汇率中间价，权重由中国外汇交易中心根据报价方在银行间外汇市场的交易量及报价情况等指标综合确定。

四、人民币兑欧元、日元和港币汇率中间价由中国外汇交易中心分别根据当日人民币兑美元汇率中间价与上午9时国际外汇市场欧元、日元和港币兑美元汇率套算确定。

五、本公告公布后，银行间即期外汇市场人民币对美元等货币交易价的浮动幅度和银行对客户美元挂牌汇价价差幅度仍按现行规定执行。即每日银行间即期外汇市场美元对人民币交易价在中国外汇交易中心公布的美元交易中间价上下千分之三的幅度内浮动，欧元、日元、港币等非美元货币对人民币交易价在中国外汇交易中心公布的非美元货币交易中间价上下3%的幅度内浮动。银行对客户美元现汇挂牌汇价实行最大买卖价差不得超过中国外汇交易中心公布交易中间价的1%的非对称性管理，只要现汇卖出价与买入价之差不超过当日交易中间价的1%、且卖出价与买入价形成的区间包含当日交易中间价即可；银行对客户美元现钞卖出价与买入价之差不得超过交易中间价的4%。银行可在规定价差幅度内自行调整当日美元挂牌价格。

中国人民银行负责根据国内外经济金融形势，以市场供求为基础，参考篮子货币汇率变动，对人民币汇率进行管理和调节，维护人民币汇率的正常浮动，保持人民币汇率在合理、均衡水平上的基本稳定，促进国际收支基本平衡，维护宏观经济和金融市场的稳定。

非金融企业和非银行金融机构申请银行间即期外汇市场会员资格实施细则（暂行）

一、申请资格

（一）非金融企业和非银行金融机构申请银行间即期外汇市场会员资格，应符合《中国人民银行关于加快发展外汇市场有关问题的通知》（银发〔2005〕202号，以下简称《通知》）第一条第（一）、（二）项规定的条件。

（二）对于需集中办理集团内部成员资金入市交易且没有下设财务公司的非金融企业集团，应对集团内部外汇资金实行集中管理，其贸易总额和经常项目跨境外汇收支规模按集团境内所有成员汇总计算，由集团公司一级法人统一申请银行间即期外汇市场会员资格。对于下设财务公司的非金融企业集团，应由财务公司申请会员资格，入市标准和申请程序按非银行金融机构办理，集团内部成员资金入市交易均由财务公司集中办理，集团公司不得重复申请银行间即期外汇市场会员资格。

（三）对于需集中办理集团内部成员资金入市交易的非银行金融机构集团，其注册资本金按集团境内所有成员汇总计算，由集团一级法人或其授权机构统一申请银行间即期外汇市场会员资格。对于集团不统一申请即期外汇市场会员资格的非银行金融机构，可独立申请银行间即期外汇市场会员资格，但不得为集团内其他成员办理入市交易。

二、申请程序

非金融企业和非银行金融机构申请银行间即期外汇市场会员资格，须先向中国外汇交易中心提出申请，中国外汇交易中心初审合格后报国家外汇管理局备案。在特定情况下，非金融企业或非银行金融机构可直接向国家外汇管理局提出申请。

国家外汇管理局在收到中国外汇交易中心的备案申请材料后，应在15个工作日之内对备案材料予以审核并出具《银行间即期外汇市场会员资格备案通知书》（以下简称《通知书》）。《通知书》一式四份，一份送交申请人，一份送交中国外汇交易中心，一份送交所在地分局（外汇管理部），一份存档备查。对于不符合条件而不予以备案的，通知书中同时注明原因。

三、申请材料

（一）非金融企业申请银行间即期外汇市场会员资格时，须提交以下备案申请材料：

1. 申请报告，并在报告中说明申请目的、人员配备和交易系统等情况。

2. 上年度经常项目跨境外汇收支和货物贸易进出口总额等有关情况的报告，包括贸易方式、主要贸易产品、主要进出口市场等。

3. 上年度外汇收支和结售汇业务情况，包括月度和年度外汇收支情况和结售汇情况。

4. 非金融企业（或集团公司）法人或者下属财务公司所在地外汇管理部门对申请前两年外汇管理合规情况的证明。

5. 参与银行间即期外汇市场交易的内部管理制度，包括交易操作规程、风险管理规定、业务权限管理规定等。

6. 企业集团内部外汇资金集中管理制度（对无需集中办理集团内部成员资金入市交易的企业集团可不报此材料）。

7. 国家外汇管理局或中国外汇交易中心要求提供的其他有关材料。

（二）非银行金融机构申请银行间即期外汇市场会员资格时，须提供以下材料：

1. 申请报告，并在报告中说明申请目的、人员和交易系统配备等情况。

2. 外汇业务经营资格批准件的复印件。

3. 结售汇业务经营资格批准件的复印件。

4. 经会计师事务所审计过的非银行金融机构上年度财务报告。

5. 参与银行间即期外汇市场交易的内部管理制度，包括交易操作规程、风险管理规定、业务权限管理规定等。

6. 国家外汇管理局或中国外汇交易中心要求提供的其他有关材料。

四、交易管理

（一）取得银行间即期外汇市场会员资格的非金融企业（以下简称非金融企业会员）在银行间外汇市场的即期交易以实需为原则，现行外汇管理法规规定须经国家外汇管理局及其分支机构（以下简称外汇局）批准的交易，应按规定取得批准后方可入市；其他交易可直接入市交易。

（二）取得银行间即期外汇市场会员资格的非银行金融机构（以下简称非银行金融机构会员）在银行间外汇市场的即期交易，现行外汇管理法规规定须经外汇局批准的交易，应按规定取得批准后方可入市；其他交易可直接入市交易。

（三）非金融企业会员和非银行金融机构会员在办理内部结售汇业务时，应按相关规定认真审核相关凭证，并通过专用兑换会计科目核算有关业务。所有交易凭证、结售汇核准件和商业单据留存5年备查。

（四）实行集团内部外汇资金集中管理的非金融企业会员和非银行金融机构会员在统一办理集团内部结售汇业务时，对内部成员所适用的汇率可自行决定，但必须遵守有关外汇指定银行挂牌汇价的管理规定。

（五）非金融企业会员和非银行金融机构会员在银行间即期外汇市场交易后，在办理外汇资金清算时可持"中国外汇交易中心会员结算清单"到银行办理境内外汇划转手续。

（六）非金融企业会员和非银行金融机构会员在银行间即期外汇市场交易除遵守本实施细则规定外，还应遵守银行间即期外汇市场其他有关规定。

五、统计信息报送

（一）非金融企业会员和非银行金融机构会员应将其在银行间即期外汇市场交易的原始结汇和售汇数据，按照《国家外汇管理局关于做好银行结售汇统计报表修改准备工作的通知》（汇发〔2005〕71号）等结售汇统计规定，区分交易的具体结汇和售汇性质，按旬和月报送至其在境内的资金清算银行（以下简称清算行），由清算行将其交易数据纳入本行的结售汇统计报表，并按照国家外汇管理局有关银行结售汇统计规定报送。非金融企业会员和非银行金融机构会员应与其清算行就报送交易数据的时间和方式进行协商，确保清算行完整、准确、及时地履行结售汇统计义务。清算行在统计结售汇综合头寸时，非金融企业会员和非银行金融机构会员在银行间即期外汇市场的交易数据不计入清算行结售汇综合头寸日报表的"当日对客户结售汇"栏内的"结汇"和"售汇"项。

（二）非金融企业会员和非银行金融机构会员应于每季后10个工作日内向所在地分局（外汇管理部）报送季度跨境外汇收入、跨境外汇支出、在银行柜台办理结汇和购汇、在银行间即期外汇市场结汇和购汇等情况。年后4个月内向所在地分局（外汇管理部）报送会计师事务所审计过的上年度财务报告。

六、罚则

（一）非金融企业会员和非银行金融机构会员有违反本实施细则第四条规定的，由国家外汇管理局依照《中华人民共和国外汇管理条例》的规定予以处罚；情节严重的，取消银行间即期外汇市场会员资格。

（二）非金融企业会员和非银行金融机构会员违反本实施细则第五条第（一）项规定，3个月内累计出现4次以上（含4次）未按规定及时报送报表或报送数据错误的，由国家外汇管理局依照《中华人民共和国外汇管理条例》第四十九条予以处罚；情节严重的，暂停或取消银行间即期外汇市场会员资格；非金融企业会员和非银行金融机构会员违反本实施细则第五条第（二）项规定，一年内累计出现2次以上（含2次）未按规定及时报送报表或报送数据错误的，由国家外汇管理局依照《中华人民共和国外汇管理条例》第四十九条予以处罚；情节严重的，暂停或取消银行间即期外汇市场会员资格。

（三）非金融企业和非银行金融机构违反本实施细则其他规定，重复结售汇或使用虚假商业单据和凭证办理结售汇的，由国家外汇管理局依照《中华人民共和国外汇管理条例》第四十条予以处罚；情节严重的，暂停或取消银行间即期外汇市场会员资格。

七、其他

本实施细则自印发之日起施行。

国家外汇管理局关于在银行间外汇市场推出即期询价交易有关问题的通知

国家外汇管理局各省、自治区、直辖市分局、外汇管理部,深圳、大连、青岛、厦门、宁波市分局;各中资外汇指定银行,中国外汇交易中心:

为进一步完善人民币汇率形成机制,发展外汇市场,提高外汇市场流动性,为外汇市场主体提供多样的交易模式,根据《中国人民银行关于加快发展外汇市场有关问题的通知》(银发〔2005〕202号)的精神,国家外汇管理局决定从2006年起,在即期外汇交易中推出询价交易方式。银行间外汇市场参与主体可在原有集中授信、集中竞价交易方式的基础上,自主选择双边授信、双边清算的询价交易方式,按照中国人民银行规定的银行间市场交易汇价浮动幅度和国家外汇管理局批复中国外汇交易中心的《银行间外汇市场人民币外汇即期交易规则》(见附件)等规定,在银行间外汇市场询价交易系统上进行双边询价外汇交易。

为了方便竞价系统收市后银行及时平补柜台头寸,从2006年起,询价交易时间延长至17:30。

中国外汇交易中心接到本通知后,应向银行间外汇市场会员公告,并做好银行间外汇市场即期询价系统的维护工作,保证外汇市场的平稳运行。

各分局接到本通知后,应立即转发辖内城市商业银行、农村商业银行、农村合作银行、农村信用社和外资银行等。

执行中如遇问题,请与国家外汇管理局国际收支司联系。联系电话:010-68402181、68402099。

特此通知。

银行间外汇市场人民币外汇即期交易规则

第一章 总 则

第一条 为规范银行间外汇市场人民币外汇即期交易秩序，维护人民币外汇即期市场会员（以下简称"会员"）的合法权益，根据《中华人民共和国外汇管理条例》、《银行间外汇市场管理暂行规定》（银发〔1996〕423 号）及《中国人民银行关于加快发展外汇市场有关问题的通知》（银发〔2005〕202 号，以下简称《通知》）等法规，制定本交易规则（以下简称"本规则"）。

第二条 人民币外汇即期交易（以下简称"即期交易"）指会员以约定的外汇币种、金额、汇率，在成交日后第二个工作日或第二个工作日以内交割的外汇对人民币的交易。

第三条 银行间外汇市场实行会员制管理，中国外汇交易中心（以下简称"交易中心"）为会员之间的即期交易提供电子交易系统（以下简称"交易系统"）和其他相关服务。

第二章 会员资格

第四条 本规则所称会员指符合相关条件、向交易中心提交书面申请，获得批准，可在交易中心提供的交易系统内从事即期交易的银行、非银行金融机构或非金融企业。

第五条 依法设立、具有主管部门批准的外汇业务经营资格的银行及其分支机构可向交易中心提出会员资格申请。

第六条 符合《通知》第一条相关条件的非金融企业和非银行金融机构可按《通知》规定的程序向交易中心提出会员资格申请。

第七条 会员应遵守银行间外汇市场其他有关规定。

第三章 交易要素

第八条 银行间外汇市场即期交易每周一至周五开市，周六、周日及其他中国境内法定假日不开市。

第九条 会员应授权经交易中心培训并获得资格证书的交易员代表其在交易系统内从事即期交易活动，并对该交易员的行为负责。

第十条 交易员应遵守交易系统的有关规定，自觉维护市场秩序。对违反规定的交易员，依其情节不同，交易中心有权给予口头警告、书面通报、直至取消其交易员资格的处分。

第十一条 会员应配备与银行间外汇市场联网的电子交易系统。

第十二条 会员如因设备或通讯线路故障等原因，无法正常交易或生成成交单，可按照《银行间外汇即期交易系统应急方案》进行应急交易。

第十三条　如遇不可抗力，交易中心报主管机构备案后可宣布全部或部分暂停交易。

第十四条　会员可通过交易中心的交易系统进行竞价交易或询价交易。

第四章　竞价交易

第十五条　竞价交易采取分别报价、撮合成交方式。交易系统对买入报价和卖出报价分别排序，按照价格优先、时间优先的原则撮合成交。

（一）当买入报价和卖出报价相同时，成交价即为买入价或卖出价。

（二）当买入价高于卖出价时，成交价为买入价和卖出价中报价时间较早的一方所报的价格。

（三）当两笔报价中一笔为市价时，以有价格的一方的报价为成交价。

（四）当两笔报价均为市价时，以前一笔最新成交价为成交价。

（五）当一笔报价成交了部分金额，剩余的金额继续参加撮合排序。

第十六条　交易员应在规定的价格浮动范围内进行报价。

第十七条　竞价交易达成后，交易系统生成的即期竞价交易成交单、结算清单等同于成交合同，具有法律约束力。

第十八条　竞价交易的资金清算

（一）竞价交易通过交易中心集中清算。用于清算的外汇和人民币资金应在规定的时间内办理交割入帐。

（二）外汇资金清算通过境外商业银行办理，人民币资金清算通过中国人民银行的"中国现代化支付系统"办理。

（三）清算资金迟延到帐的，交易中心有权提出警告、通报、直至暂停交易，同时要求迟延方支付逾期息。

第十九条　竞价交易的开市时间为北京时间 9：30–15：30。

第五章　询价交易

第二十条　询价交易的币种、金额、汇率等由交易双方协商议定，但双方的协定不应与《通知》和本规则相关规定相冲突。

第二十一条　询价交易达成后交易员必须将有关交易要素录入交易系统，由交易系统生成成交单。

第二十二条　交易双方在交易系统中已确认的成交单等同于成交合同，具有法律约束力，交易双方不得擅自变更或者解除。交易双方也可视实际情况需要，就违约条款、债权债务抵消、不可抗力条款以及其他需进一步明确的事项签订补充合同。

第二十三条　询价交易的交割与结算由交易双方协商议定，但双方的协定不应与《通知》和本规则相关规定相冲突。

第二十四条　询价交易的开市时间为北京时间 9：30–17：30。

第六章　信息披露

第二十五条　交易中心根据外汇市场主管机构的授权负责即期交易的日常统计、市场监控和相关信息披露。

第二十六条　交易双方恶意串通，为达到其不正当目的而故意违约的，由交易中心予以公告。

第二十七条　会员可通过交易系统查询竞价交易和询价交易的相关信息。

第二十八条　交易中心可通过主管机构授权的官方媒体对社会发布即期交易相关信息。

第七章　附　则

第二十九条　交易中心按有偿原则为会员提供交易系统和相关服务。

第三十条　本规则由交易中心负责解释。

第三十一条　本规则自发布之日起实施。

中国人民银行关于加快发展外汇市场
有关问题的通知

中国人民银行各分行、营业管理部，省会（首府）城市中心支行，大连、青岛、宁波、厦门、深圳市中心支行；国家外汇管理局各省、自治区、直辖市分局，外汇管理部，深圳、大连、青岛、厦门、宁波市分局；各中资外汇指定银行；中国外汇交易中心：

为进一步完善社会主义市场经济体制，提高汇率形成的市场化程度，充分发挥市场在资源配置中的基础作用，中国人民银行决定加快银行间外汇市场的发展，为银行和企业提供更多的风险管理工具。根据《中华人民共和国外汇管理条例》和《银行间外汇市场管理暂行规定》等有关法规，现就有关问题通知如下：

一、扩大即期外汇市场交易主体

（一）非金融企业符合以下条件的，可以向中国外汇交易中心（以下简称交易中心）申请会员资格，进入银行间即期外汇市场进行自营性交易：

1. 上年度经常项目跨境外汇收支 25 亿美元或者货物贸易进出口总额 20 亿美元以上；

2. 具有 2 名以上从事外汇交易的专业人员；

3. 具备与银行间外汇市场联网的电子交易系统；

4. 自申请日起前两年内没有重大违反外汇管理法规行为；

5. 国家外汇管理局规定的其他条件。

（二）非银行金融机构符合以下条件的，可以向交易中心申请会员资格，进入银行间即期外汇市场交易：

1. 具有主管部门批准的外汇业务经营资格；

2. 具有经国家外汇管理局批准的结售汇业务经营资格；

3. 保险公司注册资本金不低于 10 亿元人民币或等值外汇，证券公司、信托公司、财务公司等注册资本金不低于 5 亿元人民币或等值外汇，基金管理公司注册资本金不低于 1.5 亿元人民币或等值外汇；

4. 具有 2 名以上从事外汇交易的专业人员；

5. 具备与银行间外汇市场联网的电子交易系统；

6. 自申请日起前两年内没有重大违反外汇管理法规行为；

7. 国家外汇管理局规定的其他条件。

（三）非金融企业和非银行金融机构进入银行间即期外汇市场交易申请程序：

1. 符合条件的非金融企业和非银行金融机构应当持以下材料，向交易中心提出申请，交易中心初审后报国家外汇管理局备案。

（1）申请报告（说明申请的主要目的、人员配备等）；

（2）非金融企业应出具上年度经常项目跨境外汇收支或者货物贸易进出口总额等有关情况的报告；

（3）非银行金融机构应出具外汇业务经营资格和结售汇业务经营资格的证明文件，上年度经会计师事务所审计的外汇财务报告；

（4）技术支持系统的配置和功能说明；

（5）参与银行间即期外汇市场交易的内部管理制度，包括基本操作规程、风险管理规定、业务权限管理规定等；

（6）交易中心要求提供的其他材料。

2. 国家外汇管理局自收到交易中心递交的备案报告起，15 个工作日内出具备案通知书，同时抄送交易中心；对不符合规定而不予备案的申请者，国家外汇管理局以书面形式予以通知。不予备案的非金融企业和非银行金融机构，不能取得交易中心会员资格，不得进入即期外汇市场进行交易。

3. 在特定情况下，非金融企业和非银行金融机构可直接向国家外汇管理局提出申请，经批准可取得交易中心会员资格，进入银行间即期外汇市场进行交易。

（四）非金融企业和非银行金融机构交易管理

1. 非金融企业在银行间外汇市场的即期交易以实需为原则，除现行外汇管理法规规定须经国家外汇管理局及其分支局（以下简称外汇局）批准的交易外，均可入市交易。

2. 非银行金融机构在银行间外汇市场的即期交易，除按现行外汇管理法规规定须经外汇局批准并出具结汇或者售汇批准文件方可交易外，其他交易可在市场内进行。

3. 非银行金融机构须遵守各自行业主管部门规定的风险管理规定，或者参照执行《商业银行市场风险管理指引》（中国银行业监督管理委员会令 2004 年第 10 号）中有关市场风险管理的规定。

二、增加外汇市场询价交易方式

（一）在银行间外汇市场引入询价交易系统，交易中心会员可自主决定采取询价交易或竞价交易方式。

（二）采取询价交易方式的会员应当在双边授信基础上，通过交易中心询价交易系统进行交易，交易的币种、汇率、金额等由交易双方协商议定。

（三）询价交易实行双边清算，风险自担，并遵守交易中心询价交易管理制度的各项规定。

三、开办银行间远期外汇交易

（一）银行间远期外汇交易是指交易双方以约定的外汇币种、金额、汇率，在约定的未来某一日期交割的人民币对外汇的交易。

（二）银行间远期外汇市场参与主体须为交易中心的会员。

（三）政策性银行、商业银行、信托投资公司、金融租赁公司、财务公司和汽车金融公司会员参与银行间远期外汇交易，须获得中国银行业监督管理委员会颁发的金融衍生产品交易业务资格；其他非银行金融机构会员须获得其监管部门的批准；非金融企业会员须经国家外汇管理局批准。

（四）国家外汇管理局对银行间远期外汇市场参与主体实行法人备案管理。符合条件的交易中心会员持本条第（三）项规定的文件，向交易中心提出申请，交易中心初审后报国家外汇管理局备案。国家外汇管理局按照本通知第一条第（三）项第 2 点规定的程序对该机构进行备案审核。

（五）国家外汇管理局根据结售汇业务量、资本金或营运资金规模、外汇资产状况等指标，核定非金融企业和非银行金融机构的本外币转换头寸。

（六）银行间远期外汇交易应遵守以下规定：

1. 交易双方通过交易中心询价交易系统进行交易，交易的外币币种、金额、期限、汇率、交割安排等由交易双方协商议定。

2. 远期交易可采取到期日本金全额交割的方式，也可采取在到期日根据约定的远期交易价格与到期日即期交易价格轧差交割的方式。两种交割方式及币种在成交单中应予以明确。

3. 为明确交易双方的权利与义务，远期外汇市场会员应签订银行间远期外汇交易主协议。

4. 为防范违约风险，保证远期外汇交易合同的履行，远期外汇市场会员可按交易对手的信用状况协商设定保证金。保证金可由交易中心代为集中保管。

5. 远期外汇市场会员应建立、健全内部管理制度和风险防范机制，并采取切实有效的措施对远期风险进行监控和管理。

6. 交易中心负责提供交易系统并进行日常统计与监控工作，及时向市场披露有关信息，但不得泄露非公开信息或误导市场参与者。

7. 远期外汇市场会员除遵守本通知规定外，还应遵守银行间外汇市场其他有关规定。

（七）远期外汇市场会员自获得远期交易备案资格起 6 个月后，可按即期交易与远期交易相关管理规定，在银行间市场开展即期与远期、远期与远期相结合的人民币对外币掉期交易。

四、加强外汇市场监管

中国人民银行授权国家外汇管理局对银行间即期外汇市场和远期外汇市场进行监督管理。

国家外汇管理局应依据《中华人民共和国外汇管理条例》和相关外汇管理规定，加强对外汇市场的监督和检查，对违反本通知规定、扰乱外汇市场交易秩序的参与主体，依法严肃查处。

本通知自发布之日起施行。

国家外汇管理局关于中国外汇交易中心开展
银行间外币买卖业务的批复

中国外汇交易中心:

你中心《关于开展银行间外币买卖业务的请示》(中汇交发〔2004〕71号)收悉,现批复如下:

一、同意你中心在银行间外汇市场办理外币买卖业务。

二、你中心应按照公开、公平、公正的原则,组织好各有关方参与银行间外汇市场外币买卖业务,并做好相关服务工作。

三、你中心在组织办理外币买卖业务中,应严格管理,防范各类风险。

四、你中心须将有关交易制度、交易管理办法等报我局备案,同时抄送中国人民银行金融市场司。

五、业务开展之后,你中心须按季向我局上报有关业务成交量、交易价格波动、主要交易主体等外币买卖业务情况,同时抄送中国人民银行金融市场司。

六、你中心收到此通知后,须将该通知及时转发银行间外汇市场各会员单位。

此复

国家外汇管理局关于银行间外汇市场开展
双向交易的通知

各中资外汇指定银行；中国外汇交易中心：

为进一步发展我国银行间外汇市场，健全外汇市场运行机制，根据中国外汇交易中心提交的《关于延长外汇市场交易时间的请示》（中汇交发〔2002〕300号），国家外汇管理局决定在银行间外汇市场实行双向交易。现将有关事宜通知如下：

一、同意中国外汇交易中心自2003年10月1日起，在银行间外汇市场实行双向交易，即允许各会员单位通过银行间外汇市场交易系统在同场交易中进行买卖双向交易。

二、自2003年10月1日起，中国外汇交易中心对会员交易按同币种买卖轧差净额收取手续费，手续费率暂时不变。

三、各外汇指定银行可在规定的头寸限额内自行调整结售汇周转头寸。在银行间外汇市场进行买卖交易时，应遵守相关法规和制度。

四、实行双向交易后，中国外汇交易中心应进一步健全对市场会员的信息披露机制，并通过银行间外汇市场交易系统每日按时向我局报送有关交易报表（见附表）。

五、请中国外汇交易中心将此通知转发银行间外汇市场各会员单位。

附表略

国家外汇管理局关于同意中国外汇交易中心
开办外币拆借中介业务的批复

中国外汇交易中心：

你中心《关于交易中心推出外币拆借中介服务的请示》（中汇交发〔2001〕299号）收悉，现批复如下：

一、为方便金融机构外币资金的运作，同意你中心于2002年6月1日起为金融机构开办外币拆借中介业务，请你中心按照金融机构的意见继续完善相关实施方案，并报我局备案。

二、你中心作为外币拆借中介机构，负责提供拆入、拆出报价等信息咨询和服务，自身不得从事自营性外币拆借业务，不承担拆入、拆出双方的资金清算业务。

三、你中心应进一步健全对市场会员的信息披露机制，并按日将拆借会员名称、交易量及报价等有关信息报送国家外汇管理局国际收支司汇价市场处和人民银行货币政策司市场处。

此复。

国家外汇管理局关于中国外汇交易中心在银行间外汇市场开设欧元/人民币交易的批复

中国外汇交易中心：

你中心《关于在银行间外汇市场开设欧元/人民币交易的请示》（中汇交发〔2001〕298 号）收悉，现批复如下：

一、鉴于我国对外经济交往的需要，同意你中心于 2002 年 4 月 1 日起在银行间外汇市场开设人民币兑欧元交易。

二、你中心应选择一家中资银行作为清算行，同时可再选择一家欧洲商业银行作为清算行。

三、在银行间外汇市场上人民币兑欧元的每日价格设定与波动范围可参照人民币/日元交易的要求来制定，即人民币/欧元交易的每一笔报价在最新成交价上下 1000 点范围内波动，当日市场成交价在前一日市场加权平均汇率的 10%范围内波动。

四、人民币兑欧元的其他交易和清算规则，按现行规定办理。

五、你中心应及时将每日的报价及交易量等交易信息（按币种）报送给国家外汇管理局国际收支司汇价市场处。

此复。

银行间外汇市场管理暂行规定

第一章 总 则

第一条 为规范和发展我国银行间外汇市场，维护交易当事人的合法权益，根据《中华人民共和国外汇管理条例》，特制定本规定。

第二条 本规定所称银行间外汇市场（以下简称外汇市场）是指经国家外汇管理局批准可以经营外汇业务的境内金融机构（包括银行、非银行金融机构和外资金融机构）之间通过中国外汇交易中心（以下简称交易中心）进行人民币与外币之间的交易市场。任何境内金融机构之间不得在交易中心之外进行人民币与外币之间的交易。

第三条 外汇市场由中国人民银行授权国家外汇管理局进行监管。

第四条 交易中心在国家外汇管理局的监管下，负责外汇市场的组织和日常业务管理。

第五条 从事外汇交易，必须遵守法律、行政法规，遵守公开、公平、公正和诚实信用的原则。

第二章 市场组织机构的设立与监管

第六条 交易中心是中国人民银行领导下的独立核算、非盈利性的事业法人。

第七条 交易中心的主要职能是：

（一）提供并维护银行间外汇交易系统；

（二）组织外汇交易币种、品种的买卖；

（三）办理外汇交易的清算交割；

（四）提供外汇市场信息服务；

（五）国家外汇管理局授权的其他职能。

第八条 根据业务需要，交易中心可以设立分中心、分中心的设立或撤消须报经国家外汇管理局批准。

第九条 交易中心实行会员制，只有会员才能参与外汇市场的交易。

第十条 会员大会是交易中心的最高权力机构，每年召开一次。会议由交易中心理事会负责召集。

第十一条 交易中心设立理事会，为会员大会闭会期间会员大会的常设机构。

第十二条 理事会成员不得少于九人，其中非会员理事人数不得少于理事会成员的三分之一；会员理事中中资机构会员人数不得少于理事会成员的三分之一；理事会每届任期二年，每位会员理事连任不得超过两届。

第十三条 会员理事由会员大会选举产生，非会员理事由国家外汇管理局提名，会员大会选举产生。

第十四条　理事会设理事长一人，由非会员理事担任，经国家外汇管理局提名，理事会选举产生；副理事长三人，其中非会员理事长一人，会员理事长二人，由理事会选举产生。

第三章　对会员的管理

第十五条　境内金融机构提出申请，经交易中心理事会批准、并报国家外汇管理局备案后，可成为交易中心的会员；会员申请退会的，亦须经交易中心理事会批准并报国家外汇管理局备案。

第十六条　会员选派的交易员必须经过交易中心培训并颁发许可证方可上岗参加交易。

第十七条　会员须按规定向交易中心缴纳席位费。

第十八条　会员应当遵守国家有关外汇管理法规，接受交易中心的管理。

第四章　对交易行为的监管

第十九条　会员之间的外汇交易必须通过交易中心进行，非会员的外汇交易必须通过有代理资格的会员进行。交易中心自身不得从事外汇交易。

第二十条　会员代理非会员的外汇交易的资格应当得到交易中心的批准。

第二十一条　交易价格采用直接标价法。

第二十二条　市场交易中的下列事项，应当报经国家外汇管理局批准：

（一）交易方式；

（二）交易时间；

（三）交易币种及品种；

（四）清算方式；

（五）国家外汇管理局规定的其它事项。

第二十三条　交易中心和会员单位应当保证用于清算的外汇和人民币资金在规定时间内办理交割入帐。

第二十四条　交易中心可以向交易双方收取手续费，收取手续费的标准须报经国家外汇管理局批准。

第二十五条　中国人民银行授权国家外汇管理局规定和调整每日外汇市场交易价格的最大浮动幅度。

第二十六条　中国人民银行根据外汇市场形成的价格，公布当日人民币市场汇率，外汇交易应当根据当日市场汇率并在规定的每日最大价格浮动幅度内进行。

第二十七条　中国人民银行可以根据货币政策的要求，在外汇市场内买卖外汇，调节外汇供求，平抑外汇市场价格。

第五章　法律责任

第二十八条　会员违反国家外汇管理规定、交易中心章程和业务规则的，国家外汇管理局有权对其处以通报批评、暂停交易或取消会员资格，由此造成的经济损失由会员承担。

第二十九条　交易员若违反交易中心的交易规则，交易中心有权给予警告、通报批评、取消交易资格等处罚，造成经济损失的，应承担民事责任，经济损失由其会员单位承担。

第三十条　交易中心有以下行为的，造成经济损失的由交易中心承担，同时追究主管人员的责任：

（一）擅自改变交易时间、交易方式、交易币种及品种、清算方式的；

（二）无故拖延清算资金划拨的；

（三）向上级主管机关上报虚假交易情况的；

（四）违反中国人民银行及国家外汇管理局的其他规定的。

第三十一条 交易中心工作人员有以下行为的，交易中心理事会有权给予警告、通报批评或开除等行政处分，造成经济损失的，应承担民事责任，构成犯罪的，应当依法追究刑事责任。

（一）利用职务便利贪污、挪用或其它非法占有公共财物的行为的；

（二）玩忽职守给外汇市场造成损失的；

（三）泄露不准对外公布的内部信息的。

第六章 附 则

第三十二条 交易中心依照本规定制定交易中心章程、业务规则，报国家外汇管理局批准后实施。

第三十三条 本规定由国家外汇管理局负责解释。

第三十四条 本规定自印发之日起实施。

国家外汇管理局关于外汇指定银行停止
报送挂牌汇价日报表的通知

国家外汇管理局各省、自治区、直辖市分局、外汇管理部，深圳、大连、青岛、厦门、宁波市分局；各中资外汇指定银行：

为提高管理效率，国家外汇管理局决定自 2012 年 3 月 12 日起，外汇指定银行停止报送挂牌汇价日报表。

各外汇指定银行应建立健全有关挂牌汇价的内部管理制度和风险防范机制。

国家外汇管理局各分局、外汇管理部接到本通知后，应立即转发辖内中心支局、支局和辖内银行。

特此通知。

二〇一二年二月二十七日

中国人民银行关于银行间外汇市场交易汇价和外汇指定银行挂牌汇价管理有关问题的通知

中国人民银行上海总部，各分行、营业管理部、省会（首府）城市中心支行、副省级城市中心支行；国家外汇管理局各省、自治区、直辖市分局、外汇管理部，深圳、大连、青岛、厦门、宁波市分局；各外汇指定银行；中国外汇交易中心：

为进一步提高政策透明度，便利社会各界掌握汇价管理相关政策，现将银行间外汇市场交易汇价和外汇指定银行挂牌汇价管理具体事项的相关规定整合后通知如下：

一、中国人民银行授权中国外汇交易中心于每个工作日上午9：15对外公布当日人民币兑美元、欧元、日元、港币、英镑和马来西亚林吉特汇率中间价，作为当日银行间即期外汇市场（含询价交易方式和撮合方式）以及银行柜台交易汇率的中间价。中国人民银行授权中国外汇交易中心公布的当日汇率中间价适用于该中间价发布后到下一个汇率中间价发布前。

二、人民币兑美元汇率中间价的形成方式为：中国外汇交易中心于每日银行间外汇市场开盘前向银行间外汇市场做市商询价，并将做市商报价作为人民币兑美元汇率中间价的计算样本，去掉最高和最低报价后，将剩余做市商报价加权平均，得到当日人民币兑美元汇率中间价，权重由中国外汇交易中心根据报价方在银行间外汇市场的交易量及报价情况等指标综合确定。

三、人民币兑欧元、日元、港币和英镑汇率中间价由中国外汇交易中心分别根据当日人民币兑美元汇率中间价与上午9：00国际外汇市场欧元、日元、港币和英镑兑美元汇率套算确定。人民币兑马来西亚林吉特汇率中间价由中国外汇交易中心根据每日银行间外汇市场开盘前银行间外汇市场做市商的报价平均得出。

四、每日银行间即期外汇市场人民币兑美元的交易价可在中国外汇交易中心对外公布的当日人民币兑美元汇率中间价上下0.5%的幅度内浮动。人民币兑欧元、日元、港币、英镑交易价在中国外汇交易中心公布的人民币兑该货币汇率中间价上下3%的幅度内浮动。人民币兑马来西亚林吉特交易价在中国外汇交易中心公布的人民币兑林吉特汇率中间价上下5%的幅度内浮动。人民币兑其他非美元货币交易价的浮动幅度另行规定。

五、外汇指定银行为客户提供当日美元最高现汇卖出价与最低现汇买入价之差不得超过当日汇率中间价的1%（[当日最高现汇卖出价–当日最低现汇买入价]/当日汇率中间价×100%≤1%），最高现钞卖出价与最低现钞买入价之差不得超过当日汇率中间价的4%（[当日最高现钞卖出价–当日最低现钞买入价]/当日汇率中间价×100%≤4%）。每日外汇指定银行为客户提供美元最高现汇卖出价和最低现汇买入价区间、最高现钞卖出价与最低现钞买入价区间均应包含当日人民币兑美元汇率中间价。在上述规定的价差幅度范围内，外汇指定银行可自行调整美元现汇和现钞的买卖价格。

鼓励外汇指定银行在柜台加挂人民币兑各种货币汇价。人民币兑非美元货币现汇和现钞挂牌买卖价差幅度没有限制，外汇指定银行可自行决定对客户挂牌的人民币兑非美元货币现汇和现钞买卖价。

六、外汇指定银行可在第五条规定的价差幅度范围内与客户议定更优惠的现汇和现钞买卖价，但实际成交价格应遵循风险管理原则，避免不正当竞争。

七、全国性银行总行向国家外汇管理局，外资银行、地方性中资银行总行及其他法人金融机构按属地管理原则向所在地国家外汇管理局分局、外汇管理部（以下简称外汇局分局），于每个工作日上午9：30之前报送本银行上一工作日初始挂牌汇价、最高价、最低价、结束挂牌汇价以及当日营业初始挂牌汇价。全国性银行的分支机构，外资银行、地方性中资银行及其他法人金融机构的分支机构应于每个工作日上午10：30之前将本银行上一工作日实际成交最高价、实际成交最低价报送至所在地外汇局分局。

八、提供挂牌汇价服务的外汇指定银行均应通过国家外汇管理局网上服务平台报送银行挂牌汇价日报表（见附件）。具体登录及数据报送方法详见国家外汇管理局网上服务平台（网址为http：//www.safesvc.gov.cn。）首页"常用下载"栏目中"银行牌价报送使用手册及模板"。

外汇局分局负责组织辖区内全国性银行的分支机构，外资银行、地方性中资银行以及其他法人金融机构通过网上服务平台报送银行挂牌汇价日报表，并登录内网网上服务平台（地址为http：//100.1.50.12）为辖区内外汇指定银行进行初始设置，保证外汇指定银行能够通过国家外汇管理局网上服务平台报送银行挂牌汇价日报表。登录及操作方法详见国家外汇管理局网上服务平台首页"相关下载"栏目中"分局为银行开户及授权操作说明"。

九、实现网络报送的外汇指定银行可停止通过其他方式向国家外汇管理局或外汇局分局报送银行挂牌汇价日报表。如遇网上服务平台故障无法传输数据，外汇指定银行和外汇局分局应及时与国家外汇管理局联系，并启用传真方式报送银行挂牌汇价日报表。全国性银行总行传真至010-68402303。

十、外汇指定银行应建立健全有关挂牌汇价的内部管理制度和风险防范机制。外汇指定银行应完善全系统挂牌汇价的管理办法（包括定价机制、风险防范办法、内部控制制度和汇价信息联网技术规范等），如有修改应报国家外汇管理局或外汇局分局备案。全国性银行总行报送国家外汇管理局，同时抄送所在地外汇局分局；外资银行、地方性中资银行及其他法人金融机构报送所在地外汇局分局。

十一、各级外汇管理部门要根据本通知精神，加强对辖区内外汇指定银行挂牌汇价的监督和检查。违反本通知规定的，应根据《中华人民共和国外汇管理条例》予以处罚。

十二、自本通知下发之日起，《国家外汇管理局关于调整非工作日美元对人民币现汇和现钞挂牌买卖价差的批复》（汇复〔2007〕440号）、《国家外汇管理局关于银行对客户美元现汇挂牌汇价管理有关问题的批复》（汇复〔2007〕334号）、《国家外汇管理局关于加强外汇牌价和结售汇头寸统计监测工作的通知》（汇发〔2005〕84号）同时废止。涉及中国人民银行和国家外汇管理局其他文件中银行间外汇市场交易汇价和外汇指定银行挂牌汇价管理规定的有关事项以本通知为准。

二〇一〇年十一月十九日

中国人民银行关于进一步改善银行间外汇市场交易汇价和外汇指定银行挂牌汇价管理的通知

中国人民银行各分行、营业管理部，省会（首府）城市中心支行，大连、青岛、宁波、厦门、深圳市中心支行；国家外汇管理局各省、自治区、直辖市分局、外汇管理部，深圳、大连、青岛、厦门、宁波市分局；各中资外汇指定银行；中国外汇交易中心：

为进一步发展外汇市场，增强外汇指定银行制定挂牌汇价的自主性和灵活性，满足企业和外汇指定银行规避汇率风险的需要，加强对人民币汇价的监测，现就进一步改善银行间外汇市场交易汇价和外汇指定银行挂牌汇价管理的具体事项通知如下：

一、每日银行间即期外汇市场非美元货币对人民币的交易价在中国人民银行公布的该货币当日交易中间价上下 3%的幅度内浮动。

二、外汇指定银行对客户挂牌的美元对人民币现汇卖出价与买入价之差不得超过中国人民银行公布的美元交易中间价（上一日银行间市场美元收盘价，下同）的 1%（［现汇卖出价–现汇买入价］/美元交易中间价×100%≤1%），现钞卖出价与买入价之差不得超过美元交易中间价的 4%（［现钞卖出价–现钞买入价］/美元交易中间价×100%≤4%）。在上述规定的价差幅度范围内，外汇指定银行可自行调整当日美元现汇和现钞买卖价。

三、取消非美元货币对人民币现汇和现钞挂牌买卖价差幅度的限制，外汇指定银行可自行决定对客户挂牌的非美元货币对人民币现汇和现钞买卖价。

四、外汇指定银行可与客户议定现汇和现钞的买卖价。美元对人民币现汇和现钞的议定价格不得超过规定的价差范围。

五、政策性银行、国有商业银行、股份制商业银行总行应在每个工作日上午 9：00 之前向国家外汇管理局报送本行上一工作日初始挂牌汇价、最高价、最低价、结束挂牌汇价以及当日营业初始挂牌汇价。政策性银行、国有商业银行、股份制商业银行的分支机构，城市商业银行、农村信用社（含农村商业银行、农村合作银行）、外资银行以及其他金融机构按照上述要求报送所在地国家外汇管理局分局或外汇管理部。

六、外汇指定银行应建立健全有关挂牌汇价的内部管理制度和风险防范机制。外汇指定银行应根据本通知规定修改完善有关全系统挂牌汇价的管理办法（包括定价机制、风险防范办法、内部控制制度和汇价信息联网技术规范等），自执行之日起 1 个月内报国家外汇管理局或其分支机构备案。政策性银行、国有商业银行、股份制商业银行总行报送国家外汇管理局，同时抄送所在地国家外汇管理局分局或外汇管理部；城市商业银行、农村信用社（含农村商业银行、农村合作银行）、外资银行以及其他金融机构报送所在地国家外汇管理局分局或外汇管理部。

七、各级外汇管理部门要加强对辖区内外汇指定银行挂牌汇价的监测和管理。执行中遇到问题，要及时向上级部门反映。

八、本通知自发布之日起执行。此前规定与本通知规定相抵触的，以本通知为准。

中国人民银行
二〇〇五年九月二十三日

中国人民银行关于完善人民币汇率
形成机制改革的公告

为建立和完善我国社会主义市场经济体制，充分发挥市场在资源配置中的基础性作用，建立健全以市场供求为基础的、有管理的浮动汇率制度，经国务院批准，现就完善人民币汇率形成机制改革有关事宜公告如下：

一、自 2005 年 7 月 21 日起，我国开始实行以市场供求为基础、参考一篮子货币进行调节、有管理的浮动汇率制度。人民币汇率不再盯住单一美元，形成更富弹性的人民币汇率机制。

二、中国人民银行于每个工作日闭市后公布当日银行间外汇市场美元等交易货币对人民币汇率的收盘价，作为下一个工作日该货币对人民币交易的中间价格。

三、2005 年 7 月 21 日 19：00 时，美元对人民币交易价格调整为 1 美元兑 8.11 元人民币，作为次日银行间外汇市场上外汇指定银行之间交易的中间价，外汇指定银行可自此时起调整对客户的挂牌汇价。

四、现阶段，每日银行间外汇市场美元对人民币的交易价仍在人民银行公布的美元交易中间价上下千分之三的幅度内浮动，非美元货币对人民币的交易价在人民银行公布的该货币交易中间价上下一定幅度内浮动。

中国人民银行将根据市场发育状况和经济金融形势，适时调整汇率浮动区间。同时，中国人民银行负责根据国内外经济金融形势，以市场供求为基础，参考篮子货币汇率变动，对人民币汇率进行管理和调节，维护人民币汇率的正常浮动，保持人民币汇率在合理、均衡水平上的基本稳定，促进国际收支基本平衡，维护宏观经济和金融市场的稳定。

中国人民银行关于银行间外汇市场交易汇价和外汇指定银行挂牌汇价管理有关事项的通知

中国人民银行各分行、营业管理部，省会（首府）城市中心支行，深圳、大连、青岛、厦门、宁波市中心支行；国家外汇管理局各省、自治区、直辖市分局，外汇管理部，深圳、大连、青岛、厦门、宁波市分局；各中资外汇指定银行；中国外汇交易中心：

根据 2005 年 7 月 21 日发布的《中国人民银行关于完善人民币汇率形成机制改革的公告》，现就银行间外汇市场交易汇价和外汇指定银行挂牌汇价管理的有关事项通知如下：

一、每日银行间外汇市场美元对人民币的交易价仍在中国人民银行公布的美元交易中间价上下 0.3% 的幅度内浮动，非美元货币对人民币的交易价在中国人民银行公布的该货币交易中间价上下 1.5% 的幅度内浮动。

二、外汇指定银行对客户挂牌的美元对人民币现汇买卖价不得超过中国人民银行公布的美元交易中间价上下 0.2%，现钞买卖价不得超过现汇买卖中间价上下 1%。

三、外汇指定银行对客户挂牌的非美元货币对人民币现汇买卖中间价，由外汇指定银行以中国人民银行公布的美元交易中间价为基础参照外汇市场行情自行套算和调整。除本通知第五条规定的情况外，非美元货币对人民币现汇卖出价与买入价之差不得超过现汇买卖中间价的 0.8%（［现汇卖出价–现汇买入价］/现汇买卖中间价×100%≤0.8%），现钞卖出价与买入价之差不得超过现汇买卖中间价的 4%（［现钞卖出价–现钞买入价］/现汇买卖中间价×100%≤4%）。特殊情况需扩大买卖价差幅度的，外汇指定银行应向国家外汇管理局申请批准。

四、外汇指定银行可授权分支行在上述规定的范围内自行确定挂牌汇价。对于单笔大额交易，外汇指定银行可在上述规定的浮动范围内与客户议定，大额金额的标准由银行自定。外汇指定银行对信用卡、旅行支票等支付凭证购汇可在以上规定的幅度内给客户更优惠的汇率。

五、外汇指定银行可在黑龙江、吉林、辽宁、内蒙古、新疆、西藏、云南、广西等省、自治区的边贸地区加挂人民币兑毗邻国家货币的汇价，其买卖价差自行确定。

六、外汇指定银行应根据本通知规定调整本行挂牌汇价实施办法，自执行之日起 1 个月内报国家外汇管理局或其分支机构备案。政策性银行、国有商业银行、股份制商业银行总行报送国家外汇管理局，同时抄送所在地国家外汇管理局分局或外汇管理部；城市商业银行、农村信用社（含农村商业银行、农村合作银行）、外资银行以及其它金融机构报送所在地国家外汇管理局分局或外汇管理部。

七、中国人民银行通过国家外汇管理局对人民币汇率实施监管。各级外汇管理部门要根据本通知精神，加强对辖区内外汇指定银行挂牌汇价的监督和检查。对违反本通知规定的，应根据《中华人民共和国外汇管理条例》予以处罚。

八、本通知自发布之日起执行。

第六编 其他政策法规

国家外汇管理局关于改进海关特殊监管区域经常项目外汇管理有关问题的通知

国家外汇管理局各省、自治区、直辖市分局、外汇管理部，深圳、大连、青岛、厦门、宁波市分局：

为完善海关特殊监管区域经常项目外汇收支管理，支持外贸升级转型，促进外贸稳定增长，根据《海关特殊监管区域外汇管理办法》（汇发〔2013〕15号），国家外汇管理局决定自2013年6月1日起，进一步改进海关特殊监管区域经常项目外汇管理。现就有关问题通知如下：

一、海关特殊监管区域机构（以下简称区内机构）无须办理《保税监管区域外汇登记证》（以下简称《登记证》）及进行《登记证》年检。已核发的《登记证》不再使用。

新设区内机构办理货物贸易外汇收支、购结汇前，应按照《货物贸易外汇管理指引》及其实施细则（汇发〔2012〕38号文印发，以下简称货物贸易法规），到所在地国家外汇管理局分支局（以下简称外汇局）办理"贸易外汇收支企业名录"（以下简称名录）登记手续。已办理《登记证》的区内机构，按照货物贸易法规规定签署《货物贸易外汇收支业务办理确认书》后自动列入名录。

金融机构不得为不在名录的区内机构直接办理货物贸易外汇收支业务。金融机构应当通过"货物贸易外汇监测系统"查询确认该区内机构为"特殊监管区域内企业"后，按规定为其办理相关外汇收支业务。

二、区内机构可将具有真实、合法交易背景的出口收入存放境外。区内机构将出口收入存放境外应当具备的资格条件、开户登记、存放规模、期限以及调回要求等应按货物贸易法规办理。其他经常项目外汇收入存放境外应按服务贸易外汇管理法规办理。

三、简化区内机构货物贸易付汇管理。区内机构办理货物贸易付汇，参照货物贸易法规提供相应有效凭证和商业单据，无须提供《登记证》，可以在所在地以外的省、市办理异地付汇业务。货物贸易法规规定需提供进出口货物报关单的，保税项下货物贸易可以以进出境货物备案清单替代。金融机构无需办理进境货物备案清单或进口货物报关单电子底账核注、结案等手续。

区内机构办理货物贸易外汇支付手续时，如提供的正本进口货物报关单或进境货物备案清单上的经营单位为其他机构，须提供付汇人与经营单位不一致原因的书面说明及可证实交易真实性及该不一致情况的商业凭证及相关海关监管单证，并留存相关单证备查。金融机构按规定进行合理审查。

四、区内机构可以根据其真实合法的进口付汇需求提前购汇存入其经常项目外汇账户。提前购汇及实际对外支付须在同一家金融机构办理，因合同变更等原因导致区内机构提前购汇后未能对外支付的，区内机构可自主决定结汇或保留在其经常项目外汇账户中。

五、简化区内机构货物贸易结汇管理。区内机构按货物贸易法规凭相关单证在金融机构办理货物贸易收入结汇，金融机构按规定进行合理审查。

六、简化区内机构服务贸易外汇管理。区内机构办理单笔等值5万美元（含）以下的服务贸易外汇收支，金融机构原则上可不审核交易单证，但对于资金性质不明确的外汇收支业务，金融机构可要求区内机构和个人提交交易单证进行合理审查。区内机构办理单笔等值5万美元以上的服务贸易外汇收支，由金融机构按照服务贸易外汇管理法规规定直接审核交易单证后办理。按规定应提交税务凭证的，从其规定。

七、外汇局按照货物贸易法规对区内机构货物贸易外汇收支进行非现场监测，对异常或可疑情况进行现场核查或现场检查，并根据核查和检查结果进行分类管理。

各分局、外汇管理部（以下简称各分局）应参照货物贸易法规制定本地区海关特殊监管区域货物贸易外汇管理风险防范操作性规定（要求见附件）。天津、上海、江苏、广东、重庆、浙江、深圳、青岛、宁波等九省、市分局、外汇管理部应于2013年5月28日前将本地区风险防范操作性规定报总局备案。各分局应积极与地方相关部门沟通协调，取得用于监管需要的海关特殊监管区域货物流数据。

各分局应将通知正文及时转发辖内中心支局（支局）、中资外汇指定银行（含总行）、地方性商业银行、外资银行。执行过程中如遇问题，请及时向国家外汇管理局经常项目管理司反馈。

附件：略

国家外汇管理局
2013年5月22日

海关特殊监管区域外汇管理办法

第一条 为完善海关特殊监管区域外汇管理，促进海关特殊监管区域健康发展，根据《中华人民共和国外汇管理条例》、《国务院关于促进海关特殊监管区域科学发展的指导意见》（国发〔2012〕58 号）及其他相关法律、法规，制定本办法。

第二条 本办法所称海关特殊监管区域（以下简称区内）包括保税区、出口加工区、保税物流园区、跨境工业区、保税港区、综合保税区等海关实行封闭监管的特定区域。

第三条 国家外汇管理局及其分支机构（以下简称外汇局）依法对区内机构收汇、付汇、购汇、结汇及外汇账户等（以下简称外汇收支）实施监督和管理。

区内机构包括区内行政管理机关、事业单位、企业及其他经济组织等。

第四条 除国家外汇管理局另有规定外，区内机构外汇收支按照境内海关特殊监管区域外（以下简称境内区外）的外汇管理规定办理。

第五条 区内与境内区外之间货物贸易项下交易，可以以人民币或外币计价结算；服务贸易项下交易应当以人民币计价结算。

区内机构之间的交易，可以以人民币或外币计价结算；区内行政管理机构的各项规费应当以人民币计价结算。

第六条 区内机构采取货物流与资金流不对应的交易方式时，外汇收支应当具有真实、合法的交易基础。银行应当按规定对交易单证的真实性及其与外汇收支的一致性进行合理审查。

第七条 区内与境外之间的资金收付，区内机构应当按规定进行国际收支统计申报；区内与境内区外，以及区内机构之间的资金收付，区内机构、境内区外机构应当按规定填报境内收付款凭证。

第八条 外汇局依法对银行和区内机构的外汇收支进行统计监测，对存在异常或者可疑的情况进行核查或检查。

第九条 保税物流中心（A、B 型）、出口监管仓库、保税仓库、钻石交易所等参照适用本办法。

第十条 违反本办法规定办理外汇收支的，外汇局依据《中华人民共和国外汇管理条例》及相关规定予以处罚。

第十一条 本办法由国家外汇管理局负责解释。

第十二条 本办法自 2013 年 6 月 1 日起施行。《国家外汇管理局关于印发〈保税监管区域外汇管理办法〉的通知》（汇发〔2007〕52 号）、《国家外汇管理局综合司关于印发〈保税监管区域外汇管理办法操作规程〉的通知》（汇综发〔2007〕166 号）、《国家外汇管理局关于上海钻石交易所外汇管理有关问题的批复》（汇复〔2002〕261 号）、《关于〈上海钻石交易所外汇管理暂行办法〉的批复》（汇复〔2000〕316 号）同时废止。

保税监管区域外汇管理办法

第一条 为了完善保税监管区域外汇管理，促进保税监管区域健康发展，根据《中华人民共和国外汇管理条例》及其他相关法律、法规，制定本办法。

第二条 本办法所称保税监管区域（以下简称区内）包括保税区、出口加工区、保税物流园区、保税港区以及综合保税区、跨境工业区等海关实行封闭监管的特定区域。

第三条 国家外汇管理局及其分支机构（以下简称外汇局）依法对区内机构外汇账户、外汇收支、购汇及结汇等实施监督和管理。

区内机构包括区内行政管理、企业、事业单位及其他经济组织等。

第四条 区内企业领取工商营业执照后，应当按规定到所在地外汇局统一办理外汇登记手续。

区内企业办理外汇收支业务，应当出示外汇登记证明，凭规定的有效凭证及商业单据办理。

第五条 区内与境外之间的经济往来，除另有规定外，应当以外币计价结算。

区内与境内保税监管区域外（以下简称境内区外）之间货物贸易项下交易，可以以人民币计价结算，也可以以外币计价结算；货物贸易项下从属费用计价结算币种按商业惯例办理；服务贸易项下交易应当以人民币计价结算。

区内机构之间的交易，可以以人民币计价结算，也可以以外币计价结算；区内行政管理机构的各项规费应当以人民币计价结算。

第六条 区内与境外之间的资金收付，区内机构均应当按照规定进行国际收支统计申报；区内与境内区外之间的资金收付，区内、境内区外机构无需进行国际收支统计申报。

第七条 区内企业按照境内区外外汇管理规定开立、使用和关闭外汇账户。

区内企业外汇账户统一纳入外汇账户管理信息系统进行管理。

第八条 区内企业货物贸易外汇收支，根据货物保税状态对应的海关监管方式，实施不同外汇管理政策。

在商务主管部门办理对外贸易经营权备案登记后从事货物贸易经营活动的区内企业，应当按境内区外相关规定到所在地外汇局办理"对外付汇进口单位名录"和出口收汇核销备案登记手续。

第九条 区内企业向境外或者境内区外支付货款，有下列形式之一的，应当持证明交易合法、真实的有效凭证和商业单据到银行办理。

（一）直接从境外进口，或者从区内或者境内区外购买境外企业的货物，可以从外汇账户或购汇对境外支付。

（二）与境外签订出口合同，货物由境内区外企业报关出境，境外货款可以由区内企业收汇后原币向境内区外企业划转。

（三）从境内区外企业购买货物，可以直接向其支付，银行按照规定为境内区外企业办理结汇或入账手续。

（四）其他向境外或者境内区外的支付。

"对外付汇进口单位名录"上的区内企业异地支付货款，应当按规定办理进口付汇备案手续。

第十条　区内企业对境外支付货款，除本办法另有规定外，无须办理进口付汇核销。

区内企业凭进口货物报关单向境外支付或者凭进境备案清单购汇向境外支付的，付汇银行应当按规定办理电子底账核注、结案等手续。

区内企业采取货到付款以外方式购汇对境外支付货款的，应在规定时间内向付汇银行提供进口货物报关单或者进境备案清单正本，银行按前款规定办理相应手续。未在规定时间内提供的，付汇银行应于每季度结束之日3个工作日内将区内企业名单上报所在地外汇局，由所在地外汇局逐笔审核外汇收支真实性。

第十一条　区内企业向境外出口货物，在海关办理保税货物出境备案的，收汇后无需办理出口收汇核销；在海关办理非保税货物出口报关的，区内企业应当按照境内区外相关规定到外汇局办理出口收汇核销。

第十二条　区内企业之间的交易，应当持合同或协议、发票等证明交易合法、真实的有效凭证和商业单据，以人民币或者从其银行外汇账户中支付。

第十三条　境内区外企业购买区内货物，凭有效凭证和商业单据可以向区内企业支付，可以直接向境外支付，也可以向其他境内区外货权企业支付。境内区外货权企业收到前述境内区外企业的外汇后，按规定凭入账通知或者结汇水单等凭证办理核销手续。

第十四条　区内企业经常项目外汇收入结汇和服务贸易项下购付汇，按照境内区外相关规定办理。

第十五条　区内机构资本项目项下外汇交易，按照境内区外相关外汇管理规定办理。

外方投资者因区内机构清算所得资产，经外汇局核准后可以汇出境外或者境内再投资；中方投资者所得资产，应当及时调回境内区外按相关规定办理。

第十六条　银行为区内企业办理购汇或者结汇手续后，应当在外汇登记证明相应栏目中签注并按规定留存有关凭证和商业单据备查。

第十七条　外汇局定期或者不定期对银行和其他区内机构的外汇收支和外汇经营情况进行监督检查，对违反本办法的，按照《中华人民共和国外汇管理条例》及其他外汇管理规定进行处罚；《中华人民共和国外汇管理条例》及其他外汇管理规定没有规定或者处罚形式、标准规定不明确的，给予警告、通报批评、3万元人民币以下罚款的处罚；对未按本办法规定办理结汇或购汇业务的，还可以暂停或取消其直接到银行办理结汇或购汇的权利。

第十八条　保税物流中心（A、B型）、钻石交易所等参照适用本办法。

第十九条　本办法自2007年10月1日起实施，由国家外汇管理局负责解释。本办法未作明确规定的，按照境内区外相关外汇管理规定执行。以前外汇管理规定与本办法规定不一致的，以本办法规定为准。

保税监管区域外汇管理办法操作规程

第一章　外汇登记

第一条　区内企业应当在领取工商营业执照之日起 30 个工作日内，持工商营业执照、组织机构代码证、经批准的合同（独资企业除外）和章程（外商投资企业还需提供审批机关对设立该企业的批准文件）等有关材料原件及复印件，向注册地国家外汇管理局分支局（以下简称外汇局）申请办理外汇登记手续。

外汇局审核区内企业送交的上述材料无误后，向区内企业核发《保税监管区域外汇登记证》（以下简称《登记证》）。

《登记证》由国家外汇管理局统一设计，各外汇分局（外汇管理部）自行印制，不得伪造、涂改，不得出租、出借、转让、出卖。

第二条　在商务主管部门办理对外贸易经营权登记后从事货物贸易经营活动的区内企业，到注册地外汇局办理"对外付汇进口单位名录"和出口核销备案登记手续时，除《登记证》外，还需提供《对外贸易经营者备案登记表》、海关注册登记证明书。

第三条　区内企业办理外汇登记手续并领取《登记证》后，有变更名称、地址、经营范围或者发生股权转让、增资、合并及分立等情况的，应当在办理工商登记变更后 30 个工作日内，将有关材料报注册地外汇局备案，并办理外汇登记变更手续。

第四条　区内企业经营期满或因故导致经营终止，经审批机关批准解散的，应当在审批机关批准之日起 30 个工作日内到注册地外汇局办理外汇登记注销手续，交回《登记证》。

第五条　区内企业遗失《登记证》，应当自知道遗失之日起 5 日内登报发表遗失声明，并在登报声明后 5 个工作日内向注册地外汇局报告，注册地外汇局凭遗失声明给予补发。

第六条　区内企业办理外汇业务时，除按本操作规程提供规定的凭证和商业单据外，还应当出示《登记证》。

外汇局通过外汇年检对《登记证》每年核证一次，经过核证的《登记证》有效，期限一年。其中区内外商投资企业还应当同时遵守境内区外外商投资企业验资询证、联合年检等外汇管理规定。

第二章　外汇账户管理

第七条　区内企业开立、变更、关闭经常项目外汇账户，持《登记证》，按照境内区外经常项目外汇账户管理规定，直接到银行办理相关手续。

第八条　区内企业开立、变更、关闭资本项目外汇账户，持《登记证》，按照境内区外资本项目外汇账户管理规定办理，并按照相应外汇账户管理规定办理外汇收支。

第九条　区内企业外汇账户统一纳入外汇账户管理信息系统进行管理。区内企业经常项目外汇收支，包括收汇、付汇、结汇、购汇均应通过外汇账户进行。

第十条　银行为区内企业开立外汇账户时，应当在《登记证》相应栏目中填写开户银行名称、账号、币种、账户性质和开户日期，并加盖印章。

银行应当区分区内企业与境内区外企业外汇账户，分别按照相应规定办理外汇业务，并遵守外汇账户管理信息系统要求。

第十一条　银行和企业不得出租或者租用、出借或者借用以及超出规定的收支范围使用外汇账户，不得利用外汇账户代其他机构和个人收付、保存外汇资金。

第三章　外汇收支和结售汇管理

第十二条　区内企业的外汇收入可以按相关管理规定调回境内或存放境外。

第十三条　区内企业向境外支付货款，有下列形式之一的，应持以下有效凭证和商业单据到银行办理。

（一）向境外购买货物，货物直接从境外报关或者备案进口的，应当凭《登记证》、合同或协议、发票、其他与支付方式对应的有效凭证及商业单据办理。如区内企业提供的正本进口货物报关单上的经营单位为其他企业，还需提供相应的代理进口协议。如区内企业提供的正本进境货物备案清单上的经营单位为其他企业，还应提供相应的买卖合同或者仓储协议以及仓储企业出具的货权属于区内企业的证明。

（二）向境外购买货物，货物直接来源于区内的，除提供本条第（一）项所需凭证和商业单据外，还需提供正本出口货物报关单或者其他海关监管凭证、境外企业与区内仓储企业签订的仓储合同或者协议、区内仓储企业出具的货权属于境外企业的证明等办理。

（三）向境外购买货物，货物来源于境内区外的，除提供本条第（一）项所需凭证和商业单据外，还需提供正本出口货物报关单或者海关对该货物在境内区外的监管凭证以及境内区外企业出具的货权属于境外企业的证明。

（四）向境外购买货物，再将货物转卖给境内区外企业，并由境内区外企业直接在境内区外报关进口的，境内区外企业向区内企业支付，区内企业再向境外支付时，应凭《登记证》、合同或者协议、发票、相应的收账通知或结汇水单、境内区外企业正本进口货物报关单办理。银行须在该正本进口货物报关单上签注付汇企业名称、付汇日期、金额。如境内区外企业向区内企业付汇时，正本进口货物报关单已留存付汇银行，还应出具注明"正本进口货物报关单已留存"和签注付汇金额、日期及收款企业的报关单复印件或者电子底账核注、结案证明。

第十四条　区内企业向境内区外支付货款，有下列形式之一的，应持以下有效凭证和商业单据到银行办理。

（一）直接从境内区外购买货物，货物来源于境内区外，并直接向境内区外支付，应当凭《登记证》、合同或协议、发票、正本进境货物备案清单或者境内区外企业正本出口货物报关单办理。

（二）与境外企业签订合同，货物由境内区外企业报关出境，除提供本条第（一）项规定的凭证和商业单据外，还需提供相应的收账通知或者结汇水单。

（三）向境内区外购买货物，货物来源于区内的，区内企业应凭《登记证》、合同或协议、发票、正本进境货物备案清单或者正本出口货物报关单或者其他海关监管凭证、境内区外企业与区内仓储企业的仓储合同或协议以及区内仓储企业出具的货权属于境内区外企业的证明。

第十五条　境内区外企业从区内购买货物支付货款，有下列形式之一的，应持以下有效凭证和商业单据到银行办理。

（一）货物直接来自区内，或者来源境外但不进入区内而直接在境内区外报关进口，向区内支付的，应当凭区内企业《登记证》复印件、合同或协议、发票以及与支付方式对应的有效凭证及商业单据办理。

（二）货物由境内区外企业从区内报关进口，向其他境内区外企业支付的，除提供本条第（一）项所需凭证和商业单据外，还需提供其他境内区外企业与区内仓储企业的仓储合同或协议以及区内仓储企业出具的货权属于其他境内区外企业的证明。

（三）货物从区内报关进口，向境外支付的，除本条第（一）项所需凭证和商业单据外，还需提供正本进境货物备案清单。

货物来源于境内区外而从区内报关进口，并向境外支付的，除提供本条第（一）项所需凭证和商业单据外，还需提供境外企业与区内仓储企业的仓储合同或协议以及区内仓储企业出具的货物属于境外企业的证明及其他境内区外企业的正本出口货物报关单。

第十六条　区内企业付汇时无法提供相关凭证和商业单据，应在付汇后90天内按下列规定向付汇银行提供，由付汇银行按规定办理核注结案及签注手续，并留存备查。未在规定时间提供的，付汇银行应在每季度结束后3个工作日内上报该注册地外汇局。

（一）区内企业以货到付款以外方式对境外支付货款的，根据结算方式要求，提供对应的正本进口货物报关单或者进境货物备案清单（购汇项下）、境内区外企业正本出口货物报关单等。

（二）区内企业以货到付款以外方式向境内区外支付货款的，根据结算方式要求，提供对应的区内企业正本进境货物备案清单或者境内区外企业正本出口货物报关单。

前款所称境内区外企业正本出口货物报关单等，因区外企业核销需要等客观原因不能提供的，可以提供复印件。

第十七条　区内企业之间的交易，应当持《登记证》、合同或协议、发票等证明交易合法、真实的有效凭证和商业单据，以人民币或者以自有外汇支付，不得购汇支付。

第十八条　区内企业经常项目外汇收入结汇，凭证明交易真实性的有效凭证和商业单据直接到银行办理，资本项目按照境内区外相关规定办理。

第十九条　"对外付汇进口单位名录"上的区内企业办理异地付汇业务，应当向注册地外汇局申请办理异地进口付汇备案手续。

第四章　核销管理

第二十条　区内企业凭进口货物报关单向境外支付或者凭进境货物备案清单购汇向境外支付的，或者以货到付款以外方式向境外支付但按规定应向付汇银行提供正本进口货物报关单或者进境货物备案清单的，付汇银行应按规定办理电子底账核注、结案等手续，并在纸质正本进口货物报关单上进行签注，留存相关凭证备查。若进境货物备案清单未纳入中国电子口岸执法系统，则暂不须办理电子底账核注、结案等手续，但须在纸质正本进境货物备案清单上进行签注，留存相关凭证备查。

第二十一条　区内企业向境外出口货物，在海关办理货物出境备案的，收汇后无需办理出口收汇核销；在海关办理货物出口报关的，区内企业应当按照境内区外相关规定到外汇局办理出口收汇核销。

第二十二条　境内区外企业购买区内货物，需办理进口核销手续。

区内货物货权属于其他境内区外企业，境内区外企业向该境内区外货权企业支付时，应填写贸易进口付汇核销单，银行应当在付汇凭证上注明"保税监管区域外转汇"，并将付汇信息传送给外汇局；该境内区外货权企业收到前款境内区外企业的外汇后，按规定凭收汇银行出具的出口收汇核销专用联办理核销手续。该收汇银行在向境内区外货权企业出具出口收汇核销专用联时，应当在出口收汇核销专用联上编写 22 位核销收汇专用号码并注明"保税监管区域外转汇"字样。

第二十三条　区内企业凭《进口付汇备案表》异地付汇的，按照境内区外异地付汇的相关规定，凭正本进口货物报关单及其他相关凭证到注册地外汇局办理进口付汇核销手续。

第五章　附　则

第二十四条　银行通过外汇账户管理信息系统为区内企业办理购汇或者结汇手续后，应当同时在《登记证》相应栏目中签注，并加盖印章。银行应于每季度结束 10 个工作日内，统计本银行办理区内企业结汇、购汇情况（格式见附表），报注册地外汇局。

银行在为区内企业办理外汇业务时，应当留存相关有效凭证和商业单据 5 年备查。

第二十五条　外汇局于每季度结束 10 个工作日内，将未按规定提供向境外或者境内区外付汇项下对应的有效凭证和商业单据的区内企业名单，向辖内银行进行发布。银行自外汇局发布之日起不得直接为列入名单的区内企业办理非货到付款支付方式的外汇业务。有特殊情况的，由外汇局逐笔审核其收支真实性后办理。

第二十六条　区内机构违反本操作规程，由外汇局根据《外汇管理条例》、《保税监管区域外汇管理办法》（以下简称《办法》）及其他外汇管理规定予以处罚。

第二十七条　保税物流中心 B 型适用本操作规程。

第二十八条　本操作规程自 2007 年 10 月 1 日实施。本操作规程未做规定的，按照《办法》执行；《办法》规定不明确的，按照境内区外相关外汇管理规定执行。以前外汇管理规定与本操作规程规定不一致的，以本操作规程为准。

国家外汇管理局综合司关于非法网络炒汇行为有关问题认定的批复

国家外汇管理局深圳市分局：

你分局《关于对非法网络炒汇行为有关问题认定的请示（深外管〔2008〕121号）收悉。现批复如下：

根据《银行业监督管理法》《商业银行法》《外汇管理条例》（国务院令1996年193号）《非法金融机构和非法金融业务活动取缔办法（国务院令1998年第247号）《个人外汇管理办法（中国人民银行令2006年第3号）《关于严厉查处非法外汇期货和外汇按金交易活动的通知（证监发字〔1994〕165号）等相关法律、法规及部门规章的规定，境内个人从事外汇按金等外汇买卖交易，应当通过依法取得相应业务资格的境内金融机构办理。未依法取得行业监管部门的批准或者备案同意，任何单位和个人一律不得擅自经营外汇按金交易。擅自从事外汇按金交易的双方权益不受法律保护，组织和参与这种交易，属于非法经营外汇业务和私自买卖外汇行为。

此复。

二〇〇八年六月十一日

金融违法行为处罚办法

（中华人民共和国国务院令第 260 号，1999 年 1 月 14 日国务院
第 13 次常务会议通过）

第一条 为了惩处金融违法行为，维护金融秩序，防范金融风险，制定本办法。

第二条 金融机构违反国家有关金融管理的规定，有关法律、行政法规有处罚规定的，依照其规定给予处罚；有关法律、行政法规未作处罚规定或者有关行政法规的处罚规定与本办法不一致的，依照本办法给予处罚。

本办法所称金融机构，是指在中华人民共和国境内依法设立和经营金融业务的机构，包括银行、信用合作社、财务公司、信托投资公司、金融租赁公司等。

第三条 本办法规定的行政处罚，由中国人民银行决定；但是本办法第二十四条、第二十五条规定的行政处罚，由国家外汇管理机关决定。

本办法规定的纪律处分，包括警告、记过、记大过、降级、撤职、留用察看、开除，由所在金融机构或者上级金融机构决定。

金融机构的工作人员依照本办法受到开除的纪律处分的，终身不得在金融机构工作，由中国人民银行通知各金融机构不得任用，并在全国性报纸上公告。金融机构的高级管理人员依照本办法受到撤职的纪律处分的，由中国人民银行决定在一定期限内直至终身不得在任何金融机构担任高级管理职务或者与原职务相当的职务，通知各金融机构不得任用，并在全国性报纸上公告。

本办法所称高级管理人员，是指金融机构的法定代表人和其他主要负责人，包括银行及其分支机构的董事长、副董事长、行长、副行长、主任、副主任；信用合作社的理事长、副理事长、主任、副主任；财务公司、信托投资公司、金融租赁公司等金融机构的董事长、副董事长、总经理、副总经理等。

第四条 金融机构的工作人员离开该金融机构工作后，被发现在该金融机构工作期间违反国家有关金融管理规定的，仍然应当依法追究责任。

第五条 金融机构设立、合并、撤销分支机构或者代表机构的，应当经中国人民银行批准。

未经中国人民银行批准，金融机构擅自设立、合并撤销分支机构或者代表机构的，给予警告，并处 5 万元以上 30 万元以下的罚款；对该金融机构直接负责的高级管理人员，给予撤职直至开除的纪律处分。

第六条 金融机构有下列情形之一的，应当经中国人民银行批准：

（一）变更名称；

（二）变更注册资本；

（三）变更机构所在地；

（四）更换高级管理人员；

（五）中国人民银行规定的其他变更、更换情形。

金融机构未经中国人民银行批准，有前款所列情形之一的，给予警告，并处1万元以上10万元以下的罚款；有前款第（四）项所列情形的，对该金融机构直接负责的高级管理人员，给予撤职直至开除的纪律处分。

第七条 金融机构变更股东、转让股权或者调整股权结构的，应当经中国人民银行批准；涉及国有股权变动的，并应当按照规定经财政部门批准。

未经依法批准，金融机构擅自变更股东、转让股权或者调整股权结构的，给予警告，没收违法所得，并处违法所得1倍以上3倍以下的罚款，没有违法所得的，处5万元以上30万元以下的罚款；对该金融机构直接负责的高级管理人员，给予撤职直至开除的纪律处分。

第八条 金融机构不得虚假出资或者抽逃出资。

金融机构虚假出资或者抽逃出资的，责令停业整顿，并处虚假出资金额或者抽逃出资金额5%以上10%以下的罚款；对该金融机构直接负责的高级管理人员给予开除的纪律处分，对其他直接负责的主管人员和直接责任人员给予记过直至开除的纪律处分；情节严重的，吊销该金融机构的经营金融业务许可证；构成虚假出资、抽逃出资罪或者其他罪的，依法追究刑事责任。

第九条 金融机构不得超出中国人民银行批准的业务范围从事金融业务活动。

金融机构超出中国人民银行批准的业务范围从事金融业务活动的，给予警告，没收违法所得，并处违法所得1倍以上5倍以下的罚款，没有违法所得的，处10万元以上50万元以下的罚款；对该金融机构直接负责的高级管理人员给予撤职直至开除的纪律处分，对其他直接负责的主管人员和直接责任人员给予记过直至开除的纪律处分；情节严重的，责令该金融机构停业整顿或者吊销经营金融业务许可证；构成非法经营罪或者其他罪的，依法追究刑事责任。

第十条 金融机构的代表机构不得经营金融业务。

金融机构的代表机构经营金融业务的，给予警告，没收违法所得，并处违法所得1倍以上3倍以下的罚款，没有违法所得的，处5万元以上30万元以下的罚款；对该金融机构直接负责的高级管理人员给予撤职直至开除的纪律处分，对其他直接负责的主管人员和直接责任人员给予降级直至开除的纪律处分；情节严重的，撤销该代表机构。

第十一条 金融机构不得以下列方式从事帐外经营行为：

（一）办理存款、贷款等业务不按照会计制度记帐、登记，或者不在会计报表中反映；

（二）将存款与贷款等不同业务在同一帐户内轧差处理；

（三）经营收入未列入会计帐册；

（四）其他方式的帐外经营行为。

金融机构违反前款规定的，给予警告，没收违法所得，并处违法所得1倍以上5倍以下的罚款，没有违法所得的，处10万元以上50万元以下的罚款；对该金融机构直接负责的高级管理人员、其他直接负责的主管人员和直接责任人员，给予开除的纪律处分；情节严重的，责令该金融机构停业整顿或者吊销经营金融业务许可证；构成用帐外客户资金非法拆借、发放贷款罪或者其他罪的，依法追究刑事责任。

第十二条 金融机构不得提供虚假的或者隐瞒重要事实的财务会计报告、统计报告。

金融机构提供虚假的或者隐瞒重要事实的财务会计报告。统计报告的，给予警告，并处10万元以上50万元以下的罚款；对该金融机构直接负责的高级管理人员给予撤职直至开除的纪律处分，对其他直接负责的主管人员和直接责任人员给予记大过直至开除的纪律处分；情节严重的，责令该金融机构停业整顿或者吊销经营金融业务许可证；构成提供虚假财会报告罪或者其他罪的，依法追究刑事责任。

第十三条 金融机构不得出具与事实不符的信用证、保函、票据、存单、资信证明等金融票证。

金融机构弄虚作假，出具与事实不符的信用证、保函、票据、存单、资信证明等金融票证的，给予警告，没收违法所得，并处违法所得 1 倍以上 5 倍以下的罚款，没有违法所得的，处 10 万元以上 50 万元以下的罚款；对该金融机构直接负责的高级管理人员、其他直接负责的主管人员和直接责任人员，给予开除的纪律处分；构成非法出具金融票证罪或者其他罪的，依法追究刑事责任。

第十四条　金融机构对违反票据法规定的票据，不得承兑、贴现、付款或者保证。

金融机构对违反票据法规定的票据，予以承兑、贴现、付款或者保证的，给予警告，没收违法所得，并处违法所得 1 倍以上 3 倍以下的罚款，没有违法所得的，处 5 万元以上 30 万元以下的罚款；对该金融机构直接负责的高级管理人员、其他直接负责的主管人员和直接责任人员，给予记大过直至开除的纪律处分；造成资金损失的，对该金融机构直接负责的高级管理人员，给予撤职直至开除的纪律处分；构成对违法票据承兑、付款、保证罪或者其他罪的，依法追究刑事责任。

第十五条　金融机构办理存款业务，不得有下列行为：

（一）擅自提高利率或者变相提高利率，吸收存款；

（二）明知或者应知是单位资金，而允许以个人名义开立帐户存储；

（三）擅自开办新的存款业务种类；

（四）吸收存款不符合中国人民银行规定的客户范围、期限和最低限额；

（五）违反规定为客户多头开立帐户；

（六）违反中国人民银行规定的其他存款行为。

金融机构有前款所列行为之一的，给予警告，没收违法所得，并处违法所得 1 倍以上 3 倍以下的罚款，没有违法所得的，处 5 万元以上 30 万元以下的罚款；对该金融机构直接负责的高级管理人员给予撤职直至开除的纪律处分，对其他直接负责的主管人员和直接责任人员给予降级直至开除的纪律处分；情节严重的，责令该金融机构停业整顿或者吊销经营金融业务许可证。

第十六条　金融机构办理贷款业务，不得有下列行为：

（一）向关系人发放信用贷款；

（二）向关系人发放担保贷款的条件优于其他借款人同类贷款的条件；

（三）违反规定提高或者降低利率以及采用其他不正当手段发放贷款；

（四）违反中国人民银行规定的其他贷款行为。

金融机构有前款所列行为之一的，给予警告，没收违法所得，并处违法所得 1 倍以上 5 倍以下的罚款，没有违法所得的，处 10 万元以上 50 万元以下的罚款；对该金融机构直接负责的高级管理人员、其他直接负责的主管人员和直接责任人员，给予撤职直至开除的纪律处分；情节严重的，责令该金融机构停业整顿或者吊销经营金融业务许可证；构成违法向关系人发放贷款罪、违法发放贷款罪或者其他罪的，依法追究刑事责任。

第十七条　金融机构从事拆借活动，不得有下列行为：

（一）拆借资金超过最高限额；

（二）拆借资金超过最长期限；

（三）不具有同业拆借业务资格而从事同业拆借业务；

（四）在全国统一同业拆借网络之外从事同业拆借业务；

（五）违反中国人民银行规定的其他拆借行为。

金融机构有前款所列行为之一的，暂停或者停止该项业务，没收违法所得，并处违法所得 1 倍以上 3 倍以下的罚款，没有违法所得的，处 5 万元以上 30 万元以下的罚款；对该金融机构直接负责的高级管理人员、其他直接负责的主管人员和直接责任人员，给予记大过直至开除的纪律处分。

第十八条　金融机构不得违反国家规定从事证券、期货或者其他衍生金融工具交易，不得为证券、期货或者其他衍生金融工具交易提供信贷资金或者担保，不得违反国家规定从事非自用不动产、股权、实业等投资活动。

金融机构违反前款规定的，给予警告，没收违法所得，并处违法所得1倍以上5倍以下的罚款，没有违法所得的，处10万元以上50万元以下的罚款；对该金融机构直接负责的高级管理人员给予开除的纪律处分，对其他直接负责的主管人员和直接责任人员给予撤职直至开除的纪律处分；情节严重的，责令该金融机构停业整顿或者吊销经营金融业务许可证；构成非法经营罪、违法发放贷款罪或者其他罪的，依法追究刑事责任。

第十九条　金融机构应当遵守中国人民银行有关现金管理的规定，不得允许单位或者个人超限额提取现金。

金融机构违反中国人民银行有关现金管理的规定，允许单位或者个人超限额提取现金的，给予警告，并处5万元以上30万元以下的罚款；对该金融机构直接负责的高级管理人员、其他直接负责的主管人员和直接责任人员，给予记大过直至开除的纪律处分。

第二十条　金融机构应当遵守中国人民银行有关信用卡管理的规定，不得违反规定对持卡人透支或者帮助持卡人利用信用卡套取现金。

金融机构违反中国人民银行有关信用卡管理的规定，对持卡人透支或者帮助持卡人利用信用卡套取现金的，给予警告，并处5万元以上30万元以下的罚款；对该金融机构直接负责的高级管理人员、其他直接负责的主管人员和直接责任人员，给予记大过直至开除的纪律处分。

第二十一条　金融机构应当遵守中国人民银行有关资产负债比例管理的规定。

金融机构违反中国人民银行有关资产负债比例管理规定的，给予警告，没收违法所得，并处违法所得1倍以上3倍以下的罚款，没有违法所得的，处5万元以上30万元以下的罚款；对该金融机构直接负责的高级管理人员，给予记大过直至开除的纪律处分。

第二十二条　金融机构不得占压财政存款或者资金。

金融机构占压财政存款或者资金的，给予警告，没收违法所得，并处违法所得1倍以上3倍以下的罚款，没有违法所得的，处5万元以上30万元以下的罚款；对该金融机构直接负责的高级管理人员给予撤职直至开除的纪律处分，对其他直接负责的主管人员和直接责任人员给予降级直至开除的纪律处分。

第二十三条　金融机构应当依法协助税务机关、海关办理对纳税人存款的冻结、扣划。

金融机构违反前款规定，造成税款流失的，给予警告，并处10万元以上50万元以下的罚款；对该金融机构直接负责的高级管理人员、其他直接负责的主管人员和直接责任人员，给予撤职直至开除的纪律处分；构成违反治安管理行为的，依法给予治安管理处罚；构成妨害公务罪或者其他罪的，依法追究刑事责任。

第二十四条　经营外汇业务的金融机构应当遵守国家外汇管理规定。

经营外汇业务的金融机构违反国家外汇管理规定的，依照外汇管理条例的规定，给予行政处罚；对该金融机构直接负责的高级管理人员、其他直接负责的主管人员和直接责任人员，给予记过直至开除的纪律处分；情节严重的，对该金融机构直接负责的高级管理人员，给予撤职直至开除的纪律处分；构成犯罪的，依法追究刑事责任。

第二十五条　经营外汇业务的金融机构，不得有下列行为：

（一）对大额购汇、频繁购汇、存取大额外币现钞等异常情况不及时报告；

（二）未按照规定办理国际收支申报。

经营外汇业务的金融机构有前款所列行为之一的，给予警告，并处5万元以上30万元以下的罚款；对该金融机构直接负责的高级管理人员、其他直接负责的主管人员和直接责任人员，给予记过直至开除的纪律处分；情节严重的，对该金融机构直接负责的高级管理人员，给予撤职直至开除的纪律处分；构成签订、履行合同失职被骗罪或者其他罪的，依法追究刑事责任。

第二十六条 商业银行不得为证券、期货交易资金清算透支或者为新股申购透支。

商业银行为证券、期货交易资金清算透支或者为新股申购透支的，给予警告，没收违法所得，并处违法所得 1 倍以上 5 倍以下的罚款，没有违法所得的，处 10 万元以上 50 万元以下的罚款；对该商业银行直接负责的高级管理人员给予开除的纪律处分，对其他直接负责的主管人员和直接责任人员给予撤职直至开除的纪律处分。

第二十七条 财务公司不得有下列行为：

（一）超过中国人民银行批准的规模发行财务公司债券；

（二）吸收非集团成员单位存款或者向非集团成员单位发放贷款；

（三）违反规定向非集团成员单位提供金融服务；

（四）违反中国人民银行规定的其他行为。

财务公司有前款所列行为之一的，给予警告，没收违法所得，并处违法所得 1 倍以上 5 倍以下的罚款，没有违法所得的，处 10 万元以上 50 万元以下的罚款；对该财务公司直接负责的高级管理人员、其他直接负责的主管人员和直接责任人员，给予记过直至开除的纪律处分；情节严重的，责令该财务公司停业整顿，对直接负责的高级管理人员给予撤职直至开除的纪律处分；构成非法吸收公众存款罪、擅自发行股票、公司企业债券罪或者其他罪的，依法追究刑事责任。

第二十八条 信托投资公司不得以办理委托、信托业务名义吸收公众存款、发放贷款，不得违反国家规定办理委托、信托业务。

信托投资公司违反前款规定的，给予警告，没收违法所得，并处违法所得 1 倍以上 5 倍以下的罚款，没有违法所得的，处 10 万元以上 50 万元以下的罚款；对该信托投资公司直接负责的高级管理人员、其他直接负责的主管人员和直接责任人员，给予记大过直至开除的纪律处分；情节严重的，暂停或者停止该项业务，对直接负责的高级管理人员给予撤职直至开除的纪律处分；构成非法吸收公众存款罪、集资诈骗罪或者其他罪的，依法追究刑事责任。

第二十九条 金融机构缴纳的罚款和被没收的违法所得，不得列入该金融机构的成本、费用。

第三十条 对中国人民银行所属从事金融业务的机构的金融违法行为的处罚，适用本办法。

第三十一条 对证券违法行为的处罚，依照国家有关证券管理的法律、行政法规执行，不适用本办法。

对保险违法行为的处罚，依照国家有关保险管理的法律、行政法规执行，不适用本办法。

第三十二条 本办法自发布之日起施行。

附：

刑法有关条款

第一百五十九条 公司发起人、股东违反公司法的规定未交付货币、实物或者未转移财产权，虚假出资，或者在公司成立后又抽逃其出资，数额巨大、后果严重或者有其他严重情节的，处 5 年以下有期徒刑或者拘役，并处或者单处虚假出资金额或者抽逃出资金额 2%以上 10%以下罚金。

单位犯前款罪的，对单位判处罚金，并对其直接负责的主管人员和其他直接责任人员，处 5 年以下有期徒刑或者拘役。

第一百六十一条 公司向股东和社会公众提供虚假的或者隐瞒重要事实的财务会计报告，严重损害股东或者其他人利益的，对其直接负责的主管人员和其他直接责任人员，处 3 年以下有期徒刑或者拘役，并处或者单处 2 万元以上 20 万元以下罚金。

第一百六十七条 国有公司、企业、事业单位直接负责的主管人员，在签订、履行合同过程中，因严重不负责任被诈骗，致使国家利益遭受重大损失的，处 3 年以下有期徒刑或者拘役；致使国家利益遭受特别重大损失的，处 3 年以上 7 年以下有期徒刑。

第一百七十六条 非法吸收公众存款或者变相吸收公众存款，扰乱金融秩序的，处 3 年以下有期徒刑或者拘役，并处或者单处 2 万元以上 20 万元以下罚金；数额巨大或者有其他严重情节的，处 3 年以上 10 年以下有期徒刑，并处 5 万元以上 50 万元以下罚金。

单位犯前款罪的，对单位判处罚金，并对其直接负责的主管人员和其他直接责任人员，依照前款的规定处罚。

第一百七十九条 未经国家有关主管部门批准，擅自发行股票或者公司、企业债券，数额巨大、后果严重或者有其他严重情节的，处 5 年以下有期徒刑或者拘役，并处或者单处非法募集资金金额 1% 以上 5% 以下罚金。

单位犯前款罪的，对单位判处罚金，并对其直接负责的主管人员和其他直接责任人员，处 5 年以下有期徒刑或者拘役。

第一百八十六条 银行或者其他金融机构的工作人员违反法律、行政法规规定，向关系人发放信用贷款或者发放担保贷款的条件优于其他借款人同类贷款的条件，造成较大损失的，处 5 年以下有期徒刑或者拘役，并处 1 万元以上 10 万元以下罚金；造成重大损失的，处 5 年以上有期徒刑，并处 2 万元以上 20 万元以下罚金。

银行或者其他金融机构的工作人员违反法律、行政法规规定，向关系人以外的其他人发放贷款，造成重大损失的，处 5 年以下有期徒刑或者拘役，并处 1 万元以上 10 万元以下罚金；造成特别重大损失的，处 5 年以上有期徒刑，并处 2 万元以上 20 万元以下罚金。

单位犯前两款罪的，对单位判处罚金，并对其直接负责的主管人员和其他直接责任人员，依照前两款的规定处罚。

关系人的范围，依照《中华人民共和国商业银行法》和有关金融法规确定。

第一百八十七条 银行或者其他金融机构的工作人员以牟利为目的，采取吸收客户资金不入帐的方式，将资金用于非法拆借、发放贷款，造成重大损失的，处 5 年以下有期徒刑或者拘役，并处 2 万元以上 20 万元以下罚金；造成特别重大损失的，处 5 年以上有期徒刑，并处 5 万元以上 50 万元以下罚金。

单位犯前款罪的，对单位判处罚金，并对其直接负责的主管人员和其他直接责任人员，依照前款的规定处罚。

第一百八十八条 银行或者其他金融机构的工作人员违反规定，为他人出具信用证或者其他保函、票据、存单、资信证明，造成较大损失的，处 5 年以下有期徒刑或者拘役；造成重大损失的，处 5 年以上有期徒刑。

单位犯前款罪的，对单位判处罚金，并对其直接负责的主管人员和其他直接责任人员，依照前款的规定处罚。

第一百八十九条 银行或者其他金融机构的工作人员在票据业务中，对违反票据法规定的票据予以承兑、付款或者保证，造成重大损失的，处 5 年以下有期徒刑或者拘役；造成特别重大损失的，处 5 年以上有期徒刑。

单位犯前款罪的，对单位判处罚金，并对其直接负责的主管人员和其他直接责任人员，依照前款的规定处罚。

第一百九十二条 以非法占有为目的，使用诈骗方法非法集资，数额较大的，处 5 年以下有期徒刑或者拘役，并处 2 万元以上 20 万元以下罚金；数额巨大或者有其他严重情节的，处 5 年以上 10 年以下有期徒刑，并处 5 万元以上 50 万元以下罚金；数额特别巨大或者有其他特别严重情节的，处 10 年以上有期徒刑或者无期徒刑，并处 5 万元以上 50 万元以下罚金或者没收财产。

第二百二十五条 违反国家规定，有下列非法经营行为之一，扰乱市场秩序，情节严重的，处

5年以下有期徒刑或者拘役，并处或者单处违法所得1倍以上5倍以下罚金；情节特别严重的，处5年以上有期徒刑，并处违法所得1倍以上5倍以下罚金或者没收财产：

（一）未经许可经营法律、行政法规规定的专营、专卖物品或者其他限制买卖的物品的；

（二）买卖进出口许可证、进出口原产地证明以及其他法律、行政法规规定的经营许可证或者批准文件的；

（三）其他严重扰乱市场秩序的非法经营行为。

第二百七十七条　以暴力、威胁方法阻碍国家机关工作人员依法执行职务的，处3年以下有期徒刑、拘役、管制或者罚金。

全国人大常委会关于惩治骗购外汇、逃汇和非法买卖外汇犯罪的决定

为了惩治骗购外汇、逃汇和非法买卖外汇的犯罪行为，维护国家外汇管理秩序，对刑法作如下补充修改：

一、有下列情形之一，骗购外汇，数额较大的，处五年以下有期徒刑或者拘役，并处骗购外汇数额百分之五以上百分之三十以下罚金；数额巨大或者有其他严重情节的，处五年以上十年以下有期徒刑，并处骗购外汇数额百分之五以上百分之三十以下罚金；数额特别巨大或者有其他特别严重情节的，处十年以上有期徒刑或者无期徒刑，并处骗购外汇数额百分之五以上百分之三十以下罚金或者没收财产：

（一）使用伪造、变造的海关签发的报关单、进口证明、外汇管理部门核准件等凭证和单据的；

（二）重复使用海关签发的报关单、进口证明、外汇管理部门核准件等凭证和单据的；

（三）以其他方式骗购外汇的。

伪造、变造的海关签发的报关单、进口证明、外汇管理部门核准件等凭证和单据，并用于骗购外汇的，依照前款的规定从重处罚。

明知用于骗购外汇而提供人民币资金的，以共犯论处。

单位犯前三款罪的，对单位依照第一款的规定判处罚金，并对其直接负责的主管人员和其他直接负责人员，处五年以下有期徒刑或者拘役；数额巨大或者有其他严重情节的，处五年以上十年以下有期徒刑；数额特别巨大或者有其他特别严重情节的，处十年以上有期徒刑或者无期徒刑。

二、买卖伪造、变造的海关签发的报关单、进口证明、外汇管理部门核准件等凭证和单据或者国家机关的其他公文、证件、印章的，依照刑法第二百八十条的规定定罪处罚。

三、将刑法第一百九十条修改为：公司、企业或者其他单位，违反国家规定，擅自将外汇存放境外，或者将境内的外汇非法转移到境外，数额较大的，对单位判处逃汇数额百分之五以上百分之三十以下罚金，并对其直接负责的主管人员和其他直接负责人员处五年以上有期徒刑。

四、在国家规定的交易场所以外非法买卖外汇，扰乱市场秩序，情节严重的，依照刑法第二百二十五条的规定定罪处罚。

单位犯前款罪的，依照刑法第二百三十一条的规定处罚。

五、海关、外汇管理部门以及金融机构、从事对外贸经营活动的公司、企业或者其他单位的工作人员与骗购外汇或者逃汇的行为人通谋，为其提供购买外汇的有关凭证或者其他便利的，或者明知是伪造、变造的凭证和单据而售汇、付汇的，以共犯论，依照本决定从重处罚。

六、海关、外汇管理部门的工作人员严重不负责任，造成大量外汇被骗购或者逃汇，致使国家利益遭受重大损失的，依照刑法第三百九十七条的规定定罪处罚。

　　七、金融机构、从事对外贸易经营活动的公司、企业的工作人员严重不负责任，造成大量外汇被骗购或者逃汇，致使国家利益遭受重大损失的，依照刑法第一百六十七条的规定定罪处罚。

　　八、犯本决定规定之罪，依法被追缴、没收的财物和罚金，一律上缴国库。

　　九、本决定自公布之日起施行。

最高人民法院关于审理骗购外汇、非法买卖外汇刑事案件具体应用法律若干问题的解释

为依法惩处骗购外汇、非法买卖外汇的犯罪行为，根据刑法的有关规定，现对审理骗购外汇、非法买卖外汇案件具体应用法律的若干问题解释如下：

第一条 以进行走私、逃汇、洗钱、骗税等犯罪活动为目的，使用虚假、无效的凭证、商业单据或者采取其他手段向外汇指定银行骗购外汇的，应当分别按照刑法分则第三章第二节、第一百九十条、第一百九十一条和第二百零四条等规定定罪处罚。

非国有公司、企业或者其他单位，与国有公司，企业或者其他国有单位勾结逃汇的，以逃汇罪的共犯处罚。

第二条 伪造、变造、买卖海关签发的报关单、进口证明、外汇管理机关的核准件等凭证或者购买伪造、变造的上述凭证的，按照刑法第二百八十条第一款的规定定罪处罚。

第三条 在外汇指定银行和中国外汇交易中心及其分中心以外买卖外汇，扰乱金融市场秩序，具有下列情形之一的，按照刑法第二百二十五条第（三）项的规定定罪处罚：

（一）非法买卖外汇二十万美元以上的；

（二）违法所得五万元人民币以上的。

第四条 公司，企业或者其他单位，违反有关外贸代理业务的规定，采用非法手段，或者明知是伪造、变造的凭证、商业单据，为他人向外汇指定银行骗购外汇，数额在五百万美元以上或者违法所得五十万元人民币以上的，按照刑法第二百二十五条第（三）项的规定定罪处罚。

居间介绍骗购外汇一百万美元以上或者违法所得十万元人民币以上的，按照刑法第二百二十五条第（三）项的规定定罪处罚。

第五条 海关、银行、外汇管理机关工作人员与骗购外汇的行为人通谋，为其提供购买外汇的有关凭证，或者明知是伪造、变造的凭证和商业单据而出售外汇，构成犯罪的，按照刑法的有关规定从重处罚。

第六条 实施本解释规定的行为，同时触犯二个以上罪名的，择一重罪从重处罚。

第七条 根据刑法第六十四条规定，骗购外汇、非法买卖外汇的，其违反所得予以追缴，用于骗购外汇、非法买卖外汇的资金予以没收，上缴国库。

第八条 骗购、非法买卖不同币种的外汇的，以案发时国家外汇管理机关制定的统一折算率折合后依照本解释处罚。

关于对违反售付汇管理规定的金融机构及其责任人行政处分的规定

第一条 为了加强外汇管理，打击违反外汇管理行为，根据《外汇管理条例》和有关法律、法规，制定本规定。

第二条 本规定所称金融机构是指经批准经营外汇业务的中资银行和非银行金融机构及其分支机构。

第三条 对金融机构违反售付汇管理行为，由国家外汇管理局及其分支局（以下简称外汇局）根据《外汇管理条例》和本规定对金融机构作出行政处罚。

对违规行为责任人，外汇局应当建议其所在的金融机构或其上级主管部门对其做出纪律处分。金融机构或其上级主管部门应当根据本规定给予违规责任人纪律处分，并将处分结果报外汇管理局。

第四条 金融机构有下列行为之一的：

（一）与客户勾结，用假报关单套汇的；

（二）明知无贸易背景为客户开立信用证的；

（三）无规定的有效凭证和有效商业单据向客户售汇的；

（四）无规定的有效凭证和有效商业单据为客户办理外汇汇出手续的。对有关责任人员给予以下行政处分：

（一）对经办人员给予行政记大过以上直至行政开除处分；

（二）对指使、授意或者明知违规情况不予制止的负责人给予行政撤职或者行政开除处分。违规金额一年内累计等值在 500 万美元（含 500 万美元）以上的，停止该金融机构经营结售汇业务。

第五条 金融机构有下列行为之一的：

（一）未经外汇局批准，擅自向保税区内企业售汇的；

（二）未经外汇局批准，擅自为没有代理权的外商投资企业和没有进出口代理权的生产型企业办理代理进口项下售汇的。

对有关责任人员给予以下行政处分：

（一）对经办人员给予行政记大过处分，直至行政开除处分；

（二）对指使、授意或者明知违规情况不予制止的负责人给予行政降级或者行政撤职处分。违规金额一年内累计在等值 1 亿美元（含 1 亿美元）以上的，停止该金融机构经营结售汇业务。

第六条 金融机构有下列行为之一的：

（一）向客户售汇金额大于客户提供的有效凭证规定金额的；

（二）客户提供的进口合同、提单、报关单或者其他单证明显造假，不认真审核为客户售汇的；

（三）售汇后不在有效凭证上加注售汇日期、金额和加盖公章或者业务章的。对有关责任人员给予以下行政处分：

（一）对经办人员给予行政记过或者行政记大过处分，直至行政开除处分；

（二）对指使、授意或者明知违规情况不予制止的负责人给予行政记大过以上直至行政撤职处分。

违规金额一年内累计在等值1亿美元（含1亿美元）以上的，停止该金融机构经营结售汇业务。

第七条　金融机构有下列行为之一的：

（一）不按照规定对进口货物报关单进行鉴别和二次核对的；

（二）代理进口项下，未按规定审核进口代理协议向客户售汇的；

（三）未按规定核对外汇局的核准件，为客户办理超金额超比例预付货款售汇的；

（四）未按规定核对外汇局的核准件，为客户办理超比例超金额佣金售汇的；

（五）未按规定核对外汇局的核准件，为客户办理先支后收转口贸易项下售汇的；

（六）未按规定核对外汇局的核准件，为居民个人办理超过规定限额的因私用汇售汇的；

（七）未按规定核对外汇局的核准件，为客户办理资本项目下售汇的。

对有关责任人员给予以下行政处分：

（一）对经办人员给予行政记大过以上直至行政开除处分；

（二）对指使、授意或者明知违规情况不予制止的负责人给予行政记大过以上直至行政撤职处分。

违规金额一年内原计在等值1亿美元（含1亿美元）以上的，停止该金融机构经营结售汇业务。

第八条　金融机构有下列行为之一的：

（一）未按规定核对外汇局的核准件，为客户办理资本项目外汇支付的；

（二）未按规定审核规定的有效凭证和有效商业单据或者未按规定核对外汇局的核准件，为客户办理经常项目外汇支付的；

（三）未按规定核对进口单位提供的进口付汇备案表，为应凭进口付汇备案表付汇的进口单位办理进口付汇的。

对有关责任人员给予以下行政处分：

（一）对经办人员给予行政记过或者行政记大过处分，直至行政开除处分；

（二）对指使、授意或者明知违规情况不予制止的负责人给予行政记过以上直至行政降级处分。

第九条　金融机构有下列行为之一的：

（一）境内中资金融机构为客户开立90天以上365天以下的远期信用证，成者其开立的信用证展期超过90天，在365天以下，不按照规定办理外债登记手续的；

（二）未经外汇局批准，擅自为境内中资机构开立365天以上的远期信用证的；

（三）开立信用证后，未经外汇局批准，擅自将为境内中资机构开立的信用证展期超过365天的。

对有关责任人员给予以下行政处分：

（一）对经办人员给予行政记大过以上直至行政开除处分；

（二）对决定、指使、授意或者明知违规情况不予制止的负责人给予行政降级以上直至行政开除处分。

第十条　金融机构有下列行为之一的：

（一）对大额购汇和频繁购汇等异常情况不及时向外汇局报告；

（二）不按照规定将《贸易进口付汇核销单》全部报送外汇局的；

（三）向未填写《贸易进口付汇核销单》的客户售付汇的；

（四）不按照规定将二次核对结果报告外汇局的。

对有关责任人员给予以下行政处分：

（一）对经办人员给予行政警告或者行政记过处分；

（二）对指使、授意或者明知违规情况不预制止的负责人给予行政警告以上直至行政降级处分。

第十一条 金融机构违反售付汇管理规定，情节严重，造成重大经济损失的，可以根据《金融机构高级管理人员任职资格管理暂行规定》取消其高级管理人员任职资格。构成犯罪的，依法追究相关责任人员的法律责任。

第十二条 本规定由国家外汇管理局负责解释。

第十三条 本规定自一九九八年八月一日起开始施行。

国家外汇管理局　国家工商行政管理局关于禁止国内私自以外币计价结算和禁止发布含有外币计价结算内容的广告的通知

国家外汇管理局各省、自治区、直辖市分局，计划单列市、经济特区分局；各省、自治区及计划单列市工商行政管理局：

最近，社会上有些单位在业务经营活动中，私自以外币计价结算，并利用报刊、杂志、路牌等刊登各种含有外币计价结算内容的广告。此种行为，违反了《中华人民共和国外汇管理条例》、《中国人民银行关于进一步改革外汇管理体制的公告》中关于"自 1994 年 1 月 1 日起，取消任何形式的境内外币计价结算"的规定和《中华人民共和国广告法》第七条的规定，严重扰乱了我国的金融管理秩序。为了保证外汇金融体制改革的健康发展，维护国家正常的金融管理秩序，特通知如下：

一、未经外汇管理部门批准，国内任何单位不得在境内业务经营活动中私自以外币计价结算。对在经营活动中私自以外币计价结算的，由国家外汇管理局依据《中华人民共和国外汇管理条例》的有关规定，予以从重处罚。

二、禁止通过各种媒介和形式发布含有外币计价结算内容的广告。对设计、制作、代理和发布含有外币计价结算内容的广告，由广告监督管理机关依据《中华人民共和国广告法》第三十九条的规定，予以处罚。

关于印发《关于贯彻中国证监会、国家外汇管理局、国家工商行政管理局、公安部〈关于严厉查处非法外汇期货和外汇按金交易活动的通知〉的会议纪要》的通知

各省、自治区、直辖市、计划单列市、经济特区期货监管部门、外汇管理分局、工商行政管理局、公安厅（局）：

现将中国证监会、国家外汇管理局、国家工商行政管理局、公安部《关于贯彻中国证监会、国家外汇管理局、国家工商行政管理局、公安部〈关于严厉查处非法外汇期货和外汇按金交易活动的通知〉的会议纪要》印发给你们，请认真遵照执行。

一九九四年十二月十四日

证监发字〔1994〕196 号

关于贯彻中国证监会、国家外汇管理局、国家工商行政管理局、公安部《关于严厉查处非法外汇期货和外汇按金交易活动的通知》的会议纪要

12 月 7 日，中国证监会、国家外汇管理局、国家工商行政管理局、公安部召开会议，就贯彻四部门《关于严厉查处非法外汇期货和外汇按金交易活动的通知》进行了研究，并讨论了北京市在查处工作中遇到的问题。北京市证监会、国家外汇管理局北京市分局、北京市工商行政管理局、北京市公安局以及最高人民法院、北京市高级人民法院的有关同志参加了会议。

会议重申，目前，我国期货市场处在试点阶段，除了选择少数商品在若干城市进行探索外，必须严加控制。外汇期货和外汇按金交易有很强的投机性、风险性，目前我国开展这项交易有很大弊端，已造成相当大的损失。因此，在今后一段相当长的时间内，我国不进行这方面的试点。各地方政府、各有关部门要认真贯彻国务院的这一方针，坚决查处非法外汇期货和外汇按金交易活动。

会议指出，自 1980 年以来，国务院有关部门只批准了外汇指定银行和少数非银行金融机构进行代客外汇现货实盘买卖，但从来没有批准任何一个单位代客进行外汇期货和外汇按金交易，所有开展这类业务的机构都属违法经营。客户委托这些机构进行外汇期货和外汇按金交易是我国现行法规所不允许的，因此也是违法的。四部门文件下发后，一些机构和客户仍然无视国家政策法规，有令不行，有禁不止，继续从事外汇期货和外汇按金交易活动。有的机构仍在接受新客户、新订单；有的机构哄骗客户，声称自己是得到批准的"合法公司"；有的机构阳奉阴违，私下开展这项业务。

也有些客户采取拖延的办法，不积极主动平仓，有的甚至继续下新单。所有这些做法都是国家法律法令所不允许的。

　　会议强调，实践证明 1993 年 11 月份国务院《关于坚决制止期货市场盲目发展的通知》是十分正确的和及时的，已经取得了明显的效果。有关部门和地方政府坚决贯彻国务院文件精神，严格规范期货市场，有力打击非法期货交易，并三令五申不允许开展境外商品期货交易、外汇期货和外汇按金交易。但一些机构无视国家法令，仍在非法从事这项业务，其中一个很重要的原因，是组织这类违法交易可以骗取丰厚利润。因此，必须对违法机构进行从重处罚，决不能让这些机构因开展非法业务而在经济上得到好处。工商行政管理部门和外汇管理部门要根据有关法律、法规，没收其非法所得，并从重处罚，直至吊销营业执照；情节严重的，还要追究其负责人的法律责任。客户不肯退出交易，除了由于对这类有较大投机性和一定刺激性的交易的危害性认识不足外，有不少人是亏赔过多想翻本，甚至幻想扭亏为盈。根据有关部门调查，我国国内客户参与境外期货尤其是参与外汇期货和外汇按金交易活动损失惨重，近两年来，90%以上的客户亏损，已有大量资金流出国外。有关部门要切实做好从事这类交易违法和高风险的宣传，劝告客户不要参与并尽快退出这类交易。

　　会议指出，在非法从事外汇期货和外汇按金交易活动中，客户与公司之间发生的纠纷，应根据法律程序办理。对于有诈骗行为的，由公安部门立案侦察，依法处理。

　　会议充分肯定了北京市政府在查处外汇期货和外汇按金交易过程中，结合北京市的实际情况，所做的大量的工作和取得的成效。北京市行政区划内开展外汇期货和外汇按金交易的机构和客户，要按照北京市政府的统一部署，在 1994 年 12 月 31 日以前一律停止一切交易活动。开展这类交易的机构，要积极劝导在仓客户于今年 12 月 31 日之前平仓，并退还客户的剩余保证金，如不按期停止交易活动，有关部门有权查封。有关部门要认真摸清客户的情况，对法人客户要把情况通知其上级主管部门；对个人客户要通知其所在单位、街道办事处和派出所，请他们协助劝导。客户要认真贯彻国家政策，主动平仓，退出非法活动，对于拒不平仓的，工商行政管理、外汇管理部门要没收其剩余保证金，并处以罚款。对于不听劝阻、聚众闹事的，要按《中华人民共和国治安管理处罚条例》的规定处理，对于构成犯罪的，要追究其刑事责任。

　　会议要求，各地证券期货监管、外汇管理、工商行政管理和公安部门，要在当地政府的统一领导下，协同行动，采取果断措施，坚决查处非法外汇期货和外汇按金交易活动，并妥善处理好善后工作。

关于严厉查处非法外汇期货和外汇按金
交易活动的通知

各省、自治区、直辖市、计划单列市、经济特区期货监管部门、外汇管理分局、工商行政管理局、公安厅（局）：

近两年来，一些单位未经中国证监会和国家外汇管理局批准，也未在国家工商行政管理局登记注册，擅自从事外汇期货和外汇按金交易，有的境内单位和个人与境外不法分子相勾结，以期货咨询及培训为名，私自在境内非法经营外汇期货和外汇按金交易；有的以误导下单，私下对冲、对赌、吃点等欺诈手段，骗取客户资金；有的大量进行逃汇套汇活动，甚至卷走客户保证金潜逃。这些非法交易活动，不仅扰乱了金融管理秩序，造成了外汇流失，而且引起了大量经济纠纷，举报、投诉事件不断增加。为了稳定社会秩序和金融秩序，根据国务院办公厅国办发〔1994〕69号文件精神，现就有关问题通知如下：

一、凡未经中国证监会和国家外汇管理局批准，且未在国家工商行政管理局登记注册的金融机构、期货经纪公司及其他机构擅自开展外汇期货和外汇按金交易，属于违法行为；客户（单位和个人）委托未经批准登记的机构进行外汇期货和外汇按金交易，无论以外币或人民币作保证金也属违法行为。依据《违反外汇管理处罚施行细则》（以下简称《施行细则》）的规定，组织和参与这种交易，属于私自经营外汇业务和私自买卖外汇，构成扰乱金融行为。

未经批准，擅自从事外汇期货和外汇按金交易的双方不受法律保护。

二、各金融机构、期货经纪公司及其它机构从事外汇期货和外汇按金交易，必须经中国证监会和国家外汇管理局批准。各地超越权限擅自批准的，一律无效。未经批准，任何单位一律不得经营外汇期货和外汇按金交易。

三、各地期货监管部门应会同当地外汇管理、工商行政管理和公安等部门，在地方政府大力支持下，迅速采取措施，对非法外汇期货和外汇按金交易活动严肃查处，坚决取缔。

对从事非法外汇期货和外汇按金交易的经营机构，应责令其自本通知下发之日起，一律不得接受新客户和新订单，对于尚未平仓合约，可在交割日前平仓或在交割日进行实物交割。各地要严格防止违法人员携款潜逃。对于以欺诈手段骗取客户资金的，除没收其非法所得外，由外汇管理部门按《施行细则》予以罚款，构成犯罪的，依法追究刑事责任。凡以经营商品期货、外汇信息、投资咨询为名，实际进行外汇期货和外汇按金交易活动的机构，工商行政管理机关应视情节轻重，依法给予罚款、没收非法所得、吊销营业执照等处罚。

四、对拒不停业或以改换经营地点等方式继续进行非法外汇期货和外汇按金交易的，一经发现，期货监管、外汇管理、工商行政管理和公安部门应对其从重处罚。

五、这次查处的重点是非法进行外汇期货及外汇按金交易的机构。对客户要做好宣传教育工作，疏导其尽快平仓，对于不听劝告继续参与外汇期货和外汇按金交易的，可以给予适当的处罚，并将有关情况进行通报。

六、各地期货监管、外汇管理、工商行政管理和公安部门，应协调一致，积极配合，共同做好工作，并及时向上级机关通报有关情况。

国家外汇管理局关于开展外汇账户管理信息系统数据清理工作的通知

国家外汇管理局各省、自治区、直辖市分局、外汇管理部，深圳、大连、青岛、厦门、宁波市分局；各中资外汇指定银行：

为了提高"外汇账户管理信息系统"（以下简称"账户系统"）的数据质量，切实发挥该系统在监测外汇资金流动和对外服务中的效用，国家外汇管理局按照年初拟定的工作计划，决定于2004年10月起在全国范围开展"账户系统"数据清理工作。现就有关事项通知如下：

一、各分局应认真按照《外汇账户管理信息系统数据清理方案》（见附件，以下简称《清理方案》）的要求，研究拟订详实的工作计划，迅速在辖内组织银行分批开展此项工作。有关此次数据清理的工作计划安排应于2004年10月31日前报国家外汇管理局。

二、各分局应高度重视这次数据清理工作，清理期间应由分局负责人牵头成立数据清理领导小组，并从各职能部门抽调人员组成工作小组，明确职责和任务分工。领导小组要协调做好对辖内支局、外汇指定银行的宣传、动员、培训和验收等组织工作。

三、各分局应根据《清理方案》中岗位职责的要求，在做好数据清理工作的同时，将今后"账户系统"运行和管理中的各项职责内容具体落实到职能部门。

四、各外汇指定银行应按本通知要求积极开展此次数据清理工作，建立与外汇局的网络联接，开通使用"外汇账户信息交互平台"，并按照《清理方案》要求完成清理工作。

五、各外汇指定银行应建立"账户系统"数据上报操作规程，明确岗位职责，将数据采集和上报纳入日常账户业务操作管理范畴，严格保证数据质量。

六、此次"账户系统"数据清理工作应于2005年1月底以前全部完成。清理过程中，各分局应加强检查和验收，坚持"时间服从质量"的原则，确保清理工作不走过场。

七、收到本通知后，各分局应尽快转发至所辖支局、外汇指定银行（包括外资银行）；各中资外汇指定银行总行应尽快转发至所属分支行。在数据清理过程中，请各分局关注国家外汇管理局技术支持网站的相关信息并与有关职能部门联系。如咨询技术问题请与信息中心联系，咨询业务问题请与经常项目管理司、资本项目管理司、国际收支司联系。

信息中心联系人：陈中亮、牟传兴

联系电话：（010）68402122、（010）68402047

经常项目管理司联系人：朱奇

联系电话：（010）68402378

资本项目管理司联系人：周海文

联系电话：（010）68402366

国际收支司联系人：卢之旺

联系电话：（010）68402374

附件：外汇账户管理信息系统数据清理方案

附件：

外汇账户管理信息系统数据清理方案

1 前 言

1.1 背景

随着我国国际收支规模的不断扩大以及外汇体制改革的不断深化，借助账户对外汇资金流动进行全面、及时、有效地监测成为外汇管理的一个重要手段。通过近年来"外汇账户管理信息系统"（以下简称账户系统）和"外汇账户统计和分析系统"（以下简称账户二期）的逐步推广应用，一套完整的对公单位外汇账户业务处理体系、数据采集体系和统计分析体系已基本建成。但目前的账户数据质量仍存在一定问题，从而影响账户系统功能作用的有效发挥。为了切实发挥账户系统在监测外汇资金流动和对外服务中的效用，全面、认真地对账户数据进行清理，提高数据质量成为当前外汇局一项十分重要和紧迫的工作。

1.2 清理思路

本次账户系统数据清理工作要在国家外汇管理局（以下简称总局）的统一部署下，以清理核对为切入点，按照"规范流程，明确职责，完善系统，建立制度"的思路来进行。各外汇指定银行（以下简称银行）应积极配合此次数据清理工作。

通过数据清理，一方面要提高账户系统的数据质量，为建立外汇资金流动监测体系打好基础；另一方面要建立一套有效的账户系统运行管理工作制度，确保今后不再积累出现新的数据质量问题。

一、统一规范账户管理操作流程

在账户系统推广应用后，外汇账户的管理按以下流程操作：

（一）各级外汇局维护好账户系统运行需要的各种基础代码信息，包括地区代码信息、金融机构代码信息、外汇局代码信息等。

（二）需要经各级外汇局审批开立的外汇账户，开户企业首先要在各级外汇局建立企业档案，在以后办理其他审核业务时要及时更新和维护企业档案资料。

已试行"企业综合业务 IC 卡系统"的地区以及该系统进一步完善推广后，账户系统中的企业档案应直接从 IC 卡系统引入，避免企业多次提供有关资料。为建立统一、规范的外汇局企业档案信息库，各级外汇局应在柜台设置专岗，统一受理、接受和保管企业到外汇局开办业务时需提供的档案资料，并按有关信息管理系统的要求转换成电子文件，供各管理系统共享使用。

（三）各级外汇局审核相关材料后，对符合条件的企业通过系统开立开户（或变更等）审批件，并打印盖章。

（四）企业到银行开立外汇账户，银行要核对批件，并为开户企业建立企业档案，办理开户手续。

（五）银行每个工作日要将前一天的新开户（或变更）情况，按总局统一的数据接口规范要求上报各级外汇局。

（六）企业按外汇管理的规定到银行办理各种外汇资金的交易，银行每个工作日要将前一天的交易情况，按总局统一的数据接口规范要求上报各级外汇局。

（七）各级外汇局要对银行上报的各类数据进行考核，对于发现的数据质量问题要及时反馈银行，银行要及时修改并重新上报。

（八）各级外汇局依靠银行上报的数据实施管理和监测分析。

二、明确岗位职责

在账户系统推广使用后，账户管理由手工操作变为电子化处理，管理手段从以审批为主扩展为审批、监测、统计分析并举，业务操作也由管理部门扩展到包括综合、统计、技术等多个部门以及银行的协作。按照账户系统的操作流程，各分局应明确有关部门的职责：

（一）综合部门：负责内控管理制度的建立与检查、用户授权管理等工作。

（二）国际收支部门：负责代码标准化工作，包括金融机构代码、地区代码（含外汇局代码）、国家代码、币种代码及其他相关代码（包括临时机构代码）的管理和维护工作等。

（三）经常项目管理部门：负责经常项目账户的日常管理，包括建立、更新和维护开户企业的档案、账户审批管理、账户监管和统计。另外，账户数据采集和日常的数据质量监督、考核等工作统一由经常项目管理部门负责。

（四）资本项目管理部门：负责资本项目账户的日常管理，包括建立、更新和维护开户企业的档案、账户审批管理、账户监管和统计。

（五）技术部门：负责系统技术支持及运行维护等工作。

各银行要按账户系统上报数据的要求，将账户数据填写、采集以及上报纳入日常账户业务操作管理范畴，制定账户系统数据上报操作规程，落实岗位职责。

三、完善系统功能

根据账户系统数据清理和日常运行维护需要，总局对账户系统进行了完善和升级，重点是：

（一）开发外汇账户辅助工具软件（简称工具软件），解决非正常业务流程产生的数据质量问题以及满足其他特殊需要。

（二）开发外汇账户信息交互平台（简称交互平台），建立各级外汇局和银行之间的交互渠道，解决银行数据上报、信息交互以及数据质量考核问题。

（三）完善和增强监管功能，综合发挥账户系统和账户二期的功能，提高账户管理水平。

账户系统数据清理过程中，要通过推广使用上述系统，提高数据清理的效率，达到数据清理的目标。

四、建立制度

要建立《外汇账户数据质量考核制度》和《外汇账户管理信息系统运行管理工作制度》（各分局按照《国家外汇管理关于推广使用外汇账户管理信息系统的通知》（汇发〔2002〕83号）文中的《外汇账户管理信息系统操作规程》自行制定），明确系统操作流程，规范管理，明确职责，严格执行，做好系统日常维护工作和数据质量考核工作，提高账户数据质量和管理水平。

1.3　清理目标和要求

本次数据清理的范围包括账户系统的基础代码、企业档案、审批件、开户信息、账户收支余信息及收支明细等数据。通过清理要达到以下目标：

一、基础代码准确

账户系统所使用的地区代码信息、外汇局代码信息、金融机构类别码、金融机构代码信息要与辖内地区、外汇局及金融机构的情况一致，代码和名称一一对应。具体为：

（一）辖内地区（县以上）信息全部准确记录在地区代码表中，地区代码以及其他附属信息，包括外汇局名称、所属数据分中心代码、上级局代码、所属外汇局代码等要准确无误；

（二）凡具有办理外汇账户开立和外汇收支交易资格的金融机构，外汇局要统一编制一个金融机构代码（12位），同时在账户系统中登记并建立档案。金融机构的自编代码与外汇局编制的金融机构代码要一一对应，金融机构名称要与其印鉴一致，金融机构的所属外汇局准确。

二、企业档案完整

凡开立外汇账户的企业必须在外汇局建立企业档案。账户系统采用技监局颁布的组织机构代码作为企业唯一代码，没有组织机构代码的单位按《关于在外汇业务中全面使用组织机构代码标识的通知》（汇发〔2002〕24 号）的要求办理。企业档案的信息要素，尤其是单位类别、行业类别、所属外汇局、是否在保税区等特殊区域以及是否有对外贸易经营权等信息必须填写完整、准确。

三、审批资料全部电子化

为了彻底实现账户管理电子化，所有经审批开立的外汇账户的开户审批件要全部录入系统。对于历史审批件（包括确已开户但审批件资料遗失，或者未经审批已开户但经核对符合开户条件的），要在清理核对的基础上录入电子信息，并确保审批件的信息要素完整、准确，重点要保证开户企业代码、名称、审批分局代码、账户性质、开户银行、账户有效日期、账户限额等信息完整、准确。

四、审批件与开户信息相关联

凡经审批开立的外汇账户，审批件和银行开户信息要相关联，关联的要求是两者开户企业代码、开户银行代码和审批件编号一致。对于"批而未开"的情况要在核实的基础上将已过期的审批件注销，"开而未批"的情况要按照《国家外汇管理局关于外汇账户管理信息系统推广过程中有关问题的通知》（汇发〔2002〕132 号）文的要求办理。

对于不需要审批开立的外汇账户，要求银行在报送开户数据时将"审批件编号"项首字母填写为大写 N。

五、账户收支余平衡

按照账户收支变动与余额的平衡关系式：

当日账户余额=上一日账户余额+当日账户贷方发生额 &#0；当日账户借方发生额

要求各分支局、各银行对账户收支余数据进行清理核对，做到每个账户从 2004 年 1 月 1 日开始，收支余变动符合上述平衡关系。

六、账户收支与收支明细对应

按照账户收支变动与收支明细金额的对应关系：

* 账户当日贷方发生额 = ∑ 账户当日逐笔收入

* 账户当日借方发生额 = ∑ 账户当日逐笔支出

要求各分支局、各银行对账户收支余和收支明细数据进行清理核对，做到每个账户从 2004 年 1 月 1 日开始，收支余与收支明细全部符合上述平衡关系。

七、账户收支明细的信息要素要准确

账户收支明细反映着资金的流向、流量、交易性质以及交易主体、交易对手和交易发生日期等，要求上述信息内容必须填写完整准确。交易性质要根据实际业务填写。

2　数据清理流程

2.1　系统初始清理

针对外汇账户数据中存在的共性问题，如审批件中明显不合规的数据、中间汇总表数据清理以及规范历史审批件的操作用户等，统一用工具软件进行批操作清理，可以大大降低账户系统中有误数据量。系统初始清理工作尽管放在数据清理的第一步，在后续的清理核对过程中如有需要也可以重复使用此功能。

2.2　地区代码（含外汇局代码）信息清理和维护

地区代码信息中包括外汇局代码信息，是数据中心所辖的外汇局代码信息的来源，因此地区代码表的维护对整个系统的业务实现至关重要，它是系统最基础的信息。在数据清理流程中将地区代码信息的清理放在其它信息清理之前。

基本思路：分局负责组织核对所辖地区代码信息，并将修改需求报告总局，由总局负责统一维护地区代码信息。在账户系统日常运行中，地区代码信息有变化（如外汇局机构调整）要报告总局，由总局统一维护。

清理方法：工具软件辅助，各分支局人工核对。

一、各分支局核对地区代码信息

分局组织对所辖的地区代码信息进行核对，其中，要重点核对外汇局名称、外汇局级别、上级外汇局代码和所属外汇局等内容。对于没有外汇局的地区信息，外汇局名称、外汇局级别、上级外汇局代码等项为空；"所属外汇局"项确定了金融机构基本信息登记时每个分支局可以选择的地区代码范围，因此要根据各个分支局的管辖范围和金融机构代码编码规则准确填写。

具体操作是用工具软件的"数据字典查询"功能，查询出各分支局辖内的地区代码信息进行核对，核对后将需修改的地区代码信息汇总上报总局。

二、总局修正并同步各数据分中心地区代码信息

总局对各地核对发现有误的数据通过工具软件的"数据字典维护"功能进行修正，并同步各数据分中心的地区代码信息。

三、各分支局根据需要对相关业务数据进行处理

如果分支局信息变动，根据需要通过工具软件对相关业务数据进行处理。

（一）如果分支局机构撤消，通过工具软件将被撤消分支局的业务归为另外一个分支局管理，具体是使用工具软件的"外汇局业务数据迁移"功能，然后进行地区代码信息修正；

（二）如果分支局机构拆分，在地区代码信息修正后，通过工具软件将原分支局的业务按照对金融机构、企业等主体的管辖权进行拆分，通过工具软件的"修改金融机构所属外汇局"和"修改企业所属外汇局"功能完成。

2.3　金融机构信息的清理和维护

金融机构信息中存在的数据质量问题多为历史数据及操作不规范导致，金融机构信息有误直接导致金融机构上报信息入库的质量和相关业务的操作。

基本思路：分局负责协调工作，各分支局按属地原则负责所辖地区的金融机构信息的清理核对。

清理方法：工具软件辅助，各分支局人工核对。

一、查询并核对金融机构信息

主要需要核对各级外汇局编制的金融机构代码（12位）、金融机构自编代码、金融机构名称、金融机构的所属外汇局。每个能开外汇账户或办理外汇收支业务的金融机构都要有在系统中登记一条唯一的信息，金融机构自编代码是指金融机构在上报的数据接口文件中使用的机构标识码，一般是在其业务系统中使用的机构码，金融机构自编代码要与各级外汇局编制的金融机构代码一一对应。为使异地核准业务能办理，在金融机构信息表中每个分支局有一条名称为"异地；备案"的金融机构信息，清理过程中要保留。

具体操作方法是通过工具软件查询并导出管辖范围内所有的金融机构信息，进行核对，核对过程需要金融机构参与，金融机构名称、自编代码等信息要各金融机构确认备案。

二、修正金融机构信息

核对后的错误数据，根据错误的数据项使用工具软件相应功能进行修正。工具软件的各项金融机构修改功能在修改金融机构信息后，会自动修改涉及到的业务数据。

三、处理遗漏或冗余的金融机构信息

对于冗余的机构信息可以使用工具软件删除，遗漏的金融机构信息可通过账户系统"金融机构基本信息"中的登记功能补充。

对于冗余的机构信息（如一个金融机构登记了两笔信息），如果有业务数据，要先对业务数据进行处理后才能删除。可以使用工具软件的"金融机构业务数据迁移"功能，把要删除金融机构的业务数据迁移到正确的金融机构。

2.4　审批件信息的清理及维护

基本思路：分局负责协调工作，各分支局负责所辖地区的审批信息清理，经常项目和资本项目账户管理部门分别对自己管辖的业务进行清理。

清理方法：工具软件、交互平台辅助，各分支局、银行交叉核对。

一、银行、各分支局交叉进行审批件信息核对

主要对状态为"正常使用"的开户审批件进行清理核对，需要重点核对的信息是开户银行代码、名称、开户企业代码、名称、账户性质、账户限额、账户有效期等信息。审批件的清理核对要和开户信息清理核对、企业档案清理结合进行，由银行和各分支局通过交互平台、辅助工具软件交叉进行。

（一）根据一定的条件核对有明显错误的审批件

使用工具软件将企业代码不规范的审批件、审批日期大于当前日期、账户有效期与账户期限标志不对应、审批分局不属于本数据中心、审批分局和最后用户所属外汇局不一致、账户限额偏大等导出进行核对。

（二）对单位代码不在企业档案中的审批信息进行核对

使用工具软件对单位代码不在企业档案中的审批信息进行核对，如果是审批件中的单位代码有错，则按第 2 步要求修正审批件；如果是缺企业档案，则按第 6 步要求补登企业档案。

（三）对未关联的审批件进行重点核对

银行可通过交互平台对未关联的审批件进行核对。开户审批件与银行开户信息是按开户银行代码、企业代码、审批件编号三项进行关联的，只有三项都一致才能关联上。对未关联的审批件，如果核对结果是审批件信息有误，则按第 2 步要求修正审批件；如果该审批件确实没有对应的开户信息，则可视具体情况做删除或注销（作废）处理；如果是开户信息有误或银行漏报开户信息，则要求银行重报或补报相应的开户信息。

（四）根据需要，可以通过交互平台对所有"正常使用"的审批件进行核对。

二、修正审批信息

对核对有误的审批信息进行修正。错误信息的修正可以使用账户系统提供的"账户审批管理"中的修改功能。对于所属外汇局、审批日期、操作用户、审批件状态、不规范的企业代码和金融机构代码几项信息的修改，利用工具软件进行。

三、对于超期未开的审批件处理

通过交互平台，银行可以对超期未开的审批件进行核对确认，各分支局根据确认信息，将超期未开的审批件做注销处理。

四、对于已经关户的审批件处理

银行账户关户包括审批关户和银行实际关户两种情况。对于审批关户，通过"外汇局关户操作"可以自动将对应的审批件关闭（如果所有的户都关闭）。对于银行实际关户，如果该开户信息已经报送的可同前者处理；否则，银行应通过交互平台对其对应的审批件进行说明，各分支局通过工具软件的"审批件修改功能"将审批件的状态改为关闭。

五、对冗余和遗漏的审批件处理

对于冗余的审批件通过工具软件删除，遗漏的审批件要补充。补充审批信息可以使用账户系统"账户审批管理"中的登记功能完成。

六、对企业档案、银行开户信息等相关数据进行处理

审批件清理核对过程中，如发现缺企业档案，要补登企业档案，否则会导致业务无法正常办理；如发现银行开户信息报送有误或漏报，则要求银行重报或补报相应的开户数据。

2.5　银行账户信息的清理及维护

银行上报账户信息是数据清理的重要内容，包括银行开户数据、账户收支余数据和收支明细数据。

基本思路：分局负责协调工作，各分支局负责所辖地区的银行账户信息清理。原则上，先核对银行开户数据，再核对账户收支余数据和收支明细数据。具体执行时，可以根据实际情况分批组织银行进行数据清理。

清理方法：工具软件、交互平台辅助，银行、各分支局交叉进行。

2.5.1　清理银行开户数据

通过交互平台让银行对开户数据进行核对确认，错误数据要求银行重新报送，冗余数据通过工具软件删除。具体操作如下：

一、修正错误和补报开户数据

根据交互平台反馈的"开而未批"和"批而未开"的数据，银行及时地纠正错误和补报遗漏的开户信息。其中，对于开户信息的核对，主要包括开户银行代码、企业代码、审批件编号三项，纠错后重新上报；对遗漏的开户数据包括"批而未开"、开户信息错误表中的数据以及未报送过的数据，应及时补报。对开户信息错误表中数据核对，除开户银行代码、企业代码、审批件编号三项外，还应根据错误类型核对自编代码、账户性质和币种几项。

银行在重新报送和补报时，可以单独报送也可将不同日期的数据放到一个开户（O）文件中，然后通过交互平台报送。

二、处理银行已经关户的开户数据

银行在核对开户信息时，会发现有些开户实际已经关闭，为了能及时处理已经关户的数据，银行可通过交互平台的"银行关户报告"做关户处理。如果，在核对的过程中发现某些审批件对应的开户已经关闭，但银行还未上报过开户数据的情况，银行应该在审批件的说明部分描述清楚，各分支局可通过工具软件的"审批件修改功能"将审批件的状态改为关闭。

三、删除冗余的开户数据

在报送的开户信息中会存在银行编码、账号和币种中的一项或几项错误的情况，银行通过重新报送正确的数据后，这些错误的开户信息仍然会存在（不会被覆盖），所以银行要通过交互平台对这种错误的数据进行说明，需要各分支局通过工具软件给予删除。

2.5.2　清理收支余额不平衡数据

本次数据清理要求各分支局、各银行对账户收支余数据进行清理核对，做到每个账户从2004年1月1日开始，收支余变动符合平衡关系，所以要求各银行初始报送2003年12月31日所有账户的收支余信息（包括余额为零的账户），对2003年12月31日当天存在收支变动的要在收支余的借贷方体现。

然后，通过交互平台反馈给银行收支余额不平衡的数据，银行进行补报和修正。具体操作如下：

一、修正错误和补充遗漏的收支余数据

银行核对收支余额不平衡的数据，如果是收支余数据本身错误，应纠正错误并重新报送；如果是因为遗漏收支余信息而造成不平衡，可通过银行收支余错误表中数据核对，发现遗漏数据，并修

正后重新报送，其中主要是核对银行自编代码、银行账号、业务发生日和币种几项。另外，如果是没有报送过的收支余信息，也要及时补报。

银行在重新报送和补报时，可以单独报送也可将不同日期的收支余数据放到一个收支余（Q）文件中，然后通过交互平台报送。

二、删除冗余的收支余数据

在报送的收支余信息中会存在开户银行代码、银行账号、发生日期和币种中的一项或几项错误的情况，银行通过重新报送正确的数据后，这些错误的收支余信息仍然会存在（不会被覆盖），所以银行要通过交互平台对这种错误的数据进行说明，需要各分支局通过工具软件给予删除。

2.5.3 清理收支余与收支明细不一致的数据

通过交互平台反馈给银行收支余与收支明细不一致的数据，银行进行补报和修正。具体流程如下：

一、修正错误和补充遗漏的收支明细数据

在收支余平衡的前提下，银行逐笔核对收支明细数据，如果是收支明细数据本身错误，应纠正错误并重新报送；如果是因为遗漏收支明细信息而造成不一致，可通过银行收支余错误表中数据核对，发现遗漏数据，并修正后重新报送，其中主要是核对银行自编代码、业务参号、发生日期、币种、国别、交易编码、交易类别（国际收支申报号）和结算方式几项。另外，如果没有报送过的收支明细数据，要及时补报。

银行在重新报送和补报时，可以单独报送也可将不同日期的收支明细数据分别放到一个收入明细（A）和支出明细（B）文件中，然后通过交互平台报送。

二、删除冗余的收支明细数据

在报送的收支明细信息中会存在开户银行代码、业务参号、发生日期和币种中的一项或几项错误的情况，银行通过重新报送正确的数据后，这些错误的收支余信息仍然会存在（不会被覆盖）。所以银行要通过交互平台对这种错误的数据进行说明，需要各分支局通过工具软件给予删除。

2.5.4 对错误表中的数据进行清理

通过交互平台让银行对上报的错误数据进行核对确认，错误数据要求银行重新报送，冗余数据通过工具软件删除。

2.6 企业档案信息的清理及维护

企业是开户的主体，也是账户监管的主要对象，其数据的准确性尤其重要。

基本思路：分局负责协调工作，各分支局按业务发生的实际情况负责企业档案的清理。

清理方法：工具软件、交互平台辅助，各分支局、银行交叉进行。

一、查询并可导出要核对的企业档案信息

（一）核对明显有误的企业档案信息

将明显有误企业档案信息以 EXCEL 电子文件形式导出并进行核对。

（二）对审批件中未登记的企业信息进行核对

通过工具软件导出审批件没有登记的企业信息并进行核对。对需要补充的企业信息使用账户系统中的"客户信息登记功能"。

（三）各分支局对所辖的所有企业信息进行核对

根据需要，可以将所辖的全部企业信息用 EXCEL 文件导出并核对。

二、修正错误的企业档案

通过账户系统提供的"客户信息修改"功能对核对发现有误数据进行修正，企业所属外汇局错误的通过工具软件的"修改单位所属外汇局"功能进行修正。

三、处理冗余企业档案

使用工具软件删除冗余企业档案。

四、增加企业档案信息

对于核对后需要增加的企业档案信息，可以使用"批量导入企业档案信息"功能导入。批量导入主要用来处理银行上报的不需要审批的开户企业的基本信息，对于单个或数量不多的企业信息录入可以使用账户系统提供的"客户信息登记"功能。

外汇账户管理信息系统银行接口程序规范性要求（试行）

为规范各外汇指定银行与外汇账户管理信息系统接口程序的设计，确保系统的数据质量，对接口程序提出以下要求：

一、数据采集

（一）各外汇指定银行应按照《外汇账户管理信息系统与外汇指定银行数据接口规范》的要求统一设计开发接口程序，从会计系统和银行业务处理系统中完整地提取电子数据形成上报文件，从会计系统提取的数据项不允许手工修改。

（二）账户收支余变动数据文件（以下简称 Q 文件）中的数据项必须从会计系统中提取。

（三）账户收入明细数据文件（以下简称 A 文件）和账户支出明细数据文件（以下简称 B 文件）中的银行分支机构代码（bank_code）、业务参号（ref_number）、发生日期（deal_date）、收/付款人名称（en_name）、收/付款人代码（en_code）、账号（account）、币种（currence_code）和金额（amount）等数据项必须从会计系统中提取，其余的数据项可从其他业务系统中提取。

（四）接口程序产生的上报文件要包括每天正常的业务数据和修改的历史数据。

二、数据校验

银行接口程序应能提供以下校验功能：

（一）产生的上报数据文件格式应当符合《外汇账户管理信息系统与外汇指定银行数据接口规范》的要求。

（二）上报数据文件中的银行分支机构代码（bank_code）填写实际开户机构代码，填写的代码必须是已报备给外汇局的银行自编代码，银行自编代码应与外汇局编制的银行机构代码一一对应。银行分支机构若有变动，要及时报备外汇局。

（三）账户开户信息表的账户性质代码（account_type）必须是外汇局公布的账户性质代码。

（四）账户开户信息表的审批件编号（file_number）必须填写开户或变更审批件编号，对不需审批的首字母填写"N"。

（五）上报数据文件中的币种代码（currence_code）要准确填写外汇局公布的 3 字母币种代码。如遇特殊币种在币种代码表中没有，要及时与外汇局联系。

（六）上报数据文件中的各类日期项要按实际记账日期填写，并符合"yyyy/mm/dd"格式。

（七）Q、A、B 文件报送前，账户开户数据文件应先报送。即：Q、A、B 文件中的银行分支机构代码（bank_code）、账号（account）和币种代码（currence_code）等数据项应在已报送过的账户开户数据文件中存在。

（八）A、B 文件中的国别代码（country_code）要准确填写外汇局公布的 3 字母国别代码。如遇特殊国别在国别代码表中没有，要及时与外汇局联系。

（九）A、B 文件中的交易编码（transact_code）要按实际业务准确填写外汇局公布的交易编码，收入填写收入类编码，支出填写支出类编码，结汇填写结汇类编码，售汇入账填写售汇类编码，交易编码项不允许为空。

（十）Q 文件和 A、B 文件的数据要满足以下平衡关系：

账户当日贷方发生额 = 账户当日逐笔收入之和，

账户当日借方发生额 = 账户当日逐笔支出之和。

（十一）Q 文件的数据应满足以下平衡关系：

当日账户余额 = 上一日账户余额 + 当日账户贷方发生额 − 当日账户借方发生额。

三、系统的可扩展性

各外汇指定银行设计的接口程序应具有较好的可扩展性，能满足以下要求：

（一）能根据外汇局要求比较灵活地对账户报送范围进行调整。

（二）各类代码应能方便地维护，代码调整不需要修改程序。

（三）具有按天重新产生 4 类上报文件的功能。

国家外汇管理局关于推广使用外汇账户
管理信息系统的通知

各中资外汇指定银行总行、驻京非银行金融机构：

为提高外汇账户的电子化监管水平，实现对境内机构外汇流量和存量的监管，国家外汇管理局设计开发了外汇账户管理信息系统（以下简称"账户系统"）。该系统定于今年9月份在全国推广。现将有关事宜通知如下：

一、各外汇指定银行应按账户系统要求报送包括保税区、加工区、钻石交易所等一切经济区的非金融机构外汇账户信息。金融机构同业存款账户、离岸账户、居民个人储蓄存款账户等其它账户信息暂不报送。

二、原则上由各外汇指定银行的省、市、自治区、计划单列市分行集中报送辖内各分支行外汇账户信息，由所在地外汇局负责接收。

三、各外汇指定银行应配合所在地外汇局做好历史账户的清理工作。

四、各外汇指定银行应按照外汇局制定的账户系统数据接口规范要求（具体见附件1）提供原始的账户相关信息。

五、各外汇指定银行应制定本行提供原始账户数据的操作规程及有关业务规范，准确填报外汇管理所需的单位组织机构代码（技监局发）、开户审批件编号、账户性质、申报号码、交易编码（具体见附件2）、经济区编码（见附件3）等重要信息。

六、各外汇指定银行初始报送账户数据后，每天在交易发生前将上一工作日的账户数据报送所在地外汇局。

在账户系统的推广过程中，有关技术问题请各外汇指定银行与国家外汇管理局技术部门联系，有关业务问题请各外汇指定银行与国家外汇管理局相关业务部门联系。

国家外汇管理局信息中心联系人：朱勇

电话：010-68402026

国家外汇管理局经常项目司联系人：肖立红

电话：010-68402289

国家外汇管理局资本项目司联系人：郭松

电话：010-68402259

附件（略）

第七编　部分地区政策法规

国家外汇管理局上海市分局贸易进口付汇分类管理（试行）办法

（本办法通过上海汇发〔2002〕75 号下发各外汇指定银行，
从 2002 年 7 月 1 日起正式执行）

第一章 总 则

第一条 为进一步加强对进口付汇单位的监督管理，建立进口单位付汇核销自我约束机制，根据《中华人民共和国外汇管理条例》、《结汇、售汇及付汇管理规定》和《贸易进口付汇核销监管暂行办法》等有关规定，特制订本（试行）办法。

第二条 本办法适用于经外经贸主管部门批准（核准或登记）有贸易进口经营权且注册地在上海市的企事业单位（以下简称"进口单位"）持名录卡办理的各类结算方式下的进口付汇。（注册地在各种特殊经济区域的除外）。

第三条 国家外汇管理局上海市分局（以下简称"外汇局"）负责贸易进口付汇监测指标的设定、进口单位贸易真实性可信度的公布和本办法的组织实施。

第四条 各外汇指定银行及其分支机构应根据外汇局公布的贸易进口付汇监测指标和进口单位贸易真实性可信度指标以及外汇管理的有关规定，办理进口单位的售付汇手续。

第五条 进口单位应根据其贸易真实性可信度指标选择相应的贸易结算方式。进口单位贸易真实性可信度指对进口单位进口付汇到货报审率和企业信誉度的综合量化评定指标。

第二章 进口付汇核销监测指标

第六条 进口单位进口付汇到货报审率指进口单位在一定时期内非货到付款项下应到货报审且已办妥报审金额占同期应报审进口付汇金额的比率。进口付汇到货报审率 = 一定时期内应到货报审且已办妥报审金额同期应到货报审的进口付汇额 × 100%（货到付款项下的除外）。

一定时期内应到货报审且已办妥报审金额，指预计到货日期在本考核期（指截止考核之日的当年度月份加上前两个自然年度，下同）内已报审的到货核销金额，不含预计到货日期在其它考核期而在本考核期内到货核销金额。

一定时期内应到货报审的进口付汇额，指所有预计到货日期在本考核期内的进口付汇额，不含预计到货日期在本考核期之前或之后的进口付汇额。

一个考核期间为截止考核之日的当年度月份加上前两个自然年度。

第七条　属以下几种情况付汇无法报审的，外汇局可予以挂账另行处理，不纳入"一定时期内应到货报审的进口付汇额"统计：

（一）外汇局检查部门已实施处罚满一年的涉案付汇数据；

（二）公安、海关、检察等执法部门立案侦查或法院判决满一年的涉案付汇数据；

（三）应核销日期至今至少已超过两年且相关核销单证已超过法定保留期限，进口单位无法提供有效单证办理核销的进口付汇逾期未核销数据；

（四）逾期未报关海关已将货物拍卖的付汇数据；

（五）进口单位因经营不善破产、倒闭而被工商部门吊销营业执照所遗留下来的相关付汇数据。

（六）发生逃套汇行为后，已失踪、查无音讯的进口单位付汇数据；

（七）外汇局认为可以受理的其它情形。

第八条　进口单位到货报审率的高低，主要决定进口单位的贸易真实性可信度。

进口单位贸易真实性可信度指标 = 进口单位到货报审率 + （一）企业信誉度

企业信誉度由外汇局根据进口单位报审的信誉和经营规模、经营成果来核定，最高不得超过五个百分点。

第三章　分类付汇

第九条　进口单位按贸易真实性可信度分为 A、B、C、D 四类：

A 类：可信度指标 95 %（含）以上的，为"进口付汇荣誉单位"；

B 类：可信度指标 80 %（含）至 95 % 之间的，为"进口付汇达标单位"；

C 类：可信度指标 70 %（含）至 80 % 之间的，为"进口付汇风险单位"；

D 类：可信度指标 70 % 以下的，为"进口付汇高风险单位"。

外汇局有权根据宏观经济状况的发展变化和外汇管理政策的需要，适当调整进口单位可信度指标的划分标准。

第十条　进口单位在一个考核期间内没有发生到货报审的进口付汇，其本考核期的考核指标结果承继上一次考核结果。

第十一条　根据进口单位的贸易真实性可信度级别和贸易结算方式的风险程度，不同类别单位可直接到外汇指定银行办理下列付汇业务：

（一）A 类单位可办理各种付汇业务；

（二）B 类单位可办理除预付款 90 天以上到货和超比例、超金额预付货款之外的各种付汇业务；

（三）C 类单位可办理除预付款 90 天以上到货，超比例、超金额预付货款，90 天以上信用证（包括即期信用证 90 天以上到货和 90 天以上远期信用证）和 90 天以上托收等之外的各种付汇业务；

（四）D 类单位只能办理货到汇款业务。

第十二条　异地付汇、不在名录单位付汇、其它特殊类型的付汇需凭外汇局签发的备案表办理。其结算方式的选择比照上述 A、B、C、D 类办理。

第十三条　外汇局每月初公布一次进口单位贸易真实性可信度指标。外汇指定银行应严格按照外汇局公布的可信度指标为不同类别的进口单位办理相应的贸易结算。

第四章　监管和奖惩

第十四条　对有下列行为的进口单位，应当在接到通知后的五个工作日内向外汇局说明情况，逾期未说明情况或无正当理由的，外汇局有权将其列入"由外汇局审核真实性的进口单位名单"（简称"黑名单"）。列入"黑名单"的进口单位，其"黑名单"保留期限原则上不得低于半年，且所有进口付汇必须事先经外汇局审核，但仍可根据其当时的可信度指标，选择相应的结算方式：

（一）向外汇局或外汇指定银行报审伪造、假冒、涂改、重复使用等进口货物报关单（核销联）或其它凭证的；

（二）付汇后，无法按时提供有效进口货物报关单或其它到货证明的；

（三）需凭备案表付汇而没有备案表的；

（四）漏报、瞒报等不按规定向外汇局报送核销表及所附单证的；

（五）其它利用各种方式骗逃外汇的行为。

第十五条　对符合一定条件的进口单位，外汇局将给予核定增加企业信誉度分值，对贸易真实性可信度特别高的进口单位，外汇局还将予以通报表彰（考核办法另定）。

第十六条　对"进口付汇风险单位"、"进口付汇高风险单位"和"由外汇局审核真实性的进口单位"，外汇局将实施重点监管；对"由外汇局审核真实性的进口单位"，扣减其信誉度分值；进口单位贸易真实性可信度连续六个月为 D 级的，不再列入"对外付汇进口单位名录"并通报外经贸部门。

第十七条　对违反本规定的进口单位和外汇指定银行，外汇局将视情况根据有关的外汇管理法规处理。

第十八条　本办法由国家外汇管理局上海市分局负责解释和修订。

第十九条　本办法自公布之日起执行。

国家外汇管理局安徽省分局对机构申报主体执行"不申报、不解付"特殊处理措施的操作规程（试行）

第一章 总 则

第一条 为规范机构申报主体国际收支统计申报行为，根据《国家外汇管理局关于印发通过金融机构进行国际收支统计申报业务操作规程的通知》（汇发〔2010〕22号）的有关要求，结合安徽省国际收支统计申报工作实际情况，制定本操作规程。

第二条 本操作规程所称的机构申报主体，是指通过境内银行办理涉外收入业务的非银行机构，申报方式包括纸质申报和网上申报。

第三条 本操作规程所指"不申报、不解付"特殊处理措施（以下简称"特殊处理措施"）由经办银行所在地外汇局分支机构（以下简称"所在地外汇局"）执行。

第二章 "不申报、不解付"的执行标准

第四条 发生涉外收入的机构申报主体应在解付银行解付之日（T）或结汇中转行结汇之日（T）后五个工作日（T+5）内办理该款项的申报。若以纸质申报方式申报，机构申报主体应在五个工作日内将纸质申报单提交至解付银行/结汇中转行，对被退回的申报单应于当日进行修改和反馈；若以网上申报方式申报，机构申报主体应在五个工作日内通过网上申报系统（企业版）将申报信息发送给解付银行/结汇中转行，对审核未通过的申报信息应及时予以修改和反馈。违反上述规定未按时完成国际收支申报的，将视为逾期未申报。

第五条 机构申报主体有以下情形之一者，所在地外汇局将对其下发《关于执行"不申报、不解付"特殊处理措施的通知》（以下简称《特殊处理措施通知书》）（见附件1.3）：

（一）在一个自然月内累计逾期未申报超过5（含）笔；

（二）在一个自然月内累计逾期未申报金额超过等值50万（含）美元；

（三）其他由所在地外汇局认定为逾期未申报情节严重的行为。

第三章 机构申报主体操作规程

第六条 机构申报主体应于《特殊处理措施通知书》下发之日起5个工作日内通过纸质或网上申报方式补报此前未按期申报的涉外收入款项，履行补报义务后应向所在地外汇局申请签发《国际

收支统计申报补报确认书》(以下简称《补报确认书》,格式见附件1.4)。

第七条 被执行特殊处理措施的机构申报主体,在所在地外汇局向其核发《国际收支统计申报解除"不申报、不解付"特殊处理措施通知书》(以下简称《解除通知书》)(见附件1.5)之前,应以纸质方式完成新发生涉外收入款项的申报。

第八条 在履行补报义务并经所在地外汇局确认后,机构申报主体应书面申请解除对其执行的特殊处理措施。

第九条 机构申报主体未按规定进行逾期未申报的补报工作,外汇局将按外汇管理有关法规进行处罚。

第四章 经办银行操作规程

第十条 经办银行应及时催报逾期未申报的机构申报主体,并于每月10日前将上月发生的涉外收入逾期未申报数据填报《机构申报主体逾期未申报名单》(见附件1.1)以电子形式报送所在地外汇局。

对于被执行特殊处理措施的机构申报主体,经办银行应当督促该机构逐笔补报其此前未按期申报的涉外收入款项,并通知其以纸质申报方式完成被执行特殊处理措施期间新收款项的申报。

第十一条 经办银行审核机构申报主体补报数据无误后,凭所在地外汇局为该机构出具的《补报确认书》,方可为该机构办理新发生涉外收入款项的解付手续,并完成基础信息和申报信息的报送。

第十二条 银行未按规定执行特殊处理措施的,外汇局将按外汇管理有关法规进行处罚。

第五章 所在地外汇局操作规程

第十三条 所在地外汇局将被执行特殊处理措施的机构申报主体名单以《关于对机构申报主体执行"不申报、不解付"特殊处理措施机构名单的通报》(见附件1.2)形式向各外汇指定银行进行通报。对被执行特殊处理措施的机构申报主体发出《特殊处理措施通知书》,并由经办银行通知当事人到所在地外汇局领取,同时做好有关签收登记手续。

第十四条 所在地外汇局审核被执行特殊处理措施的机构申报主体补报数据后,向该机构核发《补报确认书》。《补报确认书》一式二份,所在地外汇局和申报主体各一份。

第十五条 所在地外汇局在确认机构申报主体已经补报其未按期申报的涉外收入款项后,凭机构申报主体书面申请向该机构申报主体核发《解除通知书》,同时定期将该事项向各外汇指定银行通报。《解除通知书》一式二份,所在地外汇局和申报主体各一份。

第六章 附 则

第十六条 外汇局和银行的有关"不申报、不解付"特殊处理措施的档案资料应留存24个月备查,期满可自行销毁。

第十七条 本操作规程由国家外汇管理局安徽省分局负责解释。

第十八条 本操作规程自二○一一年六月一日起施行。

国家外汇管理局河北省分局外汇指定银行结售汇统计业务管理规范

第一条 新版银行结售汇报表及统计管理规范

1. 银行应按照《中华人民共和国统计法》、《中华人民共和国外汇管理条例》、《外汇指定银行办理结汇、售汇业务管理暂行办法》（中国人民银行令［2002］第4号）、《国家外汇管理局关于印发〈银行结售汇统计制度〉的通知》（汇发［2006］42号），执行新的银行结售汇统计制度。

2. 银行可通过国家外汇管理局结售汇统计系统专网或其他方式将结售汇统计数据报送至所在地外汇局分支局。若国家外汇管理局结售汇统计系统专网出现重大故障，或出现不可抗力的情况，则应启用传真、电子邮件等方式报送报表，并逐级手工汇总数据。

3. 银行结售汇的统计范围为银行自身及代客结售汇数据，不包括银行间市场本外币交易数据和外币间的兑换业务而产生的套汇数。

4. 居民个人和居民机构办理结汇按外汇资金来源；居民个人和居民机构办理售汇按外汇资金用途，并根据指标解释确定统计项目的具体归属。

非居民个人和非居民机构办理结汇按人民币资金用途；非居民个人和非居民机构办理售汇按人民币资金来源，并根据指标解释确定统计项目的具体归属。

第二条 银行结售汇业务市场准入管理规范

银行应按照《国家外汇管理局关于调整银行即期结售汇业务市场准入和退出管理方式的通知》（汇发［2007］20号），办理即期结售汇业务市场准入和退出申请。

1. 银行法人实行核准制准入方式。政策性银行、全国性商业银行（国有商业银行和股份制商业银行）的总行由国家外汇管理局审核批准；城市商业银行、农村商业银行、外商独资银行、中外合资银行、农村合作金融机构的总行以及外国银行分行由所在地国家外汇管理局分局审核批准。

2. 银行分支机构实行备案制准入方式。由银行上级行自行授权、事前报告所在地国家外汇管理局分支局备案。

3. 结售汇业务经营资格分为对公、对私和全部三类，每类不区分结汇或售汇，银行可以根据自身经营需要分别或者一并申请对公和对私结售汇业务经营资格。

4. 银行停止经营结售汇业务以及经营结售汇业务期间发生机构更名、营业地址变更等情况，应向外汇局履行相应在备案手续。

第三条 银行对客户远期结售汇业务和外汇掉期业务外汇管理规范

银行应按照《中国人民银行关于扩大外汇指定银行对客户远期结售汇业务和开办人民币与外币掉期业务有关问题的通知》（银发［2005］201号）、《国家外汇管理局关于印发〈外汇指定银行对客户远期结售汇业务和人民币与外币掉期业务备案操作指引〉的通知》（汇发［2005］70号）、《国家外汇管理局关于外汇指定银行对客户远期结售汇业务和人民币与外币掉期业务有关外汇管理问题的通知》（汇发〔2006〕52号），办理即远期结售汇业务和外汇掉期业务申请。

（一）银行对客户远期结售汇业务管理规范

1. 银行准入条件：具有外汇局许可的结售汇业务经营资格，并且近两年结售汇业务经营中没有发生重大外汇违规行为；具有银监会许可的衍生产品交易业务资格。

2. 银行准入方式为备案管理。政策性银行、全国性商业银行（国有商业银行和股份制商业银行）的总行向国家外汇管理局备案；城市商业银行、农村商业银行、农村合作银行、外商独资银行、中外合资银行的总行以及外国银行分行经由所在地国家外汇管理局分局向国家外汇管理局备案。外国商业银行拟在中国境内两家以上分行办理远期结售汇业务，可由其在中国境内分行的主报告行履行备案手续。银行分支机构向所在地国家外汇管理局分支局备案。

（二）银行对客户外汇掉期业务管理规范

1. 人民币对外币的掉期可以分为外汇掉期和货币掉期两个类型。二者均是指交易双方按照在期初和期末前后两个交易日交换两个不同币种的资金，但外汇掉期前后两次的本金不同（即前后两个协定汇率不同），不发生利息交换，货币调期前后两次的本金相同（即前后两个协定汇率相同），发生利息交换。由此可见，二者的主要区别在于汇差与利差的不同表现方式，前者是以汇差反映利差，而后者是以利差反映汇差。目前银行可以为客户办理人民币对外币的外汇掉期业务。

2. 银行准入条件：取得远期结售汇业务经营资格6个月以上的银行，可以按照远期结售汇业务的备案程序向外汇局备案开办对客户掉期业务。

3. 交易范围

（1）客户掉期近端（指掉期中的前一次资金交换）换出的外汇资金，限于按照外汇管理规定可以办理即期结汇的外汇资金；掉期远端（指掉期中的后一次资金交换）换出的外汇资金，限于按照外汇管理规定可以办理即期结汇的外汇资金以及掉期近端换入的外汇资金。银行应参照远期结售汇业务的履约审核管理，在客户掉期履约换出外汇资金时，审核客户交付的资金和凭证是否符合即期结汇的管理规定。

（2）客户可以通过掉期业务直接以人民币换入外汇，换入外汇资金的支付使用应符合外汇管理规定。

第四条　银行结售汇头寸管理规范

银行应按照《国家外汇管理局综合司关于核定银行结售汇综合头寸限额有关事项的通知》（汇综发〔2005〕118号）、《国家外汇管理局关于调整银行结售汇综合头寸管理的通知》（汇发〔2006〕26号），监督管理自身的结售汇综合头寸。

1. 银行应将对客户结售汇业务、自身结售汇业务和银行间外汇市场交易在交易订立日计入结售汇综合头寸。银行应当按日管理全行系统的结售汇综合头寸，使每个交易日结束时的结售汇综合头寸保持在外汇局核定的限额内。对于临时超过核定限额的，银行应在下一个交易日结束前调整至限额内。

2. 银行应按照外汇管理规定，向外汇局报送结售汇综合头寸统计旬、月报表和《河北省外汇指定银行结售汇综合头寸情况表》。

第五条　外币代兑机构管理规范

银行应按照《外币代兑机构管理暂行办法》中国人民银行令〔2003〕第6号，严格履行对其授权签约的外币代兑机构的管理，授权银行要根据总行的管理制度及风险控制制度订相应的管理规定和操作规程。银行授权代兑机构办理外币兑换业务时，必须与代兑机构签订书面协议，明确双方的权利义务以及纠纷处理原则。此外，银行要对外币代兑机构的铭牌、外汇牌价、外币兑换水单、头寸、统计申报以及做从业人员的业务培训和资格审查等方面加强监督管理。

国家外汇管理局山东省分局关于进一步改进外汇管理支持涉外经济平稳较快发展的指导意见

外汇局青岛市分局、各市中心支局，济南市各县（市）支局，国家开发银行、农业发展银行山东省分行，中国进出口银行青岛分行，各国有商业银行山东省分行，交通银行山东省分行，山东省农村信用社联合社，恒丰银行，各股份制银行济南分行，中国邮政储蓄银行山东省分行，济南市商业银行，各保险公司驻山东省管辖公司：

为认真贯彻党的十七届三中全会和中央经济工作会议精神，积极落实国家扩大内需、促进经济增长的重大决策部署，进一步加强和改进外汇管理，在积极应对国际金融危机的同时把握重要战略机遇，促进全省涉外经济平稳较快发展，现提出以下指导意见，请认真贯彻执行。

一、全面推进贸易外汇管理改革，积极推动贸易便利化

（一）加快实施进出口收付汇核销制度改革，积极构建便利高效的贸易外汇管理体系。改变传统的进出口核销管理模式，在确保贸易真实性审核的基础上，进一步简化手续，逐步实现贸易外汇管理由逐笔核销向总量核查、由现场核销向非现场核查、由具体的行为监管向主体监管、重点监管转变。新政实施后，符合条件的企业将不再需要到外汇局办理具体的核销手续。

（二）积极推进企业出口退税与出口收汇的脱钩管理，最大限度为企业生产经营提供便利。进出口核销制度改革顺利实施后，外汇局将积极与税务部门协商，适时取消企业出口退税与出口收汇核销的挂钩限制，在确保真实性的前提下，大多数企业不需要办理核销手续即可申请出口退税，进一步提高企业生产经营资金使用效率。

（三）改进出口收结汇联网核查管理模式，简化来料加工超比例收结汇联网核查手续。在企业确已出口，但因纸质报关单传递时滞造成待核查账户资金无法结汇或划出时，凭出口货物报关单电子底联即可办理待核查账户资金的结汇或划出手续，加快企业资金收结汇速度。

二、改善贸易项下外债登记管理，切实满足市场主体的贸易融资需求

（一）调高企业出口货款预收汇和进口货款延期付汇比例，便利企业进出口资金融通。一般企业出口货款预收汇比例由原来的10%调整为25%；一般企业进口货款延期付汇比例由原来的10%调整为25%。船舶、大型成套设备等企业货款预收汇比例和延期付汇比例可在此基础上按现行规定调整。

（二）设定企业预收和延付货款收付汇额度，简化企业登记手续。取消以前不论金额大小，一律纳入比例限制的规定，企业在贸易信贷登记管理系统中办理提款登记的等值30000美元（含）以下的预收货款，不纳入货款预收汇比例限制。企业在贸易信贷登记管理系统中办理提款登记的等值30000美元（含）以下的延期付款，不纳入货款延期付汇比例限制。

（三）放宽企业货款预收和延付比例调整条件，提高企业资金使用灵活度。对因生产经营需要、产品特殊性、贸易结算惯例等实际情况，需要调整货款预收汇比例或货款延期付汇比例的企业，只

要信用状况良好、无外汇管理违规记录、能够严格按照规定进行贸易信贷登记的企业，外汇局山东省分局及授权中心支局可根据企业的申请为其调整比例。

三、加大对服务贸易支持力度，积极推进服务业的对外开放和健康发展

（一）简化服务贸易对外支付手续，进一步满足企业个人合理用汇需求。自 2009 年 1 月 1 日起，对于境内机构在境外发生的差旅、会议、商品展销费用，进出口贸易佣金、保险费、赔偿款，从事运输业务发生的修理、油料、港杂费用，境外代表机构的办公经费，境外承包工程所垫付的工程款，进口贸易项下境外机构获得的国际运输费用以及境内个人在境外留学、旅游、探亲等因私用汇，不再要求办理和提交《税务证明》，尽可能满足企业个人合理的用汇需求。

（二）转变服务贸易外汇管理方式，推动服务业的结构调整和产业升级。简化服务贸易收付汇审核手续，减少审核凭证，放宽审核权限，适时推出《服务贸易及收益和经常转移外汇收支真实性审核监督管理办法》，为企业提供规范、透明的服务贸易外汇收支政策，降低企业生产经营成本。积极探索实施企业主体分类管理制度，按照奖优限劣、鼓励诚信的原则，对诚信守法企业在外汇收支方面提供更多便利，支持和推动全省服务业加快结构调整和产业升级，进一步发挥服务业对促进就业、扩大消费需求和协调经济发展方面的重要作用。

（三）积极支持发展服务外包，营造了良好的外汇服务环境。加强对企业开展服务外包外汇管理方面的政策研究，积极争取更多的优惠政策和试点。加强对服务贸易外汇管理政策的宣讲和解读，在外汇收支方面给予服务外包企业更多便利。加强与外经贸、信息产业、税务、海关等部门的沟通配合，加大对山东省服务外包产业基地建设和现代高端服务业的政策支持力度，以济南为龙头，积极培育建设全省承接国际服务外包省会城市集聚区和沿海城市集聚带，增强山东省国际服务外包产业发展后劲。

四、充分把握重大战略发展机遇期，鼓励重点企业加快"走出去"步伐

（一）下放资金审核管理权限，积极稳妥推进境外直接投资便利化。贯彻落实即将出台的《境内机构境外直接投资外汇管理规定》，进一步明确境内机构境外直接投资在外汇领域的原则和途径，促进企业"走出去"发展。简化境外投资资金来源审查和汇出审核手续，将资金来源审查权限由之前的 5 个中心支局下放到所有辖区中心支局，将授权额度由之前的 100 万美元提高到 1000 万美元。

（二）积极推广直接投资外汇业务信息系统，便利企业境外投资业务开展。在全省推广直接投资外汇业务信息系统，采用 IC 卡外汇登记证替代纸质外汇登记证，今后企业办理境外股权投资、境外放款、特殊目的公司投资等业务，可以通过网络直接向外汇局申办。逐步取消涉及直接投资业务的纸质凭证的使用，缩短企业往返外汇局办理业务的次数和时间。在外汇局、银行、企业和会计师事务所之间实现数据联网和交换，优化现行直接投资外汇管理业务流程，增强管理透明度。

（三）争取境内机构出口收汇存放境外运作政策试点，便利企业境外资金运用。积极向总局申请优惠政策，争取作为试点地区，取消境内机构经常项目外汇收入必须调回境内的限制，允许境内机构出口收汇存放境外，进一步放宽跨境融资限制，便利境内机构"走出去"所需外汇资金的获取和运用，减少企业财务成本支出。

（四）加大政策扶持力度，促进对外承包工程和劳务输出平稳健康发展。放宽承包工程企业预收款结汇的政策限制，简化境外承包工程款垫付款对外付汇审核手续，合理引导企业规避汇率和收汇风险，进一步便利劳务输出人员的外汇收支行为，重点加大对大型承包工程企业的政策扶持，积极引导商业银行在资金信贷、工程保函等方面予以倾斜。

五、提高利用外资质量，充分发挥外资对内需的带动作用

（一）合理引导外资投向，支持山东省经济结构优化调整。加强与全省涉外经济管理部门间各项政策的协调配合，发挥政策合力，在扩大利用外资规模的同时，注重提高利用外资的质量和综合效益。对于列入《山东省外商投资重点产业指导目录》的制造业、服务业、现代农业、高科技、环

保等产业项目，或能够带动国外先进的生产、管理技术引进，提高我国自主创新能力的外商投资项目予以优先支持，尽量缩短审核期限，减少审批手续。

（二）满足资本市场业务多元化需求，推动企业有序境外上市融资。对有境外上市需求的企业实行点对点的政策辅导与跟踪服务，支持、规范企业有效利用境外资本市场进行融资。积极满足企业各类市场业务需求，特别是境内上市公司外资股东减持 A 股及分红所得所涉外汇业务、境外上市公司境内股东增持或回购业务等，引导资金合理有序流动。

（三）发挥协调联动机制，增强涉外管理部门执行合力。加强与涉外经济主管部门间的沟通交流，健全完善与省外经贸部门联席会议制度，认真落实《关于加强外商直接投资管理与统计合作备忘录》的各项部署，加强各涉外经济主管部门间的统计信息数据共享和业务监管的协作配合，充分发挥政策"组合拳"的作用，促进全省利用外资质量不断提高。

六、便利企业集团外汇资金运营，支持鼓励重点企业做大做强

（一）放宽外汇资金集合管理准入限制，支持符合条件的企业集团实行外汇资金集中管理。积极争取优惠政策，进一步放宽准入条件，扶持有需求、有条件的大企业集团实行外汇资金集中管理，便利其加大对成员企业的资金支持力度。明确跨国公司成员外汇资金集中管理的原则和操作细则，便利企业通过内部融资方式，统一调剂外汇资金余缺，提高资金使用效率。

（二）放宽企业集团财务公司结售汇业务准入条件，提高企业外汇资金使用效率。进一步便利企业集团集约化经营，放宽集团企业财务公司即期结售汇业务准入条件，财务公司申请经营结售汇业务，只要经银行业监督管理机构批准取得财务公司相关金融业务经营资格及外汇业务经营资格，符合本外币注册资本金或营运资金之和不低于等值 5 亿元人民币等基本条件，即可到外汇局山东省分局申请开办即期结售汇业务。

七、完善国际收支监测预警和危机应对体系，积极防范国际经济风险

（一）强化对跨境资金流动的监测和风险预警。设定新的监测目标、结构框架和相关指标，建立多层次国际收支风险双向监测预警框架，密切关注涉外经济发展中的潜在风险，及时进行风险提示，为银行企业经营提供保障。

（二）引导企业积极应对出口收汇风险。商业银行要加大与保险机构的合作，鼓励更多的企业参与出口信贷保险；加强对涉外经济的跟踪监测，对出现资金问题的国家和国外银行及时向涉外企业进行风险提示。引导企业积极开拓新兴市场，通过新兴市场的增长来弥补发达市场的下降，借助市场多元化减小金融危机的影响。

（三）引导企业合理规避汇率波动风险。商业银行要在政策允许的范围内，引导企业在充分运用现行外汇避险工具的基础上，开展多结算币种，为涉外企业尤其是中小企业定制更加灵活可靠的汇率避险工具，并加强对企业运用避险工具的跟踪指导。

八、加强和改善涉外金融服务，切实加大对涉外企业的融资支持

金融机构要紧密围绕扩内需保增长的核心要求，一是在出口信贷、票据贴现、押汇贷款和对外担保等方面加大对涉外企业贸易活动的融资支持，切实满足产品有稳定海外需求但资金紧张企业的进出口用汇。二是要积极创新信贷模式，找准支持企业发展和控制信贷风险的结合点，对基本面比较好、信用记录比较好、有竞争力和市场的成长型中小企业加大信贷资金投放，帮助企业尽快摆脱融资困境，加快产业升级，积极参与产业链上游的国际竞争。三是要积极跟进"走出去"战略实施，充分利用当前国际能源资源和资产价格回落的有利时机，支持能源资源型企业开展跨国并购。要通过设立境外分支机构或并购、参股境外金融机构等形式，加强对"走出去"企业的金融支持，为企业提供商业信贷、投资银行、直接投资、保险业务等综合性的金融服务。同时，政策性商业银行和政策性担保机构要充分发挥优势，在大型设备进出口、企业走出去、进出口信贷和进出口担保等方面进一步加大支持力度，争取使山东外贸率先走出低谷。

九、加大外汇管理政策宣传力度，进一步优化外汇服务环境

针对当前经济金融形势变化较大、外汇管理政策调整较多的实际，充分发挥政策宣传对涉外企业的引导作用，采取多种方式加强对重大政策的宣讲和解读，尤其是加强对中小涉外企业的政策传达和解读。积极搭建银企合作平台，拓宽政策宣传渠道，组织商业银行及时向企业推荐贸易融资和外汇避险产品，帮助企业及时规避经营风险，共渡难关。加大政务公开，进一步提高外汇管理政策透明度和信息公开力度，对新调整的外汇管理政策法规、业务处理程序和流程，通过政府网站、业务大厅的触摸屏和宣传材料等多种渠道进行公示，方便企业查询，打造"便捷、高效"的窗口形象，以优质高效的服务支持企业发展。

请各市分支局及时将文件转发至辖内城市商业银行、外资银行和保险公司。

二〇〇九年二月二日

国家外汇管理局湖北省分局关于企业加强汇率风险管理的若干意见

2005 年 7 月 21 日，中国人民银行发布了《关于完善人民币汇率形成机制改革的公告》，宣布人民币汇率将实行"以市场供求为基础、参考一篮子货币进行调节、有管理的浮动汇率制度"。人民币汇率将更富有弹性；同时，企业在涉外经济、金融活动中，可以选择多种货币进行交易和结算；因此，企业既面临着人民币汇率变动的风险，也面临外币汇率变动的风险。为了引导企业适应汇率市场机制的变化，适应本外币的汇率波动，采取切实有效措施加强汇率风险管理，提高市场竞争力，特提出如下指导意见：

一、认清形势变化，增强汇率风险意识

最近 20 年来，随着经济全球化和金融管制、资本管制的逐渐放松，放弃固定汇率制度走向选择具有更大灵活性的汇率安排，成为更多国家的选择，汇率制度弹性化趋势进一步增强。

从世界主要货币看，美元、日元、欧元相互间的汇率波动频繁，变化幅度巨大。1999 年初，欧元兑美元为 1：1.178，后来贬值到 1：0.823；2004 年，欧元兑美元升值一度接近 1：1.4。日元兑换美元 1995 年 4 月突破 80：1，在 1998 年亚洲金融危机期间又曾贬值至接近 150：1。

亚洲金融危机以来，人民币汇率保持相对稳定，企业较少考虑汇率风险。新的人民币汇率机制下，汇率风险增加，汇率风险的责任也将完全由企业承担，因此，企业应改变过去的思维定势，在外汇资金流动的各个环节，加强汇率风险管理。

汇率风险将伴随企业涉外经济活动的全过程，对企业经营意义重大，企业一定要提高到经营战略高度予以重视，并建立内部汇率风险管理制度，使汇率风险最小化。

二、充分运用现有政策和市场工具，防范汇率风险

目前，国家允许企业开设经常项目外汇账户，可保留的现汇比例达到 50%或 80%，有些企业和行业可以达到 100%；企业账户余额的超限额结汇期限放宽到 90 天；企业可以保留的外汇币种也多达数种。

国家允许部分企业在境外开立外汇账户并在一定期限内保留外汇；允许跨国公司境内外成员公司之间进行外汇放款；允许借用外债的企业利用签订"提前还款"条款、"外债转内债"、"借低还高"等方式进行债务结构调整；允许企业进行各种形式的境外直接投资；允许资本和金融项下部分外汇业务进行保值；允许部分企业进行期货交易。

符合条件的企业还可以向中国外汇交易中心申请会员资格，进入银行间即期外汇市场进行自营性交易。

企业应加强与银行的联系，主动进行避险业务咨询，及时了解规避汇率风险工具的发展，密切关注政策的变动和调整；企业应根据贸易方式、贸易内容的不同以及汇率变化的不同特征，充分运用远期外汇买卖、货币互换、短期外币信贷安排、外币应收票据贴现、人民币与外币掉期、人民币

远期结售汇以及期货、各种外汇融资产品等金融工具，合理规避或防范风险。

企业加强汇率风险管理，应该遵循现有的外汇管理法规和政策，在法规和政策许可范围内，充分运用各种手段和工具，将汇率风险和汇兑损失控制在最小范围。

三、从谈判和签订合同开始防范汇率风险

企业应根据国际市场的需求特点，正确选择不同的贸易方式。无论是对外贸易还是对外债务合同，都要考虑汇率和利率及其相互变化的风险。

企业应提高商务谈判技巧，参照国际惯例，将防范汇率风险条款尽量明确到合同中。签署涉外经济合同时，要综合考虑企业收付汇的币种、期限和规模的匹配问题，慎重选择结算币种，乃至在同种合同的不同时段和不同定单中选择或变换结算币种。

在汇率升值和贬值预期或趋势明显的情况下，在考虑产品生产周期和国际市场价格变动因素情况下，应合理确定合同期限，甚至考虑在合同中把汇率升值和贬值因素考虑进去，明确双方的责任，尽量让双方共同承担风险和收益。

合同签署以后，应该尽快选择避险工具，锁定汇率风险成本。

四、关注货币匹配，防止外汇收支的币种和期限错配

一种外币趋向升值，会导致付汇损失，对收汇有利。反之，一种外币趋向贬值，会导致收汇损失，对付汇有利。因此，企业要根据自身的外汇收、支、还、付以及资金周转的需要，实现收汇和付汇币种的多元化，并保留多种货币，进行外汇收支的币种、规模、期限匹配，防止收汇和付汇单一以及单一货币结算造成的汇率风险和汇兑损失。2003年欧元对美元升值，一些有欧洲业务的企业出口收美元，进口付欧元，汇兑损失很大。

在收付汇中，应坚持遵循"收硬付软"的基本原则。即争取出口合同以硬货币计值，进口合同以软货币计值。对外借款选择将来还本付息时趋软的货币，对外投资时，选择将来收取本息趋硬的货币。

进口付汇所需要的币种、规模和期限应在出口收汇的币种、规模和期限上予以保证，以防止货币错配而造成损失。

五、注重汇率波动对债务和债权的影响

本币对某种外币贬值会导致该币种的企业债务负担加重；反之，会降低企业借用外债的债务负担。

借用外债的时间一般比较长，在偿还期、宽限期内，不同外币相对于本币的汇率会出现不同情况，这其中也存在很大汇率风险。20世纪80年代中期以后由于人民币对美元贬值以及日元对美元升值，导致我国借用美元债务和日元债务的企业债务负担加重。

借用外债的币种和还本付息的币种可以不一致。企业应该选择正确的币种，准确判断趋势，或进行汇率风险规避，并考虑企业未来的创汇能力和收汇情况，将借款时候的币种、规模和还款时的期限、币种和规模进行合理匹配。

企业还可根据需要，择机调整外币资产负债结构。一般而言，如果人民币相对某种外币升值，可增持相应的外币债务；如果人民币相对某种外币贬值，可增持相应的外币资产。由于汇率波动频繁，外币资产和负债的调整一定要准确把握本币和外币的变化趋势和时限。

在对外债权方面，企业也应加强汇率风险管理。

六、苦练内功，加强管理，提高抗风险能力

规避汇率风险的根本措施在于企业提高涉外经济的国际竞争力。因此，企业应加大创新研发力度，开发自主品牌和拥有自主知识产权的产品，提高产品附加价值；积极吸纳、采用和消化国际先进技术，降低能源、原材料的消耗，提升产品质量、档次和竞争力，从价格竞争走向非价格竞争，提高隐形定价能力。

　　注重调整海外市场营销战略。尽量在海外建立和发展自身的营销网点，或通过合作或利用当地的营销网络，把产品直接渗入当地的商业和营销体系，以当地的市场价格销售，既避免汇率风险，又增加利润。

　　开展和扩大海外投资。在可能的条件下，把贸易品转化为投资品，把出口短期内不能收回的资金转化为投资资本金，以直接投资、收购、参股、兼并、控股以及获得资源的开采、开发和分配或远期产品置换合同等多种方式，在贸易对方国完成债权、股权、股份的转移或对不动产的投资，从而避免和降低本币汇率升值的风险。

国家外汇管理局四川省分局外商投资项下资本金结汇管理暂行办法

第一章 总 则

第一条 为进一步改善投资环境，提高对外商投资项下外汇资本金结汇的监管效率，便利企业投资资金运作，根据《国家外汇管理局关于改革外商投资项下资本金结汇管理方式的通知》（汇发〔2002〕59 号）、《国家外汇管理局关于完善外商直接投资外汇管理工作有关问题的通知》（汇发〔2003〕30 号）的有关精神，结合四川省的实际情况，制定本暂行办法。

第二条 国家外汇管理局四川省分局及辖内各中心支局（以下简称"外汇局"）是四川省外商投资项下外汇资本金结汇的管理机构。

第三条 本暂行办法所称改革外商投资项下外汇资本金结汇管理方式，是指改变目前外商投资项下资本金结汇由外汇局逐笔审批，外汇指定银行凭外汇局核准件办理的管理方式，实行外商投资项下外汇资本金结汇由国家外汇管理局四川省分局（以下简称"省外汇局"）授权符合条件的外汇指定银行直接审核办理的管理方式。外汇指定银行在授权范围内履行审核、统计、监测和报备职责。外汇局通过被授权外汇指定银行对外商投资项下资本金结汇实施间接监管。

第四条 本暂行办法所称外商投资项下外汇资本金系指经外汇局核准开立的外商投资企业外汇资本金账户最高限额内的外汇资金。

第五条 本暂行办法所称外汇指定银行系指具备结售汇业务资格的全国性外汇指定银行在川各级分支机构、在川注册的地方性外汇指定银行及其分支机构。

第二章 授权申请及报备义务

第六条 四川省内各外汇指定银行应由其省级分行或地区总行（以下简称"管理行"）代表本行及全辖各级机构，集中向省外汇局申请，由省外汇局统一授权。

第七条 提出授权申请的管理行，应符合以下条件：

（一）具备经营结售汇业务的资格；

（二）对辖内外商投资项下资本金账户限额管理、资本金结汇管理具有完善的控制措施和内部管理制度；

（三）资本金结汇统计监测预警体系健全，能按规定及时向所在地外汇局业务系统报送资本金结汇统计监测数据和业务中的异常情况。

第八条 除管理行外，各分支机构还应符合以下条件：

（一）具备办理对公结汇业务资格并已在外汇局备案；

（二）具备严格按照外汇管理有关规定及有关内控制度要求办理资本金入账及用于投资项目正常开支的资本金结汇审核的能力；

（三）具备履行以下统计、监测及报备职责义务的能力：

1. 最迟于业务结束后的两个工作日内向所在地外汇局业务系统传输资本金账户入账、结汇等原始交易数据及正确的涉外收支交易编码（参考国际收支统计监测申报系统《涉外收支交易与分类编码（GB/T19583—2004）》）；

2. 办理单笔结汇额超过 100 万美元或单一企业当日累计结汇额超过 100 万美元的，应最迟于业务结束后的两个工作日内以传真形式向所在地外汇局报送《外商投资项下资本金大额结汇情况表》（见附件 2）；成都地区外汇指定银行的分支机构向其管理行报送，由管理行汇总后再向省外汇局报送；

3. 在办理资本金入账、结汇业务中发现异常情况应及时向上级行及所在地外汇局报告。

第九条　管理行提出授权申请时，应提交以下资料：

（一）书面申请（包括但不限于近三年来本行及本系统与资本项目外汇业务相关的操作情况、法规执行情况、外汇局相关现场检查结论、系统管理职责承诺及向外汇局报备义务承诺）；

（二）本行获准办理结售汇业务的证明文件（复印件）；

（三）系统内分支机构办理对公结汇业务的批准情况说明（列明主管部门证明文件的编号）；

（四）外商投资项下资本金入账、结汇内控制度，应包括但不限于以下内容：

1. 入账最高限额控制措施，包括但不限于入账外汇资金必须符合外汇局核定的资本金账户收入范围、贷方累计发生额不得超过外汇局核定的账户最高限额等；

2. 严格按资本金结汇操作规程（见附件 1）办理结汇审核的具体措施；

3. 入账、结汇经办、复核和分级审核制度；

4. 资本金入账、结汇统计报告制度。

（五）外汇局要求提供的其他资料。

第十条　管理行按规定提出申请后，省外汇局应在行政许可规定的时间内予以明确回复。

第十一条　在授权期间，管理行所在系统内新设的分支机构，如符合本暂行办法第八条规定，可自动获得资本金结汇授权，其授权期限与本系统授权期限一致。

第十二条　省外汇局对外汇指定银行的资本金结汇授权期限为 5 年。期满前一个月，管理行应按本暂行办法第七条、第八条、第九条规定重新向省外汇局提出申请。

第三章　监督管理

第十三条　被授权外汇指定银行应严格按操作规程及制度履行资本金入账及结汇审核职责。同一机构在授权期限内出现下列情况之一，外汇局将在 3 个月内不予核准外商投资企业在该银行机构开立外汇资本金账户。

（一）违反国家外汇管理局对资本金结汇的比率控制等相关规定，导致资本金结汇超限额、超比例的；

（二）因未及时、准确向外汇局业务系统传送资本金账户收入、支出数据和正确的涉外收支交易编码及未履行统计、报告责任，被所在地外汇局约见谈话 2 次以上的；

（三）因不按规定履行资本金入账、结汇审核，导致资本金账户限额控制或资本金结汇审核出现违规行为被所在地外汇局予以行政处罚的。

第十四条　被授权管理行应负责本系统资本金结汇业务的管理工作，加强对被授权下级分支机构办理资本金结汇业务的培训和检查，履行系统管理职责。在授权期限内，如该系统内机构按第十三条规定被3次以上（含3次）不予核准开户的，外汇局对该系统内机构后续出现违反有关资本金管理规定行为的，将直接在3个月内不予核准外商投资企业在该机构开立外汇资本金账户。

第十五条　处罚期满后，外汇局将恢复核准外商投资企业在相关银行机构开立外汇资本金账户。

第十六条　省外汇局负责对成都地区外汇指定银行机构的资本金入账及结汇审核进行日常监督及考核，并对违反本暂行办法有关规定的上述机构，分别予以约见谈话或行政处罚。

第十七条　各市、州外汇局负责对辖内外汇指定银行机构的资本金入账及结汇审核进行日常监督及考核，并对违反本暂行办法有关规定的上述机构，分别予以约见谈话或行政处罚。各市、州外汇局应及时将有关情况上报省外汇局资本项目管理部门。

第十八条　外汇局应当做好约见谈话记录，内容包括但不限于约见人、被约见人、时间及主要违规事实等。

第十九条　外汇局将不定期对被授权外汇指定银行资本金账户管理及结汇审核进行现场和非现场检查，全面了解被授权外汇指定银行办理有关业务的合规性及内控制度的执行情况。被授权外汇指定银行应配合外汇局的监督、检查，并按要求提供有关资料。

第四章　附　则

第二十条　外商投资企业外汇资本金账户以外的其他资本项下外汇资金结汇，仍须经外汇局核准。

第二十一条　未被授权的外汇指定银行办理外商投资企业外汇资本金账户内的外汇资本金结汇，仍需经外汇局核准。

第二十二条　特殊行业的资本金结汇管理，有专门规定的按相关规定执行。

第二十三条　本暂行办法未尽事宜，按照《中华人民共和国外汇管理条例》、《结汇、售汇及付汇管理规定》等有关规定办理。

第二十四条　本暂行办法自发布之日起执行，并由国家外汇管理局四川省分局负责解释。

国家外汇管理局广东分局关于进一步加强外币代兑机构管理有关事项的通知

国家外汇管理局广东省内各中心支局，增城市支局；广州地区政策性银行分行、国有商业银行分行、股份制商业银行总行（分行），中国邮政储蓄银行广东省分行，广州银行，东莞银行广州分行，平安银行广州分行、湛江市商业银行广州分行，广州农村商业银行，各外资银行广州分行：

《外币代兑机构管理暂行办法》（中国人民银行令［2003］第 6 号，以下简称《办法》）实施以来，辖内外币代兑机构不断改善外币兑换服务，较好地满足了境内外个人兑换外币的合理需求。随着经营外币兑换业务的兑换机构数量逐步增加，为进一步规范外币兑换市场秩序，加强对外币代兑机构的监督和管理，稳步提升外币兑换服务质量，现就有关事项及要求通知如下：

一、广州地区各外币代兑机构的授权银行应根据《办法》的规定，认真做好对授权外币代兑机构的人员培训、兑换业务管理、监督和业务数据上报等工作。

二、为及时掌握外币代兑机构的业务信息情况，广州地区各授权银行应每月填写《银行外币代兑机构业务情况汇总表》（见附件 1），于月后 10 个工作日内分别以纸质和电子方式报送我分局国际收支处。

三、外汇局各中心支局（含增城市支局，下同）应按照相关管理规定，加强对辖属外币代兑业务授权银行及外币代兑机构的监督和管理，及时掌握本辖区外币代兑机构的情况。

四、外汇局各中心支局除每月负责统计填报附件 1 表格内容外，对于新增的外币代兑机构，还应填写《银行新增外币代兑机构基本情况表》（见附件 2），两份报表的纸质和电子数据于月后 15 个工作日内报送我分局国际收支处。

执行中如遇问题，请及时与我分局国际收支处联系，联系电话：020-83287957；传真电话：020-83288033。

辽宁省国家税务局、辽宁省地方税务局、国家外汇管理局辽宁省分局关于印发《辽宁省非贸易及部分资本项目项下售付汇提交税务凭证工作操作规程》的通知

各市国家税务局、地方税务局（不发大连）、国家外汇管理局各市分支局：

现将辽宁省国家税务局、辽宁省地方税务局、国家外汇管理局辽宁省分局联合制定的《辽宁省非贸易及部分资本项目项下售付汇提交税务凭证作操作规程》印发给你们，请结合实际，认真贯彻执行。在执行过程中有何问题，请及时向上级有关部门反映，以便统一研究解决。

二〇〇一年七月三十日

辽宁省非贸易及部分资本项目项下售付汇提交税务凭证工作操作规程

一、为加强税收和售付汇管理，进一步规范非贸易及部分资本项目项下售付汇提交税务凭证工作，根据国家外汇管理局、国家税务总局《关于非贸易及部分资本项目项下售付汇提交税务凭证有关问题的通知》（汇发〔1999〕372号）和国家税务总局、国家外汇管理局《关于非贸易及部分资本项目项下售付汇提交税务凭证有关问题的通知》（国税发〔2000〕66号）及有关税收法律法规，结合我省实际，制定本规程。

二、我国境内机构（指公司、企业、机关团体及各种组织等，下同）及个人在办理非贸易及部门资本项目项下购付汇手续时，凡个人对外支付500美元（含500美元）以上、境内机构对外支付1000美元（含1000美元）以上，除须向外汇指定银行（或国家外汇管理局及其分支局）提交原有关法规文件规定的相关凭证外，还须提交由税务机关开具的有关该项收入的税务凭证（以下简称售付汇税务凭证）。

上述"资本项目"是指国际收支中因资本输出和输入而产生的资产与负债的增减项目，包括直接投资、各类贷款、证券投资等。

三、外汇指定银行在办理本规程所列非贸易及税务凭证上加盖"已供汇"戳记，同时留存正本。如因故不能留存其正本，须将盖有"已供汇"戳记的原始凭证和税务凭证复印留存五年备查。

四、售付汇税务凭证分为完税证明、税票或免税文件三种。凡涉及外商投资企业和外国企业所得税的相关税务凭证由各市国家税务局涉外税收管理部门（以下简称主管国税机关）出具，凡涉及营业税、个人所得税的相关税务凭证由各市地方税务局涉外税收管理部门（以下简称主管地税机关）出具，并指定专人负责。

五、开具售付汇税务凭证的范围：是指境外企业及外籍个人（含港澳台胞及海外侨胞）为我国境内企业或个人提供各种服务或转让各种债权、权益等而取得并由我国境内企业或个人支付的款项。不包括我国境内企业本身在境外所发生的各项费用（如差旅费、会议费、商品展销费、境外分支机构费用、境外承包工程代垫费用等）以及我国境内居民个人对外支付的因私用汇（如子女境外教育费、个人旅游、探亲等费用）。

（一）主管国税机关开具售付汇税务凭证的具体适用范围及格式（格式——四）

境外企业在我国境内直接从事建筑、安装、监督、施工、运输、装饰、装修、设计、调试、咨询、审计、培训、代理、管理、承包工程等活动所取得的收入以及在我国境内没有设立机构、场所，而从我国境内取得的利息、担保费、租金、特许权使用费（包括专利权、非专利技术、商标权、版权、商誉等）、财产转让收入、股权转让收益、土地使用权转让收入等，开具企业所得税完税证明（格式一）和税票。

上述所指"直接从事"，是指为履行合同或协议，境外企业来华或委托境内机构或个人在我国境内提供服务或劳务（下同）。

外国运输公司从事我国国际运输业务所取得的收入，按规定，境内机构购付汇对外支付运费款项时，应提交相关税务凭证。但在国家税务总局未做出专项规定之前，境内机构（如货物进出口公司、国际运输代理公司等）购付运费时，可暂不提供有关税务凭证。对我国运输企业在境外从事运输业务发生在境外的各项费用，在购付汇时可暂不提供相关税务凭证。

1. 境外企业在我国境内直接从事建筑、安装、监督、施工、运输、装饰、维修、设计、调试、咨询、审计、培训、代理、管理、承包工程等活动所取得的收入以及在我国境内没有设立机构、场所，而从我国境内取得的利息、担保费、租金、特许权使用费（包括专利权、非专利技术、商标权、版权、商誉等）、财产转让收入、股权转让收益、土地使用权转让收入等，开具企业所得税完税证明（格式一）和税票。

上述所指"直接从事"，是指为履行合同或协议，境外企业来华或委托境内机构或个人在我国境内提供服务或劳务（下同）。

外国运输公司从事我国国际运输业务所取得的收入，按规定，境内机构购付汇对外支付运费款项时，应提交相关税务凭证。但在国家税务总局未做出专项规定之前，境内机构（如货物进出口公司、国际运输代理公司等）购付运费时，可暂不提供有关税务凭证。

对我国运输企业在境外从事运输业务发生在境外的各项费用，在购付汇时可暂不提供相关税务凭证。

2. 下列收入，根据我国现行税法和税收协定的规定，可以免征企业所得税，境内机构在外汇指定银行购付汇或从其外汇账户中对外支付时需提供由主管国税机关出具的免税文件及"特许权使用费、利息免税所得汇出数额控制表"（格式二）

（1）外国企业为我国科学研究、开发能源、发展交通事业、农林牧生产以及开发重要技术等提供专有技术所取得的特许权使用费；

（2）境内中资金融机构、企业在境外发行债券，对境外债券持有人所支付的债券利息；

（3）外国政府或其所拥有的金融机构，或我国与对方国家所签订的税收协定中所指定的银行、公司，其贷款给我国境内机构所取得的利息；

（4）境外银行按照优惠利率贷款给我国国家银行及金融机构取得的利息；

（5）我国境内机构购进技术、设备、商品，由外国银行提供卖方信贷，我方按不高于对方国家买方信贷利率支付的延期付款利息；

（6）我国境内机构从境外企业购进技术、设备，其价款的本息全部以产品返销或交付产品等供货方式偿还，或者用来料加工装配工缴费抵付，而由境外企业取得的利息；

（7）境外租赁公司，以融资租赁方式向我国境内用户提供设备所收取的租金，其中所包含的利息，凡贷款利率不高于出租方国家出口信贷利率的；

（8）境外企业从事本规程第五条第（一）项第一款规定项目所取得的收入，若按照我国与对方国家或地区所签定的税收协定免予征收企业所得税的，可不提供格式二。

3. 下列情况，依据我国现行税法的规定，免予征税或不征税，购付汇或从外汇账户中对外支付时，须向外汇指定银行提供相关税务凭证。

（1）股息。外商投资企业及发行 b 股或在境外发行股票的企业，其营业利润缴纳企业所得税后分配的股息免于征税。购付汇支付或从外汇账户中对外支付时，应提供主管税务机关出具的分配股息的利润所属年度的企业完税证明（格式三）或当地国家税务机关确认的减免税文件及董事会分配股息的有关决议等；

（2）发生在我国境外的各种劳务费、服务费、手续费（如广告费、维修费、设计费、咨询费、代理费、培训费等）以及国际航空电讯协会向中国境内会员公司收取的网络服务费和信息处理费，按照我国现行税法规定不征税，购付汇支付或从外汇账户中对外支付时，由主管国税机关提供不予征税证明（格式四）。有关境外劳务费用的合理性问题，属于中央直属企业及涉外企业的，由国税机关依法确认；属于内资地方企业的，由主管国税机关通知主管地税机关依法确认。

（3）外国政府、国际金融组织（包括国际货币基金组织、世界银行、国际金融公司、亚洲开发银行、国际开发协会、国际农业发展基金组织、欧洲投资银行等国际金融组织）贷款给我国政府和中国国家银行取得的利息，根据我国现行税法规定免予征税，购付汇或从外汇账户中对外支付时，不需提供税务机关的税务凭证。

4. 下列与资本项目有关的收入，境内机构或个人应当在购付汇或从外汇账户中支付前 5 个工作日，向国家外汇管理局或其分支局提交本规程中规定的上述相应税务凭证，经核准后，外汇指定银行凭国家外汇管理局或其分支局核准件办理售付汇手续：

（1）直接债务利息（不包括外国政府贷款利息）；

（2）担保费；

（3）融资租赁租金；

（4）不动产的转让收入；

（5）股权转让收益。

5. 我国进出口贸易项下发生在境外的佣金、保险费、赔偿费，在购付汇时，可不提供相关税务凭证。

（二）主管地税机关开具售付汇税务凭证的具体适用范围及格式（格式五、六）

1. 境外企业、个人在我国境内直接从事建筑、安装、监督、施工、运输、装饰、维修、设计、调试、咨询、审计、培训、代理、管理、承包工程等活动所取得的收入，涉及缴纳营业税、个人所得税的应开具完税证明（格式五）和税票。

2. 境外企业、个人在我国境内没有设立机构、场所而从我国境内取得的收入，凡涉及到特许权使用费收入（包括专利权、非专利技术、商标权、版权和商誉等），转让、出租不动产收入等，需缴纳营业税及个人所得税，应开具完税证明（格式五）和税票。

3. 在境内机构任职或受雇的外籍个人、华侨、港、澳、台人员取得的工资、薪金、报酬（包括通过支付给派遣企业的），按照我国现行税法规定，应征收个人所得税，不征收营业税，应出具个人所得税完税证明（格式六）和税票。

4. 下列情况，依据我国现行税法的规定，免予征税，购付汇或从外汇账户中对外支付时，须向外汇指定银行提供免税文件：

（1）外国企业及外籍个人向我国境内转让技术所取得的收入，凡依照财政部、国家税务总局1999 年 11 月发布的《关于贯彻落实〈中共中央、国务院关于加强技术创新，发展高科技，实现产业化的决定〉有关税收问题的通知》（财税字 [1999] 273 号）规定，经审批免于征收营业税的，在办理购付汇时，不再提供本规程中所规定的完税证明及税票，但应提供批准税务机关的免税文件。

（2）来自与我国签有税收协定的外籍个人，符合协定规定免予征收个人所得税的，出具免税文件。

5. 外籍个人从我国境内企业、机构取得工资、薪金报酬，在办理购付汇或从外汇账户中对外支付时，凡能提供报酬所属期间税票的，无需出具完税证明。

6. 境外企业、个人在我国境内没有设立机构、场所，而从我国境内取得的收入，涉及到的利息项目、担保费项目、租金项目中不动产以外的租金、财产转让收入项目中不动产以外的财产转让收入、股权转让收益等，按照我国现行税法的规定，不征收营业税，在办理购付汇或从外汇账户中对外支付时，无需出具营业税完税证明及税票。

六、售付汇提供税务凭证工作程序：

（一）境内机构、个人发生购付汇行为，应向主管国税机关或主管地税机关提出办理购付汇税务凭证申请。内容包括购付汇事由、购付汇金额、币种、计税汇率等。

（二）境内机构、个人办理购付汇税务凭证应提供下列资料：与该项收入有关的合同或协议（含中文复印件）、税票、发票及税务机关需要的其他相关资料。境内机构还应向主管国税机关提供验资报告、年度会计报表、相关年度审计报告原件及税务稽查处理决定书等。免税企业还需提供免税文件或证明材料；企业利润汇出时还应提供企业获得年度明细表、企业当年利润分配明细表及公司董事会利润分配决议书等。

（三）主管税务机关收到申请后，根据税收法律法规及有关资料审核、确认对该项收入的征免事项。主管地税机关在审核境内机构及个人提供的合同时，应同时审查其应税合同印花税的完税情况。凡应交未交印花税的，应补交印花税后方可出具税务凭证。

（四）主管税务机关根据审核结果，确认无误后，用计算机打印出相应税务凭证，并加盖"××市国家税务局税务凭证专用章"（辽国税外〔2000〕25号附件）或"××市地方税务局税务凭证专用章"（辽地税外〔2000〕34号）（以下简称售付汇税务凭证专用章），方可有效。

（五）各市主管税务机关对外开具的售付汇税务凭证，应统一编号备案，并装订成册，妥善保管，保管期限5年。

七、售付汇提供税务凭证工作要求：

（一）申请人应如实申报材料，提交的申请应符合本规程规定的出具范围。

（二）完税税票原件上须将应税项目、计税金额、税率等项目填列齐全，并在备注栏内写明合同号和汇率（若属同一合同分期执行，还应注明此次完税所属的执行期）。

（三）主管税务机关在接到申请后，对经认定符合本规程的项目，应在2日（有效工作日，下同）内出具税务凭证（需向上级请示的除外）；对于应补缴税款的，应于纳税人、代扣代缴义务人完税之日起，2日内办理完毕；对于免税的，应于收到免税文件之日起，2日内办理完毕。

（四）对境内机构一次性付汇超过20万美元（含20万美元）的、个人一次性付汇超过1万美元（含1万美元）的，税务机关在开具税务凭证的同时，将所开具税务凭证传真给当地外汇管理部门，经核对后再对外付汇。

（五）建立售付汇提供税务凭证工作定期报告制度。各市主管国税机关应于每年的七月十日、次年的一月十日前，各市主管地税机关应于每年的六月二十八日、十二月二十八日前向省局涉外处上报"非贸易及部分资本项目项下售付汇税务管理工作报告"。主要内容包括：该年度开具售付汇税务凭证情况（数量、类型、金额、国别）及存在问题、合理化建议等。

（六）建立售付汇提供税务凭证工作定期联系制度。

各市主管税务机关售付汇税务凭证专用章及有权签字人印章（或签名）应送当地外汇管理部门，由外汇管理部门转给所辖外汇指定银行备案。

税务机关与外汇管理部门或外汇指定银行应定期核对所开具税务凭证及售付汇情况（每季应不少于一次），并进行监督检查，发现问题及时解决。

八、违规处理

主管税务机关、外汇管理部门或外汇指定银行及其责任人员、直接负责的主管人员要按相应的法律法规加强售付汇管理。凡违反规定致使纳税人、扣缴义务人不缴或少缴税款、偷逃税款的，当事人非法套取外汇的，依照《税收征管法》、《国家外汇管理条例》等进行处罚，构成犯罪的，依法追究刑事责任。

九、本规程由辽宁省国家税务局、辽宁省地方税务局、国家外汇管理局辽宁省分局负责解释。本规程未尽事宜按国家现行法律、法规办理。

十、本规程自发布之日起执行。

最新经济管理政策法规汇编丛书（第一辑）

中国人力资源与社会保障政策法规汇编
中国安全生产管理政策法规汇编
中国交通运输政策法规汇编
中国食品安全政策法规汇编
▶ 中国外汇管理政策法规汇编
中国保险业政策法规汇编
中国银行业监督管理政策法规汇编
中国通信业政策法规汇编
中国环境保护政策法规汇编
中国工程机械行业政策法规汇编
中国药品监督管理政策法规汇编
中国证券业政策法规汇编

责任编辑：杨雅琳
装帧设计：杨丰瑜

经济管理出版社网址：www.E-mp.com.cn

ISBN 978-7-5096-3015-0

9 787509 630150 >

定价：298.00元